KB061233

미디어 공정성 연구

나남
nanam

윤 석 민

서울대학교 신문학과 (현 언론정보학과) 를 졸업하고,
같은 학교 대학원에서 신문학 (언론정보학) 석사학위를 받았다.
University of Michigan의 커뮤니케이션 박사과정을 거쳐 Michigan State University에서
매스미디어 전공으로 박사학위를 받았다. 통신개발연구원 (현 정보통신정책연구원) 연구원,
방송개발원 (현 한국콘텐츠진흥원) 선임연구원, 경원대학교 교수를 거쳐,
현재 서울대학교 언론정보학과에서 커뮤니케이션 이론과 미디어 정책을 연구하고 있다.

나남신서 1837

미디어 공정성 연구

2015년 11월 13일 발행
2015년 11월 13일 1쇄

지은이 • 尹錫敏
발행자 • 趙相浩
발행처 • (주) 나남
주소 • 413-120 경기도 파주시 회동길 193
전화 • (031) 955-4601(代)
FAX • (031) 955-4555
등록 • 제 1-71호(1979.5.12)
홈페이지 • http://www.nanam.net
전자우편 • post@nanam.net

ISBN 978-89-300-8837-4
ISBN 978-89-300-8001-9 (세트)
책값은 뒤표지에 있습니다.

이 저서는 2013학년도 서울대학교 미래 기초학문 분야 기반조성 사업의 지원을 받아 수행된
연구결과물임. 또한 이 저서는 2015년도 서울대학교 언론정보연구소의 연구지원을 받았음.

나남신서 1837

미디어 공정성 연구

윤석민 지음

나남
nanam

Media Impartiality

by
Youn, Sugmin

nanam

머리말

No word is banned by the BBC
but its use must be editorially justified.
(BBC 편성지침을 소개하는 홈페이지 첫 화면 문구)

"미디어는 사사롭지 않고 한쪽으로 편향되지 않아야 한다."

이처럼 단순하고 자명하면서도 이토록 오랜 기간 현장의 언론인들 및 언론현상 연구자들을 곤혹스럽게 한 원칙이 또 있을까? 애초에 갈등과 시비를 줄이고자 하는 취지에서 등장한 원칙이지만 이처럼 많은 갈등과 시비로 얼룩진 원칙이 또 있을까?

우리 사회에서 미디어 공정성 원칙이 지니는 중요성은 굳이 강조할 필요가 없을 것이다. 이는 어떤 의미에서 우리 사회가 안고 있는 가장 어려운 문제 중 하나라고도 할 만하다. 미디어 공정성 문제를 둘러싼 갈등과 시비는 현재진행형이다.

시기를 2000년대 이후로 국한해도 2004년 노무현 대통령 탄핵을 둘러싼 방송 프로그램의 불공정 시비, 2008년 MBC 〈PD수첩〉의 광우병 프로그램 논란, 2010년~11년에 걸쳐 선풍적 인기를 끌었던 〈나꼼수〉 방송의 허위사실 유포 시비, 2011년 방송 공정성 회복을 기치로 내걸고 이루어진 170일간의 MBC 노조 파업, 2012년 대선 당시 국정원의 선거개입 사건에 대한 은폐·축소·불공정 보도 의혹, 2014년 봄 온 국민을 비통함과 분노의 도가니에 빠뜨렸던 세월호 사건 당시 주요 방송사들의 수준 이하 보도 논란, 문창극 총리후보 지명자를 낙마시킨 〈KBS 뉴스 9〉 보도의 불공정성 시비, 그리고 올해 들어 또다시 뜨거운 쟁점으로 떠오른 포털 뉴스 서비스의 공정성 문제에 이르기까지 사례는 부지기수다.

지금 이 순간에도 미디어 현장의 어디선가는 또 다른 불공정성 논란이 불거지고 있을 것이다. 이 원칙이 무엇이라고 우리는 이처럼 만성적으로 우리 사회의 미디어 체계, 더 나아가 전 사회 체계를 흔드는 갈등을 감내해야 하는 것인가? 언론이 공정하자는, 편들지 말자는 이 원칙은 일각에서 주장하듯 정치권력이 표현의 자유, 언론의 자유를 옥죄고 언론인들에게 재갈을 씌우는 통제의 수단에 불과한가? 권력이 언론을 통제하는 현실이 상존하는 상황에서 언론은 처음부터 명확한 반권력적 편향성을 드러내는 것이 차라리 공정한 것인가?

한때 우리 사회를 대표했던 지상파방송의 탐사보도 프로그램이 존재감 없는 무력한 프로그램으로 전락하고, 그 프로그램을 이끌던 정의감에 충만했던 방송인들이 밀려나는 것을 보면서, 한때 그들의 열렬한 지지자이면서 때로 그들이 만든 프로그램의 경솔함과 무책임함을 비판하기도 했던 필자가 느낀 심경을 한마디로 표현하기 어렵다. 하지만 굳이 말해야 한다면 그것은 '안타깝고 또 안타까운' 마음이다.

이제 무지막지한 정치권력이, 정치권력 이상으로 강력하고 비정한 시장권력이, 그리고 공정하기보다는 사사롭고 알게 모르게 자기도취에 빠져든 미디어 권력이 사회여론의 향배를 결정하고 의사결정을 지배하는 일은 없어야 할 것이다. 거친 행동과 폭력적 언사, 권위주의, 소영웅주의가 아니라 합리적 생각과 대화, 신의와 성실에 기초한 상호작용, 공감과 이해를 넓혀 가는 양질의 소통이 사회를 지배하는 원리로 자리 잡아야 할 것이다.

소통이 희망이자 미래인 시대에 우리는 어떻게 이러한 목표를 실현할 것인가? 절대적인 표현의 자유가 보이지 않는 손에 의해 이상적인 소통의 상태를 가져다줄 것이라는 순진한 믿음은 최소한 현시점의 우리 사회에서는 사실이 아니라 할 것이다. 건강한 소통이 자리 잡기 위해서는 그 배후에 정밀하고 공고한 커뮤니케이션의 규범이 정립되어 있어야 한다.

그러한 의미에서 필자는 우리 사회의 모든 소통의 현장에 나오는 다른 타인의 존재와 관점을 인식하고 이러한 관점들을 가능한 폭넓게 포용하는 공정성 원칙이 필요하다고 믿는다. 공정성 원칙은 언론을 책임 있게 하며, 그에 상응하여 자유롭게 한다고 믿는다. 이 원칙이 권력의 사회적 소통과 언론에 대한 통제논리로 악용될 가능성이 있음을 부인하지 않는다. 하지만 이러한 가능성을 방지하는 길은 공정성 원칙을 폄훼 내지 배격하는 것이 아니라 이 원칙을 내용 차원에서 정교하게, 그리고 실행력 차원에서 공고하게 정립하는 데 있다. 그것이 언론이 경솔하게 자신이 지닌 힘을 오용하는 일을 막을 것이고, 권력이 부당하게 언론을 통제하는 것을 막을 것이며, 한번 타오르고 사라지는 불꽃이 아니라 꾸준한 촛불 같은 제도로서 비판적 언론을 유지하는 길이라 믿는다. 그것이 언론이 궁극적으로 지향하는바, 민주적이고 건강한 사회적 소통을 활짝 꽃 피우는 길이라고 믿는다.

커뮤니케이션과 미디어에 대한 공부를 시작한 지도 어언 35년이다. 배우는 입장에서 가르치는 입장으로 바뀐 시점으로부터 쳐도 20년이다. 이 기간 동안 필자가 수행한 연구의 큰 궤적은 미디어 공정성이라는 주제를 향해 왔다. 특히 2000년대 들어 미디어 시장(수용자) 연구에서 산업 및 제도에 대한 연구로, 미디어 서비스의 소비단계에서 생산단계로 연구 관심이 이전하면서, 미디어 공정성은 필자가 어떤 연구주제를 다루건 궁극에 가서는 부닥치는 주제였다. 공영방송, 종합편성 채널, 소셜 미디어, 포털 미디어, 대안언론, 이들이 구성하는 새로운 미디어 생태계, 미디어 다원성과 영향력 집중도, 그리고 최근 들어 관심을 갖고 있는 통일을 위한 미디어의 역할 등과 같은 주제들을 고민하다 보면 어느덧 논의의 핵심은 '공정성' 문제에 귀착되고는 했다.

2000년 들어서 필자가 작업한 논문이며 보고서 등을 통해 우리가 겪고 있는 사회적 소통위기의 본질은 공정성의 문제이고, 공영방송의 일차적 책무는 공정성의 확보에 있으며, 새롭게 형성되는 미디어 생태계의 발전을 위해 미디어 공정성이 필수적으로 요청된다는 식으로, '공정성'의 중요성을 부각시키는 결론을 제시했던 것은 이러한 이유였다. 하지만 이러한 논의는 사실상 미진한 것이었다.

"공정성이 문제라면 그것을 구체적으로 어떻게 구현할 수 있다는 말인가?"

2011년 초에 한국 사회의 소통위기를 분석하는 연구서를 내면서 필자가 밀고 간 지점도 거기까지였다. 그 이후 필자에게 주어진 과제는 자명했다.

2013년 한 해 동안은 방송문화진흥회에서 지원하는 공정성 포럼에 참여할 수 있는 기회가 있었다. 언론법과 미디어 정책을 연구하는 학자며 방송저널리스트, 변호사 등과 함께 매월 1회씩 모여 근 1년간 미디어 공정성의 개념부터 시작해 국가의 공정성 심의에 이르기까지 다양한 주제들을 토론했다. 또한, 길지는 않지만 2014년도에 약 반년여에 걸쳐 방송통신심의위원회 위원으로 미디어 심의를 직접 수행할 기회가 있었다. 당시 심의에 올라왔던 사안이 문창극 총리후보지명자의 교회 강연에 대한 KBS의 보도였다. 그 소중한 경험의 결과는 이 책의 구석

구석에 녹아 있다. 특히 이 책의 14장은 이러한 방송심의의 경험이 없었다면 쓰기 어려웠을 것이다.

　본격적으로 연구서 작업에 매달린 것은 2014년 2학기부터였다. 이 단계에서 미래창조과학부가 후원하는 서울대 ICT 사회정책연구센터의 도움이 결정적이었다. 이 센터에 연구원으로 소속된 대학원 학생들(고문정, 김수지, 박소영, 방서경, 유수연, 이지연, 정성욱, 한수연, 이상 가나다 순)은 필자가 구상한 다양한 연구주제들을 나누어 맡아 자료를 수집, 정리하는 작업을 수행하였다. 이들은 내 팔과 다리, 그리고 드물지 않게 머리의 역할을 훌륭하게 수행한 조력자들이었다. 비록 센터의 연구원은 아니지만 필자의 수업을 들은 인연으로 이 프로젝트에 참여하여 소셜 미디어 공간의 혼종적 특성에 따른 공정성 문제와 국내외 주요 미디어의 소셜 미디어 가이드라인을 정리한 언론정보학과 박사과정의 황현정 학생에게도 고마움을 표하고 싶다.

　서울대 사회과학대의 학술저서 출간지원에도 감사를 표한다. 이 지원이 없었다면 필자의 두 번째 연구년을 기회삼아 미디어 공정성에 대한 그간의 연구를 한 권의 책으로 마무리해 볼 생각을 애초에 하지 못했을 것이다. 책을 쓰면서 고심하던 주제 중 하나인 '미디어 공정성의 이론적 토대'를 발표할 기회를 마련해 준 KBS 방송문화연구소의 김혜례 소장님과 강영희 박사님, 그리고 그에 대해 값진 피드백을 주신 KBS 공영방송발전포럼 멤버 선생님들께도 감사드린다.

　이외에도 특별히 고맙다는 말을 전하고 싶은 이가 셋 있다. 첫째는 2010년에 서울대 언론정보학과 대학원을 마치고 지금은 서울대 직원으로 근무하는 육서영 선생이다. 2008년 봄, 〈PD수첩〉 광우병 프로그램이 엄청난 사회적 파장을 초래하였던 당시, 그 프로그램이 왜 그렇게 제작될 수밖에 없었는지, 왜 게이트키핑이 작동하지 않았는지, PD와 작가의 관계는 무엇인지 궁금했다. 당시 지도교수의 위치에서 육서영 선생이 애초 하려 했던 연구주제 대신 TV탐사보도 프로그램에 대한 참여관찰 연구를 제안했던 것은 바로 이런 이유였다. 육서영 선생은 여학생 입장으로 낯선 곳에서 몇날 며칠을 투명인간 취급을 받아가며 누군가 말을 걸어오길 기다리는 시간을 감내하였다. 그리고 제작진과 성공적인 라포를 형성하였고 탐사보도 프로그램 제작의 두 핵심주체인 PD와 작가의 상호작용을 면밀하게 기록하는 성과를 거두었다.

둘째는 서울대 ICT 사회정책연구센터의 정영주 박사이다. 정 박사는 필자가 아는 우리 사회에서 가장 우수하며 성실한 미디어 정책전문가이다. 그녀는 지난 수년간 필자가 수행한 다수의 미디어 정책연구들에 대해 결정적으로 기여했고, 이번 연구서 작업에서도 가장 까다로운 주제 중 하나였던 포털 미디어 서비스의 공정성 문제에 대한 논의를 마무리하는 데 소중한 도움을 주었다.

필자가 세 번째로 감사를 표하고 싶은 분은 공주대학교의 배진아 교수이다. 필자의 첫 번째 박사논문지도 학생으로서 이제는 우리 언론학계를 대표하는 중진 미디어 정책 학자가 된 배 교수는 지난 수년간 필자와 함께 여론집중도 조사위원회 위원활동을 함께하면서 소셜 미디어의 여론영향력 및 그 주요 행위자를 분석하는 연구를 공동 수행하였다. 제9장에 포함된 소셜미디어의 특성에 대한 논의 중 상당부분은 이 공동연구에 의존하고 있다. 배 교수는 또한 KBS 가이드라인, PD 저널리즘, 종합편성 채널, 포털 미디어의 공정성 문제, 그리고 공정성 투쟁과 공정성 원칙 등 이 연구서가 다루는 복잡하고 민감한 이슈들을 정리하면서 필자의 거친 생각을 들어주고 조언(종종 강력한 반론)을 제공하는 토론 파트너 역할을 해주었다. 비록 한 챕터에만 공동 필자로 이름이 올라 있지만 이 연구서 전반에 걸쳐 배 교수는 누구보다 든든한 필자의 조력자였다.

  이 모든 소중한 도움에도 불구하고 연구서를 최종적으로 완성해 내는 작업은 결국 필자의 몫이었다. 연구서의 각 장을 완성하는 과정은 끝을 알 수 없는 터널을 통과하는 것 같았다. 특히 마지막 단계인 지난 여름은 말 그대로 악다구니였다. 여름 방학 내내 연구실 컴퓨터 앞에 붙어 지내면서 '미디어 공정성'이란 괴물과 한바탕 전쟁을 치렀다. 1차로 원고를 탈고한 9월 초, 잠시 숨을 돌릴 겨를도 없이 포털 뉴스 서비스의 공정성 문제가 뜨거운 정치적 쟁점으로 튀어나왔다. 결국 다른 챕터들에 대한 교정을 진행하면서 동시에 이 문제를 잡고 10월 초까지 힘겹게 씨름을 해야 했다. 교정을 보는 과정 역시 처음 원고를 쓰는 만큼이나 길고 힘겨운 숙고와 토론 과정을 수반하였다. 그 결과가 다음과 같은 15개 챕터들이다.

  제1장은 미디어 공정성의 개념을 다루고 있다. 종래의 관련연구들을 중심으로 혼란스러운 이 개념의 갈피를 잡아보고, 미디어 공정성과 관련된 소모적 논란을 완화시켜 가기 위한 개념 차원의 고려사항은 무엇인지 검토한다.

  제2장은 미디어 공정성의 이론적 토대를 규명한다. 언론법 이론과 커뮤니케이션 이론의 관점에서 공정성 원칙이 지니는 의의를 제시하고 특히 한국 사회에서 미디어 공정성 원칙이 중요한 이유를 설명한다. 공정성 원칙의 실질적 의미, 그리고 공영방송에서의 공정성 원칙에 대한 성찰도 아울러 제시된다.

  제3장은 BBC의 불편부당성(Impartiality) 원칙을 살펴본다. BBC의 불편부당성 원칙이 어떠한 맥락 속에서 어떻게 발전했고, 그 구체적 내용과 실천방법은 무엇이며, 이 원칙이 우리에게 주는 함의는 무엇인지

를 논의한다.

제 4장은 미국의 방송 공정성 원칙(Fairness Doctrine)을 살펴본다. 이 원칙이 1987년에 폐기되기까지의 경과, 그리고 이 원칙이 폐기된 이후에도 지속되고 있는 방송 공정성 논쟁을 검토하고 그 함의는 무엇인지 살펴본다.

제 5장은 KBS 공정성 가이드라인을 다룬다. KBS가 2015년 3월 발표한 〈공정성 가이드라인〉은 우리나라는 물론 세계적으로 유례가 없는 일이다. 21세기 우리나라 방송이 지향하는 공정성 원칙의 새로운 좌표가 될 수 있는 이 문건의 내용 및 실효성을 분석해 본다.

제 6장과 제 7장은 연속성을 지니는 장으로 PD 저널리즘과 공정성 문제를 다룬다. 제 6장은 우리 방송의 역사상 가장 뜨거운 공정성 논란을 불러일으켰던 〈PD수첩〉 광우병 프로그램을 둘러싼 공방, 그리고 광우병 파동 당시 사회적 소통이 드러냈던 문제점을 고찰한다. 제 7장은 탐사보도 프로그램 제작 현장에 대한 참여관찰을 통해 방송제작의 현실적 조건 속에서 공정성 원칙의 실천이 어디까지 가능하며 그에 대한 구조적 한계 요인은 무엇인지를 확인해 본다.

제 8장은 종합편성 채널의 공정성 문제를 논의한다. 2011년 말에 극심한 사회적 갈등 속에 등장한 종편은 시사보도 프로그램 중심의 편성, 그리고 동 프로그램들의 편향성으로 인해 사회적 우려를 낳고 있다. 이러한 문제의 심각성, 그 원인과 해결책은 무엇인지를 살펴본다.

제 9장은 소셜 미디어 공간에서의 공정성 이슈를 다룬다. 디지털 미디어 환경의 진화에 따라 온라인상의 인적 관계망을 기반으로 한 소셜 미디어들이 사회적 소통의 전면에 등장하며 종래 뉴스 미디어들의 위상을 흔들고 있다. 소셜 미디어에 대해 공정성 원칙을 적용할 수 있는지, 그렇다면 그 구체적 방식은 무엇인지를 국내외 주요 미디어의 소셜

미디어 활용 가이드라인을 통해 검토한다.

제10장과 제11장은 포털 미디어의 공정성 이슈를 살펴본다. 우선 제10장에서는 최근 우리 사회에서 또다시 뜨거운 쟁점으로 부각된 포털 뉴스 서비스의 공정성 관련 쟁점들을 살펴본다. 이어지는 제11장에서는 포털 검색 서비스를 둘러싸고 제기된 편향성 쟁점들은 무엇인지 살펴보고, 포털 검색 서비스의 공정성과 투명성을 높이기 위한 종래의 검증 활동들을 검토하고 그 개선 방안을 제안한다.

제12장은 대안언론의 공정성 문제를 논의한다. 디지털 미디어 및 인터넷의 발전에 따라 팟캐스팅처럼 도달범위 및 영향력이 큰 대안언론이 출현하고 있다. 이러한 상황에서 대안언론 본연의 존재의의를 살리면서 동시에 위상 변화에 부합하는 대안언론의 책임성을 강화하는 방안은 무엇인지를 모색해 본다.

제13장은 선거보도와 미디어 공정성이라는 주제를 다룬다. 선거에 있어서 미디어의 역할을 둘러싸고 불공정 보도 시비가 적지 않다. 이 장에서는 우리나라의 경우 선거보도 공정성 관련 법규나 기준이 어떻게 정립되어 있고 선거보도의 공정성을 관장하는 심의제도는 어떻게 운영되는지, 그리고 그 안에서 발견되는 문제점들을 개선하기 위한 방안은 무엇인지를 살펴본다.

제14장은 국가의 미디어 공정성 심의에 대해 살펴본다. 방송통신심의위원회의 인적 구성, 심의절차, 심의규정 등 제도적 차원의 문제와 더불어, 2014년에 있었던 문창극 총리후보 지명자에 대한 KBS 보도 심의사례를 통해 심의를 수행하는 주체들이 숙의를 실천할 수 있는 조건에 대해 살펴본다.

마지막으로 결론에 해당하는 제15장은 앞서 논의했던 주요 내용들을 되짚어 보면서 현시대에서 미디어 공정성 원칙이 지니는 의의 및 실

14

천방향을 종합적으로 정리한다. 이를 한마디로 요약하면 미디어 공정성 원칙은 소극적인 미디어 내용규제 원칙을 넘어 21세기 선진시민사회가 요청하는 자유롭고 가치 있는 사회적 소통을 지켜 내고 꽃피우기 위한 미디어 저널리즘의 기본 원리로서 인식되고 실천되어야 한다는 것이다. 이 장에서는 또한 미디어 공정성 원칙과 미디어 공정성 투쟁에 대한 비교를 통해 전자가 후자만큼이나 중요하며 궁극적으로 후자에 의해 전자가 대체되어야 하는 이유를 제시한다.

이러한 챕터들은 그 내용 중 일부가 학술논문으로 발표된 바 있는 6장, 7장, 8장을 제외하면 모두 새롭게 집필된 것이다. 현시점에서 미디어 공정성에 대한 주요 쟁점들을 모두 포괄해 보려 한 것이 필자의 욕심이었다. 책을 마무리하는 단계에서 수많은 언론사들이 생산한 뉴스들을 모아 맞춤형으로 서비스하는 뉴스 큐레이션 서비스라든지 로봇(알고리즘) 저널리즘과 같이 현시대에 새롭게 떠오르는 저널리즘 현상과 관련된 공정성 이슈를 논의에 포함시키지 못한 게 아쉬움으로 남는다. 또한 일부 챕터들(대표적으로 3장 BBC의 불편부당성 원칙, 그리고 10장과 11장에서 다룬 포털 미디어의 공정성 원칙)의 경우 시간의 부족으로 충분한 자료를 검토하지 못하고 흡족스런 상태까지 원고의 완성도를 끌어올리지 못한 게 못내 마음에 걸린다. 하지만 어쩌겠는가. "Siste, viator." 여기까지가 필자가 할 수 있는 최선일 것이다.

부족한 능력과 과욕 탓에 고생도 많이 했지만 필자가 애초 계획했던 일을 얼추 마치고 나니 마음 한편에 뿌듯한 심정을 피할 수 없다. 앞서 냈던 어떤 책인들 개인적으로 소중하지 않을까 싶다만, 지금까지 출간했던 어떤 책보다도 필자를 힘들게 했던 이 책은 상당시간 무척이나 소중하게 남을 것 같다.

1년 가까이, 특히 지난여름 내내 책을 쓴다고 집에서까지 끙끙거리는 아빠를 참아준 가족들의 인내심이 없었다면 이 책은 나올 수 없었을 것이다. 아침 일찍 한 차로 캠퍼스에 와서 실험과 학업에 몰두하다가 밤늦게 같이 귀가하는 극도로 절제된 생활을 함께하는 나의 소중한 여은과 여동, 그리고 우리 가정의 중심축인 아내에게 깊은 사랑과 감사의 마음을 전한다. 책을 핑계로 자주 찾아뵙지 못한 부모님께도 항상 그렇듯 이 자리를 빌려 죄송하고 또 감사하다는 말씀을 드리고 싶다.

이 연구서의 출판을 맡아 준 나남출판의 조상호 회장님, 방순영 이사님, 그리고 김민경 편집자께도 상투적 의례가 아닌 진심에서 우러난 감사를 표한다. 필자는 이 책 편집 작업을 통해 출판사가 단순한 책의 제작 및 유통자를 넘어 제 2의 저자역할을 담당한다는 사실을 새삼 확인할 수 있었다. 우리 사회를 대표하는 출판경영인이자 언론학자인 조상호 회장님, 필자가 아는 가장 프로페셔널하고 믿음이 가는 전문 출판인인 방순영 이사님, 그리고 방대한 원고의 세세한 오류들을 놓치지 않고 정확히 짚어 주면서 책의 핵심 내용에 대한 조언자의 역할까지 수행해 준 김민경 편집자께 필자가 품고 있는 고마운 심정을 어떻게 표현해야 할지 모르겠다.

이외에도 뒤에서 자신을 드러내지 않고 소중한 도움을 주신 분들이 한두 분이 아니다. 학계의 존경하는 선배이신 유의선 교수님과 방송통신심의위원회의 이향선 박사님 내외분을 포함한 그 모든 분들께 머리 숙여 깊은 감사를 표한다.

이 책을 내기까지 이렇듯 많은 분들의 도움을 받았지만 책의 전체적인 구성 및 내용상의 허물과 관련된 최종 책임은 당연히 필자에게 있다. 이 책의 각 챕터별로 도움을 받은 공동 연구자분들의 이름을 일일이 밝히고 또 공식적 출간물로부터 비공식적 대화 내용에 이르기까지 필자가 참고한 자료원의 출처를 빠짐없이 표시하려 노력했음에도 표지

16

에 필자를 단독 저자로 표기한 것은 이 점을 분명히 하기 위해서이다. 미디어 공정성을 밝히고자 한 이 작업의 최종성과물이 연구에 기여한 모든 이들의 수고에 공정하였기를, 그리고 그 성과가 주는 기쁨이 모두에게 고르게 돌아갈 수 있기를 기대한다.

마지막으로 이 책이 학계의 미디어 공정성 논의와 미디어 현장에서의 공정성 실천을 진전시켜, 우리 사회의 미디어 공정성을 개선하고 사회적 소통을 진작시키는 데 작게나마 실질적 기여를 할 수 있다면 더 이상 바랄 것이 없을 것이다.

2015년 11월
서울대 초입 커뮤니케이션센터 5층의 연구실에서
윤 석 민

나남신서 1837
미디어 공정성 연구

차 례

1

개념과 원칙

01
미디어 공정성의 개념

윤석민 · 한수연 *

　미디어 공정성은 혼란스러운 개념이다. 사전적 의미에서 공정성 원칙은 가장 단순하게는 '사사롭지 않고 어느 한쪽으로 편향되지 않음' 정도로 요약된다. 하지만 '사사롭지 않음' 내지 '편향되지 않음'의 의미는 보는 이에 따라 다르게 해석될 수 있다. 더 나아가 이러한 공정성 원칙이 미디어와 결합될 때 그에 대한 해석은 필연적으로 복잡한 이해관계와 결부되고 이 원칙을 바라보는 관점 역시 복잡한 분화 양상을 보이기 시작한다.

　미디어 공정성에 대한 논의의 첫 걸음을 떼는 이 장에서는 종래의 관련 연구들을 중심으로 혼란스러운 이 개념의 갈피를 잡아 보고, 미디어 공정성과 관련된 소모적 논란과 갈등을 완화시키기 위한 개념 및 평가 모형 차원의 고려사항은 무엇일지 검토해 보고자 한다.

---

* ICT 사회정책연구센터 연구원(ssue1212@gmail.com).

1. 공정성 개념을 바라보는 관점들

미디어 공정성은 시대를 초월해서 꾸준히 관심을 끌고 있는 현상이다. 특히 제 2장에서 보다 구체적으로 살펴보겠지만 오랜 권위주의 통치의 역사를 거쳐 민주화의 도정에 뒤늦게 올라선 우리 사회에서 핵심적인 정치경제적 현상이자 사회문화적 현상이며 권력현상인 미디어의 공정성을 둘러싼 사회적 관심은 그만큼 뜨겁다고 할 것이다. 2000년대 들어 노무현 대통령 탄핵 이후의 관련 시사·보도·교양 TV 프로그램을 통칭하는 이른바 탄핵방송, 이러한 프로그램의 편향성을 분석해 낸 한국언론학회의 탄핵방송 보고서, 〈PD수첩〉의 광우병 프로그램, 그리고 최근의 문창극 총리후보지명자 교회강연 보도에 이르기까지, 미디어 공정성 문제를 둘러싸고 전 사회가 번번이 몸살을 앓아 온 이유가 여기 있다고 할 것이다.

최근 들어 미디어 환경이 급속히 변화하면서 미디어 공정성을 둘러싼 논의 역시 새로운 국면으로 접어들고 있다. 제 2장에서 보다 구체적으로 살펴보겠지만, 다플랫폼 다채널 상황에서 방송에 대해 종래와 같이 엄격한 공정성 기준을 적용할 필요가 있는지 의문이 제기되는 일면, 다른 한편에서는 예능 프로그램에 대해서도 보도나 시사교양 프로그램과 같은 수준의 공정성 원칙을 적용해야 한다는 주장이 제기되기도 한다(김인철, 2015).

전통적 언론 매체 이외에도 이러한 매체의 뉴스정보를 재매개하는 포털 미디어(제 10장 및 11장의 논의 참조)에 대해서도 공정성 문제가 제기되고 있고, 이러한 맥락에서 최근 국내 대형 포털인 네이버와 다음카카오는 포털이 뉴스 제공차원에서 언론사들과 맺는 제휴 관계를 공개

평가하는 이른바 '공개형 뉴스제휴 평가위원회'를 출범시키겠다고 발표
하였다(박수철, 2015; 홍재의, 2015).

　2015년 가을 국회의 국감에서는 포털이 제공하는 정보검색 서비스의
공정성이 정치적 쟁점으로 떠올랐다. 블로그, 트위터, 페이스북 같은
소셜 미디어(제9장의 논의 참조), 그리고 새로운 대안 방송인 팟캐스팅
(제12장의 논의 참조)의 여론 영향력이 증대되면서 이러한 새로운 매체
현상에서의 공정성 원칙도 지속적으로 논쟁의 대상이 되고 있다.

　하지만 이처럼 미디어 공정성 원칙이 꾸준한 사회적 관심을 받고 있
는 반면, 정작 이 원칙이 무엇을 의미하는지에 대해 명확하고 일관성
있는 개념을 찾아 제시하기란 쉽지 않다. 논의의 범위를 학술적 논의로
국한하더라도, 미디어 공정성 개념은 연구자들에 따라 차이를 드러내
는 실정이다. 이와 같은 개념의 혼선은 미디어 공정성 평가모형의 혼
선, 더 나아가 방송법, 심의규정, 그리고 방송사들의 편성지침 등 제도
화된 미디어 공정성 관련 규범의 혼선으로 이어져, 미디어 공정성과 관
련된 쟁점이 발생했을 시에 사회갈등을 가중시키는 요인이 되고 있다
는 것이 필자의 판단이다.

　이러한 문제의식에서 이 장에서는 기존의 공정성 논의들에서 발견되
는 혼선을 줄여 가기 위한 출발점으로 연구자들이 제시한 다양한 미디
어 공정성 개념들의 유형을 검토하고 그 문제점들을 논의하고자 한다.
지나친 단순화의 위험에도 불구하고 미디어 공정성과 관련된 종래의
논의들을 종합적으로 살펴볼 때, 이하에서 논의할 5가지 유형의 공정
성 개념 범주가 구분될 수 있다고 본다.

　첫째, 많은 연구들이 미디어 공정성을 한쪽으로 치우치지 않은 비편
향적(unbiased)이고 균형적인 태도로 간주하고 있다.

　대표적으로, 검프(Gump, 2002)는 언론인이 자신의 개인적 관점을

배제한 채 사안과 관련된 당사자 모두의 의견을 편향적이지 않고 균형적으로 보도하는 것을 공정하다고 보았다. 유사한 맥락에서 맥퀘일(McQuail, 1992)은 공정성을 특정 입장을 반영하는 사실이나 가치 표현을 취사선택하는 것과 관련된 개념으로 보았다. 그는 공정성의 판단에 특정 이슈나 사건의 이해당사자를 다룬 횟수는 물론 적절성, 중요도를 포함해야 한다고 강조했다. 즉, 내용의 양적 균형과 함께 질적 균형도 함께 고려해야 한다는 것이다.

2004년 대통령 탄핵관련 TV 방송 내용분석 보고서(이하 '탄핵방송 보고서', 이민웅·윤영철·윤태진·최영재·김경모·이준웅, 2004)도 공정한 보도를 "편들지 않는 보도"(p. 23)라고 정의하였다. 이외에도 국내의 다수의 연구들(권혁남·이종수·강미은, 2002; 박재영, 2005; 원희영·윤석민, 2015; 조항제, 2014; 황근, 2009) 역시 공정성을 위와 같은 의미로 파악하고 있다. 다만, 박재영(2005)은 2002년 〈문화일보〉의 정몽준 후보와 관련한 대선 보도의 공정성을 평가한 연구에서 공정성을 "좁게 보아 균형성의 구현"(p. 175)이라고 규정하면서도, 이와 같이 정의할 수밖에 없는 전제로 측정 또는 실천의 한계를 언급하였다.

이론적으로 공정성은 균형성 외에 다양한 하위개념으로 구성될 수 있음에도 불구하고, 검증과 평가, 그리고 수행의 측면에서 가장 실현 가능성이 높은 개념으로 불가피하게 균형성을 선택했다는 것이다.

이와 같이 공정성을 주관의 배제와 양적, 질적인 균형으로 판단한 주장들에서 한 걸음 더 나아가, 가치 판단을 개입한 '적극적' 균형의 개념으로 해석한 연구들도 있다. 손영준(2011)은 TV 뉴스 공정성에 대한 시민들의 의식을 조사한 연구에서 단순한 균형을 넘어 사회적 약자에게 더 많은 사회적 자원을 배분해야 한다는 '배분적 정의'의 차원에서 공정성을 논하였다. 이러한 관점은 정의(justice)와 공정성(fairness)을 대체

가능한 개념으로 이해하고 공정성을 실현하는 방안으로 최약자에게 더 많은 몫이 돌아가는 재분배 원칙을 제시한 롤스의 정의론(Rawls, 1999, pp. 132~133)을 차용한 것이다. 손영준은 방송의 경우 보도 시간과 보도 프레임이 이러한 한정된 공적 자원에 해당한다고 보고 그에 대한 배분이 정당한지를 평가하는 것이 공정성의 핵심이라고 주장하였다.

이준웅(2013) 역시 롤스가 설파한 배분적 정의의 개념을 토대로 당위론적이고 규범론적인 차원의 공정성 개념을 제안한다. 그는 공정성을 객관성, 사실성, 정확성 등의 개념과 구분하며, 공정성에 대한 비판은 언론 보도에 대한 참과 거짓을 가르는 문제가 아닌 언론의 규범적 언행에 대한 옳고 그름, 즉 "도덕적 문제제기"(p. 9)라고 주장하였다. 즉, 언론 보도가 가치 지향적이고 도덕적인 선(善)을 따라야 한다는 원칙이 공정성 원칙이라고 판단한 것이다. 그는 이러한 의미의 공정성을 실현하기 위해선 3가지 전제가 필요하다고 본다. 첫 번째는 최소 의견 다양성의 확보로, 갈등적 사안에 있어 최소한 두 가지 이상의 견해를 다루어야 한다는 것이다. 두 번째 전제는 담론적 공정성의 원칙으로, 보도에 가장 영향을 받을 것이라 예측되는 당사자의 목소리를 정당하게 포함시켜야 한다는 것이다. 이 전제는 보도에 언급된 당사자들의 목소리를 인용하는 일반적 보도관행에서 한 차원 더 나아간 주장으로, 해당 보도에 관련되어 있을 것으로 예상되는 개인 혹은 집단을 예상하여 이들의 입장까지 대변해야 한다는 것이다. 세 번째 전제는 약자 배려의 원칙으로 사회 내에서 담론적으로 열등한 집단, 즉 목소리가 반영될 수 있는 통로가 부족한 집단의 의견을 더 반영하는 것이 전체 사회 정의 측면에서 공정한 보도라는 것이다.

이상에서 살펴본 비편향성 내지 균형성 개념 중심의 공정성 논의들이 주로 방송과 신문 등 전통 미디어를 중심으로 진행되었다면, 길모어

(Gillmor, 2006)는 최근 들어 대안미디어의 영역으로 주목받는 시민 저널리즘의 측면에서 공정성에 대한 흥미로운 시각을 제시한다. 그는 공정성이란 "균형 잡힌 이야기를 쓰든 어느 한쪽의 편을 들어 주는 의견을 쓰든 사실을 편파적으로 다루지 않고 반대의견을 부정직하게 다루지 않는 것"(p. 19)이라고 정의한다. 즉, 저널리스트가 "아마추어든 프로든"(p. 19) 특정한 관점에 치우친 의견을 드러내는 것 자체는 문제가 되지 않으며, 이때 반대편의 의견도 정확하고 성실하게 언급해 준다면 이는 공정성에 배치되지 않는다는 것이다. 이러한 주장은 인터넷의 발달로 새로 등장한 포털, 소셜 미디어, 팟캐스트 등의 공정성 문제를 다룰 때 중요한 함의를 준다고 할 것이다.

　둘째, 공정성을 객관성과 대체 가능한 개념 또는 객관성의 하위개념으로 보는 시각이다.[1] 셧슨(Shudson, 1981)에 따르면, 미국에서 미디어의 공정성 개념은 객관성(*objectivity*)[2] 개념에서 유래했다. 19세기 말까지만 해도 미국 신문은 특정 정당을 비호하는 당파지의 성격을 띠고 있었다. 그러던 것이 19세기 말 이후 신문의 보급방식이 페니페이퍼(*penny paper*) 형태의 대중지 체제로 변화하면서, 보다 많은 독자를 확보하기 위한 상업적 목적으로 특정 정파로부터 독립하여 중립적 입장에서 정보를 제공하는 객관주의 보도관행이 강조되기 시작하였다(Shudson, 1981; Janowitz, 1975). 이때부터 객관성을 실현하기 위한 실천적 개념이자 하위개념으로 공정 보도가 강조되기 시작하였다는 것

---

1 여기서 중립성(*neutrality*)은 객관성과 같은 의미로 보아도 무방할 것이다.

2 언론의 객관성 개념은 '기사는 사실에 충실해야 한다'는 주장을 최상위 가치로 삼고, 주장의 사실을 확인하고, 의견과 사실을 구분하고, 주관적 판단을 배제하는 것을 골자로 하는 영미권 언론인들의 직업적 관행과 관련되어 있다. 이는 19세기 중반 이후 영미권 언론들이 역사적으로 형성한 이념이며, 이들은 객관성을 실현하기 위한 방안으로 인용구의 활용, 역피라미드형 글쓰기 등의 기사 쓰기 양식을 제도화하였다(이준웅, 2013).

이다. 같은 맥락에서 길리건(Gilligan, 2006)은 기자들이 기사에서 객관성을 증명하기 위한 수단으로서 공정성(*fairness*)을 강조하고 있다고 설명하였다. 그에 따르면 공정성은 객관성이라는 최상의 가치를 뒷받침하기 위한 기술적(*technical*) 수행가치로써 활용된다는 것이다.

미국 정치부 기자들을 인터뷰 연구한 베슬리와 맥코마스(Besely & McComas, 2007) 역시 정치 기사에서 공정성 수행을 통해 객관성이 실현되고 있다고 평가하였다. 이 연구에서는 학계에서 공정성에 대한 인식이 일관되지 않은 것과 마찬가지로, 기자들 역시 공정성 개념을 상이하게 판단하고 있다는 사실이 확인되었다. 일부 기자들의 경우, 공정성을 따로 구분 짓기보다는 객관성과 대체 가능한 개념으로 인지하는 것으로 나타났다. 반면, 또 다른 기자들은 공정성을 객관적 관찰자로서 저널리스트의 위치(*role*)를 유지하기 위해 강조되어야 하는 중요한 가치로 판단했다. 이들은 특히, 공정성을 기자들이 뉴스 가치를 판단할 때 관습적으로 반복해 활용하는 중요한 "수단"(*tool*, p. 345)이자, 전문직업인으로서 자신들이 반드시 지켜야 하는 "의무"(*duty*, p. 346)로 간주하는 것으로 나타났다. 이 연구에 인용된 5년 이상 경력의 한 방송 기자의 말을 통해 기자들이 업무의 일상에서 무의식적으로 공정성을 실천하는 과정을 이해할 수 있다.

우리는 정보를 들을 때마다 자연스럽게 의심을 하게 됩니다. 이 사람의 말이 맞는가(*right*)? 이때 당신은 상대에게 "이것이 공정하다(*fair*)고 보십니까? 이것이 시민들에게 정당한 정보라고 보십니까?"라고 〔직접적으로〕[3] 묻기보다는, "글쎄요, 당신은 그 프로젝트를 중단하기로 결정했습니다. 왜 그러한 결정이 옳다고 생각했습니까? 근거는 있습니

---

3 〔 〕는 필자 주.

까? 누군가와 상담 후에 결정한 것입니까?"라고 묻고는 합니다(Besely & McComas, 2007, p. 345).

　미디어 공정성 개념과 관련해 국내 학자들 사이에서 가장 많이 인용되는 웨스터슈탈 역시 객관성을 구성하는 하위개념을 사실성(*factuality*)과 불편부당성(*impartiality*)으로 나누고, 불편부당성을 다시 균형성(*balance*)과 중립성(*neutrality*)로 구분하였다(Westerståhl, 1983). 공정성에 해당하는 불편부당성을 객관성 개념 안에 위치시킨 것이다. 방송 공정성과 관련한 국내의 연구들(강명구, 1994; 김민환 등, 2008; 백선기, 1992; 이민웅·이창근·김광수, 1993; 이민웅, 1996)은 공정성을 논의하면서 이러한 '객관성 개념모형'을 별다른 이견 없이 수용해 왔다. 이 모델에서 제시된 객관성의 하위개념인 불편부당성이 공정성 개념과 유사한 개념이라는 시각(손영준, 2011)도 있지만, 연구자들은 대체로 공정성 개념을 객관성 개념과 특별히 구분하지 않거나 대체 가능한 개념으로 받아들이는 것으로 보인다(김민환 등, 2008, p. 269).

　셋째, 공정성을 다양성의 보장으로 파악하는 논의들이다. 샘브룩(Sambrook, 2012)은 공정성(*impartiality*)을 "편견이 없는 상태"(p. 5)로 정의하면서도 균형(*balance*) 및 객관성(*objectivity*)과는 다른 개념으로 정리하였다. 그는 한 전직 방송사 경영진의 말을 인용하며 이 개념들을 명확히 구분 지었다.

　　공정성은 균형(반대되는 의견에 동일한 양의 기사를 배분하는 것), 객관성(주관적 판단을 배제하는 것)과 구분되는 것이다. 이는 거리를 둔 상태(*detachment*)에서 다양한(*different*) 생각, 의견, 관심사, 그리고 개인들을 다루려고 노력하는 태도를 포함한다(Sambrook, 2012, p. 5).

이 논의에 따르면 공정성은 단순히 양적 균형을 의미하는 것보다는 더욱 광범위한 의견을 제시하는 것을 뜻한다. 즉, 갈등적 사안에서 지배적으로 배치되는 의견 A, B가 존재할 때 균형성은 이 A와 B 양측의 의견을 어느 한쪽에 치우침이 없이 고루 다루는 것을 의미한다면, 샘브룩이 설명하는 공정성은 이 지배적 두 의견에도 속하지 않는 소수 의견인 C와 D 등도 함께 포함해야 한다는 입장이라고 할 것이다.

영국의 BBC 역시 이와 비슷한 관점을 제시하고 있다. BBC는 2007년 발행한 보고서인 '시소에서 수레바퀴로: 21세기의 불편부당성 보호'(BBC Trust, 2007)[4]에서 21세기는 다원화된 가치가 공존하는 만큼 프로그램 제작시 장르를 불문하고 제작자는 "의견의 지평을 제한하거나 검열하지 말고 모든 소소한 시각들(*extra perspectives*)까지 모두 포용해야 한다"(p. 24)고 천명하고 있다. 이러한 입장에서 이 보고서는 탈레반이나 영국의 민족적 극우정당의 의견까지 반영해야 한다고 강조하였다. 공정성에 해당하는 불편부당성의 핵심을 지배적 담론뿐 아니라 소수의 의견까지도 주의 깊게 다루는 원칙으로 정리한 것이다.

비슷한 관점에서 윤석민(2013)은 다양한 입장을 가능한 넓게, 그리고 정밀하게 전달하여 편향성을 최소화하려 노력하는 것이 공정성 원칙의 핵심이라고 보았다. 그는 이러한 다양성을 보장하는 차원에서의 공정성을 내적 공정성과 외적 공정성으로 구분하여, 쟁점에 대해 다양한 입장을 검토함(내적 공정성)과 동시에 의제 자체 역시 가능한 폭넓은 수준에서 검토(외적 공정성)하려는 노력이 중요하다고 주장하였다.

언론법적 측면에서 방송의 공정성 의무를 연구한 고민수(2009)는 마찬가지로 공정성이 의견형성의 다양성을 보장하는 것이라고 보았으며,

---

4 이 보고서와 관련한 자세한 내용은 3장 참고.

이를 통해 토론을 활성화하여 공익실현에 기여할 수 있어야 한다고 강조하였다. 그는 이러한 의미의 공정성 규범을 실현하기 위해서는 현행 공정성 제도에 대한 입법적 개선이 필요하다고 제안한다. 구체적으로, 방송사에 의해 소수의 의견이 침해당했을 경우, 이를 보완하기 위해 시청자 또는 청취자의 반론기회가 보장되어야 하는데 제도적으로 이러한 규정이 존재하지 않는 문제가 있다는 것이다.

넷째, 공정성은 하나의 실체가 아닌 역사적, 사회적 맥락이 반영된 개념이라고 보는 입장이다. 헤이우드(Heywood, 2004)는 공정성 개념이 고정된 형태의 객관적 실체로 파악할 수 있는 개념이 아니며, 각 사회와 현안이 처한 역사적이고 문화적인 맥락을 고려해서 판단해야 하는 개념이라고 설명했다. 미국, 영국, 독일, 프랑스, 일본 등 5개국의 공정성 사례를 비교분석한 연구보고서(김민환 등, 2008)에서도 공정성은 국가별로 방송체제의 특징, 국가체제의 특성, 방송을 둘러싼 역사적 경험과 전통 등 크게 3가지 요인이 변증법적으로 영향을 미쳐 제도화된 결과물이라고 해석하였다.

이처럼 공정성의 기준이 시대나 상황에 따라 달라질 수 있다는 입장은 앞서 살펴본바 공정성을 비편향성 또는 균형성, 객관성 또는 다양성으로 보는 입장과 구별되기보다는 이러한 기준들을 미디어에 적용하는 엄격성의 정도가 상황에 따라 달라질 수 있다고 보는 입장이라 할 것이다. 예컨대, 높은 수준의 사회적 신뢰와 관용 등 시민적 덕성이 자리 잡은 사회의 경우와 그렇지 못한 사회가 있다고 한다면, 전자보다는 후자의 미디어에 대해 보다 엄격한 공정성 원칙이 요청된다고 할 것이다(제2장의 논의 참조). 이민웅 등(2006)은 이러한 관점에서 공정성의 기준을 주기적으로 검토할 것을 제안한 바 있다.

이처럼 공정성이 상황적 맥락에 따라 다르게 규정된다고 보는 입장은 사회적 상황과 사안의 성격에 따른 탄력적인 공정성 평가모형 구축의 필요성을 제안한다는 차원에서 무리 없이 수용가능하며 오히려 권장할 만한 시각이라 할 것이다. 하지만 문제는 이러한 시각이 극단으로 치우치는 경우이다. 이러한 극단적 상황론은 그 핵심 주장의 성격에 따라 다시 공정성에 대한 정파적 시각, 상대주의적 시각, 그리고 무용론적 시각으로 구분해 볼 수 있다. 먼저, 정파적 시각은 공정성을 판단하는 사회적 맥락의 기준을 해당 사회에서 지배적인 시각, 이념 내지 시대정신으로 보는 경우이다. 이러한 입장은 공정성이 사회, 역사에 따라 유동적으로 적용될 수 있는 개념이라는 시각을 넘어서, 특정한 시기에 우위를 점한 이념적, 정치적 이해관계 내지 지배적인 '정파적 관점'을 공정성과 동일시할 것을 주문한다.

2004년 탄핵방송 논란 당시 한국언론학회에서 내놓은 탄핵방송 보고서에 대해 제기된 아래와 같은 비판이 그러하다.

> 국회의 탄핵소추가 합법적일 수는 있으나 이것이 대다수의 국민 의견으로부터 대표성을 인정받지 못했다면 이는 정당하지는 못한 것이다. 국민 대다수가 야당의 탄핵소추에 대해 정당성을 부여하지 않았기 때문에 탄핵 국면은 정당한 논쟁의 영역이라기보다는 일탈의 영역에 가까운 것이었다(원용진·홍성진·방희경, 2008, p. 201).

유사한 입장에서 이창현(2008)은 이 보고서가 이데올로기, 헤게모니의 문제나 역사성을 고려하지 않은 채 기계적으로 공정성을 평가한 결과라고 비판했다. 이러한 주장을 정리하면 노무현 대통령 탄핵 국면은 국민 대다수의 의견이나 이른바 시대정신에 반하는 사태였기 때문에 균형적으로 찬반 의견을 반영해야 하는 이슈가 아니었으며, 오히려 지배적 여론을 반영한 지상파 방송사의 보도가 공정했다는 것이다.

최영재와 홍성구(2004)도 같은 관점에서 공정성을 "민주사회 내부에서 관용 가능한 언론자유의 범위를 규정하고, 시민들의 자율적 합의에 의해 민주주의를 발전시키는 규범적 가치를 인정하는 것"(p. 339)이라고 보고, "시민사회의 지배적 의견을 반영한 공영방송의 보도 및 편성은 정당하지 못한 의회권력의 견제측면에서 공정성의 가치를 갖는다"(p. 339)고 주장하였다. 다시 말해, 공정성 판단의 중요한 기준으로 지배적 여론 여부를 포함해야 한다는 것이다.

공정성을 상황적으로 판단해야 한다는 입장은 공정성을 바라보는 관점의 차이를 옹호하는 상대주의적 시각으로 치우치기도 한다. 김연식(2009)은 방송 저널리스트들을 대상으로 설문조사를 실시하여, 이들의 인식을 중심으로 공정성을 구성하는 하위요소를 사실성, 균형성, 맥락성, 다양성, 자율성 등으로 구성하였다. 그는 여기서 프로그램 장르별로 제작자들이 중요시하는 하부가치가 다른 것을 확인하였다. 이를테면 기자들을 균형성과 중립성을, PD(프로듀서)들은 사실성과 맥락성을 더 중시한다는 것이다. 광우병 사태 당시 〈PD수첩〉에 대한 공정성 잣대가 기자 저널리즘과 다른 PD 저널리즘[5]의 특성을 고려하지 못했다는 지적(원용진·홍성일·방희경, 2008; 조항제, 2014) 역시 이러한 관점을 내포한다. 이러한 관점을 요약하면, 같은 사안을 다루는 동일한 장르의 시사프로그램일지라도 〈PD수첩〉(MBC)과 같이 PD들이

---

5 PD 저널리즘은 심층 탐사 저널리즘을 통해 사회정의를 구현할 가능성을 지닌 방송 저널리즘 형식이다. 하지만 이러한 가능성은 역으로, 게이트키핑이 이루어지지 않는 가운데 감성적 설득장치를 활용해 특정한 의도에 따라 창작된 스토리가 객관적 저널리즘의 이름으로 등장할 위험을 내포한다. MBC의 〈PD수첩〉은 이러한 PD 저널리즘의 가능성과 위험을 전형적으로 보여주었다. 황우석 사태 당시 프로그램 폐지위험에 직면하면서까지 황우석 교수의 사기행각을 파헤쳤다. 역으로 미국 쇠고기의 광우병 위험 고발 프로그램은 그 역기능이 두드러진 사례였다(윤석민, 2011, p. 195).

만드는 프로그램에는 좀더 완화된 공정성의 잣대가, 기자들이 만드는 〈시사기획 창〉(KBS)과 같은 프로그램에는 그보다 더 엄격한 공정성의 잣대가 적용되어야 한다는 것이다(이에 대한 자세한 논의는 이 책의 제 7장 참조).

이러한 상대주의적 관점과 같은 맥락에서, 하지만 그 정반대 축에서 공정성을 무용(無用)한 개념으로 보는 시각도 있다. 코바치와 로젠스틸(Kovach & Rosenstiel, 2001)은 "공정성이 너무 추상적이며, 진실보다 더 주관적"(p. 85)인 개념이라고 주장했다. 이들은 그 근거로 보수성향의 매체든, 진보성향의 매체든, 미국의 상업적 매체에서 일하는 언론인들이 한쪽으로 편향적 저널리즘을 생산하면서도 그러한 사실을 부정하고 공개적으로 자사 보도의 '공정성'을 강조하는 현실을 들었다. 예컨대, 대표적 우파매체로 알려진 폭스 뉴스(Fox News) 역시 스스로를 "공정하고 균형 잡혀 있다"(p. 135)고 홍보한다는 것이다.

이와 함께 이들은 균형성 역시 다분히 주관적 개념이라고 평가했다. "균형성은 왜곡으로 이어질 수 있다"(p. 140)는 것이 이들의 주장이다. 다시 말해, 한 이슈에 대해 이 양쪽의 주장이 동등한 무게를 갖지 않는다면 양쪽에 공평하게 균형을 맞추는 것 자체가 오히려 공정하지 않은 결과를 초래한다는 것이다. 또한 두 개 이상의 관점을 가질 수 있는 이슈일 경우, 또 어떤 관점을 중시해야 하는지도 명확하지 않다고 덧붙였다. 이러한 측면에서 공정성은 실현 불가능한 개념이라는 것이다.

이러한 무용론적 시각은 기존의 공정성 관련 논의들을 종합하여 공정성 개념을 3가지 입장으로 정리한 알란(Allan, 2005)에게서도 찾아볼 수 있다. 그 첫째는 균형적 입장으로, 앞서 논의한 미디어 공정성 개념 유형 중 첫 번째 유형에 상응한다고 할 것이다. 공정성을 주관의 배제와 양적, 질적인 균형으로 보는 입장이다. 그 둘째는 중립적 입장으로,

38

이 장에서 제시한 미디어 공정성 개념의 두 번째 유형에 해당한다고 할
것이다. 즉, 객관성이 저널리즘의 이상이라고 보고, 객관성을 추구하
기 위한 수단으로서 공정성을 중시하는 입장이다. 세 번째는 반대 입장
으로, 공정성 원칙을 부정하는 입장이다. 즉, 공정성은 정치적 헤게모
니에 의해 결정되는 경향이 크고, 소수의견을 조망하는 것이 아니라 오
히려 묵살하는 데 이용될 가능성이 있으므로 원칙의 필요성 자체가 재
고되어야 한다고 보는 입장이다. 이러한 견해는 시대와 문화를 초월한
객관적 공정성의 존재 자체에 회의적 시각을 전제하고 있다.

다섯째, 공정성 개념을 정의하는 마지막 유형은 공정성을 단일한 의
미를 내포하는 개념이 아닌 다층적이고 복합적인 개념으로 이해하는
연구들이다. 대표적으로, 영국 BBC는 '적절한 불편부당성'(Due Impar-
tiality)을 저널리즘에 요구되는 거의 모든 개념을 총망라하고 있는 집합
체로 설명한다.

> 연금술사의 선반에 정확성(accuracy), 균형(balance), 맥락(context),
> 거리두기(distance), 공평함(fairness), 개방성(oppenmindedness), 엄
> 격함(rigour), 자기인식(self-awareness), 투명성(transparency), 그리
> 고 진실(truth) 등 12가지 이름이 붙은 병들이 있다고 상상해 보자. 이들
> 중 단 한 가지만 골라 타당하게 불편부당성(impartiality)이라고 다시 이
> 름 붙일 수 없다. 이 모든 병들이 공정성을 구성하는 필수적 요소들이며,
> 연금술사, 즉 프로그램 제작자의 역할은 이들을 혼합하여 하나의 복합적
> 칵테일(complex cocktail)을 만드는 것이다(BBC Trust, 2007, p. 23).

즉, BBC는 공정성의 개념을 단일한 개념 이상의 종합적이고 복합적
인 규범으로 판단하고 있는 것이다. 국내에서도 이처럼 공정성을 다중
적 개념으로 파악한 연구들이 많다. 백선기(2002)는 사실성과 균형성

을 공정성을 구성하는 핵심개념으로 보았고, 강태영(2004)은 정확한 보도, 균형적 보도, 정보의 누락이 없는 보도, 종합적 보도, 다양한 보도, 양시양비론을 지양하는 보도, 불편부당한 보도 등으로 분류했다 (손영준, 2011 재인용). 이민웅 등(2006)도 공정성을 객관성, 사실성, 균형성, 중립성, 다양성 등 여러 개념과 밀접하게 연결된 다차원적 개념으로 보았다. 김민환 등(2008)은 공정성을 사실성, 불편부당성, 그리고 균형성 등 3가지 하위개념으로 구성된 복합적 개념으로 조작화하였다.

　이처럼 공정성 개념을 다층적이고 복합적인 개념으로 보는 관점은 한걸음 더 나아가 공정성을 균형성, 객관성, 다양성 등과 같은 종래의 저널리즘적 가치들을 아우르는 상위의 개념, 이른바 '실체적 진실'의 추구와 관련된 개념으로 격상시키기도 한다. 일례로 강태영과 권영설(2000)은 공정성을 객관성〔균형성〕[6]의 양면적 가치를 초월하는 실체적 진실 추구를 위한 수단으로 파악하였다. 이민웅 등(2006)도 '진실'을 저널리즘의 최상의 가치로 보고, 공정성이 바로 진실을 추구하기 위한 수단이라고 평가하였다. 이창현(2008)은 공정성을 형식적 차원과 내용적 차원의 공정성으로 분류했는데, 여기서 형식적 차원은 사실성, 정확성의 의미로 파악했고, 내용적 차원은 진실성, 이데올로기성 등을 포함한다고 보았다.

---

6 〔 〕는 필자주.

2. 관점들에 대한 평가

지금까지 갈래에 갈래를 쳐 조금은 복잡해진 논의를 정리해 보자. 종래의 연구들을 종합할 때 미디어 공정성 개념을 바라보는 관점은 크게 5가지 유형으로 구분할 수 있다. 이는 ① 공정성을 비편향적 균형 개념으로 파악하는 관점, ② 객관성 또는 객관성의 하부개념으로 보는 관점, ③ 공정성을 다양성의 보장으로 해석하는 관점, ④ 공정성을 상황적 내지 맥락적인 개념으로 보는 관점, ⑤ 상기의 관점들을 종합하여 공정성을 다층적이고 복합적인 개념으로 규정하는 관점이다.

이처럼 미디어 공정성 개념은 하나의 일관된 관점으로 깔끔하게 정리하기 어려운 측면이 있다. 그러나 선행연구들을 종합하는 과정에서 발견되는 중요한 사실은 이러한 관점들은 서로를 배척하며 부정하지는 않다는 것이다. 연구자들은 자유롭게 이러한 관점을 오가며, 어떤 입장을 취하든 다른 관점에 대해서도 상호 보완적이고 개방적인 태도를 견지하는 경우가 보통이다. 이 중 두 가지 이상의 관점을 동시에 드러내는 연구자들도 있다.

문제가 되는 것은 이러한 관점들이 극단에 치우치는 경우이다. 이러한 극단적 입장들은 왕왕 여타의 관점들과 충돌하고 공정성 개념의 실질적 적용차원에서도 어려움을 가중시키는 경우가 많다. 이러한 극단적 입장들은 앞서 살펴본 관점들에서 두루 발견된다.

그 첫째 사례로 공정성을 비편향적 균형으로 바라보는 관점에서 더 나아가 가치판단을 개입한 '적극적' 균형의 개념으로 해석하는 입장을 들 수 있다. 앞서 소개한 손영준(2011)의 논리에 따르면 공정한 TV 뉴스는 사회적 약자에게 더 많은 '배분적 정의'를 실현할 필요가 있다. 이 경우 누구를 사회적 약자로 볼 것이며 이들에게 구체적으로 어떤 방식으로 배분적 정의를 실현할 것인지가 해결이 어려운 쟁점으로 남는다.[7] 또한 그는 방송 보도시간과 보도 프레임을 배분의 정의가 실현되어야 하는 공적 자원으로 보는데 이러한 접근방식이 과연 타당하며 공적 미디어가 아닌 사적 미디어에 대해서도 이러한 주장이 적용될 수 있는지에 대해 의문이 제기될 수 있다.

같은 문제가 이준웅(2013)의 주장에도 적용된다. 보도에 가장 영향을 받을 것이라 예측되는 당사자의 목소리를 정당하게 포함해야 한다는 담론적 공정성의 원칙은 언뜻 보아 이상적 제안이지만, 보도에 '가장' 영향을 받을 것으로 예측되는 당사자를 누가 어떤 기준으로 판단할 것이며, 마감시간 제약과 1분 30초~2분 내외의 짧은 리포트로 구성된 현실의 TV 보도 환경에서 이들의 목소리를 담아낸다는 것이 실천 가능한 주문인지가 관건이 된다. 박재영(2004)이 공정성을 균형으로 정의하면서 '실현가능성'에 집중한 것은 이러한 문제의식 때문이라고 할 것이다. 약자 배려의 원칙과 관련해서도 손영준의 논의에 대해 지적한 것처럼 여러 이해집단 중 어느 쪽이 열등한 집단 내지 약자인지 판단하는 문제는 현실적으로 쉽지 않을뿐더러 자칫 파퓰리즘으로 대표되는 정파적 시각에 휩쓸려 여론의 왜곡을 초래할 위험을 안게 된다.

공정성 개념을 다층적이고 복합적인 개념으로 보는 관점에서 더 나아가 공정성을 균형성, 객관성, 다양성과 같은 형식적 가치들을 아우르는 상위의 개념, 이른바 '실체적 진실' 추구의 원칙으로 격상시키는 주장에 대해서도 동일한 문제가 지적될 수 있다. 이를테면 조항제(2014)는 '길리건-허튼' 파동[8]의 사례를 들며 진실의 중요성을 역설한

---

7 이는 뒤에 논의할 상황론적 극단론 중 정파적 시각과 유사한 한계를 드러낸다고 할 것이다.
8 2003년, BBC의 앤드류 길리건(Andrew Gilligan) 기자가 한 프로그램에서 이라크의 대

바 있다. 당시 허튼 위원회는 BBC의 길리건 기자가 다수의 취재원에게 사실을 교차 확인하지 않고 제보자에게만 의존해 보도한 것과 관련해, 보도의 근거가 희박한 문제가 있다고 판단하였다. 이에 대해 조항제는 허튼 위원회의 결론이 형식적 측면에서의 공정성만 평가하였을 뿐, '실체적 진실' 측면에서의 공정성은 감안하지 못했다고 비판한다. 사건 이후 시간이 지나면서 결국 이라크에 대량살상 무기가 없었다는 것이 사실로 드러났기에 당시 보도에는 "실체적 차원에서"(p. 307) 믿을 만한 근거가 있었다는 것이다. 그는 동일한 관점에서 2004년 한국언론학회 탄핵방송 보고서의 결론이 형식적 측면의 공정성만 분석한 결과라고 지적한다.

그러나 이처럼 공정성 원칙을 실체적 진실을 추구하는 궁극적인 저널리즘 원칙으로 개념화할 경우, 공정성은 자칫 현시점에서는 판명이 불가능한 개념으로 전락해 현실적 유용성을 상실할 위험이 있다. 이러한 실체적 진실은 어느 순간 갑작스레 밝혀질 수도 있고, 복잡한 사안의 경우 수년 혹은 수십 년 뒤에 밝혀질 가능성도 있으며, 심지어는 영원히 밝혀지지 않을 가능성도 있다. 이 경우 공정성 원칙은 충분한 확인을 거치지 못한 섣부른 보도를 정당화하거나, 역으로 충분한 확인을 거친 가치 있는 보도가 나가는 걸 가로막는 '코에 걸면 코걸이, 귀에 걸면 귀걸이식' 명분으로 동원될 가능성이 있다. 어느 쪽이건 공정성을 실체적 진실을 추구하는 원칙으로 개념화하는 시도는 득보다 실이 큰

량살상 무기에 대한 정부 문건에 문제가 있다는 요지의 보도를 한 이후 벌어진 정부와 BBC 간의 갈등을 둘러싼 사건. 당시 정부는 BBC 보도에 "근거가 없다"고 강력히 반발했고, 그러던 중 길리건 기자의 주요 제보자였던 데이비드 켈리(David Kelly) 박사가 자살하면서 사태가 심각해졌다. 이에 정부는 허튼 위원회에 조사를 지시했고, 당시 허튼 위원회는 BBC의 보도에 근거가 없었다고 결론 내렸다. 이에 따라 BBC 경영진은 퇴진하게 된다. 이 사건과 관련된 보다 자세한 소개는 이준웅(2008) 참고.

주장이라 할 것이다.

하지만 공정성 원칙과 관련해 앞서 살펴본 관점 중 가장 큰 문제는 상황론적 관점이 극단으로 흐르는 경우에서 찾아볼 수 있다. 정파적 시각, 상대주의적 시각, 그리고 무용론적 시각으로 분류되는 극단적 입장들이 그것이다. 상황론적 극단론이라고 명명할 수 있을 이러한 입장들은 근본적으로 미디어 공정성이 실체적 개념이 아니라는 것을 전제한다.[9] 공정성을 바라보는 관점의 차이를 넘어 합의 가능한 공정성의 원칙 자체를 부정하는 것이다. 이에 따라 이러한 극단론적 시각들과 나머지 관점들 간에는 해소 불가능한 근원적 간극이 생기게 된다.

예를 들어 탄핵방송 자체 및 탄핵방송 보고서를 둘러싼 사회적 논란, 〈PD수첩〉 광우병 프로그램 논란 등을 우리 사회가 끝내 결론지을 수 없었던 이유는 바로 이 두 입장 간의 이견이 좁혀지지 않았기 때문이라 할 것이다. 탄핵방송 보고서 논란 당시 이 보고서에 대해 반발했던 한 언론학자의 발언(윤석민, 2011, p. 7에서 재인용), 그리고 한국방송학회와 한국언론정보학회의 공동기자회견 내용(2004)은 이 같은 근원적 입장차를 여실히 보여준다.

국민 대다수가 탄핵이 잘못됐다고 생각하는 것으로 각종 여론조사는 물론 총선결과를 통해서도 나타났는데 그런 가치판단은 배제하고 양적으

---

9 따라서 앞의 4가지 관점(공정성을 균형성, 객관성, 다양성으로 보든 아니면 이를 아우르는 복합적 개념 내지 상위의 목적으로 보든)을 실체설적 입장이라고 한다면 이러한 극단적 입장들은 공정성 원칙의 실체를 부정하고 상황적 맥락을 강조한다는 차원에서 과정설적 입장이라고 명명할 수 있다. 공정성 원칙을 둘러싼 실체설적 입장과 과정설적 입장의 구분은 정책연구의 핵심개념인 '공익' 개념을 바라보는 실체설적 입장과 과정설적 입장 구분과 유사성을 지닌다(윤석민, 2005, 2장 참조). 하지만 공익개념에서의 과정설적 입장이 '공익' 개념에서의 정치적 요소를 강조하며 이에 대한 분석차원의 고려를 강조하는 시각이라면, 공정성 원칙의 과정설적 입장은 그 자체가 특정한 정치적 시각을 띤다는 차이가 있다.

로만 분석한 것은 언론학자로서 자세조차 의심스럽다(탄핵방송 보고서에 대한 한 언론학자의 지상 발언).

공정성은 연구자가 사회와 언론을 바라보는 가치와 세계관의 문제와 밀접히 관련되기 때문에 다른 이론적 틀과 다르게 공정성을 정의하는 연구집단이 분석하면 상이한 연구결과가 나올 수 있다는 사실을 염두에 두어야 한다(탄핵방송 보고서 사태 당시, 한국방송학회와 한국언론정보학회의 기자회견 내용).

상황론적 극단론은 그 출발(상황론적 관점)에서 사회적 맥락과 합의를 강조한다. 하지만 이러한 입장은 결과론적으로 공정성 원칙을 합의가 불가능한 정치적 관점의 문제, 세계관의 문제로 전환시켜 소모적 논쟁을 야기한다. 이러한 입장은 종종 정치적 이념 내지 이해관계와 결합되곤 하지만 그 본질은 오히려 정치적 입장차를 불문한 '정치적 미성숙성' 내지 '정치적 포용성의 한계'에 가깝다. "그간 한국 사회에서 제기된 공정성 논란은 자신과 일치하는 이념을 언론이 대변하고 있지 않다고 보는 집단에서 공정성 요구를 제기하는 데서 발생했고, 이념적 스펙트럼의 좌우 모두에서 상이한 판단에 따라 '보도의 불공정성'을 주장하는 파국이 벌어졌다. (이준웅, 2013)"

이와 같은 극단론적 시각들의 논리적 한계를 세부적으로 짚어 보도록 하자. 첫째, 공정성을 한 사회를 지배하는 시대정신 혹은 지배적 이데올로기 측면에서 평가하는 정파적 시각은 공정성 원칙을 하나의 실체적 가치로 인정하지 않고 여론정치 현상으로 보는 입장이다. 그 배후에는 정치권력에 앞서 다수 국민들의 정서 및 여론을 중시하는 참여 민주주의에 대한 열정이 깔려 있는 경우를 왕왕 보게 된다. 하지만 이러한 시각은 사회에서 주류를 이루는 정치적 관점을 공정한 입장과 동일시함으로써 역설적으로 비주류의 대안적 시각이 정당하게 다루어질 가능성을 배제하는 '비민주성'을 내포한다. 마치 토크빌(A. Tocqueville)이 말한 민주주의적 독재(*democratic tyrannism*) 내지 밀(J. S. Mill)이 예견한 전제주의적 여론체제(*regime of public opinion*)를 옹호하는 양상이다. 정리하면 정파적 시각은 실질적 가치로서의 공정성 개념을 부정함은 물론, 사회 내의 다양한 관점들을 균형감 있게 객관적으로 보도할 것을 주문하는 저널리즘의 기본 원칙들과도 정면으로 배치되며, 더 나아가 민주주의를 앞세우지만 정작 민주주의의 기본원리를 부정하는 문제를 안게 된다.

둘째, 상대주의적 시각은 공정성 원칙을 상황이나 대상에 따라 다르게 적용할 것을 주장하는 시각이다. 이처럼 공정성 원칙이 일관성 없이 적용되는 상대적 개념으로 치환될 경우, 동 원칙은 콘텐츠를 평가하는 원칙으로서의 존재가치 내지 기능성을 상실하게 된다. 앞서 살펴본바, 기자 저널리즘과 PD 저널리즘의 태생적 차이를 근거로 후자에 대해 차별적(보다 느슨한) 기준의 공정성 원칙을 적용할 것을 요구하는 주장에는 이 같은 전형적인 상대주의적 시각이 깔려 있다고 할 것이다(이에 대한 자세한 논의는 이 책의 제 7장 참조).

이러한 주장의 논리적 오류는 자명한 것이다. 일반적으로 이러한 상대주의 입장을 취할 경우 공정성 원칙 자체가 '공정성' 논란에 휩싸이면서 공정성 논란은 더욱 확대될 수밖에 없다. 특히 한국 사회처럼 정치 이념이 양극화된 사회에서는 이념적, 정치적 쟁점이 발생할 때마다 미디어 공정성 논란이 반복될 가능성이 크며, 이때 공정성 원칙은 처음부터 특정 이념을 지지하거나 반대하는 정쟁의 도구로 전락하게 된다. PD들이 수행하는 저널리즘 활동이 생래적으로 저널리즘의 기본가치들을 위배할 가능성이 크다면, 그에 따른 보다 타당한 논리적 귀결은 '그러므로 PD 저널리즘에 대해선 일반방송 저널리즘에 비해 한층 면밀하고 조심스런 접근이 필요하다'가 되어야 한다.

> PD 저널리즘은 분명 사실을 전달하기보다는 사실을 만들어 내려 하고, 사실에 앞서 의도를 앞세우고, 이성보다 감성에 소구하려는 데 따른 위험을 지닌다. 하지만 정도의 차이가 있지만 모든 저널리즘이 이러한 위험에서 일정 부분 자유롭지 못하다고 할 것이다. 중요한 것은 이러한 새로운 저널리즘적 시도가 잘못된 방향으로 흐르지 않도록 한층 엄격한 사실검증 내지 제작보완 시스템을 운용하는 일이라 할 것이다. 또한 문제 발생시 신속하게 대응하고 책임지는 위기관리시스템이 필요하다. 이 같은 맥락에서 〈PD수첩〉 광우병 프로그램의 문제는, PD 저널리즘이라는 새로운 저널리즘 형식 자체의 문제만큼이나 이러한 저널리즘 형식을 책임 있게 운용하는 관리시스템의 문제였다(윤석민, 2011, p. 596).

상황론적 극단론의 세 번째 유형인 공정성 원칙에 대한 무용론적 시각은 공정성 개념 자체를 회의적으로 평가한다는 점에서 이상에서 살펴본 정파적 시각이나 상대주의 시각에서 한걸음 더 나아간다. 공정성 원칙은 너무 추상적이고 현실과 배치되며 실현 가능성이 없기 때문에 무용하다는 것이다. 앞서 인용한바, 보수적 매체인 폭스 뉴스조차 보도의 핵심가치로 '공정성'을 내세울 만큼 동 개념은 실효성이 없다는 것이다(Kovach & Rosenstiel, 2001). 그러나 아무리 폭스 뉴스가 스스로 공정하다고 주장한다 할지라도 폭스 뉴스가 '보수 채널' 혹은 편향적 채널이라는 점은 잘 알려진 사실이다. 이는 사회구성원들의 인식에는 방송사 스스로, 혹은 특정 당파적 관점을 가진 이들이 포장하여 하는 말보다 더 광범위하게 공유되는 편향성, 혹은 공정함에 대한 기준이 자리 잡고 있음을 의미한다.

만일 폭스 뉴스가 내세우는 공정성에 문제가 있다면 그에 대한 정상적 해법은 공정성 원칙 무용론이 아니라 폭스 뉴스의 공정성을 보다 엄정하게 평가하고 그 기준을 바로 세우는 방식이 되어야 할 것이다. 이러한 접근방식을 도외시한 채 공정성 원칙의 오남용 내지 실효성에 대한 우려를 근거로 공정성 원칙에 대한 무용론을 주장하는 것은 원인과 결과의 선후가 뒤바뀐 비관론적 순환논리라는 비판을 피하기 어렵다.[10]

미디어 공정성 원칙을 바라보는 다양한 관점들을 평가해 온 지금까지의 논의를 정리해 보자. 이상의 평가작업을 통해 이 연구에서 강조하고자 하는 것은 공정성은 혼란스럽고 규정하기 어려운 개념임은 분명하지만, 그럼에도 불구하고 그에 대한 논의를 생산적 방향으로 이끄는 것 자체가 불가능하지는 않다는 것이다.

이를 위해서는 우선 공정성 원칙에 대한 기본 전제가 합의되어야 한다. 첫째, 이 장에서 몇 가지 사례를 제시한 바대로 미디어 공정성 원칙에 대한 논의에서 어떠한 형태로든 극단론적 시각에 치우치는 일을 경계할 필요가 있다. 공정성을 균형의 원칙을 넘어선 '적극적' 균형(정의구현)으로 정의한다든지, 균형성, 객관성, 다양성과 같은 저널리즘의 가치를 넘어선 '궁극적' 가치로 포장하는 주장이 그것이다. 이처럼 과도하게 나아간 시각들은 필연적으로 보다 온건한 여타의 관점들과 충돌을 빚고 실질적인 조작적 적용차원에서도 문제를 초래하게 된다.

둘째, 특히 경계해야 할 것은 정파적 접근, 상대주의 내지 무용론적 시각으로 대표되는 상황론적 극단론이다. 이러한 시각들은 공정성 원칙을 바라보는 관점의 차이를 넘어 합의 가능한 공정성 원칙의 실체 자

---

10 우리나라의 경우 종합편성 채널의 공정성 위반이 심각함에도 불구하고 방송심의의 폐기를 주장하는 입장에서 같은 문제점을 엿볼 수 있다. 제2장 4절의 논의 참조.

48

체를 애초에 부정하는 시각으로 여타의 관점들과 근원적으로 해소될 수 없는 간극을 내포한다. 이러한 시각은 정치적 입장 차를 불문한 "정치적 미성숙성", "정치적 포용성의 한계" 내지 "뜨거운 가슴과 차가운 머리를 구분 못하는 학술적 아마추어리즘"(윤석민, 2011, p. 7)에 뿌리를 둔다. 이러한 미성숙한 극단론을 벗어나 공정성 원칙의 실체적 가치[11]를 인정하는 것만으로도 공정성 원칙을 둘러싼 논의는 한층 성숙해지고, 이를 둘러싼 사회적 갈등과 혼선은 상당부분 바로잡히게 될 것이다.

물론 이러한 전제에 합의한 경우에도 공정성을 균형성으로 볼 것인가, 객관성(중립성)으로 볼 것인가, 다양성으로 볼 것인가, 아니면 이 모든 가치를 아우르는 복합적 가치로 볼 것인가라는 문제가 여전히 남는다. 하지만 이는 속성이 상이한 미디어 공정성 사안별로 이러한 가치들의 적절한 결합 내지 절충방식을 찾아내는 미디어 공정성 원칙의 조작적 응용과정 내지 평가모형 구축의 의미를 지닌다는 점에서 종래의 소모적 극단론들과 구별된다고 할 것이다.

---

11 그 가치가 무엇인지는 2장에서 보다 자세하게 상술.

3. 공정성 평가모형

공정성 원칙을 둘러싼 혼선의 원인을 개념적 차원에서 분석한 이상에서의 논의는 자연스레 이 원칙을 실제상황에 적용하여 공정성을 평가하고 측정하는 평가모형 구축의 문제로 이어지게 된다. 실제로 국내에서 이루어진 공정성 연구의 다수는 공정성 원칙을 구성하는 하위개념들을 종합하여 모형화하고, 이를 통해 미디어의 실질적인 공정성 수행상태를 평가하는 방식으로 진행되어 왔다.

앞서 언급한 대로 공정성 평가모형은 속성이 상이한 미디어나 공정성 사안별로 공정성을 구성하는 가치들(예를 들어 균형성, 객관성, 다양성 등)의 가장 타당하고 적절한 결합 내지 절충방식을 찾아내는 미디어 공정성 원칙의 현실 적용모형이라 할 것이다. 이러한 평가모형은 평가의 대상이 되는 사안이 무엇인가에 따라 탄력적으로 구성될 수 있다. 이를테면 공영방송 공정성 평가모형과 종합편성 채널의 공정성 평가모형이 각각 다르게 구성되는 것이 그것이다.[12]

하지만 앞서 살펴본 공정성 원칙의 개념에서와 마찬가지로, 공정성 평가모형에서도 생산적이고 합리적인 평가가 이루어지기 위해 지켜져야 할 원칙이 있다 할 것이다. 이 절에서는 국내의 공정성 연구에서 중요한 기준을 제시한 대표적인 공정성 평가모형을 중심으로 이러한 원칙은 무엇일지 검토해 보고자 한다. 보다 구체적으로, 이를 위해 공정

---

[12] 이러한 맥락에서 임태섭(1993)은 다양한 방법으로 정의되는 공정성은 모두 나름대로의 장점이 있으며 어떤 구성방식이 더 우월한지 평가하기 어렵기 때문에 연구자마다 연구 목적에 맞는 하위개념 구성을 하는 것이 타당하다는 입장을 제시한 바 있다. 지상파방송 평가모형의 대표적인 사례가 뒤에서 살펴볼 탄핵방송 공정성 평가모형이다. 종합편성 채널의 공정성 평가모형에 대해서는 8장의 논의 참조.

성 관련 논의에서 가장 널리 인용되는 웨스터슈탈(Westerstähl, 1983)
의 뉴스 객관성 모형, 강명구의 뉴스 공정성 평가모형(1994), 그리고
한국언론학회 탄핵방송 공정성 연구팀의 (탄핵) 방송 공정성 평가모형
(2004) 을 살펴보자.

첫째로, 웨스터슈탈은 공정성 연구자들이 논의의 출발점으로 삼는
선구적인 뉴스 공정성 평가모형을 제시한다는 점에서 가장 우선적인
검토대상이 될 만하다. 이를테면 2008년 방송통신심의위원회의 연구
위탁을 받아 김민환, 윤영철, 임영호 등 6명의 중견 언론학자들이 방송
의 공정성 심의기준을 포괄적으로 검토한 연구에서도 방송의 공정성을
구성하는 하위원칙을 일차적으로 웨스터슈탈 모형에서 구하고 있다(김
민환 등, 2008, p. 269).

웨스터슈탈의 모형에서 가장 우선적으로 주목할 사항은, 앞서 공정
성 개념의 유형을 논의하며 언급했지만, 그의 평가모형이 공정성이 아
닌 객관성 평가모형이라는 점이다. [13] 그는 객관성이 스웨덴 언론인들
의 직업적 규범(norms) 으로 통용되고 있음에도 불구하고, 객관성 개념
에 대한 이론적 논의가 부족하다는 문제의식에서 연구를 시작하였다.
그는 이를 위해 베트남 전쟁, 특히 구정 대공세(Tet Offensive) [14]를 다룬

---

[13] 하지만 그의 모형을 인용하며 이루어진 후속연구들은 이에 대한 별다른 이의제기 없이 그
의 모형을 공정성 모형으로 간주해 왔다. 예를 들어 김민환 등은 "웨스터슈탈의 객관성은
하위 조건들이 충족될 때 당사자들에 의해 공정한 것으로 이해된다는 점에서 어렵지 않게
공정성 논의로 대체될 수 있었다"(p. 269) 면서 그의 객관성 모형을 공정성 모형으로 수용
하고 있다.

[14] 베트남 전쟁 당시 1968년 1월 30일 밤 전개된 베트남 인민군(NVA) 과 남베트남 민족해방
전선(NLF, 베트콩) 의 대공세이다. 초반에는 베트콩이 미군과 남베트남의 주요 시설을
빠른 시간 내에 점령했지만, 곧장 미군과 남베트남 국군에 의해 진압되었다. 이로 인해
남베트남 내 존속했던 베트콩이 궤멸 직전에 이르렀으나, 오히려 반전에 대한 국제적 여
론이 형성되면서 북베트남은 전략적 승리를 얻게 되었다. 이로 인해 구정 대공세는 베트
남 전쟁에서 베트남 민주공화국이 승리하는 데 결정적 계기가 된 것으로 평가된다(위키백

스웨덴 신문과 TV, 라디오 방송 보도기사를 분석하여 그 결과를 바탕
으로 〈그림 1-1〉과 같이 뉴스 객관성의 평가모형을 만들었다. 모형에
따르면 객관성은 '사실성'과 '불편부당성'으로 구분되고, 사실성은 다시
'진실'과 '관련성', 그리고 불편부당성은 '균형'·'비당파성'과 '중립적 제
시'로 나뉜다.

　그의 모형에서 주목할 또 다른 점은 객관성을 구성하는 두 개의 하위
개념으로 사실성과 불편부당성을 제시했다는 것이다. 하지만 이처럼
객관성을 이론적으로 구성한 이유는 이론적 숙고와는 거리가 있다. 그
는 객관성 평가모형을 제시한 주요 이유를 당시 스웨덴 방송사를 규제
하기 위해 마련된 스웨덴 〈방송법〉상에 '객관성' 개념이 언급되지 않고
사실성과 불편부당성만 존재했기 때문이라고 언급한다. 이에 비추어,
그의 모형은 현실적으로 실현 가능한 객관성 규범을 정립하기 위해 스
웨덴 〈방송법〉상에 나와 있는 개념들 중 객관성을 규정할 수 있는 요소

〈그림 1-1〉 웨스터슈탈의 뉴스 객관성 모형

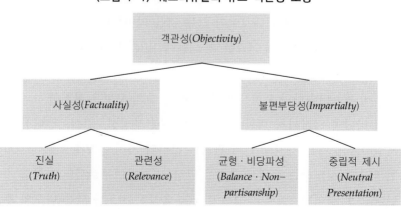

출처: Westerståhl, 1983, p.405에서 인용

___

　과, URL=https://ko.wikipedia.org/).

를 찾아낸 결과임을 알 수 있다.

웨스터슈탈(1983)이 정리한 각 개념의 의미를 보다 구체적으로 살펴보자. 먼저 사실성의 하위개념 중 하나인 진실은 정보를 정확하게 (*accurately*) 보도하는 것을 의미한다. 이때 핵심은 사안의 중점적 정보의 정확한 전달이며, 기사의 중심내용에 별다른 영향을 주지 않는 사소한 오류(*minor error*)를 지적하는 것은 아니다. 둘째, 관련성은 이슈와 관련된 적절한 정보를 선택하여 보도했느냐를 의미하며, 웨스터슈탈은 그 수준이 독자 또는 시청자가 관련성이 있다고 납득할 만한 정도여야 한다고 설명한다.

불편부당성의 첫 번째 하위개념인 균형·비당파성은 앞의 절에서 우리가 분류한 공정성의 '균형' 개념과 유사하다. 웨스터슈탈은 균형·비당파성이 대립되는 양쪽에 할당된 지면(방송시간)의 양, 특정 당파를 지지하거나 반대하는 입장을 드러내는지 여부 등으로 측정될 수 있다고 보았다. 마지막 개념인 중립적 제시란 기사에서 기자가 보도의 주체와 자신을 동일시하거나 그에게 부정적 입장을 취하지 않고, 일정한 거리를 두어 찬반 입장을 내보이지 않는 것을 의미한다. BBC가 자사의 불편부당성을 정의할 때 언급한 '거리두기'(BBC Trust, 2007)에 상응하는 개념이라 할 것이다.

이제 웨스터슈탈의 모형을 평가해 보자. 그의 모형은 최소한 그의 모형이 나왔을 당시까지 객관성, 사실성, 불편부당성, 진실, 중립성 등 저널리즘의 기본 가치들 간의 관계를 하나의 가시적 모형으로 체계화한 최초의 시도라는 점에서 주목할 만한 선구적 연구로서의 가치를 지닌다고 할 것이다. 실제로 그의 연구는 유사한 시도를 담은 다수의 후속연구들을 촉발시키게 된다.[15] 따라서 공정성 평가모형에 대한 논의가 그의 모형에서 출발점을 찾는 것은 여러모로 자연스럽다고 할 것이

다. 하지만 선구적 연구인 만큼 현시점에서 볼 때 모형의 한계도 분명
하다.

첫째, 그의 원모형이 공정성이 아닌 객관성 모형이라는 점이다. 공
정성에 해당하는 불편부당성은 그 하위개념으로 포함되어 있다. 이 하
위개념만을 공정성 개념과 관련된 것으로 차용하였을 때 이는 균형·
비당파성과 중립적 제시만을 포함한 매우 단순한 모형으로 축소되기
때문에 후속연구들은 그의 모형 일부보다는 그 전체에 주목한 것으로
보인다. 물론 미디어 공정성에 대한 종래의 논의들 중에는 객관성을 공
정성으로 간주하는 관점(Schudson, 1981; Janowitz, 1975) 도 존재하므
로 그의 모형을 공정성 모형으로 간주하는 것 자체가 잘못된 것은 아니
라 할 것이다. 하지만 그 경우에서, 이를 공정성 원칙에 대한 다수의 관
점들 중 그것을 객관성과 동일시하는 '특수한 관점'으로 위치시키는 것
이 타당하다.

둘째, 실제로 그의 모형은 공정성이 아닌 객관성에 초점을 둠으로써
모형에 포함된 하위개념들 및 전체적 모형의 구성 자체가 그에 맞추어
진 상태라 할 것이다. 예를 들어 공정성 모형에서 중요하게 취급되는
다양성 (*diversity*) 이 빠져 있는 대신, 공정성과는 상대적으로 무관한 관
련성 (*relevance*) 이 들어가 있음을 볼 수 있다.

셋째, 객관성 평가모형이라는 측면에서 보더라도 앞서 지적한 대로
웨스터슈탈의 모형은 이론적 숙고를 통해 도출되었다기보다는 스웨덴
실정법상의 맥락과 요소를 반영하여 만들어진 것이다.

종합적으로 웨스터슈탈의 모형은 이 분야의 선구적 모형으로서의 가

---

15 맥퀘일(McQuail, 1986) 은 웨스터슈탈의 모형을 보완하여 객관성과 비객관성을 포함하
   는 포괄적 뉴스 평가모형으로 발전시켰다. 자세한 내용은 McQuail(1986), McQuail
   (1992), 강명구(1994) 참고.

치는 있지만, 이를 두고 '방송 공정성을 구성하는 하위원칙들을 일차적
으로 이 모형에서 구할 수 있다'라든지 '공정성 원칙과 관련해 합의할
수 있는 최대공약수에 해당한다'(김민환 등, 2008, p. 269) 는 식의 평가
를 내리는 것은 과도해 보인다.

　두 번째로 살펴볼 공정성 평가모형은 강명구(1994) 가 제시한 뉴스
공정성 평가모형이다. 강명구는 한국 언론이 해방 이후의 이데올로기
투쟁기, 1960년대 국가주도의 경제개발계획하에 강제된 언론의 기업
화 시기, 1980년대 상업적 성격의 심화와 군사독재 권력에 의한 언론통
제기를 겪는 과정에서 사실과 균형 같은 기본적 보도의 원칙조차 스스
로 정립하지 못한 채 서구의 객관보도의 외형적 형식만 수용하는 기형
적이고 비체계적인 보도관행을 지니고 있음을 지적한다. 그는 이러한
관점에서 보도의 공정성 개념 역시 한국적 맥락에서 재해석하고 수용
할 필요성을 제기한다.
　이러한 목적하에 강명구(1994) 는 웨스터슈탈과 맥퀘일의 모형을 참
고하여 〈그림 1-2〉와 같은 평가 모형을 제시한다. [16] 이 모형은 공정성
과 관련한 이후의 연구들에 지속적으로 인용되며 국내 공정성 연구의
대표적 이론 틀 중 하나로 자리 잡게 된다.
　강명구의 모형을 구체적으로 살펴보면, 뉴스 공정성은 크게 사실성
검증, 윤리성 검증, 이데올로기 검증의 3가지 하위차원으로 구성되고
있다. 첫째, 사실성은 현실을 있는 그대로 "거울처럼"(p. 38) 보도하는
객관보도를 의미한다. 사실성은 다시 정확성과 균형성으로 구성된다.

---

16 웨스터슈탈의 객관성 모형이 한국의 미디어 공정성 연구자들 사이에서 논의의 출발점으
　로 자리 잡게 된 것은 강명구가 그의 뉴스공정성 연구에서 웨스터슈탈의 모형을 자세하게
　소개하면서 이를 공정성 평가모형의 기반으로 삼은 것이 주된 계기였던 것으로 보인다.

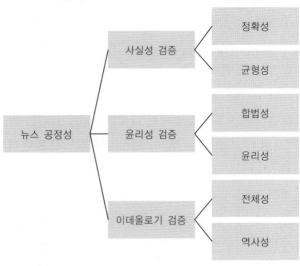

〈그림 1-2〉 강명구의 뉴스 공정성 평가모형

출처: 강명구(1994). p.39

여기까지는 용어와 구성에만 다소의 변형이 나타났을 뿐 웨스터슈탈의 객관성 구성요소에서 크게 배치되는 개념은 드러나지 않는다.

강명구의 모형이 독특성을 드러내는 것은 두 번째 윤리적 검증 및 세 번째 이데올로기 검증 부분이다. 우선 공정성 모형의 두 번째 하위차원 인 윤리성 검증은 기자들의 직업적 윤리규범과 연관된다. 예컨대, 취 재원을 밝히지 않는 관행, 범죄 피의자의 사진 공개 문제, 공인의 사생 활 폭로 보도 등을 둘러싸고 법적, 윤리적 정당성이 얼마나 지켜지고 있는지가 이에 해당된다. 이에 따라 윤리성 검증의 하부요소에는 합법 성과 윤리성이 포함된다. 보도의 결과물인 기사 또는 프로그램에 한해 서 공정성을 평가하는 것을 확장하여 취재과정에서 절차적 또는 의식 적으로 공정한 언론행위를 하는가의 문제, 즉 현장의 언론인들이 업무 를 수행하며 일상적으로 실천하는 공정성의 정도를 공정성 평가에 포함시킨 것이다.

그의 모형에서 특히 주목할 만한 부분은 뉴스 공정성의 마지막 구성 요소인 이데올로기 검증이다. 이 요소는 앞서 본 연구의 공정성 개념 범주에서 정리한 네 번째 유형, 즉 공정성을 사회적 및 역사적 맥락을 통해 평가해야 한다는 상황적 관점과 유사하다고 할 것이다. 강명구의 표현을 빌리면 이데올로기 검증이란 지배적 이데올로기와 비교하여 뉴스 담론이 "현실적 정당성"(p. 38) 이 있는지 판단하는 것이다. 이는 다시 전체성과 역사성으로 구분되는데, 먼저, 전체성은 하나의 사건이 사건의 전체적 맥락과 관련되는가를 의미한다. 예컨대, 노사 갈등에 대한 보도는 파업이 시작되거나 경찰 투입으로 대치상황이 발생했을 때 시작되기 마련인데, 이때 대개의 보도 프레임은 노동과 공권력의 대결로 규정되는 경우가 많다. 이러한 경우가 전체성을 고려하지 못한 보도라는 것이다.

역사성은 '사건의 전체적 인식과 동전의 양면을 이룬다고 할 수 있다. 전체성이 사건을 구조적 조건과 관련지어 인식하는 것이라면 역사성은 사건을 시간적 지속 안에서 파악하는 것이다.'(강명구, 1994, pp. 48~49) 예를 들어 의회정치 보도에서 자주 나타나듯이 여야의 극한대결이라고 규정되는 의회주의의 저발전 상태는 한국 의회정치에 대한 역사적 인식을 결여할 때 자칫 반의회주의적 정서와 정치적 냉소주의로 귀결될 수 있다. 과대성장 국가 안에서 통법부로서 국회의 위상과 풀뿌리 정당정치 구조의 결여라는 한국 의회정치의 역사적 전개를 고려할 때 여야 갈등의 성격은 제대로 파악될 수 있다는 것이다(강명구, 1994, p. 49).

이상의 논의를 정리하면, 강명구의 모형에서 사실성(검증)은 웨스터슈탈의 객관성 개념과 대체가능하다고 할 때 그는 웨스터슈탈의 객관

성 모형에 윤리성 검증과 이데올로기 검증을 추가함으로써 한층 정교
하고 복합적인 차원의 공정성 모형을 구성했다고 할 것이다. 또한 이
모형에 포함된 이데올로기 검증 요소는 상황적 변수(전체성, 역사성)와
관련이 깊다는 점에서 그의 모형은 앞서 공정성 개념 논의시 살펴본 공
정성 원칙의 실체적 관점과 상황적 관점을 종합적으로 아우르고 있다
고 할 것이다.

> 인식론적 타당성의 차원[사실성 검증][17]과 윤리적 정당성[윤리적 검
> 증], 그리고 이데올로기 비판[이데올로기 검증]의 차원은 상호배타적
> 성격을 지니는 것이라기보다 뉴스 공정성의 개념을 구성하는 3가지 중
> 심축이라는 점이다. 객관에 집착함으로써 윤리적 정당성을 회피할 수
> 없으며, 계급적 당파성만을 강조함으로써 현실의 객관적 인식을 호도
> 할 수도 없다는 것이다. (강명구, 1994, p. 38)

강명구의 뉴스 공정성 평가모형은 웨스터슈탈의 모형과 비교할 때
여러모로 진일보한 것이다. 우선 그의 모형은 분명하게 공정성 문제에
초점을 두고 있다. 그 세부구성을 보면 웨스터슈털이 모형화한 통상적
인 저널리즘의 가치에 더해 기자들 내면에 자리 잡고 있는 미시적 공정
성 및 사회적 역사적 맥락성이라는 거시적 공정성 요소까지를 포함시
킴으로써 공정성 원칙의 내연과 외연을 넓히고 그 이론적 완결성을 끌
어올리고 있음을 알 수 있다. 특히 이데올로기적 검증요소에 방점을 둘
경우 자칫 상황론적 극단론에 빠져들 가능성이 있지만, 이를 통해 그가
강조하는 것은 현실을 보다 넓고 깊은 맥락 속에 위치시켜 성찰할 필요
성이지 특정한 정치적 관점(내지 시대정신)의 우월성을 옹호하는 것이

---

17 [ ]는 필자 주.

아니란 점에서 그의 모형은 이러한 극단론과 분명히 구별되며, 공정성 원칙을 바라보는 실체적 관점과 과정설적 관점을 균형 있게 결합시키고 있다는 평가도 가능하다.

하지만 현재의 관점에서 살펴볼 때 강명구의 뉴스 공정성 평가모형(보다 엄밀하게는 이를 수용한 후속논의들)에 대해 몇 가지 문제점이 지적될 수 있다. 첫째, 공정성의 요소로 실체적 요소들과 함께 상황적 요소를 강조한 것은 독자에 따라선 자칫 혼란 내지 '오독'을 불러일으킬 우려가 있다. 앞서 살펴본바, 종래의 저널리즘 원칙들과 함께 기자들에게 내면화된 가치, 그리고 상황적·맥락적 요소에 대한 성찰까지를 망라하게끔 공정성 원칙의 내연과 외연을 넓혀 종합적으로 이론화한 시도가 제대로 이해되지 못한 채, 모형의 일부만이 부각되는 방식으로 파편적으로 받아들여지는 양상이 그것이다.

실제로 강명구를 인용하는 후속연구들 속에서 이러한 경향이 나타난다. 예컨대, 강명구의 공정성 하위개념 중 '이데올로기 검증' 측면에만 주목한 후속연구자들은 공정성에 대한 정파적 내지 상대주의적 시각으로 치우쳤다. 그러다 보니 공정성을 둘러싼 논란이 발생할 때 공정성의 실체적 개념을 중시하는 연구자들과 대척점에 서서 갈등을 증폭시킨 측면이 있다.

둘째, 이러한 후속연구에서의 혼선은 그의 모형이 공정성을 구성하는 요소들을 수평적으로 나열하듯 제시함으로써 비롯된 소지가 없지 않다. 이를테면 두 번째 요소인 윤리성 검증의 경우 기자들이 취재의 일상에서 무의식적으로 실천하는 내면화된 공정성 원칙(Besely & McComas, 2007)을 공정성 평가모형에 중요 요소로 포함시켰다는 점에서 의미가 있다. 하지만 이는 엄밀히 말해 저널리즘의 가치들(그의 모형의 첫 번째 요소인 사실성 검증)이 기자들에게 내면화된 정도를 의미하므로 이러한 가치들과 같은 층위에 위치시키는 것은 적절치 않다. 이데올로기 검증요소의 경우도 저널리즘의 가치가 위치되는 더 크고 깊은 맥락에 대한 고려를 의미하므로 다른 요소들과 같은 층위에서 나열식으로 제시하는 것은 문제가 있다.

셋째, 이와 같이 공정성을 구성하는 하위개념들을 제시하고는 있으나, 공정성이 무엇인지에 대해서는 연구자 역시 명확한 언술을 유보하고 있다. 공정성을 궁극적 가치에 해당하는 '(실체적) 진실'로 간주하는 시각도 엿보인다. "뉴스의 진실성이란 사실성의 차원에만 관련되는 것이 아니라 윤리와 이데올로기의 차원과도 관련된다고 할 수 있으며, 뉴스의 공정성이라는 용어 대신에 뉴스의 진실성이라는 용어를 사용할 수도 있을 것이다(강명구, 1994, p. 40)." 이처럼 개념 정의가 불분명하다 보니 그 의도를 명확히 파악하지 못한 후속연구들이 공정성을 제각각 해석하게 된 측면이 있다.

이 장에서 마지막으로 살펴보고자 하는 공정성 평가모형은 탄핵방송 보고서의 모형이다. 2004년 3월 12일 한나라당이 다수를 점하던 16대 국회는 노무현 대통령에 대한 탄핵소추안을 가결하였다. 모든 언론 매체는 대통령 탄핵안 가결과 그 이후에 벌어지는 상황에 시선을 집중시켰다. 특히 지상파 방송은 3월 12일 정규 방송 프로그램을 중단한 채 탄핵 관련 프로그램을 긴급 편성하여 대통령 탄핵안 가결 과정과 그 반응을 집중적이고 반복적으로 방송하였다.

이러한 탄핵 관련 방송이 전파를 탄 지 하루도 못 되어 탄핵 관련 방송의 공정성과 균형성에 관해 논란이 일기 시작했다. 탄핵을 주도했던 한나라당은 탄핵 관련 방송이 자신들을 불리하게 혹은 부정적으로 묘사한 편향방송이라고 주장하며 방송사 측에 강력하게 항의하였고, 탄핵에 반대한 열린우리당은 이를 정치권의 부당한 언론 간섭으로 간주하며 강력하게 맞대응하였다.

결국 "탄핵정국과 관련한 방송내용에 대해 공정성, 객관성, 여과되지 않은 진행자의 멘트 등에 문제가 있어 개선, 시정, 사과 등을 요구한다"는 민원이 제기되면서 탄핵방송의 공정성 문제가 방송위원회의 심의안건(제 2004-10차, 보도·교양 제 1심의위원회 심의 안건)으로 정식으로 다루어지게 된다.

방송위원회는 제재 여부에 관한 심의위원회의 '평결'을 내리기 전에 방송내용에 대한 언론학회 전문가 집단의 체계적 분석이 필요하다고 건의하였고(제 2004-11차, 보도·교양 제 1심의위원회 회의록) 탄핵 이후 방송 프로그램의 공정성에 대한 분석을 한국언론학회에 의뢰하여 이른바 '탄핵방송의 공정성에 대한 연구'가 이루어지게 된다.

방송위원회 요청을 수락할 것인가를 둘러싼 학회 집행부의 찬반 논쟁, 그리고 연구진의 구성을 둘러싼 난항[18] 등 어려움 끝에 "탄핵 관련 방송의 경향을 종합적으로 분석(탄핵방송 보고서, 2004, p. 19)" 하는 연구가 시작된 것은 4월 6일이었고 학회에 최종 보고서가 제출된 것은 5월 29일이었다. 50여 일이 조금 넘는 기간이었다.

금번의 탄핵방송 보도의 공정성 여부와 관련해 학술단체의 전문적 분석

---

[18] 초미의 사회적 갈등사안이었던 만큼 연구진 구성은 쉽지 않았다. 관련 연구실적 검토를 통해 최종 선정된 연구진도 처음에는 학회 집행부의 요청을 거절하였다. "언론학회로부터 연구 의뢰를 받은 연구진은 당초 방송위원회 보도 교양 제 1심의위원들이 모두 그 방면의 전문가들로 구성되어 있는데, 방송법의 관련 규정과 그들의 양심에 따라 '평결'을 내리지 않고 언론학회에 넘긴다는 것은 그들의 전문성을 스스로 부인하는 의미가 있고, 만약 그것이 아니라면 민감한 문제의 평결에 따르는 책임을 회피하려는 의도가 엿보인다는 이유를 들어 언론학회의 연구 요청을 거절했다(탄핵방송 보고서, 2004, p. 18)." 연구진 구성은 보고서가 나온 이후에도 지속적인 시빗거리가 되었다.

과 의견을 묻는 사회적 요청이 제기되었을 때, 이전의 행태대로라면 우리는 성급한 주장을 급조하거나, 또는 적당한 구실로 이를 회피했어야 할 것이다. 하지만 우리 학회 집행부는 방송위원회의 요청을 받아들이기로 했다. 단, 학술적 전문성을 극대화하기 위한 최소한의 연구조건이 충족돼야 한다는 전제에서였다. 그래서 원래 1~2인 정도의 연구자를 선정해 1개월 내에 분석을 마쳐 달라는 방송위원회의 의뢰는, 결국 6인의 연구팀이 두 달 동안 밤낮으로 매달려 탄핵 이후 9일간의 모든 관련 방송내용을 분석하는 대규모 연구작업으로 이루어지게 되었다(윤석민, 2011, p. 589).

연구진은 불과 두 달이 채 안 되는 짧은 연구기간에 실로 방대한 분량의 텔레비전 프로그램을 분석했다. 대통령 탄핵소추안이 가결된 3월 12일과 13일의 뉴스 특보·속보, 14일부터 7주일간의 정규 저녁 뉴스, 시사·교양·정보·토론 프로그램 등 6개 장르, 17개 종류의 프로그램을 분석했다. 분석대상 프로그램의 길이는 모두 96시간에 이르렀고, 이를 녹화한 비디오테이프의 수만도 모두 201개(67개 × 3개 연구팀)에 달했다. 이러한 방대한 분석작업을 위해 6명의 전문 연구진, 6명의 연구 조교(석사·박사 과정), 20명의 훈련받은 전문 코더(주로 대학원 학생 및 일부 학부생)가 참여했고, 특히 보고서 작성을 위한 마지막 1주일간은 수면 부족에 시달릴 만큼 시간과의 싸움을 벌였다(탄핵방송 보고서, 2004, p. 165).

탄핵방송 연구팀이 분석에 포함시킨 연구문제는 다음과 같다(탄핵방송 보고서, 2004, pp. 6~7).

- 방송 3사는 탄핵에 관해 무엇을, 얼마나, 어떻게 방송했는가? 방송사별, 프로그램 유형별, 시기별 탄핵 관련 방송의 기본 구성은 어떠했는가?

- 방송 3사의 탄핵 관련 방송(저녁 종합뉴스와 시사·교양·정보 프로그램)은 양적 측면에서 얼마나 공정했는가? 방송사별, 프로그램 유형별, 시기별로 어떤 차이를 보이는가?
- 방송 3사는 공정성 이외의 좋은 저널리즘의 기준을 얼마나 충족시키는가? 방송사별, 프로그램 유형별, 시기별로 어떤 차이를 보이는가?
- 탄핵 관련 방송이 활용한 프레임은 어떤 것들인가? 프레임 활용 면에서 행위자나 쟁점에 대해 얼마나 공정했는가? 프레임 활용 방식은 방송사별로, 프로그램 유형별로, 시기별로 어떤 차이를 보이는가?
- 탄핵 관련 시사·교양·정보 및 토론 프로그램의 사회자는 어떤 유형의 멘트를 어떻게 사용하는가? 멘트의 사용 기법은 방송의 공정성에 어떤 영향을 미쳤는가? 방송사별로, 프로그램 유형별로, 시기별로 멘트 유형의 사용은 어떤 차이를 보이는가?
- 탄핵 관련 시사·교양·정보 및 토론 프로그램 진행자는 어떤 방식으로 토론자들의 발언권을 관리하며, 출연자의 성향에 따라 어떤 차이를 보이는가? 발언권 관리 방식은 방송의 공정성에 어떤 영향을 미치는가?

이러한 연구문제에 대한 답을 모색하는 데 탄핵방송 연구팀에서는 양적 분석 방법과 질적 분석 방법을 동시에 사용함으로써 단일 연구방법에 의존하는 한계를 보완하려 하였다. 구체적으로 저녁 종합뉴스와 시사·교양·정보 프로그램은 양적 내용분석 방법이 적용되었으며, 프레임 분석은 토론 프로그램을 제외한 모든 유형의 프로그램의 분석에 적용되었다. 또한 시사·교양·정보·프로그램과 토론 프로그램의 사회자 및 진행자의 발언을 분석하기 위해서는 담화분석 방법을 도입하였다. 종합적으로, 탄핵방송 연구의 공정성 평가모형은 〈그림 1-3〉과 같이 정리할 수 있다(연구내용을 토대로 필자가 구성).

비록 탄핵방송 연구의 평가모형이 앞서 살펴본 웨스터슈틸의 뉴스객관성 모형이나 강명구의 뉴스공정성 모형에 비해 외관상 복잡해 보이지만 평가의 대상이 넓고 방법론이 다양해서 그렇지 그 이론적 구성 자체는 훨씬 단순하다. 탄핵방송 연구의 공정성 평가모형에서 채택한 공정성의 개념은 한마디로 '편들지 않는 보도'로 요약된다. 이 장의 앞에서 살펴본바, 공정성 개념을 바라보는 첫 번째 관점인 '비편향적이고 균형 잡힌 태도'에 해당한다고 할 것이다. 특히 영국의 BBC가 채택하고 있는 불편부당성(due impartiality) 원칙이 강조된다.

> 간결하게 정의하면, '공정보도란 편들지 않는 보도'이고, '편향보도란 편드는 보도'를 말한다. 그래서 공정보도로 세계적 명성을 얻고 있는 영국 BBC가 "우리는 편들지 않는다"(We don't take side)를 공정보도의 경구(catch phrase)로 삼은 것은 우연한 일이 아니다. (중략) 특히 BBC (1987)는 정치보도에 관해서는 'Due Impartiality' 규칙을 따로 두고 있는데 정치적 견해를 보도함에 있어 다양성의 의미는 ① 사회적으로 갈등이 되는 사안에 대해서는 가급적 다양한 사회계층의 의견을 포괄적으로 보도해야 하며, ② 특히 어떤 의견이 상당한 정도로 국민들 사이에 지지를 받고 있으면 정당하게 이를 다루어야 하며, ③ 비록 지지의 정도는 약하더라도 사회적으로 중요한 의미를 지니는 의견은 균형 있게 처리해야 한다는 것이라고 규정하고 있다(탄핵방송 보고서, 2004, p. 23).

정리하면 탄핵방송 연구는 '불편부당성'으로 정의된 공정성 개념을 토대로, 대통령 탄핵이라는 소재를 취급한 모든 뉴스, 시사, 정보, 교양 프로그램들의 내용을 양적 및 질적 측정수단(measures)을 총동원하여 상세하게 분석한 것이다. 실제로 이 연구가 제안하는 내용분석 방법은 정교함 차원에서 타의 추종을 불허한다. '앵커 멘트의 편향성'을 예로 들 경우 〈표 1-1〉과 같이 분석과 코딩이 이루어졌다(탄핵방송 보고서, 2004, pp. 178∼186). 한마디로 공정성을 좁고 깊게 파고든 것이다.

 탄핵방송 연구가 불러일으킨 파문, 이에 쏟아진 '극단론적' 비판들, 그러한 비판들이 안고 있는 문제점에 대해서는 앞서 살펴보았으므로 다시 언급할 필요가 없을 것이다.

<그림 1-3> 탄핵방송 연구의 방송 공정성 평가모형

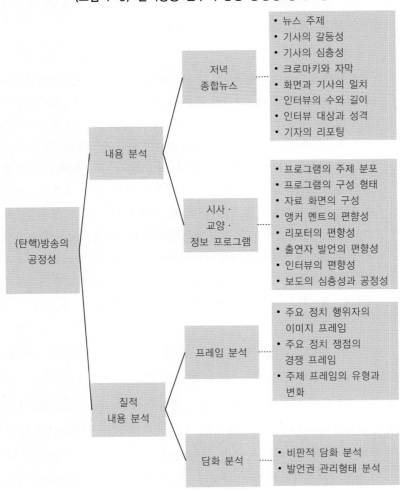

정치적 분노에 휩싸인 급조된 항의성명 수준에 불과했던 이들 비판
들은 정작 탄핵방송 연구가 안고 있는 한계점을 제대로 지적하지 못하
였다. 그것은 이 연구가 채택한 공정성 평가모형의 이론적 빈곤함이

〈표 1-1〉 탄핵방송 연구의 앵커멘트 편향성 코딩 방법

– 앵커 멘트의 성격 (기자가 리포트 도입 부분 또는 종료 후에 코멘트하는 경우도 앵
  커멘트로 코딩한다)
  ① 분석 및 논평 없이 사실만 보도
  ② 사실 + 사실에 근거한 의미 분석
  ③ 사실 + 탄반·탄찬 입장이 균형 있게 반영된 논평 (주관적 평가)
  ④ 사실 + 탄핵 반대 두둔 논평 (주관적 평가)
  ⑤ 사실 + 탄핵 찬성 두둔 논평 (주관적 평가)
  ⑥ 사실 없는 탄핵 반대 두둔 논평
  ⑦ 사실 없는 탄핵 찬성 두둔 논평
  ⑧ 사실 없는 찬반 균형·또는 무관한 논평
  ⑨ 없음 (V16으로)

– 앵커 멘트의 편향성 (주관이 섞이거나, 편향적 표현 및 분석, 편향적 인용)
  ① 탄핵 반대진영 및 여당 (열린우리당) 을 펀드는 멘트
  ② 탄핵 찬성진영 및 여당 (한나라당 등) 을 펀드는 멘트
  ③ 방향성 없다 (균형적 언급 또는 객관적 사실 소개)

– 앵커의 펀드는 기법 (복수 코딩 가능)
  ① 윤색적인 형용사, 부사, 동사의 사용
  ② 앵커의 주관적 감정이 섞인 표현
  ③ 역사적 사례 (교훈) 또는 캐치프레이즈의 사용
  ④ 다른 사람의 말, 글을 인용하여 편들기
  ⑤ 바람직한 규범적 가치에 호소
  ⑥ 명백하게 드러난 앵커의 얼굴 표정
  ⑦ 기타 (구체적으로) _____

다. 공정성을 비편향적이고 균형 잡힌 보도, 그것도 BBC의 불편부당
성으로 정의하는 것은 공정성을 바라보는 하나의 관점일 수는 있어도
공정성의 주요 차원을 모두 망라했다고 보기 어렵다. 특히 상황 내지
맥락성에 대한 고려를 전적으로 결여하였다. 양적 질적으로 다양하고
정교하게 설계된 방법론과 측정수단들은 주어진 텍스트들의 '불편부당
성' 측정의 신뢰도를 극대화하였지만 이러한 분석의 타당성까지 보장하
는 것은 아니다. 국회에서의 탄핵가결 장면이나 토론 프로그램의 대화
내용 분석에 동원된 프레임 분석이나 담화 분석이 양적 분석의 한계를
보완했지만 실제로 이 역시 텍스트 자체에 대한 분석기법의 일환일 뿐
이러한 텍스트들의 맥락성을 살피는 방법론은 아니었다.[19]

　보고서 전반에 걸쳐 일탈영역, 합의의 영역, 그리고 합법적 논쟁의
영역에 대한 이론적 논의가 이루어지고 있지만, 이는 탄핵방송이 정당
한 공정성 심의의 대상이 된다는 점을 밝히는 논리였을 뿐 공정성에 대
한 평가와 직접 관련되지는 않는다.[20]

　이러한 관점에서 탄핵방송 연구는 공정성에 대한 단순한 이론적 관
점을 복잡한 방법론으로 가린, 심하게 말해 포장만 그럴듯한 연구였
다. 이러한 맥락에서 동 연구가 분석결과를 종합하여 탄핵방송이 '아무
리 느슨한 기준을 적용해도' 공정하지 못했다는 결론을 내린 것은 과도
한 것이었다.

　만일 이 연구가 그토록 시간에 쫓기지 않는 상황에서 강명구가 제시
한 공정성 검증에서의 '전체성'과 '역사성' 요소(강명구, 1994, pp. 48~
49)를 고려할 수 있었다면 어떠했을까? 예를 들어 당시 여소야대의 정

---

19 이러한 질적 분석들은 탄핵방송 텍스트들의 맥락성을 고려한 듯한 착시현상을 줌으로써
　　탄핵방송 연구의 한계를 가린 측면이 있다.

20 이러한 영역 구분 자체의 문제점에 대해서는 2장 참조.

치적 구도, 그 배후의 급진적 진보 및 보수진영의 날선 대립, 물리적 갈등으로 얼룩진 후진적 의회정치, 그리고 보수신문 대 진보적 공영방송의 대립적 균형 상황, 반의회주의 정서와 정치적 냉소주의로 특징지어지던 당시 미디어의 통상적인 의회정치 보도행태, 그리고 탄핵전야의 불안정한 사회여론 등이 탄핵정국 및 탄핵방송 보도의 특성을 분석하는 연구설계에 함께 반영되거나 최소한 결과의 해석에 고려되었다면 탄핵방송 연구는 탄핵 이후 방송의 공정성에 대해 텍스트에만 갇히지 않은 한층 풍부하고도 섬세한 분석 및 타당한 결과 해석을 만들어 낼 수 있었을 것이다.

이상과 같은 3개의 미디어 공정성 평가모형에 대한 검토를 통해, 미디어 공정성 평가모형의 구축에서 일차적으로 중요한 것은 다시금 미디어의 공정성을 바라보는 정교한 이론 틀이라는 결론에 다다르게 된다. 특히 극단론으로 치닫지 않는다는 전제하에 한국 사회의 특수한 맥락을 충분히 고려하는 모형이 구축되어야 한다. 이러한 관점에서 우리에게 바람직한 출발점은 웨스터슈탈보다는 강명구라고 할 것이다. 그가 뉴스 공정성 모형에 포함시킨 이론적 개념들 각각에 대해 탄핵방송 연구가 보여준 정밀한 방법론이 결합될 때, 타당성과 신뢰도를 겸비한 미디어 공정성 평가모형의 개발은 현실적인 가능성으로 다가오게 될 것이다.

4. 실행적 규범

이 장의 마지막 논의 주제로 현재 제도적으로 마련되어 있는 공정성의 실행규범들은 공정성 원칙을 어떻게 규정하는지 살펴보고자 한다. 실행 규범들의 전문을 상세히 살펴보는 작업은 선행 연구들[21]이 다수 존재하므로 생략하고, 여기서는 이러한 규범들이 개념적 측면에서 공정성을 어떻게 정의하고 있는지, 그 개괄적 특징을 점검해 보고자 한다.

우선, 〈방송법〉과 〈방송법 시행령〉, 〈방송심의에 관한 규정〉 등 방송과 관련된 법령들을 살펴보면, 공정성 개념은 어디에든 반드시 등장한다. 이는 한국 사회에서 공정성이 방송사의 행위에 있어 그만큼 중요하게 요구되는 가치임을 보여주는 방증이다. 다만, 그 안에서 공정성에 대한 정의가 명확히 제시된 경우가 거의 없으며, 오히려 법령상에 공정성 개념이 인접한 다른 개념들과 혼용되고 있어 구별이 어려운 실정이다.

예컨대, 〈방송법〉 제6조는 '방송의 공정성과 공익성'을 규정하고 있다. 〈표 1-2〉에서 보듯이 방송의 공정성을 다룬 제6조의 세부 9가지 항의 어디에도 공정성에 대한 정의는 언급되어 있지 않다. 오히려 1항(방송에 의한 보도는 공정하고 객관적이어야 한다)은 공정성과 객관성 개념을 병렬하고 있어 이 두 개념이 유사한 의미인지, 별개의 의미인지 혼란을 주고 있다. 물론, 개념 정의는 없지만, 조항의 내용들을 살펴보면 다양성의 의미(2항), 균형의 의미(9항), 균형의 측면에서 손영준

---

21 법령 및 방송 강령 등의 전문에 대한 자세한 분석은 김민환 등(2008), 윤성옥(2009) 참고. 〈방송심의에 관한 규정〉의 공정성 관련 조항의 문제점에 대해서는 이 책의 15장 전반부 논의 참조.

(2011) 이나 이준웅(2013) 이 강조한 약자 배려의 원칙(5항) 등이 드러나기는 하지만, 이 역시 공익성을 구체화하는 항목들과 섞여 있어 개별 항목들 중 어느 것이 공정성에 대한 원칙이며, 어느 것이 객관성에 대한 원칙인지 구별하기 어렵다. 개념에 대한 명확한 해석 없이 관련 유사 개념, 혹은 당위적인 내용을 나열식으로 제시하고 있는 양상이다. 방송법 시행령(제16조 2항 및 제59조 3항 1호) 역시 마찬가지다.

그나마 〈방송심의에 관한 규정〉(이하 심의규정)은 앞의 두 법령에 비해 공정성 개념을 단일하게 하나의 절(제2장 1절 9조~13조)로 구성하여 5개 조항에 걸쳐 비교적 구체적으로 설명하고 있다. 실제 방송사의

〈표 1-2〉〈방송법〉제6조

제6조(방송의 공정성과 공익성)
① 방송에 의한 보도는 공정하고 객관적이어야 한다.
② 방송은 성별·연령·직업·종교·신념·계층·지역·인종 등을 이유로 방송편성에 차별을 두어서는 아니 된다.
③ 방송은 국민의 윤리적·정서적 감정을 존중하여야 하며, 국민의 기본권 옹호 및 국제친선의 증진에 이바지하여야 한다.
④ 방송은 국민의 알 권리와 표현의 자유를 보호·신장하여야 한다.
⑤ 방송은 상대적으로 소수이거나 이익추구의 실현에 불리한 집단이나 계층의 이익을 충실하게 반영하도록 노력하여야 한다.
⑥ 방송은 지역사회의 균형 있는 발전과 민족문화의 창달에 이바지하여야 한다.
⑦ 방송은 사회교육기능을 신장하고, 유익한 생활정보를 확산·보급하며, 국민의 문화생활의 질적 향상에 이바지하여야 한다.
⑧ 방송은 표준말의 보급에 이바지하여야 하며 언어순화에 힘써야 한다.
⑨ 방송은 정부 또는 특정 집단의 정책 등을 공표함에 있어 의견이 다른 집단에게 균등한 기회가 제공되도록 노력하여야 하고, 또한 각 정치적 이해당사자에 관한 방송프로그램을 편성함에 있어서도 균형성이 유지되도록 하여야 한다.

출처: 〈방송법〉[법률 제13220호, 2015, 3, 13, 일부 개정]에서 발췌.

행위를 규제해야 하는 심의규정의 특성상 보다 자세하고 집중적으로 정리되어 있는 것으로 보인다. 특히, 제9조는 비교적 명시적으로 공정성 개념을 제시하고 있다. 심의 규정에서 제시하는 방송의 공정성은 진실성(1항), 균형(2항), 비편향(3항), 거리두기 또는 객관성(4항), 다양성(5항) 등의 의미를 두루 포괄하고 있다. 그러나 심의규정 역시 2014년에 개정된 규정임에도 불구하고 이러한 개념들을 층위 없이 망라하는 데서 더 나아가지 못하고 있다.[22]

이와 같은 개념 정의의 혼선, 하위개념 혹은 인접 개념과의 나열적

〈표 1-3〉〈방송심의에 관한 규정〉 제1장 1절 9조

제2장 일반기준 제1절 공정성

제9조(공정성)

① 방송은 진실을 왜곡하지 아니하여야 한다.

② 방송은 사회적 쟁점이나 이해관계가 첨예하게 대립된 사안을 다룰 때에는 공정성과 균형성을 유지하여야 하고 관련 당사자의 의견을 균형 있게 반영하여 한다.

③ 방송은 제작기술 또는 편집기술 등을 이용하는 방법으로 대립되고 있는 사안에 대해 특정인이나 특정단체에 유리하게 하거나 사실을 오인하게 하여서는 아니 된다.

④ 방송은 당해 사업자 또는 그 종사자가 직접적인 이해당사자가 되는 사안에 대하여 일방적 주장을 전달함으로써 시청자(라디오방송의 청취자를 포함한다)를 오도하여서는 아니 된다.

⑤ 방송은 성별·연령·직업·종교·신념·계층·지역·인종 등을 이유로 방송편성에 차별을 두어서는 아니 된다. 다만, 종교의 선교에 관한 전문편성을 행하는 방송사업자가 그 방송분야의 범위 안에서 방송을 하는 경우에는 그러하지 아니하다.

출처: 〈방송심의에 관한 규정〉[방송통신심의위원회규칙 제109호, 2014.12.30 일부 개정]에서 발췌.

---

22 이에 대한 보다 구체적인 논의는 13장 전반부의 현행 방송심의규정의 문제점 및 개선방안에 대한 논의 참조.

혼재 등의 문제는 언론인 관련단체의 윤리강령, 각 방송사의 방송강령
·편성규약 등에서도 마찬가지로 발견된다. 예컨대, 한국기자협회 윤
리강령(2006)은 공정보도 원칙을 "우리는 뉴스를 보도함에 있어서 진
실을 존중하여 정확한 정보만을 취사선택하며, 엄정한 객관성을 유지
한다"라고 서술하고 있다. 즉, 진실과 객관성을 공정성의 주요 개념으
로 규정하고 있다. 이러한 원칙은 방송사들의 개별 강령상에 동일하게
제시되고 있지 않다. MBC(2003)는 공정성 개념을 직접적으로 언급하
지 않고, '균형보도', '다양한 정보 제공', '차별금지' 등으로 그 내용을
간접적으로 서술하고 있으며, SBS(2004)는 진실성, 공정성, 다양성,
균형 등의 개념을 나열하고 있다.

　최근 공정성에만 초점을 맞추어 KBS가 발표한 'KBS 공정성 가이드
라인'(2015)을 살펴보면 공정성을 "특정 견해, 세력, 집단에 편향되지
않은 내용을 방송함으로써"(p. 18) 구현될 수 있는 가치로 판단하고 있
다. 이는 이 장에서 분류한 첫 번째 개념유형인 비편향, 균형의 의미에
방점을 찍고 있는 입장이라고 할 것이다. 하지만 가이드라인의 다른 부
분에서는 공정성은 중립성이나 균형과는 구분되는 '정의'에 가까운 가
치라고 밝힘으로써 혼선을 초래하고 있다.[23]

　종합적으로 실정법, 방송심의 규정, 그리고 방송사 내부 강령 등에
나타난 공정성의 실행규범들을 보면 대개의 경우, 공정성 원칙이 개념
차원에서 불분명하게 정의되고 있음은 물론이고, 유사 개념을 엄밀한
구분 없이 병렬시키고 있는 문제가 공통적으로 발견된다. 따라서 복잡
한 판단을 요하는 공정성 사안이 발생할 경우 이러한 실행규범들을 준
거로 활용하기 어렵다는 점을 쉽게 짐작할 수 있다. 한마디로 실행적

---

[23] KBS 공정성 가이드라인에 대한 상세한 검토는 5장 참조.

규범의 미정립 상태라고 할 것이다. 이를 통해 결국 공정성 논의와 관련한 최후의 보루는 학계라는 사실, 따라서 학계에서의 미디어 공정성 원칙 및 평가모형에 대한 논의가 생산적으로 일단락되어야 할 필요성을 절감하게 된다.

5. 소결

이 장의 주요 논의들을 다시 정리해 보도록 하자. 우선, 개념정의 차원에서 공정성은 혼란스러운 개념이지만 다음의 사항들을 유념할 때 그에 대한 논의를 생산적 방향으로 이끄는 것이 어렵지만은 않다.

첫째, 어떠한 형태로든 극단론적 시각에 치우치지 않게끔 유념할 필요가 있다. 공정성을 적극적 정의구현으로 정의한다든지, 실체적 진실과 같은 궁극적 가치로 포장하는 시각들은 보다 온건한 관점들과 충돌을 빚고 실질적인 조작적 적용 차원에서도 문제를 초래한다.

둘째, 특히 경계해야 할 것은 정파적 접근, 상대주의 내지 무용론적 시각으로 대표되는 상황론적 극단론이다. 이러한 시각들은 공정성 원칙을 바라보는 관점의 차이를 넘어 합의 가능한 공정성 원칙의 실체 자체를 애초에 부정하는 시각으로 여타의 관점들과 근원적으로 해소될 수 없는 혼선과 갈등을 초래한다. 현실적인 미디어 공정성 평가모형을 구축하기 위해서는 한국 사회의 특수한 맥락을 충분히 고려하는 모형이 구축되어야 한다. 강명구의 종합적인 이론적 평가모형과 탄핵방송 연구의 정밀한 방법론은 타당성과 신뢰도를 겸비한 미디어 공정성 평가모형의 출발점이 될 수 있다.

실정법, 방송심의 규정, 그리고 방송사 내부 강령 등에 나타난 공정성의 실행규범들을 보면 공정성 원칙이 개념차원에서 불분명하게 정의되고 있는 것은 물론이고, 유사 개념을 병렬 상태로 병치하는 문제가 공통적으로 발견된다. 한마디로 실행적 규범의 미정립 상태라고 할 것이다. 미디어 공정성 원칙을 개념화하고, 현실의 미디어 공정성 문제에 적용 가능한 타당성 높은 평가모형을 구성하며, 궁극적으로 이를 다

양한 차원의 실행규범으로 제도화함에 있어 학계가 담당해야 할 역할
은 여전히 크다. 이러한 맥락에서 학계에서 미디어 공정성 관련 연구가
꾸준하게 지속되고 있음은 다행스러운 일이다. 이 장을 통해 논의한 공
정성의 개념 및 평가모형을 둘러싼 혼선은 이러한 연구의 축적을 통해
점차 방향을 잡을 수 있게 될 것이다.

하지만, 선행연구에 대한 검토는 연구주제 차원에서 몇 가지 아쉬운
점을 드러내 준다. 첫째, 공정성 개념을 다룬 기존의 연구들은 변화한
미디어 환경을 충분히 반영하고 있지 못하다. 지금까지 공정성 문제는
주로 방송(때로 신문을 포함하여) 위주로 진행되었다. 대체로 기존 연구
들은 방송에 공정성을 요구하는 것은 당위적이라고 전제하고 있다. 혹
자는 방송이 공적 자산임을 근거로, 혹자는 그 사회적 영향력을 근거로
들고 있다. 하지만 이러한 근거가 여전히 유효한 것인가? 텔레비전 방송
에 대한 시청자의 의존도가 감소하고 콘텐츠 간 경계가 무너져 버린 현
시점에 지상파 방송에 대한 공정성 규제는 오히려 '불공정'한 것 아닌가?

뉴스에 내러티브를 결합시킨 탐사보도프로그램 형식인 이른바 PD
저널리즘에 대해서는 어떠한 공정성 원칙이 적용되어야 하는가? 사적
미디어와 공적 미디어의 속성을 겸비한 소셜 미디어에 대해서 공정성
원칙을 적용할 수 있는가? 강력한 뉴스 재매개 및 정보검색 기능을 통
해 준(準) 뉴스 미디어로 기능하는 포털의 경우는 어떠한가? 선거에도
영향을 준 것으로 알려진 〈나는 꼼수다〉 같은 팟캐스트의 경우는 또
어떠한가? 이러한 새로운 저널리즘 현상들에 대해 공정성 원칙이 적용
되어야 하는가? 그렇다면 그 구체적인 내용은 어떠해야 하는가? 변화
하는 미디어 환경 속에서 공정성 원칙을 근거로 국가가 수행하는 제도
화된 심의가 여전히 필요한가? 이어지는 제 2장부터는 이러한 질문들
에 대한 답을 하나씩 찾아 나가게 될 것이다.

02
미디어 공정성의 이론적 토대

　미디어 공정성 원칙은 왜 필요한가? 왜 여러 미디어 중에서도 방송에 대해 유독 엄격한 공정성 원칙의 적용이 강조되는 것인가? 한국 사회에서 미디어 공정성 원칙은 과연 어떤 의의를 지니는가? 일각에서 주장하는 대로 방송의 공정성 원칙은 방송에 대한 정치권력의 통제 명분에 불과한가? 수많은 미디어가 경쟁하는 디지털 스마트 미디어 시대에 방송의 공정성은 더 이상 유용성이 없는 시대착오적 원칙에 불과한가? 공영방송에 대해 요구되는 공정성은 어떤 차별성을 지니는가?

　이 장에서는 이상과 같은 근원적이고도 핵심적인 질문들에 대한 답을 찾는 방식으로 미디어 공정성 원칙의 근거 및 필요성에 대한 이론적 성찰을 시도해 보고자 한다.

1. 전통적 관점

미디어 공정성의 이론적 토대에 관한 논의를 시작함에 있어 먼저 밝히고 넘어가야 할 사실이 있다. 미디어 공정성 원칙은 (최소한 최근까지는) 뉴스 미디어 일반에 적용되는 원칙이라기보다는 다분히 방송 미디어의 뉴스보도에 적용되는 원칙으로 간주되었다는 점이다. 저널리즘 영역의 필독서로 꼽히는 《저널리즘의 기본원칙》(*The Elements of Journalism*)의 저자인 빌 코바치(Bill Kovach)와 톰 로젠스틸(Tom Rosenstiel)는 '불편부당성'은 저널리즘의 근본적 원칙이 아니라고 단언한다(빌 코바치·톰 로젠스틸 지음, 이재경 역, 2014, p. 128). 이들에 따르면 저널리즘이 추구하는 것은 진실성이지 공정성 내지 균형성이 아니다. "공정성은 너무 추상적이다. 그리고 궁극적으로 진실보다 더 주관적이다. 누구에게 공정한가? 어떻게 공정성을 확인하는가? 진실성은 온갖 어려움에도 불구하고 최소한 검증될 수는 있다. 균형성 또한 지나치게 주관적이다. 한 기사를 양쪽에 공정하게 균형을 맞추는 일은 양측이 동등한 무게를 갖지 않는다면 진실에 대해 공정하지 않은 행동이다(p. 73)."

결론을 미리 제시하면 필자는 이러한 견해에 동의하지 않는다. 그 이유는 이 장의 전반에 걸쳐 설명될 것이다. 하지만 미디어 공정성 원칙의 이론적 토대에 대한 논의를 시작함에 있어 미디어 일반보다는 방송을 논의의 주 대상이자 출발점으로 삼는 것이 기존 논의와의 연계성 차원에서 여러모로 자연스럽기에 우선은 논의를 방송에 집중하고자 한다.

방송의 공정성 원칙에 대해서는 국내외적으로 법학자 및 언론학자들을 중심으로 많은 논의가 이루어졌다. 이러한 논의들은 대개 언론의 자유 원칙에도 불구하고 방송의 미디어적 특수성으로 인해 '공익' 수호의 차원에서 일정한 자유의 제한이 필요하다는 규제적 관점에서 방송의 공정성 원칙에 접근한다. 그 예를 들면 다음과 같다(요약정리) ;

지상파방송은 희소성이 있는 전파자원을 매개로 이루어진다. 전파에는 간섭현상이 발생하여 한 사업자가 특정 주파수대로 방송을 하면 다른 사업자는 동일 지역에서 같은 주파수대로 방송을 할 수 없다. 이 때문에 모든 나라에서 전파자원은 국가의 소유로 유지되고 이를 위탁받아 이용하는 지상파 방송에 대한 국가의 규제가 허용된다. 그 일환으로 공공의 이익을 지키기 위해 다른 매체들에서는 검열로 여겨져 금지되는 공적 기관에 의한 내용규제가 시행된다(박경신, 2009).

공정성은 민주주의의 이상을 실현하기 위해 반드시 필요하다. 규제되지 않는 시장에서는 재력을 지닌 자가 공적 논의를 주도하여 평등하고 자유로운 토론이 이루어지지 않는다. 시장에서 발생할 수 있는 소통의 불균형을 해소하고 다수가 소수의 목소리를 억누르지 않도록, 즉 소통의 다양성 보호를 위해 공정성 심의가 필요하다(Sunstein, 1995).

방송의 공정성 이념을 비판하는 입장에서는 이 이념이 국가권력에 의한 표현의 자유 내지 언론의 자유 침해를 정당화하는 수단이며, 특히 반민주적 권위주의체제가 강하게 유지된 우리나라에서 그러하다고 주장하기도 한다. 언론법학자 지성우(2013)의 지적이다.

과거 한국의 일제 강점기에는 일본 제국주의자들에 의해 강제된 왜곡된 의미의 '국익'을 '공익'과 '공정성'으로 인식하여 왔다. 건국 이후에도 역시 6·25 동란과 5·16 군사혁명, 유신, 5·17 등을 거치면서 다분히

'추상적·규준적 공익관'이 지배적이었다. (중략) 따라서 당시에는 공
정성의 개념이나 공익을 실현하는 민주적 행정절차에 대한 학문적 논의
나 판례에서의 상세한 설시는 거의 전무하였다. 즉, 그간의 권위주의적
정권하에서는 '공익'이나 '공정성'은 정의되기보다는 전제된 것으로 치
부해 온 것 같다. … 이러한 권위주의적 상황에서 '공익'과 '공정성'이라
는 개념은 국가가 판단권을 가진 '국가우위적 이데올로기의 표현'이자
'무정형적 사권제한의 근거'로서, 행정편의와 일부 정치집단의 이데올
로기를 국민에게 일방적으로 강요하는 유용한 수단으로 악용되었던 것
이다. 즉, 권력자는 국민의 기본권을 제한하고자 할 때, 법의 이념에
따라 합목적적 근거로 국민들을 설득하고, 사익과 비교하여 우월한 공
익을 증명함으로써 국민의 동의를 얻기보다는 그저 실체 없는 '공익'을
내세우고 이에 대한 복종을 강요하였다. 특히 언론분야에서는 실체가
명확하지 않은 '공정성'이라는 잣대로 방송사들의 정치적 측면에서의
표현의 자유를 억압했다. 이 과정에서 한국 국민들은 해방 이후 오랫동
안 민주적 토론과정을 거쳐 합리적인 공익의 개념을 창출할 수 있는 기
회조차 박탈당해 왔던 것이다.

　법조인 출신으로 우리 사회를 대표하는 언론법학자이기도 한 박용상
은 2013년에 발간한 방대한 역저인 《언론의 자유》제2장(언론의 자유
의 보장)에서 신문 및 방송에 적용되는 공정성 원칙에 대한 종래의 논의
를 종합 정리하고 있다. 우선적으로 그는 노무현 정부 당시 이른바 언
론개혁입법이라 하여 방송에 적용되는 사회적 책임 및 공정성 의무를
신문에 도입(신문법 제4조, 제5조 등)한 입법사례 및 그에 대한 헌법재
판소의 결정을 반추하며 신문에 적용되는 공정성 원칙을 재조명한다.
당시 신문사들이 제기한 위헌소원을 각하[1]했던 헌재의 결정에 대한 박

---

1 헌법재판소는 이러한 규정들이 "신문의 사회적 책임이나 신문보도의 공정성, 공익성 또는
　신문의 편집, 제작에 있어 독자의 참여 내지는 그 권익을 보호하도록 요구하는 추상적, 선

용상의 비판을 조금은 길지만 인용하도록 한다(박용상, 2013, pp. 125
~127 요약정리).

첫째, 헌법재판소는 신문은 공정하고 객관적인 보도를 통하여 민주적
여론형성에 기여하고 국민의 알 권리를 충족시켜야 하는 것이 헌법적
요청이고, 문제된 "위 신문법 및 언론중재법 조항의 내용은 신문이나
정기간행물이 이러한 헌법의 요청, 나아가 우리 헌법의 전반적 가치질
서를 위반하여서는 아니 되고, 그러한 헌법적 가치를 존중하고 이를 실
현하기 위하여 노력하여야 한다는 것을 천명하고 있을 뿐"이라고 설시
하였다. 그러나 신문의 경우 각자의 입장에 따라 다양한 논조와 시각을
전개하는 논조 및 경향보호가 헌법상 신문의 자유의 주된 내용이라고 하
는 것이 확립된 법리임에 비추어 본다면, 이러한 신문의 자유의 보장내
용에 정면으로 배치되는 의무를 법적으로 확인, 선언하는 규정을 존치
시킬 수 없음에도 헌재는 적법요건 불비를 이유로 그에 관한 본안 판단
을 회피한 것이다. (중략)

　둘째, 헌재는 설사 위와 같은 조항을 위반한 경우에도 제재규정이 없
고, 그에 의해 청구인들에게 어떤 부담이나 제약을 줄지 몰라도 그것은
사실적인 것이어서 법적인 제약이 될 수 없다고 하여 직접적인 기본권
침해 가능성을 부인하고 있으나, 이것은 표현의 자유에 관하여 미국 판
례로 확립된 '위축 효과'의 법리는 물론 독일 헌법소송론에서도 판례로
확립된 법리를 도외시한 것이다. 직접적 제재규정은 없다 하더라도 언
론중재위는 위 조항 위반을 이유로 시정명령을 할 수 있고, 이를 공공에
게 공표하도록 되어 있는 것(언론피해구제법 제32조)을 보면, 위와 같
은 신문법 조항이 언론미디어의 기본권을 제한하는 것이 아니라고 보는

언적 규정"에 불과하고 그 위반에 대한 제재규정도 없으며, "설사 신문사업자인 청구인들
이 위 조항들로 인하여 어떤 부담이나 제약을 받는다고 할지라도 그것은 헌법상 보장된 기
본권에 대한 제한이나 규제라 할 수 없다"는 이유로 위헌소원을 각하하였다(헌재 2006. 6.
29. 선고 2005헌마165 등 결정).

것은 기본권 이론의 새로운 판례와 학설의 경향을 모른 것이다.

셋째, 신문은 위와 같은 법률규정에 따라 편집하도록 규정되었고, 집권자 또는 법집행자는 규제와 간섭을 행할 수 있게 되어 있다. 이를 위반하였다고 생각되는 경우 언론중재위원회는 언론피해구제법 제32조에 의해 시정권고를 행할 수 있고, 그 시정권고를 신청하는 권리는 피해자가 아닌 임의의 제3자에게도 부여되었다. 이를 보면 위와 같은 규정들은 국가권력 이외의 자에 의해서도 남용될 수 있음을 알 수 있다. 다른 신문이나 시민단체가 윤리적 입장에서 신문의 편파적 보도태도를 비판하거나 공격하는 것이 허용되는 것이라 하더라도 그러한 활동은 윤리적 차원에 머무는 한 자유의 영역에 속하나, 동조는 그러한 비판에 법적 근거를 주게 되고, 그것은 경향에 따라 주관적 입장에서 보도, 논평할 수 있는 신문의 자유의 기본권에 대한 제3자의 위해를 법으로 용인하게 되는 결과를 초래한다.

우리 언론사의 경험에 비추어 더욱 간과할 수 없는 것은 권력을 쥔 자는 합법적 간섭수단 이외에 우회적 통제수단이나 심지어는 비합법적 탄압수단을 구사하였다는 것이다. 위와 같은 편집에 관한 위헌적 요구가 이러한 탄압수단에 대한 훌륭한 정당화 근거가 될 수 있음은 물론이다.[2]

이상의 논의를 정리하면, 신문의 자유의 핵심은 경향보도 내지 논조 보호에 있다. 신문에 대해 윤리(규정) 차원을 넘어 국가가 공정성을 법제화하여 신문을 규제하려는 시도는 이러한 경향보도 내지 논조에 대한 제한을 명시하는 것으로 헌법이 금지하는 표현의 자유에 대한 직접적 내용규제에 해당한다는 것이다.[3]

이처럼 신문에 대해서 국가가 공정성 원칙을 법제를 통해 명시적으로 의무화하는 것이 타당하지 않은 반면 방송에 대해서는 상이한 논리

---

2 고딕은 강조를 위해 필자가 추가.

3 2009년 개정된 신문 등의 진흥에 관한 법률은 이상과 같은 문제 조항을 모두 삭제하였다.

가 적용된다. 그 이유를 다시 박용상을 통해 살펴보도록 하자(박용상, 2013, pp. 132~140 요약정리).

방송 역시 민주주의를 가능하게 하는 여론형성 기능을 수행하는 대중매체란 점에서는 신문 등 정기간행물과 다름이 없고, 그에 대한 자유와 규제는 기본적인 점에서 인쇄미디어와 다를 바 없다. 다만 방송은 **전달기술의 물리적 특성과 사회적 영향력에서 특수성을 가지므로** 그에 상응한 법적 취급을 받게 된다. 방송은 국민의 소유라고 생각되는 한정된 자원인 전파를 사용하며, 그 때문에 과점적인 매체로서 기술적, 사회적 특성을 가진다는 점에서 각 개인이 방송을 운영하는 주관적 권리는 실현될 수 없고, 방송의 자유를 실제로 행사하는 방송 운영자의 선정과 허가를 비롯하여 다양성 보장을 위한 운영 및 편성상의 규제가 필요하다. 이렇게 방송의 자유는 국가적 간섭을 소극적으로 배제하는 데 중점이 주어지는 개인적 자유로서만 이해될 수 없다. 방송의 자유는 개개 시민이 갖는 자연권이 아니라 입법에 의해 구체적 내용이 결정되는 제도적 권리이다.

(방송 편성의 자유와 관련하여) 첫째, 방송은 국가의사가 형성되기 이전에 자유롭고 공개적으로 행해지는 여론형성을 담당하기 때문에 국가권력의 간섭과 규제로부터 독립하여야 한다는 독립성의 원칙이 귀결된다. 방송 공영체제를 취하는 경우 집권 다수당으로 구성되는 **정부나 의회의 권력적 간섭이나 특정 개인, 집단, 자본에 장악되지 못하도록 독립성을 보장**하면서 동시에 방송기업이나 종사원의 자의를 방지하고 다양성과 공정성을 보장하여야 한다. 방송의 독립성이 보장된다고 하여 방송의 자유가 방송사 임원이나 기자의 전유물이 될 수도 없다. 외부로부터의 간섭을 배제하는 외적 자유를 향유하는 방송주체가 국민이나 국가의 여망을 배반하여 그 자체가 막강한 힘을 구사하는 세력으로서 전단화하는 경우 이를 방지할 대책이 요구됨은 물론이다.

둘째, 다원적 국민의 다양한 의사를 전제로 하는 자유민주제 국가에서 방송은 국가의 정책결정에 뒷받침이 되는 여론형성과정에서 이를 조화, 통합하는 역할을 담당하는 것이기 때문에 방송의 운영 및 편성에 있어서는 일반국민 전체, 즉 공공의 다양한 이해관계를 가진 각계각층이 기회균등하게 참여할 수 있도록 다양성 원칙에 따라야 한다.

(종합하면) ① 활자매체의 경우는 다수의 신문 기타 정기간행물이 존재함으로써 이른바 외적 다양성이 실현되고 있음에 반하여, 방송의 경우에는 과점적으로 운영되기 때문에 외적 다양성이 성취될 수 없어 사회내의 모든 이익이 프로그램 편성에 관여할 수 있는 **내적 다양성**을 보장하는 조직상, 편성상의 특별조치가 필요하다. ② 이러한 다양성 원칙을 실현하는 데 중요한 것이 방송편성에 있어서 **공정성 의무**라 할 수 있다. 방송은 중립적 입장에서 다양한 의견이 실제상의 중요성에 비례하여 나타나도록 편성할 의무를 지게 되는 것이다. ③ 신문의 경우에는 **윤리적 차원**에 머무는 중립성 내지 공정성 의무가 방송의 경우에는 **법적 의무**로 실정화된다.[4]

이상에서 살펴본 박용상(2013)의 논의는 신문 및 방송에 적용되는 공정성 원칙에 관한 여러 학설 내지 주장을 가로지르는 보편적이라 할 관점을 일목요연하게 정리해 준다. 이에 따르면 경향보도 및 논조의 자유를 향유하는 신문과 달리, 방송에 대해서는 서비스 전송 기술의 물리적 특성(주파수 희소성 등)과 사회적 영향력으로 인해 방송의 언론으로서의 독립성을 보장하면서도 동시에 다양성과 공정성을 담보하기 위한 법제도적 규제가 요구된다. 방송운영주체가 갖는 방송의 자유는 국민을 위해 기여하는 자유 내지 개인과 공공의 올바른 의견형성이라는 이익을 위해 국민으로부터 신탁 받은 자유이다. 특히 공영방송의 경우 방송의 자유는 공영방송 운영주체에게 이타적, 타익추구적으로

---

4 고딕은 강조를 위해, 괄호내용은 연결차원에서 필자가 추가.

위임되는 것이다. 따라서 공영방송은 이를 객관성, 형평성, 중립성 및 탈경향성 등 공정성의 가치를 구현하기 위해 행사하여야 한다. 이러한 법리는 민영방송에도 기본적으로 같으나 완화된 기준이 적용된다(박용상, 2013, p. 140).

하지만 학계 및 현업에서 통용되는 이러한 관점은 크게 다음의 두 가지 점에서 반론의 대상이 된다. 첫째, 정치·시장권력으로부터의 방송의 독립성 보장과 엄격한 다양성·공정성 원칙의 의무화는 논리적으로 상호 충돌하며, 실제로 드물지 않게 후자는 권력에 의한 방송보도 논조 규제의 방편으로 악용된다는 비판이다. 둘째, 최근 들어 미디어 기술의 발전에 따라 케이블, 위성, 인터넷 등 대안적 전송수단이 등장하여 방송 주파수의 희소성이 사실상 사라지고, 방송 이외의 다수의 대안적 뉴스 미디어들이 등장하면서 공정성 원칙은 점차 근거가 약화되고 있다는 것이다.

이 장에서 필자는 이 같은 두 가지 반론에 초점을 두고 커뮤니케이션학 이론과 미디어 정책연구의 성과를 바탕으로 방송 공정성 원칙의 정당성을 논의해 보고자 한다. 우선 두 번째 반론과 관련하여 필자는 방송의 기술적 속성에 언론의 자유와 책임이론을 결합시켜 공정성 원칙의 필요성을 정당화한 종래의 관점에 더하여, 사회적 소통 및 매체 이론의 관점에서 미디어의 공정성, 특히 방송의 공정성 원칙의 정당성을 논증해 보고자 한다. 방송의 공정성 원칙 및 이를 근거로 한 국가의 방송 내용규제(프로그램 심의)에 대해 문제제기와 비판이 끊이지 않는 데는 공정성 원칙의 악용만큼이나 공정성 원칙의 정당성이 충분히 정립되고 있지 못한 데 그 이유가 있다고 할 것이다. 정당성이 약한 원칙은 그 해석과 적용에 문제를 초래할 수밖에 없다는 점에서 양자는 사실상 긴밀하게 관련된 것이다.

보다 구체적으로 인간 소통행위에 내재하는 본원적 편향성(특히 논쟁적 사안에 대한) 및 이에 따른 소통규범의 필요성, 현시대 한국 사회에서 관찰되는 사회적 소통의 난맥상, 소통이론의 관점에서 살펴본 방송의 미디어적 특성 그리고 한국 사회의 방송이 드러내는 공정성의 문제에 대한 검토를 통해 우리 사회에서 엄정한 방송 공정성 원칙이 필요한 이유를 제시해 보고자 한다.

결론을 미리 제시하면 공정성 원칙은 사회적 소통이 성립하기 위한 기본적이고도 필수적인 조건이다. 공정성 원칙은 표현의 자유와 상충하지 않고 그에 비례해 강화되며, 표현의 자유를 적극적으로 지켜 주고 확장시키는 수단이다. 사회적 차원에서 중요성을 지니는 미디어를 통한 공식적, 제도적 소통행위일수록 더욱 그러하며, 특히 디지털 미디어 시대를 맞아 수많은 미디어들이 난립하며 난맥상을 드러내는 한국 사회의 사회적 소통양상을 고려할 때 제도화된 사회적 소통의 정점에 위치한 방송에 있어서 공정성 원칙의 정립과 적용은 여전히 중요한 과제가 된다. 지상파 공영방송은 공정성 원칙을 통해 그 제도적 설계가 지향하는 바, 민주주의와 문화 창달의 공론장 구현이라는 목표에 도달함과 동시에 미디어 시스템의 중핵으로 전체 미디어 시스템의 건강한 작동에 기여할 수 있기 때문에, 디지털 다채널 시대에서 공영방송의 공정성은 더욱 중요한 과제로 부각된다.

둘째, 정치권력 내지 (최근 들어 영향력이 급증한) 시장권력이 공정성 원칙을 명분으로 방송의 독립성을 훼손하고 표현의 자유를 제한 내지 위축시킬 수 있다는 우려는 새로울 것이 없음에도 불구하고 여전히 타당성을 지니는 주장이라 할 것이다. 한국 사회에서 이러한 문제는 가능성을 넘어 현실로 상존한다고 해도 과언이 아니다. 하지만 이는 공정성 원칙 자체에 내재하는 문제라기보다는 동 원칙의 오남용에서 오는 문제이다. 이를 이유로 공정성 원칙 및 이에 근거한 방송심의 폐기를 주장하는 것은 '부작용 때문에 약을 쓰면 안 된다'는 주장처럼 논리적 선후가 바뀐 것이다. 이러한 문제의 해법은 공정성 원칙의 폐기가 아니라 현실타당성을 갖춘 공정성 원칙을 제대로 입론하고 공고화하는 데서 찾아져야 한다. 게다가 방송의 독립성과 공정성은 충돌하기보다는 상호보완적으로 작용한다. 이하에서는 이러한 필자의 주장을 보다 자세하게 제시해 보고자 한다.

2. 소통의 근원적 편향성과 공정성 원칙

이제 미디어 공정성 원칙을 바라보는 새로운 시각을 제시해 보자. [5] 이러한 시각은 소통을 매개하는 제도화된 실체인 미디어에 앞서, 이러한 미디어의 존재적 기반이자 정당성의 토대인 사회적 소통 자체에 주목한다. 그 핵심을 정리하면 다음과 같다.

"공정성 원칙의 정당성은 인간 소통이 지닌 근원적 편향성에 그 뿌리를 둔다. 공정성 원칙으로 대표되는 소통규범이 없이는 일체의 사회적 소통은 성립할 수 없다. 자신의 관점을 넘어 타인의 관점을 인식하고 더 나아가 하나의 논쟁적 사안을 가능한 폭넓은 관점에서 인식할 것을 요청하는 이 규범은 다양한 층위의 사회적 소통 및 제반 미디어 영역에 다양한 형태로 편재하면서 사회적 소통행위가 성립하고, 유지되며, 활성화될 수 있도록 해 준다. 공정성 원칙은 사회적 소통 및 이를 매개하는 미디어가 원론적인 자유주의 철학을 넘어 진정한 의미의 자유를 극대화하기 위한 출발점이다."

이러한 관점은 소통행위의 본질에 대한 이론적 성찰에 그 뿌리를 둔다. 소통은 동물에게서 찾아볼 수 없는 인간적 현상이며, 그것도 본능적, 일방적, 저차원적 상호작용과 구별되는 문화적, 민주적, 상징적 인간 상호작용이다. 물리적 강제, 폭력, 협박, 사술에 의존하지 않고 대화, 설득, 진정성에 기초해 여타의 상호작용의 기획 및 집행을 통제

---

5 이 절의 논의는 보편적으로 수용되는 이론이 아니라 필자가 시안적으로 정립한 주장에 가깝다. 커뮤니케이션 연구 영역에서 탐구되어 온 연구 주제들은 표현의 자유, 미디어의 공정성 등과 같은 규범적 개념들과 긴밀한 관련성을 갖고 있음에도 이러한 관련성이 직접 논의되는 경우는 드물다. 필자의 시안적 시도는 바로 이러한 관련성을 보여주는 데 있다. 이 논의를 위해 윤석민(2007)을 주로 참고하였다.

하고 조절하는 행위이다. 이는 인간이 보유한 고도의 정신능력과 표현 능력을 토대로 미시적으로 사회적 행위자들 사이의 모든 상호작용에 수 반되어 크고 작은 개개 행위들을 정교하게 조절하며, 거시적으로 일체 의 사회적 상호작용들을 기획, 조절, 통제한다(윤석민, 2007, 1장).

소통은 모든 인간 상호작용에 배태되어 있기에 인간의 모든 행위는 일정한 소통을 수반하며, 따라서 우리가 살아 숨 쉬며 타인과 교류하는 한 "우리는 소통하지 않을 수 없다."(*One cannot not communicate*)

우리의 삶은 수평적 및 수직적 차원에서 물 샐 틈 없이 짜인 다층위적 소통을 통해 영위된다. 모든 개인과 집단들 간의 복잡다단한 관계 및 상 호작용들이 발생하고, 어우러지고 조절되며 성과로 이어지는 것은 모두 이러한 소통의 결과이다. 이는 인간 욕구충족의 상호작용을 최적화함으 로써 인간이 보다 높은 욕구를 추구하고, 보다 효율적인 상호작용을 수 행하며, 그에 따른 보다 고도화된 표현능력을 발전시켜 가는 계기가 된 다. 건강한 소통적 상호작용을 통해 개별적인 인간의 가능성 및 사회적 가능성은 온전하게 실현되며, 이러한 가능성이 온전히 실현될 때 역으 로 소통적 상호작용은 최고 수준으로 창달된다(윤석민, 2007, 10장).

개인의 미세한 욕구로부터 최상위의 사회구조까지 인간을 둘러싼 세계 의 모든 요소가 유기적으로 결합되어 있으면서 상승적으로 역동하는 이 상적 상태야말로 인간역사의 궁극적 진보상태, 휴머니즘이 극대로 실현 되는 상태, 경제가 최적으로 작동하는 상태, 가장 정의로운 권력관계가 구현되는 상태, 다수자와 소수자가 조화롭게 공존하는 상태, 인간욕구 의 최대 충족, 최고수준의 자아실현이 보장되는 상태가 된다. 이는 사회 사상가들이 오랜 세월 꿈꾸어 온 '유토피아'에 다름 아니다.

커뮤니케이션의 궁극적 효과는 이러한 변증법적 상호작용의 최상의 상태, 즉 모든 개인, 집단, 사회 간 복잡다단한 상호작용들이 최적의

88

상태로 발생하고 어우러지고 조절되며 최적의 성과로 이어지는 이상적 상호작용의 상태에 기여하는 것이 된다. 커뮤니케이션 단독으로 이러한 유토피아적 상태를 구현할 수 없다는 것은 분명하지만, 인간 상호작용의 전 영역을 종과 횡으로 관통하는 커뮤니케이션적 요인에 대한 충분한 고려 없이 이러한 유토피아적 상태를 실천한다는 것은 처음부터 가능한 목표가 아니라고 할 것이다(윤석민, 2007, pp. 405~406).

하지만 이처럼 우리 삶에 편재하면서 우리의 삶을 미세조정하고, 궁극적으로 사회적 상호작용을 최적화하는 기제인 소통행위에는 많은 개인적 및 사회구조적 차원의 장애요소가 존재한다. 소통은 많은 경우 계획대로 이루어지지 않으며 섬세하고도 치밀한 기획을 통해 부분적 성과를 거둘 수 있는 고난도 과업의 속성을 지닌다.

이러한 장애요소 중 가장 근원적인 것은 모든 소통에 필연적으로 개입하는 편향성이다. 소통행위는 가장 단순화시키면 A가 ⓜ이라는 메시지를 B에게 전달하는 과정이다(A→ⓜ→B). 이때 동일한 ⓜ을 A와 B가 다르게 받아들이는 문제가 발생한다. 화자(A)의 경우 자신이 말한 내용이 중립적이고 상식에 부합하며 공평했다고 보는 반면, 청자(B)의 입장에서는 자신이 들은 내용이 편향성을 띠고 비상식적이며 불공평했다고 받아들이는 것이 그것이다. 일체의 외부적 제약이 존재하지 않는, 구조적으로 완벽한 소통의 자유가 보장된 상황이이라고 해도 마찬가지다.

동일한 메시지를 둘러싸고 이러한 불일치가 생기는 이유는 모든 인간은 자기본위적(*ego-centric*)이기 때문이다. 이러한 자기본위적 속성은 근본적으로 인간의 자기중심성 내지 이기적 속성에 기인한다. 하지만, 다층위적으로 이루어지는 인간 상호작용 속에서 이러한 속성의 발현은 "모든 인간은 이기적이며 자기중심적으로 사고하고 소통한다"는 것 이상의 복잡한 양상을 띠게 된다.

인간 상호작용이 다층위적이라 함은 인간이 개인, 집단, 그리고 사회성원으로서의 복합적 정체성을 지니고 상호작용한다는 것을 의미한다. '개인'이란 사적 욕구나 욕망에 기초하여 자유로운 사적 행위 = 비구조화된(비공식적) 행위를 수행하는 개인적 주체를 나타내고, '집단', '사회'로 올라갈수록 이와 반대로 집단적 행위 = 공공적 목표나 필요에 따른 구조화된(공식적) 행위를 하는 주체를 의미한다.[6] 인간의 자기본위성은 상황에 따라 이러한 다중적 정체성 중 유리한 정체성을 앞세우는 방식으로 구현된다.

이는 소통행위에서도 마찬가지다. 인간의 소통은 사회적 상호작용의 전 영역에 걸쳐 있으며, 끊임없이 사적, 집단적 및 공적 영역들을 넘나든다. 이는 화자의 경우든 청자에 있어서든 마찬가지지만 일반적으로 발신자와 수용자는 전면에 끌어내는 중심적 정체성에 분명한 차이를 드러낸다. 자기본위적 편향성(self serving bias)에 따라 발신자 입장에서 사회적 정체성, 수용자 입장에서는 개인적 정체성을 앞세우는 것이 그것이다. 이에 따라 우리는 밖으로 자신의 의견이나 감정을 드러내는 발신자 입장에서는 자칫 오해를 사거나 시비, 비난 내지 위험을 초래할 수 있는 사사로운 언행 내지 감정 표현을 최대한 억제하는 가운데 가장 보편적인 사회적 존재의 입장에서 말하거나 글을 쓰게 된다. 역으로 타인의 메시지를 받아들이는 수용자 입장에서 우리는 가장 사사로

---

6 이러한 구분은 이론적인 것으로 현실 속에서 개인, 집단, 사회의 구분이 쉽지 않다. 개인적 욕구에 따라 완전히 자유롭게 행위하는 독자적인 개체로서의 개인은 존재하지 않으며 사회와 집단의 경계선도 불분명하다고 할 것이다. 한 주체에 있어서의 개인성, 집단성, 사회성이란 각기 동떨어진 속성이 아니라 하나의 주체를 구성하는 실체적 조건으로 결합되어 있다. 따라서 개인, 집단, 사회의 구분은 엄격히 말하면 특정한 상황에서 특정 행위자(또는 행위 대상)에게 중심이 되는 정체성이 무엇인가를 나타낸다.

운 개별자의 관점에서 이러한 메시지가 자신에게 미칠 영향이 무엇일
지 촉각을 세우게 된다.

　보편적인 세계자(사회)의 입장에서 메시지를 보내고 이기적인 개별
자(개인)의 입장에서 타인의 메시지를 수용하는 것이다. 이처럼 본능
적으로 작동하는 정체성의 분리 및 편향성의 작동으로 인해 "말을 할 때
묵묵이(규범에 따라 신중하게 소통하는 자), 남의 얘기를 들을 때 떠버리
(자기중심적으로 소통하는 자)"라는 역설이 발생한다.[7]

　커뮤니케이션학 및 사회심리학 영역의 연구자들은 이 같은 자기본위
적 편향성이 소통에 미치는 문제점에 대해 오래전부터 관심을 갖고 이를
실증적으로 검증하며 이론화하는 작업을 수행했다.[8] 이러한 작업을 통
해 잘 정립된 이론의 대표 사례로 소소한 오해가 소통과정에서 증폭되어
자기충족예언(*self fulfilling prophecy*)의 형태로 현실화되는 피그말리온
효과(*Pygmalion effect*)를 들 수 있다. 이러한 편향성으로 인해 소통내용
이 잘못 전달될 가능성은 발화자로 하여금 밖으로 드러나는 자신의 언행
을 보다 엄격히 모니터링하게 한다. 이른바 자기검열(*self monitoring*)이
다. 또한 이러한 편향성에 대한 우려는 소통행위 자체를 주저하는 '소통
불안'으로 이어지기도 한다.

　이러한 본원적 편향성을 인식한다고 해서 문제가 해결되는 것은 아니
다. 특정한 설득 메시지를 접했을 때 자신은 상관없지만 타인들이 영향
을 받았으리라는 가정하에 반응하는 제3자 효과, 자신을 제외한 집단의
성원들이 특정한 규범을 수용하고 있다고 생각하고 그에 맞춰 행동하는

---

7 속칭 '내가 하면 로맨스, 남이 하면 스캔들'라는 표현은 이러한 자기본위적 편향성을 나타
　낸다. 인간 소통행위에 개입하는 편향성의 문제에 대한 기초적인 소개는 나은영(2015),
　3장 참조.
8 이에 대한 개괄적인 논의는 나은영(2015) 및 윤석민(2007) 9장 및 10장 참조.

다원적 무지 현상, 타인들의 지배적 의견을 가정하고 그에 동조함으로써 형성되는 비합리적 집단사고 현상 등이 이러한 편향성의 2차 효과라고 할 것이다. 이러한 현상들은 인간 소통행위의 장애, 왜곡 내지 위축이 시작되는 원점이다.

소통행위가 사적인 대인적 소통상황을 넘어 집단적 및 사회적 차원으로 확장 내지 공식화될 때 본원적 편향성이 야기하는 소통의 장애, 왜곡, 내지 위축 문제는 개인을 넘어 사회적 차원으로 증폭되기 시작한다. 집단의 위상, 물질적 이해관계, 내지 권력관계와 관련된 파당적 집단이익이 성원들에게 내면화되면서 자신이 속한 집단의 주장은 정의롭고 보편적이며 합리적인 반면, 다른 집단(성원)의 주장은 옳지 않고, 편파적이며 비합리적인 것으로 간주하는 집단차원의 편향성이 나타나기 시작한다. 특히 나와 차이를 보이는 타인들의 존재 및 그들의 주장을 인정하고 수용할 수 있는 시민성의 성숙도가 낮은 사회에서 이러한 편향성은 한층 강한 양상을 보인다.

이러한 사회에서 자신이 속한 집단의 관점에 갇혀 자신의 생각은 큰 목소리로 주장하고 타인이 속한 집단의 관점에는 귀를 열지 않는 경향성은 사회적 소통과정을 통해 악순환으로 심화되고, 이에 따라 사회적 소통의 총량이 증가할수록 효과적인 소통 가능성은 오히려 낮아지는 역설적 상황이 발생하게 된다(박승관, 2005). 갈등을 피하기 위한 자기검열 및 소통불안은 더욱 심화되고, 제3자 효과, 다원적 무지, 집단사고 현상은 미디어를 통해 전 사회적 차원으로 확대되기 시작한다. 이러한 악순환이 심화될 때 사회적 소통을 통한 건강한 여론 형성의 가능성이 사라지고 총체적인 사회적 소통, 그리고 민주주의 자체가 위기를 맞게 된다.

따라서 모든 소통행위는 그 성립의 전제조건으로 소통의 기본 원칙,

절차, 책임을 밝히는 규범을 요청한다. 이러한 규범의 본질은 소통에 필연적으로 개입하는 자기본위적 편향성을 최소화하기 위해, 소통 당사자들이 자신의 관점을 넘어 타인의 존재와 관점을 인식하고 더 나아가 하나의 논쟁적 사안을 바라보는 폭넓은 관점의 존재와 가치를 인식하고 존중하도록 이끄는 데 있다. 이는 사회 구성원이 자기중심성을 넘어 또 다른 '나'의 존재를 인식하는 소통자로 거듭나게 하고, 그가 자기검열, 소통불안을 넘어 소통을 시작할 수 있게 해 주며, 소통상대 및 소통내용의 품질에 대한 신뢰를 제공함으로써 자기본위적 편향성에 갇혀 오해와 갈등을 심화시키는 병리적 소통이 아닌, 쌍방 간의 이해와 공감을 넓혀 주는 생산적인 소통의 가능성을 열어 준다.

　이러한 규범은 공식적 소통행위에만 존재하는 것이 아니다. 가장 비공식적이고 자유로운 사적 대면상황의 소통행위에도 관행, 상식, 금기의 형태로 존재하는 규범이 존재한다. 집단적 및 사회적 차원의 소통으로 올라갈수록 이러한 규범은 공식적 규범의 형태로 제도화되지만 그 기본 속성과 역할은 사회적 소통의 최하단인 사적 소통의 영역에서 발견되는 비공식적 소통규범들과 다를 바 없다. [9]

　아래의 〈그림 2-1〉과 〈그림 2-2〉는 지금까지의 논의를 도식으로 정리해본 것이다. 우선 〈그림 2-1〉은 소통규범이 부재한 가운데 A(개인 또는 집단)와 B(개인 또는 집단) 간에 이루어지는 소통이 자기본위적 편향성에 따라 파행을 빚는 상황을 나타낸다. A의 발언은 B에 의해 편향적으로 수용되며 그 결과 B는 B′(A로부터 보다 멀어진 입장)로 이동한

---

9 이러한 맥락에서 소통에 있어서 공정성 규범이란 넓은 의미에서 이상에서 살펴본 소통의 근원적 편향성으로부터 소통의 가능성을 지켜 내기 위한 사회적 규범의 총체를 함축한다. 대면 소통상황에 적용되는 비공식적 소통규범, 인쇄출판 저널리즘의 영역에 존재하는 다양한 취재 및 보도 윤리나 편집 가이드라인들, 그리고 방송 저널리즘 영역에 있어서 엄격하게 제도화되어 있는 공정성 규범 내지 가이드라인이 모두 이에 해당한다.

다. B´의 발언은 A에 의해 마찬가지로 편향적으로 수용되어 A 역시 A´
로 이동한다. 이러한 방식으로 A와 B 간의 소통행위는 양자 간의 차이
를 보다 넓히는 방향으로 작용하고(A→A´→A˝, B→B´→B˝), 소
통이 진행될수록 이러한 간극이 넓어지게 된다.

〈그림 2-2〉는 자기본위적 편향성을 감소시키는 규범(공정성 원칙)이
잘 정립된 소통상황을 나타낸다. 이러한 상황에서 A의 발언은 B에 의
해 편향되지 않고 신뢰할 만한 것으로 수용되며 그 결과 B는 B´(A에게
보다 접근한 입장)로 이동한다. B´의 발언은 A에 의해 마찬가지로 수용
되어 A 역시 A´로 이동한다. 이러한 방식으로 A와 B간의 소통행위는
양자 간의 차이를 줄이는 방향으로 작용하고(A→A´→A˝, B→B´→
B˝), 소통이 진행될수록 이러한 간극이 좁아지게 된다. 소통상대 및
소통 내용을 신뢰하는 가운데 이루어지는 A와 B의 소통행위는 쌍방 간
의 이해와 공감을 넓혀 줌으로써 양자 간에 존재하는 차이를 감소시켜

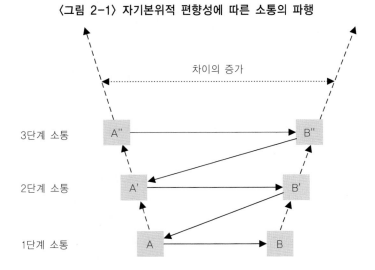

〈그림 2-1〉 자기본위적 편향성에 따른 소통의 파행

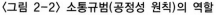

〈그림 2-2〉 소통규범(공정성 원칙)의 역할

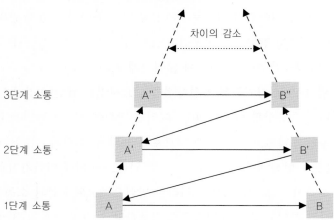

상호 합의에 도달할 수 있도록 하는 본연의 기능을 수행하는 것이다.

일부 언론학자 내지 언론법학자들이 고전적 자유주의 철학에 기초하여 공정성 규범을 위시한 소통규범을 표현의 자유 내지 언론의 자유를 제한하는 규제 내지 간섭행위로 가정하는 태도의 저변에는 소통현상을 규제가 없는 자유방임의 상태에서 누구나 수행할 수 있는 손쉬운 현상으로 여기는 낙관적 태도, 그리고 20세기 이후 커뮤니케이션학과 사회심리학 영역에서 축적되어 온 과학적 소통 연구의 성과들에 대한 인식의 결여가 깔려 있다고 할 것이다.[10]

이러한 과학적 연구의 성과들은 소통은 일체의 제약으로부터 자유로워야 한다는 원론적 자유주의 철학의 설파만으로 자유로워지지 않는다는 것을 실증적으로 보여준다. 소통을 자유롭게 하기 위해서는 소통과정에 필연적으로 개입하여 소통에 대한 불안·불신·위축을 초래하고,

---

10 실제로 대면, 집단 및 사회적 커뮤니케이션의 특성, 여론형성 과정, 미디어의 효과 등에 대한 연구성과들은 표현의 자유와 제한에 대한 논의에 거의 반영되고 있지 못한 실정이다.

소통을 왜곡시키며, 더 나아가 사회적 소통의 위기를 초래하는 편향성을 최소화하기 위한 신뢰와 책임의 규범적 장치들이 정교하게 강구되어야 한다. 공정경쟁을 보장하는 시장규범들이 보다 다양한 경제적 주체들에 의한 시장행위의 자유를 지켜내는 것과 마찬가지로 이러한 소통규범들은 사회적 소통을 위축, 차단 내지 왜곡시키는 본원적 편향성 문제들에 대한 보호막을 제공해 역설적으로 보다 다양한 소통주체들에 의한 자유로운 소통행위를 지켜 낸다.

정리하면 공정성 원칙을 필두로 한 소통규범에 대한 일체의 논의는 이를 '표현의 자유'를 제한하는 규제수단이 아니라, 사회적 소통이 자유롭게 이루어지기 위한 전제조건에 해당한다고 보는 데서 출발해야 한다.[11]

---

11 이러한 필자의 견해는 공정성 원칙을 '객관적 질서의 형성' 관점에서 바라보는 입장에 해당한다. 이에 대한 자세한 논의는 제 15장 결론의 논의 참조.

3. 한국 사회의 소통상황과 공정성 원칙

각 사회는 정치, 경제, 사회, 역사, 문화, 기술 등 사회적 조건이 다르기 때문에 각기 다른 소통규범을 지니고, 또한 같은 사회라 하더라도 이러한 규범은 시기별로 차이를 보이게 된다. 전시와 평화시의 공정성 기준이 다를 수밖에 없고, 소수의 미디어가 존재하던 아날로그 시대의 공정성 기준과 디지털 미디어 시대의 공정성 기준이 같을 수 없다. 이러한 맥락에서 공정성의 의미와 실천기준은 사회 변화에 따라 주기적으로 재점검해서 발전시켜 나가지 않으면 안 된다(이민웅 등, 2006).

앞서 논의한 바와 같이 소통규범과 관련해 특히 중요한 것은 한 사회의 성원들이 드러내는 시민적 성숙성의 정도이다. 나와 다른 타인 및 그들의 관점을 인정하고 공존할 줄 아는 성숙한 시민성이 자리 잡고 있는 사회와 이러한 덕성을 제대로 못 갖춘 사회가 있다고 할 때, 후자의 경우 소통의 편향성을 바로잡기 위해 더욱 엄정한 소통규범이 요청됨은 쉽게 짐작할 수 있다.

그렇다면 현시대 한국 사회의 상황은 어떠한가?[12] 필자의 견해를 미리 제시하면 한국 사회는 사회발전을 지속하기 위해 고도화된 소통을 요구하지만 그 조건인 시민적 덕성의 성숙도가 이에 미치지 못함으로써 과도기적으로 극심한 소통의 위기를 겪고 있기에 이에 대처하기 위한 엄정한 소통규범을 요청하고 있다고 본다. 이하에서는 이 같은 논리를 보다 구체적으로 살펴보도록 하자.

한국 사회는 20세기 후반에서 21세기 초반에 걸쳐 세계가 주목하는 경제성장과 민주화를 달성하였다. 지나친 단순화의 위험에도 불구하

---

12 이 절의 내용은 윤석민(2011), 3, 4장을 주로 참조하였다.

고, 21세기 한국 사회가 추구하는 발전목표는 이러한 경제 및 정치 영역에서의 성과를 토대로 고도화된 삶의 질을 보장하는 궁극적인 근대성의 사회상태, 이른바 '선진화된 시민 민주주의의 상태'로 나아가는 데 있다고 할 것이다.

선진화된 시민 민주주의의 상태란 종래의 산업화 및 민주화를 넘어 삶의 제반 영역에서 성숙한 민주주의가 자리 잡고 있는 상태라 할 것이다. 필자의 개념을 사용하여 표현하자면 이는 개인(시장), 집단(시민사회), 그리고 사회적(정치) 영역이 어느 하나 위축됨이 없이 균형을 이루며 조화롭게 공존하는 상태를 의미한다(윤석민, 2007, 2장, 4장, 10장; 2011, 2장). 파격과 일탈이 폭넓게 관용되면서 동시에 공공적 통제와 명령이 신뢰되고 효율적으로 작동하는 상태, 개인이나 집단의 차이가 차별이 아닌 다양성으로 수용되는 상태, 안정되어 있으면서 변화에 대해 폭넓게 열려 있는 상태, 진보와 보수가 균형을 이루며 공존하는 상태, 다수의 이익이 보장되는 가운데 소수의 권익이 폭넓게 배려되는 상태가 그것이다.

정치이념 차원에서 하버마스(Habermas, 1962; 1981)가 주창한 '자유주의적 공동체주의 상태', 즉 개인성의 실현이라는 자유주의의 장점을 유지하면서, 다양한 공동체, 공론장을 활성화함으로써 '참여민주주의' 내지 '숙의민주주의'를 구현하여 궁극적으로 개인들로 하여금 '적극적 자유'를 실천하게 만드는 상태가 그것이다. 개인, 집단, 사회적 층위에서 동시다발적, 다층위적, 상·하향적으로 쉼 없이 이루어지는 역동적 상호작용이 활성화되어 개인, 집단, 사회가 유기적으로 연결되고 개인, 집단, 그리고 사회가 함께 발전해 가는 상태이다.

이 같은 역동적 상호작용을 가능하게 하는 조건이 다름 아닌 고도화된 사회적 소통이라 할 것이다. 개인, 집단, 사회적 층위의 욕망, 감성, 이해관계, 주장 등이 자유롭게 표출, 조정, 수용, 공유되도록 하는 사회적 의사소통이 그것이다. 사회의 다양한 주체들을 물 샐 틈 없이 연결하는 역동적 커뮤니케이션을 통해 미시적으로 사회적 행위자들 사이의 크고 작은 행위들, 그리고 거시적으로 정치, 경제, 사회, 문화적 영역의 사회적 상호작용들이 효율적이면서도 합리적으로 기획, 연계, 조절, 통제되는 상태가 그것이다. 이러한 사회적 소통의 중요성을 강조하는 사회이론의 적실성이 학계를 넘어 사회적으로 최근처럼 깊은 공감을 얻는 시기는 없었다.

한국 사회가 성숙한 시민민주주의 사회로 나아가기 위한 최우선의 조건도 '건강하게 작동하는 사회적 소통체계'의 구축이라 할 것이다. 하지만 이러한 소통체계의 구축이 어렵다는 것은 두말할 나위가 없다. 한국 사회에서 소통은 사회 갈등과 문제의 해법이 아니라 원인이며, 선진시민사회로 나아가기 위한 수단이 아니라 장벽으로 평가되고 있다. 소통위기 담론이 한참 뜨겁던 2011년 봄, 당시 한국언론학회 회장이던 양승목의 발언이다(한국언론학회, 2011).[13]

> 민주화 이후 지난 20여 년 동안 진보-보수 간의 평화적 정권교체라는 일정한 성과에도 불구하고 우리 사회는 사회적 갈등을 합리적으로 조정할 규범과 절차를 마련하는 데 성공하지 못했습니다. 그 결과 우리가 목도하는 현실은 비합리적이고 비관용적이며 편향된 의견들의 극단적 반목과 대결입니다. 대화와 협상의 성소가 되어야 할 국회는 종종 폭력과 난투극의 무대로 전락하였습니다. 정확한 정보를 제공하고 여론을 바

---

13 소통의 위기는 2000년대 이후, 특히 이명박 정부 들어 가장 주목을 끈 사회정치적 화두였다. 우리나라 언론학계를 대표하는 한국언론학회에서는 2011년에 특별기획 연구사업으로 한국 사회 소통의 위기를 분석하고 그 결과를 단행본으로 출간하였다. 한국언론학회 (2011) 참조.

르게 이끌어야 할 책임이 있는 언론은 '사실의 위기'가 거론될 정도로 이념대립이 극심합니다. 한마디로 생각과 가치가 다르면 무조건 상대방을 불신하고 보는 아노미적 소통의 위기가 한국 사회에 만연되어 있습니다. 이런 상황에서는 한국 민주주의의 미래가 걱정되지 않을 수 없습니다. 관용과 합리성에 기반을 둔 상호 존중과 이해는 찾아볼 수 없고 오로지 폭력적 커뮤니케이션만 양산되는 이 현실을 그대로 두고서는 대한민국이 결코 선진국 대열에 진입할 수 없다고 봅니다.

그렇다면 이러한 소통위기의 원인은 무엇인가? 이는 정치권력, 미디어, 그리고 사회성원들이 복합적으로 만들어 내는 위기의 앙상블이다. 하지만 그 문제의 시작과 끝은 결국 사회적 상호작용 및 소통의 주체인 사회성원의 상태라고 할 것이다. 지나친 단순화의 위험에도 불구하고 21세기 초반 현재 한국 사회의 성원들은 시민적 덕성의 성숙이 결여된 채 과잉 국가화와 동시에 과잉 개인화의 상태에 놓여 있는 것으로 평가된다. 그 속성은 복합적, 양가적이며 때로 모순적이기까지 하다. 한편으로 민주주의, 애국심, 보편적 인류애, 평화에 대한 열정, 정의감에 불타면서, 다른 한편으로는 군중심리, 적개심, 이기심, 훔쳐보기 충동으로 가득 찬 이율배반적 속성의 집단이다. 합리성, 평정, 신뢰, 관용보다는 격정, 공포, 불신, 분노조절 장애로 특징지어지는 집단이다. 이들은 때로 광장에서 두 손에 촛불을 들고 헌법 제1조의 주권재민 조항을 소리 높여 외치지만 동시에 익명의 인터넷 공간에서 퍼지는 근거 없는 소문에 빠져들고, 작은 계기에도 손쉽게 분노한 군중으로 돌변한다. 애국심에 휩싸여 황우석 비판 프로그램을 방송한 MBC 앞에서 〈PD수첩〉 폐지를 요구하던 군중들, 미네르바에 빠져들고 타블로 사냥에 동참하던 네티즌들, 광우병의 공포에 휩싸여 광장에 몰려들었던 학생과 그들의 부모들, 천안함 오폭설, 세월호 침몰 음모설에 빠져드는 이들이 그들이다. 정도의 차이는 있을지언정 우리 모두가 이러한 속성을 공유한다.

필자는 수년 전에 대학원생들과 함께 전통사회에서 근대화로 숨 가쁘게 달려온 지난 백여 년의 역사 속에서 우리 사회구성원의 정체성이 어떻게 변화했는지를 분석한 바 있다.[14] 이 연구에 따르면 이 기간 동안 가장 두드러지게 목격되는 것은 개인성의 성장이다. 1920년대 식민지 반봉건 체제하에서도 전통사회의 집단성을 벗어난 개인의식의 성장, 개인적 욕망 내지 정체성의 외부적 표현, 봉건적 가치관의 탈피, 여권의 신장 등 개인성의 성장은 현저하게 관찰 가능한 현상이었다.

이 시기에 동시에 진행된 것은 국가성원으로서의 정체성 강화였다. 일제 식민지치하 및 전시체제, 해방 및 신탁통치기간, 6·25 전쟁, 자유당 정권을 거치며 우리 사회의 성원들은 신민, 동무, 국민, 유권자로 호명되며 국가의 성원으로서의 정체성을 학습하였다. 특히 중요한 시기는 '1960~70년대'였다. 이 시기에 한국 사회에서는 국가주도의 근대화, 이른바 시민사회의 성숙이 병행되지 못한 산업화의 과정이 관철되었다. 이러한 국가의지를 실현하기 위해 전통사회의 성원들을 국가의 일원으로서 동원하는 과정에서 '민족주체성 확립', '사회악 일소', '조국 근대화', '인간성 개조', '자주국방 확립', '100억 불 수출 및 천 불 소득 달성' 같은 국가주의 담론들이 우리의 삶과 의식을 가득 채웠다. 흔히 압축 근대화로 통칭되는 이 같은 과정 속에서 개인성과 국가 성원으로서의 정체성은 성장한 반면 시민성의 성숙이 그에 미치지 못하는 상태, 흔히 비도덕적 가족주의(Banfield, 1958), 천민자유주의(이승환, 1999), 내지 저급한 애국주의(Iwabuchi, 2007) 등으로 통칭되는 미성숙한 집단성의 상

---

14 이 연구의 성과는 윤석민(2011), 3장에 요약되어 있다.

태가 우리의 지배적 모습으로 자리 잡게 되었다.

1980년대 후반 군사정부를 청산하고 '90년대 들어 본격적인 민주화 시기에 진입하면서 우리 사회의 성원들은 이러한 상태를 성공적으로 극복하고 있다는 전망이 쏟아져 나오기 시작하였다. 1997년의 김대중 정부, 2002년의 노무현 정부 등 진보권력은 시민사회의 욕구가 분출되고 제도화되는 계기를 마련하였다. 같은 시기에 이동전화와 인터넷 등 미디어 기술의 급속한 발전과 보급으로 사람들이 타인들과 관계를 맺을 수 있는 수단이 비약적으로 확대되기 시작하였다. 사람들은 메신저, 미니홈피, UCC, 블로그, 카페 등과 같은 인터넷 기술을 빠르게 수용, 활용하며 사회적 관계를 확장시키고, 자신을 드러내는 소통행위를 과거 어느 때보다 활발하게 수행하였다. 압축근대화에 따른 미성숙한 집단성을 탈피하고 우리가 선진화된 시민성, 이른바 '연결된 개인주의'(*networked individualism*)의 상태에 진입하고 있다는 전망이 제시된 것은 이러한 맥락에서였다.

하지만 시민성을 공공문제에 대한 관심과 식견, 이성, 합리성, 절제, 평정, 소통능력, 관용, 공동체의식 등과 같은 덕성의 총체로 정의할 때, 지난 4반세기 동안, 심지어 진보정권 10년 동안 이러한 덕성들이 비약적으로 성장하였다든지, 미디어 기술 발전이 이러한 덕성을 증진시켰다고 주장하는 것은 비현실적이고 과도한 낙관적 견해였음이 여러 연구들을 통해 밝혀졌다.[15] 일례로 국가들의 사회적 제도의 발전 수준을 20여 개 영역으로 비교한 이재열, 장덕진의 연구에 따르면 한국은 투명성, 법 준수, 노사관계, 신뢰도, 조직구조 등 사회적 민주화에 해당하는 세부영역이 크게 뒤진 것으로 나타났다(이재열·장덕진, 2010).

---

[15] 윤석민(2011) 4장에서 필자는 전망의 수정이라는 제목하에 바로 앞의 장에서 제시된 낙관적인 시민사회의 전망을 수정하는 작업을 수행한 바 있다.

송호근은 이를 두고 "한국 사회는 사회적 민주화가 정치적 민주화에 훨씬 뒤진 격차사회 (*gap society*) 의 한 전형" (2011) 이라고 표현한다.

　한국교육개발원이 전국의 초·중·고교 468곳의 재학생 13,390명 (초6~고2) 을 대상으로 실시한 '2014 학생역량지수 조사' 보고서에 따르면 우리나라 학생들은 학년이 오를수록 언어와 수리 등 인지능력은 향상되지만 도덕성·시민성·자기정체성 확립 등 민주시민에게 필요한 역량은 학년이 오를수록 오히려 떨어졌다. 이에 앞서 2009년에는 국제교육협의회 (IEA) 가 세계의 중학교 2학년 학생 14만 6백여 명을 설문조사한 'ICCS' (국제 시민의식 교육연구) 자료를 토대로 36개국 청소년의 사회적 상호작용 역량 지표를 계산한 결과, 한국이 0.31점 (1점 만점) 으로 세계 최하위권 (35위) 에 속한 것으로 나타나 파문을 일으켰다.

　굳이 이와 같은 대규모의 공식적 연구결과를 제시할 필요가 있을까 싶을 정도로 우리 주변에는 시민성의 미성숙한 상태를 보여주는 사례들이 넘쳐난다. 옆집에 누가 사는지도 모르는 아파트 생활, 길거리응원처럼 국민적 열정은 넘치지만 자신의 지역 공동체에 대해서는 철저한 무관심, 님비현상, 세계 최고의 이혼율과 자살률, 세계 최저수준의 출산율, 입시 과열, 사회 다수성원에게서 일상적으로 관찰되는 분노조절 장애, 학교폭력, 군대폭력, 오프라인 및 온라인 공간에서 벌어지는 (그것도 신체적 및 정신적 장애를 지닌 사회적 약자에 가해지는) 집단 따돌림, 공교육 붕괴, 게임중독, 스스로를 진보로 규정하면서 교육·규제·노동문제 등 개인적 이익이 달린 사안에 대해서는 보수적 성향을 드러내는 강남좌파 등이 그것이다. 현시대 한국 사회를 특징짓는 현상들은 시민성의 성숙 없는 개인주의의 만연, 더불어 살아가는 타인 및 타집단에 대한 저신뢰와 저관용의 상태, 낮은 공동체 의식 및 상대적으로 과열된 국가주의의 병리적 결합상태가 우리의 지배적 모습으로 남아

〈그림 2-3〉 한국 사회의 소통 구조와 사회적 소통의 위기

	개인	집단	사 회

개 인	**1**
	• 욕망의 비대화
	• 시장의 비대화
	• 무분별한 개인적 욕구의 추구
	• 개인주의를 넘어선
	  이기주의의 팽배
	
	• 부동산·사교육 과열
	• 향락산업의 만연
	• 구복신앙화된 종교
	• 히키코모리
		2
		• 개인-집단 간
		  상향 소통기능 위축
			3
			• 걸러지지 않은 사적 의견
			• 괴담의 표출
			• 까발리기식 리얼리티
			  프로그램의 만연
			• 마녀사냥식 파헤치기
			• 금기 파괴
			• 커밍아웃
			
			• 광우병 괴담 확산
			• 인터넷 마녀사냥
			• 악성 악플
			• 타블로 파헤치기
			• 미네르바의 활약
			• 천안함 괴담 확산

집 단	**4**
	• 집단-개인 간
	  하향 소통기능 위축
		5
		• 시민사회의 약화
		• 이웃, 공동체,
		  지역사회의 실종
		• 저널리즘의 약화
			6
			• 집단-사회 간 상향
			  소통기능 위축

사 회	**7**
	• 권위주의적 통치의 부활
	• 여론 수렴 없는
	  효율성 중심의 통치
	• 사회적 소통에 대한
	  국가간섭과 통제의 증가
	• 수구적 보수
	
	• 노무현 정부의 기자실 폐쇄
	• 미국 쇠고기 도입 결정
	• 4대강 사업추진
	• 미네르바의 구속
	• 명박산성
		8
		• 사회-집단 간
		  하향 소통기능 위축
			9
			• 국가와 이념의 과잉 비대화
			• 사회구성원의 과잉 정치화
			• 국가주의, 애국주의의 과잉
			• 크고 작은 국가정책을
			  둘러싼 갈등의 만성화
			
			• 전 국민적 길거리응원
			• 탄핵 역풍 및 탄핵방송 사태
			• 황우석 사태
			• 광우병 촛불시위
			• 미디어법 갈등

있음을 보여준다.

이처럼 사회 성원의 대다수가 과잉 개인화된 동시에 과잉 정치화된
상태, 시장 영역과 국가 영역은 과잉 비대화된 반면 시민사회는 위축된
상태는 모든 영역에서 소통의 편향성을 심화시키는 기제로 작용한다는
것이 필자의 판단이다. 〈그림 2-3〉은 우리 사회에서 나타나는 소통의
위기를 도식화한 것이다(윤석민, 2011, p. 214). 정상적인 상향적 및 하
향적 소통행위들이 이루어지지 못하는 가운데 정제되지 못한 욕망이
거침없이 분출되고, 공적 권위, 정보나 명령을 신뢰하지 않는 가운데
허위사실, 편견, 공포심, 괴담이 횡행하며, 이를 규제하려는 반민주적
권위주의적 통치가 다시 모습을 드러내고, 그에 대한 반작용으로서 사
회구성원들의 과잉 정치화 양상이 상시적으로 발현되는 불안정한 상황
이다(윤석민, 2011, 4장). 정치권력과 시민집단 간의 물리적 충돌, 권
력집단 간 및 권력집단 내부의 소통 장애, 남남갈등으로 통칭되는 사회
단체 및 집단들 간의 반목과 갈등, 이념적으로 양극화된 언론, 각종 괴
담 및 저급한 정보가 넘쳐나는 인터넷 공간, 소통이 단절된 이웃과의
삭막한 관계 등이 이러한 단면을 구성하는 병리적 소통의 모습들이라
할 것이다. 21세기 초반 한국 사회에서 소통규범의 정립이 절실히 요청
되는 이유가 여기 있다.

4. 방송과 공정성 원칙

1) 미디어와 공정성 원칙

현실사회에서 가장 중요한 소통의 주체는 미디어이다.[16] 오늘날 개인, 집단, 사회적 주체 간에 이루어지는 다수의 소통행위는 전문화된 조직으로서의 미디어를 경유해 이루어진다.

소통의 자유와 미디어의 자유는 종종 같은 것으로 취급되지만[17] 사실상 구분되는 것이다. 미디어는 가장 기본적인 의미에서 사회성원들의 사회적 소통을 매개하는 실체이다. 따라서 미디어의 자유와 권리, 그리고 책임은 본질적으로 그것이 매개하는 사회성원들의 소통의 자유, 권리, 그리고 책임에 종속된다. 만일 사회적 소통의 자유와 미디어의 자유가 충돌한다면 양자 중 우선되어야 하는 것은 미디어의 존재적 기반인 소통의 자유라 할 것이다. 마찬가지로 소통에서 공정성 원칙이 요청될 때, 그 소통을 매개하는 미디어에 대해 그에 상응하는 공정성 원칙이 적용되는 것은 당연한 일이 된다. 특히 사회적 소통을 매개하는 방송에서 엄정한 공정성 원칙이 요청된다. 하지만 이러한 원칙이 항상 잘 지켜지는 것은 아니다.

현실세계에 존재하는 미디어, 특히 제도화된 미디어는 권력으로 부터 독립적 권력의 감시자일 것이 요청되지만 현실상황 속에서 미디어는 종종 권력에 예속되거나 권력의 일부로 결합된 양상을 보이게 된다. 특히 최근 들어 거대한 자본과 우수한 인력이 결합된 거대 미디어는 권력의 감시자를 넘어 그 자체가 권력으로 작용한다. 오늘날 대다수의 민

---

16 이하의 논의는 윤석민(2007) 5장을 주로 참고하였다.
17 미국의 법원은 표현의 자유와 관련하여 종종 이러한 입장을 취한다(문재완, 2013).

주주의 국가에서 미디어, 특히 제도화된 거대 대중매체들은 그 저널리즘 활동(보도, 논평, 해설 활동)을 통해 사회적 소통행위 및 상호작용 전반에 걸쳐 막대한 영향력을 행사하는데 이를 미디어 권력(*media power*)이라고 한다. 거대 매체들은 사회적 상호작용의 최상부에 위치한 토론의 장임과 동시에, 토론장의 기획자(무엇이 사회적 논의의 대상인지를 정함＝의제설정, *agenda setting*), 사회자(토론의 진행), 그리고 발언자로 기능한다. 그 결과 이들은 사회적 커뮤니케이션의 알파이자 오메가가 된다.

전국적 대중매체는 복잡한 전문적 분업화 과정에 따라 커뮤니케이션의 각 요소들을 복잡하게 분화시킨 대규모 조직을 형성하고 있다. 또한 이들은 사회 성원들에게 가장 효율적으로 도달할 수 있는 가장 가치 있는 채널의 독과점적 보유자이며 그 사용을 결정할 권한을 지니고 있기 때문에 사회적으로 발언한다는 것은 많은 경우 이들을 경유하여 발언하는 것과 같은 의미를 지닌다. 이에 따라 거대 미디어들은 사회적으로 누가 발언할 수 있을 것인가를 결정하는 데서 누가 어떤 말을 하였는가를 편집하는 기능까지, 더 나아가 스스로 말하는 데까지 사회적 커뮤니케이션의 흐름에 가장 중요한 영향력 또는 권력을 행사한다.

이러한 미디어들이 행사하는 권력은 천부적이라기보다는 역사적인 것이며 이에 대한 사회적 인정에 기인하는 것이다. 이는 미디어들이 사회적 현실의 공정하고도 중립적이며 객관적인 매개자이며, 이러한 미디어의 기능은 외부적 간섭, 특히 사회 권력기관의 간섭을 최소화할 때 극대화된다는 이른바 근대적 '언론자유'의 이념에 기초하고 있다.

이러한 언론자유의 이념은 역사적으로 볼 때 미디어(보다 근본적으로는 국민)를 권위주의적으로 통제하려는 국가권력을 견제하고, 권력(주권)의 중심을 국민에게 돌리려는 근대 시민혁명의 과정 속에서 생성되었다가, 미디어 스스로가 권력기관이 된 이후엔 사회적 이념을 생산할 수 있는 지위에 있는 미디어들이 스스로 생산, 강화하기 시작한 측면이 없지 않다(윤석민, 2007, p. 125).

거대 미디어들이 보유한 소통적 권력은 많은 경우 물리적 영역의 권력으로까지 확대된다. 소통적 상호작용은 행위적 상호작용을 기획, 조절, 효율화한다는 차원에서 소통적 상호작용을 지배하는 권력이 모든 층위의 상호작용을 지배하는 권력으로 작용하게 되는 것은 오히려 자연스러운 현상이다. 이를테면 한국 사회에서 신문사, 민영방송은 물론 새롭게 공적 영역을 파고드는 인터넷 신문, 그리고 심지어 공영방송까지도 정치적 현실의 전달자, 매개자, 해설자의 역할을 넘어 정치적 투쟁 자체를 수행하는 행위자의 역할을 담당하고 있는 것(이준웅, 2005, p. 142)을 그 예로 들 수 있다.

이처럼 권력으로부터 독립적, 중립적이지 못하고 종종 그 자체가 권력화되는 미디어가 사회적 소통을 매개함에 있어 편향성을 지니게 된다는 것은 잘 알려진 사실이다. 이러한 편향성이 작동하는 방식은 규모 및 영향력의 크기를 차치한다면 앞서 살펴보았던 소통행위자들의 자기 본위적 편향성과 본질적으로 차이가 없다고 할 것이다.[18]

필자의 입장을 분명히 밝히겠다. 미디어의 자유 내지 언론의 자유는 흔히 논의되는 바, 모든 사회적 가치나 이익에 앞서 보장되는 절대적

---

18 미디어 연구에서 잘 알려진 이론인 노엘레 노이만(Noelle Neumann)의 침묵의 나선이론은 미디어가 다양한 의견들을 어떻게 하나의 지배적 여론으로 수렴해 내는가를 설명한다. 하지만 편향성(정파성)을 지닌 미디어들이 작동하는 방식은 다양한 의견들을 수렴시키는 것이 아니라 그 간극을 확대시키고 여론을 분열시키는 것으로 보아야 한다. 침묵의 나선이론의 핵심 내용 역시 미디어가 합의된 여론의 형성이 아니라 겉으로 드러난 다수 의견과 침묵하는 소수의견의 분리를 심화시킨다는 점을 지적하고 있다는 점에서 이와 다르지 않다. 한국 사회의 정파성을 띤 미디어들이 야기하는 이념집단 간 갈등(이른바 남남갈등)의 심화문제가 이에 해당한다고 할 것이다.

자유가 아니라, 그것이 근거하는 사회구성원의 자유로운 소통의 진작
및 이를 통해 추구하는 궁극적 목표, 이를테면 민주주의의 실천에 기여
한다는 전제하에 인정되는 자유로 보는 것이 타당하다. 이는 언론의 자
유를 부정하거나 폄훼하는 주장이 아니라 그 본래적 의미를 바로 세우
자는 주장으로, 언론의 자유에 대한 하나의 중요한 법이론적 전통으로
자리 잡고 있는 시각이기도 하다.[19] 이러한 관점에서 사회적 소통의 기
본 전제조건으로서 공정성 원칙이 요청될 때, 그 소통을 매개하고 전
사회적으로 증폭시키는 제도화된 미디어에 대해 그에 상응하는 엄중한
공정성 원칙이 요청됨은 당연한 논리적 귀결이다.[20]

---

19 이러한 입장을 견지하는 대표적인 언론법학자들로 마이클존(A. Meiklejohn), 배론(J.
Barron), 그리고 선슈틴(C. Sunstein)을 들 수 있다. 마이클존은 '표현은 민주적 의사결
정을 촉진하는 잠재성 때문에 헌법적으로 가치가 있는 것이다'라고 주장하였다. 배론은
미국 학계, 언론계, 법조계가 당연하게 받아들이고 있는 사상의 자유시장(*free market-
place of ideas*)이 환상이라고 강조하였다. 그는 언론 자유의 헌법적 정당성을 사상의 자유
시장이 아닌 민주주의에서 찾으면서, 현실의 언론시장에서 주권자인 국민은 정치적 의사
를 형성하는 데 필요한 정보를 얻거나 자신의 의견을 피력하지 못하고 있다고 진단하고,
언론의 민주적 의견형성 기능을 회복하기 위하여 언론사에 대한 접근권, 즉 액세스권이
필요하다고 보았다. 선슈틴은 같은 맥락에서 민주적 숙의에 기여하지 않는 표현행위는
규제할 수 있으며, 민주적 질서 기능을 제고하기 위해서 이루어지는 이 같은 정부의 행위
는 비록 그것이 내용규제라고 하더라도 특정 관점에 대한 차별이 아니면 무효가 아니라고
주장한다. 문재완(2013)에서 재인용.

20 이러한 주장을 모든 미디어에 대해 공정성 원칙에 기초한 공적 규제를 강화해야 한다는 주
장으로 받아들이는 것은 잘못이다. 필자가 여기서 제시하는 공정성 원칙은 국가에 의한 제
도화된 공정성 규제원칙뿐 아니라 사회구성원들에게 내재화된 소통 윤리, 미디어 자체의
공식적 및 비공식적 윤리규범 등 다양한 층위의 공정성 규범을 망라하는 개념이다. 이러한
규범은 규제라기보다는 소통이 자유롭게 이루어지기 위한 객관적 질서의 형성 수단으로서
의 의미를 지닌다. 미디어 공정성 원칙은 미디어에 의해 자율적으로 수립, 준수되어야 하
며 공적 규제는 불가피한 경우로 최소화되어야 한다는 것이 필자의 확고한 입장이다.

2) 사회적 소통의 미디어로서의 방송

여러 미디어들 중 왜 유독 방송에 대해 엄격한 공정성 원칙이 요구되
는 것인가? 흔히 주파수의 희소성, 남녀노소를 불문한 최대 범위의 공
중들에 대한 신호의 무차별 도달성, 그리고 그에 따른 사회적 영향력
등이 그 근거로 제시된다. 하지만, 미디어의 기술적 특성은 끊임없이
변동하는 유동성을 지닌다는 점에서 안정적 규제원칙의 기준으로 삼기
에는 한계가 있다.[21] 그렇다면 보다 근원적이고 안정적으로 미디어의
유형을 구분하고 그 각각의 유형별로 보다 안정적이고 일관성 있는 규
제원칙을 적용할 수 있도록 해 주는 기준은 무엇일까?

'미디어는 소통을 매개하는 실체'라는 미디어의 정의에 기초할 때 미
디어의 유형을 구분하는 가장 본질적이고 타당한 방식은 미디어의 기
술적 차원의 속성에 앞서 특정한 미디어가 매개하는 소통이 무엇인가
에서 찾아야 한다는 것이 필자의 입장이다. 이러한 기준에 기초할 때,
방송은 사회적 소통, 즉 가장 큰 보편적 이익 내지 궁극적 목표를 추구
하는 주체인 사회가 개인, 집단, 그리고 사회를 대상으로 규범이나 이
념적 가치를 전달하는 과정, 또는 개인, 집단, 사회가 이러한 사회적
규범이나 가치를 받아들이는 소통의 과정을 매개하는 미디어이다(윤석
민, 2007, pp. 63~66). 방송에서 가장 엄격한 공정성 원칙이 요구되는
근본적 이유가 바로 여기에 있다.

이를 보다 구체적으로 살펴보기 위해 소통과 미디어에 관한 기본이
론으로 다시 돌아가 보자. 소통은 크게 사적, 집단적, 그리고 사회적

---

21 이를 테면 팟캐스팅을 활용한 〈나꼼수〉 내지 〈신서유기〉 등과 같이 조회 수가 수천만 건
에 달하는 영향력이 막대한 새로운 미디어 서비스에 대해 심의를 실시하지 못하는 규제공
백의 문제가 그것이다.

소통으로 구분된다. 따라서 미디어 역시 사적, 집단적, 그리고 사회적 소통의 미디어로 나누어 볼 수 있다(윤석민, 2011, p. 78).

사적 소통은 개인과 개인 간에 이루어지는 순수하고 내밀한 사적 대화처럼 개인 대 개인의 미세한 정서적 혹은 도구적 문제들을 조정하는 미시적 단위의 소통적 상호작용을 의미한다. 완전한 사생활 내지 사적 자유의 영역에서 발생하는 소통행위다. 이러한 유형의 소통을 매개해 주는 미디어가 통신이다. 통신은 각 개인들의 내밀한 자기 세계, 사적 관계, 그리고 이에 따른 불규칙적, 비공식적 소통으로서의 특성을 지니는 사적 대화의 형식, 필요와 욕구를 반영하는 방식으로 자리 잡고 발전했다. 그 대표적인 사례가 소통의 수단만 제공하되 소통행위의 발생과 내용은 전적으로 자유롭게 열려 있는 우편 및 전화통신이라 할 것이다.

통신은 사적 소통 당사자들 간의 연결을 보장할 뿐 내밀한 사적 소통의 실질적 형식과 내용 자체에 개입하지 않는다. 원론적 의미의 통신은 연결의 가능성을 극대화하면서 그 연결의 자율성 및 내용의 보안성은 가장 엄격하게 유지되는 순수한 의미의 매개체 = 채널로 간주된다. 사적 대화나 편지를 주고받는 일은 전적으로 개인적 판단의 문제이며 이러한 대화나 사신을 엿듣고 엿보는 행위는 중대한 사생활 침범행위로 간주된다. 타인의 전화 통화를 엿듣는 행위 역시 아무리 절친한 사이일지라도 사회적 규범에서 벗어나는 것이며, 불가피하게 듣게 되는 상황에서도 고프먼(E. Goffman)이 말한 '시민적 무관심'(*civil inattention*)이 지켜져야 할 영역으로 인식된다. 또한 통신의 발전은 사회체계의 권위와 위계로부터의 검열과 통제, 시공간적 제약으로부터 해방된 자유로운 사적 소통을 지원하는 방향을 지향한다. 가정이나 사무실에 놓여 있는 유선전화로부터, 공중전화, 가정 내에서 자유롭게 이동하면서 사용

할 수 있는 무선전화기, 가정 내 2대 이상의 전화 회선, 그리고 이동전
화의 발전이 그것이다.

　집단적 소통의 미디어는 집단적 의견과 정보의 소통을 매개한다. 이
는 개인의 사사로운 욕구와 의견을 넘어 사회의견으로 발전해 가는 집
단적 공론의 미디어다. 이는 사적 미디어와 사회적 미디어의 중간자적
위치에서 개인과 집단, 집단과 집단, 집단과 사회의 소통행위를 매개
하는 미디어를 총괄한다. 집단행위의 본질은 파당적 또는 분파적 이익
의 추구라고 할 것이다. 정당들의 권력추구행위, 기업들의 이윤추구행
위, 각종 조직이나 단체들의 이해관계 추구행위가 이에 포함된다. 이
러한 행위는 유사한 목표를 추구하는 다수 집단 간의 치열한 경쟁 양상
으로 전개된다. 이러한 맥락에서 집단적 소통의 미디어는 그 본질에서
파당적 내지 분파적 이념, 가치, 주의, 주장을 매개하는 파당적 소통의
수단이다.

　집단적 소통의 미디어는 소통의 형식과 내용 차원에서, 소통행위의
형식과 내용이 불규칙하고 필요에 따라 발생하는 사적 미디어와, 소통
행위의 발생, 형식과 내용의 포맷이 엄격하게 제도화된 사회적 미디어
의 속성을 공유하며 상황에 따라 탄력적으로 기능한다고 할 것이다. 이
러한 의미에서 집단적 소통의 미디어는 가장 광범위한 미디어 현상을
포괄한다. 이러한 집단적 소통의 미디어에 해당하는 대표적 사례가 인
쇄출판 미디어이다. 그 한 극단에 공식화되고 제도화된 대중미디어로
서 방송과 유사한 특성을 지닌 대규모 발행부수의 신문, 또 다른 극단
에는 개인의 사사로운 주장이나 욕구를 관심을 가질 만한 특정인들을
대상으로 시의성과 상대적으로 무관하게 비정기적으로 제공하는 미디
어들, 이를테면 전단지, 뉴스레터, 책, 잡지 등이 존재한다. 최근의 소
셜 미디어는 이러한 집단적 소통의 광범위한 스펙트럼을 기반으로 발

〈그림 2-4〉 사회적 소통의 영역과 미디어

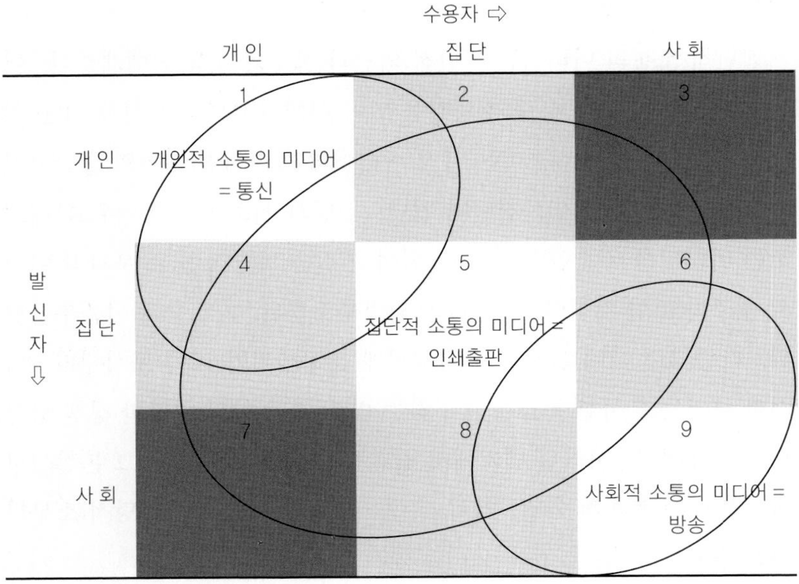

수용자 ⇨

개 인　　　　　　　집 단　　　　　　　사 회

<table>
<tr><td rowspan="3">발
신
자
⇩</td><td>개 인</td><td>1

개인적 소통의 미디어
＝통신</td><td>2</td><td>3</td></tr>
<tr><td>집 단</td><td>4</td><td>5
집단적 소통의 미디어＝
인쇄출판</td><td>6</td></tr>
<tr><td>사 회</td><td>7</td><td>8</td><td>9
사회적 소통의 미디어＝
방송</td></tr>
</table>

전하고 있는 미디어라 할 것이다(제 9장의 논의 참조).

　마지막으로 사회적 소통은 가장 큰 보편적 가치나 이익을 지향하는 주체들, 전 사회적 정체성에 따라 역할을 수행하는 주체들의 상호작용에 수반된 의사소통행위, 또는 공인으로서의 특성을 지닌 사회성원들 간에 이루어지는 공적 대화를 의미한다. 숙의민주주의(*deliberative democracy*) 가 전제하는 이상적 의미의 '숙의'가 이루어지는 장, 하버마스가 말한 공론장 내지 이상적 의미의 언론이 이에 해당한다. 이는 모든 상향적 소통이 궁극적으로 도달하고자 하는 목표 지점이자 동시에 모든 하향적 소통이 시작되는 출발지점이다(윤석민, 2007, pp. 62~66).

　이러한 사회적 소통을 매개하는 대표적 미디어가 종래의 방송이다.[22] 통신이 내밀한 사적 욕구들 간의 소통을 매개하는 미디어라면 그 반대 극단에 있는 방송의 발신자 및 수용자는 그 범주가 가장 극대화된 보편적 사회공동체이다. 통신이 불규칙하고 필요에 따라 수시로 발생하며 비공식적 소통으로서의 특성을 지니는 사적 대화의 형식, 필요와 욕구를 반영하는 방식으로 자리 잡고 발전한 반면, 방송은 흔히 '공익'(*public interest*)으로 흔히 통칭되는 사회적 목적과 필요에 따라 규칙적이고 상시적으로 이루어지는 공적 소통을 안정적으로 실현하는 방향으로 발전했다.

통신은 소통이 발생할 수 있는 보편적 연결 가능성은 극대화하되 소통의 실질적 발생빈도, 형식과 내용 자체에 개입하지 않는 반면, 방송은 소통행위의 발생빈도, 형식과 내용 자체를 엄격하게 규정한다. 집단적 소통의 미디어에서도 소통행위의 형식과 내용에 대한 규칙이 자리 잡고 있지만 그 엄격함은 방송에 비할 바가 아니다. 방송은 발생빈도 차원에서 거의 항시적이고 소통의 시간과 순서(편성순서)가 사전에 엄격히 정해져 있으며 이를 벗어나는 것은 중요한 과실로 간주된다.

집단 단위의 파당적 주의, 주장을 매개하는 인쇄출판과 달리 가장 궁극적인 의미의 사회적 소통을 매개하는 방송에서 전 사회적 이익 내지 목표를 벗어난 사사로움이나 파당적인 집단적 이해관계의 개입은 사회

---

22 종래의 방송의 특성을 간단히 요약하면, 자본과 전문적 인력을 결합시킨 전문적인 대규모 미디어 사업체의 특성을 지닌 소수의 방송사들이 흔히 TV 시청자 내지 방송 수용자로 불리는 사회성원 전체를 포괄하는 수용자들을 대상으로, 이들의 최우선적인 관심사가 되는 뉴스, 정보, 오락, 교양물 등을 누구나 쉽게 이해할 수 있는 음성과 동영상이 결합된 메시지(방송 프로그램) 형태로 구현하여, 사회 전 구성원에게 즉각적, 동시적, 보편적으로 확산시킬 수 있는 전송수단(무선전파)을 통해 소통하는 미디어이다. 방송을 대표적인 사회적 소통의 미디어로 만들었던 이 같은 특성들은 최근 들어 여러 측면에서 변화를 겪고 있다. 하지만 방송의 자리를 채우는 대안적 미디어가 마땅히 존재하지 않는 상황에서 방송(특히 뉴스를 내보내는 주요방송)은 여전히 대표적인 사회적 소통의 미디어로 자리 잡고 있다는 것이 필자의 판단이다.

적 소통이 추구하는 공익 또는 공공성의 중대한 침해로 간주된다. 신문 저널리즘에 대해 경향성 내지 파당성의 자유가 폭넓게 용인되는 것과 달리, 방송이 실천하는 저널리즘에 대해 엄정한 공정성 원칙이 요청되는 것은 이처럼 방송의 기술적 특성을 넘어 그것이 매개하는 소통의 특성에 기인한다고 할 것이다.[23]

3) 한국 사회의 방송과 공정성 원칙

하지만 방송이 존립하는 현실적 상황 속에서, 특히 사회 내에 존재하는 권력집단들과의 관계 속에서 사회적 소통의 미디어에 대해 요구되는 공정성 원칙이 항상 잘 지켜지는 것은 아니다. 방송은 끊임없이 공정성 논란에 휘말리고 이러한 상황은 종종 방송의 파행을 넘어 심각한 사회적 소통의 파행, 더 나아가 체제 운영의 파행을 초래하곤 한다. 우리 사회의 방송이 그러하다.

한국 사회에서 방송을 둘러싼 공정성 논란을 이해하기 위해서는 급격하게 변화한 한국의 언론 및 방송의 역사적 맥락에 대한 이해가 필요하다. 이를 개략적으로 정리하면, 민주화 이전 언론은 정치권력의 강력하고도 직접적인 관리와 통제하에 놓여 있었다. 그중에서도 방송은 정권 홍보의 도구에 불과하였고 공정성 논의는 사치라 할 정도였다(이민웅, 1996). 특히 5공화국 시절 권위주의 정권의 철저한 통제 아래 놓였던 공

---

23 물론 이처럼 미디어에 적용되는 공정성 원칙의 수준을 미디어 그 자체의 (기술적) 특성이 아닌 미디어가 매개하는 소통의 유형에 기초해 차별화하는 규제원칙이 현실적으로 도입되기 위해서는 개인적, 집단적 및 사회적 소통에 대한 엄밀한 구분이 전제되어야 하며 이는 종래의 미디어에 대한 구분만큼이나 복잡하고 어려운 일이 될 수 있다. 그럼에도 불구하고 미디어의 기술적 및 서비스적 차이가 미디어 융합현상에 따라 사실상 의미를 잃어가는 상황에서 '미디어'가 아닌 '소통'의 유형을 규제의 기준으로 삼는 것이 규제의 체계성 및 일관성 확보 차원에서 한층 타당한 접근방법이라고 할 것이다.

영방송은 여권을 찬양, 미화하는 동시에 야당을 혼란과 불안을 조성하는 무책임한 정치집단으로 매도하는 왜곡을 일삼았다. 공영방송은 학생운동 단체를 극좌, 용공분자로 규정하고 이들의 과격성과 폭력성에만 초점을 맞추는 한편 정부 측의 주장만을 보도하는 편파성을 보이기 일쑤였다(김기태, 2004). [24] 이러한 관제방송을 바로잡는 것이 가장 중요한 민주화의 요구사항 중 하나였다. 이에 1980년대 후반부터 민주화 투쟁이 본격화되면서 이에 대한 저항이 본격화되기 시작했다. [25]

1987년 권위주의 군사정권이 무너진 이후 민주화가 본격적으로 진행되면서 한국 사회는 집합적인 국민들의 의견, 즉 여론의 향배가 정책결정 및 국가운영의 토대가 되는 상황으로 들어서게 되었다. 이 시기에도 언론과 방송에 대한 정치적 통제 논란은 가시지 않았지만 이제 언론과 방송의 공정성 문제는 정치권력으로부터의 독립 문제로만 국한되지 않는 새로운 국면에 진입하게 된다.

이 시기 들어 언론 매체들은 그들이 대리하는 권력과 공조하면서 정파적 성향을 노골적으로 드러내기 시작하였다. 이른바 빅 3으로 불리는 〈조선일보〉, 〈중앙일보〉, 〈동아일보〉는 보수 정치세력, 진보·좌파 이념에 동조하는 〈한겨레〉, 〈경향신문〉, 인터넷 포털 등은 진보 세력의 대리인, 후원자 내지 나팔수 역할을 수행하였다(이민웅 등, 2004). 매체들은 상대 측 매체의 보도가 저널리즘의 기본원칙을 위반하였다고 비난하였다. 권력투쟁의 전선이 언론매체에까지 확대된 것

---

24 MBC의 보도국장을 역임한 김종화(2013)는 서구의 언론 규범과 비교했을 때 공정성은 유독 한국에서 강조되어 온 개념이며, 특히 전두환 정권 당시 정부의 언론 탄압에 대항하여 젊은 기자들 중심으로 강조되어 온 규범임을 지적한다. 정치권력에 의해 편향된 방송 보도를 바로 잡는 차원에서 공정성을 강조하게 되었다는 것이다.

25 기독교 범국민운동본부가 다른 시민운동단체들과 연대하여 방송의 왜곡과 불공정성을 규탄하며 전개했던 시청료 거부운동이 그 대표사례이다.

이다.

　동시에 진행된 추세가, 언론이 시민사회를 강화·지원하는 방향이 아니라 오히려 시민사회의 성장과 민주적 역량의 축적을 억압하거나 방해하고 정치민주화의 과실을 독점하면서 배타적이고 이기적인 자신의 분파권력 확장에 몰두하는 언론의 권력화 현상이다. 1990년대를 거쳐 우리 사회가 민주화되는 과정에서 언론은 국가권력과 경쟁하면서 실질적으로 국가권력에 버금가는 권력기관으로 부상하게 된다. 정치민주화 과정에서 발생한 권력의 빈 공간에 언론이 진입하여 여타 정치분파들과 경쟁하면서 자기 권력을 강화시키는 데 성공한 것이다(박승관·장경섭, 2000).

　방송, 특히 공적 규제의 대상이 되는 공영방송을 이러한 의미의 언론권력으로 볼 수 있는가에 대해서는 논란의 여지가 있다. 하지만 만일 여론에 미치는 영향력을 권력으로 간주한다면, 전국적 TV 및 라디오 네트워크를 지배하면서 전 국민을 대상으로 정보, 의제, 의견을 제공해 국민들의 집합적 감성, 판단, 여론을 좌우하는 영향력을 지닌 지상파 방송은 자타가 공인하는 우리 사회 최대의 미디어 권력으로 자리 잡았다고 할 것이다.

　　미디어시장에서의 여론지배력을 측정하는 데 활용될 수 있는 다양한 지표들을 통해 우리나라 미디어 시장에서의 여론지배력 현황을 측정한 결과 미디어들의 도달률, 이용시간, 매출액 등에 토대를 두고, 미디어의 영향력, 신뢰도, 집중도(몰입도) 등을 고려해 개발된 모든 지표들에서 가장 강력한 여론 독점 내지 압도적인 여론지배력을 드러내는 미디어는 지상파TV로 확인되었다. 그 다음으로 강력한 여론지배력을 행사는 미디어는 인터넷 포털이다. 이 둘이 상호 결합될 경우 여론지배력은 가히 가공할 수준이라 할 것이다. (중략) 이를 [사회적 갈등사안을(문맥 연결상 필자가 추가)] 둘러싼 사회적 논의가 정상적인 사회적 숙의과정이 아닌 말 그대로 국정운영을 뿌리부터 뒤흔드는 여론의 폭발적 흐름으로 과열된 기저에는 TV 방송사들이 여론시장에서 행사하는 절대적 영향력이 깔려 있음을 부정할 수 없다(윤석민 등, 2009).

특히 정치권력의 통제에 맞서 방송의 독립성을 수호하는 저항세력으로써 정당성을 확보한 노조는 방송노동자의 권익옹호를 본연의 사명으로 삼는 이익집단적 교섭단체의 역할을 넘어 방송편성 및 인사 등 방송사 경영전반에 영향력을 행사하고 방송을 통해 전 사회적으로 자신들의 정치적 입장을 내세우는 권력집단으로 부상하게 되었다.[26] 이와 더불어 보도나 시사교양 프로그램을 통해 방송제작진의 사적 견해를 표출하거나 방송사의 사적 이익을 옹호하는 방송의 사사화(私事化) 현상이 노골적으로 표면화되기 시작하였다.

2000년대 이후, 이처럼 막대한 그리고 사사화된 권력을 지니게 된 방송의 힘이 분출되어 온 사회를 흔드는 사태가 이어졌다. 그 대표적인 사례가 2004년의 대통령 탄핵사태에 대한 보도, 그리고 2008년의 〈PD수첩〉 광우병 프로그램이었다. 이 양 사례에서 방송은 말 그대로 체제 전체를 뒤흔들었다. 조항제(2014, p. 331)의 지적이다.

> 탄핵 보도와 〈PD수첩〉 모두에서 체제는 위기에 봉착했다. 헌정 사상 초유의 대통령 탄핵은 말할 것도 없고 〈PD수첩〉과 연관된 촛불시위 역시 체제의 정당성을 위협한 중대 사건이다. 이런 위기에서 벌어지는 공

---

26 조항제(2014, p. 509)는 이를 방송 노조가 권력화된 것이 아니라 오히려 능력 밖의 것까지 감당해 내지 않으면 안 되는 '과부하'에 걸린 것이라고 평가한다. 하지만 의도했건 아니면 상황에 떠밀린 것이건, 한국 사회의 방송 노조가 실체적 권력으로 부상한 것은 부정하기 어렵다.

정성 논쟁은 방송의 것이라기보다는 체제 전체를 두고 벌어지는 헤게모니 투쟁에 가깝다. 방송의 사안으로 제기되지만 방송 스스로는 해결할 수 없다는 것이다. (중략) 그렇게 정치적 사활을 걸고 쏟아지는 요구를 공정성이라는 이름으로 해결할 수 있는 방송은 단적으로 말해 '없다!'

탄핵보도와 〈PD수첩〉의 광우병 보도가 방송의 공정성 문제를 넘어 정치적 사활을 걸고 이루어진 체제 차원의 헤게모니 투쟁에 가까웠다는 조항제의 지적은 정확하다. 하지만 이러한 문제를 '공정성 (원칙)'을 통해 해결할 수 없다고 힘주어 강조하는 그의 주장에 필자는 동의하지 않는다. [27] 이 문제는 '공정성 원칙'과 '공정성 투쟁'의 문제를 다루는 이 책의 결론 장(15장)에서 다룰 것이다. 여기서는 한국 사회의 방송에서 공정성 원칙이 미디어 영역의 문제를 뛰어넘어 체제 차원의 문제로 자리 잡고 있음을 확인하는 것으로 충분하다.

---

[27] 실제로 조항제 교수 스스로 결국에 가서는 이러한 원칙으로 회귀하는 것이 필요하다는 점을 인정하고 있다(2014, pp. 319~326).

5. 미디어 환경의 변화와 방송의 공정성 원칙

　최근 들어 방송의 멀티 플랫폼화, 멀티 채널화가 급속히 진전되면서 공정성 원칙을 비롯한 종래의 엄격한 방송규제의 필요성을 둘러싼 논란이 점화되고 있다. 일각에서는 원하는 정보나 콘텐츠를 즉각적으로 이용할 수 있게 하는 첨단 미디어와 어플리케이션들, 각양각색의 전문화된 채널들이 등장함에 따라 방송에 대한 차별적 규제가 더 이상 필요없다는 주장이 있는 반면, 다른 일각에서는 방송채널의 급속한 증가에 따른 시장경쟁의 심화는 오락적, 선정적, 편파적 프로그램의 양산을 초래하기 때문에 보다 엄격한 규제가 필요하다는 주장도 제기된다. 이 같은 논쟁은 방송 공정성 원칙의 타당성과 관련하여 중요한 의미가 있을 뿐만 아니라, 종종 극심한 정치적 갈등으로 이어지기 때문에[28] 면밀한 검토를 요구한다.

　이러한 논쟁의 배후에는 흔히 '공익론'으로 불리는 사회문화적 패러다임(정치적 자유주의)과 '산업론'으로 통칭되는 산업 패러다임(시장 자유주의) 간의 입장 차이가 존재한다(윤석민, 2005, 2장; Just, 2009). 미디어는 사회적 소통을 매개하는 제도화된 수단으로 여론형성 및 지식, 정보, 문화의 생산과 유통에 막대한 영향력을 행사하는 사회문화적 내지 이념기구로서의 특성을 지닌다. 하지만 동시에 미디어는 현실적 존립 차원에서 사업적 요소들을 도외시할 수 없으며 최근 들어 다양한 첨단 디지털 콘텐츠 및 네트워크 기술과 결합되어 막대한 고부가 가치를

---

28 이처럼 갈등의 대표적 사례가 미디어 환경변화에 따라 방송소유규제 정책을 완화하려 했던 미디어법 개정시도이다. 이러한 시도가 보수 일간지의 방송시장진입을 우려한 진보진영의 저항으로 극심한 정치적 갈등을 초래하였음은 기지(旣知)의 사실이다.

창출하는 산업영역을 형성한다. 바로 이 점이 미디어 정책에서 사회문화적 패러다임과 산업 패러다임이 병존하며 일정한 경쟁적 균형관계를 형성해 온 이유라고 할 것이다.

미디어 규제정책은 이 같은 사회문화적 패러다임과 산업 패러다임 간의 조화와 균형을 달성하는 데 그 목적이 있다. 이 중 사회문화적 측면을 과도하게 강조하면 미디어의 현실적 존립조건인 사업 측면을 과도하게 억누를 위험이 있고, 역으로 산업 쪽에 지나친 무게가 실리면 미디어의 사회문화적 역할이 간과될 우려가 있다. 이 양 측면이 건강하게 균형을 이룰 때 언론이자 산업으로서의 미디어의 양 측면은 상승적으로 발전하게 된다.

최근 디지털 다채널 미디어 환경으로의 변화가 급속히 진행되면서, 방송정책에서 양 패러다임의 균형을 새로 잡아야 하는 과제가 등장하였다. 사회문화적 패러다임에서는 새로운 매체환경에서 여론과 문화적 다양성, 정치적 다원주의, 내용물의 질적 수준 같은 목표를 지켜 가는 것이 일차적 과제인 반면, 산업 패러다임에서는 여하히 종래의 불필요한 규제를 최소화하여 새로운 미디어 기술발전이 제공하는 사업적 가능성을 실질적 성과로 현실화할 것인가에 주요 목표를 두게 된다.

하지만 최근 들어 주요 국가들의 미디어 정책은 사회문화적 패러다임에서, 사회문화적 패러다임과 산업론 패러다임이 혼재하는 단계를 거쳐, 산업론 패러다임이 기조를 이루고 사회문화적 패러다임이 이를 보완하는 단계로 접어드는 양상을 보이고 있다. 여기에는 미디어의 사회문화적 기능이 수행되기 위해선 산업적 효율성이 중요하고, 다매체 융합 환경의 진전으로 미디어의 사회문화적 다양성과 다원성 등의 목표가 정책개입을 최소화하고도 실현될 수 있으며, 미디어가 고부가가치 산업이 되어 국가 간 경쟁이 치열해지고 있다는 판단 등이 복합적으로 작용하였다고 할 것이다.

보다 구체적인 규제완화의 방향은 소유규제로 대표되는 '사전 구조규제'를 '사후 행위규제'로 전환하는 것이다. 미디어 소유규제는 미디어 간 경쟁을 촉진하고 집중을 막기 위한 구조적 간섭이다. 이러한 규제의 근본목적은 경제적 의미의 경쟁보장 차원을 넘어, 여론의 정치적 다원성을 확보하기 위한 것이다. 하지만 미디어 소유규제는 여론의 다원성에 영향을 미치는 수많은 변수 중 하나이며 그 관계도 명확하지 않다 (Doyle, 2002; Napoli, 2001). 게다가 과도한 소유규제는 미디어의 산업적 토대를 약화시켜 그 서비스의 품질과 공익성을 약화시킬 수 있다. 이에 따라 해외 주요 국가들은 사전 구조규제인 소유규제에서 시장의 성과를 관측하며 필요시 개입하는 사후 행위규제 쪽으로 옮겨 가게 된 것이다. 비유를 들자면, 능력 있는 사업자들의 사전 '통행금지'를 풀고 사후 '방범활동'을 강화하는 방향으로 옮겨가게 된 것이다.[29]

하지만 우리 사회에서는 동일한 미디어 규제완화 문제를 두고 이러한 해외의 정책 추세와 상치되는 주장이 제기되곤 한다. 이를테면 2009년 미디어법 개정을 둘러싼 논란이 한참일 당시 언론법학자 박경신이 제기한 아래의 주장이다.

> IPTV 등이 방송을 대체하면서 전파자원의 희소성이 급격히 떨어져 방송에 대한 다양한 소유규제를 유지할 이유가 없다고 주장하고 있다. 하지만 이것은 방송사 소유규제의 취지를 잘못 이해한 것이다. (중략) IPTV와 같은 대체매체가 나타나 전파자원의 희소성이 의미가 없어지고

---

29 이러한 구조규제 완화는 미디어 시장 경쟁이 갈수록 글로벌화하면서 경쟁에서 살아남기 위해 '규모의 경제'를 극대화하기 위한 수평수직결합이 가속화하고 있는 현상과 밀접한 관계를 지닌다고 할 것이다.

있는 상황에 풀어야 할 것은 내용규제이다. (중략) 첫째, 매체가 늘어
난 상황이라서 다른 매체에서 용납되지 않는 공정성 심의를 방송에 대
해서만 용납해야 할 이유가 줄어들고 있다. 다른 매체에서는 공정성 심
의가 이루어지고 있지 않다. 심지어는 행정기관의 내용규제가 비방송
매체에 대해 이루어지는 우리나라에서조차 공정성에 대한 심의는 없고
불법정보에 대한 심의가 있을 뿐이다. 둘째, 매체의 양적 팽창과 관계
없이 방송의 내용규제가 강력하면 방송의 다양성은 줄어들 수밖에 없
다. '공정성' 심의 등은 방송의 내용을 천편일률적으로 만들거나 주류이
론 또는 지배담론에 대항하는 보도나 논평을 하기 어렵게 만든다(박경
신, 2009).

이러한 박경신의 주장은 개인적 의견을 넘어 미디어법 논쟁과정에서
제기된 진보진영의 논리를 대변하기에 특별한 주목을 요한다. 그 내용
을 간단히 요약하면 미디어가 다양화되는 상황과 무관하게 방송에 대
한 종래의 사전 소유규제를 유지하고 대신 공정성 심의로 대표되는 내
용규제(사후 행위규제)는 풀어야 한다는 것이다.

하지만 잘 알려져 있듯이 미디어법 개정 당시 풀고자 한 것은 대기업과
언론사의 주요 방송사업 참여 기회를 아예 가로막은 과도한 방송 소유규
제였다. 이러한 방송 소유규제는 1980년 신군부가 자행한 언론인 강제
해직 및 언론통폐합의 유산이었다. 명분은 재벌의 방송장악, 언론권력
의 등장을 막는 것이지만, 실제 의도는 언론을 칸막이 쳐 순치하고자 함
이었다. 국가주도의 과도한 미디어 상업화를 야만적 탈규제(*savaged
deregulation*)라 명명한 헬린(D. C. Hallin)과 맨치니(P. Mancini)에 빗
대어 이 같은 신군부의 규제는 '야만적 규제'의 전형이라 할 만하다.

이러한 규제를 바로잡아 미디어들이 새로운 미디어 영역으로 자유롭
게 진출하고 인수, 합병, 공동사업을 할 수 있도록 열어 주되, 예외적

으로 심각한 집중의 폐해가 예상되는 경우 규제를 가하는 것이 해외 주요국들의 보편적 정책추세이자 우리에게도 여러모로 자연스럽고 타당한 정책방향이라 할 것이다. 신문사 및 대기업의 방송사업 참여에 따른 과도한 영향력 집중 내지 이념적 편파성이 우려될 경우, 이는 사전 구조규제가 아니라 방송사업자들이 제공하는 프로그램의 다원성과 공정성을 강화하기 위한 방송평가, 재허가 심사 및 프로그램 공정성 심의 등 사후 규제를 통해 접근하는 것이 타당하다. 다매체 다채널 환경이 급속히 진전되고 방송 프로그램의 이용행태에서도 혁명적 변화가 일어나고 있지만 방송에서의 공정성 심의 자체를 폐기하는 것은 국제적 추세와도 맞지 않는다(이향선, 2012).

이제 박경신으로 대표되는 미디어법 반대론자들의 주장을 미디어법 개정의 결과를 놓고 평가해 보도록 하자. 미디어법 통과는 보수일간지들이 주축이 된 종합편성 채널(종편)의 도입으로 일단락되었다. 이러한 종편의 뉴스 보도는 미국의 폭스TV처럼 프로그램의 질과 이념적 편향성 차원에서 끊임없이 시빗거리가 되고 있다(제8장 참조).

하지만 문제만 있는 건 아니다. 종편 채널 뉴스는 한 이슈의 원인, 결과, 대안을 집중적으로 분석하는 방식으로 구성되어 보도의 집중성을 강화했고, 긴 호흡의 인터뷰 및 대담과 토론을 적극 도입하여 단순한 정보전달에서 벗어나 이슈 중심의 심층성을 강화한 측면이 있다(장하용, 2013). 또한 뉴스 포맷에서의 '구술성'(orality)이 강조되어 관련 인물의 상대적으로 직설적이고 생동감 있는 목소리를 들을 수 있어 수용자의 입장에서 비교적 용이한 접근성을 발휘한다(이기형, 2014).

종편이 등장시킨 새로운 유형의 심층적 사회고발 프로그램은 또 어떠한가? 한국갤럽조사연구소(2014)의 조사에 따르면 2013년 이후 지상파 3사 뉴스에 대한 선호도는 감소세를 보이는 반면 종편인 JTBC와 TV

조선의 선호도는 급증하였다. 종편 뉴스에 대한 신뢰도 역시 출범 3년 만에 평균 3.6점(5점 만점)을 기록해 지상파 방송(3.9)과 보도전문채널 (3.7)에 이어 3번째로 높았으며, 이미 전국종합신문의 기사 신뢰도 (3.43)를 능가하고 있다(한국언론진흥재단, 2014).

　방송사별 저녁종합뉴스의 시청자 특성을 분석한 또 다른 연구에서는 MBC, SBS와 JTBC의 메인뉴스 시청자 구성이 성별과 연령 측면에서 유사하고, KBS와 채널A, TV조선의 시청층이 비슷하다는 사실이 발견되었다(심미선, 2014). 종편채널의 출범이 지상파 방송 뉴스에 미친 영향을 분석한 한수연·윤석민(2015)의 연구에 따르면 종편 채널의 새로운 시사뉴스 보도는 한국 방송 뉴스의 고질적 문제점으로 지적된 천편일률적인 형식의 지상파 방송 뉴스에도 의미심장한 변화를 초래한 것으로 평가된다.

　이러한 연구결과들을 놓고 볼 때 '방송 저널리즘의 다양성 증진' 차원에서 종편의 등장 자체를 원천봉쇄하고 대신 '공정성 심의 등은 방송의 내용을 천편일률적으로 만들거나 주류이론 또는 지배담론에 대항하는 보도나 논평을 하기 어렵게' 하므로 폐지해야 한다는 주장은 전혀 타당성이 없다는 것을 알 수 있다. 현실이 요구하는 것은 오히려 이러한 주장과 정반대되는 방향의 정책이다.

　논의를 정리하면 미디어 환경 변화에 따라 방송규제가 완화되어야하는 것은 맞지만 그 기본 방향은 종래의 과도한 방송 소유규제 등 구조규제를 완화하는 것이며, 방송 프로그램의 공정성 원칙은 여전히 중요하게 남는다고 할 것이다.

　이는 공영방송에서 특히 그러하다. 최근의 멀티 플랫폼, 멀티 채널 환경에서 공영방송의 위상이 약화되고 있음은 잘 알려진 사실이다. 방송과 통신의 장점을 결합시킨 융합형 미디어인 OTT(over the top)[30]며 스마트 TV의 등장에 따라 전통적인 방송 미디어의 기반 자체가 흔들리는 상황에서 공영방송제도는 자연스런 도태과정에 진입해 조용히 사라지는 것처럼 보이기도 한다. 이러한 세계적 추세 앞에서 최고의 사회통합적 공론장이란 공영방송의 이념은 시대착오적 괴물(chimera) 같은 존재(Keane, 1995)로 치부되고, 공영방송 제도를 방어하고자 하는 시도는 안타깝지만 진부한 논리(Jacka, 2005)로 비판되기도 한다.

하지만 공영방송과 관련해 쏟아지는 이 같은 공격이나 비관적 예측들은 공영방송 제도의 본질, 최근 진행 중인 미디어 생태계의 구조변동, 그리고 그 안에서 공영방송이 담당하는 역할에 대한 이해의 부족에 기인한다는 것이 필자의 판단이다.

공영방송은 간단히 말해 국민의 눈과 귀, 사고 장치, 권력기반으로 기능하는 국민의 방송이다. 따라서 미디어 환경 변화의 실체에 대한 면밀한 검토 없이 이러한 국민권력 장치를 공격하고 그 제도적 기반 및 원칙에 대한 존폐를 논하는 것은 자칫 국민권력을 위축시키고 그에 기반한 민주주의 제도를 약화시킬 위험을 내포한다(윤석민, 2013).

미디어 폭발로 통칭되는 사회적 미디어체계의 구조변동이 공영방송제도를 통해 우리가 지켜가고자 하는 목표를 약화시키고 있다는 주장은 실질적인 미디어 생태계의 전개 상황에 비추어 맞지 않거나 최소한 현시점에서는 성급한 것이다. 소셜 미디어로 대표되는 새로운 미디어들의 가능성은 많은 부분에서 불확실하거나 이중적인 반면,[31] 지상파

---

30 넷플릭스, 훌루, 티빙처럼 개방된 범용 인터넷을 통해 TV프로그램, 영화 등을 제공하는 인터넷 TV 플랫폼.

31 일례로 소셜 미디어는 2011년 중동 민주화운동(Arab Spring) 당시 강력한 민주화 도구로 세계인의 이목을 끌었다. 하지만 같은 지역에서 소셜 미디어는 또한 주민통제를 강화하는 수단으로 활용되었다. 시리아 정부는 민주화 운동이 시작되자 페이스북, 유튜브, 블로그의 차단을 오히려 해제했다. 시위대들이 소셜 미디어를 이용하여 시위 소식 등을 주고받는

공영방송의 영향력은 여전히 지배적이다.[32]

   미디어 기술의 발전에 따라 새로운 미디어가 증가하고 이는 미디어의 외적 다원주의를 증대시키고 있는 것은 분명한 사실이다. 하지만 미디어들이 편향성 내지 정파성에 휩싸여 있는 경우 이러한 외적 다원주의의 증대는 편향성의 증대 및 사회적 소통의 파행으로 이어질 가능성이 크다. 이러한 상황에서는 "외적 다원주의는 차이를 구현하지 못하고 오히려 하나의 주장을 큰 목소리로 공명시키는 확성기에 불과"(조항제, 2014, p. 304)하게 된다. "이 점이야말로 외적 다원주의 속에서도 내적 다원주의(공정성)가 필요한 이유다. (조항제, 2014, p. 304)"

   과도기적 미디어 환경변화 상황에서 사회적 소통의 중심축 내지 보루로서 미디어 시스템 전반의 이념과 운영의 좌표를 제시하는 중핵미디어(core media)의 역할이 한층 중요해진다는 영국의 미디어정책 연구자 커런(J. Curran)의 주장은 이를 지적하고 있다. 엄정한 내적 다원주의를 지켜가는 이 중핵 미디어는 미디어 생태계 전반의 건강성, 사회적

다는 사실을 역이용해 소셜 미디어를 통해 이들을 추적하고자 한 것이다(York, 2011). 바레인에서는 트롤이라고 불리는 블로거, 시위운동가, 기자 등이 소셜 미디어상에서 자신에 반하는 이들의 트위터 등에 악플을 남기거나 개인정보를 유출하는 등의 행위를 일삼는다. 시리아 정부는 이러한 트롤들과 유사한 Syrian Electronic Army라는 인터넷 군단을 활용하고 있다(Ghannam, 2012). 우리가 익히 경험해 온 현상들이다. 소셜 미디어의 영향력에 대해서는 한국언론학회(2012b) 참조.

32 미디어의 영향력 평가기구인 여론집중도조사위원회(여집위)에 따르면 2012년 현재, 4대 매체부문의 영향력 합을 100%라고 할 때 TV의 영향력 점유율이 48.2%로 가장 높았고, 인터넷뉴스(26.0%), 신문(17.3%), 라디오방송(8.4%) 순으로 나타났다. 특히 60대 이상 세대에서 TV는 66.0%라는 높은 영향력을 드러냈다. KBS 계열의 영향력 점유율은 29.0%로 모든 매체 부문을 망라하여 가장 큰 영향력을 지니고 있음이 확인되었다. 여집위는 "우리 사회의 여론 형성과정에서 이처럼 막대한 영향력을 지니고 있고 또 이를 제도적으로 지원받고 있는 공영방송 KBS가 사회 내의 다양한 목소리를 충실히 전달하는 독립적이고 공정하며 다원적인 국민의 방송으로서의 역할을 충실히 수행해야 할 당위성을 다시금 확인시켜 주었다"는 결론을 내리고 있다.

소통의 활성화, 성숙한 여론형성, 사회성원의 시민적 덕성 증진, 민주
주의의 제고에 기여하는 선순환을 초래한다. 이 중핵 미디어에 해당하
는 것이 다름 아닌 공영방송이다(Curran, 2002; 2003; 2005).

　　미디어 환경변화에 따라 공영방송의 위상이 달라진다면 그 방향은
확장된 미디어 생태계 내에서 공영방송의 위상 및 그것이 지향하는 공
적 가치(공정성)를 강화하고 공고화하는 것이 되어야 한다. 미디어 영
역이 확장된 만큼 공영방송은 방송을 넘어 다양한 미디어 영역을 아우
르는 보다 확장된 공공 미디어 시스템(*public media system*)으로 재정립
되어야 한다. 이는 방송정책을 연구하는 언론학자들의 공통된 지적이
며, 실제로 최근 해외의 주요 공영방송들이 지향하는 발전방향이기도
하다(한국언론학회, 2012a). [33]

---

33 KBS도 이러한 맥락에서 올해 초 대한민국과 지상파의 경계를 넘어 '세계를 열광시키는
　선도적 공영 미디어가 되겠다'는 비전을 발표하였다. 국내의 공영방송을 넘어선 세계적
　인 공영미디어로 도약하겠다는 목표를 제시한 것이다.

6. 공정성 원칙의 실질적 내용

지금까지의 논의를 간단히 정리해 보자. 소통에는 필연적인 편향성이 개입하며 따라서 소통이 자유롭게 이루어지기 위해서는 그 전제조건으로서 공정성으로 대표되는 소통규범이 요청된다. '위기'라고 할 만한 사회적 소통의 파행상태를 겪고 있는 한국 사회에서 더욱 그러하다. 방송은 가장 엄격한 공정성이 요구되는 사회적 소통양식이지만 한국 사회의 방송은 정치권력의 통제, 언론의 이념적 진영화 및 권력화 현상, 사사화 현상 등으로 심각한 공정성 위기를 겪고 있다. 다(多) 플랫폼 다채널화로 통칭되는 방송환경의 변화는 사전 구조규제의 필요성을 약화시키지만 공정성 원칙의 중요성은 여전히 중요하게 남게 된다.

그렇다면 이처럼 중요성을 강조한 공정성 원칙의 실제 내용은 무엇인가? 우선적으로 공정성 원칙이 적용되는 대상은 무엇인지를 살펴보도록 하자. 이와 관련하여 2004년의 탄핵방송 연구를 계기로 많은 주목을 받게 된 것이 다니엘 할린(Hallin, 1986)의 합의영역, 합법적 논쟁영역, 일탈영역의 구분이다.

이를 쟁점화시켰던 이민웅 등(2004)의 설명을 옮겨 보면 합의영역이란 사회 구성원 모두가 일치된 의견을 갖고 있는 사안들 및 그에 부합하는 방향의 보도 내용을 말한다. 이러한 상황에서는 공정성은 논란의 대상으로조차 떠오르지 않는다. 일례로 독도의 영유권 문제로 일본과 갈등을 빚는 상황에서 모든 국내 언론 매체들이 '독도는 우리 땅이다'이라는 시각으로 보도한다고 해서 누구도 공정성에 관해 시비를 걸지 않는다. 2002년 월드컵 당시 한국의 언론 매체가 한국의 응원단 '붉은 악마'를 옹호하는 시각에서 응원 상황을 보도했다고 해서 이를 나무라는 국민들은 없었다.

보도의 소재가 일탈영역에 속했을 때에도 이와 비슷한 현상을 발견할 수 있다. 뉴욕의 무역센터를 무너뜨린 테러가 일탈행위임을 의심하는 사람은 거의 없다. 따라서 그런 시각으로 테러행위를 보도한다고 해서 공정성 문제를 제기하는 사람도 거의 없다. 그러나 현실사회에서는 일탈도 합의도 아닌 영역, 즉 논쟁의 영역이 존재하며 공정성 문제는 보도 소재가 바로 이 논쟁의 영역에 속할 때 나타난다. 사회적으로 합의가 도출되지 않은 사안은 갈등을 수반하기 마련이며 이 경우에 공정성 원칙이 적용된다.

탄핵방송 보고서가 나왔을 당시 대통령 탄핵이 과연 이러한 세 영역들 중 어디에 해당하는가를 둘러싸고 뜨거운 논쟁이 일었다. 탄핵방송 연구팀은 대통령 탄핵이 논쟁의 영역에 속하기 때문에 공정성 원칙이 적용되어야 한다고 본 반면, 탄핵방송 보고서를 비판한 이들은 대통령 탄핵이 일탈영역에 해당하는 사안이므로 공정성 원칙이 애초에 적용되지 않는다고 맞선 것이다.

하지만 필자는 이러한 공방이 애초에 잘못된 것이라고 판단한다. 공정성 원칙의 적용대상과 관련한 할린의 영역개념 자체가 타당하지 않다고 보기 때문이다. 첫째, 무엇이 논쟁의 영역에 해당하며 무엇이 일탈 및 합의의 영역에 해당하는 사안인지 많은 경우 불분명하다. 바로 위에 예들 든 대통령 탄핵 사안이 그 대표적 사례라 할 것이다. 관점에 따라 동일한 사안에 대한 영역 판단이 달라질 수 있는 것이다. 또한 하나의 동일한 사안에 대해 시기에 따라 그 영역 판단이 달라질 수 있다. 할린에 따르면 베트남 전쟁에 대한 미국 언론의 보도는 초기에 합의의 영역에서 속했지만 이후 논쟁의 영역으로 옮겨 가게 되었다고 한다. 이처럼 경계가 불분명한 영역의 개념은 공정성 원칙의 적용을 둘러싼 논란을 해소하기보다는 오히려 가중시킨다.

둘째, 이러한 영역 구분의 기준이 사회구성원들의 의견, 즉 여론이
라는 인식에도 문제가 느껴진다. 공정성 원칙의 적용 여부가 여론에 좌
우된다는 것이다. 이러한 인식은 자칫 공정성 판단의 기준 자체를 여론
에서 찾는 논리로 이어질 수 있다.

셋째, 가장 중요한 문제는 이른바 공정성 원칙이 불필요한 것으로 간
주되는 합의영역 내지 일탈영역에 대한 가정이다. 이처럼 이견이나 문
제를 제기할 가능성이 차단되는 영역을 상정하는 인식은 절대적 언론
자유를 옹호하는 입장이 아니더라도 받아들이기 어렵다. 모름지기 표
현의 자유가 보장하는 것은 누구나 공감하는 "독도는 우리 땅이다", "붉
은 악마의 응원행위는 바람직하다" 내지 "9·11은 천인공노할 테러행위
다"라는 상식적 구호를 함께 외칠 자유가 아니라, 이러한 상식 내지 지
배적 여론에 숨겨진 '불편한 진실'을 밝히거나 반론을 제기할 수 있는 자
유를 의미하기 때문이다. 34

물론 이러한 반론제시 행위가 터무니없는 억지, 궤변, 일회성 해프
닝으로 끝나지 않기 위해서는 종래의 의견에 대한 타당한 반박 논리, 그
리고 새로운 주장에 대한 설득력 있는 근거가 함께 제시될 수 있어야 한
다. 자유롭되 그만큼 '공정'해야 하는 것이다. 역으로 공정성 원칙을 준
수하는 주장은 사회적으로 합의된 것으로 간주되거나 금기시되는 사안
을 정당한 논쟁의 대상으로 만들고, 이에 대한 자유로운 의사표현의 가

---

34 실제로 붉은 악마의 응원행위에 대해 필자는 반론을 갖고 있기도 하다. 전 세계 방송사 중
   가장 모범적인 공정성 원칙을 실천하는 것으로 평가되는 BBC의 경우 이러한 영역 개념
   이 갇히지 않은 저널리즘을 실천하는 것으로 유명하다. 하나의 사례로, BBC 뉴스나이트
   (Newsnight) 프로그램의 기자인 데이비드 로인(David Loyn)은 2006년 10월, 영국 군
   인들이 반대편에서 생명을 걸고 싸우고 있는 상황임에도 탈레반의 동기를 탐사하는 보도
   를 방영한 바 있다(BBC, 2007, p. 41).

능성을 열어 주며, 이러한 시도가 일회성으로 끝나지 않게 해 준다. 따라서 공정성 원칙은 표현의 자유와 상충하지 않고 그것에 비례해 강화되며, 실질적으로 표현의 자유를 지켜주고 확장시켜 주는 수단이 되는 것이다.

정리하면 논쟁의 대상이 되는 영역, 그리고 공정성 원칙이 요구되는 사안이 별도로 존재한다는 주장은 잘못이다. 모든 사회적 사안은 공정한 접근을 전제로 논쟁의 대상이 될 수 있으며, 이러한 논쟁의 정도가 치열할수록 그에 비례하여 보다 엄정한 공정성 원칙이 요구된다고 보는 것이 타당하다.

그렇다면 논쟁 사안(예를 들어 정답이 없는 정치적 현안)을 구체적으로 어떻게 다루는 것이 공정한 것일까? 이러한 질문에 흔히 주어지는 답은 제3자의 입장에서 중립적 입장을 취하는 것(보다 정확히는 아무 입장도 취하지 않는 것)이라는 응답이다. 하지만 이 경우 중립적 입장이 가능한가를 둘러싼 논란이 발생하게 된다. 예를 들어 독도 문제와 관련해 "독도는 일본 땅도 아니고 우리 땅도 아닌 중립지대"라는 입장이 중립적 입장이 아닌 것과 마찬가지다. 일반적으로 관찰자와 분리된 객관적 실체가 존재하는 자연현상이 아닌, 관찰자가 현실의 일부를 구성하는 사회적 사안의 경우 관찰자가 중립적 위치를 지킨다는 건 실질적으로 가능하지 않다.

> 중립은 종종 옳지 않고 위험한 입장일 수 있다. 불편부당한 프로그램 제작자는 단순히 시소의 중간에서 양측의 의견을 모두 긍정하거나 모두 부정해서는 안 된다. 그들은 서로 다른 주장들을 (중간영역을 포함해서) 여행하듯이 탐구해야 한다. 어딘가에 그냥 머물러서는 안 되고, 광장에 있는 사람들을 관찰하고, 가까이 다가가고, 그들의 어깨 너머로 세상을 바라보아야 한다. 동시에 우세한 의견이 무엇인지 인지해야 한

132

다. 그러나 우세한 주장에 경중을 싣기 위해서는 단순히 철학이나 당파
와 같은 큰 덩어리로 시각들을 구분하지 말아야 하고, 일반 대중들이 하
듯이 사안별로 의견을 평가해야 한다(BBC Trust, 2007, p. 37).

이상의 논의를 정리하면, 논쟁적 사안에 대해 미디어가 제 3자의 입
장(중립성 내지 객관성의 원칙)을 취하는 것은 공정성에 대한 실질적 답
이라 할 수 없다. 보다 현실적이고 타당한 목표는 어떤 입장을 취하건
그 입장이 주관적(편향적)일 수밖에 없음을 인식하고 이를 보완하기 위
한 노력을 기울이는 데 있다. 이때 보다 엄격한 공정성이 요구된다는 것
은 이러한 노력을 더 많이 기울여야 한다는 뜻이 된다. 이러한 노력이
어느 정도 성과를 거둘지는 알 수 없다. 논쟁 사안에 대해 다양한 입장
이나 주장들을 균형 있게 그리고 정확하게 소개하려 노력해도 불균형성
과 부정확성이 개입할 가능성이 있다. 이러한 의미에서 공정성 원칙의
핵심은 주어진 여건 속에서 '주관성을 탈피'하기 위해, 내지 '간주관성
(inter-subjectivity)을 확보'하기 위해 최선을 다한다는 것이 된다.[35]
　좀더 쉬운 예를 들면, 치열한 논쟁을 수반하는 사안은 시작과 끝 그
리고 전체적인 크기를 알 수 없는 그림, 더 나아가 자신이 어느 위치에
서 이를 보고 있는지 알 수 없는 그림에 비유된다고 할 것이다. 이 같은
상황에서 공정성을 높일 수 있는 방법, 다른 말로 그림의 전체 모습을

---

35 BBC의 공정성 원칙인 적절한 불편부당성(due impartiality)이 이에 해당한다. 이 원칙은
① 사회적으로 갈등이 되는 사안에 대해서는 가급적 다양한 사회 계층의 의견을 포괄적으
로 보도해야 하며, ② 특히 어떤 의견이 상당한 정도로 국민들 사이에 지지를 받고 있으면
정당하게 이를 다루어야 하며, ③ 비록 지지의 정도는 약하더라도 사회적으로 중요한 의
미를 지니는 의견은 균형 있게 처리해야 한다는 정도로 정리된다. 논쟁 사안에 대해 가능
한 선에서 최선을 다해 다양한 의견을 제시해야 한다는 것이다. 이 원칙의 핵심은 결국 공
정성은 절대 기준에 의해 판별되지 않는 상대적 가치, 절차적 목표라는 점을 강조하는 데
있다. 이 책의 제 3장 참조.

가능한 원형에 가깝게 전달할 수 있는 방법은 무엇인가?

비록 절대적 사실성에는 도달할 수 없더라도, 주어진 여건 속에서 사안을 얼마나 폭넓게 그리고 정밀하게 보고 전달하려 노력하는가에 따라 상대적 우월성이 판단될 수 있을 것이다. 여기서 사안을 넓게 본다는 것은 자신의 상대적 위치(편향성)에 대한 성찰, 다른 관점, 이념, 집단, 지역에 대한 열린 자세, 다원주의적 철학 내지 정치관, 국지성을 벗어난 보다 세계적이고 역사적인 안목, 자기중심성 내지 투사의 감소, 선입관 및 편견의 배제, 상대방에 대한 관용적 태도 등과 관련된다. 정밀함이란 논쟁의 대상이 되는 세부 쟁점사안들에 대한 체계적이고 논리적인 인식, 전문적이고 과학적인 분석, 논쟁과 검증을 통한 불확실성의 감소, 인식의 오류 내지 착각을 초래하는 전달방식의 회피 등을 의미한다. 요약하면 뜨거운 논쟁을 수반한 쟁점일수록, 다양한 입장들을 가능한 넓게 그리고 정밀하게 전달하려 노력하는 것이 공정성 원칙의 핵심이라고 할 것이다.[36]

여기서 핵심은 '다양한 입장들을 폭넓게'에 있다. 이는 특정한 쟁점과 관련된 입장들을 균형 있게 소개한다는 의미를 넘어, 쟁점 자체를 폭넓게 커버해야 한다는 의미로 해석되어야 한다. 예를 들어 논쟁이 되는 사안 X에 대해 A, B가 맞서고 있는 상황을 가정해 보자. A는 a1, a2, a3… 같은 세부 쟁점(아젠다)에 중점을 두고, B는 b1, b2, b3… 같은 쟁점에 중점을 두고 있다.

〈그림 2-5〉은 이러한 상황에서 이루어질 수 있는 X사안에 대한 보도의 유형을 예시해 본 것이다. 첫 번째 유형(보도 1)은 a1, a2, a3 같은

---

[36] 미디어 공정성이란 해석학 철학자 가다머(H. G. Gadamer)가 설파한 '하나의 동일한 실체로 존재하지 않는 인간 세계에 대한 간주관적 인식을 고도화하는 문제'와 논리적으로 일맥상통한다. 이에 대한 보다 구체적인 논의는 윤석민(2007) 7장의 내용 참조.

쟁점들에 대해 A의 입장만을 집중적으로 소개하는 보도이다. 이는 이러한 쟁점들에 대해 다른 의견을 갖는 B의 의견을 소개하지 않기 때문에 논쟁이 되는 X사안을 명확히 불공정하게 다루는 보도라고 할 것이다. 두 번째 유형(보도 2)은 a1, a2, a3에 대한 A의 입장과 B의 입장을 같은 수준에서 대등하게 제시하고 있는 보도이다. 이러한 보도는 쟁점 a1, a2, a3를 다룸에 있어서 논쟁 당사자 양측의 입장을 공정하게 제시하고 있다.

하지만 X사안을 다룸에 있어 보도 2는 공정했다고 할 수 있는가? 당연한 얘기지만 보도 2는 논쟁의 한 측인 A가 제기하는 쟁점만을 집중적

〈그림 2-5〉 논쟁 사안에 대한 보도의 유형과 공정성 원칙

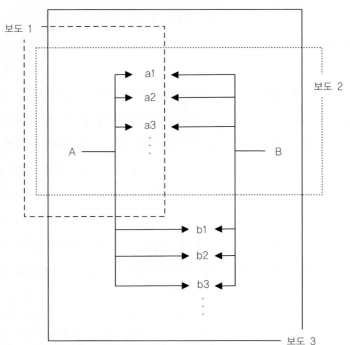

으로 다루었을 뿐 논쟁의 다른 한 측인 B의 쟁점 (b1, b2, b3)은 다루지 않기 때문에 공정성을 둘러싼 시비의 소지를 안게 된다(특히 별도의 관련보도를 통해 B의 쟁점들을 집중적으로 다룬 바 없다면). 논쟁점 내지 의제설정 (agenda setting)이 한쪽으로 편향된 것이다. 따라서 X사안을 보다 공정하게 다루기 위해서는 논쟁의 양측인 A와 B가 제기하는 쟁점들을 모두 커버하면서 각 쟁점들에 대해 양측의 입장을 균형 있게 제시할 필요가 있다. 보도 3은 이를 나타낸다.

논의를 정리하면, 보도 1은 공정성을 갖추고 있지 못하고, 보도 2의 경우 다루는 의제에 대한 내적 공정성[37]을 갖추고 있지만 다루는 의제의 폭 차원에서 외적 공정성을 갖추고 있지 못한 반면, 보도 3의 경우 내적 및 외적 공정성을 모두 갖추고 있다고 할 것이다.

논쟁 사안에 대한 보도의 실제 사례로 2010년 초에 발생한 천안함 사건 보도를 예로 들어 보도록 하자. 2000년대 들어 발생했던 수많은 사건들 중 천안함 사건만큼 많은 의혹과 논란을 불러일으킨 사건은 없다고 해도 과언이 아니다.

2010년 3월 26일 밤, 서해 백령도 인근 수역에서 원인불명의 충격으로 해군 2함대 소속 초계함인 천안함이 선체가 두 동강 나 104명 중 46명의 승조원과 함께 침몰하였다. 한주호 준위 등 UDT 대원들의 영웅적 구조활동이 이루어졌으나 결국 모든 실종자들이 싸늘한 시신으로 발견되었다. 그 과정에서 동원되었던 금양호가 침몰되고 승조원들이 사망하는 사건이 발생하기도 하였다(윤석민, 2011, pp. 175~176).

초기부터 천안함 침몰의 기초적 사실관계에 대해 온갖 가설과 억측이 난무했다. 특히 침몰원인을 둘러싸고 많은 의문이 제기되었다. 가

---

[37] 내적 공정성은 앞서 소개했던 내적 다원주의 개념과 혼동되지 말아야 한다. 내적 다원주의는 공정성 원칙을 의미하며 이는 다시 내적 공정성과 외적 공정성으로 구분해 볼 수 있다.

장 유력한 가설은 어뢰에 의한 버블제트(*bubble jet*) 현상이었지만 반론도 만만치 않았다. 물기둥 및 화약 냄새가 확인되지 않았고 음향탐지기(SONAR)도 아무런 신호를 감지하지 못했기 때문이다. 내부폭발설, 피로파열설, 좌초설, 심지어는 우리 군에 의한 자작극설, 미군에 의한 오폭설까지 제기되었다.

이와 밀접하게 관련된 논란이 북의 개입여부였다. 천안함 사건이 발생하기 얼마 전인 2009년 11월 10일 북방한계선(NLL)을 침범했던 북측 함정이 우리 측 반격에 의해 결정적 타격을 입고 물러난 대청해전 이후, 백령도와 연평도 주변 해상의 긴장은 일촉즉발의 상태로 고조되어 있었다. 국방부에 따르면 천안함 사태 발생을 전후해 3, 4척의 북한 잠수함이 기지를 이탈했고 그중 두 척을 추적하지 못했다. 이러한 논란이 빚어지는 동안 북은 천안함 사건에 대해 침묵으로 일관함으로써 의혹을 부추겼다. 선체 인양 이후 조사가 본격화되었다. 5월 20일, 5개국 전문가로 구성된 민군합동 공식조사단은 천안함은 북한제 어뢰에 의한 외부 수중폭발의 결과로 침몰했다는 결론을 공식적으로 발표했다. 그리고 그 결정적 증거로서 천안함 침몰지점에서 멀리 떨어지지 않은 해저바닥에서 인양된 어뢰추진체를 제시했다. 거기에는 수기로 '1번'이라는 글자가 쓰여 있었다. 하지만 이러한 공식조사 결과에도 불구하고 침몰원인에 대한 의혹은 가라앉지 않고 오히려 인양된 어뢰추진체 및 그곳에서 발견된 수기글자에 대한 진위공방 등 새로운 국면으로 확산되었다.

이와 같은 천안함 사건을 앞서 제시한 논쟁사안 X라고 설정할 때, 논쟁의 한 측인 A는 천안함이 북의 어뢰에 좌초되었다는 주장을 내세우는 측, B는 이에 의문을 제기하는 측이라고 할 수 있다. 이때 전자는 주장의 근거로 북 잠수함의 수상한 사전 동향(a1), 천안함 파손부위의 상태(a2), 후에 인양된 북의 어뢰 추진부(a3) 등을 제시하고, 후자는 불확실한 좌초지점(b1), 인양된 어뢰 추진부 프로펠러의 굴절상태(b2), 천안함 파손부위에 흡착된 물질(b3) 등에 초점을 두었다고 하자.

이러한 상황에서 지상파 방송 K사가 정부 합동조사단의 연구결과에 석연치 않은 점이 있다는 B의 문제제기로부터 출발해 양자 간의 논쟁을 다루는 프로그램을 제작하는 상황을 가정해 볼 수 있다. 구체적으로 K방송은 해당 프로그램에서 B가 내세우는 쟁점인 좌초지점(b1), 어뢰의 굴절상태(b2), 흡착물질(b3) 같은 쟁점을 집중적으로 다루면서 그 각각에 대한 A와 B의 문제 제기 및 해명 등을 거의 같은 수준에서 제시하였다고 하자. 이때 방송 K는 이러한 쟁점들을 다룸에 있어 논쟁 당사자 양측의 입장을 공정하게 다루었다고 할 수 있다. 하지만 천안함 사건 자체를 다룸에 있어 방송 K는 공정했다고 보기 어렵다. 사회적으로 뜨거운 논란이 되는 천안함 사건에 대한 프로그램을 제작하면서 정부 발표에 대해 의혹을 제기하는 측이 강조하는 쟁점만을 집중적으로 다루었을 뿐 다른 한 측의 쟁점은 다루지 않았기 때문이다. 만에 하나 이러한 쟁점들을 다루면서 B측의 입장만을 주로 소개했다든지, 기초적 사실관계 취급의 정확성이 떨어진다면 이러한 불공정성 시비는 더욱 심화될 것이다.

논의를 정리하면, 모든 사안(종래 합의되었거나 금기시되던 것을 포함) 은 논쟁적 사안이 될 수 있다. 단 특정사안을 쟁점화하기 위해서는 그에 상응하는 공정성 원칙이 요청된다. 치열한 논쟁을 수반하는 쟁점일수록 공정성 원칙이 보다 엄격하게 지켜져야 한다. 즉, 다양한 이해당사자들의 입장 그리고 사안의 세부 쟁점들을 한층 폭넓고 정밀하게 검토할 필요가 있다. 이때 쟁점사안(의제) 자체에 대해 다양한 입장을 검토하는 수준(내적 공정성)을 넘어 의제 자체를 가능한 한 폭넓게 검토(외적 공정성)하는 노력이 중요하다.

7. 공영방송과 공정성 원칙

 이상에서 살펴본 공정성 원칙의 내용을 가장 엄격한 공정성을 갖추어야 한다는 공영방송을 중심으로 보다 구체화시켜 보도록 하자. 공영방송이 가장 엄격한 공정성을 갖추어야 한다는 것은, 뒤집으면 이처럼 엄정한 공정성 원칙을 토대로 외부의 간섭에 좌우됨이 없이 어떠한 현안이건 자유롭게 다룰 수 있어야 함을 의미한다.

 이러한 외부적 간섭의 대표 사례가 정치권력이다. 이러한 맥락에서 공영방송의 공정성 원칙은 종종 공영방송이 정치적 진공상태(=정치적 독립성이 보장되는 상태)에서 중립성을 지켜야 한다는 원칙으로 해석되기도 한다. 결론을 미리 제시하면 앞서 살펴본바 현실의 사회에서 공정성을 제3자적 중립성으로 해석하는 것이 타당하지 않았던 것과 같은 논리에서 이러한 해석은 잘못된 것이다. 게다가 이러한 중립성 실현의 전제가 되는 정치적 진공상태 자체가 비현실적 가정이다. 공영방송은 정치적 진공상태가 아니라 대개의 경우 뜨거운 정치적 상호작용의 한 중심에 놓여 있다. 이러한 상황에서 공영방송이 공정해야 한다는 의미는 소극적 정치적 중립성이 아니라 오히려 이처럼 뜨거운 정치적 상호작용의 한 중심에서 공영방송이 수행해야 하는 온당한 정치적 역할은 무엇인가라는 관점에서 접근되어야 한다.

 이를 보다 구체적으로 살펴보자. 공영방송은 정치권력과 시장권력으로부터 독립성을 확보하기 위해 소유 및 진입 등 사업구조, 재원의 확보, 경영진의 구성, 프로그램 편성, 기타 운영 전반에 걸쳐 엄격한 제도적 장치들을 가시화시켜 놓고 있다. 하지만 이러한 이상의 실현이 쉽지 않은 과업임을 공영방송의 역사는 말해 준다. 그 제도적 장치가 어떠하건 때로 직접적으로, 때로 은밀하게 작동하는 정치권력과 시장권력의 힘을 완전히 벗어나기란 사실상 불가능하다. 여기에 국가로부터 독립하면서 국가의 지원과 규제를 받아야 하고, 시장으로부터 일정한 거리를 두면서 시장(시청자)을 두고 경쟁해야 하는 이른바 공공영역의 모순이 겹쳐진다(Keane, 1991).

설사 공영방송이 정치권력 및 시장권력으로부터의 독립 문제를 해결했다고 해서 문제가 끝나는 것이 아니다. 공영방송과 국민(권력)[38] 간의 관계는 어떠한가? 국민이란 식견을 갖춘 시민(*informed citizen*)인가? 저급한 욕망에 사로잡혀 있으며 이성보다는 감성에 휘둘리는 대중인가? 방송은 여론으로 표시되는 국민(권력)에 무조건 복종해야 하는가? 아니면 국민들의 욕구와 무관하게 그들에게 필요한 것을 주어야 하는가? 이는 공영방송의 역사만큼이나 오래된 질문이다. 초기 공영방송이 취한 국민의 정의 및 방송의 역할에 대한 입장은 명백히 후자였다. 하지만 이 같은 엘리트주의 방송이 지닌 문제점은 자명하다. 시청자와 괴리되어 아무도 보지 않는 게토(*getto*) 방송(Blumler, 1993; 강형철, 2007)이 그것이다. '경쟁력을 갖춘 공영방송'이라는 모토가 등장하게 된 것은 이런 연유다. 국민들의 욕구에 보다 가까이 다가가게 된 것이다. 하지만 이러한 방향의 변화는 과연 바람직한가?

2011년 한 해 동안 우리 사회에서 큰 관심을 끌었던 방송 프로그램으로 〈나는 가수다〉(나가수)라는 음악프로그램이 있다. 매 라운드 경연을 통해 한 명의 가수를 탈락시키는데, 왕왕 동료가수들 및 음악평론가 집

---

38 공영방송이 지향하는바, 정치권력 및 시장권력이 아닌 국민의 방송은 위의 두 권력개념에 상응하는 '국민권력'을 가정한다는 것이 필자의 판단이다. 하지만 국민권력의 개념이 무엇이며, 어떤 방식으로 행사되는지에 대해서는 보다 심층적인 논의가 필요하다. 그 전까지 이 용어를 잠정적으로 조심스럽게 사용한다는 의미에서 괄호로 표기하였다.

단의 평가와 일반 청중평가단의 평가가 극명하게 갈리곤 한다. 동료가수들과 평론가들은 음악적 표현의 세밀함, 편곡의 독창성, 감성적 밀도 등 전문가적 견지의 완성도에 치중하는 반면, 청중들은 대개 친숙함과 퍼포먼스의 흥겨움에 표를 던진다. 과연 누구의 평가가 옳은 것일까? (윤석민, 2012)

동일한 문제가 공영방송과 국민(권력)의 관계에 적용될 수 있다. 국민의 방송은 그 잣대를 어디에 둘 것인가? 전문가적 고급취향에 눈높이를 맞추는 것도 대중의 기호에 영합하는 것도 정답이 아니라 할 것이다. 양자 사이의 섬세한 조절과 균형이 요구되는 것이다. 공영방송에게 요구되는 국민의 방송으로서의 책무는 국민(권력)에 대한 무조건적 영합이 아니라 이처럼 섬세한 조절자의 역할이다. 정치권력과 시장권력, 국민(권력)의 문제를 넘어, 방송자체가 권력화되는 문제는 또 어떠한가. 언론권력 중 가장 강력한 것은 지상파 방송, 그중에서 가장 강력한 영향력을 지닌 것이 공영방송임은 앞서 살펴본 바 있다.

논의를 정리하면, 공영방송의 독립성은 결코 단순하게 판단될 수 있는 문제가 아니다. 정치권력과 시장권력으로부터 완전히 독립된 국민의 방송이란 처음부터 가능하지 않으며 어떤 의미에서 바람직하지도 않다. 공영방송이 정치권력, 시장권력, 국민(권력), 그리고 언론권력과 무관한 독립적 공간, 제3자적 위치에 비껴 나 있는 것이 아니라 이러한 권력 상호작용의 한 중심에 놓여 있다는 것은 이런 의미이다.

그렇다면 이처럼 뜨거운 정치적 상호작용의 한 중심에서 공영방송이 수행해야 하는 온당한 정치적 역할, 즉 공영방송이 실천해야 할 공정성의 목표란 무엇인가? 그것은 이들 권력 간의 섬세한 힘의 균형, 상호견제를 통해 공영방송이 지향하는 궁극적인 목표, 이를테면 민주주의의 공고화 및 높은 수준의 다원적 문화의 창달(윤석민, 2012)에 다가가는 것이다. 공영방송은 정치권력 및 시장권력으로부터 필요한 자원을 확보하면서 이들에 대한 비판적 견제를 유지해야 한다. 또한 공영방송이 추구하는 민주주의란 국민(권력)에의 무조건적 복속을 의미하지 않는다. 공영방송은 엘리트주의에 기초해 국민(권력)을 계도하면서 동시에 국민(권력)의 힘으로 자체가 권력기구화되는 것을 견제해야 한다.

소극적 중립성의 의미를 넘어 이처럼 적극적인 정치적 균형자의 역할을 수행하는 과업이 어렵다는 것은 두말할 나위가 없다. 공영방송의 독립성 내지 역할에 대한 경직된 견해를 지닌 이들의 눈에는 공영방송과 권력들 간의 상호작용이 빚어내는 항존하는 갈등과 충돌은 불안한 위기상태로 비추어질 것이다. 더 나아가 이러한 상황을 바라보는 관점 자체가 정치적이고 편향적일 수밖에 없다는 점을 고려할 때, 어느 한편으로 편향됨이 없이 균형을 잡으려는 공영방송의 시도는 정치권력, 시장권력, 국민(권력), 언론권력을 불문하고, 의심과 불만, 비판의 대상이 될 수밖에 없다. 공영방송이 진보와 보수를 불문하고 전 정치권, 시장주의자, 공영방송 옹호론자, 국민, 심지어 공영방송 종사자(노조)에 의해 상시적이고 전면적인 공격의 대상이 되는 것은 이러한 이유 때문이다.

우리 사회에서 공영방송을 둘러싼 공정성 시비가 끊이지 않고 특히 민주화 단계를 거쳐 공영방송에 대한 비판이 오히려 심화되는 데는 이러한 이유가 중요하게 작용한다. 이제 공영방송의 역할을 둘러싼 공정성 시비는 과거 민주화 이전 시기와는 달리 다양한 이슈에 걸쳐 다양한 이해당사자들로부터 상시적으로 제기되고 있다. 이는 어떤 의미에서 우리 사회에서의 다원적 민주주의의 실질적 진전, 그리고 그 안에서 공영방송이 수행하는 역동적 역할을 방증한다는 것이 필자의 판단이다.

공영방송의 공정성에 대해 쏟아지는 시비에 대한 해법은 공영방송 및 공영방송이 실천하는 공정성 원칙에 대한 불신과 제도적 훼손이 아니라 그에 대한 보다 강력한 제도적 신뢰와 지지에 있다. 이를 통해 그 어떤 권력에도 제약됨이 없이 사회적으로 중요한 사안을 치열하게 논의하는 공영방송 공론장은 보다 공고하게 자리 잡을 것이다.

이제 보다 구체적으로 공영방송이 제작하는 프로그램 차원에서 공정성 원칙은 어떠한 의의를 지니는지 살펴보도록 하자. 여기서, 논의의 대상이 되는 공영방송 프로그램에는 보도 프로그램뿐 아니라 공영방송이 제공하는 전 영역의 '공익적' 프로그램들이 포괄될 필요가 있다. 현시대에서 보도와 비보도의 경계는 사실상 의미가 없으며 때로 비보도 프로그램이 여론에 미치는 영향이 때로 더욱 클 수 있기 때문이다.

이러한 공익적 프로그램의 의미는 많은 경우 애매하기 이를 데 없다. 하지만, 우리 방송에서 공익적 프로그램이라고 하면 고정관념처럼 떠오르는 전형들이 존재한다. 가족 프로그램, 공공 캠페인성 프로그램, 다큐 프로그램 등 건전하고 계몽성이 강한 프로그램들이 그것이다. 사람들이 모여 함께 손뼉 치며 노래하는 〈열린 음악회〉, 〈동물의 왕국〉으로 대표되는 자연 다큐, 가족드라마, 그날그날의 주요 소식을 짧게 전하는 스트레이트 뉴스, 기계적 균형을 맞춘 토론 프로그램, 그리고 최근의 장르로는 다수의 출연자들이 나와 요리, 건강, 교육, 부부관계, 재테크 등의 소재로 대화를 나누거나 관련 활동에 참여하는 집단 토크(group talk) 프로그램 등이 대표 사례라 할 것이다. 필자는 공익적 프로그램에 대한 이러한 미시적이고 명목적 인식이야말로 어떤 의미에서 가장 반(反)공익적이라고 본다. 공익성의 의미를 소수의 도식적 공공 프로그램 장르와 형식으로 경직시키고 문을 닫아 버린 것이다. 어떤 의미에서 종래의 공영방송이 본연의 역할과 모습을 찾지 못하게 만든 주범은 정치권력도 시장권력도 아닌 이러한 인식의 장애라는 판단이다.

공영방송이 구현하고자 하는 공익성은 교육, 뉴스, 공공적 캠페인, 다큐, 토론 프로그램 등 제한된 유형의 도식적인 공익 프로그램 제공이아니라, 사회가 요구하는 모든 유형의 프로그램들을 공영방송답게 제공하는 데 있다. 이때, '공영방송답게'의 본질은 일체의 권력현상으로부터 자유로운 프로그램 생산공간의 보장이라는 공영방송 제도설계의취지에 비추어, 최대한의 자유, 유연성과 열려 있음에 있다는 것이 필자의 생각이다. 정치, 경제, 사회, 문화 등 사회적 삶의 모든 주요 영역에서, 뉴스, 정보, 교양, 다큐, 오락 등 다채로운 프로그램 장르와형식으로 현실 인식, 창의성, 감성, 지성의 지평을 시대적 가능성의 최전선까지 밀고 가는 역할이 그것이다.

공영방송의 프로그램들이 무색무취하고 중립적이어야 한다는 인식도 잘못되었긴 마찬가지다. 공영방송의 프로그램들이 다루는 소재 및그 소재를 취급하는 방식이야말로 가장 치열하게 논쟁적이며 더 나아가 거침없이 정치적이어야 할 것이다. 일체의 권력으로부터 자유로운제도적 공론장에서 가장 뜨겁고 중요한 문제들을 대상으로 비판적이고도발적이며 전위적인 사고들이 자유롭게 생동하고 표출되어 토론되지못한다면 어디서 이런 일이 가능하겠는가?

이러한 시각에서 볼 때 우리의 공영방송이 충분히 교육적이지도, 가족적 내지 교훈적이지도 못해 공익적이지 못하다는 비판은 일견 타당해 보이지만 사실상 잘못된 것이다. 제대로 된 비판은 다음과 같아야한다. "종래의 공영방송은 우리 사회 최고 수준의 공론장이 응당 그래야 하는 만큼 열려 있지도, 자유롭지도, 치열하지도 못했다." 이러한문제를 벗어나기 위해 공영방송에게 요구되는 것은 도식적인 공익성의 강화가 아니라 그 타파이다. 앞서 논의한 대로 공영방송은 소극적 의미의 정치적 중립성이 아니라 적극적 균형자의 역할을 수행하며, 이는 공영방송이 제공하는 프로그램에서도 마찬가지이다.

공영방송의 공익적 프로그램들이 이러한 적극적 자유, 적극적 공익성을 실천하기 위한 전제조건이 바로 공정성 원칙이다. 공영방송은 논쟁 사안에 대한 보다 풍부하고 다원적이며 객관적이고 과학적인 관점의 제시를 통해 그 어떤 미디어보다도 높은 수준의 공정성을 실천해야 한다. 하지만 이를 통해 공영방송은 합의된 것처럼 여겨지는 사실, 관행, 질서 심지어 금기시되는 사안까지를 쟁점화하고 반론과 비판을 제기할 수 있는 가능성을 지니게 된다.[39] 보다 다원적이고 혁신적이며 다채로운 프로그램, 다수공중의 이해를 반영하면서 동시에 소수에 주목하는 프로그램, 상업부문이 제공하지 않는 프로그램, 사회적 약자를 옹호하는 프로그램, 사회의 어두운 면을 밝히는 프로그램, 사회의 기반을 다지는 프로그램 등을 제공할 수 있게 된다(European Union, 1994; Raboy, 1996; BRU, 1985). 종합적으로 공정성 원칙은 무책임하고 허술하며 오도하는 방송을 제한하고 가치 있는 방송을 활성화시킴으로써 공영방송의 공론장 기능을 수호하고 적극적으로 신장시킨다.[40]

---

39 바로 이것이 BBC 편성지침을 소개하는 홈페이지에 부각되어 있는 "No word is banned by the BBC but its use must be editorially justified(http://www.bbc.co.uk/editorialguidelines/)"의 의미라 할 것이다.

40 KBS공영방송발전포럼에서 이 같은 필자의 주장을 발표했을 당시, 한편으로는 공영방송의 자유를 역설하면서 다른 한편으로는 엄정한 공정성규제(이를테면 방송에 대한 보다 강화된 내용 심의)를 강조함으로써 주장에 논리적 상충이 있다는 비판이 제기되었다. 하지만 이는 다음의 두 가지 차원에서 필자를 오독한 것이다. 첫째, 필자가 여기서 제시하는 공정성 원칙은 방송심의규정처럼 국가에 의한 제도화된 공정성 원칙뿐 아니라 공영방송 종사자들에게 내재화된 윤리 내지 전문직주의, 윤리강령, 가이드라인 등 다양한 층위의 공정성 규범을 망라하는 개념이다. 둘째, 이러한 규범은 규제가 아니라 (방송에 대한) '객관적 질서의 형성을 위한 수단'의 의미를 지닌다. 이러한 점에서 공정성원칙과 공

논의를 정리해 보자. 공영방송이 소극적 중립성을 넘어 모든 집단, 이념, 정치관에 문호를 열고 역동적인 공론장을 실천하기 위해서는, 공영방송 프로그램이 도식화된 공익 프로그램을 넘어 인식의 지평을 확대하는 프로그램으로 승화되기 위해서는, 공영방송이 일체의 권력으로부터 자유로운 최상위의 사회적 공론장으로 기능하기 위해서는, 궁극적으로 공영방송이 그 제도적 설계가 지향하는 자유롭고 민주적인 미디어가 되기 위해서는 그 으뜸가는 조건으로 공정성 원칙이 요청되는 것이다.

영방송의 자유는 상충하지 않고 상승적으로 공존한다는 것이 필자의 입장이다. 이에 대한 보다 자세한 논의는 15장 결론의 논의 참조.

8. 장의 소결

이제 길게 이어 온 이 장의 논의를 마무리할 때가 되었다. 공정성 원칙은 인간소통에 수반되는 근원적인 편향성, 자기검열, 소통불안의 문제로부터 소통 가능성을 지켜 내기 위한 규범의 필요성 및 이를 달성하기 위한 규범의 총체를 함축한다. 모든 공식적, 비공식적 층위의 소통행위에는 이러한 소통 규범 내지 윤리가 존재한다. 이러한 규범들은 편향성 내지 그에 대한 우려로 인해 사회적 쟁점에 대한 소통이 위축, 차단 내지 왜곡되는 문제에 대한 안전판을 제공해 역설적으로 소통행위가 활성화되고 표현의 자유가 만개할 수 있도록 한다. 이런 맥락에서 공정성 원칙은 헌법이 보장하는 '표현의 자유' 실현을 위한 전제조건이자 실행규범에 해당한다고 보아야 한다. 시민민주주의 사회로의 발전도정에서 '위기'로까지 진단되는 극심한 사회적 소통의 파행현상을 겪고 있는 한국 사회의 현실에서 공정성 원칙에 대한 사회적 수요는 한층 크다.

공정성 원칙은 자신의 관점을 넘어 타인의 존재 및 관점을 인식하게 하고, 논쟁적 사안을 바라보는 다양한 관점에 대해 눈을 뜨게 해 줌으로써 논란의 여지없이 합의된 것으로 간주되거나 금기시되는 사안을 정당한 논쟁의 대상으로 만들고, 이에 대한 자유로운 의사표현의 가능성을 열어 주며, 또한 이러한 시도가 일회성으로 끝나지 않게 해 준다.

역으로, 특정 사안을 쟁점화하기 위해서는 그에 상응하는 공정성 원칙이 요구된다. 뜨거운 논쟁을 초래하는 사안일수록 보다 엄격한 공정성 원칙을 적용해야 한다. 이러한 사안들에 대한 공정성 원칙의 적용에 있어 하나의 의제에 대해 다양한 입장 간의 균형을 맞추는 내적 다원성

을 넘어 의제 자체를 폭넓게 설정하는 외적 공정성이 적극적으로 추구
되어야 한다.

지상파 방송, 특히 공영방송에 대해서는 가장 엄격한 공정성이 요구
된다. 이는 디지털 미디어 혁명에 따라 미디어가 폭증하는 상황에서도
마찬가지이다. 공영방송의 공정성을 소극적인 제3자적 중립성(객관
성)으로 해석하는 것은 잘못이다. 공영방송은 정치적 진공상태가 아니
라 권력적 상호작용의 중심에 놓여 있다. 이러한 상황에서 공영방송은
사회 내의 모든 집단, 이념, 정치관에 대해 문호를 열고 역동적인 민주
적 공론장을 실천해야 한다. 프로그램 차원에서 공영방송은 일체의 권
력으로부터 자유로운 프로그램 생산 공간의 확보라는 제도적 설계에
부응하여 제한된 유형의 도식화된 계몽적, 문화적 프로그램을 넘어,
현실 인식, 창의적 사고의 지평을 확대하는 프로그램을 제공해야 한
다. 이러한 공영방송을 수호하는 토대가 공정성 원칙이다.

03
BBC의 불편부당성 원칙

윤석민 · 고문정 *

　이 장에서는 미디어 공정성 원칙, 특히 공영방송에 적용되는 공정성 원칙의 가장 모범적인 사례로 인용되는 영국 BBC의 불편부당성 (*im-partiality*) 원칙을 살펴보고자 한다. '불편부당성'의 의미는 어느 한편만을 지지하지 않는 것인데, BBC는 여기에 '적절한'(*due*)이라는 수식어를 사용하여 '적절한 불편부당성' 개념을 정립하였다. 불편부당성 원칙은 법에 의해 영국의 방송 전반에 걸쳐 적용되는 원칙이지만, 공영방송인 BBC가 그 태동과 발전을 주도했고 가장 구체적이고도 심도 있게 그 원칙을 제시한다. 따라서 이 장에서는 BBC를 중심으로 불편부당성 원칙이 어떠한 맥락 속에서 어떻게 발전했고, 그 구체적인 내용과 실천 방법은 무엇인지 소개한 후, 이 사례가 우리에게 주는 함의는 무엇인지를 논의해 보고자 한다.

* ICT 사회정책연구센터 연구원 (girlfrommoon@naver.com).

150

1. BBC 불편부당성 원칙의 역사

BBC 불편부당성 원칙은 BBC의 역사와 궤를 같이한다. 보다 구체적으로 독점적 민간방송사로 출발한 BBC는 논쟁적 사안에 대한 보도가 금지되었던 초기를 거쳐 총파업과 공사화, 2차 세계대전, 그리고 최근의 길리건-허튼 위원회 사태에 이르기까지 수많은 굴곡을 겪으며 오늘날과 같은 '불편부당성'이라는 편성가치를 구체화시켰다. 이하에서는 불편부당성 원칙이 태동하여 지금처럼 자리 잡기까지의 역사적 과정을 살펴보고자 한다.

1) 초기 BBC의 독점적 지위와 논쟁적 사안의 방송 금지

최초의 BBC는 공영방송이 아니었다. 1922년 마르코니(Marconi) 사(社)에 의해 첫 라디오 방송이 이루어진 후, 많은 민간회사들이 방송사업에 뛰어들기 시작했다. 이를 지켜본 통신을 관할하는 정부부처인 체신청(General Post Office)은 하나의 방송국에게 독점적 사업권을 부여하기로 결정한다. 당시 미국에서는 수많은 라디오 송신국이 생겨나 방송국 상호 간뿐만 아니라 군사신호까지 교란되는 상황이 나타났다. 독점적 방송권은 그러한 상황을 방지하기 위한 것이었다. 이를 통해 주식회사 BBC(British Broadcasting Company)가 방송을 만들고 송출하는 독점적 사업자로 탄생한다(Potter, 2012, pp. 20~21).

1922년 민간회사인 BBC는 신문업계의 영역을 침해하는 사업을 펼쳐서는 안 된다는 이유로 정치적 뉴스는 물론이고 스포츠 경기중계까지도 하지 못하도록 규제되었다. BBC가 제공할 수 있는 뉴스는 통신사들이 제공하는 뉴스의 요약 정도였다(Briggs, 1961, p. 245; Allan, 2005). 신문업계의 견제에 더해, 정부도 BBC가 논쟁적 사안을 방송하는 것을 금지하였다.

1923년 예상과 달리 수신기 판매가 부진하자 BBC의 재정문제와 위상을 검토하기 위해 체신청은 사이크스 위원회(Sykes Committee)를 설립하였다(정용준, 2013). 사이크스 위원회에서는 BBC의 독점적 지위를 보장하는 대신 독점사업자로서 정부와 정치인으로부터 독립적 방송이 되기 위해서는 '의견 전달'(conveying opinion), 즉 논쟁적 사안의 보도를 제한할 필요가 있다는 의견을 제시한다.

BBC의 역사를 집대성한 브릭스[1]에 따르면, BBC의 초대 사장인 존 리이스(John Reith)는 이러한 의견을 적극 받아들여, '우리는 논쟁적인 것을 방송한 적이 없으며, 그럴 생각도 없다. … 방송국들은 명백히 그런 방송을 해서는 안 된다'라고 언급하기까지 하였다(Briggs, 1961, p. 156에서 재인용). 당시 신문사들이 유일한 방송국인 BBC가 편향적일 수도 있다는 두려움을 국민들에게 심어 주어 업계는 물론이고 정부와 국민들로부터 큰 압박이 있었기 때문에 이러한 입장이 나타난 것으로 보인다(Briggs, 1961, p. 156).

그러나 해가 거듭되면서 BBC의 편성역량이 강화되었고, BBC는 종종 논쟁적 프로그램을 방송하기 시작한다. 그 사례로 BBC가 관세개혁에 대한 토론이나 공산주의자가 참여하는 공산주의 이념토론을 방송한 것을 들 수 있다. 존 리이스 역시 자신의 주장을 다음과 같이 수정한다. "이런(논쟁적) 사안에 대해서는 상당히 신중하게 보도해야 하지만, 만약 논쟁의 반대되는 시각들이 명료하게 같은 정도로 강조

[1] BBC 역사학자인 아사 브릭스는 초창기 BBC의 규범들에 대한 5권의 방대한 역사서를 저술하였다. 이 연구에서는 주로 1961년의 저술을 참고하였다.

되고 언급된다면, 적어도 그 방송을 편향적이라고 할 수는 없을 것이다"(Briggs, 1961, p. 156에서 인용). 불편부당성의 초기 개념인 '중립성'의 개념이 이때 처음 제시된다(Morris, 2002, p. 40).

당시 리이스가 생각하는 방송의 가장 중요한 목적은 교육이었다. 그는 방송이 주요한 공적 사안을 전달하는 교육적 목적을 달성하기 위해서는 논쟁적인 사안을 방송해야 한다고 생각했고 실제로 이를 실현하려는 노력을 기울였다(Briggs, 1961, p. 246). 그러나 의회 양당은 논쟁적 보도가 상대 당에게 유리하게 작용할 것이라는 우려하에 모든 종류의 정치적 방송을 금지하도록 했고, 결국 체신청은 1928년까지 방송의 '논쟁적 보도'를 허가하지 않았다(Briggs, 1961, p. 322). 이는 곧 비주류 의견이 묵살되는 것을 의미하였다(Potter, 2012, p. 25).

이러한 상황 속에서도 리이스는 독점적 방송의 책임을 수행하면서 BBC의 역할을 확대하기 위해 노력하였다. 브릭스는 존 리이스의 방송 철학을 다음과 같이 소개한다(Briggs, 1961, pp. 214~218).

> 존 리이스는 방송은 공적 서비스여야 한다고 굳게 믿었다. … 공적 서비스인 방송은 수익창출이 목적이 되어서는 안 되고… 방송을 듣기를 원하는 모든 국민을 위한 방송 … 국가 전체를 위한 방송이 되어야 한다. … 공적 서비스는 높은 기준을 유지해야 하고 최상의 것을 제공해야 하며 마음을 상하게 하는 것들은 거부해야 한다. … 리이스는 "우리는 대체로 사람들이 원하는 것이 아닌, 우리 생각에 사람들에게 필요한 것을 방송하려고 한다. 실제로 그들이 무엇을 원하는지를 아는 사람은 거의 없다. …(그렇기 때문에) 항상 공중의 의식은 … 과대평가 하는 것이 낫다"고 보았다.

독점적 방송사업자로서 국민과 국가를 위한 방송을 해야 하며, 수용자를 익명의 덩어리 같은 존재로 취급하지 않고 개별적인 존재, 그것도 높은 의식을 지닌 존재들로 간주하여 그 기준에 맞는 최고 수준의 방송을 해야 한다는 리이스의 엘리트주의적 방송 철학은, 이후 국민 및 국가 입장에서 가장 중요한 의미를 지니는 논쟁적 사안을 가능한 폭넓고 깊이 있게 어느 한쪽을 편들지 않는 방식으로 제공한다는 BBC의 불편부당성 철학으로 발전하게 된다.

2) 1926년 총파업 보도에서 나타난 BBC의 불편부당성 원칙

1926년 5월 3일부터 12일까지 영국에서는 영국 역사상 최대 규모로 꼽히는 총파업이 이루어졌다. 파업은 석탄산업에서 시작되어 철도, 항만, 도로운송, 철강, 건설, 인쇄, 가스, 전기산업으로 확산되었다. 총파업은 스탠리 볼드윈(Stanley Baldwin) 보수당 내각의 적극적인 협상 개입으로 9일 만에 끝나게 된다.

이러한 1926년 총파업에 대한 BBC의 보도에서 불편부당성 개념이 처음으로 공식적으로 나타나게 된다. 총파업으로 신문 배달이 어려워지자, 라디오라는 방송매체의 역할이 더욱 중요하게 되었다. 파업으로 유일한 뉴스 전달원이 된 BBC의 5월 4일 첫 뉴스에서 BBC는 "공공적 책임의 무게를 충분히 인지하여, 상황이 허락하는 한 가장 불편부당한 정신(*impartial spirit*)을 추구하기 위해 최선을 다할 것이다. … 우리는 의견을 표명하지 않고 … 공정성의 전통(*tradition of fairness*)을 지키기 위해 최선을 다할 것"이라고 선언하였다(Tracey, 2003). 불편부당하고 공정한 보도를 할 것을 천명한 것이다. 파업 이전까지 BBC는 뉴스를 직접적으로 생산할 권리가 없었기 때문에, 이는 사실상 BBC의 첫 번째 뉴스 보도였다.

그러나 이는 라디오 방송을 둘러싼 정치적 갈등으로 이어지게 된다. 총파업을 헌정의 위기로 규정하고 BBC를 접수해 정부의 편에서 보도할 수 있도록 활용해야 한다는 윈스턴 처칠(Winston Churchill) 재무상으로 대표되는 강경파, 그리고 파업을 단순한 노사분쟁으로 취급하고 BBC의 독립성을 지켜야 한다는 볼드윈 수상 등의 온건파가 맞선 것이다(Briggs, 1961, p. 330~331). 결국 총파업 종결 전날인 5월 11일에 이르러서야 영국 정부는 '공식적으로 BBC를 완전히 접수하지는 않을' 것을 결정하며 BBC에게 완전한 종속 혹은 완전한 독립도 아닌 애매한 지위를 부여하게 된다(Briggs, 1961, p. 332). 총파업 종식 후 존 리이스가 BBC의 간부들에게 보낸 기밀서한은 이러한 상황 속에서 BBC가 지키려 했던 원칙을 보여준다.

> 우리는 공식적 뉴스들에 대해 직접적으로 방송할 권리를 얻었고, 그와 관련한 편성 재량권을 얻었으며, 또한 우리는 뉴스를 방송할 때 납득할 만한 수준의 불편부당성을 지킬 수 있게 되었다. … 총파업은 대법원에서 불법 판결을 받았으므로 우리는 전반적으로 정부를 지지해야 함에는 의문의 여지가 없다. … 우리는 국가적 기관이고 국가적 자산이다. … (그러나) 만약 우리가 완전히 정부에 강제로 징발되었다면 불편부당한 뉴스 같은 것은 결코 할 수 없었을 것이다. …(총파업 보도에 대하여) 나올 수 있는 한 가지 불만은 노동계 대변인이 출연하는 방송을 하지 못했다는 것이다. … 그러나 그것은 파업이 불법이었고 일어나지 않았어야 할 일이었기 때문에 이루어진 결정이었다(Briggs, 1961, pp. 333~334).

브릭스(Briggs, 1961, p. 335)는 이에 대해 BBC가 '진정한 불편부당한 뉴스'(authentic impartial news)를 추구함과 동시에 '헌정 안에서의 조직'임을 명확히 한 것이라고 보았다. BBC의 불편부당성은 절대적 중립성이 아니라 국가의 근본이념이나 가치체계를 전제하는 가운데 추구된다는 것이다. 그러나 BBC가 불편부당하게 진실을 전달할 것을 선언한 것과는 별개로, 사실은 정부의 선전에 부합하는 사실만을 전달했고 (Tracey, 2003), 다양한 정치적 의견이 존재한다는 것을 보여주는 공론장을 제공하지 않았으며, 정부의 입장을 당연시했다 (Potter, 2012, p. 26) 는 비판도 존재한다. 노동계는 BBC를 '영국 거짓회사'(British Falsehood Company) 라고 공격하기도 하였다.

이처럼 총파업 당시 이루어진 BBC의 첫 보도가 실제로 BBC가 내세운 만큼 불편부당했는지에 대해서는 다양한 평가가 있으나, BBC 보도의 기본원칙으로써 '적절한 불편부당성' 원칙이 이 시기에 공식적으로 천명되었음은 분명하다.

3) BBC 불편부당성 원칙의 명문화

1926년 크로포드 위원회 (Crawford Committee) 의 제안에 따라 1927년 1월 1일 왕실 칙허장 (Royal Charter)[2] 제정을 통해 주식회사 BBC (Brit-

---

2 왕실 칙허장은 BBC를 존재하게 만드는 일종의 헌법 (constitutional basis) 에 해당하는 문건이다. 이는 영국 국왕의 권능에 기반하여 BBC가 추구하는 공적 목적, 독립성의 보장, 지배구조, 재원 등 그 제도적 기반에 관한 사항을 천명한다. 1927년 1월 1일자로 제정된 이래 매 10년 단위로 개정되어 왔다. 현재의 칙허장은 2016년 12월 31일에 만기된다. 칙허장과 함께 중요한 문건이 면허협정서 (License Agreement, 문화부 장관과 BBC 트러스트 의장 간의 협정) 로서 이는 칙허장에 개괄적으로 제시된 사항들에 대한 보다 세부적인 규정들을 담고 있다. BBC는 칙허장과 협정서를 엄정하게 준수해야 한다. BBC가 이를 위반했을 경우에는 그에 따라 피해를 입거나 영향을 받은 사람 그 누구라도 적절한 해결책을 요구할 권리가 있다. 필요한 경우 OFCOM이나 공정거래청 (Office of Fair Trading) 같은 규제 기관도 문제를 제기할 수 있다 (Royal Charter, 2006, Article 52). http://www.bbc.co.uk/corporate2/insidethebbc/whoweare/mission_and_values/charter.html.

156

ish Broadcasting Company)는 영국방송공사(British Broadcasting Cor-
poration)로 변경되고 국영기업의 지위를 부여받는다(Potter, 2012,
p. 21). 그 이듬해인 1928년 체신청은 총파업 보도 이후 BBC의 성과를
고려하고 또 리이스의 꾸준한 요청을 수용하여 논쟁보도 금지를 시험적
으로 해제하고, BBC는 자체의 독자적인 방송가치를 정립하게 된다
(Allan, 2005). 총파업에서 시작된 불편부당성 원칙은 제 2차 세계대전
을 지나면서 강화되었다(Morris, 2002, p. 41). 세계대전 당시 BBC는 수
용자와의 신뢰를 쌓기 위해서 전쟁의 불편한 진실들까지 보도하는 것을
중시하였고, 이는 전후 객관적 보도의 유산을 남겼다고 평가된다
(Sambrook, 2012).

1952년 칙허장 개정을 통해 불편부당성이 공식적 의무로 처음으로
명문화되어 나타나게 된다. 당시 개정된 칙허장의 규정에 BBC의 '전문
적인 리포터들은 매일 영국 의회 양당의 의사록을 보며 불편부당하게
방송을 준비'해야 한다고 명시된 것이다(BBC Trust, 2007, p. 26).

1954년에는 영국에 처음으로 상업방송이 도입되면서 그 설립근거법
인 〈텔레비전법〉(Television Act, 1954)에 불편부당성 의무가 명시되기
에 이른다.[3] 그러나 〈텔레비전법〉은 상업방송만을 규제하며 BBC에
적용되는 법은 아니었다. 이로써 상업방송에서는 불편부당성이 법적
으로 의무화된 반면, BBC에 대해서는 이 원칙이 자발적으로 준수되는
체제가 만들어진다.[4] BBC에 대해 불편부당성이 법적 의무로 강제되지

3 1954년 〈텔레비전법〉은 다음과 같이 불편부당성을 의무화하였다.
3. (1) (c) (모든 형태의) 프로그램의 모든 뉴스는 적절히 정확하고 불편부당하게 제시되
어야 한다. (f) 정치적·산업적으로 논쟁적인 사안, 공공정책과 관련된 사안을 다루는 프
로그램에서 적절한 불편부당성이 지켜져야 하며, (g) … 정당의 이익을 대변하는 프로그
램은 만들 수 없다.
4 현재도 상업방송은 〈텔레비전법〉과 〈커뮤니케이션법〉(Communication Act, 2003)에 의

않은 것은 BBC에게는 불편부당성이 '당연한 것'으로 여겨졌기 때문이다(BBC Trust, 2007. p. 27). 그것은 제도 이전에 자리 잡고 있는 문화였던 것이다.

상업방송 ITN은 저널리스트를 앞세운 뉴스를 진행하기 시작하였고 이에 따라 저널리스트의 개인적 성향이 보도에 영향을 미치게 되었다. 이는 BBC가 객관적 보도를 위해 익명 보도를 원칙으로 하던 것과는 대비되는 새로운 시도였다. 이러한 시도가 시청자들의 눈길을 끌면서 BBC 뉴스와의 경쟁이 시작되었고, 이는 결과적으로 BBC의 불편부당성 원칙이 유연하게 변화되는 계기가 된다(Allan, 2005).

마거릿 대처(Margaret Thatcher) 내각의 집권 초기였던 1981년에 칙허장 개정을 하면서 면허협정서에 BBC는 '시사 또는 공공정책 사안들에 대해 BBC의 〔방송사 차원의 공식적〕5 입장을 제시하면 안 된다'6는 조항이 추가되고, 협정서의 부속문서(Annex)에도 불편부당성 기준 준수가 명문화된다(Munro, 1995). 하지만 불편부당성이 법적인 구속력을 갖게 된 것은 1996년부터이다. 칙허장이 재부여되면서 면허협정서 본문에 '논쟁적 주제들은 적절한 정확성과 불편부당성'을 가져야 한다는 구절이 포함된 것이다(BBC Trust, 2007. p. 27).

현재 적용되는 면허협정서는 2006년에 제정되어 2010년과 2011년에 일부 개정된 것으로, 여기에 정확성과 불편부당성은 한 장 반에 걸쳐 자

거하여 오프콤(OFCOM)의 규제를 받는 반면, BBC는 왕실 칙허장과 면허협정서에 의거하여 BBC 감시감독 기능을 수행하는 BBC 트러스트(Trust)에 의해 독자적으로 규제되고 있다.

5 〔 〕는 필자가 추가.

6 최근의 관련조항 원문 내용은 다음과 같다. "The UK Public Services must not contain any output which expresses the opinion of the BBC or of its Trust or Executive Board on current affairs or matters of public policy other than broadcasting or the provision of online services."

세히 다루고(협정서 43조 및 44조) 있다. 그 내용을 보면 'BBC는 모든 제작물에서 논쟁적 주제들을 적절한 정확성과 불편부당성을 갖고 다루어야' 하며, 이를 적용함에 있어 '전체적 프로그램 시리즈가 고려되어야 한다'는 것, 그리고 적절한 불편부당성은 '모든 사안에서의 완전한 중립성을 요구하는 것 또는 근본적인 민주주의의 원칙들로부터 동떨어진 것은 아니라는 것'[7] 등과 같은 원칙들이 제시되고 있다.

4) 불편부당성 원칙의 구체화

불편부당성이 법적으로 명문화되고 구속력을 갖기 이전인 1980년대부터 BBC는 자체적으로 만든 '제작자 지침'(Producers' Guidelines)을 통해 불편부당성 원칙을 포함해 BBC가 지켜야 할 가치들을 자발적으로 규율했다. 2003년, 길리건 기자의 이라크 대량학살무기에 대한 정부 보고서 비판 보도, 취재원의 자살 파문 및 그에 대한 허튼 위원회의 조사발표 등 이른바 길리건-허튼 파동[8]을 거치면서 BBC는 'BBC 저널리즘의 80년 역사에서 가장 큰 위기'(Douglas, 2004)를 맞게 된다.

2004년 1월 허튼 위원회는 정부의 주장이 진실이든 아니든(이에 대해서는 규명하지 않았다), BBC의 보도는 한 명의 정보원만을 사용하여 비공식적으로 인터뷰를 진행하였기 때문에 근거가 없는 보도이며 이러한

---

7 원문의 표현은 다음과 같다. "due impartiality does not require absolute neutrality on every issue or detachment from fundamental democratic principles."

8 2003년 5월, BBC의 앤드류 길리건(Andrew Giligan) 기자는 영국 정부가 2002년 발표한 '이라크의 대량살상무기' 보고서는 부정확한 정보를 근거 삼아 일부러 과장하여 작성되었다는 주장을 담은 보도를 내보냈다. 길리건은 한 명의 익명 정보원을 인용하였는데, 정부와 갈등이 생기자 정보원이었던 데이비드 켈리(David Kelly) 박사는 자살을 하게 된다. 이 일련의 사태에 대한 진실규명을 위해 허튼 위원회가 구성되었다.

보도를 허가한 BBC의 편집 체계에 결함이 있다는 보고서를 발표하였다(Lord Hutton, 2004, pp. 319~324; 이준웅, 2008 참조). 2004년 6월, BBC는 허튼 위원회의 지적사항들을 개선하기 위한 조치를 담은 닐 보고서(Neil Report)를 발표한다. 그리고 이를 바탕으로 2005년에는 종래의 제작자지침의 이름을 바꾸고 내용도 수정 보완한 'BBC 편성지침'(BBC Editorial Guideline)을 발표하게 된다. 그 주요 내용에는 정보원과 증거의 적절한 활용을 위하여 진실과 정확성을 최우선으로 두고 취재노트 작성(note-taking)를 저널리즘의 기초로 삼을 것, 그리고 불편부당성과 의견의 다양성, 독립성, 신뢰성 등을 핵심가치로 삼을 것 등이 포함되었다.

2007년 BBC 트러스트는 다원화된 사회에서의 불편부당성을 재정립하기 위해 '시소에서 수레바퀴로: 21세기의 불편부당성'(From Seesaw to Wagon Wheel: Safeguarding Impartiality in the 21st Century)이라는 제목의 보고서를 발표하였다. 불편부당성은 단순히 논쟁하는 양측의 의견을 균형 있게 보도하는 것(시소)을 넘어서 다원화된 시대에 부응하여 다양한 의견들을 고르게 반영(수레바퀴)해야 한다는 것이 보고서의 요지로써, 실천 가능한 불편부당성 원칙들을 구체적으로 제시하고 있다.

BBC는 이 보고서를 바탕으로 2010년에 편성지침을 개정하였다. 새 편성지침은 적절한 불변부당성을 반대되는 두 입장을 넘어 보다 다양하고 넓은 시각을 반영하는 것으로 규정하고, '논쟁 가능성이 있는 주제'의 범위도 종교, 과학, 금융, 문화, 윤리 등을 망라하는 주제로 확대시켰다. 아래에서는 이러한 두 문건을 토대로 현재 BBC에 적용되는 적절한 불편부당성 원칙의 세부적 내용을 보다 구체적으로 검토해 보고자 한다. 또한 온라인 미디어의 불편부당성 준수 기준과 방법에 대한 내용을 담고 있는 '편성정책 참고사항'(*Editorial Policy Guidance Notes*) 을 통해 BBC는 온라인 미디어에 대해 어떤 기준을 제시하고 있는지를 함께 살펴보고자 한다. 9

---

9 편성 지침과 더불어, BBC는 지침 안의 각각의 주제와 관련한 보다 자세한 설명과 구체적인 실천 방법을 제안하는 '편성정책 참고사항'을 보충적으로 제공한다.

2. '시소에서 수레바퀴로' 보고서

이 보고서는 BBC 트러스트와 이사회의 공식승인을 받은 문건으로, 독립 프로그램 제작자인 존 브리드컷(John Bridcut)이 BBC의 고위임원진, 정부 관계자, 그리고 트러스트 위원 등으로부터 조언을 받아 수용자 연구, 인터뷰, 세미나를 거쳐 완성하였다. 이 보고서는 불편부당성 원칙의 실행방법을 넘어, 텔레비전에서의 공공 서비스 저널리즘을 유지시킬 수 있는 자율 규제 및 그 제도적 지원방안을 구체화한 보고서로 평가된다(Barnett, 2010). 이하에서는 보고서의 주요 내용을 발췌하여 소개하고자 한다.

1) 21세기 불편부당성의 맥락[10]

BBC가 불편부당성을 준수하도록 하는 것은 BBC 트러스트의 책임이다. 이사회(Executive Board)는 불편부당성에 대한 트러스트의 권고가 있을 경우 해당되는 조치를 취해야 한다.[11]

커뮤니케이션 혁명은 제작자와 수용자 간의 권력균형을 변화시켰고, 방송의 수용자들은 이제 실제로 무슨 일이 일어나는지를 다 알 수 있게 되었다. 이렇게 권력과 정보를 가진 수용자들에게는 신뢰가 이전

---

[10] 동 보고서 pp. 9~17의 내용을 발췌정리하였다.

[11] BBC 트러스트는 2006년 칙허장 개정을 통해 2007년 설립되었다. 트러스트 이전의 경영위원회는 방송 비전문인인 비상임위원(일주일에 한 번 출근)들로 구성되어, 엄격한 의미에서 규제 기관은 아니었다. 그러나 BBC 외부에 트러스트가 설립되면서 감시 및 규제가 강화되었다. 이로써 트러스트는 BBC의 전략을 제시 또는 규제하는 역할을 담당하고, 이사회(Executive Board)는 회사의 경영과 운영을 책임지게 되었다(BBC Trust & BBC Executive Board, 2013).

보다 더 중요하다. 이들의 신뢰를 얻기 위하여 불편부당성은 더 이상 마냥 고귀하고 높기만 한 가치가 되어서는 안 되며, 수용자들에 의해 함께 이해되고 공유되어야 한다. [12]

또한, 플랫폼과 서비스의 융합, 미디어의 이동성 증대, 개인화, 참여 같은 현상이 두드러지는 상황에서 나타나는 시민저널리즘이나 사용자 제작 콘텐츠(user-generated content)는 OFCOM의 규제범위 밖이며 불편부당성의 요구로부터 완전히 자유롭다. 또한 수용자 참여방송은 물론 상호작용적 플랫폼처럼 종래의 전통적인 불편부당성 원칙이 적용되기 어려운 미디어가 증가하고 있다. 그러나 BBC는 공영방송으로서, 콘텐츠의 형식에 상관없이 제공하는 모든 뉴미디어 콘텐츠들에 대해 방송 프로그램과 같은 불편부당성 기준을 적용해야 한다.

BBC의 정확성과 불편부당성 가치는 전 세계에서 존경받고 있다. 방송채널의 증가로 많은 방송 네트워크들이 의견을 표명하고 있는 상황에서 BBC는 불편부당성 원칙을 준수하고 시청자들에 대한 의무를 다해야 한다. [13]

2) 불편부당성의 의미

불편부당성은 정확성, 균형, 맥락, 거리, 공평함, 공정함, 객관성, 개방성, 엄격함, 자기인식, 투명성, 진실을 모두 융합한 개념이며, '완전함'을 추구하는 것이다. 프로그램 제작에서의 불편부당성은 의견의 지평을 제한하거나 검열하는 것이 아니라 추가적인 관점들을 포용함으로써 성취된다. [14]

---

12 보고서 pp. 9~11의 내용 요약.
13 보고서 pp. 12~16의 내용 요약.

3) 21세기 불편부당성의 12가지 원칙

이 보고서는 2005년 BBC 편성지침에 나오는 불편부당성 원칙을 보완하기 위하여 다음과 같은 12가지 세부 원칙들을 제시한다.

① 불편부당성은 선도적 방송사인 BBC의 품질보증 마크로 유지되어야 한다. 불편부당성은 BBC에게 법적 의무인 동시에 자부심의 원천이기도 하다.[15] 불편부당성은 1996년 협정서에 포함됨으로써 BBC의 규율로 명문화되었다. 하지만 이 원칙은 BBC의 초기단계부터 BBC의 정체성으로 인식되었다. 이 원칙은 제도적으로 만들어진 것이 아니라 문화적으로 발전한 BBC의 포부이자 야망이다. 불편부당성은 곧 BBC로 인식되고 BBC의 명성은 불편부당성에서부터 출발한다.[16]

② 불편부당성은 BBC를 소유하고 재정을 지원하는 주체인 시청자와 BBC가 체결한 계약의 핵심요소이다. 그러므로 종종 시청자가 불편부당성을 결정함에 있어 하나의 요인이 되기도 한다.[17]

BBC의 입장에서 시청자들의 신뢰가 가장 중요하다. 만약 시청자들이 어떤 프로그램이 편향되었다고 생각한다면 BBC에 대한 신뢰는 사라질 것이다. 따라서 시청자들이 불편부당성을 어떻게 인지하며 BBC에

---

14 보고서 pp. 23~24의 내용 요약.

15 원문은 다음과 같다. "Impartiality is and should remain the hallmark of the BBC as the leading provider of information and entertainment in the United Kingdom, and as a pre-eminent broadcaster internationally. It is a legal requirement, but it should also be a source of pride."

16 보고서 pp. 25~28의 내용 요약.

17 원문 내용은 다음과 같다. "Impartiality is an essential part of the BBC's contract with its audience, which owns and funds the BBC. Because of that, the audience itself will sometimes be a factor in determining impartiality."

164

대해 어떻게 평가하고 있는지를 파악해야 한다. 그러나 BBC는 시청자 반응에만 의존해서는 안 되며, 스스로 편집에 대한 판단을 내려야 한다. 저널리즘의 역할은 시청자 의견을 그대로 보여주는 것이 아니라 그들이 미처 생각하지 못한 것을 생각할 수 있게 해 주는 것이기 때문이다.

시민 저널리즘과 사용자 제작 콘텐츠(UGC) 영역에서 불편부당성의 문제가 새롭게 제기되고 있다. 사용자 제작 콘텐츠를 방송에 사용하지 않더라도 그 콘텐츠들은 다른 미디어를 통해 몇 분 내로 사람들에게 노출될 것이 분명하므로, BBC는 명확한 기준을 가지고 그것들에 대한 사용 여부를 결정해야 한다. [18]

③ 불편부당성은 종래에 이 원칙이 주로 적용된 정당 정치영역이나 산업영역의 쟁점들에 계속해서 적용되어야 한다. 그러나 오늘날 더욱 다양해진 정치·사회·문화적 지평 속에서 불편부당성 원칙은 더 넓고 깊게 적용될 필요가 있다. [19]

BBC는 여전히 의회의 공식적 의견을 제공할 의무가 있지만 의회를 포함한 공식적 기관들을 통해 나타나지 않는 기타 의견을 보도해야 할 의무도 있다. 그러나 이러한 의견을 보도하는 데에는 어려움이 따른다. 그러므로 BBC 내의 콘텐츠 제공자들은 공식적 기관들에 대한 편향성에서 벗어나기 위해 더 넓게 읽고, 듣고, 많은 사람들을 만나서 현존하는 의견들을 보다 적극적으로 탐사하기 위해 노력해야 한다.

나아가 의회[정치][20] 프레임에 치중하는 관행을 벗어나 새로운 프로그램을 만들어야 한다. 특히 오늘날에는 의견이 파편화되면서 비공식

---

18 보고서 pp. 29~32의 내용 발췌 정리

19 원문내용은 다음과 같다. "Impartiality must continue to be applied to matters of party political or industrial controversy. But in today's more diverse political, social and cultural landscape, it requires a wider and deeper application."

20 〔 〕내용은 문맥상 필자가 추가.

적으로 인터넷과 웹블로그, 온라인 캠페인 등을 통해 정치활동을 하는 사람들이 많으므로 이들을 활용할 필요가 있다.

시청자 조사에 따르면, 시청자들은 불편부당성을 정치적, 당파적인 관점보다는 지역, 인종, 종교의 관점에서 인식하는 경우가 많다. 이를 고려하여 불편부당성의 적용대상에 더 넓은 주제들을 포함시켜야 한다. [21]

④ 불편부당성에서 중요한 것은 관점의 폭인바, 〔특정한 관점을〕 빠뜨리는 것으로도 이를 위반할 수 있다. 불편부당성은 단순히 중립을 지키는 것으로 보장되지 않는다. [22]

중립은 종종 옳지 않고 위험한 입장일 수 있다. 불편부당한 프로그램 제작자는 단순히 시소의 중간에서 양측의 의견을 모두 긍정하거나 모두 부정해서는 안 된다. 그들은 서로 다른 주장들을 (중간영역을 포함해서) 여행하듯이 탐구해야 한다. 어딘가에 그냥 머물러서는 안 되고, 광장에 있는 사람들을 관찰하고, 가까이 다가가고, 그들의 어깨 너머로 세상을 바라보아야 한다. 동시에 우세한 의견이 무엇인지 인지해야 한다. 그러나 우세한 주장에 경중을 싣기 위해서는 단순히 철학이나 당파와 같은 큰 덩어리로 시각들을 구분하지 말아야 하고, 일반 대중들이 하듯 사안별로 의견을 평가해야 한다. [23]

⑤ 불편부당성은 재미없는 프로그램 제작의 변명이 되지 못한다. 불편부당성은 원로 저널리스트와 다큐멘터리 제작자들이 공정한 생각과 증거에 따라 판단하고 외부 기고자들과 작가들이 논쟁적이고 열정적이며 격렬한 주장을 펼칠 수 있는 여지를 제공한다. [24]

---

21 보고서 pp. 33~36의 내용 발췌 정리.

22 〔 〕내용은 문맥상 필자가 추가. 원문내용은 다음과 같다. "Impartiality is about breadth of view, and can be breached by omission. It is not necessarily to be found on the centre ground."

23 보고서의 p. 37~41 내용 발췌 정리.

불편부당하기 위해 프로그램이 '한쪽은 이렇고 반면에 다른 쪽은 이렇다'라며 결론을 내지 않는다면 재미없는 프로그램이 될 수밖에 없다. 따라서 진행자나 저널리스트는 명확한 증거를 가지고 특정 결론을 제시할 수 있다. 이 경우, 시청자들은 그 결론이 나온 이유를 명확히 알 수 있어야 하고, 프로그램에는 사전에 특정 결론을 제시한다는 사실이 공지되어야 한다. 그러나 동시에 상반되는 의견에도 항상 열려 있어야 한다. [25]

⑥ 불편부당성은 모든 BBC의 플랫폼과 모든 종류의 프로그램에 적용된다. 어떤 장르도 예외는 없다. 그러나 그것이 적용되고 평가되는 방법은 장르에 따라 다르게 나타날 것이다. [26]

수용자들은 장르가 무엇인지를 보고 프로그램을 선택하는 것이 아니라 내용을 보고 프로그램을 선택한다. 그러므로 불편부당성은 모든 장르에 대하여 적용되어야 한다. 흔히 불편부당성이 적용되지 않을 것으로 생각되는 음악이나 스포츠 프로그램, 드라마, 코미디, 심지어는 날씨 프로그램 등을 제작할 때에도 다양한 의견과 지역, 종교 등을 신중히 고려해야 한다. [27]

⑦ 불편부당성은 첨예한 공적 논쟁의 영역에서 훼손될 위험이 높다. 하지만 프로그램이 합의된 '공공선(公共善)'을 반영하는 주장을 전개하

24 원문 내용은 다음과 같다. "Impartiality is no excuse for insipid programming. It allows room for fair-minded, evidence-based judgements by senior journalists and documentary-makers, and for controversial, passionate and polemical arguments by contributors and writers."

25 보고서 pp. 42~46의 내용 발췌 정리.

26 원문 내용은 다음과 같다. "Impartiality applies across all BBC platforms and all types of programme. No genre is exempt. But the way it is applied and assessed will vary in different genres."

27 보고서 pp. 47~53의 내용 발췌 정리.

거나 내지 캠페인과 연루된 경우, 위험이 잘 드러나지 않기 때문에 더욱 특별한 주의가 필요하다. 28

불편부당성은 공공선을 위한 것이지만 공공선처럼 보이는 것이 항상 불편부당성을 보장하지는 않는다. 따라서 프로그램 제작자들은 캠페인 프로그램의 모든 내용에 무의식적으로 동조하지 않도록 주의해야 한다. 실례로, 2005년 BBC에서 방영한 〈기근을 종식시키자〉(Make Poverty History) 라는 인도주의적 프로그램은 세계의 기근에 대한 경각심을 불러일으키는 순수한 캠페인으로 여겨졌으나, 미디어 친화적인 유명인들이 스폰서로서 노출되기도 하고 아프리카 선교에 참여하는 두 명의 정치인들의 목소리를 계속 노출하는 경향을 보여 불편부당성을 위반했다는 논란이 인 바 있다. 29

⑧ 불편부당성은 쉽지 않다. 어려운 딜레마를 둘러싼 격렬한 논쟁을 해결할 수 있는 지혜의 견본 같은 것은 없다. 그러나 BBC의 저널리스트적 전문성은 모든 부서들이 의지할 수 있는 귀중한 자원이다. 30

불편부당성이 쉬운 개념이었다면 고민 따위는 없었을 것이다. 불편부당성은 상세하고 명확하게 정의내리기 어렵기 때문에 제작과정에서 BBC의 전문성에 의존할 수밖에 없다. 불편부당성의 기준에 대해서는 사안별로 고려해야 할 요소들이 너무도 다양하므로 BBC 내의 전문가 사이에서도 이견이 많다. 그러나 많은 BBC 저널리스트들이 호된 시련

---

28 원문 내용은 다음과 같다. "Impartiality is most obviously at risk in areas of sharp public controversy. But there is a less visible risk, demanding particular vigilance, when programmes purport to reflect a consensus for the 'common good', or become involved with campaigns."

29 보고서 pp. 54~60의 내용 발췌 정리.

30 원문의 내용은 다음과 같다. "Impartiality is often not easy. There is no template of wisdom which will eliminate fierce internal debate over difficult dilemmas. But the BBC's journalistic expertise is an invaluable resource for all departments to draw on."

속에서 불편부당성을 매일 검증받고 있으므로, 각 부서의 경험들을 충분히 활용하는 것이 현명하다. [31]

⑨ 불편부당성은 프로그램 제작자의 관점과 경험에 따라 종종 영향을 받을 수 있으므로, 프로그램 제작자는 끊임없이 자신의 가정을 검토하고 도전해야 한다. [32]

수신료를 내는 수용자들에 대한 책임의 일환으로, 프로그램 제작자들은 정기적으로 자신들의 생각이 수용자들의 믿음과 어떻게 관련되는지 확인해야 한다. BBC 내부의 프로그램 제작자들이 엘리트적이거나 좌파적이라는 의견이 계속 제기되고 있다. 사실이 어떻든 간에, 한 집단 안에서는 집단사고(group think)가 발생할 가능성이 높다. 그러므로 불편부당성을 지키기 위해서는 자신이 어떤 생각을 하고 있는지 깨닫는 것이 필수적이다. [33]

⑩ 불편부당성은 BBC가 자신의 제도적 가치를 조사하고 그것이 시청자들에게 미칠 수 있는 영향을 평가하도록 요구한다. [34]

구성원 개개인뿐만 아니라, 조직차원에서도 BBC는 스스로의 가치를 깨닫고 확인해야 한다. BBC가 기독교적 가치를 전제하고 있지는 않은지, 냉전 시대와는 달라진 현재에도 민주주의를 '옳다'고 생각하는지, 영국의 가치를 대변하는지 아니면 문화적 상대주의를 옹호하는지, 인종주의에 반대한다는 전제는 과연 옳은 것인지 등에 대해 끊임없이

---

31 보고서 pp. 61~63의 내용 발췌 정리.

32 원문의 내용은 다음과 같다. "Impartiality can often be affected by the stance and experience of programme-makers, who need constantly to examine and challenge their own assumptions."

33 보고서 pp. 64~70의 내용 발췌 정리.

34 원문의 내용은 다음과 같다. "Impartiality requires the BBC to examine its own institutional values, and to assess the effect they have on its audiences."

의문을 제기하고 검토해야 한다. 35

⑪ 불편부당성은 시청자들에 대해 정직과 투명성을 지키는 과정이다. 이를 위해 프로그램 제작 결정에는 이전보다 더 큰 대담함을 허용해야 한다. 그러나 모든 사람들이 완벽하게 불편부당성에 대하여 만족할 수는 없다. BBC는 그 불만에 대하여 방어적이어서는 안 되고 위반 사항이 생겼을 때는 이를 인정하고 수정할 준비가 되어 있어야 한다. 36

과거의 불편부당성은 방송국의 폐쇄적인 문 내부에서만 결정되었다. 그러나 방송환경의 변화로 수용자들은 방송제작의 전과정을 알 수 있게 되었고 그 과정이 과연 불편부당한지에 관심을 갖게 되었다. 이제 방송내용뿐 아니라 제작과정에 대해서도 평가가 이루어진다. 이러한 현실에 대응하기 위하여 BBC는 방송제작과정에서 시청자들의 신뢰를 얻어야 한다. 따라서 오늘날의 불편부당성은 과정의 투명한 공개를 통해 지켜질 수 있다. 37

⑫ 불편부당성은 최종 결과물〔프로그램〕에 관여한 모든 사람들에게 요구된다. 이것은 부서장에게 적용되는 것과 같이 신참 조사자에게도 적용된다. 동시에 편집자와 제작 책임자는 그들의 팀에 대해 강한 지도력을 펼쳐야 한다. 그들은 프로그램의 구상에서부터 전반적인 제작과정까지 불편부당성이 과정적으로 보장되도록 해야 한다. 최종 결재 단계에서 불편부당성을 고려하는 것은 너무 늦은 것이다(p. 76). 38

---

35 보고서 pp. 71~73의 내용 발췌 정리.

36 원문은 다음과 같다. "Impartiality is a process, about which the BBC should be honest and transparent with its audience : this should permit greater boldness in its programming decisions. But impartiality can never be fully achieved to everyone's satisfaction : the BBC should not be defensive about this but ready to acknowledge and correct significant breaches as and when they occur."

37 보고서 pp. 74~75의 내용 발췌 정리.

38 〔 〕는 필자가 추가. 원문은 다음과 같다. "Impartiality is required of everyone involved

170

3. 편성지침

편성지침(*Editorial Guidelines*)은 BBC 및 BBC 자회사들이 텔레비전
을 포함한 다양한 미디어 콘텐츠(라디오, TV, 온라인, 모바일, 쌍방향
서비스, 신문이나 잡지)를 제작, 편성하는 과정에서 지향하는 기본가치
와 세부원칙 등을 상세하고도 구체적으로 제시하는 내부 규범집이자
제작 실무자를 위한 매뉴얼 북에 해당한다.[39] BBC 콘텐츠 제작에 참여
하는 모든 사람들은 이를 숙지하고 준수할 것이 요구된다.

편성지침은 칙허장(Royal Charter)과 면허협정서(License Agree-
ment)에 근거한다. 면허협정서는 BBC가 '논쟁적 주제들이 정확성과
불편부당성에 맞게 다뤄지고 있다는 사실을 확실하게 하기 위해' 할 수
있는 모든 일을 다 해야 한다고 명시한다(Agreement, 2006, 44조). 협
정서에 의거하여 편성지침은 BBC 트러스트에 의해 제·개정되도록
규정되어 있으며, BBC 트러스트는 5년 단위로 이를 재검토하여 필요
한 내용을 수정·보완한다. 현재 적용되는 편성지침은 2010년 버전으
로 앞에서 소개한 '시소에서 수레바퀴로' 보고서의 제안을 적극 수용하
여 개정된 내용을 담고 있다.

---

in output. It applies as much to the most junior researcher as it does to the
Director-General. But editors and executive producers must give a strong lead to
their teams. They must ensure that the impartiality process begins at the conception
of a programme and lasts throughout production: if left until the approval stage, it is
usually too late."

39 이러한 가이드라인은 BBC가 제공하는 공공적 서비스에 대해 적용된다. 상업적인 TV 및
온라인 서비스에 대해서는 별도의 가이드라인(Advertising and Sponsorship Guidelines
for BBC Commercial services, http://www.bbcworldwide.com/advertising.aspx)
이 있다.

BBC 편성지침의 1장은 '편성의 가치'(*editorial values*)이다(p. 3). 이 장은 "시청자는 우리가 하는 모든 일의 핵심이다"라는 인상적인 첫 문장을 시작으로 다음과 같은 11가지의 가치를 제시한다.[40]

① 신뢰(*Trust*): 신뢰는 BBC의 기반이 된다. 우리는 독립적이고 불편부당하며 정직하다.

② 진실과 정확성(*Truth and Accuracy*): 우리는 무슨 일이 벌어졌는지에 대해 진실을 찾고자 하며, 정확성은 단순히 그 사실이 옳은 것인지를 보는 것뿐만 아니라, 필요한 경우 상대적인 진실들의 경중을 재는 것을 포함한다.

③ 불편부당성(*Impartiality*): 불편부당성은 BBC가 시청자들과 한 약속의 핵심이다. 우리는 불편부당성을 모든 사안에 적용할 것이고, 그 어떤 의견도 생략되거나 적게 표현되는 일이 없도록 적당한 기간에 걸쳐 전체적으로 의견의 깊이와 다양성을 반영할 것이다. 우리는 증거를 검토하고 자료의 진실성을 검증할 때 공정하고 열린 마음으로 임할 것이다.

④ 편성의 진실성과 독립성(*Editorial Integrity and Independence*): BBC는 편성의 진실성을 해칠 수 있는 외부의 이해관계에 독립적이다.

⑤ 위해와 불쾌감 유발(*Harm and Offence*): BBC는 세상을 있는 그대로 반영하는 것을 목표로 한다. 그러나 혁신적이고 도전적인 콘텐츠를 제작할 권리와 취약층을 보호하고 부당한 불쾌감 유발을 방지할 책임 간의 균형도 추구한다.

⑥ 공공의 이익에 기여(*Serving the Public Interest*): 우리는 시청자들에게 중요한 일들을 보도하기 위해 노력한다. 복잡한 현실을 전문적으로 분석하며, 공직자들에게 의문을 제기하고 공적 토론을 위한 포럼

---

40 BBC 홈페이지의 editorial Guidelines(http://www.bbc.co.uk/editorialgu idelines/) 및 방송통신위원회(2011)〈BBC 제작 가이드라인 및 심의 사례〉참조.

을 개최한다.

⑦ 공정함(*Fairness*)[41] : 우리의 결과물은 공정함, 개방성, 정직함, 공평한 조치(*straight dealing*)에 기초한다. 기고자들과 시청자들은 존중받는다.

⑧ 사생활(*Privacy*) : 우리는 사생활을 존중하며 정당한 이유가 없이 이를 침해하지 않는다.

⑨ 어린이(*Children*) : 우리는 우리의 방송이 나가는 세계 어디서든 우리의 콘텐츠를 만드는 데 기여한 어린이와 젊은이들을 보호하기 위한 노력을 경주한다. 우리는 그들이 말하고 참여할 권리를 보전한다. 어린이들에게 부적합한 콘텐츠는 적당한 시간에 편성한다.

⑩ 투명성(*Transparency*) : 우리는 온라인으로 제공하는 자료의 출처를 투명하게 공개한다.

⑪ 책임성(*Accountability*) : 우리는 우리의 시청자들에게 책임을 진다. 우리는 실수를 한 경우 공개적으로 인정할 것이고 이로부터 교훈을 얻는 문화를 만들 것이다.

이후 편성지침은 정확성, 불편부당성, 위해와 불쾌감 유발, 공정함, 사생활, 범죄와 반사회적 행동의 보도, 기고자로서 어린이와 청소년, 정치 및 공공정책과 여론조사, 전쟁 및 테러와 비상사태, 종교, 콘텐츠의 재사용과 재제작, 편성의 진실성과 외부 이해관계로부터의 독립성, 이해관계상충, 외부와의 관계 및 재원확보, 시청자와의 소통, 관련법, 책임성 등의 주제별로 기본 원칙 및 세부적인 실천방안들을 제시한다.

---

41 BBC 제작지침에서 공정함(*fairness*)은 방송에 참여한 기고자와 시청자들에게 공정한 행동을 취해야 한다는 것을 의미하며, 구체적으로 기고자가 제공한 정보를 정직하게 활용할 것, 기고자와 시청자들에게 정보가 어떻게 이용되었는지 솔직하게 공개할 것 등을 규정하는 원칙이다. 즉, 프로그램 제작과 관련된 사람들에 대하여 온당한 행동이나 조치를 취할 것을 요구하는 내용이다. 이 장에서는 이 개념을 논쟁적 사안을 균형 있게 보도해야 한다는 가치인 '공정성'과 구분하기 위하여 '공정함'으로 번역하였다.

이 장에서는 이러한 주제들 중 불편부당성의 원칙, 그리고 이와 밀접
한 관련이 있다고 판단되는 정확성의 원칙, 기고자와 시청자에 대한 공
정함 원칙, 정치와 정책 및 여론조사에 대한 원칙, 이해충돌시의 원칙
등을 살펴보고자 한다.

1) 불편부당성 [42]

불편부당성(*Impartiality*)은 BBC의 가장 기본적인 책무이자 약속으
로, 논쟁적 사안을 보도할 경우 당대의 의견 지형을 적절히 반영해야
한다는 원칙이다. 지침의 주요 내용은 다음과 같다.

(1) 서 론 [43]

불편부당성은 공적 서비스의 심장이며, BBC가 시청자들에게 한 약
속의 핵심이다. BBC는 폭넓은 관점들을 고려해야 하며 이를 적절히
반영해야 한다. 우리는 모든 주제에 적절한 불편부당성을 적용한다.
'적절하다'의 의미는 콘텐츠의 주제와 속성, 예상된 시청자의 기대, 이
러한 기대에 영향을 미칠 수 있는 모든 표식 등의 측면에서 불편부당성
이 적합하고 적정해야 한다는 것이다. [44]

적절한 불편부당성은 대립되는 관점에 대한 단순한 '균형'을 넘어선
다. 동시에, 그것은 모든 이슈에 대한 완전한 중립성 또는 기본적인 민

---

42 편성지침 pp. 23~33의 내용 발췌 정리.
43 편성지침 p. 23의 내용 발췌 정리.
44 원문의 내용은 다음과 같다. "'due' means that the impartiality must be adequate and appropriate to the output, taking account of the subject and nature of the content, the likely audience expectation and any signposting that may influence that expectation."

주주의 원칙에 대한 거리두기를 요구하는 것도 아니다.

직원, 진행자, BBC 콘텐츠 제작에 관여하는 모든 사람들의 외부 활동 역시 BBC의 불편부당성에 대한 평판에 영향을 미칠 수 있다. 이는 별도의 장(15장)으로 정리된 이해관계의 충돌 관련 논의와 연결된다.

(2) 원칙

① 우리는 모든 프로그램에서 '논쟁적 주제'가 적절한 불편부당성을 담보할 수 있도록 모든 노력을 경주해야 한다.

② 모든 형태의 뉴스는 적절한 불편부당성을 갖고 다루어져야 하며, 사건, 의견, 주요 주장을 적절히 안배해야 한다.

③ 제작물 전반에 걸쳐 적절한 기간을 두고 넓은 범위의 주제와 관점을 제공하도록 노력해야 한다.

④ 그 어떤 중요한 의견이 고의적으로 반영되지 않거나 적게 표현되지 않도록 적절한 기간에 걸쳐 제작물 전반에 대하여 넓은 범위의 의견을 반영해야 한다.

⑤ 편집상의 타당한 이유가 있는 한, 우리는 주제를 불문하고 그 어떤 논쟁적 관점에서건 콘텐츠를 제작할 수 있는 자유가 있다. [45]

---

45 원문은 다음과 같다. "We exercise our editorial freedom to produce content about any subject, at any point on the spectrum of debate, as long as there are good editorial reasons for doing so." OFCOM에 따르면 이는 모든 관점에 대해 같은 시간을 배정하거나 모든 주장들이 표현되어야 한다는 단순한 양적 균형을 의미하는 것이 아니라, 주제와 채널, 프로그램, 수용자들의 기대 등을 고려하는 동태적인 균형을 의미한다(OFCOM Broadcasting Code, 2013, p. 23).

(3) 의무적 상의

① 정부 부처에서 공공정책이나 정치적 논쟁과 관련된 공식적 메시지나 홍보영화를 방영할 것을 요청하는 때에는 수석정치고문(*Chief Adviser Politics*)과 상의해야 한다.

② 기금 모금과 관련된 BBC의 공공 서비스 사업 계획은 수석편집고문(*Chief Adviser Editorial Policy*)과 상의해야 한다.

③ 정치인을 게스트로 초대하는 것이 관례라기보다는 예외적인 일에 해당하는 프로그램이나 콘텐츠에서 정치인을 초청하려고 할 때는 수석정치고문과 상의해야 한다.

(4) 실천방안

① 의견의 폭과 다양성 [46]

프로그램 전반에 걸쳐 폭넓고 다양한 의견을 반영해야 하며, 단지 정치적이고 문화적인 차원뿐 아니라 도시와 농촌, 노년층과 청년층, 부유층과 빈곤층, 보수와 진보 간의 차이도 고려해야 한다. 불편부당성은 모든 시각을 동일한 비율로 방송할 것(예를 들면 소수견해를 우세한 의견과 같은 비중으로 다루는 것)을 요구하지는 않는다. 대신 '적절한 비중'을 달성하도록 노력해야 한다.

영국의 서로 다른 지역의 정치문화와 정치구조를 고려해야 하며 시청자 의견을 정밀 검증하며 수용해야 한다. 또한 소수 견해를 지지하는 사람을 미리 접촉하지 못했다고 해도 그에게 발언 기회가 닫혀 있는 것처럼 보이지 않아야 한다.

---

46 편성지침 p. 25의 내용 발췌 정리.

② 논쟁적 주제 [47]

불편부당성은 모든 주제에 적용되어야 하나, '논쟁적 주제'에 대해서는 특별한 요구사항이 있다. '논쟁적 주제'란 공공정책이나 정치적, 산업적으로 논란이 있는 주제로, 종교, 과학, 금융, 문화, 윤리 등에 대한 논란도 이에 해당된다.

하나의 주제가 논쟁적인가를 결정함에 있어서, 공적 및 정치적 논쟁의 수준, 주제의 화제성, 관련 공중의 신념 및 문화 차원에서의 예민성, 동 주제가 특정한 국가, 권역 또는 상당수의 시청자를 포괄하는 지역차원에서 지니는 중요성 등을 고려해야 한다.

논쟁적 주제를 다룰 때는 의견과 시각에 적절한 비중과 중요성이 부여되도록 해야 한다. 의견과 사실은 분명하게 구별되어야 한다. 논쟁적 사안의 특수한 측면을 탐사보도하거나 하나의 견해를 취급할 수도 있지만 다루는 주제가 논쟁적 주제라는 것을 분명하게 표시해야 하고, 다양한 시각이 존재하며 그 비중은 어떠한지 등을 알려야 한다. 여타 시각을 반영할 때는 어느 정도 시간이 적절한지, 연계된 프로그램에 포함시킬 필요가 있는지를 검토해야 한다. 심각한 논쟁적 주장이 포함될 경우 동일 프로그램의 일부 또는 연계된 프로그램에서 반론권(*a right of reply*)을 부여해야 한다. 특히, 국가적·국제적·지역적인 주요 현안을 다루는 경우에는 명백히 연계된 프로그램, 단일 프로그램, 심지어 단일 아이템 내에서도 다양한 주요 의견이 반영되도록 할 필요가 있다. 논쟁적 주제를 다루는 BBC 온라인사이트가 외부 사이트와의 링크를 제공하는 경우에도 해당 주제에 관한 다양한 시각이 적절히 반영될 수 있도록 링크를 걸어야 한다. 정부부처에서 공공정책이나 정치적 논쟁

---

47 편성지침 pp. 26~27의 내용 발췌 정리.

과 관련된 공적 메시지 내지 정보를 전달하려 할 경우 수석정치고문과 반드시 상의해야 한다.

③ 뉴스, 시사보도 및 사실기반 프로그램 [48]

어떤 형식의 뉴스든 사건 자체, 의견, 주요 주장에 대해 적절한 비중을 두어야 하고, 기자 또는 진행자는 개인적 견해를 밝혀서는 안 되고, 외부 출연자가 편향된 의견을 갖고 있지 않을 것이라고 자동적으로 가정해서는 안 되며 출연자가 편향된 의견을 가진 경우에는 그 사실을 명확하게 알려 주어야 한다.

BBC에 관한 논쟁적인 주제를 다룰 때도 적절한 불편부당성을 갖추어야 한다. 이를 위해서는 진행자와 기자가 잠재적으로 이해관계 갈등 상황에 노출되는 일이 있어서는 안 되며, BBC를 '우리'라고 언급하는 것도 부적절하다.

④ 드라마와 오락 및 문화 [49]

드라마, 오락, 문화 영역에서 예술가, 작가, 연예인은 자신의 견해를 표명할 수 있어야 하지만 '논쟁적 주제'를 다룰 때는 일정기간 동안 넓고 다양한 시각이 반영될 수 있어야 한다. 또한 논쟁적 주제에 대해 하나의 시각이 중심이 되는 드라마는 시청자들에게 그 사실을 분명하게 공지해야 한다. 또는 다른 연계 프로그램에서 대안적 시각을 제공하는 것이 적절할 수도 있다.

---

48 편성지침 pp. 27~28의 내용 발췌 정리.
49 편성지침 p. 28의 내용 발췌 정리.

⑤ 논쟁적 견해와 불쾌감 유발 가능성

논쟁적 견해를 표명하는 출연자를 철저히 검증해야 하며, 공정한 답변 기회를 제공해야 하고 소수견해가 적절히 포함되도록 해야 한다.

시청자에게 불쾌감을 유발할 가능성이 있는 견해를 가진 사람에 대해 보도하거나 인터뷰해야 할 때가 있다. 이 경우 불쾌감 유발 가능성과 공익 그리고 BBC의 불편부당성에 미칠 수 있는 위험 간의 경중을 따져 보아야 하고, 항상 공정하고 냉정하게 보도해야 한다.

⑥ 합의가 이루어진 사안, 캠페인 및 정밀한 검증 [50]

논쟁의 여지가 없이 합의된 것처럼 여겨지는 사안에 대해서도 의견이 일치되는 부분이 어디인지 보도하고, 일반적 통념을 자명한 사실로 보이지 않도록 주의를 기울여야 한다. 대의명분이 확실한 캠페인의 경우에도 BBC는 독립적으로 거리를 두어야 한다. 기금모집과 조금이라도 관련된 BBC의 공적 서비스는 수석편집고문과 상의해야 한다.

정밀한 검증은 권력과 책임을 가진 정부 관계자에게만 해당되는 것이 아니다. 정부와 대립하는 사람, 캠페인, 로비스트, 야당, 심지어 의견을 표명하는 시청자에 대해서도 적절하게 정밀한 검증이 이루어져야 한다.

⑦ 선거와 국민투표 [51]

선거 및 국민투표 기간에는 모든 프로그램 장르에서 불편부당성에 더욱 민감하게 주의를 기울여야 한다. 수석정치고문은 각 선거기간 동안

---

50 편성지침 pp. 28~29의 내용 발췌 정리.
51 편성지침 p. 30. 편성지침은 이와 관련하여 별도의 장(10장 정치, 공공정책 및 여론조사)을 두고 있다.

별도의 지침(*separate Guidelines*)을 발행한다.

⑧ 시리즈물 일정 기간 동안의 불편부당성 [52]

'프로그램 시리즈'를 하나로 간주하여 불편부당성을 달성할 수 있다. 이러한 방식으로 불편부당성을 달성하려고 할 때는 사전계획이 있어야 하고 미리 공지해야 한다. 프로그램 시리즈란 적절한 기간 내에 명백히 연관된 이슈를 다루는 콘텐츠, 다른 주제를 다루지만 제목이 동일하여 명백히 연결되어 있는 프로그램 등을 의미한다. 장수 프로그램이나 연속 프로그램은 시간이 지나도 일관된 편집적 판단을 적용함으로써 적절한 불편부당성을 달성할 수 있다. 다만 정치나 공공정책에 관한 내용을 다루는 경우, 선거가 다가오는 기간에는 특별한 주의가 요구된다.

⑨ 개인적 견해가 담긴 내용물 [53]

BBC는 그 제작물에 개인, 집단, 조직이 사적인 신념을 표현하는 것을 허용하는 전통을 지니고 있다. 그러나 그러한 개인적 견해를 담은 콘텐츠는 그 사실이 사전에 분명히 공지되어야 한다. BBC 직원 또는 진행자는 증거에 근거하여 전문적 판단을 제공할 수 있으나, '논쟁적 주제'를 다루는 제작물에서는 개인적 견해를 제시하는 것은 통상 부적절하다.

---

52 편성지침 pp. 31~31의 내용 발췌 정리.
53 편성지침 p. 33의 내용 발췌 정리.

2) 정치, 공공정책, 여론조사 (*Politics, Public Policy and Polls*)[54]

불편부당성은 정치적 내용을 다룰 때 특히 신중하게 고려되어야 한다. 정치나 공공정책을 다루는 프로그램, 또는 정치와 관련된 여론조사를 프로그램에 활용할 때 불편부당성의 준수 차원에서 지켜져야 하는 지침은 다음과 같다.

(1) 서론

정치적 불편부당성에 관한 원칙은 BBC의 칙허장과 협정서에 명시되어 있고, 불편부당성은 BBC의 정치와 공공정책에 대한 보도의 핵심적 원칙이다. 우리는 적절한 기간에 걸쳐 모든 주요한 주장과 주요 정당에 적절한 가중치와 중요성을 부여해야 한다. 비록 현 정부가 뉴스의 주요 출처가 되는 것이 일반적이긴 하지만, 다른 정당의 목소리와 의견들도 일상적으로 방송되고 도전받아야 한다. 이 지침은 불편부당성 원칙과 연결된다.

여론조사, 설문조사, 전화 및 온라인 투표는 시청자의 의견을 듣는 유용하고 신뢰성 있는 방법이다. 그러나 그 결과를 보도할 때는 시청자들을 오도하는 것을 피하기 위해, 우리는 정확한 언어와 면밀한 방법론을 사용해야 한다. 우리는 또한 특정 정책과 주제에 대해 BBC의 입장을 대변하는 조사를 의뢰해서는 안 된다.

---

54 편성지침 pp. 106~119의 내용 발췌 정리. 이 장은 정당 방송과 의회 방송, 정치인 출연 프로그램 등을 포함하는 정치 관련 방송, 선거방송, 여론조사·설문·투표에 대한 실천 사항들을 자세히 제시하고 있다. 현재의 내용은 이 중에서 서론 및 원칙, 그리고 실천의 항목 중 선거방송과 여론조사 보도와 관련된 지침 부분을 발췌하여 소개한 것이다.

(2) 원칙

① 우리는 뉴스 및 기타 프로그램에서 정치와 공공정책 관련사안을 적절한 정확성과 불편부당성을 가지고 다루어야 한다.

② 방송이나 온라인 서비스의 제공 외에 다른 방법으로는 시사 또는 공공정책 문제에 관한 의견을 표현해서는 안 된다.

③ 우리는 선거 캠페인을 해서는 안 되며 캠페인에 이용되어서도 안 된다.

④ BBC 또는 BBC 관련 제작사가 의뢰한 여론조사의 경우에도 조사되는 문제와 관련해 적절한 불편부당성이 타협되는 일은 없어야 한다.

⑤ 우리는 여론조사, 설문조사, 투표 및 기타 유사한 조사 결과를 보도할 때는 조사의 수행 주체에 상관없이 적절한 정확성(*due accuracy*)에 따라 보도해야 한다.

(3) 실천

① 선거방송 [55]

선거기간 중에는 각종 민원을 진지하게 받아들여야 하며, 프로그램 제작자의 표현이 곧 BBC 정책으로 해석될 수 있다는 점을 인식하고 주의해야 한다. BBC는 법적으로 매 선거마다 행동강령(*a code of practice*)을 채택하도록 되어 있다. 텔레비전, 라디오, 온라인을 위한 선거지침은 BBC 트러스트의 승인을 얻어 선거 전에 공표된다.

---

[55] 편성 지침 pp. 111~113의 내용 발췌 정리.

② 온라인 여론조사, 설문조사, 투표 [56]

조사 결과를 보도할 때에는 조사의 결과 자체를 제목으로 써야 하는 필수적인 경우가 아닌 한, 그 결과를 뉴스의 제목으로 써서는 안 되며, 여론조사가 실제보다 더 신뢰성 있는 것처럼 들리는 언어를 사용해서는 안 된다. 예를 들어, '제시했다', '가리켰다'는 쓸 수 있지만, 절대로 '증명했다', '보여줬다'를 사용할 수는 없다. 그리고 조사를 수행한 기관과 질문지, 결과와 표본 크기, 조사방법, 오차범위를 텔레비전과 온라인 그래픽으로 보도해야 한다. 특히 외부에서 수행한 조사의 경우, 그 결과에 의심이 든다면 그 사실을 보도해야 하며, 조사기관의 입장을 그대로 보도해서는 안 된다. 조사결과에 의심이 들지 않더라도 조사의 정확성에 따라 관련내용이 변할 수 있다는 사실을 밝혀야 한다.

3) 정확성 [57]

정확성(*Accuracy*)은 BBC의 명성과 시청자와의 신뢰에 근본적인 것이다. BBC는 드라마, 오락 프로그램, 코미디를 포함하는 모든 프로그램에서 적절한 정확성을 달성하기 위해 노력해야 한다. 정확성은 단지 사실을 제대로 확보하는 문제가 아니다. 어떤 사안이 논쟁의 대상이 될 경우 관련된 사실과 의견이 충분히 고려되어야 한다. 가능한 1차 자료를 사용하여 취재하고 사실을 확인하고 교차 확인해야 한다. 또한 증빙자료의 진위를 검증하고 출연자의 진술을 확증할 수 있는 정보를 제공해야 한다.

---

56 편성 지침 pp. 113~119의 내용 발췌 정리.
57 정확성은 편성지침의 순서상 가장 먼저(3장) 언급되는 원칙이다. 이하의 내용은 pp. 13 ~22의 내용 중 서론과 원칙 부분을 발췌해 소개한 것이다.

정확성과 관련해 BBC가 추구하는 기본원칙은 다음과 같다.

① 우리는 모든 프로그램에서 적절한 정확성을 보장하기 위해 최선을 다해야 한다.

② BBC의 모든 제작물은 주제와 성격에 적합한 방식으로 출처를 충분히 밝히고 건실한 증거에 기반을 두어야 하며, 명확하고 정확한 언어로 철저히 검증되어 제시되어야 한다. 알지 못하는 것에 대해서는 솔직히 인정하고 공개해야 하며 근거 없는 추측은 피해야 한다. 확증될 수 없는 주장이나 혐의, 중요한 사실 등은 출처를 밝혀야 한다.[58]

③ BBC는 고의로 시청자를 오도해서는 안 된다. 알려진 사실을 왜곡하거나 만들어 낸 자료를 사실처럼 제시하는 등 시청자의 신뢰를 저해하는 행위를 해서는 안 된다.

④ 심각한 사실 관련 오류가 발생한 경우, 잘못을 솔직히 인정하고, 신속하고 명확하고 적절하게 오류를 교정해야 한다.

4) 공정함, 기고자, 그리고 동의[59]

불편부당성을 달성하기 위해서는 콘텐츠 제작에 기여하는 기고자에 대한 공정함이 지켜져야 한다. 기고자는 프로그램 전체의 맥락을 알고 자신의 기고 내용이 어떻게 쓰일지 미리 인지해야 하며 이에 대한 동의를 해야 한다. 필요한 경우 반론권도 부여되어야 한다.

공정함과 관련해 BBC가 추구하는 기본원칙은 다음과 같다.

---

58 원문은 다음과 같다. "Claims, allegations, material facts and other content that cannot be corroborated should normally be attributed."

59 편성지침 pp. 52~62의 내용 중 서론 및 원칙의 내용을 발췌 정리.

① 우리는 명백한 공익이 존재하거나 법적 사안·안전·기밀과 같은 중요한 문제를 고려할 필요가 있는 경우가 아닌 한, 기고자들과 시청자들에 대하여 열려 있어야 하며 정직하고 솔직하며 공정해야 한다.

② 개인이 BBC의 콘텐츠를 만드는 데 참여하도록 요청을 받거나 그에 동의한 경우, 동의 없이 진행해도 되는 편성상의 정당한 이유가 있지 않는 한, 개인은 자신의 기고에 대한 계획된 원칙과 맥락을 적절하게 통보받아야 한다.

③ BBC의 제작물이 개인이나 조직의 잘못된 행동이나 부당함, 무능함에 대한 주장을 담고 있거나 그들에게 강력하고 피해가 가는 비판을 펼치는 경우, 비판받는 사람은 정당한 이유가 있지 않는 한 일반적으로 반론권을 가져야 한다.

5) 이해관계의 충돌 (*Conflicts of Interest*)[60]

이해관계의 충돌은 BBC의 콘텐츠를 만드는 사람의 외부활동이 BBC의 진실성, 독립성, 높은 기준에 대한 평판에 영향을 미치거나 영향을 미친다고 인식될 때 제기되는 문제다. 시청자는 BBC를 신뢰할 수 있어야 하며 우리의 편성 결정이 외부의 이해관계, 정치적·상업적 외압, 개인적 이익에 영향을 받지 않는다고 확신할 수 있어야 한다.

프로그램 또는 콘텐츠 제작의 모든 부분에서 이해관계 충돌의 위험은 존재한다. 모든 부서와 팀은 이러한 취약성을 인식해야 한다. 이해관계의 충돌은 독립 제작사, 프리랜스 발표자, 리포터, 프로듀서, 연구자 모두에게 적용된다.

---

60 편성지침 pp. 154~167의 내용 발췌 정리.

이해관계의 충돌과 관련한 BBC의 기본원칙은 다음과 같다.

① BBC에서 일하는 개인들의 외부 활동은 BBC의 불편부당성, 진실성, 독립성, 객관성에 대한 공공의 인식과 평판을 저해해서는 안 된다.

② 상업적·경제적 이해관계가 BBC의 편성 결정에 영향을 미쳐서는 안 된다. BBC의 콘텐츠를 만드는 모든 사람들은 그 콘텐츠에 나타나는 상품이나 사업, 조직들과 눈에 띄는 연결성이 있어서는 안 된다.

③ 콘텐츠 제작에 참여하는 개인들은 부적절한 외부의 책임이나 관여로부터 자유로워야 한다.

④ 연기자, 연기자 소속사 또는 BBC의 콘텐츠를 만드는 독립제작사 고위자의 개입이 BBC 제작물의 진실성, 편성 가치, 불편부당성에 의심을 불러일으켜서는 안 된다. BBC가 프로그램의 모든 부분에서 전반적인 편성 통제권을 가질 수 있도록 적절한 조치가 취해져야 한다.

6) 전쟁, 테러, 비상사태[61]

전쟁이나 테러, 비상사태와 같은 사건이 일어난 경우 국제사회의 수용자들은 그 사건의 맥락과 불편부당한 분석을 얻기를 바란다. 전쟁이나 국가·국제적 비상사태의 초기단계 보도는 자료의 출처를 밝히는 것이 중요하다. 초기 사상자 추정치는 부정확한 것으로 드러나는 경우가 많으니 주의해야 한다. 시위나 소란과 같은 사건을 보도할 때에는 적절한 의심을 품어야 한다. 보도의 목표는 사건에 대한 불편부당한 시각과 이해를 제공하는 것이다. 만약 서로 대치하는 상황에서 기자가 어

---

61 편성지침 pp. 120~128 발췌 정리.

느 한 편에 있기 때문에 사건에 대해 포괄적 관점을 갖기 어려운 경우, 그가 제공한 자료는 보다 넓은 방송맥락 속에서 활용되어야 한다.

언어 사용에서, '테러리스트', '해방', '국법회의', '처형'과 같은 가치 판단을 내포한 단어는 명확한 판단과정이 없다면 사용하지 않는다. '테러리스트'라는 단어는 이해에 방해가 될 수 있으므로, 대신 사건을 자세하게 설명하는 '폭파범', '공격자', '총기소지자', '납치범' 등의 단어를 사용한다. 우리의 책임은 수용자 스스로 누가 무엇을 누구에게 하고 있는지 평가를 내릴 수 있도록 객관적으로 보도하는 것이므로, 다른 사람들의 언어를 우리의 언어인 것처럼 사용해서는 안 된다.

7) 온라인에서의 불편부당성 준수

불편부당성은 BBC의 정체성으로서 어떠한 플랫폼에서도 지켜져야 한다. 그러나 개인이 자유롭게 의견을 표현할 수 있는 인터넷 공간에서까지 불편부당성이 엄격히 지켜져야 하는지에 대해서는 논란이 있을 수 있다. 이에 대하여 BBC는 편성지침을 보조하는 문서인 '편성정책 참고사항'(Editorial policy guidance note)을 통해 구체적 지침을 제시한다. [62] 그중에서도 온라인에서의 불편부당성 준수와 관련된 지침은 'BBC 차원 및 개인 차원의 소셜 네트워킹, 마이크로 블로그, 제 3자 웹사이트 사용'[63]과 〔온라인으로 이용되는 라디오 및 TV 프로그램의〕 토막

---

[62] 편성정책 참고사항(Editorial policy guidance note)은 편성지침의 각 항목 중에서도 언어 사용, 범죄 보도, 의회 방송, 금융 저널리즘과 같은 보다 세부 주제들에 대하여 세세한 실천방안들을 제공하는 보충 문서다.

[63] BBC홈페이지에 탑재된 편성정책 참고사항(http://www.bbc.co.uk/editorialguidelines/guidance/) 중 'Social Networking and Other Third Party Websites (including Blogs, Microblogs and Personal Webspace): Personal Use' 및 'Social Networking,

나누기'(*chapterlisation*)⁶⁴ 등의 세부항목에서 확인할 수 있다.

이처럼 '편성지침'도 모자라 '편성정책 참고사항'까지 만들어 불편부당성의 가능성을 미연에 방지하고자 하는 BBC의 노력은 놀라울 정도다. 이 중 토막나누기와 관련해 불편부당성 차원에서 유의해야 할 사항으로 제시되는 내용을 발췌해 소개하면 다음과 같다.⁶⁵

프로그램이 편성지침을 잘 준수하여 제작되었다면, 프로그램 단위 및 시리즈 안에서의 불편부당성은 지켜졌을 것이다. 그런데 온라인에서 이용자들이 접근하기 쉽도록 프로그램을 여러 토막으로 나누거나 에피소드들을 묶어서 장(*chapter*)을 나누는 경우 새로운 불편부당성 문제가 대두될 수 있다. 특정 부분을 강조하기 위해 단일 프로그램을 나누고 에피소드들을 묶어 장을 만들 경우 특정한 주장의 한쪽 면을 삭제하거나 강조하지 않도록 주의해야 한다. 적절한 불편부당성이 시리즈에 걸쳐서 지켜진 경우라면 모든 에피소드를 함께 제시하는 것이 바람직하다.

Microblogs and other Third Party Websites: BBC Use'의 내용.

64 〔 〕 내용은 문맥상 필자가 추가.

65 http://www.bbc.co.uk/editorialguidelines/page/guidance-chapterisation-full의 내용 발췌 정리.

4. BBC 트러스트의 감독

위에서 발췌 정리한 '시소에서 수레바퀴로' 보고서와 BBC 편성지침 (및 편성정책 참고사항)에 담겨 있는 불편부당성 원칙의 내용은 놀라울 정도로 세밀하고 구체적이다. BBC가 생산하는 모든 콘텐츠에 대해서는 말 그대로 그물망처럼 엄정하고 세세한 불편부당성 원칙이 지켜진다. 이러한 지침이 존재하기만 하고 실질적으로 적용되지 않는다면 의미가 없을 것이다. 앞서 언급했듯이 BBC의 불편부당성을 감독하는 역할은 BBC 트러스트의 소관이다. 트러스트는 크게 다음의 3가지 방식으로 불편부당성 원칙의 준수 여부를 감독한다.

1) BBC의 편성내용에 대한 민원처리 감독

BBC가 편성지침을 준수하지 않은 경우, 누구라도 BBC에 대해 직접 불만을 제기할 수 있다. BBC는 온라인, 전화, 그리고 우편으로 이러한 불만을 상시 접수하고 수석불만처리편집자(*Chief Complaints Editor*)가 문제해결을 위해 개입하게 된다.[66] 이러한 BBC의 대응이 만족스럽지 못하다고 판단될 경우 BBC 트러스트에 대해 민원을 제기할 수 있다.[67] BBC 트러스트는 검토를 거쳐 이러한 민원이 타당하다고 판단할 경우 BBC 이사회로 하여금 민원사항을 검토하도록 하고 이 사실을 민원인에게 알린다.[68] 트러스트는 접수된 민원사항에 대하여 월간 보고서 형식

---

[66] BBC 자체의 불만처리 절차에 대해서는 다음의 웹문서 참조. http://www.bbc.co.uk/ complaints/.

[67] BBC 트러스트의 민원처리 절차에 대해서는 다음의 웹문서 참조. http://www.bbc.co. uk/bbctrust/governance/complaints_framework/.

으로 검토 및 처리결과를 공개하고 있다. BBC 트러스트는 트러스트 자체에 대한 불만처리 절차도 마련해 두고 있다. [69]

2) 특정 주제에 대한 불편부당성 평가보고서

불편부당성을 보장하기 위해 트러스트는 매년 1~2회에 걸쳐 특정한 프로그램 주제 단위의 불편부당성 평가조사를 시행한다. 2007년 트러스트 설립 이후로는 사업, 영국 내의 지역, 과학, 아랍의 봄(Arab Spring), 경제, 이민자, EU, 종교 및 윤리, 아프리카, 시골, 예술과 같은 주제에 대한 평가를 진행하였다. [70] 트러스트의 전신인 BBC 경영위원회에서도 2004년부터 종교, EU, 이스라엘-팔레스타인 분쟁 등에 대한 불편부당성 평가를 시행한 바 있다. 이를 통해 구체적인 편성지침의 내용들이 실제 프로그램 편성에 얼마나 면밀하게 적용되는지 알수 있다. 이하에서는 최근에 이루어진 '의견 지형에 관한 트러스트의 평가', 그리고 '과학보도에 대한 불편부당성 평가'를 간략히 소개한다.

---

68 만일 BBC 트러스트가 이러한 민원이 타당하지 않다고 판단할 경우 민원처리는 그 단계에서 최종적으로 종료된다.

69 BBC 트러스트에 대한 불만처리 절차에 대해서는 http://www.bbc.co.uk/bbctrust/contact_us/complaints/complaint_trust.html 참조.

70 불편부당성과 관련한 주제별 검토결과는 다음의 주소의 내용 참조. http://www.bbc.co.uk/bbctrust/our_work/editorial_standards/impartiality.html.

(1) 의견 지형에 관한 트러스트의 평가
  (BBC Trust Review of Breadth of Opinion, 2013)[71]

2012년, 전 ITV 사장이자 프로그램 제작자인 스튜어트 프레블 (Stuart Prebble) 은 BBC 트러스트의 위탁을 받고 시청자 조사, 내용분석, 전문가 및 기관 의견조사 등의 방법을 사용하여 이민자, EU, 종교와 윤리에 대한 BBC의 방송을 평가하였다. 검토 결과, 전반적으로 공정하고 다양한 방송이었으나, 영국 정부나 의회 등을 통해 공식적으로 표현되지 않은 다른 관점도 표현해야 할 필요가 있어 몇 가지 보완사항을 BBC 이사회에 요구하였다.

그가 제시한 요구사항은 다음과 같다(BBC Trust, 2013a):

① 중요한 사안에 대하여 긴 호흡으로 같은 이야기를 방영하는 경우에는 '이야기 챔피언'(*story champions*) 을 임명한다. 이야기 챔피언은 해당 내용과 관련된 직업을 갖거나 저널리즘적 전문성이 있는 사람으로, BBC 내의 모든 서비스를 검토하여 그 주제 또는 이야기가 적절하게 표현되는지를 감시한다. ② BBC 시청자 응답 팀의 의견이 더 잘 반영되도록 시스템을 개선한다. ③ 종교와 윤리에 대한 범-BBC 포럼을 설치하도록 한다. ④ 방송 프로그램과 온라인 간의 상호보완적 활용을 확대시키도록 한다.

이러한 요구사항에 대해 BBC 이사회는 다음과 같이 조치하였다 (BBC Trust, 2014b):

① 뉴스 편집자(*news editor*) 와 부장(*deputy*) 이 팀을 구성하여 '이야기 챔피언'의 역할을 하며 특정 이야기에 대해 장기적으로 넓게 검토하도

---

71 프레블의 보고서 및 이에 대한 이사회의 진행보고서(2014 progress report) 내용은 BBC Trust의 다음 주소에서 찾아볼 수 있다. http://www.bbc.co.uk/bbctrust/our_work/ editorial_standards/impartiality/breadth_opinion.html.

록 하였다. 이를 위해 저널리즘 포털 사이트의 특별 섹션을 통해 각 프로그램에서 진행하는 모든 인터뷰를 검색할 수 있는 시스템을 만들었다. ② 시청자 응답 팀의 의견을 정리하여 매일 아침 모든 BBC 직원들이 볼 수 있도록 웹사이트의 구조를 개선했고 시청자 조사보고서 형식을 재구성했다. ③ 특정 주제를 다루는 웹페이지 (2014 투표 사이트, 시리아 사이트, 우크라이나 사이트 등)를 만들어 BBC 서비스들 간의 상호활용을 높이고 사이트 홍보를 강화했다. ④ 종교와 윤리에 대한 범-BBC 포럼을 위해 수용자들의 종교·윤리 인식조사를 실시했고, 조사를 바탕으로 포럼을 개최할 예정이다.

나아가 이사회는 트러스트의 요구사항과는 별도로, 다음과 같이 자체 개선안도 추진하였다. ⑤ 사내 교육기관 중 하나인 저널리즘 대학 (*College of Journalism*)에 종교·윤리 온라인 강좌를 열었고, 많은 직원들이 수강하였다. ⑥ 특정한 뉴스 스토리에 대한 합의된 의견에 도전하는 일간·월간 회의를 진행하였다. 뉴스부서에서는 전문기자들이 중견 저널리스트들과 함께 긴 호흡의 보도를 검토하는 '큰 이야기'(*Big Stories*) 세션을 만들었다.

(2) 과학보도에 대한 불편부당성과 정확성 평가
(Review of impartiality and accuracy of the BBC's coverage of science, 2011)[72]

과학이슈에 대한 대중적 저술가이자 방송인인 생물학자인 스티브 존스(Steve Jones) 교수는 트러스트의 위탁을 받아 BBC 과학관련 보도에 대한 불편부당성과 정확성을 검토하기 위해 내용을 분석했다(BBC

---

[72] 존스 교수의 보고서 및 이에 대한 이사회의 후속보고서 (2012/2014 follow-up report) 내용은 BBC Trust의 다음 주소에서 찾아볼 수 있다. http://www.bbc.co.uk/bbctrust/our_work/editorial_standards/impartiality/science_impartiality.html.

Trust, 2011). 전반적으로 다양하고 정확한 보도가 이루어졌지만 몇 가지 개선사항을 발견하였다. 불편부당성을 지나치게 엄격하게 적용한 탓에 주제가 논쟁적이지 않음에도 소수의견에 지나치게 주목하는 경우 (유전자 조작 작물의 안전성, 인간이 만든 기후변화 등) 가 있었다. 이를 개선하기 위해서는 실제 의견지형에 따라 각 관점에 '적절한' 비중을 줌으로써 '적절한 불편부당성'에 접근해야 한다고 평가했다. 뿐만 아니라 과학 프로그램 제작자들과 기타 부서들 간의 연결성이 부족하므로 부서 간 과학포럼을 정기적으로 열거나 과학 편집위원(science editor)을 임명할 것을 요구했다. 또한 방송 출처가 지나치게 협소하여 선도적인 과학보도를 하기 보다는 수동적으로 반응하는 것에 그치는 보도가 많았으므로, 외부의 전자 데이터베이스를 적극 활용하거나 과학 공동체와 더 많이 접촉할 것을 권고했다.

이에 대해 이사회는 과학전문편집위원을 임명하고, 범 BBC 과학포럼을 구성하며 정보원을 확대·강화하는 등의 조치를 취하였다.

3) 연차평가·편성지침의 개정

BBC트러스트는 BBC가 칙허장에 명시된 공적 목적을 포함해 어떠한 성과를 내는지 평가하는 연차 보고서(BBC Annual Report) 발간을 통해 BBC의 활동 전반에 대한 감독기능을 수행한다. 또한 BBC트러스트는 5년마다 BBC 편성지침을 검토하고 개정하는 역할을 통해 불편부당성과 관련한 기본 정책방향을 조정한다.

5. BBC의 불편부당성 원칙에 대한 평가

BBC의 불편부당성은 들여다보면 볼수록 여러모로 놀라움을 주는 원칙이다. 이는 단순한 기계적 중립성 내지 정치적 중립성을 추구하는 것과는 거리가 멀다. 또한 이는 우리가 흔히 다수 의견, 일반적 정서 내지 지배적 여론이라고 생각하는 관점을 우대하지도 않는다. 동 개념은 통상적인 정치적 · 산업적 이해관계를 초월하고 있음은 물론이고, 우리가 흔히 합의된 것으로 받아들이는 상식, 통념, 사회정의, 약자우대, 국익, 휴머니즘적 가치들에 대해서도 이를 하나의 관점으로 회귀시켜 의문을 던질 것을 요청한다. 이러한 잣대는 외부의 대상뿐 아니라 BBC 스스로에 대해서도 엄격히 적용된다.

이러한 BBC의 불편부당성 원칙을 한마디로 요약하면 어떠한 가치나 선입관에 경도됨이 없이 '가능한 넓은 관점'을 제시하는 것이다. BBC 월드 서비스의 책임자인 호록스(Horrocks, 2006; Barnett, 2010 재인용)의 표현을 빌리면;

> [BBC의 목표는][73] 국민들이 그들 스스로의 입장을 규칙적으로 정직하게 볼 수 있도록…가장 넓은 폭의 정보와 관점들을 제공하는 것이다. 또한, 우리는 사람들에게 더 넓은 시각을 포함하는 대안적 정보를 접할 수 있는 기회를 제공해야 한다.

이는 필자가 제2장에서 정립한 미디어 공정성의 의미와 정확히 상응한다. 절대적 진실을 알 수 없는 상황 속에서 인식의 상대적 우월성을

---

[73] [ ]는 필자가 추가.

극대화하기 위해서는 사안과 관련된 관점을 가능한 폭넓게 전달해야
한다는 원칙이 그것이다. 이 원칙은 관점, 이념, 집단, 지역에 대한 보
다 개방적인 시각, 국지성을 벗어난 보다 세계적이고 역사적인 안목,
일체의 선입관, 예단, 자기중심성으로부터의 탈피를 촉진함으로써 숙
의가 이루어질 수 있는 이상적인 방송 공론장을 형성한다. 비상식적이
고 일탈적이며 전복적인 정보까지도 포용함으로써 사회적 공론의 영역
을 최대한 확장시킨다. 이러한 원칙의 배경에는 이상형에 가까운 다원
주의적 민주주의의 정치철학이 반영되어 있다고 할 것이다.

실제로 BBC가 일상적인 보도에서 이러한 원칙을 실행에 옮기고 있
음을 보여주는 사례는 무수하다. BBC가 2001년 9·11 사태와 2009년
가자지구 긴급호소와 관련해 취한 입장이 그 예다.

2001년 9·11 이후, 전 세계의 주요 언론은 이 공격에 대해 '누가',
'무엇을', '어디서', '언제', '어떻게' 일어났는지에 대해 집중 보도했지
만 '왜 그것이 일어났는지'를 보도하는 경우는 드물었다. 특히 미국 텔
레비전은 이런 경향을 강하게 드러내면서 '테러와의 전쟁'에 집중하였
다(Allan, 2005).

반면에 BBC는 이러한 보도에 대한 대안적 역할을 수행하며 9·11의
문화적, 경제적, 정치적인 요소들에 대해 주목하였다. BBC 월드뉴스
는 9·11 공격을 '테러리즘'으로 묘사하지 않기로 결정하였다(Wells,
2001). 당시 BBC 월드 서비스의 뉴스 부국장(*deputy director of news*)인
마크 다마저(Mark Damazer)에 따르면 '그 사건이 끔찍하고 역겹기는
하지만, 그럼에도 불구하고 그것을 테러리즘으로 생각하지 않는 시청
자들이 있을 수 있고' 이러한 상황에서 '그것을 테러라고 묘사하는 것은
불편부당하고 독립적인 방송인으로서의 우리의 지위를 격하'시키기 때
문이라는 이유에서였다.

또 다른 사례로 2009년 영국 재난비상위원회(Disasters Emergency Committee, 이하 DEC)가 요청한 팔레스타인 가자지구를 위한 긴급모금 호소 방송을 거부한 것을 들 수 있다(Thompson, 2009). BBC의 거부 이후로 ITV, Channel 4, Channel 5 등 다른 방송사들도 불편부당성에 위배된다는 이유로 방송을 거부했으나, 며칠 후 이러한 결정이 반인도주의적이라는 비판이 일자 입장을 바꾸어 가자 지구 긴급모금 호소 프로그램을 방송하기로 결정하였다. 그러나 BBC는 끝까지 방송 거부 입장을 고수했다. BBC는 전 세계적으로 신뢰받는 방송사로서 DEC의 국내 의견을 무비판적으로 방영할 수 없으며, 이스라엘-팔레스타인 이슈는 국제사회에서 논란이 많은 사안이기 때문에 어느 한쪽에 치우치는 방송을 할 수 없다는 것이 그 이유였다(Davies, Torpe, Hinsliff, 2009).

그렇다면 BBC가 이처럼 엄정한 불편부당성 원칙을 제도적으로 정착시키고 실천할 수 있게 만든 요인은 무엇일까? 여기에는 다음과 같은 요인들이 복합적으로 작용하고 있다.

첫째, 고도화된 민주주의의 실현을 위해 방송의 공적 책임을 강조하는 영국의 정치적 및 사회문화적 전통이다(Barnett, 2010). 영국에서는 공영방송인 BBC뿐만 아니라 방송 전반에 대해 불편부당성 원칙을 법적으로 요구한다. 이는 다음 제 4장에서 살펴보겠지만, 표현의 자유에 위배된다는 이유로 1980년대 중반에 공정성 원칙(Fairness Doctrine)을 폐지한 미국의 사례와 대비된다. 이와 같이 상이한 양국 간 정책의 근저에는 민주주의의 기본원리로서 수정헌법 제1조로 표상되는 언론의 자유에 가치를 두는 미국, 그리고 공영방송제도로 표상되는바 언론의 책임에 가치를 두는 후자의 역사적·문화적 차이가 놓여 있다. 이러한 영국의 정치적 및 사회문화적 전통 속에서 고도화된 민주주의의 실현을 위한 방송의 공적 책임을 응축하고 있는 원칙이 불편부당성이라 할

196

것이다.

둘째, 역사적으로 형성된 BBC의 엘리트주의적 문화를 들 수 있다. BBC의 역사는 무거운 공적 책임을 짊어지고 의회의 강한 견제를 받으며 시작되었다. 이러한 공적 책임은 앞서 살펴본 대로, BBC의 초기단계에 국민들을 높은 의식을 지닌 존재들로 간주하고 그 수준에 맞는 최고수준의 방송을 해야 한다는 엘리트주의적 방송철학으로 해석되었다. BBC가 세계적 명성을 확보하면서 이러한 엘리트주의는 BBC가 지닌 자긍심의 원천이자, BBC의 독특하고 중요한 '유산'으로 격상되기에 이른다(Küng-shankleman, 2010, pp. 144~146). 이러한 상황 속에서 BBC가 지향하는 엘리트주의의 상징인 불편부당성 원칙은 단순한 구호를 넘어 BBC의 특수한 품질보증마크(Engelbert & McCurdy, 2012)로 작동하게 되었다.

셋째, 이러한 BBC의 엘리트주의 문화와 긴밀하게 관련된 요인으로, BBC 구성원들의 전문직주의를 들 수 있다. BBC 사원증에 적혀 있는 BBC의 가치는 다음과 같이 시작된다.

"신뢰는 BBC의 기반이다: 우리는 독립적이고 불편부당하며 정직하다(BBC Trust, 2007, p. 71)."

BBC 성원들의 강한 자부심이 드러나는 표현이 아닐 수 없다. 실제로 BBC 성원들 간에는 강력한 전문직주의의 전통이 유지되며 '편성지침' 역시 요소요소에서 이러한 전문직주의에 기반을 둔 경험과 결단을 존중하고 있다. 이러한 전문직주의는 불편부당성 원칙을 추상적 이념을 넘어 방송제작 일선의 실천적 규범으로 작동하게 하는 기반이 되고 있다.

BBC가 불편부당성을 모범적으로 실천할 수 있는 마지막 이유로 BBC가 규범형성 차원에서 보여주는 성실함을 빼놓을 수 없다. 실제로

이 장을 집필하면서 살펴본 'BBC 편성지침'은 실로 모범적이었다. 지침에서 독립된 장으로 다루는 원칙이나 문제들은 논리적 구분이라기보다는 실용적 구분을 따르고 있으며 내용들이 상호 간에 꼼꼼하게 교차인용(cross-referencing) 되어 있어 관련된 내용을 찾아 사용하기가 편리하게 되어 있다. 지침의 세부내용은 날씨 프로그램의 지역안배부터 여론조사보도의 어휘선택에 이르기까지 제작현장에서 바로 매뉴얼로 활용할 수 있을 만큼 구체적이고 세밀하며 애매한 내용이나 표현은 거의 존재하지 않았다.

이러한 '편성지침'도 모자라 '편성정책 참고사항'(guidance notes) 까지 만들어 불편부당성의 가능성을 최소화하고자 하는 BBC의 노력은 감탄을 자아낼 정도다. 하지만 그와 동시에 불편부당성에 얽매여 보도가 위축되는 일이 없도록 제작자와 편집자의 재량 내지 결정권을 명시적으로 인정하고 있기도 하다.

방송환경이 변화하면서 따라 영국에서도 적절한 불편부당성에 대한 논란이 나타나고 있다. 2003년 당시 BBC 텔레비전 뉴스국장이었던 로저 모시(Roger Mosey)는 〈가디언〉과의 인터뷰에서 "TV 시청자들이 항상 100가지의 편견들로부터 보호받아야 한다는 태도는 헛소리다. … 어떤 서비스는 진실과 품위를 가지고 다양한 시각을 대변하는 의무를 지긴 하지만, 나머지들은 법적 울타리 내에서라면 어떠한 시각도 가질 수 있는 자유가 있어야 한다. … 새로운 방송환경의 즐거움은 선택이 지배한다는 것이다"라고 하며, BBC와 ITV 이외의 상업방송에 대한 불편부당성 원칙 적용을 반대하기도 하였다(Wells & Cassy, 2003).

불편부당성의 완화를 주장하는 측에서는, 불편부당성 원칙은 모든 TV 뉴스를 동일하게 만들거나 혁신을 저해한다, 선택의 자유가 오히려 다양성을 높인다, 더 나아가 다채널 다매체 시대에서는 모든 방송에 대한 규제가 애초에 불가능하다 같은 주장을 제기한다(Barnett, 2010).

영국 방송 저널리즘의 기초로 평가되는 불편부당성에 대해서도 위와 같은 논란이 존재한다는 점은 주목을 요한다. 불편부당성은 고정불변의 합의된 원칙이 아니라 끊임없이 도전되고 변화하는 원칙인 것이다. 하지만 주목할 점은 이러한 변화의 요구가 시스템적으로 대비되고 있다는 점이다. BBC 트러스트는 5년마다 '편성지침'을 개정하면서 불편부당성 원칙을 상황에 맞게 지속적으로 재해석하고 평가하며 갱신한다. 동시에 연 1~2회에 걸쳐 불편부당성 원칙의 준수 여부와 관련해 BBC 방송을 분석하고 보고서를 공표하며, 불편부당성 관련회의를 수시로 열고 그 결과를 공개한다. BBC의 불편부당성 원칙이 가장 모범적인 공정성 원칙으로 자리 잡게 된 데는 그 원칙의 완결성만큼이나 이 원칙을 성실하게 준수하고 또 감독하는 BBC 및 BBC 트러스트의 노력, 그리고 동시에 변화하는 미디어 환경에 적극 대응하는 제도적 탄력성이 복합적으로 작용한다고 할 것이다.

04
미국의 방송 공정성 원칙

윤석민 · 방서경 *

미국의 방송 공정성 원칙(Fairness Doctrine)은 미국 연방커뮤니케이션위원회(Federal Communications Commission, FCC)가 방송사업자들을 대상으로 공정한 보도의 기준으로 제시한 정책 가이드라인이다. 미국에서 공정성 원칙이 유지되던 기간 동안 이를 둘러싼 찬반 논란이 끊이지 않았다. 특히 방송사업자들은 공정성 원칙을 준수하는 데 따른 재정 부담이 크고 사회적으로 중요한 사안들을 자유롭게 보도하는 데 방해가 된다는 이유로 이 원칙에 지속적으로 불만을 제기하였다. 결국 FCC는 1987년 이 원칙을 폐기하였다. 그러나 이로써 공정성 원칙에 대한 미국 사회의 논의가 종결된 것은 아니었다. 최근까지 미국 의회에 잇따라 상정된 공정성 원칙 관련법안들은 이를 여실히 보여준다. 이 장에서는 이러한 미국의 방송 공정성 논쟁을 검토하고 그 함의는 무엇인지 살펴보고자 한다.

---

* ICT 사회정책연구센터 연구원(redrose4rosa@snu. ac. kr).

1. 공정성 원칙의 역사

1) 공정성 원칙의 탄생

미국 방송에서 공정성 원칙의 탄생은 초기 방송사업자의 허가권 정책과 긴밀하게 관련되어 있다. 초기 〈무선 커뮤니케이션법〉(Radio Act of 1927)은 개인이나 민간기업이 '허가'(license)를 받아야만 방송을 할 수 있도록 규정하였다.[1] 일정한 공익기준에 이러한 방송허가의 승인, 갱신 또는 변경을 관장하는 기관이 FCC이다.[2] FCC의 역할에 대해 반발이 적지 않았지만(Croanauer, 1994; Krasnow & Longley, 1982), 법원은 지속적으로 의회가 위임한 FCC의 기능과 재량권을 인정해 주었다.[3]

공정성 원칙(Fairness Doctrine)은 FCC가 이러한 공익 기준의 일환으로 방송사의 프로그램을 규제하기 위해 만든 일종의 하위 규칙이다 (강남준·김수영, 2008). FCC는 공정성 원칙을 명시적으로 제시하기 이전에도 방송사업자의 허가권 승인과 갱신 심사과정에서 하나의 시각보다 다양한 의견을 제시하는 프로그램을 방영한 방송사들을 유리하게 평가하는 방식으로 공정성을 강조하였다. 1946년에는 방송 피면허권자들(=방송허가를 받은 방송사업사)의 공공방송 프로그램 제공책무에 대한 강령(Public Service Responsibility of Broadcast Licensees, FCC,

---

[1] Radio Act of 1927, P. L. 69-632, ch. 169, 44 Stat. 1162(1927) 참조.

[2] 47 U. S. C. §307, 309, 연방커뮤니케이션위원회(Federal Communications Commission, FCC)은 방송, 통신 등 커뮤니케이션 사업에 대한 미국 의회의 규제정책 권한을 위임받은 독립규제기관이다. Federal Radio Commission(연방무선위원회)을 이어받는 기관으로 1934년 커뮤니케이션법에 의해 설립되었다.

[3] National Broadcasting Co. v. U. S., 319 U. S. 190, 219 (1943).

1946)을 발표하였다. 여기서 '공중이 관심을 가지고 있는 공공의 문제에 대해 충분한 방송시간을 배당함과 더불어 상반된 의견을 가진 사람들이 방송을 공평하게 이용할 수 있도록 해야 한다'고 명시하였다(강남준·김수영, 2008, p. 120).

1949년에는 '방송사업자의 의견제시 문제에 관하여'(In the Matter of Editorializing by Broadcast Licensees)라는 보고서(이하 '1949년 보고서')를 통해 공정성 원칙을 공식 천명하였다. [4] 이 보고서는 사회적으로 중요한 논쟁적 사안들에 대한 방송사업자들의 의무를 다음의 두 가지로 제시하였다.

(1) 모든 방송사업자들은 사회적으로 중요한 논쟁적 사안에 대해 숙고하고 토론하는 데 전체 방송시간의 합리적인 일부를 할애해야 하며;

(2) 이러한 방송을 할 때 〔방송사업자들은〕[5] 공정(*fair*)해야 하며, 논의되고 있는 논쟁적 사안에 대해 서로 다른 의견을 지닌 책임 있는 개인과 집단들이 자유롭게 의견을 표현할 수 있는 환경제공을 위해 적극적인 조치를 취해야 한다.

즉, 방송사는 논란이 되는 사안을 적극적으로 방송해야 하며, 이 사안에 대해 논쟁하는 의견들이 함께 방송될 수 있도록 의무화한 것이다. 보고서는 이러한 공정성 수행의 의무가 의견표명이나 반론을 요청한 개인을 상대로 방송시간을 할애해 주는 것에 그쳐서는 안 된다고 강조한다. 방송사업자들은 사전에 논쟁적 사안에 대해 상반된 의견들은 무

---

4 FCC Rept. 1246 (1949. 이 보고서는 'Report on Editorializing'이라고도 불린다. 이 당시 공정성 원칙의 필요성이 대두하게 된 데는 의견을 제시하는 대담 프로그램 포맷의 확산이 영향을 미쳤다는 설명도 있다(강남준·김수영, 2008, p. 120).

5 〔 〕는 필자 주.

엇이며, 그리고 각각의 의견들을 대중에게 제대로 전달할 수 있는 개인 또는 집단이 누구인지 판단하는 노력이 요구된다는 것이다.[6]

또한 동 보고서에 담긴 공정성 원칙은 방송사의 의견 표명 자체를 금지하지는 않는다. 하지만 "방송사업자가 프로그램을 만들 때 특정 견해나 이해관계에 대한 선호를 반영할 수는 있으나 사회적으로 중요한 사안에 대한 기본 정보를 제공할 의무를 해치는 정도로 선호가 표현되는 것은 공익에 반하는 행위"라고 서술함으로써 논란이 되는 사안에 대한 방송사의 입장표명에 일정한 선을 긋고 있다.

이처럼 공정성 원칙은 1949년 보고서를 통해 그 토대가 마련되고, 1959년 〈커뮤니케이션법〉(Communications Act in 1959) 개정 과정에서 제315조(동등시간 조항)의 다음과 같은 표현을 통해 명문화된 것으로 간주되었다(Coase, 1959).[7] [8]

이상의 어떠한 항목들〔동등시간 조항이 적용되지 않는 예외항목들〕[9]도

---

6 Report on Editorializing, 13 FCC at 1949.

7 조항의 원문은 다음과 같다. "Nothing in the foregoing sentence shall be construed as relieving broadcasters, in connection with the presentation of newscasts, news interviews, news documentaries, and on-the-spot coverage of news events, from the obligation imposed upon them under this chapter to operate in the public interest and to afford reasonable opportunity for the discussion of conflicting views on issues of public importance."

8 동등시간 조항의 예외 항목들을 나열하면서 공정성 원칙의 의무를 에둘러 표현하고 있는 이 조항의 해석은 여러모로 애매한 것이었다. 법 개정 당시 미국 하원은 이 조항이 "1934년 커뮤니케이션법(Communications Act of 1934)이 방송사업자들에게 부과한 공정성 정책을 재천명(restatement)하는 것"임을 강조하였다. H. Rept. 86-1069, 86th Cong., 1st sess., August 27, 1959 at 5. 하지만 공정성 원칙 논쟁과정에서 이 조항이 FCC의 공정성 원칙을 성문화한 것인지 여부가 지속적인 논란거리가 된다. 이러한 논란은 1986년 미 D.C 연방 항소법원의 판결로 일단락되었다.

9 〔 〕는 필자 주.

이 조항이 부과하는바, 뉴스 보도, 뉴스 인터뷰, 뉴스 다큐멘터리, 그리고 뉴스 사건에 대한 현장 생중계를 방송함에 있어서 방송사들이 공익을 수행하고, 중요한 공적 사안에 대한 상충하는 견해들이 토론되기 위한 적정한 기회(*reasonable opportunity*)를 제공해야 할 의무를 면제시켜 준다고 해석되어서는 안 된다.

FCC는 1963년 컬먼 원칙(Cullaman Doctrine)을 발표한다.[10] 그 내용은 방송사가 논쟁적 이슈에 대해 한쪽의 의견광고를 낸 경우 광고시간 등을 이유로 반대편의 의견광고를 거부할 수 없다는 것이었다. 이를 통해 FCC는 공정성 원칙을 적극적으로 집행할 의지를 표명하였고 법원은 이러한 FCC의 결정을 지지하는 판결을 내린다(Cullman Broadcasting Co. v FCC, 395 U. S. 367, 378, 1963). 이 판결은 공정성 원칙에 대한 확고한 기준을 세운 Red Lion 판결의 사전 정지작업이 되었다(강남준·김수영, 2008, p. 123).

공정성 원칙은 1974년, FCC의 '공정성 보고서'(Fairness Report)[11] (이하 1974년 보고서)를 통해 보다 구체적인 가이드라인의 형태로 발전하게 된다.[12] 보고서는 총론(*general observations*)에서, 논쟁적 사안에 대해 의견을 표명하고자 하는 개인이나 단체들의 방송 접근권을 보장할 수 있도록 미국 의회가 FCC에게 권한을 주었지만 FCC는 모든 사례들에 적용 가능한 가이드라인을 만들 수 없기 때문에 방송사업자들의 합리적 선의의 판단에 의존한다는 점을 밝힌다. 이어서, 방송사업자들이 공정성 원칙을 자발적으로 지킬 것을 권고하며, "자발적 준수

---

[10] Cullman Broadcasting Co. 40 FCC 576. 1963.

[11] 48 FCC 2d 1, 30R. R. 2d. 1261 (1974).

[12] 1974년 보고서가 발표되기 전까지 공정성 원칙은 뚜렷한 가이드라인 없이 사례별로 임의적으로 적용되었다.

(*voluntary compliance*)가 문제될 경우 FCC는 의회가 준 권한을 충실히 이행할 것"이라고 덧붙인다. 방송사업자들이 공정성 원칙을 지키지 않을 경우, FCC는 강력한 제재를 조치할 권한이 있으며 그렇게 할 것임을 강조한 것이다. 보고서의 주요 내용은 다음과 같다(강남준·김수영, 2008, pp. 121~122의 내용을 일부 수정).

① 방송사업자는 논쟁적인 이슈의 한쪽 의견을 보도한 경우 똑같은 프로그램에서 상반된 견해를 방송해야 하는 것은 아니며, 전체적 프로그램 편성에서 상반된 견해에 대해 방송조치를 하면 충분하다.

② FCC는 공정성 원칙의 위반이 있는지에 대해 방송사업자를 감시하지 아니하며, 이해관계가 있는 국민들로부터 민원이 제기되면 조사에 착수한다.

③ 프로그램의 소재를 선택하는 것은 개별 방송사업자의 책임이다.

④ 어떤 이슈가 논쟁적이고 공적으로 중요한 것인가는 전적으로 방송사업자의 합리적이며 선의에 의한 판단에 의존한다.

⑤ 어떤 이슈가 방송이나 신문에 보도되었다는 사실만으로 공적으로 중요한 문제가 되는 것은 아니다.

⑥ 어떤 이슈가 논쟁적인가의 문제는 다소 주관적 방법에 의해 결정될 수 있다. 정부관료, 지역사회의 지도자들 및 언론매체가 어떤 이슈에 대해 보이는 관심의 정도를 측정하는 것이 관련성을 가진다. 방송사업자는 합리적인 정도의 객관성을 가지고 어떤 이슈가 그 논쟁의 대상인지의 여부를 말할 수 있어야 한다.

⑦ 상이한 견해를 표명할 수 있는 기회부여가 합리적이었는지 결정할 수 있는 수학적 기준은 없다.

1974년 보고서는 공정성 원칙의 파생원칙으로 '인신공격의 원칙'과 '정치적 논평의 원칙'을 공표하였다.[13] 인신공격의 원칙은 방송사업자가 공

적 이슈에 대한 토론 과정에서 특정 개인에 대한 인신 공격적 내용을 방
송한 경우, 방송 1주일 이내로 공격을 당한 당사자에게 그 사실을 방송
대본 또는 녹화테이프와 함께 통보해야 하며, 그에게 반론의 기회를 제
공할 것을 규정하고 있다.[14] 정치적 논평의 원칙은 방송사업자가 한 명
의 후보자를 지지하는 논평을 한 경우, 상대편 후보들 모두에게 반론할
기회를 제공해야 한다는 원칙이다.[15] 공정성 원칙을 적용하기 위한 일환
으로 생겨난 이 두 원칙은 1987년 공정성 원칙이 폐기된 이후에도 한동
안 효력이 유지되다가 2000년에 폐지되었다.[16]

2) 공정성 원칙의 집행과정

FCC가 방송사업자들의 공정성 원칙 이행결과를 평가할 때 가장 주
요한 판단근거로 삼은 것은 "해당 방송사가 공정성 의무를 선의를 갖고
합리적으로 수행했는지 여부"였다.[17] 방송사업자들이 공정성 원칙을
위반한 경우, FCC는 표현되지 못한 견해가 방송될 수 있도록 방송시간
을 강제적으로 할당하는 약한 처벌에서부터, 방송허가권을 박탈하거

---

13 파생원칙들은 FCC가 1967년 공정성 원칙을 집행하는 과정에서 만들어졌으며, 1969년의
    Red Lion 판결에서 법원에 의해 공개적으로 언급되고 1974년 보고서에 의해 공식적으로
    제시되었다.

14 32 Fed. Reg. 10, 305-306 (1967) [47 C.F.R. §§ 73.123, .300, .598, .679 (1976) 로
    추후 성문화됨]. 이후 1995년에 FCC가 발표한 "FCC Fact Sheet on Cable Program
    Content Regulations"에서 인신공격의 원칙을 다시 명확하게 정의한다.

15 32 Fed. Reg. 10, 305-06 (1967) [47 C.F.R. §§ 73.123, .300, .598, .679 (1976) 으
    로 추후 성문화됨].

16 인신공격의 원칙과 정치적 논평의 원칙은 65 C.F.R. 6643 (2000) 에 의해 공식적으로 폐
    기되었다.

17 Applicability of the Fairness Doctrine in the Handling of Controversial Issues of Public
    Importance, 29 Fed. Reg. 10426 (1964).

나 허가권 재심사에서 상대적 불이익을 주는 등의 강한 처벌까지 조치할 수 있었다.[18]

공정성 원칙의 적용대상은 모든 유형의 프로그램이다. 즉, 시사나 보도 프로그램에 국한된 원칙이 아니었다. 공정성 원칙의 위반 여부는 논란이 되는 사안이 방영된 특정일 하루의 프로그램을 대상으로 판단하지 않고, 전체적인 프로그램 편성에서 대립되는 의견을 추가적으로 반영했는지 여부로 판단하였다. 구체적으로, 한 달 또는 그 이상의 기간 동안 해당 프로그램이 공정성 원칙을 지키지 않았다는 점이 확인될 필요가 있다. 이에 따라 특정 프로그램을 공정성 원칙 위반으로 제소하고자 하는 시청자는 해당 프로그램을 한 달 이상 모니터해야 하고, 이를 통해 공공 이슈에 대해 방송사가 한쪽의 의견만 제시하고 있다는 판단이 들 경우, 우선적으로 해당 방송사에 항의할 수 있다. 항의가 들어오면 방송사에게는 제소자의 요청에 따라 방송 내용을 수정하거나 입장을 설명할 기회가 주어진다. 이때 만약 제소자가 방송사로부터 응답을 받지 못하거나, 만족할 만한 답변을 받지 못했다고 판단할 경우 FCC에 고발할 수 있다.

이러한 과정을 거쳐 FCC에 제소하게 되면, 그 내용은 FCC 방송국(Broadcast Bureau) 내 민원처리(Complaints and Compliance) 부서 공정성(Fairness · Political) 분과에 있는 방송 분석가에게 전달된다. 부서 내의 법률가의 검토를 거쳐 공정성을 위반한 증거가 확실한 사건이라고 판단되면 FCC는 해당 방송사에 대해 관련 공문을 발송하게 된다. 공문이 방

---

18 Communications Act of 1959. Section 315. Commission's Rules and Regulations Concerning Alternatives to the General Fairness Doctrine Obligations of Broadcast Licensees, 2 FCC Rcd 5272 (1987) Section 73. 1910의 Matter of Inquiry 부분에 FCC 의 권한이 명확하게 서술되어 있음.

송사에 전달되면, 이는 잠재적으로 방송사의 면허갱신 결정에 영향을 주게 된다고 알려져 있다.[19] 그러나 공정성 원칙 위반으로 방송사들에게 내려진 제재처분의 대개 반대의견을 방송하라는 명령이었으며, 이것이 실제 면허권에 영향을 미친 사례는 거의 없었다고 한다(Coyne, 1981, 강남준·김수영, 2008, p. 121에서 재인용).

3) Red Lion 판결

미국에서 공정성 원칙이 더욱 분명하게 확립된 계기는 1969년 Red Lion 판결(Red Lion Broadcasting Co., Inc. v. FCC)에서 연방대법원이 FCC의 손을 들어 주면서부터이다(강남준·김수영, 2008; 이춘구, 2014). 이 재판에서 연방대법원은 공정성 원칙의 집행기관으로서 FCC의 권한을 재천명하였고, 공정성 원칙은 물론 그 파생원칙들(인식공격의 원칙, 정치적 논평의 원칙)에 대한 합헌성을 인정하였다. 이를 통해 FCC의 공정성 규제는 법적 타당성을 확보하게 되었고, 이에 FCC는 지상파는 물론 케이블 방송에까지 공정성 원칙을 확대 적용하게 된다.[20]

사건은 Red Lion 방송사가 작가인 쿡(Fred J. Cook)의 좌익활동을 공격한 하기스(Billy James Hargis) 목사의 발언을 방송하면서 시작되었다.[21] 이 방송을 들은 쿡은 Red Lion을 상대로 반론권을 요구하지만 이를 거절당한다. 이에 쿡은 이를 FCC에 제소하였고, FCC는 Red Lion이 공정성의 의무를 다하지 못하였으므로 쿡 작가에게 반론 기회

---

19 FCC가 공정성 원칙위반 신고를 접수받고 처분을 내리기까지의 절차는 성문화된 바 없다. 이러한 절차에 대해선 Krattenmaker & Powe Jr. (1985)와 Hazlett & Sosa(1997)를 참고하였다.

20 47. C. F. R. §§ 76. 205, 209 (1973).

21 395 U. S. 371-373 (1969).

를 제공하라는 처분을 내린다. 이러한 FCC의 처분에 반발한 Red Lion 방송사는 "FCC가 규정한 공정성 원칙은 헌법에 위배된다"며 워싱턴DC 연방 항소법원에 소송을 제기한다. 이 소송에서 패소한 Red Lion이 상고하면서 연방대법원은 공정성 원칙과 이를 집행하는 FCC의 권한에 대해 포괄적인 검토를 하게 된다.

대법원이 판결의 근거로 고찰한 공정성 원칙을 둘러싼 논란은 크게 두 가지이다. 첫째, 공정성 원칙을 제정하고 집행한 FCC의 권한이 적절한지 여부이다.[22] 둘째, FCC의 공정성 원칙에 위헌의 소지가 있는지, 즉 공정성 원칙이 수정헌법 제1조가 보장하는 방송사업자의 표현의 자유를 침해하고 있는지 여부이다.

먼저, 대법원은 공정성 원칙을 만들고 집행하는 기관으로서 FCC가 Red Lion방송사에게 내린 조치는 권한 범위 내의 합당한 행동이었다고 판단했다.[23] 다시 말해, FCC는 의회로부터 권한을 위임받아 의회의 정책을 이행한 것일 뿐 자의적으로 방송사를 규제한 것이 아니라는 것이다. 두 번째로, 대법원은 공정성 원칙의 위헌여부에 대해서도 분명한 입장을 제시하였다. 공정성 원칙이 표현의 자유를 보장하는 수정헌법 제1조에 위배된다는 방송사의 주장을 연방대법원은 방송매체의 특수성, 공공 수탁자 원칙, 공익, 그리고 주파수의 희소성 등을 근거로 반박하였다. 이 중 공정성 원칙의 합헌 근거로 가장 중요하게 강조된 것은 희소성 원칙이다.

연방대법원은 방송은 희소한 공적 자원인 주파수를 이용하기 때문에 공익적 차원에서 방송사에 대한 내용규제가 정당하다고 판단하였다. 또한 표현의 자유의 주체를 구분하여 시청자(또는 청취자)의 권리가 방

---

22 395 U. S. 367 (1969).

23 Id. 375-386.

송사업자의 권리에 우선한다고 명시함으로써 공정성 원칙의 수정헌법 제1조 위반 논란에 대해 종지부를 찍었다. 이러한 대법원의 판결은 FCC가 1974년에 공정성 가이드라인을 구체화한 공정성 보고서를 발표하게 된 배경이 된다.

4) 공정성 원칙의 폐기

1980년대 들어 보수정권이 들어서고, 미디어 환경의 변화 속에서 공정성 원칙의 효과와 합헌 여부를 둘러싼 사회적 논란이 계속 제기되자 FCC는 공정성 원칙에 대한 근본적인 재검토 작업에 착수하게 된다. 그 결과, 1985년 FCC는 공정성 원칙이 위헌의 소지가 있으며, 비생산적이라는 내용의 보고서(이하 1985년 보고서)를 발표한다. [24]

그럼에도 FCC가 곧바로 원칙을 폐기하기는 쉽지 않았다. 공정성 원칙이 FCC의 자체 규칙이 아니라 1959년 커뮤니케이션법 제315조에 성문화된 것으로 해석되어 왔기 때문이다.

1986년, DC연방항소법원은 연방의회가 FCC의 공정성 원칙을 성문화하지 않았다는 판결을 내린다. [25] 법원은 "제315조가 공정성 원칙이 공익의 기준에 부합한다고 주장하는 FCC의 오랜 입장을 재확인하고 있기는 하지만, 이와 관련하여 FCC에 어떠한 의무도 창출하거나 부과하고 있지 않다"고 결론지었다. [26] 즉, 제315조가 원론적 수준에서 방송사업자에게 요구되는 공정성의 의무를 제시하고는 있지만, FCC의 공

---

24 General Fairness Doctrine Obligations of Broadcast Licensees, Report, 50 Fed. Reg. 35418 (1985).

25 Telecommunications Research and Action Center v. Federal Communications Commission, 801 F. 2d 501, 516 (1986)

26 Id. 517-518.

정성 원칙을 확인하거나 규정한 조항은 아니었다는 것이다. 이러한 판
결에 대해 연방대법원이 재심의를 거부함으로써 의회는 이 결정을 받
아들이게 된다. 의회는 FCC에 대해 공정성 원칙을 대체 또는 보완할
수 있는 방안을 검토하여 보고서를 제출하라고 지시하였고,[27] FCC는
청문회 등을 열어 대안을 모색한다.[28]

이 과정에서 사례별 처분방식을 폐기하는 방안, 모든 대중에게 자유
롭게 접근시간을 주는 방안, 인신공격의 원칙을 폐기하는 방안, 공정
성 원칙의 일부 조항을 삭제하는 방안 등이 검토되었지만,[29] FCC는 이
러한 대안들이 적절하거나 충분치 않다고 판단한다.

이 무렵 발생한 시라큐스 평화위원회 사건(Syracus Peace Council v.
FCC)은 FCC가 공정성 원칙을 폐기하는 결정적 계기가 되었다. 이 사
건은 1984년 뉴욕주 시라큐스의 WTVH 방송사가 Nine Mile II 핵 발
전소의 건설을 옹호하는 내용의 광고를 방송하자, 시라큐스 평화위원
회(이하 평화위원회) 측이 해당 광고가 공정성 원칙에 위배된다며 방송
사를 FCC에 제소하면서 발생하였다.[30] 이때만 하더라도 FCC는
WTVH 방송사가 대립되는 의견을 함께 제시하지 못했다는 평화위원회
의 주장에 동의하면서, 그에 따른 처분 방침을 WTVH에 통보하였다.
이에 반발한 WTVH의 소유주, 메러디스 기업(The Meridith Corp.)이
FCC의 공정성 원칙은 수정헌법 제1조를 침해한다며 소송을 제기한 것

---

27 Conference Report to Accompany H. J. Res. 738, H. Rept. 99-1005. 99th Cong.,
   2d Sess. (1986).

28 Commission's Rules and Regulations Concerning Alternatives to the General Fairness
   Doctrine Obligations of Broadcast Licensees in MM Docket No. 97-26, 2 FCC Rcd
   1532(1987).

29 Commission's Rules and Regulations Concerning Alternatives to the General Fairness
   Doctrine Obligations of Broadcast Licensees. 2 FCC Rcd 1532 (1987).

30 Syracuse Peace Council, 99 FCC. 2d 1389, 1401 (1984).

이다. 1987년 재판부는 이 사건을 FCC에 반송하며, FCC가 공정성 원
칙의 합헌성을 재검토할 것을 요구하였다.[31]

　이러한 법원의 요청에 따라 FCC는 이 사건이 진행되던 과정에 만든
1985년 보고서를 근거로, 공정성 원칙이 수정헌법 제1조를 침해하므로
방송사업자들의 공정성 원칙 위반에 대한 제제를 하지 않겠다는 방침
을 발표하였다.[32] 사실상 공정성 원칙의 폐기를 선언한 것이다.

> 전통적으로 표현의 자유는 정부의 관리나 통제 없이 실천되었다. 이러
> 한 측면에서 사상의 자유를 촉진하겠다는 목적하에 정부 권력의 개입을
> 허용하는 공정성 원칙은 〔표현의 자유와〕[33] 철저히 모순된다. 우리의
> 긴 역사 속에서 수정헌법 제1조의 역할은 정부의 간섭을 배제한 사상의
> 자유로운 시장을 보호하는 것이었다.

　이와 함께 FCC는 Red Lion 판결을 뒷받침했던 '방송의 희소성 원칙'
은 현재의 매체환경에서는 더 이상 유효하지 않다고 덧붙였다. 그 근거
로 FCC는 Red Lion 판결 이후 라디오 방송국이 48%, 텔레비전 방송국
이 44% 증가한 것을 제시한다. 또한 다른 매체와의 형평성 차원에서도
방송매체에만 적용된 공정성 원칙은 과도한 규제라고 지적하였다. 동
일한 원칙이 인쇄매체에 적용될 경우 위헌으로 판단되었던 반면, 방송
사업자들에게는 보다 강한 규제가 적용되고 있었다는 것이다.[34] 재판부
인 DC 연방항소법원은 FCC의 결정을 지지하였다(Roger, 2012). 이로
써 FCC의 공정성 원칙은 막을 내리게 되었다.

---

31 Meredith Corp. v. FCC, 809 F. 2d 863m 874 (D. C. Cir. 1987).

32 In re Complaint of Syracuse Peach Council against Television Station WTVH
　　Syracuse, New York, 2 FCC Rcd 5043.

33 〔 〕는 필자 주.

34 Id. 5058.

2. 공정성 원칙 폐기의 배경

지금까지 미국 공정성 원칙의 개념과 주요 조항, 집행 절차 및 주요 판례 등을 살펴보고, 탄생부터 폐기까지 공정성 원칙을 둘러싼 일련의 과정을 점검하였다. 앞서 살펴본 바와 같이 FCC는 1987년, 공정성 원칙이 시대착오적이고 위헌의 소지가 있다는 등의 이유로 이 원칙을 폐기하였다. 우리 사회에서도 방송의 공정성 심의에 반대하는 이들은 이러한 사실을 근거로 공정성 원칙 자체에 대한 회의론적 시각을 제기했다. 그러나 엄밀히 말하면, FCC는 공정성 원칙과 이에 따른 규제정책을 폐기한 것이지 방송이 공정해야 한다는 의무 자체를 부정하는 것은 아니다. 따라서 공정성 원칙이 폐기되었다는 사실만 단편적으로 받아들이기보다, 공정성 원칙의 폐기에 영향을 미친 미국 방송산업 전반의 요인들을 종합적으로 검토하고 같은 논리를 우리 상황에도 적용할 수 있는지 판단해야 한다. 이를 위해 이 절에서는 FCC가 공정성 원칙을 폐기하게 된 복합적인 배경과 이와 관련된 논의들을 살펴보고자 한다.

1) 공정성 원칙에 대한 비판

FCC가 공정성 원칙을 적용하기 시작한 이후, 방송사업자들은 물론 학계와 시민단체를 중심으로 이 원칙을 둘러싼 찬반 논란이 끊이지 않았다. 특히 공정성 원칙은 추상적인 권고조항을 넘어 방송에 '어떠한 내용을 내보낼지'(*what to put on air*) 직접 간섭할 수 있는 규정이라는 점에서 비판의 목소리가 높았다(Minow, 1964). 공정성 원칙을 둘러싼 비판은 크게 3가지 유형으로 구분할 수 있다.

첫째, 공정성 원칙의 효용성에 관한 비판이다. 공정성 원칙을 반대하는 이들은 다원화된 매체환경에서 근본적으로 공익을 위한 방송규제가 필요한지에 대해 의문을 제기하였다. 공익을 위해 내용규제가 가능하다는 논리는 적은 수의 방송사업자가 희소한 전파자원을 사용할 당시에는 의미가 있었으나, 지역 방송과 케이블 방송, 위성 방송의 발전으로 방송시장이 다양해진 상황에서 방송을 희소한 자원으로 간주할 수 있는가라는 것이다. 실제로 공정성 원칙이 폐기된 1987년 당시 케이블 방송을 제외하고도 1,300개의 텔레비전 방송사와 1만 개 이상의 라디오 방송사가 존재하였다(Hazlett & Sosa, 1997). 이처럼 방송이 희소자원이 아닌 환경에서 공정성 규제는 언론의 자유를 보장한 수정헌법 제1조와 충돌한다는 것이다.

이와 함께 다양한 매체가 존재하는 환경에서는 오히려 내용규제보다 경쟁논리를 적용하는 것이 더 실효성이 높은 공정성 확보방안이라는 주장도 제기되었다(Lentz, 1996). FCC가 강제하는 '공공의 쟁점'이 모든 방송매체에 그대로 적용된다면 결국 방송사들은 수천, 수만 개의 다른 방송사가 이미 다루었거나 다루고 있는 문제를 똑같이 방송해야 하는 상황이 벌어진다. 이렇게 되면 전체 방송시장에서 사상의 다양성은 오히려 축소되고 동일한 이슈만 반복적으로 양산되는 결과를 야기할 수 있다. 이러한 관점에서 내용규제를 최소화하고 매체 간 경쟁을 통해 다른 방송사와 차별화된 콘텐츠를 자유롭게 생산할 수 있도록 하는 것이 효과적이라는 것이다.

둘째, 공정성 원칙이 야기한 부작용에 대한 비판이다. 이러한 입장은 공정성 원칙이 애초 규제목적으로 만들어졌기에 필연적으로 언론의 자유를 침해할 가능성이 크다고 주장한다(Barron, 1964; Schmidt, 1976). 방송사들은 자체 윤리규정을 통해 자발적으로 방송의 공정의무를 다할 근거를 마련하고 있다. 그럼에도 불구하고 공정성 원칙은 중요한 쟁점을 제대로 다루지 못하거나 혹은 잘못 다루는 경우를 규제하기 위해 만들어졌다. 이러한 규제상황에서는 논란의 여지가 있는 쟁점을 전혀 다루지 않는 방송사가, 적극적으로 쟁점을 다루는 방송사에 비해 법적 제재로부터 자유롭게 되는 아이러니가 발생한다. 그렇다 보니 방송사들은 비용부담과 불필요한 논란을 피하기 위하여 논쟁적 사안을 기피하거나 최소화하는 방향으로 자기검열을 하게 된다는 것이다(Krattenmaker & Powe, 1985). 이 같은 위축효과(*chilling*)가 궁극적으로 표현의 자유를 위축시키게 된다는 것이다(Brennan, 1989; Conrad, 1988; Cronauer, 1994).

셋째, 공정성 원칙의 내용적 결함을 지적한 경우도 많았다. 우선, FCC가 규정한 공정성 원칙의 조항들이 자의적이고 애매한 경우가 많다는 것이다. 특히 방송사업자들을 중심으로 공정성의 기준이 불분명하여 방송할 내용을 결정하기 어렵다는 불만이 제기되었다(Croanauer, 1994). 예컨대, 무엇이 공적으로 중요한 이슈인지 여부는 물론 양측의 의견을 누구를 통해, 어떤 형식으로, 또는 어느 정도의 시간을 할애해서 제공할 것인지 등에 대해서 객관적으로 제시된 기준이 없다는 것이다. FCC는 이러한 판단을 방송사의 재량에 맡겼는데, 추후에 공정성 문제가 발생하면 판단권은 다시 FCC에 넘어가게 되므로 이 역시 온전한 재량권을 부여한 것이 아니며, 구조적으로 방송사들이 FCC의 눈치를 볼 수밖에 없는 상황이라는 것이다(Bolinger, 1976).

같은 맥락에서 시청자의 균등한 권리를 보장한다는 미명하에 방송사가 어떤 프로그램을 제공할지 FCC가 암묵적으로 선택하는 위험한 발상이라는 비판도 제기되었다(Krattenmaker, & Powe, 1985).

이와 함께 상충되는 두 개의 의견제시를 의무화한 것도 잘못이라는 점이 지적되었다(Lentz, 1996). 공정성 원칙은 두 개의 대립된 의견이 존재한다는 단순한 가정을 하고 있어, 이러한 논쟁에서 무시되기 쉬운 그 외의 소수 의견들이 반영될 통로를 원천적으로 차단한다는 것이다. 렌츠(1996)는 이에 대해 주요 쟁점에 대한 의견이 두 개로 양분된다고 단순화한 것 자체가 시청자들의 능력과 자유를 무시한 것이라고 비판하였다. 또한 상충되는 두 의견을 반영하면 '공정하다'고 판단한 공정성 원칙이 방송사들에게 오히려 소수의견을 배제하는 합리화 논리로 적용될 위험도 있다고 주장하였다.

2) 연방법원의 태도 변화

공정성 원칙을 둘러싼 사회적 논란이 뜨거웠음에도 불구하고, 미국 법원은 1960년대까지 FCC의 공정성 원칙을 지지하는 입장을 고수하였다. 이러한 법원의 입장이 분명하게 드러난 판결이 앞서 살펴본 1969년 연방대법원의 Red Lion 판결이다.

그러나 1970년대부터 공정성 원칙을 지지하던 법원의 입장에 변화가 나타난다. 법원의 입장은 정부의 방송 내용규제는 표현의 자유를 위축시킬 위험이 크다는 비판을 적극 수용하는 방향으로 이동하게 된다 (Krasnow, & Goodman, 1997). 이러한 법원의 입장변화에는 공정성 원칙에 대한 지속적인 논란과 함께 시대적 배경, 즉 1970년대 후반~ 1980년대 들어 본격화된 신자유주의 흐름 그리고 매체폭발로 묘사되는 언론환경의 변화가 영향을 미쳤다고 할 것이다(강남준·김수영, 2008). 이후 법원은 공정성 원칙의 적용범위를 축소하거나 수정헌법 제1조의 정신을 강조하는 판결들이 잇따라 내리기 시작한다(Krasknow, & Longley, 1982; Krasnow, & Goodman, 1997).

216

그 대표적 예로, 1973년 CBS v. Democratic National Committee (DNC)[35] 판결을 들 수 있다. 이 재판에서 대법원은 공정성 원칙의 적용대상에서 정치적 논평광고를 제외하는 판결을 내린다(강남준·김수영, 2008). 즉, 모든 유형의 방송 프로그램에 적용되었던 공정성 원칙에 제한을 주고자 한 것이다. 당시 DNC는 CBS 방송사에 베트남전 반전광고를 내려다 거절당하자 소송을 제기하였다. 대법원은 논평광고의 방영 여부를 선택할 권한이 CBS 방송사에 있다고 판시하였다. 시민이 자신의 의견을 말할 것을 요청하여도 방송사는 이를 거부할 권리가 있으며 이는 커뮤니케이션법에 위배되지 않는다고 본 것이다.

또한 1984년 League of Women Voters of California v. FCC[36] 판결에서 연방대법원은 FCC의 방송 내용규제에 위헌의 소지가 있다는 점을 지적하며, 언론의 자유를 규정한 수정헌법 제1조가 우선되어야 함을 강조하였다. 이 사건은 미국 공영방송법(Public Broadcasting Act, 1967) 제399조가 비상업적인 교육방송이 정치논평에 참여하는 것을 금지한 것에 대해 캘리포니아 여성 유권자연맹이 위헌소송을 제기하면서 시작되었다. 대법원은 판결에서 이 조항이 수정헌법 제1조의 정신에 배치된다고 판시하였다(Krasnow & Goodman, 1998). 이 판결은 공정성 원칙의 문제를 직접 다룬 것은 아니지만, 수정헌법 제1조를 근거로 방송에 대한 정부의 내용규제가 잘못되었음을 규명함으로써 공정성 원칙 폐기에 영향을 미치게 된다(Hindman, 1997).

---

35 412 US 94, 117, 1973.
36 468 US 364, 1984.

3) FCC의 공정성 원칙 재검토 및 폐지 [37]

공정성 원칙을 둘러싸고 많은 논란이 제기되자, FCC는 공정성 원칙
에 관한 광범위한 검토작업에 착수하여 1985년 공정성 보고서(1985
Fairness Report)를 발표한다. [38] 이 보고서는 우선, 공정성 원칙과 관
련하여 FCC가 중점적으로 검토하고자 하는 사항들을 크게 3가지로 제
시하였다. 첫째, FCC는 공정성 원칙이 사회적으로 중요한 논쟁사안에
대한 보도에 어떤 영향을 미쳤는지 실증적으로 살펴보고자 하였다. [39]
이 보고서에서 FCC는 오랜 기간 공정성 원칙이 논쟁적 사안에 대한 보
도를 확산하여 공익을 향상시킨다고 믿었으나 실제로 이를 검증해 본
바 없음을 실토하였다. [40] 이를 통해 FCC는 공정성 원칙이 공적 쟁점에
대한 다양한 의견이 방송되는 데 기여했는지, 아니면 저해했는지에 대
해 분석하고자 하였다. [41] 둘째, FCC는 공정성 원칙을 집행하는 과정
에서 방송사업자 및 FCC, 그리고 대중들에게 직간접적으로 발생할 수
있는 비용과 여타의 잠재적 피해를 파악하려고 하였다. [42] 이때 비용은

---

37 이 항의 내용은 FCC의 1987보고서인 "In the matter of Inquiry into Section 73. 1910 of
the Commission's Rules and Regulations Concerning the General Fairness Doctrine
Obligations of Broadcast Licensees"(이하 In the matter of Inquiry into Section
73. 1910 (1987)로 표기)를 토대로 정리한 것이다.

38 General Fairness Doctrine obligations of broadcast Licensees, 50 Federal Register
35418. (1985). 일반적으로 [The 1985 Fairness Report]라고 알려진 이 보고서를 만드
는 과정에서 공정성 원칙에 대해 반대하는 방송 관계자들의 증언을 수집한 미국방송협회
의 연구가 큰 영향을 미쳤다(Aufderheide, 1990).

39 In the Matter of Inquiry into Section 73. 1910 (1987). 1.

40 Notice of Inquiry in Gen. Docket No. 84-282, FC 84-140, 49 Fed. Reg. 20317
(1984). In the Matter of Inquiry into Section 73. 1910 (1987). 4. 에서 재인용.

41 In the Matter of Inquiry into Section 73. 1910 (1987). 23.

42 Id. 24.

218

단순히 재정적 비용만을 일컫는 것이 아니며, 수정헌법 제1조 정신의 훼손, 정부 권력남용의 위험성 증가 등으로 발생하는 사회·가치적 비용을 포함한다. 셋째, FCC는 내용규제에 대한 정부 개입의 정당성과 필요성에 대해 숙고하겠다고 밝혔다. [43] 이를 위해 방송시장에서 FCC의 내용규제 전후 대중에게 제공되는 의견들의 양과 종류에 변화가 나타났는지를 검증하고자 하였다.

이와 같은 3가지 검토사항을 중심으로 공정성 원칙을 분석한 결과, FCC는 공정성 원칙이 비생산적이고, 위헌의 소지가 있어서 더 이상 필요하지 않다는 결론을 내리게 된다. FCC는 그 판단 근거로 다음과 같은 조사결과를 제시한다.

첫째, 공정성 원칙은 방송사업자들에게 막대한 부담을 주어 위축효과를 발생시키는 것으로 나타났다. [44] FCC가 고발 및 처분 사례들을 분석한 결과, 그 대부분이 공정성 원칙의 두 번째 조건, 즉 사회적으로 중요한 논쟁적 사안에 대해 다양한 의견들을 방송해야 한다는 의무를 위반하는 경우였다. [45] 이렇다 보니 방송사업자들은 제재에 따른 부담을 줄이기 위해 논쟁적 사안의 보도(공정성 원칙의 첫 번째 조건) 자체를 회피하는 부작용이 발생하였다고 보고서는 지적한다. [46] 방송사들이 제재를 두려워하는 이유는 근본적으로 공정성 제재가 방송 허가권 심사와 관련되어 있기 때문이다. [47] FCC는 방송사가 공익에 봉사하고 있

43 Id. 25.

44 Id. 29.

45 General Fairness Doctrine Obligations of Broadcast Licensees, 50 Fed. Reg. 35, 418 (1985) [The 1985 Fairness Report].

46 B. Chamberlin, "The FCC and the First Principle of the Fairness Doctrine: A History of Neglect and Distortion", 31 Fed. Comm. L. J. 361, 408-409 (1979). In the Matter of Inquiry into Section 73. 1910 (1987). 29. 에서 재인용.

47 47. U. S. C. § 301 (1982). In the Matter of Inquiry into Section 73. 1910 (1987). 30.

다는 지표로서 공정성 원칙의 수행실적을 평가하기 때문에 방송사 입장에서는 허가권 심사에서 재승인을 받기 위해 제재를 피하고자 한다는 것이다.

  방송사들의 우려와 달리, 가장 강력한 제재인 방송 허가권 박탈조치는 거의 이루어지지 않고, 대부분의 경우 의견의 불균형을 시정하는 차원에서 방송시간을 추가로 할애하거나 프로그램 형식을 조정하도록 하는 경고조치가 내려졌다. [48] 하지만 방송사업자들은 방송시간 차원에서 FCC의 개입을 큰 부담으로 느끼고 있었다. 또한 공정성 원칙 위반으로 항의받는 경우 이에 법적으로 대응하는 과정에서 적지 않은 지출이 발생하며 거대 미디어 기업이 아닌 소규모 방송사업자들은 이를 큰 부담으로 느끼는 것으로 나타났다. 이에 따라 방송편성 차원의 대응 내지 법적 대응에 따르는 부담을 줄이기 위해 방송사업자들은 시청자(또는 청취자)의 항의를 유발할 수 있는 논쟁적 사안의 방송 자체를 최소화하는 전략을 취하게 되며, 이는 표현의 자유를 제한하는 위축효과를 야기하게 된다. [49] FCC는 보고서에서 위축효과를 증명하는 다양한 사례들을 소개하며, 공정성 원칙이 결과적으로 공익에 기여하지 못하고 수정헌법 제1조에도 배치되는 정책이라는 결론을 내린다.

  둘째, 보고서는 공정성 원칙이 비주류 의견(*unorthodox ideas*), 즉 소수의견을 억제하는 기능을 하고 있다고 판단하였다. [50] 공정성 원칙은 그 실행구조상 근본적으로 대중적이고 일반적인 시각들이 보다 많이 반영되도록 하는 한계가 있다는 것이다. [51] 다시 말해, 방송에 반영할

에서 재인용.

48 Public Notice, "Controversial Issue Programming, Fairness Doctrine", FCC 63-734 (July 26, 1963). In the Matter of Inquiry into Section 73. 1910 (1987). 32. 에서 재인용.
49 In the Matter of Inquiry into Section 73. 1910 (1987). 33.
50 Id. 68.

220

의견을 선정하는 것은 방송사업자의 몫인데, 일반 대중을 대상으로 하는 방송사들은 〔다수적〕[52] 합리성에 근거하여 일반적으로 받아들여지기 어려운 의견들은 배제하고, 쉽게 수용 가능한 주류의견 위주로 가게 된다는 것이다.[53]

또한 보고서는 이러한 방송사업자들의 판단을 FCC가 평가하는 과정에서 역시 소수의견이 반영될 기회가 차단될 가능성을 우려했다.[54] FCC 역시 공정성 원칙을 집행하면서 이처럼 배제된 의견을 간과하는 방식으로, 의도적이지 않더라도 특정 의견을 다른 의견에 비해 비중 있게 평가하는 상황이 발생할 수 있다는 것이다. FCC는 이처럼 공정성 원칙이 대중적 의견, 혹은 일반적 의견에 우호적이라는 점 역시 공익에 부합하지 않으며, 수정헌법 제1조의 정신을 위반하고 있다고 평가했다.

셋째, 보고서는 공정성 원칙이 방송 프로그램의 구체적 사안까지 정부의 개입을 허용하고 있어 언론의 자유를 인정한 수정헌법 제1조의 정신과 충돌한다고 판단했다.[55] FCC가 공정성 원칙을 집행하는 과정에서 프로그램 내용에 대한 직접적 개입을 최소화하기 위해 노력해 왔음에도 불구하고, 프로그램의 공정성을 평가하기 위해서는 편성이나 편집에 관여할 수밖에 없는 정책 자체의 한계가 있다는 것이다. 특정 방송사의 공정성 의무이행 여부를 판단하기 위해서 FCC는 먼저 이들이

---

51 Id. 69.

52 〔 〕는 필자가 추가.

53 Columbia Broadcasting System, Inc. v. Democratic National Committee, 412 U. S. 190 (1973). 이 판결에서 William Brennan판사가 공정성 원칙이 여론의 주류 견해 이외의 다른 의견들에게 불리하게 작용할 수 있음을 언급하였다. In the Matter of Inquiry into Section 73. 1910 (1987). 70. 에서 재인용.

54 In the Matter of Inquiry into Section 73. 1910 (1987). 71.

55 Id. 72.

중요한 쟁점을 합리적이고 공정하게 선정하였는지 검토한 뒤, 해당 쟁점에 대해 상충되는 견해가 균등하게 방송되었는지를 평가하게 된다. 이 과정에서 방송시간을 분초 단위로 측정하여 양측의 의견에 균등하게 시간이 할당되었는지 살펴야 하는 경우도 있고, 편성시간을 점검하는 경우도 있다. 즉, 공정성 평가과정에서 방송사의 편성 및 편집에 세세하게 관여하게 되는 것이다. 1974년 Miami Herald Publishing Co. v. Tornillo 판결에서 연방대법원은 이처럼 편성 및 편집의 자유를 제약하는 정부 정책에 대한 우려를 표한 바 있다.[56] FCC는 결론적으로, 방송사업자가 방송하는 프로그램들의 구체적 내용까지 개입하는 공정성 원칙의 집행에는 위헌의 소지가 있다고 보았다.

넷째, 공정성 원칙은 방송사업자들에 대한 정치인 또는 정부관료들의 위협수단으로 악용될 가능성도 있는 것으로 나타났다. 즉, 정부 관료들이 자신들의 의견에 배치되는 견해를 억압하거나, 정치적 목적을 위해 특정 견해가 더 유리하게 방송될 수 있도록 방송사업자를 압박하는 수단으로 공정성 원칙을 사용할 수 있다는 것이다.[57] 정치인들 역시 방송사들이 논쟁적 사안을 다룰 때마다 이러저러한 이유로 끊임없이 방송을 비판했고,[58] 방송의 내용에 압력을 행사했다고 드러난 경우도 있다.[59] 법원 역시 "'공정성'을 핑계 삼아 정치적 남용이 일어날 수 있는 가능성이 공정성 원칙의 집행에 내포되어 있다"고 지적한 바 있다.[60]

---

56 Miami Herald Publishing Co. v. Tornillo, 418 U.S. 258. In the Matter of Inquiry into Section 73.1910 (1987). 73. 에서 재인용.

57 In the Matter of Inquiry into Section 73.1910 (1987). 74.

58 Id. 74.

59 D. Bazelon, "FCC Regulation of the Telecommunications Press", 1975 Duke L. J. 213, 247-51. (1975). In the Matter of Inquiry into Section 73.1910 (1987). 75. 에서 재인용.

60 Brandywine-Main Line Radio, Inc. v. FCC, 473 F.2d. 78 n.62. In the Matter of

222

일부 전문가들은 공정성 원칙 외에도 방송 허가권 갱신심사 등과 같이 정부관료들이 방송사업자에 압력을 가할 수 있는 수단이 다수 존재한다는 점을 들어 이러한 이유로 공정성 원칙을 폄훼할 이유는 없다고 주장하였다.[61] 그러나 FCC는 이러한 의견을 일축하며, 공정성 원칙의 집행과정에 권력남용의 가능성이 조금이라도 존재한다는 사실 자체가 문제임을 강조하였다.[62]

다섯째, 보고서는 공정성 원칙이 그 집행과정에서 방송사업자는 물론 FCC에게도 불필요한 경제적 비용을 발생시키고 있다고 지적하였다.[63] 방송사업자의 경우, 공정성 원칙 위반문제가 발생했을 때 제소자에게 방송의 기회를 제공하는 방식으로 합의하거나, 법정에서 변호해야 한다. 이 과정에서 당연히 지출이 발생한다. FCC 역시 공정성 원칙을 관리하고 집행하는 데 따른 정책비용이 발생한다. 매년 공정성 원칙과 관련된 수천 건의 조사 문의와 항의들을 처리해야 하며,[64] 그 처리 과정에서 방송사들을 상대로 소송을 제기해야 하는 경우도 있다.[65] FCC는 공정성 원칙의 보류 또는 폐기를 결정함에 있어 이 같은 비용요인도 고려되어야 한다고 판단했다. 비용만으로 정책 폐기를 결정할 수 있는 것은 아니지만, 정책의 효과 또는 의의에 비해 소요되는 비용이 과도하다면 비용 역시 공정성 원칙 폐기를 정당화하는 하나의 근거가

Inquiry into Section 73. 1910 (1987). 74. 에서 재인용.

61 Geller·Lampert Comments, supra n. 83. 10-11 n. 4. 참조. In the Matter of Inquiry into Section 73. 1910 (1987). 76. 에서 재인용.

62 In the Matter of Inquiry into Section 73. 1910 (1987). 76.

63 Id. 78.

64 예를 들어, 1984년 한 해에만 공정성 원칙 관련 문의와 항의 건수는 6,787이었다. In the Matter of Inquiry into Section 73. 1910 (1987). 각주 188에서 재인용.

65 In the Matter of Inquiry into Section 73. 1910 (1987). 78.

될 수 있다는 것이다. [66]

여섯째, 방송시장의 변화로 정보원의 수와 형식이 다양해지면서 공정성 원칙의 필요성이 감소하였다는 것이다. [67] 1974년 보고서에는 다음과 같은 내용이 담겨 있었다.

전자매체의 발전으로 케이블 등을 사용한 풍부한 채널의 확보는 아직 먼 미래의 이야기이다. 현재의 상황에서는 존재하는 한정된 채널들을 분배하기 위해 책임을 가진 정부기관이 공익의 관점에서 수정헌법 제1조를 위반하는 것은 타당하며 허용 가능하다. [68]

FCC는 이처럼 불과 10년 전만 해도 미래의 이야기로 간주되었던 정보기술들이 이미 언론시장의 주요한 채널들이 됐을 만큼 커뮤니케이션 기술이 폭발적인 성장을 이루었다고 강조한다. 이에 따라 정부가 굳이 중요한 사안을 전달하고 공정하게 방송하도록 요구하지 않더라도 대중들은 중요한 정보를 더 많이 공급받을 수 있게 되었기에 공정성 원칙의 필요성이 감소하였다는 것이다. 이처럼 자유로운 사상의 시장에서는 표현의 자유를 위축시킬 수 있는 공정성 원칙을 폐기하여 다양한 쟁점이 자유롭게 토론될 수 있도록 하는 것이 수정헌법 제1조의 정신에 충실한 길이라는 것이다. [69]

FCC는 이와 같은 자체 조사결과들을 바탕으로, 희소성 원칙은 더

66 Memorandum Opinion and Order in MM Docket No. 84-19 FCC 85-225 (May 8, 1985). In the Matter of Inquiry into Section 73. 1910 (1987). 79. 에서 재인용.

67 In the Matter of Inquiry into Section 73. 1910 (1987). 82.

68 1974 Fairness Report, 48 FCC 2d. 6. In the Matter of Inquiry into Section 73. 1910 (1987). 81. 에서 재인용.

69 FCC v. National Citizens Committee for Broadcasting, 436 U. S. 795. In the Matter of Inquiry into Section 73. 1910 (1987). 82. 에서 재인용.

이상 강조될 수 없으며, 공정성 원칙은 언론의 자유를 증진시키기보다 오히려 저해하는 측면이 있다고 결론지었다.[70] 이러한 검토를 토대로 1987년 FCC는 공정성 원칙의 폐기를 발표하기에 이른다.

---

70 In the Matter of Inquiry into Section 73. 1910 (1987). 137-140.

3. 공정성 원칙 폐기 이후의 논쟁

1) 공정성 원칙의 입법화 시도

FCC의 공정성 원칙 폐기는 이를 둘러싼 공방을 다시 점화시키는 계기가 된다. 그 일차적 무대가 된 곳은 의회이다.

제100대 의회(100th Congress; 1987~1989) 기간 중인 1987년 3월 12일, 사우스캐롤라이나주 출신 민주당 상원의원인 어니스트 홀링스(Ernest F. Hollings)에 의해 방송 공정성 법안(Fairness in Broadcasting Act of 1987)이 발의되었다. 'S. 742'라고도 불리는 이 법안은 공정성 원칙이 ① 방송사업자들의 법적 의무를 공정하게 천명하고, ② 1959년 의회를 통해 법적 승인을 받았으며, ③ 수정헌법 제1조와 합리적 균형을 유지한다는 점을 강조하며, 1987년 1월 1일부로 이 법안이 적용될 수 있도록 입법화할 것을 요구하였다.[71] 구체적인 법안의 내용은 다음과 같다.

법안은 1987년 4월 21일 내용의 수정 없이 상원을 통과(찬반 투표, 59-31)하고 하원으로 넘겨져 심의된다.[72] 법안심의 과정에서 뉴욕주 출신의 공화당 의원인 빌 그린(Bill Green) 의원은 벌써 1만 개 이상의 라디오 방송국들이 '다양한 시각들'을 제공하고 있으므로 라디오 매체에는 공정성 원칙이 필요 없다고 주장하며, H. R. 1934 법안의 적용대상에서 라디오 방송국은 제외시킬 것을 요구한다. 하지만 그린 의원의 주장은 71 대 333으로 부결되고, 법안은 원안대로 1987년 6월 3일 하원

---

[71] 100th Congress, S. 742. 1987. 03. 12.

[72] 하원에서는 동일한 법안이 H. R. 1934 "Fairness in Broadcasting Act of 1987"으로 명명되어 논의되었다.

〈표 4-1〉 1987년 방송 공정성 법안(S.742)

S. 742 - Fairness in Broadcasting Act of 1987

1조. 소제목

이 법안은 'Fairness in Broadcasting Act of 1987'라고 명명한다.

2조. 관련 사실들

① 기술의 진보에도 불구하고, 주파수 대역은 아직도 희소하고 가치 있는 공공 자원으로 남아 있다;

② 할당 가능한 주파수보다 방송하고자 하는 사람들이 여전히 훨씬 더 많다;

③ 방송 허가권은 귀중한 공적 자원을 사용할 권리를 부여하고 따라서 방송사는 미국국민을 위한 수탁 관리자로서 해당 자원을 활용해야 한다.

④ 정부는 이러한 방송허가권을 부여 내지 갱신하는 조건으로 다양하고 대립되는 정보원들로부터 가장 광범위한 정보가 보급될 수 있도록 해야 한다;

⑤ 새로운 비디오 및 오디오 서비스들이 도입되었지만, 많은 서비스들이 성공하지 못했고, 실제 운영 중인 서비스들은 방송국과 비교해서 훨씬 작은 범위의 시청자에게 도달하고 있다;

⑥ 새로운 비디오와 오디오가 언제 어디서든 가능하다고 하여도, 뉴스나 공공 사안의 제공차원에서 방송국들의 의미 있는 대안이 되지 못하고 있다;

⑦ 30년 이상 동안, 커뮤니케이션법에 기반을 둔 FCC에 의해 발전해 온 공정성 원칙 및 관련 조항들은 방송 시청자들에게 중요한 공적 사안들에 대한 강력한 논쟁을 할 수 있는 중차대한 권리를 보장해 줌으로써 표현의 자유를 신장시켰다;

⑧ 공정성 원칙은 더 많은 표현을 요구하기 때문에, 방송사들에게 위축 효과를 미치지 않는다;

⑨ 공정성 원칙은 (A) 커뮤니케이션법에 의해 방송사들에게 부여되는 공익 실천의 법적 의무를 적절히 반영하고 (B) 1959년 의회가 커뮤니케이션법을 개정할 시에 법적 승인을 부여 받았으며 (C) 국민, 방송 허가를 받은 사업자들, 그리고 방송 시설을 소유하지 못한 자들의 표현의 자유에 대해 놀라울 만큼 합리적인 균형을 제공한다.

3조. 커뮤니케이션법에 수정되어야 할 내용

1934년 커뮤니케이션법(47 U. S. C. 315)의 315조를 다음과 같이 수정한다.
(이하 생략)

을 통과(찬반 투표 302-102) 한다.

이처럼 상원과 하원을 통과한 S. 742법안은 최종 인준을 위해 당시 레이건(Ronald Reagan) 대통령에게 전달되었다. 레이건 대통령은 1987년 6월 19일, S. 742 법안에 대한 거부권을 행사한다(거부권 행사 서한 요약 내용은 〈표 4-2〉, 원문은 〈부록 4-2〉 참조). 100대 국회에서 통과된 법안에 대한 세 번째 거부권 행사였다. 이로써 홀링스 의원 주도로 이루어진 공정성 원칙 법제화 시도는 실패로 돌아간다.

홀링스 의원은 101대 의회(1989~1991)에서도 1987년에 발의했던 것과 동일한 법안을 '1989년 방송 공정성 법안'(Fairness in Broad-casting Act of 1989)로 연도만 바꿔 다시 발의한다. 'S. 577'로서 명명된 이 법안은 상원통과 후 하원의원 존 딘젤(John Dingell)에 의해 법안 (H. R. 315)으로 하원에 상정되지만, 당시 부시 대통령의 거부권 행사 위협 앞에서 더 이상 논의되지 못하고 폐기된다.

진보성향의 클린턴 대통령 재임 당시, 1990년대 초부터 시작해 약 2~3년간 의회에서 공정성 원칙을 다시 입법하려는 시도가 이루어진다. 여기에는 1990년 법률로 제정된 어린이 텔레비전 법안(Children's Television Act, 1990)이 영향을 미쳤다고 할 것이다(강남준, 2003; 강남준·김수영, 2008, p. 126). 강력한 내용규제 조항을 담고 있는 〈어린이 텔레비전 법〉이 통과되자 이에 편승하여 유사한 형태의 내용규제 법안인 공정성 원칙을 되살려 보려는 시도로 홀링스 의원과 딘젤 의원에 의해 102대 의회(1991~1993)와 103대 의회(1993~1995)에서 '1991년 방송 공정성 법안'(Fairness in Broadcasting Act of 1991)과 '1993년 방송 공정성 법안'(Fairness in Broadcasting Act of 1993)이 제출된 것이다. 하지만 이러한 시도는 모두 실패로 돌아간다. 당시 러시 림보(Rush Limbaugh) 같은 전국적 영향력을 지닌 보수적 토크쇼 진행자들은 이러

〈표 4-2〉 레이건 대통령의 방송 공정성 법안 거부권 행사 서한

미국 상원 앞:

나는 '공정성 원칙'을 성문화하는 S. 742, '1987 방송 공정성 법안'(Fairness in Broadcasting Act of 1987) 을 승인하지 않고 반환합니다. (중략) 연방정부에 의한 이 같은 내용규제는, 나의 판단에 수정헌법 제1조가 보장하는 표현의 자유에 반하는 것입니다.

방송뿐 아니라 어떤 매체에서든 저널리스트들의 편집적 판단에 대한 연방 정책은 상상할 수 없는 것입니다. 수정헌법 제1조의 창시자들은 '공정성 원칙' 과 같은 간섭이 없어야 공적 토론이 더욱 자유롭고 건강할 것이라 확신하며 "의회는 표현 및 언론의 자유를 제한하는 어떤 법률도 제정할 수 없다"라는 분명한 표현으로 이러한 규제를 금지한 것입니다. (중략)

대법원은 Red Lion 판결을 통해 공정성 원칙이 방송보도를 장려하는 대신 축소시킨다면 동 원칙의 적합성을 다시 판단해 볼 의지가 있음을 명시하였습니다. 그리고 이후 판결에서, 대법원은 방송사업자들이 처한 기술적, 경제적 환경의 변화를 인정하였습니다. 이용 가능한 미디어의 수의 증가는 공정성 원칙이 만들어진 시점에 존재했던 모든 정당성을 능가하는 것입니다. FCC도 자체적으로 이 원칙이 불필요하며 손실이 큰 규제 메커니즘이라고 판단하였습니다. 스스로가 만든 규칙에 대한 수많은 연구를 해본 결과, 1985년 FCC는 케이블 TV와 같은 새로운 정보원들의 증가로 인해 '공정성 원칙'이 명백히 불필요하게 되었음을 확인하였습니다. 나아가, FCC는 이 원칙이 방송사업자들로 하여금 공적으로 중요한 갈등 사안을 방송하는 것을 방해하는 등, 원래의 목적과 상충한다는 것을 확인하였습니다.

이러한 기술 발전을 차지하더라도, 우리는 특정한 미디어, 심지어 특정 언론사가 아니라 공론장 전체를 통해 활발한 공적 토론과 관점의 다양성을 촉진하고자 했던 수정헌법 제1조의 분명한 의도를 무시해서는 안 될 것입니다. 지나치게 소심하고 편향된 언론의 위험은 관료적 규제에 의해서가 아니라 수정헌법 제1조가 보장하는 자유와 경쟁을 통해서만 바로 설수 있다는 것을 역사는 보여주었습니다.

S. 742는 우리의 헌법이 보장하는 표현과 언론의 자유와 명백히 조화될 수 없습니다. 이 법안은 내 판단에 위헌입니다 (중략). 따라서 나는 이 법안을 승인할 수 없는 바입니다.

로널드 레이건 백악관, 1987. 6. 19

한 입법화 시도가 보수적 비판가들을 침묵시키려는 기도라며 맹공을
퍼부었다(Tate, 2008).

　이후 공정성 원칙을 법제화하려는 시도가 조지 부시 대통령 임기 중인
108대 의회(2003~2005)에서 이루어지게 된다. 뉴욕주 출신 민주당 하
원의원인 모리스 힌치(Maurice Hinchey) 의원은 "미디어에 대한 과도한
소유집중을 방지하고, 방송의 공정성을 재정비하며, 미디어의 지역화,
다양성, 경쟁을 장려하고 촉진하기 위해 1934년 〈커뮤니케이션법〉을
개정하고자 한다"는 취지로 '2004년 미디어 소유규제 법안'(Media Own-
ership Reform Act of 2004, H. R. 4069)을 발의한다. 비슷한 시점에 뉴욕
주 출신 민주당 하원의원 루이스 슬로터(Louise Slaughter) 역시 '미국 민
주주의를 위한 의미 있는 표현 법안'(Meaningful Expression of
Democracy in America Act, H. R. 4710)을 발의하였다. 슬로터 의원은
"방송사업자들이 사회적으로 중요한 사안에 대해 상충되는 의견들이 토
론될 합리적인 기회를 보장하도록 1934년 〈커뮤니케이션법〉을 개정하
려는 것"이라고 법안의 취지를 설명하였다. 이 두 법안 모두 FCC의 공정
성 원칙을 성문화시키려는 시도였으나, 의회에서 정식 안건으로 논의되
지 못하였다. 힌치 의원은 109대 의회(2005~2007)에서도 동일한 내용
의 '2005년 미디어 소유권 개정법안'(Media Ownership Reform Act of
2005, MORA)을 제출하지만 의제로 채택되지 못하였다. 조지 W. 부시
(George W. Bush) 대통령의 두 번째 임기 마지막 2년에 해당하는 110대
의회(2007~2009)에서 '2007년 방송 공정성 및 책무성 법안'(Fairness
and Accountability in Broadcasting Act)이 하원에 제출되었지만 역시 실
패로 돌아갔다.

　시장주의에 입각해 고전적 방송규제가 부활되어서는 안 된다는 주장
도 만만치 않았다. 마이크 펜스(Mike Pence) 공화당 하원의원, 존 툰

(John Thune) 공화당 상원의원, 그리고 놈 콜맨(Norm Coleman) 공화
당 상원의원은 공정성 원칙을 입법화하고자 하는 시도가 이루어질 수
없게끔 1934년 〈커뮤니케이션법〉의 개정을 주장하는 '2007년 방송 자
유 법안'(Broadcaster Freedom Act of 2007, H. R. 2905, S. 1748,
S. 1742)을 상하원에 각각 발의하였다. 이 법안은 FCC가 공정성 원칙
을 부활시킨다든지 방송사업자들을 규제하는 유사 규칙들을 만들지 못
하도록 원천봉쇄하는 것을 목적으로 한다. 하지만 이 법안 역시 의회
본회의 안건으로 채택되지 못하였다.

111대 의회(2009~2011)에서 위와 동일한 내용의 '2009년 방송자유
법안'(Broadcaster Freedom Act of 2009, S. 62, S. 34)이 짐 드민트(Jim
DeMint) 의원과 제임스 인호프(James M. Inhofe) 상원의원에 의해 발
의된다. 이 법안들 역시 두 차례의 검토만 받았을 뿐 의회에서 논의되
는 데 실패하였다.

그러나 D. C. 지역의 투표 의석과 유타 주 하원의 수 증가를 요구하
는 법안인 〈2009 DC투표권법〉(District of Columbia Voting Rights Act
of 2009, H. R. 157, S. 160)이 의회를 통과하면서 공정성 원칙은 새로운
국면을 맞게 된다. 이 법안의 9조와 10조는 FCC가 방송내용을 규제하
거나 공정성 원칙의 부활시키지 못하게끔 권한을 축소시키는 내용을
담고 있다. 이로써 미국의 커뮤니케이션법에서 공정성 원칙이 부활될
가능성은 더욱 희박해지게 된다.

이와 같은 'S. 160'의 통과에 힘입어 111대 의회에서 논의되지 못했던
'2011년 방송 자유 법안'(Broadcaster Freedom Act of 2011, H. R. 642)
이 112대 의회(2011~2013)에서 마이크 펜스(Mike Pence) 하원의원에
의해 다시 발의되었다. 이 법안을 표결에 부치는 대신, 하원 커뮤니케
이션과 기술 분과위원회 웁톤(Julius Upton) 위원장은 2011년 5월 31일

게나초스키(Julius Genachowski) FCC 위원장에게 인신공격 규칙과 정
치적 논평 규칙을 포함한 공정성 원칙을 미국 연방법규(Code of Federal
Regulations)에서 완전히 삭제할 것을 요청하는 서한을 보낸다.[73]

이러한 요청에 따라 FCC는 규칙 정비작업에 착수하여, 2011년 8월
22일 게나초스키 FCC 위원장은 공정성 원칙을 포함해 전자 미디어를
규제하는 83개의 규칙들이 FCC 규정집(*rulebook*)에서 공식 삭제되었
음을 발표한다.[74] 2014년 5월, FCC는 공정성 원칙의 마지막 잔재인
재플(Zapple) 원칙을 강제 적용하지 않을 것임을 발표한다.[75] 공정성
원칙의 마지막 잔재가 폐지된 것이다.

2) 공정성 원칙의 부활을 둘러싼 찬반 논쟁

공정성 원칙 폐기 이후 학계를 중심으로 공정성 원칙이 실제로 언론
의 자유를 위축시켰는지, 아니면 사상의 자유를 촉진하였는지, 그리고
신자유주의로 대변되는 시대적 흐름에 부적절한 것이었는지 등에 대한

---

73 http://republicans. energycommerce. house. gov/Media/file/Letters/112th/053111f
ccfairnessdoctrine. pdf.

74 https://www. fcc. gov/document/genachowski-announces-elimina tion-83-out
dated-media-rules.

75 준기회균등규칙(quasi-equal opportunity rule)으로도 불리어진다. 동등시간규칙(equal
time law)이 후보자들에게만 적용되는 반면, 재플 원칙은 선거에서 방송사가 한 후보자
의 지지자에게 방송시간을 내줄 경우 경쟁후보의 지지자에게도 시간을 내주어야 한다는
원칙이다. 상원 상무위원회의 직원이었던 재플(Nicholas Zapple)이 FCC에게 정당 간의
불균등한 방송시설 이용 문제를 어떻게 처리할지 문의하자, FCC는 방송국이 한 주요 정
당에게는 방송시간을 주면서 다른 정당에게는 주지 않는 것은 공공의 이익에 정면 배치되
는 것이며, 한 정당이 방송시설을 이용하면 다른 정당도 똑같은 조건하에 상응한 방송시
간을 이용할 수 있어야 한다고 결론내리면서 재플 규칙을 탄생시켰다. Letter to Nicholas
Zapple, 23 FCC 24 707, 1970.

논의가 본격적으로 시작되었다. 공정성 원칙을 둘러싼 주요 쟁점들을 둘러싸고 분명한 결론이 도출되지 않은 가운데 공정성 원칙을 찬성하는 측과 반대하는 측의 견해 차이가 여전히 팽팽한 상황이다.

(1) 위축 효과에 대한 논쟁

FCC는 1985년 보고서에서 공정성 원칙을 폐기해야 하는 첫 번째 근거로, 공정성 원칙이 방송사업자들에게 부담으로 작용하여 논쟁이 될 만한 사안의 방송을 회피하는 위축 효과를 발생시킨다고 보았다. 과연 공정성 원칙은 위축효과를 야기했을까? 공정성 원칙이 폐기된 이후 현재까지도 이 위축효과는 분명하고 일관되게 검증되지 못하였다. 학계의 연구결과 역시 공정성 원칙에 대한 찬반 입장에 따라 그 결과가 극명하게 갈리고 있다.

우선, 공정성 원칙 폐기를 지지했던 측은 공정성 원칙이 폐지되면서 공익에 부합하는 방송 프로그램의 양이 증가했다고 주장한다. 크로나우어(Cronaur, 1994)는 공정성 원칙이 폐지된 후 라디오 토크 쇼가 4백 개에서 8백 개로 크게 늘어난 사실에 근거하여, 공정성 원칙이 방송제작자들의 프로그램 자체검열을 야기했음을 유추한다. 헤이즐릿과 소사(Hazlett & Sosa, 1997) 역시 공정성 원칙이 폐기된 시점인 1987년을 전후로 정보를 제공하는 토크쇼 형태의 라디오 프로그램 수가 급격히 증가하고 있다고 하면서, 이를 공정성 원칙의 위축 효과가 사라진 결과라고 해석한다.

반면, 위축효과는 공정성 원칙의 부작용으로 나타난 현상이 아니었으며, 공정성 원칙이 폐기되면서 오히려 부정적 결과가 나타나고 있다는 반대주장도 만만치 않다. 대표적으로 엔트만(Entman, 1989)은 ABC, CBS, NBC의 뉴스를 분석한 결과, 공정성 원칙이 폐기되면서 공공사

안에 대한 뉴스는 줄어들고 시청자의 관심을 끌기 위한 흥미 위주의 뉴
스가 늘어났다고 비판한다. 아우프데어하이드(Aufderheid, 1990)는 지
역의 공공 문제를 다루는 프로그램이 39% 감소했으며, 뉴스 분야의 인
력도 크게 감축됐다고 지적한다.

특히, 이 연구에서는 FCC의 공정성 원칙 폐지 근거인 1985년 보고서
에 인용된 방송사 관계자, 현업 기자들, 다양한 이익 집단들의 증언을
재조사하여 이들이 현장에서 실제 위축효과를 체감했는지, 그리고 그
구체적 사례는 무엇인지 분석한다. 연구 결과, 1985년 보고서의 결과와
는 달리, 인터뷰 대상자의 대다수가 위축효과가 거의 존재하지 않았다
고 응답한 것으로 나타났다. 이들은 논쟁적 사안에 대한 방송 횟수가 줄
어든 것은 시청자의 취향을 고려해야 하는 방송산업의 특성상 그들이 선
호하지 않는 이슈를 피하게 되면서 발생한 불가피하고 자연스러운 결과
라고 평가했다. 또한 공정성 원칙이 존재하던 당시에 논쟁적 이슈를 다
루는 것이 더 수월하였으며, 균형 잡힌 방송이 가능했다는 증언도 확인
되었다. FCC의 까다로운 공정성 심의 절차가 방송사들을 보호함으로
써 위축효과의 발생을 완화시켰다는 주장도 있다(Halpern, 1985).

(2) 표현의 자유 촉진여부에 대한 논쟁
미 수정헌법 제1조에서 보장하는 표현의 자유는 존 스튜어트 밀
(John Stuart Mill)과 같은 자유주의자들의 철학에서 기인하였다. 즉,
"'아이디어 시장'(*marketplace of ideas*)에서의 다양성이 진리 추구의 성
공 여부를 결정한다"는 시각에 기초하여 시장에서의 자유로운 의견 교
환을 강조하는 것이다.

이러한 관점에서 공정성 원칙을 근거로 한 방송 프로그램 및 방송시
간에 대한 FCC의 내용규제는 오히려 표현의 자유를 위축시킨다는 비

판을 받아 왔다. FCC 역시 공정성 원칙이 수정헌법 제1조의 정신에 배치된다는 이유를 들어 공정성 원칙의 폐기를 결정하였다. 또한 채널이 한정적이었을 과거에는 방송의 내용을 공익에 맞는 방향으로 규제할 근거가 존재했으나, 현재와 같은 다채널, 다매체 시대에는 이러한 내용규제가 오히려 다양한 의견의 공존을 저해할 수 있다는 것으로 입장을 정리하였다.

하지만 공정성 원칙이 폐기된 후 이러한 방침이 오히려 다양한 의견의 방송을 제한하고, 사회적 약자들이 의견을 표출할 기회를 제한하고 있다는 주장이 제기되었다. 예컨대, 콘라드(Conrad, 1988)는 공정성 원칙은 영향력이 막대한 미디어에 대한 접근권이 시민들에게 비교적 동등하게 할당될 수 있는 근거를 제공했는데 이 원칙이 폐기되면서 부와 권력을 지닌 자들에 의해 방송내용이 통제될 가능성이 커졌다고 주장하였다. 브레넌(Brennan, 1989)도 같은 관점에서 방송 면허권, 광고의존적인 수익구조 등으로 설명되는 방송산업의 특성상 방송은 그 자체로 균등하게 배분되는 자원이 아니며, FCC의 공정성 원칙이 부와 자원에 관계없이 방송에 대한 권한을 평등하게 재분배해 주는 역할을 해 주었다고 평가한다.

이러한 관점에서 미디어 관련 시민단체들은 방송이 '선의의 수탁자'로서의 의무를 수행하기 위해서는 공정성 원칙이 반드시 필요하다고 주장했다. 특히, 공공미디어센터(Public Media Center)는 공정성 원칙이 방송사들에게 중요한 쟁점에 대한 정보를 시민들에게 제공하도록 강제하여 수정헌법 제1조의 권리를 신장시켰는데, 공정성 원칙이 폐기된 이후 방송사들이 논쟁적 이슈들을 다루지 않는 경향이 커졌다고 주장하였다(Aufderheide, 1990).

(3) 탈규제에 대한 찬반 논쟁

1980년대 들어 미국 사회 전반에 신자유주의 흐름이 나타나면서 미국 정부의 방송정책 역시 탈규제 기조를 띠기 시작하였다. FCC는 시장주의적 관점에서 공익 개념을 재해석하였다. 당시 방송의 탈규제 정책을 강력히 주장했던 마크 파울러(Mark S. Fowler) FCC 의장은 "방송이 우리의 공공 이익을 담보하는 시대는 지났다. 공공의 이익이 무엇인가는 시장원리에 입각하여 공중(public)이 정해야지 정부나 의회의 몫이 아니다"라고 주장하였다(강남준, 2003). 공익을 실천하기 위한 하부 규칙인 공정성 원칙을 폐기하기로 결정한 FCC의 방침 역시 이러한 기조와 무관하지 않다.

탈규제 입장에서 공정성 원칙에 반대하는 이들은 다양한 매체가 등장하면서 방송시장도 여타 시장과 마찬가지로 '보이지 않는 손'에 의해 자연스럽게 보다 다양한 정보와 의견이 제공되고 유통되는 환경이 마련됐다고 판단한다(Simone & Fernback, 2006). 예컨대 음악방송의 경우, 이미 재즈, 클래식, 대중가요 등 무수히 많은 장르의 방송채널이 자연스럽게 확보된 것만 보아도, 일일이 방송내용과 형식을 규제할 당위성이 사라진다는 것이다. 방송정책은 시장이 일부 거대 미디어 기업에 의해 독점되지 않도록 소유구조의 다양성만 유지하면 충분하며, 그 내용은 저절로 다양성이 유지될 수 있다는 것이다(Brennan, 1989; Croanauer, 1994).

반면, 이러한 탈규제 정책에 반대하는 이들은 자유로운 시장이 프로그램 내용의 다양성을 저절로 보장하지는 않는다고 비판한다. 예를 들어 엡스타인(Epstein, 2007)은 경쟁이 치열한 시장환경에서는 소규모 방송사들의 존립이 어려워져 결과적으로 시장의 다양성이 확보되지 않을 상황을 우려한다. 예컨대, 신문, 방송, 인터넷 등 다양한 매체를 보

유한 거대 미디어 기업들은 동일한 프로그램을 여러 매체를 통해 전달
하는 전략을 통해 효율적으로 경쟁에 대응할 수 있는 반면, 경쟁력이
떨어지는 독립적인 지역방송(*independent local station*)들은 경쟁을 이겨
내지 못하고 도태될 가능성이 크다는 것이다. 이 경우, 거대 미디어 기
업 계열 매체들이 생산하는 정보가 시장의 의견을 주도하게 되는 상황
이 발생할 수 있다. 같은 관점에서 티보도(Thibodaux, 2005)는 방송시
장에 시청자가 선택 가능한 채널의 수는 늘어나고 있지만, 공정성 원칙
폐기 이전만큼 다양한 견해들이 표출되지는 않고 있다고 지적하면서
거대 미디어 기업의 지배력을 제한하고 콘텐츠와 의견의 다양성을 확
보하기 위해 공정성 원칙의 부활이 필요하다고 주장하였다.

4. 공정성 원칙의 함의

국내에서 방송통신심의위원회의 공정성 심의가 논란이 될 때마다 FCC의 공정성 원칙이 도마 위에 오르곤 한다. 미국은 이미 표현의 자유를 침해한다는 이유로 오래전에 공정성 원칙을 폐지하여 공정성 심의를 하지 않는다는 것이다(이선민, 2009; 김영훈, 2011). 즉, 공정성 심의가 언론의 자유를 위축시킬 수 있으니 자제해야 한다는 주장이다. 심지어 같은 이유로 우리 역시 공정성 심의조항 자체를 폐기해야 한다는 이들도 있다(권순택, 2013; 조수경, 2014). 이러한 주장들의 핵심은 방송정책 선진국인 미국도 무의미하다고 폐기한 공정성 심의원칙을 한국이 유지하여 불필요한 잣대로 사회적 논란을 야기할 필요가 있느냐는 것이다.

이러한 주장들은 공정성 원칙의 도입, 집행, 폐지, 그리고 그 이후 지속된 논쟁들의 내용과 맥락에 대한 인식의 결여를 반영한다. 공정성 원칙이 지닌 함의는 그렇게 단순하게 재단될 수 있는 것이 아니다.

이상에서 살펴본 공정성 원칙의 등장과 집행, 그리고 폐기과정에서 우리가 주목할 만한 주요 양상 및 함의를 정리해 보자.

첫째, 미국 FCC가 시행했던 공정성 원칙은 방송의 내용에 대한 직접적이고도 구체적인 '국가에 의한 내용규제'였다. 그 내용을 보면 방송사업자들은 사회적으로 중요한 논쟁적 사안에 대해 숙고하고 토론하는데 전체 방송시간의 합리적인 일부를 할애해야 하며, 이러한 방송을 할 때 방송사업자들은 논쟁적 사안에 대해 다른 의견을 지닌 개인이나 집단들이 공평하게 의견을 표현할 수 있는 기회를 적극적으로 제공해야 한다는 것이었다. 이는 아이러니하게도 시장주의 원칙에 따라 상업적 방송이 방송서비스의 제공을 주도하는 미국의 자유주의적 방송시장 환경을 배경으로 한다. 방송의 사회적 책무를 (공영) 방송사가 주도적으로 짊어진 영국과 달리, 방송사업자 스스로 이러한 책임지기 어려운 미국의 방송시장 구도 속에서, 국가가 직접적인 '공익'의 수호자 역할을 담당하면서 탄생한 것이 공정성 원칙이라 할 것이다.

둘째, 하지만 자유주의 시장원리가 주도하는 상황 속에서 이처럼 국가가 방송내용에 적극 개입하는 규제 시도는 처음부터 한계를 지닐 수밖에 없다. 미디어 사업자들의 자유가 수정헌법 제1조에 의해 강력하게 보호되는 미국에서 가족시청 시간대 보장, 주시청 시간대 비 네트워크 프로그램 편성의무 등 방송사의 편성권에 제한을 가하는 규제 시도는 방송사들의 강력한 반발로 모두 폐기되었다. 공정성 원칙이 1987년 폐기된 것도 이와 같은 맥락에서 이루어진 것이라고 볼 수 있다(강남준·김수영, 2008, p. 135). 공정성 원칙이 유지되는 기간 동안에도 그 집행은 사실상 매우 조심스럽게 이루어졌고 면허권에 영향을 미친 사례는 거의 없었다.

셋째, 공정성 원칙에 대한 정치권의 입장은 겉으로 드러난 것과 달리 미묘한 측면이 있다. 특히 이 원칙을 지지하고 폐지 이후에도 끝없는 부활 시도를 보여준 진보적인 민주당의 입장에서 그러했다고 할 것이다. 이 원칙이 한편으로는 방송의 사회적 책무강화의 의미도 지니지만 동시에 국가에 의한 방송 내용규제라는 양가적 속성을 지니고 있기 때문이다. 클린턴은 당시 FCC의장이자 절친한 친구였던 헌트(Reed Hundt)와 손발을 맞추어 미국 방송역사상 가장 강력한 내용규제 정책을 성공시킨 대통령이다. 방송사의 강력한 반발에도 불구하고 두 번이나 메이저 방송사 사장들을 백악관에 불러들여 'TV 정상회담'(TV Summit)을 개최하면서 여러 막후 협상을 통해 프로그램 등급제 실시와 주당 3시간 이상 청소년 대상 프로그램의 의무편성을 이루어냈다(강남준, 2006).

이렇게 어려운 방송 프로그램 내용에 대한 규제 입법화를 이루어낸 클린턴도 공정성 원칙을 다시 살려 내지는 못했다(강남준·김수영, 2008, p. 135). 클린턴 대통령은 공정성 원칙을 의회가 입법화해 보내 주면 전임 부시와는 달리 법안을 사인해 공표하겠다고 약속했지만 재임 기간 중 이 원칙을 다시 살리려는 어떠한 시도도 하지 않았다(강남준·김수영, 2008, p. 135). 진보 성향의 오바마 대통령 역시 방송의 다원성 증진을 위해 미디어 소유집중을 제한하고 다양한 관점을 드러내는 새로운 미디어의 발전을 촉진하며 지역문제에 대해 보다 많은 방송시간을 할애하고 방송사업자가 공동체에 보다 많이 기여하는 것을 장려하겠다는 등의 정책을 내놓았다. 하지만 그의 방송정책에 공정성 원칙의 부활은 들어 있지 않았다.

넷째, 미국 의회의 입장 역시 애매하기는 마찬가지였다. 법원과 FCC에 의해 공정성 원칙이 폐기절차를 밟는 동안 의회는 사실상 아무런 영향력을 행사하지 않았다. 1987년 이 원칙이 폐기된 후 의회는 예산 삭감, FCC 위원 청문회 보류 등 여러 방법으로 FCC를 압박하고, 또 민주당 소속의 일부 의원들에 의해 재입법화 시도가 이어지긴 하지만 이는 사실상 원칙 폐기를 못마땅해 하는 의사표시 수준에 불과하였다. 정치인 특히 의원들의 입장에서는 정치적 영향력이 막강한 방송사와 등을 질 수 없으면서 동시에 공정성 원칙의 부활을 위해 애쓰는 관련 시민단체의 눈을 의식하지 않을 수 없었기 때문일 것이다. 이 같은 정치권의 혼란스러운 행보를 두고 의원들의 공정성 원칙 부활논의는 모두 립 서비스에 불과하다는 비난이 제기되기도 하였다(Sohn, 1994; 강남준·김수영, 2008, p. 136에서 재인용).

240

 다섯째, 독립적인 기관으로서 방송사에 대한 규제를 수행해야 할 FCC는 공정성 원칙과 관련해 정치적으로 자유롭지 못한 한계를 드러냈다. 공정성 원칙에 대한 FCC의 입장을 보면 정권의 정치색이 그대로 반영되어 있음을 알 수 있다. 레이건 정부 당시 FCC 위원장인 파울러(Marc Fowler)는 전통적인 공화당 강령에 따라 공정성 원칙 폐기를 포함해 적극적인 친산업 정책을 펼친 반면, 클린턴 정부의 헌트 FCC 위원장은 기업보다는 일반대중, 약자계층을 보호하는 민주당의 정치색을 그대로 드러냈다.[76]

 여섯째, 정치권 외곽에서 Public Media Center, Media Access Project 등 공정성 원칙을 되살리려는 비영리 시민단체들의 노력이 지속되었다. 하지만 이들의 노력은 방송업계의 이익을 대표하는 미국방송협회(NAB) 등의 끈질긴 로비로 별다른 성과를 거두지 못하였다.

 미국의 공정성 원칙을 둘러싼 논쟁은 이처럼 복잡한 양상을 띠지만, 이를 단순화시키면 '국가주도의 내용규제라는 가장 강력한 형태로 실행된 방송 공정성 원칙' 정도로 요약해 볼 수 있다. 이러한 정책은 1949년 FCC 자체 보고서를 통해 처음 발표된 이후 구체화 과정(1974년)을 거쳐 집행되다가, 1987년에 본 원칙이 폐지되고 2000년에는 그 잔재로 남아 있던 '정치적 논평의 원칙'과 '인신공격의 원칙', 그리고 2014년에는 재플 원칙까지 폐지됨으로써 사실상 완전히 사라지게 되었다고 할 것이다.

 이러한 미국 공정성 원칙의 역사는 국가 주도의 직접적 내용규제 형태로 동 원칙을 접근하는 데는 분명한 한계가 있을 수밖에 없다는 것을

---

76 "방송은 가전제품의 하나로, 스크린이 달린 토스터기에 불과하다"는 파울러(Fowler)의 말과, 이를 반박하며 "이 토스터에서 구워 내는 것이 빵이 아니라 이 나라의 미래라고 한다면 그냥 시장에 맡기겠는가?"라고 한 헌트의 주장(Hundt, 1995, 강남준·김수영, p. 134에서 재인용)은 이 둘의 입장 차이를 분명하게 보여준다.

보여준다. 실제로 디지털 미디어 기술의 발전에 따라 모든 매체가 인터넷으로 수렴되고 다양한 의견 개진과 수렴이 실시간으로 이루어지는 시대에 방송이 무엇을 어떻게 내보내야 하는지를 국가가 강제한다는 것은 실제로 생각하기 어려운 일이다.

하지만 다른 곳도 아닌 사업자의 자유에 최우선의 가치를 두는 미국에서 이처럼 강력한 국가주도적 공정성 정책이 적극 도입되고 상당기간 집행되었으며, 폐기된 이후에도 부활의 움직임이 지속되었다는 사실은 특별한 주목을 요구한다. 미디어의 자유를 제1의 헌법적 가치로 주창하는 미국 사회에서조차 공정성은 그만큼 중요한 가치로 강조되었던 것이다. FCC에 의한 방송 공정성 원칙의 집행은 폐지되었지만 공정성 구현을 위한 한 방법론으로서의 국가주도적 내용규제의 타당성이 부정된 것일 뿐 미디어 공정성 원칙은 여전히 그 중요성을 인정받고 있다 할 것이다.

미국에서는 2000년대 이후 직접적인 내용규제에서 미디어 소유규제 문제로 미디어 정책의 관심이 이동하였다. 미디어 소유규제를 완화를 통해 관점의 다양성과 다원성을 확보할 수 있다고 보는 보수세력과 그러한 시도에 제동을 걸려는 진보세력 간에 2라운드 공방이 벌어지게 된 것이다. 이러한 정책논쟁에서 취하는 정치적 입장이 무엇이건 그 중심에는 '공정한 미디어 환경의 정립'이 21세기 미국 사회에서 여전히 중요한 국가의제라는 인식이 공유되고 있다고 할 것이다.

〈부록 4-1〉 공정성 원칙 주요 Timeline

1927	The Radio Act 제정. Federal Radio Commission(FCC의 이전 명칭) 설립
1934	The Communications Act 제정. 방송 주파수에 대한 라이센스를 부여하는 FCC 설립
1949	FCC는 Editorials on Radio를 통해 두 가지 요구사항 발표. 방송사들은 공적 사안에 대한 적절한 방송을 해야 하며, 이러한 방송은 사안과 관련해 대립하는 의견들을 적절히 반영해야 함.
1959	Communications Act에 Equal Time Provision 추가. 이를 통해 "방송 허가를 받은 사업자가 한 후보에게 방송을 사용할 수 있게 하였다면 동일한 자리를 목표로 하는 다른 모든 후보에게 동등한 기회를 제공해야"함을 명시.
1959 ~1981	FCC는 1959년에 개정된 315조를 공정성 원칙을 성문화한 것으로 해석해 왔음. 1969년 Red Lion Case에서 공정성 원칙이 대법원에 의해 지지되었음.
1967	인신공격 규칙, 정치적 논평규칙 탄생.
1974	Miami Herald vs. Tonilla. 신문 사설에 적용되었던 공정성 의무 요구 법안이 무효 판결. 인쇄미디어의 공정성 원칙 사라짐.
1981	Red Lion 대법원 판결 이후 상황의 변화를 감지한 FCC는 의회에게 공정성 원칙 폐기를 요구하였으나 아무런 조치도 취해지지 않았음.
1985	FCC는 공정성 원칙이 1959년에 성문화되지 않았었다고 판단.
1986	콜롬비아지구 연방항소법원은 1959년 개정이 공정성 원칙을 성문화하지 않았다고 발표하며 FCC 결정을 지지.
1987	FCC는 공정성 원칙을 다음 3가지 근거로 공식 폐기: 1. 공공의 이익에 부합하지 않았음, 2. 미디어의 희소성 이슈가 사라짐, 3. 수정헌법 제1조를 위반
1987	100대 의회(100th Congress)에서 공정성 원칙 복원이 다수결로 통과되었지만, Reagan대통령이 거부권을 행사함으로써 무산됨.
1989	101대 의회(101th Congress)에서 공정성 원칙 복원법안이 다시 하원을 통과하지만, Bush대통령이 veto를 행사할 것이라고 협박, 더 이상 진행되지 못함.
1991 ~1993	Bush대통령이 공정성 원칙과 유사한 법안에 거부권을 행사하겠다고 위협한 결과, 공정성 원칙 부활의 두 번째, 세 번째 시도들도 실패.
1993	The 8th Circuit Court of Appeals는 FCC가 공정성 원칙을 폐지한 것은 합리적인 판단이었다는 판결을 내림.
2000	– Radio-Television News Directors Assoc. v. FCC를 통해 인신공격 규칙과 정치적 논평규칙의 타당성을 판단, 연방항소법원은 FCC에게 이 규칙들을 폐기하라고 명령 – FCC는 "Repeal of Modification of the Personal Attack and Political Editorial Rules"('FCC Order')을 통해 이 규칙들의 폐기 발표

〈부록 4-1〉 계속

2005	Hinchey 상원의원이 'Media Ownership Reform Act of 2005(안)'을 의회에 제출함으로써 공정성 원칙의 부활 재시도.
2007	Norm Coleman 상원의원이 FCC가 공정성 원칙을 부활시키는 것을 방지하는 'Broadcaster Freedom Act of 2007' 법안을 의회에 제출하였지만 제정되지 못함.
2009	− Jim DeMint 상원의원이 2007 법안과 동일한 내용의 법안인 'Broadcaster Freedom Act of 2009'을 의회에 제출하지만 제정되지 못함 FCC가 방송 내용규제를 못하고 공정성 원칙이 부활하지 못하도록 권한을 축소시키는 'District of Columbia Voting Rights Act of 2009'(H.R.157, S.160)이 의회 통과.
2011	− Mike Pence 하원의원이 동일한 내용의 'Broadcaster Freedom Act of 2011'을 상정하였지만 제정되지 못함 Julius Genachowski(FCC위원장)는 공정성 원칙과 전자 미디어를 규제하는 82개 관련 규칙들이 미국 연방법규에서 공식적으로 완전히 삭제되었음을 발표.
2014	공정성 원칙의 마지막 잔재인 Zapple 규칙 폐기.

〈부록 4-2〉 레이건 대통령의 공정성 법안 거부권 표시 서한 원문

TO THE SENATE OF THE UNITED STATES:

I am returning herewith without my approval S 742, the "Fairness in Broadcasting Act of 1987", which would codify the so-called "fairness doctrine." This doctrine, which has evolved through the decisional process of the Federal Communications Commission (FCC), requires Federal officials to supervise the editorial practices of broadcasters in an effort to ensure that they provide coverage of controversial issues and a reasonable opportunity for the airing of contrasting viewpoints on those issues. This type of content based regulation by the Federal Government is, in my judgment, antagonistic to the freedom of expression guaranteed by the First Amendment.

In any other medium besides broadcasting, such Federal policing of the editorial judgment of journalists would be unthinkable. The framers of the First Amendment, confident that public debate would be freer and healthier without the kind of interference represented by the "fairness doctrine", chose to forbid such regulations in the clearest terms: "Congress shall make no law ⋯ abridging the freedom of speech, or of the press." More recently, the United States Supreme Court, in striking down a right-of-access statute that applied to newspapers, spoke of the statute's intrusion into the function of the editorial process and concluded that " [i]t has yet to be demonstrated how governmental regulation of this crucial process can be exercised consistent with First Amendment guarantees of a free press as they have evolved to this time." Miami Herald Publishing Co. v. Tornillo, 418 U.S. 241, 258 (1974).

I recognize that 18 years ago the Supreme Court indicated that the fairness doctrine as then applied to a far less technologically advanced broadcast industry did not contravene the First Amendment. Red Lion Broadcasting Co. v. FCC, 395 U.S. 367 (1969). The Red Lion decision was based on the theory that usable broadcast frequencies were then so inherently scarce that government regulation of broadcasters was inevitable and the FCC's "fairness doctrine" seemed to be a reasonable means of promoting diverse and vigorous debate of controversial issues.

The Supreme Court indicated in Red Lion a willingness to reconsider the appropriateness of the fairness doctrine if it reduced rather than enhanced broadcast coverage. In a later case, the Court acknowledged the changes in the technological and economic environment in which broadcasters operate. It may now be fairly concluded that the growth in the number of available media outlets does indeed outweigh whatever justifications may have seemed to exist at the period during which the doctrine was developed. The FCC itself has concluded that the doctrine is an unnecessary and detrimental regulatory mechanism. After a massive study of the effects of its own rule, the FCC found in 1985 that the recent explosion in the number of new information sources such as cable television has clearly made the "fairness doctrine" unnecessary. Furthermore, the FCC found that the doctrine in fact inhibits broadcasters from presenting controversial issues of public importance, and thus defeats its own purpose.

Quite apart from these technological advances, we must not ignore the obvious intent of the First Amendment, which is to promote vigorous public debate and a diversity of viewpoints in the public forum as a whole, not in any particular medium, let alone in any particular journalistic outlet. History has shown that the dangers of an overly timid or biased press cannot be averted through bureaucratic regulation, but only through the freedom and competition that the First Amendment sought to guarantee.

S 742 simply cannot be reconciled with the freedom of speech and the press secured by our Constitution. It is, in my judgment, unconstitutional. Well-intentioned as S 742 may be, it would be inconsistent Presidential Messages with the First Amendment and with the American tradition of independent journalism. Accordingly, I am compelled to disapprove this measure.

RONALD REAGAN
The White House, June 19, 1987.

05
KBS 공정성 가이드라인

윤석민 · 정성욱 * · 김수지 **

이 장에서는 우리나라의 기간공영방송인 KBS가 2015년 3월 발표한 공정성 가이드라인을 검토해 보고자 한다. 공정성을 소재로 삼아 공영방송이 공식적인 가이드라인을 발표한 것은 우리나라는 물론 세계적으로 유례가 없는 일이다. 1998년 KBS가 우리나라 방송사상 최초로 '방송제작 가이드라인'을 내놓고, 2007년에 이어 2010년 개정판을 발표한 지 5년 만의 일이다. 21세기 우리나라 공영방송이 지향하는 공정성 원칙의 새로운 좌표가 될 수도 있는 문건이기에 그 내용 및 실효성을 분석하는 작업은 의미가 적지 않다고 할 것이다.

---

* ICT 사회정책센터 연구원 (jj4863@naver.com).
** ICT 사회정책센터 연구원 (suji6742@snu.ac.kr).

1. KBS 공정성 가이드라인의 제작 배경

금번에 KBS 공정성 가이드라인이 나오게 된 직접적 배경은 세월호 사고의 여파라 할 것이다.[1] KBS 본부 노조가 세월호 사고 이후 발행한 노보(勞報)의 거침없는 표현을 그대로 빌리자면 KBS의 세월호 보도는 사고 초기 잇따른 오보에도 '사과하지 않는 방송'이었고, 정부 발표를 그대로 받아쓰는 '검증 없는 방송'이었으며, 해경과 구조업체(언딘)의 유착 의혹과 정부 비판엔 눈 감은 '침묵하는 방송'이었다. 설상가상으로 세월호 희생자를 교통사고 사망자와 비교한 KBS 보도국장의 발언, 사장에 대한 청와대의 노골적 외압설 등이 터져 나오며 공영방송 KBS의 공정성과 독립성은 다시금 논란의 대상으로 떠오르게 되었다.

이와 같은 상황을 수습하고 KBS 내부에서 쏟아져 나온 내부개혁 요구를 수용하는 차원에서, 외압설의 여파로 물러난 이환영 사장 후임으로 취임한 조대현 사장은 2014년 7월 취임사에서 "(한국방송을 둘러싼) 공정성 시비를 끝내겠다"고 밝힌 바 있다. 공정성가이드 라인은 그 연장선상에서 나오게 되었다고 할 것이다.

하지만 이 가이드라인은 발표와 동시에 또 다른 논란에 휩싸이게 된다. 그 첫째는 졸속 논란이다. 2014년 9월 '공정성 가이드라인 TF'가 구성되고 2015년 3월 2일 가이드라인을 발표했으니 전체 작업기간이 5개월 남짓이다. 작업의 중요성에 비추어, 준비단계를 거쳐 연구에 착수하고 대내외적인 검토 및 의견수렴을 거친 후 최종 결과물을 발표하

---

[1] 당시 KBS 보도에 대해 KBS 본부 노조는 사실확인 없는 '받아쓰기식 방송', 과도한 유병언 보도 등 '자극적·선정적 방송', 해경과 언딘의 유착 의혹과 정부 비판엔 눈감은 '침묵하는 방송'이라는 자체평가를 내렸다.

기까지의 전 과정을 소화하기에는 매우 부족한 기간이 아닐 수 없다. KBS가 이렇게 서둘러 발표를 한 것을 두고 일부에서는 시청료 인상을 요구하기 위한 수순 중의 하나라는 주장도 제기된다. [2]

또한 '공정성 가이드라인' 책자를 만들어 일부 방송 관련기관과 전문가들에게 배포한 것을 제외하고는 BBC와 같이 홈페이지에 가이드라인을 공표하지 않는 등 전문을 공개하지 않는 것도 논란거리가 되고 있다. 강형철 숙명여대 미디어학부 교수는 〈한겨레〉와의 인터뷰에서 "현장 기자들이 데스크들과 이를 근거로 논쟁하면서 진짜 가이드라인으로서의 역할을 수행하려면 대국민 선언이자 약속의 형태로 지금보다 더 투명하게 공표할 필요가 있다"고 지적하기도 하였다(〈한겨레〉, 2015. 3. 9).

'공정성 가이드라인'은 외형상 기존의 방송제작 가이드라인에서 공정성 관련부분만을 떼어내 확대 개편한 형식을 취하고 있다. 먼저 총론을 통해 공정성과 관련이 있는 가치들, 즉 객관성, 정확성, 다양성, 균형성 등에 관한 개념 설명과 더불어 이런 유관한 가치들과 공정성의 연관성을 설명한다. 다음으로는 일반준칙과 세부준칙이라는 제목하에 선거보도, 국회보도, 경제보도, 외신보도, 갈등적 사안 등 기사의 성격은 물론 고려해야 할 상황이 상이한 취재분야별로 공정성을 어떻게 구현해야 할지에 대한 실무적 지침을 제시한다.

---

2 3월 2일 KBS는 공정성 가이드라인을 발표하고, 한 달여 뒤인 4월 7일 최성준 방송통신위원장은 "KBS 수신료 현실화에 앞서 어떤 것이 이뤄져야 하는데…. KBS가 지난 3월 우리나라 최초로 독립적인 공정성 가이드라인을 제작해 배포했다"고 말하며 마치 서로 화답하는 인상을 주는 발언을 했다. 여기에 6월 KBS 사장이 다시 한 번 수신료 인상에 불을 지폈다. 세월호 보도에서 방송의 공정성과 독립성에 상처를 입은 KBS가 환골탈태하는 심정으로 공정성 가이드라인을 발표한 건지 아니면 수신료 인상 차원에서 서둘러 모양을 맞추기 위해 발표한 건지 의구심이 드는 대목이다.

   따라서 이러한 가이드라인이 새롭게 담고 있는 내용은 무엇인지 살펴기 위해, 이 장에서는 이를 종래의 방송제작 가이드라인과 비교하는 작업을 수행해 보고자 한다. 먼저 공정성과 그 유관가치들을 기존의 방송제작 가이드라인과 비교하고, 분야별 세부준칙 같은 실무지침들도 방송제작 가이드라인과 어떻게 다른지 비교할 것이다. 다음으로 공정성 가이드라인의 실효성을 평가하는 차원에서 이를 우리 사회에서 뜨거운 방송 공정성 논란을 불러일으켰던 대표사례들(〈PD수첩〉 광우병 논란, 탄핵방송 보도)에 적용해 봄으로써, 향후 유사한 사건이 발생할 경우 공정성 가이드라인이 얼마나 적절한 가이드라인의 역할을 수행할 수 있을지 평가해 보고자 한다.

2. 종래의 가이드라인과 공정성 가이드라인의 비교

우리나라 방송에서 공정성과 관련된 기준이 최초로 마련되고 발표된
것은 1995년 KBS가 '공정보도 일반기준'[3]을 제정하면서부터이다. 그
뒤 1998년에는 수달(水獺)과 관련된 다큐멘터리에서 조작 파문을 일으
킨 것을 계기로 방송제작 가이드라인이 만들어진다. 방송제작 가이드
라인은 앞서 언급했듯이 1998년 한국방송사상 최초로 마련된 것으로
2007년과 2010년 두 차례에 걸쳐 수정되었다. 그리고 2015년 3월 KBS
공정성 가이드라인이 방송제작 가이드라인의 공정성 관련 부분과 일부
부문별 제작지침을 확대개편되어 발표된다.[4]

종래의 '방송제작 가이드라인'(2010 개정판)은 모두 268쪽에 걸쳐서
방송제작과 관련된 규범과 지침을 담고 있으며 크게 4개의 장과 부록으
로 나누어져 있다. 4개의 장은, 제 1장 KBS 방송의 규범, 제 2장 방송
제작 실무지침, 제 3장 부문별 제작지침, 제 4장 기타 실무지침으로 구
성되며 부록은 KBS 방송기준과 방송강령을 포함하고 있다. 공정성 원
칙의 개념은 제 1장 '방송의 규범' 안에 있는 '정확·공정·진실' 항목에
서 논의되고, 제 3장 '부문별 제작지침'의 요소요소(특히 정치와 선거 그

---

3 KBS가 국내 방송 사상 처음으로 공정 보도와 관련해 보도제작 전 분야에 걸쳐 기준을 명
시한 보도 관련 자체규정이다. 기자의 주관적 가치 판단 배제, 비판보도 당사자 반론권
인정, 공안·노동 관련 인권침해금지, 불신 편견 조장 북한 보도 자제 등을 골자로 한 모
두 11개항의 보도 기준을 채택하였다.

4 지상파 방송사들의 가이드라인들은 우리 사회를 뒤흔든 방송 공정성 논란에 대한 대응으로
제·개정되어 온 측면이 강하다. 2007년 KBS 방송제작 가이드라인 수정안의 경우 탄핵방
송 파동 및 황우석 사태, MBC 방송제작 가이드라인과 2010 KBS 방송제작 가이드라인의
경우 〈PD수첩〉 광우병 프로그램 파문을 반영하며 만들어졌다. 금번 KBS 공정성 가이드
라인은 세월호 보도 공정성 논란의 산물이라 할 것이다.

252

〈표 5-1〉 지상파 방송사들이 공표한 제작관련 가이드라인

연도 (년)	공정성 준칙	특징	당시 대표
1995	KBS 공정보도 일반기준	한국 방송 사상 첫 '공정보도' 기준	홍두표
1998	KBS 방송제작 가이드라인	한국방송 사상 최초	박권상
1998	SBS 방송 가이드라인	제 2의 창사 선언	윤혁기
2007	KBS 방송제작 가이드라인	방송제작 가이드라인 개정	정연주
2008	MBC 방송제작 가이드라인	기존에 있던 윤리 강령과 준칙통합	엄기영
2010	KBS 방송제작 가이드라인	개 정	김인규
2015	KBS 공정성 가이드라인	세계 최초	조대현

리고 비상방송 관련내용)에서 공정성 원칙의 실현과 관련한 구체적인 지침이 제시되고 있다.

새롭게 발표된 '공정성 가이드라인'은 총 113쪽으로 구성되어 있으며 총론과 일반준칙 그리고 분야별 세부준칙으로 크게 나누어진다. 총론에서는 공정성 및 정확성, 다양성과 같은 유관가치들에 대해 정의를 내리고, 일반준칙에서는 공정성을 어떻게 실천할지에 대한 기본 방향을 제시한다. 마지막으로 분야별 세부준칙은 실제 방송보도 현장에서 사용할 수 있는 매뉴얼 수준의 시행지침[5]으로 공직자 및 공직 후보자 검증 보도, 선거보도, 여론조사 보도, 공공정책에 관한 보도, 사회갈등 보도, 역사적 사건 인물에 관한 보도 그리고 재난재해 보도 등 총 7가지 영역에서 공정성을 효과적으로 구현하기 위한 실행방안을 세부적으로 제시한다.

새로운 '공정성 가이드라인'에서 가장 우선적으로 주목되는 점은 종래의 '방송제작 가이드라인'과 이처럼 새로운 가이드라인의 관계가 어

5 하지만 총론과 일반준칙, 그리고 세부준칙에는 종종 원칙과 지침 수준의 논의가 섞여 있어 논의 수준만 보아서는 이 3가지를 엄밀하게 구별하기 어렵다.

떻게 설정되어 있는가 라고 할 것이다. 형식과 내용 차원에서 공정성 가이드라인은 종래의 방송제작 가이드라인 중 공정성과 관련된 내용을 보다 구체화시킨 하위의 문건이라 할 것이다. 하지만 공정성 가이드라인의 어디에도 종래의 방송제작 가이드라인과의 관계는 분명하게 명시되고 있지 않다.

뒤에서 보다 구체적으로 논의하겠지만 공정성 가이드라인이 제시하는 공영방송의 기본가치와 종래 방송제작 가이드라인에서 제시된 기본가치 간에는 상당한 중복성이 존재하는 동시에 의미심장한 차이가 발견된다. 분야별 세부준칙에 들어가면 공정성 가이드라인이 기존의 방송제작 가이드라인의 구체적 사항들을 참고한 내용들이 여러 곳에서 확인되지만 양 문건의 관련내용을 연결시켜 주는 교차인용이나 참조표시가 이루어지고 있지 않아 프로그램과 관련한 공정성 쟁점이 발생하였을 때 양 문건을 어떻게 활용해야 하는지 애매한 상황이다. 현재의 상태대로라면 공영방송 KBS의 가이드라인을 두 개의 문건으로 이원화시킨 양상이다.

1) 기본 개념 차원의 비교

종래의 방송제작 가이드라인(이하, '제작 가이드라인')에서는 〈그림 5-1〉과 같이 정확성과 공정성, 진실 세 개념을 시청자의 신뢰를 받기 위해 추구해야 할 동등한 개념으로 보고 있다. 하지만, 공정성 가이드라인에서는 공정성이 공영방송이 추구하는 핵심 가치로 부각된다. 시청자의 신뢰를 받기 위해서는 공정성을 추구해야 하고, '정확성'과 '다양성' 그리고 '균형·중립성' 등은 이러한 공정성을 달성하기 위한 전제조건이라는 것이다. 즉, 객관성과 정확성, 다양성, 균형성과 같은 가

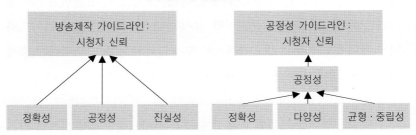

〈그림 5-1〉 방송제작 가이드라인과 공정성 가이드라인에서
제시되는 공영방송의 가치

치들이 공정성의 하위개념이며 동시에 공정성의 유관가치들로 공정성과 이론적, 실천적으로 연관되어 있다고 설명하고 있다. 다음의 〈표 5-2〉는 양 가이드라인에서 제시하는 공영방송의 기본가치에 대한 논의를 원문을 중심으로 대응시켜 본 것이다.

〈그림 5-1〉은 양 가이드라인이 공영방송 KBS의 기본 이념으로 제시하는 가치들의 체계를 도식화해 본 것이다. 양 가이드라인이 이 각각의 가치들을 어떤 식으로 개념화하고 있는지 상세하게 비교해 보면 다음과 같다.

(1) 공정성

앞서 언급했듯이 제작 가이드라인에서는 시청자의 신뢰를 받기 위해서 정확, 공정, 진실을 추구하고 실현해야 한다고 언급하고 있다. 즉, 제작 가이드라인에서 정확, 공정, 진실은 모두 동등한 개념들이다. 하지만 공정성 가이드라인에서는 공정성을 KBS의 핵심가치로 설정하고 나머지 유관가치들을 가로지르는 핵심개념이라고 서술하고 있다.

제작 가이드라인과 공정성 가이드라인에서 제시되는 공정성 원칙에 대한 세부논의를 보면 이외에도 주목할 만한 차이가 발견된다.

〈표 5-2〉 방송제작 가이드라인과 공정성 가이드라인에서 제시되는 공영방송의 가치

	방송제작 가이드라인(2010)	공정성 가이드라인(2015)
공정성	p.16 ①* 공정성은 의견상의 단순한 종립성에 의해 연어지는 것이 아니라 공정함과 진실을 추구하는 엄격한 윤리적 자세에 의해 확보될 수 있다. 권력에 대한 맹종이나 맹목적인 비판, 작고 힘없는 존재에 대한 맹목적인 배려나 무관심은 다 같이 유의해야 할 태도이다. ② 어떤 주장을 입증하기 위해 의도적으로 자신과 생각이 같은 취재원이나 사례만을 편향적으로 선택해서는 안 된다. 또한 어떤 용어를 선택하느냐에 따라 제작자의 편견이 개입될 수도 있다는 사실을 인정해야 한다. ③ 의도적으로 어떤 사실을 생략하거나 의견을 마치 사실인 양 위장해서는 안 되며, 앵글의 조작, 그래픽의 왜곡 등 교묘한 방법으로 내용의 정확성, 공정성을 훼손해서도 안 된다. 이러한 행위는 시청자에 대한 일종의 기만행위이다. ④ **제작자가 관찰자의 입장을 넘어 현실에 직접 참여하는 것은 주의를 요한다. 특히 개인의 입장에서의 참여는 그것이 아무리 신중하다고 해도 방송의 공정성을 저해할 수 있다.****	p.18 KBS 뉴스나 시사, 교양 프로그램을 방송한 후 그로 인해 억울함을 호소하는 이가 없으면 공정하다고 할 수 있다. p.31 ①' 공정성은 비례적이거나 선출적인 균형 또는 의견상의 종립성에 의해 접근할 때 확보할 수 있는 것이 아니다. 이는 정의를 추구하는 윤리적 자세로 접근할 때 확보할 수 있다. 권력에 대한 맹종이나 맹목적인 비판에 대해 모두 주의한다. ②' 어떤 주장을 입증하기 위해 의도적으로 자신과 생각이 같은 취재원이나 사례만을 편향적으로 선택해서는 안 된다. 또한 어떤 용어를 선택하느냐에 따라 제작자의 편견이 개입할 수 있다는 점을 인식하고 제작에 임해야 한다. ③' 의도적으로 어떤 사실을 생략하거나 의견을 마치 사실인 양 위장해서는 안 된다. 사실을 의도적으로 누락하는 일은 사실성을 훼손하는 교묘한 방법이면서 동시에 공정성에 대한 의심을 초래하는 길이 된다. 의견을 사실로 위장하는 일도 불공정성 논란을 유발하는 단서가 된다.

* 원문자는 비교의 편의상 차원에서 필자가 추가.

** 볼드는 비교의 편의상 차원에서 필자가 추가.

〈표 5-2〉 계속

	방송제작 가이드라인	공정성 가이드라인
정확성	p.15 KBS의 모든 보도·정보(사실) 프로그램은 정확함에 기초해야 한다. 그러나 사실에 정확함만을 내세우다가 사실이 전후관계나 전망, 판단과 같은 중요한 요소들을 소홀히 취급해서는 안 된다.	p.20 뉴스나 시사 프로그램에 있어서 사실성은 내용의 품질을 결정하는 최소한의 요건으로 고려된다. 가짓되, 부정확은 사실에 기초하며, 사실에 기초하지 않은 뉴스나 시사 프로그램은 공정하고 말 것도 없이 시민으로부터 비판을 받는다. 심지어 공정하더라도 비판을 받는다. p.44 제작자는 KBS의 모든 보도와 시사, 교양 프로그램을 사실에 근거해서 제작해야 한다. 사실은 수집된 자료와 해석에 기초해서 정확성을 확보해야 한다. 그러나 정확성에만 집중하다가 사실의 전후 관계와 맥락, 사실에 대한 판단과 해석 등과 같은 요소를 소홀히 취급해서는 안 된다.
진실성	p.17 KBS 프로그램이 추구하는 가치는 정확함과 공정함에 진실함이 더해졌을 때 비로소 완성되고 구현된다.	p.20 객관성, 사실성, 정확성 등은 모두 '참' 또는 '진실'과 관련된 가치로서 '옳음' 또는 '정의'와 관련된 가치인 공정성과 구분된다.
다양성		p.21 뉴스와 시사, 교양 프로그램의 경우, 해당 사안에 대한 주요 견해와 관점이 두 가지 이상 존재하는지 먼저 확인하고 그 내용을 검토한다. 이렇게 검토한 두 가지 이상의 견해와 관점을 당사자의 관점에서 보았을 때 부당하지 않게 다루는 것이 '공정한 제작'의 기초가 된다.

〈표 5-2〉 계속

제작 가이드라인	공정성 가이드라인
균형성 / 중립성	pp.21~22 균형성은 관련된 당사자의 견해를 당사자의 속성에 비례해서 나누거나 또는 동등하게 나누어 제시하는 것을 의미한다. 전자를 비례적 균형이라 하고 후자를 선술적 균형이라 한다. 국회 상임위원회 관련 뉴스를 관련 사안의 중요성에 따라 시간을 배분해서 보도하는 것이 전자의 사례라면, 대통령 후보토론회에 참여한 후보자들에게 발언시간을 동등하게 배분하는 것은 후자의 사례다. 산술적 균형과 유관한 개념으로 중립성이 있다. 이는 두 가지 이상의 관점 중 어디에도 속하지 않도록 입장을 정하는 것을 의미한다. 균형성과 중립성은 공정성을 달성하기 위한 수단이 된다. 특정 사안에 대해 관련된 당사자들이 '균형 있게' 반영하면 편향적이라고 비난받을 가능성이 적다. 또는 어떤 당사자의 입장도 따르지 않는 중립적 입장만을 전달할 경우에도 비판받을 가능성이 적다. **그러나 균형적이거나 중립적이라고 해서 저절로 공정해지는 것은 아니다.** 균형성과 중립성은 공정함을 달성하는 최소한의 수단일 뿐, 최선의 방법이 아닌 경우가 많다. 예를 들어, 갈등적 사안에 대해 당사자가 주장하는 내용을 두고, 발언 시간을 비례적으로 또는 동등하게 배분해서 보도했다고 해서 저절로 공정해지는 것은 아니다. 따라서 공정성에 대한 판단이 어렵거나 그것을 구현하기 위한 수단이 애매해서 불가피하게 균형을 추구하는 대안을 채택할 수 있지만, 그것이 충분한 방법은 아니라는 데 주의해야 한다.

첫째 ① 과 ①′의 내용은 제작 가이드라인이나 공정성 가이드라인이 대동소이하다. 다만 "공정함과 진실을 추구하는 엄격한 윤리적 자세에 의해 확보될 수 있다"(제작 가이드라인)에서 "정의를 추구하는 윤리적 자세로 접근할 때 확보될 수 있다"(공정성 가이드라인)로 바뀐 것이 눈에 띈다. '공정함'과 '진실'을 '정의'라는 용어로 대체한 것이다.[6]

공정성 개념을 설명하는 ② 와 ②′의 내용은 제작 가이드라인이나 공정성 가이드라인이나 거의 동일하다. ③과 ③′의 내용에서도 큰 틀에서는 차이가 없다. 공정성 가이드라인에는 "의도적으로 사실을 누락하는 것은 사실성을 훼손하는 교묘한 방법"이라는 내용이 추가되어 있고, 제작 가이드라인에서 예시하는 "앵글의 조작, 그래픽의 왜곡" 등 구체적 방법론들에 대한 설명은 공정성 가이드라인에서는 일반준칙으로 옮겨져 "촬영에서의 앵글의 선택, 편집에서의 화면의 선택, 프로그램 안에서의 아이템 배열 등 제작과정에서부터 전체적인 프로그램의 편성에 이르기까지 모든 단계에서 다양한 견해를 포함하도록 유의한다"(pp. 30~31)는 내용으로 보다 구체화되어있다.

양 가이드라인에서의 공정성 개념 논의와 관련해 가장 주목할 만한 대목은 ④의 내용이다. 제작 가이드라인에는 제작자의 현실참여가 공정성을 저해할 수 있음을 강조하는 내용이 있는데 공정성 가이드라인에서는 이 내용이 빠져 있다.

반면에 제작 가이드라인에서는 특별히 강조되지 않았는데 공정성 가이드라인에 추가된 내용도 있다. '방송을 통해 억울함을 호소하는 이가

---

6 종래의 제작 가이드라인에서 '정의'라는 용어는 사실상 사용되지 않았던 반면 공정성 가이드라인에서 이 용어는 요소요소에서 지속적으로 등장하기에 이러한 변화는 단순한 표현의 변화 이상의 의미를 지닌다. 이러한 정의의 개념은 전체적인 맥락상에서 J. Rawls의 정의 개념을 차용한 것으로 판단된다.

없으면 공정하다고 할 수 있다'는 내용이 그것으로 특히 다음 두 가지 경우를 조심해야 한다고 언급하고 있다(p. 19).

> 첫째, 공정성은 KBS 뉴스나 시사, 교양 프로그램 내용에 언급되는 당사자가 부당한 대우를 받아서는 안 된다는 것을 의미한다. 당사자의 견해가 누락되거나 부당하게 취급받지 않는 것이 중요하다. 이렇게 보면 공정성이란 내용적으로 '편향되지 않은 상태'를 의미하면서 동시에 '절차적' 특성을 갖는다는 것을 알 수 있다. 공정한 절차란 어떤 결정에 따라 영향받는 당사자가 해당 결정에 정당하게 참여해야 함을 의미한다. 이를 방송제작에 적용하면 프로그램의 방송으로 영향을 받을 당사자의 견해를 해당 프로그램의 내용에 정당하게 반영해야 한다는 뜻이 된다. 둘째, 공정성이란 어떤 내용을 공표할 경우 그로 인해 자신의 가치나 견해가 부당하게 공격을 받았다고 판단하는 이가 없어야 한다는 것도 포함한다. 방송은 전체적으로 보아서, 결과와 과정을 모두 참작해서, 그리고 다른 권리와 이해관계를 모두 고려해서 부당하게 특정 견해를 공격하지 않도록 해야 한다. 특히 **사회적 소수이며 영향력이 약한 집단의 의견과 관점을 배려해야 한다.**[7]

'방송을 통해 억울함을 호소하는 이가 없으면 공정하다고 할 수 있다'는 것은 공정성을 평가할 때, 방송이 이루어진 이후 공론장에서 보도된 내용에 대해 당사자들이 어떤 판단과 의견을 표명하는가를 기준으로 삼겠다는 선언이다. 이는 공정함을 엘리트주의적으로 정의하는 것을 지양하고, 보도내용의 당사자들과 의사소통을 통해 매 순간 공정성을 써나가는 동태적 상태로 판단하겠다는 입장으로 볼 수 있다. 엘리트주의를 지양한다는 점에서 고무적이라 할 수 있으나 이러한 공정성의 정

---

7 볼드는 필자가 추가.

의는 아래의 몇 가지 점에서 문제가 될 수 있다.

첫째, 사후적인 평가기준이라는 점이다. 이 문구가 실제로 의미하는 바는 뉴스와 시사, 교양 프로그램 방송에서 '억울한 이가 발생하지 않도록 최선을 다해야 한다'는 정도일 것이다. 하지만 해당 문구는 보도 이후에 억울함을 호소하는 이가 나타나지 않으면 공정한 방송이고, 억울함을 호소하는 사람이 나타난다면 공정하지 않은 방송이라는, 공정성이 사후적으로 판단되는 원칙이라는 이해를 낳을 위험이 있다.

둘째, "방송 이후에 억울함을 호소하는 이가 없으면 공정한 것"이라는 문구는 방송사가 공정성 달성을 위해 적극적으로 노력하기보다는 논란을 야기해선 안 된다는 회피적 자세를 옹호하는 것처럼 읽힐 수 있다. 적극적인 공정성 원칙을 수립하겠다는 KBS의 의지가 분명하다면, 이를 보다 잘 담아내는 표현은 "KBS의 뉴스나 시사, 교양 프로그램으로 인해 억울한 이가 발생해서는 안 된다"일 것이다.

셋째, 더욱 중요한 문제는 언로(言路)의 불균형성을 반영하지 않았다는 점이다. 억울함을 호소하는 것은 언로를 확보한 사람들에게 훨씬 유리하다. 해당 문구는 정치 및 자본 권력으로부터 소외된 사람들이 방송이 자신의 견해를 반영하지 않거나 불공정하게 대우하고 있음을 인지하고 대응할 수 있을 것이라는 낙관적 전제를 가지고 있다.

마지막으로 아무리 공정한 방송을 내보낸들 과연 억울한 사람이 발생하지 않는 방송이 가능한가 하는 점이다. 공정함과 누구도 억울해하지 않음을 연결시킨 이와 같은 표현은 논리적으로 부자연스럽다.

이처럼 공정성 가이드라인에서 공정성 원칙의 주요 요소로 '정의'를 부각시키고, 사회적 소수 내지 영향력이 약한 집단의 의견과 관점에 대한 배려를 강조한다든지, 그리고 '현실에 대한 참여'가 공정성을 저해할 수 있음을 강조한 제작 가이드라인의 내용이 빠진 점 등을 함께 고려

할 때, 두 가이드라인에서 드러나는 차이는 단순한 표현이나 편집상의
변화를 넘어 공정성 원칙을 바라보는 의미심장한 시각의 변화를 반영
하고 있다는 결론에 도달하게 된다.

(2) 정확성

제작 가이드라인이나 공정성 가이드라인 모두 정확성은 내용의 품질
을 결정하는 최소한의 요건으로 판단하고 있다. 정확성, 객관성, 사실
성은 같은 개념으로 공정성을 판단하기 이전의 전제조건으로 보고 있
다. 또한 정확성에만 집중하다가 사실의 전후 관계나 맥락을 놓쳐서도
안 된다고 덧붙이고 있다.

(3) 진실성

진실성 원칙을 둘러싸고 제작 가이드라인과 공정성 가이드라인 사이
에 중요한 차이가 드러난다. 보다 구체적으로 제작 가이드라인에서는
'진실'을 프로그램을 완성하는 궁극적 가치로 간주하는 반면, 공정성
가이드라인에서는 진실과 관련된 가치(객관성, 사실성, 정확성)와 옳
음, 정의와 관련된 가치를 구별하고 공정성은 후자와 관련된 가치로 인
식한다. 결국 공정성은 진실 추구를 넘어선 도덕적 가치(정의)의 추구
로 개념화됨을 알 수 있다.

(4) 다양성

다양성은 제작 가이드라인에서는 다뤄지지 않았고 공정성 가이드라
인에 새로 등장한 개념이다. 공정성 가이드라인에서 다양성은 정확성
과 마찬가지로 공정성의 전제(필요)조건 중의 하나이다. 공정성을 달
성하기 위해 다양성이 전제되어야 하지만 다양성이 달성됐다고 하더라

도 공정하다고 주장할 수는 없다는 점이 강조된다.

(5) 균형성과 중립성

균형성과 중립성도 공정성 가이드라인에 새로 등장한 개념이다. 이는 정확성, 다양성과 마찬가지로 공정성을 달성하기 위한 수단, 즉 전제조건으로 개념화된다. 공정성 가이드라인은 산술적 균형 내지 중립성은 공정성 시비를 피해 갈 수 있는 '최소한의 방법'일 뿐 그 자체가 공정성을 보장하지 않는다는 점을 반복적으로 강조한다.

종래의 제작 가이드라인과 공정성 가이드라인이 제시하는 공영방송의 기본가치에 대한 이상의 비교분석 결과를 종합할 때, 공정성 가이드라인이 제시하는 공정성 원칙은 종래 제작 가이드라인의 공정성 원칙을 보완하고 개선하는 수준을 넘어 방송 저널리즘의 기본가치를 바라보는 시각에서 의미심장한 차이를 드러내는 것으로 판단된다. 보다 구체적으로 종래 제작 가이드라인의 공정성 원칙이 불편부당한 중립성 중심의 공정성 원칙을 제시하는 데 방점이 있었다면 공정성 가이드라인이 제시하는 공정성 원칙은 법철학자 롤스(Rawls)가 제시한 '정의'의 개념에 기초하여 사회적 소수와 약자의 입장을 우선 배려하고 이를 위해서는 직접적인 '현실참여'도 배격하지 않는 입장으로 선회한 흔적을 곳곳에서 보여주고 있다. '균형, 책임, 진실을 앞세우는 저널리즘' 원칙으로서의 공정성 원칙이 보다 적극적인 '평등주의적 정의 구현'의 철학으로 전환된 것이다. [8]

---

8 이처럼 공정성을 균형의 원칙을 넘어선 '적극적' 균형(정의구현)으로 정의한다든지, 균형성, 객관성, 다양성 같은 저널리즘의 가치를 넘어선 '궁극적' 가치로 제시하는 것은, 이 책의 1장에서 논의한 바 있는 극단적 시각의 문제를 드러낸다.

　공정성 원칙을 바라보는 양 가이드라인에서 발견되는 이 같은 차이는 중요한 의미를 지닌다. 형식적으로 공정성 가이드라인이 종래의 방송제작 가이드라인을 보완하는 듯이 보이지만 양 문건은 공영방송의 기본가치를 해석하는 시각에서 근본적 차이를 드러내기 때문에, 사실상 공영방송이 나아갈 길에 대해 서로 다른 입장을 천명하는 문건으로 평가하는 것이 타당하다. 종래의 공정성 원칙과 양립하기 어렵고 때로 상충할 가능성을 지닌 새로운 공정성 원칙이 탄생한 것이다.

3. 분야별 세부준칙

앞 장에서 공정성과 공정성 유관가치들에 대한 정의를 중심으로 두 가이드라인을 비교한 결과 두 문건은 공정성 원칙을 개념화함에 있어 근본적 차이를 보이며 서로 상충할 소지마저 있음을 확인하였다. 이처럼 개념적 차원뿐 아니라 실무적으로 보다 중요한 의미를 지니는 세부영역별 지침(제작 가이드라인의 경우 제작지침, 공정성 가이드라인의 경우 일반준칙 및 세부준칙) 차원에서도 혼선의 가능성이 드러난다.

먼저 공정성 가이드라인은 제작 가이드라인의 제3장에 포함된 10개 분야의 부문별 제작지침 가운데 정치, 선거, 경제 그리고 비상방송 관련 분야를 집중적으로 재검토하고 있다. 동시에 종래의 제작 가이드라인에서 별도의 항목으로 포함되지 않았던 공직자 및 공직 후보자 검증보도, 공공정책에 관한 보도, 역사적 사건과 인물에 관한 보도, 사회갈등 보도, 국회보도, 그리고 외신보도에 대한 세부지침을 제시한다. 반면 문화와 예술, 자연, 환경, 음식과 조리, 기술, 생활과학, 소비자, 북한과 통일, 그리고 스포츠 등 최근 중요성이 증가하는 과학, 기술, 생활 영역, 그리고 통일 관련분야는 재검토 대상에서 빠뜨리고 있다.

공정성 가이드라인이 세부준칙 항목으로 보완하였거나 새롭게 추가시킨 항목들을 보면 공직자 및 공직 후보자 검증보도, 공공정책에 대한 보도 등 시의성 및 실질적 유용성 차원에서 의미 있는 항목들이 적지 않다. 그럼에도 불구하고 앞서 지적했지만, 새로운 공정성 가이드라인과 종래의 방송제작 가이드라인과의 애매한 연계성이 문제로 지적된다. 종래의 제작 가이드라인의 제작지침 항목들 중 일부만을 재검토 대상으로 포함시킨 이유는 무엇이며 이를 어떠한 방식으로 보완하였는지,

그리고 새롭게 들어간 세부준칙 항목의 선택 이유는 무엇인지 등에 대한 설명 및 비교자료 등이 어디에도 제시되고 있지 있다.

이에 따라 방송 일선에서 양자 중 무엇을 우선적으로 참고해야 하는지, 종래의 제작가이드라인에는 지침이 있지만 공정성 가이드라인에는 빠진 내용의 경우 제작 가이드라인을 참고하면 되는지, 공정성 가이드라인의 관련내용을 준용해야 하는지, 아니면 어떤 지침도 참고할 필요가 없는 것인지 애매한 실정이다. 또한 두 가이드라인이 공히 다루는 항목의 경우 양자 모두를 동시에 참조해야 하는지, 내용이나 해석상의 충돌이 발생할 경우 무엇을 우선 참고해야 하는지도 분명치 않다.

이러한 한계를 염두에 두면서 이하에서는 공정성 가이드라인을 중심으로 일반준칙 및 세부준칙에 포함된 세부 영역별 지침내용을 살펴보고자 한다.

1) 선거보도

〈표 5-3〉에서와 같이 방송제작 가이드라인의 제작지침 가운데 정치와 선거 파트가 공정성 가이드라인에서는 선거보도와 공공정책에 관한 보도 등 몇 가지 정치관련 보도로 나누어진다. 방송제작 가이드라인의 정치와 선거에서는 선거방송의 일반적인 주의사항 그리고 후보자의 방송 연설과 토론이 공정하기 위한 제작지침 등을 언급하고 있다면 공정성 가이드라인에서는 선거와 관련된 보다 세부적인 실무지침을 포함하고 있다.

후보자의 자질검증을 위한 방송에서부터 정책과 공약의 타당성 검증 그리고 폭로성 주장은 어떻게 처리해야 할지 세밀하게 언급하고, 정당과 후보자에 관한 보도의 순서와 대상까지도 언급하고 있다. 구체적으로 취재원의 권리 보호, 후보자에 대한 공정한 대우와 사실확인, 자료 출처와 인터뷰 대상자 등의 공개, 폭로성 주장의 처리, 정책과 공약의 타당성 검증을 위한 보도, 정당과 후보자에 관한 보도의 순서와 대상, 비합리적 정서자극 금지, 불법선거 감시보도, 여론조사 결과보도, 영상 취재와 편집, 인터뷰 및 출연, 투표 전날 방송, 선거 당일 방송의 제한, 인터넷 및 뉴미디어를 이용한 선거보도 등 모두 14개 항목으로 구성되어 있으며 확인된 사실에 기초해서 공정하게 보도하는 것을 원칙으로 한다고 서술하고 있다.

특히, 공정성 구현과 관련해 선거보도 내용에서의 공정성뿐만 아니라 영상과 관련된 취재와 편집방법까지 포함한 것이 눈에 띄는 대목이

〈표 5-3〉 방송제작 가이드라인과 공정성 가이드라인의 세부 영역별 지침

	방송제작 가이드라인 (제작지침)	공정성 가이드라인 (일반준칙 및 세부준칙)
양 가이드라인 모두에 존재하는 항목	• 정치와 선거 • 여론조사 (방송제작 실무 지침) • 경제 • 비상 방송	• 선거보도, 공공정책에 관한 보도, 국회보도(일반준칙에서 제시) • 여론조사 보도 • 경제보도 (일반준칙에서 제시) • 재난재해 보도
방송제작 가이드라인에만 존재하는 항목	• 문화와 예술 • 자연 • 환경 • 음식과 조리 • 기술, 생활과학, 소비자 • 북한과 통일 • 스포츠	세부준칙 없음
공정성 가이드라인에만 존재하는 항목	제작지침 없음	• 공직자 및 공직 후보자 검증 보도 • 공공정책에 관한 보도 • 역사적 사건, 인물에 관한 보도 • 사회 갈등 보도 • 외신보도 (일반준칙에서 제시)

다. 투표 전날 방송과 선거당일 방송에 관한 규칙들은 제작 가이드라인과 동일하지만 제작 가이드라인에 포함된 개표방송은 공정성 가이드라인에는 빠져 있다.

2) 여론조사 보도

공정성 가이드라인의 여론조사 보도는 방송제작 가이드라인에서는 같은 제목으로 제 2장 방송제작 실무지침에 소개된다. 내용이나 세부목차 등에서 거의 차이가 없으며 다만 공정성 가이드라인에는 전화와 문자 및 온라인을 이용한 모의투표에 관한 원칙이 추가되었다.

3) 경제보도

방송제작 가이드라인의 경제보도가 공정성 가이드라인에서는 일반준칙에 설명되어 있다. 앞서 언급했지만 대부분의 실무규칙은 분야별 세부준칙에서 설명하고 있지만 경제와 선거, 국회, 외신보도는 일반준칙에서 설명하고 있다. 두 가이드라인 모두 경제보도는 국민의 경제활동에 영향을 미칠 수 있다는 점에서 경제뉴스 아이템 선정과 내용에 있어 원칙과 기준을 모두 언급하고 있다. 특히, 공정성 가이드라인은 KBS가 기업에 이용되고 있다는 의심을 받지 않도록 기업명이나 로고 등을 노출할 경우 다음과 같은 3가지 원칙을 검토해야 한다고 밝히고 있다.

① 본질적으로 필요한 것인가?
② 경쟁기업의 관점에서 볼 때 현저하게 불공평하지 않은가?
③ 구성이나 연출상 반드시 필요한가? 다른 방식으로 보도할 수는 없는가?

4) 재난재해 보도

공정성 가이드라인의 재난재해 보도는 제작 가이드라인의 '비상방송' 제작지침 가운데 3페이지에 불과한 재해·재난 보도지침만을 떼어 내 8페이지 길이의 별도 챕터로 확대시키고 있다. 재해·재난 보도를 이와 같이 하나의 챕터로 만든 직접적인 이유는 세월호 사태의 영향이라 할 것이다. 세월호 사태당시 정부의 발표를 그대로 받아쓰고 정권에 불리한 보도는 누락하며 선정적, 자극적 보도를 일삼는 방송보도 행태는 실종자 가족들은 물론 국민들로부터 분노와 비판을 초래하였다. 세부준칙 항목에 재해·재난 보도가 새롭게 등장한 것은 이와 같은 비판을 수용한 결과라고 할 것이다.

세부준칙은 피해 최소화, 정확한 보도, 선정적 보도 지양, 재난관리 당국과의 협조체제 구축, 취재원에 대한 검증, 피해자 입장 반영과 인권보호, 과거자료 사용시 주의사항, 객관적 전망 지향, 오류 정정 등 9개 항목으로 구성돼 있다. 세월호 사태 당시 검증 없는 받아쓰기의 대표적 사례였던 '전원 구조' 같은 오보를 막기 위한 항목들도 들어갔다. 정확한 보도를 위해 "재난의 전체적 상황이 파악되지 않은 상황에서 불가피하게 단편적이고 단락적인 정보를 보도할 때는 부족하거나 더 확인해야 할 사실이 무엇인지를 함께 언급함으로써 시청자가 정보의 한계를 인식할 수 있도록 노력한다"(p. 109)는 점이 명시된 것이다. 취재원 검증과 관련해서도 다음의 사항을 확인해야 한다고 밝히고 있다.

① 취재원은 해당분야의 전문가인가?
② 취재원이 고의 또는 실수로 사실과 다른 발언을 할 가능성은 없는가?
③ 취재원은 어떤 경위로 해당정보를 입수했는가?
④ 취재원의 정보는 다른 취재원을 통해서도 확인할 수 있는가?

⑤ 취재원의 정보는 문서나 자료 등을 통해서도 검증할 수 있는가?

5) 공직자 및 공직 후보자 검증보도

공정성 가이드라인의 공직자 및 공직 후보자 검증보도와 관련한 세부준칙은 종래의 방송제작 가이드라인에 없던 내용이 새롭게 들어간 것으로, 2014년 봄에 문창극 총리 후보지명자가 KBS의 뉴스보도를 계기로 낙마한 사건이 이러한 세부준칙이 만들어진 계기가 되었다고 할 것이다. 공정성 가이드라인은 일반 원칙에서 "공직 후보자에 대한 폭로성 주장을 보도할 경우, 그 주장에 정치적이거나 다른 개인적 동기가 개입할 가능성에 유의한다. 공직 후보자에 대한 폭로성 주장은 공적 관련성을 따져서 사실 관계를 확인해서 보도하는 것을 원칙으로 한다. 사실관계 여부를 확인할 수 없는 억지 주장이나 단순한 인신 공격성 비방에 해당하는 폭로성 주장은 보도하지 않는다"(p. 59)는 원칙을 밝히고 있다. 세부준칙은 이를 구체화하는 내용으로 공직 후보자에 대한 공정한 대우와 사실 확인 보도, 자료 출처와 인터뷰 대상자 등의 공개, 폭로성 주장의 처리 등 3개 항목으로 구성되어 있다.

6) 공공정책에 관한 보도

정부의 공공정책이나 지방자치단체의 정책은 크게는 국민전체, 작게는 지역주민들의 이익과 직결된다. 특히, 한쪽에게는 이익이 되지만 반대편에서는 손해가 될 수도 있으며 어느 한쪽이 더 많은 이익을 가져갈 수도 있는 결정이 내려지는 경우도 종종 있다. 밀양 송전탑 사태가 대표적 사례라 할 것이다. 정부의 전력수급 계획에 따른 불가피한 정책이지만 밀양 송전탑 인근 주민들에게는 부동산 가치하락 등 재산상 문제는 물론 건강상의 염려 등 불안이 증폭하는 것도 사실이다. 따라서 금번에 공정성 가이드라인을 통해 공공정책에 관한 보도 세부준칙이 구체화된 것은 의미가 크다 할 것이다.

공정성 가이드라인은 "정부나 지방정부, 공적 기구의 정책에 대한 보도를 할 때, 국민 일반의 이익을 추구하는 것을 최우선으로 삼고 동시에 사안을 둘러싼 이해당사자들의 견해를 두루 검토한다"(p. 90) 라는 일반 원칙하에 공공정책에 관한 정보, 발표자료 검증, 진행자, 출연자 섭외, 국무위원의 방송 출연, 공공정책에 관한 여론조사 등 6개 항목에 걸쳐 세부준칙을 제시하고 있다.

7) 역사적 사건과 인물에 관한 보도

우리 사회에서 역사적 사건과 인물에 관한 보도는 왕왕 이념집단 간의 논란으로 이어진다. [9] 역사적 사건·인물에 관한 보도 관련한 세부준칙이 이번 공정성 가이드라인에 새롭게 포함된 것은 이러한 정황을 반영한다고 할 것이다.

공정성 가이드라인은 "역사적 사건이나 인물을 다룰 때에는 해석과 평가에 대해 특별히 유의한다. 특히 과거에 확인된 역사적 증거나 자료라고 할지라도 새로운 발굴과 연구에 의해서 얼마든지 재해석되고 재

---

9 이와 관련된 사례는 많지만 가장 가까운 사례로 올 2월 방영된 〈뿌리깊은 미래〉를 예로 들수 있다. 이 프로그램은 광복 70주년을 맞아 KBS가 제작한 2부작 특별 다큐멘터리로, 광복 이후 국민들이 역경을 이겨 내고 지금의 대한민국을 만들기까지의 과정을 담고 있다. 방송통신심의위원회는 해당 방송이 정부를 부정적으로 묘사하고 6·25 전쟁을 다룰 때 '남침'이라는 표현을 빠뜨리는 등 중요한 역사적 사실을 전달하지 않아 방송심의규정 제9조(공정성) 1항과 제14조(객관성)을 위반했다며 법정제재인 '경고'(벌점 2점) 조치를 결정했다.

평가될 수 있음에 주의해야 한다. 역사적 사건과 인물을 보도할 때, 하나의 해석이나 한 방향의 평가에 매몰되어서는 안 된다"(2015, p. 100)라는 것을 일반원칙으로 삼았다. 세부준칙은 해당 사건이나 인물이 제대로 조명되고 있는지 여부 판단, 기획·제작시 유의점, 인터뷰 대상자 섭외, 편집시 유의할 점, 사건이나 인물에 대한 재연 등 5개 항목으로 구성돼 있다.

8) 사회갈등 보도

급속한 산업화와 개인주의의 진전에 상응하는 시민성의 성숙이 이루어지지 못한 한국 사회에서는 개인, 집단, 사회적 차원에서 하루가 멀다 하고 크고 작은 갈등 내지 분쟁이 발생하고 있다(2장 참조). 이해관계가 치열하게 대립하는 이 같은 갈등사안을 둘러싼 보도는 어느 한쪽 집단으로부터는 공정하지 못하다는 비난을 받을 수밖에 없는 구조이기도 하다.

KBS 공정성 가이드라인은 이러한 갈등사안과 관련하여 "KBS는 공론장 역할을 수행해야 한다는 관점을 견지하는 것이 중요하다. 다양한 사회계층과 집단의 의견을 충분히 반영해서 서로 소통하는 논의의 장을 제공하는 역할을 수행해야 한다"(p. 94)라고 일반 원칙을 밝히고 그 세부준칙으로 피해 보도, 인터뷰, 당국의 공식 발표, 인용 보도, 자료영상 등 5개 항목의 내용을 제시하고 있다. 사회갈등 보도 역시 이번 공정성 가이드라인에 새로이 포함된 분야이다.

9) 국회보도

국회 관련 소식은 국회의원 선거나 대통령 선거를 앞두고는 물론이고 평상시에도 매일 정규 뉴스에서 한두 꼭지를 차지하는 경우가 대부분이며 보도순서에서도 늘 앞부분에 나오는 경우가 많다. 국회 기사는 사람들의 관심이 높을뿐더러 사회갈등 보도와 마찬가지로 다양한 이해관계를 반영하기 때문에 공정성 논란이 많이 발생할 수밖에 없는 분야이다.

이에 따라 제작 가이드라인에서는 '정치와 선거' 파트에서 '정치보도의 실제'란 소제목으로 취급되던 국회보도가 공정성 가이드라인에서는 일반준칙의 한 항목으로 강조되고 있음을 볼 수 있다. 먼저 "국회의원의 발언을 편집할 때 원래의 발언의도를 충분히 살리도록 한다. 특히 서로 분리된 발언을 연결해서 사용할 때는 중간에 반드시 구분을 해야 한다"(p. 36) 라고 밝히고 있으며, 국회자료는 자료영상으로 다른 장르에서 사용할 수는 있지만 초상권 침해 등에 유의하며 그 표현방법에 세심한 주의를 기울일 것을 주문하고 있다(p. 36).

10) 외신보도 (전쟁, 테러, 비상사태)

외신보도, 특히 전쟁이나 테러 등 비상사태와 관련된 보도 지침 역시 공정성 가이드라인 일반준칙에 새롭게 등장한 항목이다.

외신보도와 관련된 핵심적 내용은 "국가 간 분쟁이나 전쟁보도에서는 분쟁 당사자 중 한쪽으로 기울어지지 않는 공정한 자세를 유지해 시청자에게 정확하고 객관적인 정보를 제공한다"(p. 39)이며, 이를 위해 정보의 출처를 명기하고 새로운 내용이 밝혀지면 이전 보도 내용의 즉각적인 수정 그리고 상충되는 주장이 있는 경우 제 3자에게서 나온 정보나 자료의 출처는 밝히는 것이 좋다고 서술하고 있다(p. 39).

4. 실제 사례에 대한 적용

새롭게 만들어진 KBS 공정성 가이드라인은 외양으로만 판단할 때 종래 방송제작 가이드라인의 내용을 시의적절하게 보완하는 세부준칙들을 담고 있는 것으로 보인다. 하지만 이러한 가이드라인의 유용성은 실제 사건의 보도에 적용하였을 때 그것이 실제로 방송보도의 공정성을 얼마나 엄정하게 지켜 낼 수 있는지에 따라 판가름 난다고 할 것이다. 이러한 맥락에서 이하에서는 2000년대 들어 우리 사회에 뜨거운 미디어 공정성 논란을 초래한 바 있는 2008년의 〈PD수첩〉 광우병 프로그램과 2004년의 탄핵방송 사례에 공정성 가이드라인을 적용하여 그 실질적 유용성을 점검해 보고자 한다.

1) 2008 〈PD수첩〉 광우병 논란에 대한 적용

2008년 4월 29일, 〈PD수첩〉은 우리 사회에 거대한 충격파를 던져 준 '긴급취재, 미국산 쇠고기, 과연 광우병에서 안전한가?'라는 제목의 프로그램을 방송하였다. 해당 방송을 기점으로 한국 사회에는 미국산 소고기에 대한 공포가 급속도로 확산되었고, 정부가 미국과의 FTA 협상에서 국민의 안전을 담보하기 위한 외교적 노력을 소홀히 하고 있다는 불신이 제기되었다. 공포와 불신은 촛불집회로 이어졌고 2008년 5월의 학생과 시민이 주축이 되어 시작된 촛불시위는 백 일 이상 계속되었다. 이를 통해 PD들이 주축이 되어 제작하는 탐사보도 (속칭 PD 저널리즘) 프로그램의 공정성 문제가 초미의 관심사로 떠오르게 되었다 (자세한 내용은 제 6장 참조).

만약 이 같은 광우병 프로그램이 똑같은 내용으로 KBS에서 오늘 이 시점에 제작된다면 KBS의 두 가이드라인, 특히 새로 만들어진 공정성 가이드라인은 과거 논란이 됐던 문제들을 해결할 수 있을까? 물론 아무리 좋은 가이드라인이 있어도 제작자가 그것을 무시하고 사용하지 않는다면 소용이 없을 것이다. 따라서 제작자가 두 가이드라인을 제작에 적용한다는 가정하에 이 질문에 대한 답을 찾아보고자 한다.

먼저 〈PD수첩〉의 광우병 위험성과 관련해 논란이 되었던 부분을 살펴보고 여기에 두 가이드라인을 적용해 보기로 한다. 또한 〈PD수첩〉은 MBC가 제작한 프로그램이므로 MBC 방송제작 가이드라인도 함께 비교해 보고자 한다.

당시의 언론 보도와 검찰의 기소장에 근거하여 판단했을 때, 〈PD수첩〉 광우병 프로그램에서 논란이 되었던 핵심 쟁점은 다음 4가지로 정리된다.

① 앉은뱅이 소(주저앉은 소, 다우너 소)가 광우병에 걸렸을 가능성이 큰가?
② 아레사 빈슨의 사인이 인간광우병과 관련이 있는가?
③ 외국의 자료를 전달하는 과정에서 오역이 발생했는가?
④ 대한민국 국민이 인간광우병에 걸릴 가능성이 더 큰가?

4가지 쟁점 중 ①과 ②는 전달하고자 하는 정보만을 강조하기 위해 다른 정보들을 누락하는 행위에 대한 것으로 실질적으로 한 가지 사안이라 할 것이다. ①의 경우 앉은뱅이 소가 과연 광우병에 의한 것인지를 놓고 진위여부 논란이 일었다. 휴메인 소사이어티가 "다우너 소의 원인은 병원성 대장균, 살모넬라 그리고 매우 드물게 광우병에 감염된 경우이다"라고 했으나, 〈PD수첩〉은 다우너 소의 원인으로 광우병만을 강조했다는 것이다(〈연합뉴스〉, 2008. 7. 29). 〈PD수첩〉 제작진은 광우병 가능성을 강조하려다 의역과 실수를 한 것이라고 주장했지만, 대법원은 〈PD수첩〉 보도내용에 대해 허위라고 판단했다.

②의 경우, 과연 아레사 빈슨의 사인이 vCJD(인간광우병)라고 확진할 수 있는가의 여부를 둘러싼 논쟁이었다. 검찰은 이러한 오역이 아레사 빈슨의 사인과 관련해 다양한 가능성은 무시하고 vCJD 가능성만을 집중 부각시켰다고 지적했다(〈연합뉴스〉, 2008. 7. 29). 〈PD수첩〉 제작진이 제기될 수 있는 다양한 설명 가능성을 무시하고 제작의도에 맞는 사례만을 보여주었다는 것이다.

〈PD수첩〉이 야기한 두 번째 공정성 논란은 오역으로 인해 발생했다. 앉은뱅이 소에 관한 자료에서 "charged with animal cruelty", 즉 "동물학대 혐의를 받고 있는"으로 해석되어야 할 부분을 〈PD수첩〉은 "광우병 의심 소를 억지로 일으켜"로 번역한 바 있다(〈연합뉴스〉, 2008. 7. 29). 또한 아레사 빈슨의 사인을 보여주는 데에도 오역 문제가 제기되었다. 아레사 빈슨의 모친의 발언 중 "I could not understand how my daughter could possibly have contracted the possible human form of mad cow disease"(나는 내 딸이 어떻게 인간 광우병에 걸렸을지도 모르는지 이해할 수 없다)에서 "could possibly have"(걸렸을지도 모르는)을 "걸렸던"으로 표현했으며, "doctors suspect"(의사들은 걸렸을지도 모른다고 의심한다)를 "의사들은 …걸렸다고 합니다"로 자막 처리한 것이다(〈뉴시스〉, 2008. 7. 29). 또한 아레사 빈슨 모친의 발언 "The results had come in from MRI and it appeared that our daughter could possibly have CJD"(MRI 결과가 나왔는데 우리 딸이 CJD에 걸렸을지도 모른다)에서 "CJD"를 "vCJD"로 바꾸어 자막 처리했다(〈연합뉴스〉, 2008. 7. 29). 대법원은 이와 같은 오역을 통해 아레사 빈슨의 사인을 인간 광우병으로 몰고 간 〈PD수첩〉 보도내용을 허위라고 판단했다.

마지막으로 논쟁거리가 된 부분은 검증되지 않은 논문을 인용해 '유전자형에 비춰 한국인의 발생확률은 94%로서 영국인의 3배'라고 제시한 내용이다. 대법원은 인간광우병 발병에는 다양한 원인이 있을 수 있으므로 결과적으로 해당 정보가 허위라는 판단을 내렸고 〈PD수첩〉도 해명 방송에서 부정확한 표현임을 인정했다.

〈표 5-4〉는 이러한 핵심쟁점들에 대해 MBC 방송제작 가이드라인, KBS 제작 가이드라인, KBS 공정성 가이드라인을 적용해 본 결과를 정리해 보여준다.

(1) 앉은뱅이 소의 많은 원인들 중 광우병만을 강조

MBC 방송제작 가이드라인은 '공정성' 항목에서 "취재할 때 당초 기획의도에 부합하는 내용만을 취합해 방송에 반영하고 기획의도에 반하는 취재내용을 외면하는 잘못을 범해서는 안 된다"(p. 11)라고 언급하고 있다. 또한, 프로그램 제작의 실무준칙 '기본 태도와 책임'에서 공정한 취재를 제작자의 기본적 태도이자 책임으로 밝히면서 "취재 제작진은 자신의 기획의도에 맞는 정보만 얻는 데 그쳐선 안 된다. 예상되는 반론과 반대사실에 대해서도 가능성을 열어 두고 취재에 임해야 한다"(p. 15)고 기술하고 있다. 이를 통해 제작자의 의도에 맞게 사실을 추려내서는 안 된다는 점을 명시한다.

KBS의 제작 가이드라인은 방송의 규범으로 '정확성'에 대해 다루고 있다(p. 15). KBS의 모든 보도 및 정보 프로그램은 정확한 사실에 근거해야 함을 밝히고 있다. 그러나 사실의 정확성만큼이나 판단 또한 소홀히 다뤄져서는 안 된다고 밝히고 있어 사실과 제작자의 판단 중 무엇을 선택해야 하는지가 모호하다. 따라서 이 규정이 〈PD수첩〉의 앉은뱅

〈표 5-4〉〈PD수첩〉 광우병 논란의 핵심쟁점에 대한 주요 가이드라인의 적용

	MBC 방송제작 가이드라인 (2008)	KBS 방송제작 가이드라인 (2010)	KBS 공정성 가이드라인 (2015)
1. 앞뒤맥이 소의 원인으로 광우병 발병 강조	p.11 MBC의 시사·보도 프로그램은 사회적으로 논란이 될 수 있는 사안을 다룸에 있어 개방적인 마음가짐으로 객관적이고 균형 잡힌 입장을 유지하기 위해 노력한다. 특히 취재 제작진의 당초 기획 의도와 실제 취재한 내용이 다르다는 이유로 진실을 왜곡해서는 안 된다. 취재를 할 때 당초 기획 의도에 부합하는 내용만을 취합해 방송에 반영하고 기획 의도에 반하는 취재 내용을 의면하는 잘못을 범해서는 안 된다. 찬반양론이 있을 경우, 취재 제작진은 대립되는 양측의 주장을 단순히 열거하는데 그치기보다는 각 측이 왜 그런 주장을 하고 있으며 주장의 근거는 무엇인지를 객관적인 입장에서 취재하고 전달함으로써 사회현상에 대한 실제 진실을 파악하기 위해 최선의 노력을 기울인다. p.15 취재 제작진은 자신의 기획 의도에 맞는 정보만 얻는다. 그리선 안 된다. 예상되는 반론과 반대 사실에 대해 미리 가능성을 열어 두고 취재에 임해야 한다. 실천적 지침	p.15 KBS의 모든 보도·정보(시사) 프로그램은 정확한 사실에 근거해서 제작되어야 한다. 방송 제작자는 정확성을 기하기 위해 사실 확인 등 모든 노력을 기울여야 하며 프로그램의 내용에서 오류를 발견했을 때는 이를 분명하고 솔직하게 인정하고 적절한 절차를 거쳐 빠른 시간 내에 바로잡아야 한다. p.16 사실에 기초해서 정확함만을 내세우다가 사실의 전후관계나 전망, 판단과 같은 중요한 요소들을 소홀히 취급해서는 안 된다. 이도적으로 어떤 사실을 생략하거나 의견을 마치 사실인 양 위장해서는 안 된다, 앵글의 조작, 그래픽의 왜곡 등 교묘한 방법으로 내용의 정확성, 공정성을 훼손해서도 안 된다. 이러한 행위는 사정자에 대한 일종의 기만행위이다.	p.31 어떤 주장을 입증하기 위해 의도적으로 자신과 생각이 같은 취재원이나 사례만을 편향적으로 선택해서는 안 된다. 의도적으로 어떤 사실을 생략하거나 의견을 마치 사실인 양 위장해서는 안 된다. 사실을 의도적으로 누락하는 일도 사실성을 훼손하는 교묘한 방법이 된다. 먼저 동시에 공정성에 대한 의심을 초래하는 길이 된다. 의견을 사실로 위장하는 일도 불공정성 논란을 유발하는 단서가 된다. p.44 제작자는 KBS의 모든 보도와 시사, 교양 프로그램을 사실에 근거해서 제작해야 한다. 사실은 수집된 자료와 해석에 기초해서 정확성을 확보해야 한다. 사실적 정확성이야만 검증하다가 사실의 전후관계와 맥락, 사실에 대한 판단과 해석 등과 같은 요소를 소홀히 취급해서는 안 된다.
평가	내용 상충	내용 상충	KBS 제작 가이드라인과 동일한 내용. 내용 상충

278

〈표 5-4〉 계속

	MBC 방송제작 가이드라인(2008)	KBS 방송제작 가이드라인(2010)	KBS 공정성 가이드라인 (2015)
2. 오역 논란	p.18 외국인 인터뷰 내용이나 외국어로 된 논문 등 문서 등 자료 등을 해석하고 인용할 경우 어의와 해석을 피해야 한다. 지나치게 의역하거나 생략해서는 안 되고, 원문에 없는 의미를 덧붙여서도 안 된다. 특히 사회적 논란이 큰 주제 와 관련된 민감한 내용일 경우, 해당 외국어에 능통한 전 문가에 자문을 맡기고 외국어 원문을 함께 인용하는 방 법도 고려해야 한다. 외국인 인터뷰나 외국어 자료를 부 분 인용할 경우에도, 전체적인 취지나 맥락을 벗어난 내 용을 발췌 인용해서는 안 된다.	p.111 외국인의 인터뷰를 번역하는 경우 지나친 의역 이나 생략은 삼가야 한다.	관련 조항 없음
평가	실천적 지침	구체성 결여	조항 신설 필요
3. 인용하는 논문의 신뢰성 확보	p.17 취재 과정에서 입수한 문서나 논문 등을 보도할 경우 반 드시 출처를 명시해야 한다. 외부의 문서나 동영상을 발 췌해 활용할 경우, 관련 자료의 전체적인 의미와 취지에 어긋나지 않게 내용을 인용하고 설명해야 한다.	p.159 개인의 연구 성과는 분야별 학회나 전문기관의 확인과정을 거쳐 방송한다. 새로운 이학정보는 세계학회나 국내 학회를 통 해 발표되어 인정을 받은 것만 다루도록 한다.	관련 조항 없음
평가	논문 출처에 대한 내용만 다룰지며 신뢰성의 확보는 다 뤄지지 않음	실천적 지침	조항 신설 필요

이 소에 관한 허위보도를 막을 수 있다고 보기 힘들다. 다만 이후 제작 가이드라인은 공정성에 대해서 설명하면서 의도적으로 특정 사실을 생략하며 의견이 사실인 것처럼 드러내서는 안 됨을 밝히고 있으나 이것도 구체적인 지침이 제시되지는 않았다.

KBS 공정성 가이드라인은 일반준칙에서 공정성을 설명하면서 의도적으로 제작진의 기획의도와 같은 취재원이나 사례만을 편향적으로 선택해서는 안 된다는 점을 강조하면서도 제작자의 판단이 소홀히 다뤄져서는 안 된다고 밝히고 있다. 눈에 띄는 것은 공정성 가이드라인에서 정보의 누락 및 강조를 다루는 내용들은 제작 가이드라인의 내용과 거의 유사하다는 것이다. 공정성 가이드라인의 p. 31과 p. 44는 제작 가이드라인의 p. 16, p. 15와 사실상 같다. 제작 가이드라인에서와 동일하게 공정성 가이드라인도 사실 확인과 제작자의 판단 사이의 긴장관계를 그대로 드러내고 있다.

가이드라인이 사실 전달과 제작자의 판단 사이에서 상충된다는 것은 충분한 실천적 지침이 되지 못함을 뜻한다. 가이드라인이 판단을 유보함으로써 책임은 제작자가 떠안게 된다. [10]

---

10 제작 가이드라인과 공정성 가이드라인이 2008년 〈PD 수첩〉의 광우병 프로그램 제작 당시 존재했다고 가정해 보자. 〈PD수첩〉 제작진의 주장대로 소가 주저앉는 것은 분명 광우병의 주된 증상 중 하나이다. 또한, 이 프로그램의 제작의도는 앞서 언급한 대로 광우병이 이미 발생한 적이 있는 미국과의 쇠고기 수입협정을 우리 정부가 너무 쉽게 체결하려는 것에 대해 경각심을 일으키기 위한 것이었다. 따라서 제작자의 입장에서 생각했을 때, 앉은 뱅이 소의 다양한 원인을 모두 언급함으로써 정확성에 집중하다 보면 본래 제작의도인 광우병소의 위험 가능성을 알리려는 본래의 목적은 희석될 것임을 우려할 수 있다. 따라서 제작 가이드라인과 공정성 가이드라인을 적용한다면 제작진이 제작의도를 살리면서 전후관계와 맥락을 놓치지 않기 위해 광우병만을 강조했다는 주장이 성립할 수 있다.

(2) 외국자료를 보도함에 있어 오역

3개의 가이드라인에는 이와 같은 오역을 막을 수 있는 견제장치가 마련되었는가? 우선 MBC 방송제작 가이드라인은 광우병 논란을 계기로 만들어진 만큼 외국어 번역과 관련해서는 구체적 가이드라인이 제시되었다(p. 18). 시사·보도 프로그램 제작의 실무준칙에서 기사 및 원고 작성 부분은 〈외국어 번역시 유의점〉을 따로 다루고 있다. 해당조항은 오역과 왜곡, 의역에 유의해야 함을 선언하고 있을 뿐만 아니라 외국어에 능통한 전문가로부터 자문을 구할 것, 외국어 원문을 함께 인용할 것, 전체 맥락에서 벗어난 내용을 발췌해서는 안 된다 등 구체적이고 실천적인 지침을 제시하고 있다.

KBS의 방송제작 가이드라인의 〈편집과 프로덕션〉 실무지침에서 번역더빙에 대해 다루고 있다. 해당 조항은 "외국인의 인터뷰를 번역하는 경우 지나친 의역이나 생략은 삼가야 한다. 특히 원문에 없는 말을 덧붙여 발언내용을 왜곡해서는 안 된다"(p. 111)라고 서술하고 있으나 과연 어디까지가 지나친 의역인지 경계가 모호하고 MBC 방송제작 가이드라인에 비해 구체성이 현저하게 낮은 것을 확인할 수 있다. 공정성 가이드라인에서는 번역 및 오역, 의역에 대한 내용이 전혀 다뤄지지 않고 있다.

(3) 인용하는 논문의 신뢰성 확보

MBC 방송제작 가이드라인은 실무준칙 〈자료의 인용과 활용〉에서 "취재과정에서 입수한 문서나 논문 등을 보도할 경우 반드시 출처를 명시해야 한다. 외부의 문서나 동영상을 발췌해 활용할 경우, 관련자료의 전체적 의미와 취지에 어긋나지 않게 내용을 인용하고 설명해야 한다"(p. 17)고 서술하고 있다. 이는 논문의 출처를 밝힘으로써 논문이 다루고 있는 바에 대한 책임소지를 방송제작자가 아니라 논문 작성자임을 분명히 하기 위함인 것으로 보인다. 그러나 취재 및 보도의 내용이 되는 논문이 신뢰할 수 있는 학술적 전문성을 갖추고 있는지에 대해서는 언급하고 있지 않다.

　보도되는 논문의 신뢰성에 관해서는 MBC 방송제작 가이드라인보다 KBS 방송제작 가이드라인이 실천적 규정을 가지고 있는 것으로 나타났다. 제작 가이드라인은 부문별 제작지침 중 〈기술, 생활과학, 소비자〉 부분에서 의학적 정보를 제시할 때에 개인의 연구성과는 해당 분과의 학회나 전문기관의 확인을 거칠 것, 새로운 의학정보의 경우 세계학회나 국내학회에 발표되어 인정받은 것만을 다룰 것을 명시하고 있다. 이는 제작자가 방송하는 논문이 최소한 국내학회 이상의 전문 기구의 공인을 받은, 신뢰할 수 있는 연구 결과여야 한다는 구체적 지침으로 평가할 수 있다. 반면 공정성 가이드라인에서는 정확성과 같은 일반원칙을 강조하고 있으나 제작 가이드라인이 담고 있었던 논문의 신뢰성에 대한 구체적 기준이 빠져 있다.

　종합적으로 〈PD수첩〉 광우병 프로그램의 핵심쟁점들에 대해 가이드라인들을 적용하였을 때 가장 실효성이 높은 것은 MBC 방송제작 가이드라인임을 알 수 있다. MBC 제작 가이드라인은 보도하고자 하는 사실들 중 일부를 누락하거나 강조하는 것을 예방하기 위한 조항들을 마련했으며 오역 및 의역에 대해서도 가장 구체적으로 대응하고 있다. 보도에 인용하는 논문에 대해서는 논문의 출처를 분명히 할 것에 대해서만 다루어, 연구결과 및 논문의 신뢰도에 대한 기준은 미진한 실정이다. KBS 방송제작 가이드라인은 특히 방송에 인용되는 논문의 신뢰도 검증에 있어 가장 구체적인 기준을 마련해 두고 있다. 반면 외국자료의 오역 및 의역에서는 선언적인 기준만 갖추고 있고, 사실 중 일부를 누락하거나 강조하는 것에 대해서는 상충할 소지가 있는 내용을 담고 있다. 앞선 가이드라인들을 참조할 수 있었음에도 불구하고 공정성 가이드라인은 〈PD수첩〉 사태의 재발방지에 가장 미진함을 확인할 수 있다. 특정 사실의 누락 및 강조에서는 제작 가이드라인을 그대로 가지고 온 수준이고, 나머지 두 개의 문제에서는 관련조항을 아예 가지고 있지 않다.

종합적으로 〈PD수첩〉 광우병 프로그램의 핵심쟁점들에 대해 가이드라인들을 적용하였을 때 가장 최근에 나온 KBS 공정성 가이드라인은 실효성 차원에서 MBC 방송제작 가이드라인에 못 미침은 물론 자체적인 KBS 방송제작 가이드라인에도 미치지 못하는 것으로 평가된다. 공정성 원칙에 대한 혼란스러운 개념화로 인해, 〈PD수첩〉 광우병 프로그램이 다시 제작된다고 할 때 핵심쟁점들에 대한 실효성 있는 가이드라인 역할을 할 수 있을지 의문이 제기된다.

2) 2004 탄핵방송 논란에 대한 적용

탄핵방송 논란 당시 지난 3월 발표된 것과 똑같은 KBS 공정성 가이드라인이 이미 존재했다면, 혹은 오늘 이 시점에 탄핵방송 같은 사태가 또 다시 재현된다면 공정성 가이드라인이 그 당시 제기된 공정성 논란을 이번에는 잠재울 수 있을까?

16대 국회는 2004년 3월 12일, 노무현 대통령의 탄핵소추안을 가결하였다. 대통령 탄핵이라는 초유의 사태 속에서 사회는 합의를 이루지 못했고, 여야의 충돌은 심화되었다. 혼란을 가중시켰던 것은 탄핵방송이 편향적이라는 비판이었다. 대통령 탄핵을 주도했던 야당은 탄핵방송의 공정성에 의문을 제기했다. 방송위원회의 심의안건으로 상정된 탄핵방송의 공정성 논란은 한국언론학회의 대통령 탄핵관련 TV 방송 내용분석 보고서(이하, 탄핵방송 보고서)로 이어졌다. 탄핵방송 보고서 는 탄핵안 가결 이후 9일 간 KBS, MBC, SBS에서 이루어진 방송내용 전반을 양적, 질적으로 분석한 결과 탄핵방송이 공정하지 않았다고 판 단했다(1장의 관련 내용 참조).

탄핵방송 보고서가 탄핵방송이 불공정하다고 결론짓게 된 이유는 다 음의 8가지로 정리될 수 있다. 이를 기준으로 제작 가이드라인과 공정 성 가이드라인이 과연 탄핵방송 건과 관련하여 방송 공정성 논란을 미 연에 방지할 수 있을지 검토해 볼 수 있을 것이다.

① 탄핵 반대진영의 의견이 찬성진영의 의견보다 많이 보도되면서 양적 편향이 있었다.

② 화면구성과 같은 영상 이미지에 있어 탄핵 주도세력 '非개혁적 가해 자', '정략적 정치집단'이라고 부정적으로 틀 짓기를 한 반면, 탄핵 반대세력은 '개혁적 민주세력', '민의를 대변하는 약자' 등으로 틀 짓 기한 편향이 있었다.

③ 행위주체의 언어표현에서 초기에는 여당의 분노, 비통, 울분 등을 강조하고 야당의 음모, 오만, 불위의 힘 등을 강조하다 시간이 지남 에 따라 여당의 여유와 고무를, 야당은 당황, 초조, 절박, 경악과 같 이 궁지로 몰리는 모습을 부각하며 담론 틀 짓기의 편향이 있었다.

④ 탄핵반대를 전달하는 크로마키가 13.8%인 데 비해 탄핵찬성 진영 의 요지를 전달하는 크로마키는 4.7%로 편향이 존재했으며, 자막 역시 탄핵반대 진영의 주장을 담은 자막이 30.2%인 데 비해 19.1% 의 자막만 탄핵찬성 진영의 주장을 담았다.

⑤ 탄핵에 반대하는 인터뷰 수와 찬성하는 인터뷰 수의 평균이 각각 .51 개와 .32개로 탄핵반대 진영의 인터뷰 개수가 더 많았다.

〈표 5-5〉 탄핵방송 논란의 핵심쟁점에 대한 가이드라인의 적용

	방송제작 가이드라인 (2010)	공정성 가이드라인 (2015)
1. 양적 편향	pp.126~127. 어느 사안에 대해 한 당사자나 한 정당의 입장만을 일방적으로 대변하거나 전달해서는 안 된다. 특정 사안에 대한 반대 의견도 공평하게 수렴하여야 하며, 그렇게 함으로써 전체적으로 균형 잡히고 올바른 결론을 이끌어 낼 수 있을 것이다. 특히 출입처로부터 얻은 정보는 그것이 정확하고 객관적인지 엄격하게 검토하여야 한다. 또한 정치인 논리가 사회 여타 부문의 목소리를 압도하거나 배제하는 일이 없도록 뉴스의 편성이나 프로그램의 편성을 책임지고 있는 제작자 및 책임자는 항상 주의를 기울여야 한다.	p.31. 공정성은 비례적이거나 산술적인 균형 또는 외견상의 중립성에 의해 확보할 수 있는 것이 아니다. 이는 정의를 추구하는 윤리적 자세로 접근할 때 확보할 수 있다. p.32. 갈등적 사안을 다룰 때, 한 입장만을 강조해서 지지하거나 반대하는 등 편향적인 방식으로 다루지 않는다. 당사자나 지지자의 견해를 정당하게 제시해야 한다. 동시에 해당 입장과 반대되는 입장과 견해가 있음을 알려야 한다.
평가	균형이 무엇이며 어떻게 달성할 수 있는지 구체적 지침 미비	산술적 균형과 비례적 균형 중 언제 무엇을 택해야 하는지 판단 기준 미비
2. 화면 구성짓기 편향	p.16. 제작자는 출연자의 선정, 촬영에서의 앵글이 선택, 편집에서의 화면이 선택, 프로그램 안에서의 아이템 배열 등 제작과정에서부터 전체적인 프로그램이 이르기까지 모든 단계에서 사회 각계각층의 다양한 견해가 공정하게 다뤄지도록 유의해야 한다.	p.30. 제작자는 출연자의 선정, 촬영에서의 앵글이 선택, 편집에서의 화면이 선택, 프로그램 안에서의 아이템 배열 등 제작과정에서부터 전체적인 프로그램이 편성에 이르기까지 모든 단계에서 다양한 견해를 포함하도록 유의한다. 의도적으로 어떤 사실을 생략하거나 의견을 마치 사실인 양 위장해서는 안 된다. 사실을 의도적으로 누락하는 일은 사실성을 훼손하는 교묘한 방법이 된다. 연서 동시에 공정성에 대한 의심을 초래하는 길이 된다. 이견을 사실로 위장하는 일도 불공정성 논란을 유발하는 단서가 된다.

〈표 5-5〉 계속

	방송제작 가이드라인 (2010)	공정성 가이드라인 (2015)
2. 화면 구성과 틀 짓기 편향	의도적으로 어떤 사실을 생략하거나 이견을 마치 사실인 양 위장해서는 안 되며, 앵글의 조작, 그래픽의 왜곡 등 교묘한 방법으로 내용의 정확성, 공정성을 훼손해서도 안 된다. 이러한 행위는 시청자에 대한 일종의 기만행위이다.	p.95. 갈등적 사안에 대한 보도에서는 기획, 취재, 제작 등 모든 과정에서 공정성을 담보하기 위해 노력한다. 이는 화면 선택, 촬영 앵글 선택, 출연자 선정, 프로그램 편성 등 세밀한 영역에까지 적용된다.
평가	구체적 실천 지침 미비	구체적 실천 지침 미비
3. 언어표현 틀 짓기 편향	p.125. 방송에서는 정치와 관련된 용어의 사용에 특히 유의해야 한다. 예컨대 '말했다', '밝혔다', '주장했다', '설명했다'는 모두 다른 말이다. 예를 들어, 아는 밝히고, 모는 주장했다고 한다면 이미 누가 옳고, 누가 그른지 판명 난 셈이 된다.	p.99. 제작자의 편견이 개입되지 않도록 용어 사용에 유의한다.
평가	예시를 통한 구체적 설명	구체적 실천 지침 미비
4. 크로마키와 자막 편향	관련 조항 없음	관련 조항 없음
평가	신설 필요	신설 필요
5. 인터뷰의 편향	관련 조항 있음	p.97. 자신과 생각이 같은 취재원이나 사례를 편향적으로 선택하지 않는다.
평가	신설 필요	취재원 선택에 편향이 생겨서는 안 된다는 사실 인지 그러나 구체적 실천 지침 미비
6. 자료화면 편향	관련 조항 없음	관련 조항 없음
평가	신설 필요	신설 필요

〈표 5-5〉 계속

	방송제작 가이드라인 (2010)	공정성 가이드라인 (2015)
7. 출연자 편향	p.110. 출연자는 선정 기준을 명확히 하고 신중을 기하며, 특히 대립적 관계의 출연자들에 대해서는 참여 인원과 발언 시간과 기준에 밝혀 주의한다. 사안이 중대한 경우, 그 출연자 선정 기준과 이유, 배경 등을 묘사한다. 출연자 선정은 제작자가 하지만 그 선택은 시청자가 납득할 수 있어야 한다. 이는 논쟁이 예상되는 프로그램의 경우 출연자의 발언으로 프로그램의 흐름이 일방적으로 치우칠 수 있기 때문이다. 따라서 투명하고 합리적인 출연자 선정 기준을 미리 마련해 놓는 것이 중요하다. 또한 사안이 중대할 때는, 이들 문서 등이 기록으로 남겨 놓는 것이 바람직하다. p.115. 특히 방송의 주제가 공공의 이익과 관련된 사안일 경우, 다양한 시각을 반영할 수 있도록 출연자의 성향을 미리 파악하여 균형을 잡아 주의하여야 한다.	p.42, p.92. KBS 출연자는 개인 자격이든, 특정 단체의 대표이든 그 신분이 확실해야 한다. 제작자는 출연자의 신분이나 단체의 활동을 미리 확인할 필요가 있다. 특히 방송의 주제가 공공의 이익과 관련된 사안일 경우, 다양한 시각을 반영할 수 있도록 출연자의 성향을 미리 파악하여 균형을 잡으면 좋다. 특히 이해가 공정하게 대변될 수 있도록 대립되는 주제를 다룰 때에는 제작자는 양측의 의견이 이견이 공정하게 대변될 수 있도록 방송 출연자 선정에도 주의를 기울여야 한다. p.95. 갈등적 사안에 대한 보도에서는 기획, 취재, 제작 등 모든 과정에서 공정성을 담보하기 위해 노력한다. 이는 화면 선택, 촬영 앵글 선택, 프로그램 편성 등 세밀한 영역에까지 적용된다. p.102. 소재나 출연자 선정 시 어느 한쪽으로 치우치지 않도록 주의한다.
평가	매우 구체적인 지침으로 실천적	실천 지침을 담고 있으나 제작 가이드라인보다 덜 구체적
8. 앵커(사회자) 편향	p.114. 진행자는 KBS 프로그램의 얼굴이다. 따라서 진행자는 KBS가 추구하는 방송 정책이나 기준을 숙지하고 프로그램이 공정성, 독립성, 객관성이 유지되도록 노력해야 한다.	p.40~41. 방송에 출연하는 진행자, 기자, 아나운서 등은 KBS를 공적으로 대표하는 얼굴이기 때문에 공정성에 특별히 주의해야 한다. 진행자와 기자는 일반적 사안에 대해 전문적 관점에서 논평을 할 수 있으나, 갈등적 사안이나 논란이 되는 사안에 대한 개인적 견해를 밝히지 않도록 주의한다.
평가	구체적 실천 지침 미비	구체적 지침으로 실천적

⑥ 시사·교양·정보 프로그램에서 자료화면 구성에서 탄핵 반대시위는 66건 사용된 데 비해 찬성시위는 12건만 등장해 탄핵반대 자료화면이 5배 이상 많았다.

⑦ 시사·교양·정보 프로그램에서 탄핵에 대해 발언한 출연자는 모두 96명이었다. 그 가운데 34명(35.4%)은 탄핵반대를 두둔한 반면, 탄핵찬성을 두둔하는 출연자의 발언은 단 한 명에 불과했다.

⑧ 시사·교양·정보 프로그램에서의 앵커멘트 중 탄핵반대 멘트는 27건(18.8%)이었던 데 반해 탄핵에 찬성하는 멘트는 단 한 건도 없었다. 탄핵반대 멘트의 상당수는 앵커 개인의 주관적 감정을 드러내거나 윤색적 형용사를 사용한 경우였다.

KBS 공정성 가이드라인과 방송제작 가이드라인을 이와 같은 탄핵 방송의 8가지 공정성 위반 사항에 적용해 본 결과는 〈표 5-5〉와 같다.

(1) 탄핵반대 진영의 견해가 더 많이 보도된 양적인 편향

갈등적 사안을 다루는 데 있어서 양적인 균형을 맞춰야 한다는 것은 공정성을 달성하기 위한 가장 기본적인 수단이 된다. 양적 균형이 곧 공정성으로 이어지는 않지만, 양적 균형을 이루지 않고 공정성을 이루기란 힘들다. 그런 만큼 두 가이드라인 모두 방송을 통해 전달하는 의견에 치우침이 없어야 한다는 점을 밝히고 있다.

공정성 가이드라인의 경우, 공정성의 요소로 균형성을 포함시키는 등 방송이 다루는 의견의 양적 균형을 중요하게 다루고 있음을 볼 수 있다. 제작 가이드라인은 균형성이란 무엇이며 이것이 공정성과 갖는 관계, 균형성은 구체적으로 어떻게 달성 가능한지에 대해서 언급하고 있지 않다. 그러나 한 가지 특이한 점은 공정성 가이드라인과 달리 균형성을 잃게 만드는 요인이 무엇인지를 확인하고 있다는 점이다. 제작 가이드라인은 균형성을 갖출 것을 강조하면서 출입처와의 유착, 정치적 논리에 의해 균형성을 잃지 말 것을 강조하고 있다. 반면 공정성 가이드라인에서는 무엇이 균형성을 잃게 만드는 요인인지에 대해서는 밝히고 있지 않으며, 다만 특정 사안을 다루는 데 있어 억울한 사람이 발생하지 않을 수 있도록 정의를 추구하는 윤리적 자세를 갖춰야 한다고 언급한다.

공정성 가이드라인의 양적 균형에 대한 강조가 제작 가이드라인보다 진일보한 것으로 평가할 수 있을지 모르나 탄핵방송의 공정성 시비를 막을 수 있었을 것인가에 대해서는 회의적이다. 공정성 가이드라인은 균형성이 공정성을 달성하는 최소한의 수단이 될 수는 있으나 결코 균형성만으로는 공정성을 달성할 수 없음을 밝히고 있다. 그리고 두 개의 균형이 존재함을 소개한다. 균형성에는 비례적 균형과 산술적 균형 두 가지가 존재하며, 중요성을 고려한 균형을 비례적 균형, 모든 견해를 동등하게 보도하는 것을 산술적 균형이라 소개한다. 이 경우 탄핵방송에서는 비례적 균형과 산술적 균형 중 무엇이 적용되어야 하는지가 쟁점이 될 수 있다. 실제로 각 언론사들은 여론조사 결과 탄핵을 반대한 여론이 70%에 달했으므로, 여론의 구조와 동일한 공정한 방송이 이루어졌다고 주장한 바 있다.[11] 탄핵방송과 같이 당시 국정을 좌우했던 이슈에서는 비례적 균형과 산술적 균형 중 무엇을 선택해야 하는가? 공정성 가이드라인은 이에 대해 별다른 답을 주지 못한다.[12]

---

[11] 〈동아일보〉 2004년 4월 21, '방송 3사 탄핵찬반 인터뷰 비율 3대 7 논란'과 〈한겨레〉 2004년 3월 22, '탄핵 찬·반 인터뷰 3대 7 시민 뜻 비교적 충실히 반영' 참조.

[12] 비례적 균형의 개념은 자칫 보도가 시대정신이나 지배적 여론을 따라가야 한다는 '상대주의'에 빠질 우려가 있다. 이에 대한 보다 자세한 논의는 1장 참조.

(2) 화면구성 틀 짓기 편향

화면 구성의 공정성 문제에 대해서는 제작 가이드라인과 공정성 가이드라인이 유사한 수준의 조항을 가지고 있는 것으로 보인다. 제작 가이드라인은 방송의 규범 중 하나로 공정성을 설명하면서 촬영 앵글의 선택, 편집 화면의 선택, 프로그램 안의 아이템 배열 등에서 공정성을 염두에 두어야 함을 밝히고 있다. 이와 유사한 내용이 공정성 가이드라인의 일반준칙 중 공정성 관련항목(p. 30), 그리고 분야별 세부준칙 중 사회갈등보도에 대한 항목(p. 95)에서 그대로 반복되고 있다. 그러나 양 가이드라인 공히 화면 선택이 공정성에 영향을 미친다는 것을 반복적으로 언급하고는 있지만 어떻게 하면 공정한 화면을 선택할 수 있는지에 대해서는 다루고 있지 않다.

(3) 언어표현의 틀 짓기 편향

언어표현의 틀 짓기 편향에 대해서는 제작 가이드라인이 공정성 가이드라인보다 구체적이며 또한 언어표현이 문제의 소지가 있음을 분명히 인식하고 있는 것으로 보인다. 제작 가이드라인의 부문별 제작지침은 정치와 선거에서 용어 사용에 신중할 것을 강조하고 있다. 유사해 보이는 언어라고 할지라도 실질적인 의미는 다를 수 있으며, 특정 언어를 사용하는 것이 사실상 진위 판단을 담고 있을 수 있으므로 유의해야 한다는 것이다. 공정성 가이드라인도 사회갈등보도의 제작원칙 중 세부준칙으로 용어선택에 유의해야 함을 밝히고 있다(p. 99). 그러나 어떤 이유에서 무엇을 경계해야 하는 것인지 구체화되어 있지 않고 선언적으로만 밝히고 있어, 제작 가이드라인보다 구체성이 떨어진다. 따라서 언어표현의 틀 짓기 편향에 대해서는 제작 가이드라인이 공정성 가이드라인보다 잘 작동할 것으로 보인다.

(4) 크로마키와 자막

탄핵방송 보고서에서는 크로마키와 자막이 공정성에 영향을 미쳤다고 발표했다. 그러나 크로마키와 자막에 대해서 두 가이드라인 모두 관련 조항을 갖추고 있지 못하다. 크로마키에 대해서는 관련 조항을 찾을 수 없었다. 자막의 경우 제작가이드라인에서 많이 다루어지는데, 영상이 담아내지 못한 정보들을 자막을 통해 부가적으로 밝혀주어야 함을 밝히는 정도다. 구체적으로는 과거 자료일 경우 촬영 시점, 여론조사 결과에 대한 추가 정보, 알아듣기 힘든 인터뷰 내용 등을 자막을 통해 제공할 것 등을 요구하고 있을 뿐 자막의 공정성 문제에 대해서는 다루고 있지 않다.

(5) 인터뷰 편향

제작 가이드라인은 상당 페이지에 걸쳐서 인터뷰에 대해서 적시하고 있다(pp. 95~101). 그러나 관련 내용을 보면 적절한 인터뷰가 프로그램 진행에 필수적이기 때문에 어떻게 하면 윤리적이고 효과적인 인터뷰를 준비·섭외·취재·편집할 수 있는지에 대해서는 다루고 있을 뿐, 인터뷰의 공정성 문제에 대해서는 언급하고 있지 않다. 발언 취지와 무관하게 프로그램 기획의도에 맞춰서 발췌 편집하는 것을 금지한다는 조항은 있으나(p. 100) 이는 인터뷰 대상자의 발언 취지를 훼손해서는 안 된다는 내용이지 공정성을 담보해야 한다는 내용은 아니다. 따라서 제작 가이드라인은 갈등적 사안을 다루는 데 있어서 인터뷰 대상자의 의견이 균형이 맞아야 한다는 내용을 담고 있지는 않다.

반면 공정성 가이드라인은 인터뷰 대상자를 선정하는 데 있어 인터뷰 대상자의 의견이 제작자의 의도에 맞게 편향되어서는 안 된다고 지적하고 있다. 공정성 가이드라인의 사회갈등 보도는 제작세칙의 세부준칙에서 인터뷰에 대해 다루고 있다(p. 97). 이때 기자가 원하는 방향으로 인터뷰를 유도하거나 발췌 편집해서는 안 된다는 내용뿐만 아니라 취재원을 선정하는 과정에서 기자 자신과 생각이 같은 사례만을 편향적으로 선택해서는 안 된다고 밝히고 있다. 이는 앞서 제작 가이드라인이 인터뷰 대상자에 대한 윤리적 차원에 초점을 맞추고 있었던 것과 달리 인터뷰의 내용 자체도 공정성에 영향을 끼친다는 사실을 인식한 결과인 것으로 보인다. 그러나 과연 인터뷰 대상을 선정하는 과정에서 기자 개인의 주관적 견해를 배제하는 것만으로 인터뷰의 공정성을 확보할 수 있는 것인지는 회의적이다.

(6) 자료화면 편향

탄핵방송 보고서는 방송사들이 탄핵 가결장면과 촛불시위, 탄핵 반대 및 찬성 시위장면 등의 자료화면을 이용하는 데 있어 탄핵반대 진영에 우호적 보도를 했다고 판단했다. 그러나 제작 가이드라인과 공정성 가이드라인 모두 자료화면을 공정하게 다루는 방안에 대해서는 다루고 있지 않다. 다만 공정성 가이드라인에 지나치게 자극적이거나 과장된 영상을 사용해서는 안 된다는 것, 연출과 재연, 그래픽을 삼갈 것 정도가 명시되어 있을 뿐이다(p. 98).

(7) 출연자 편향

출연자 섭외에 있어 편향이 있어서는 안 된다는 점에 대해서는 제작 가이드라인과 공정성 가이드라인이 공히 강조하고 구체적 실천 지침 역시 담고 있다. 그러나 실무자가 당장 참조할 수 있을 만큼의 구체성은 공정성 가이드라인보다 제작 가이드라인이 더 잘 갖추고 있는 것으로 보인다.

제작 가이드라인은 방송제작 실무지침의 17장(편집과 포스트프로덕션)에서 MC와 출연자의 발언에 대해 다루고 있다(p. 110). 여기서 출연자의 선정기준을 신중하고 명확하게 해야 하며, 무엇보다도 사회적으로 중대한 사안을 다룰 때 출연자의 발언으로 인해 프로그램의 흐름이 일방향으로 흐르지 않도록 주의해야 함을 명시하고 있다. 뿐만 아니라 사전에 정한 기준에 맞게 출연자를 섭외하며 유사시에 대비하여 이를 기록으로 남겨 둘 것을 권고하고 있다.

공정성 가이드라인은 아예 일반준칙에서 공정성을 설명할 때 출연자의 선정에서부터 다양한 견해가 반영될 수 있도록 노력해야 한다고 말할 만큼 출연자의 의견을 공정성 달성의 중요한 요인으로 평가하고 있다. 출연자의 신분과 활동 단체에 대해서 사전 확인이 이루어져야 하며, 다양한 성향의 출연자를 확보해야 하고, 이해관계가 대립하는 이슈를 다룰 때에는 대립되는 의견이 공정하게 대변될 수 있도록 출연자 선정에 주의를 기울여야 한다고 밝히고 있다(p. 42). 출연자 섭외는 정확성과 다양성의 일반준칙에서도 다뤄지고 있다. 정확성의 경우, 출연자의 자격을 확인하는 것을 중요하게 다루면서(p. 47), 출연자의 의도에 속지 않기 위해서는 출연자의 신분을 확인하는 것뿐만 아니라 발언내용도 사전에 확인하는 것이 좋다고 언급하고 있다. 또한 광범위한 출연자의 섭외는 다양성 확보에도 필수적이라는 점이 강조된다(p. 53). 이외에도 공공정책에 대한 보도, 사회갈등 보도, 역사적 사건 인물에 대한 보도에서도 출연자의 다양성과 공정성은 반복적으로 지적되고 있다.

그러나 공정성 가이드라인은 출연자를 중요하게 다루고 있음에도 불구하고 출연자 섭외에서 신분과 견해를 확인해야 한다는 것을 반복적으로 제시하는 수준 이상의 지침을 제시하고 있지 못하다. 오히려 공정성 가이드라인보다는 제작 가이드라인이 구체적인 실천지침을 제시하고 있는 것으로 보인다. 제작 가이드라인에서 출연자를 섭외하는 기준을 분명히 하고 이를 기록으로 남겨둘 것을 언급하는 것과 달리 공정성 가이드라인에서는 어떻게 하면 출연자 섭외의 공정성을 달성할 수 있는지의 구체적인 실천지침은 제시되고 있지 않다.

(8) 앵커 또는 사회자 편향

앵커 또는 사회자의 발언에 대해서는 공정성 가이드라인이 제작 가이드라인보다 구체적이며 실천적인 지침을 내리고 있는 것을 확인할 수 있다. 제작 가이드라인의 경우, 진행자가 KBS의 얼굴인 만큼 공정성을 유지하기 위해 노력해야 한다고 밝히고 있으나, 과연 어떻게 이를 달성할 수 있는지는 다루지 않는다(p. 114). 토론의 진행자가 출연자들로 하여금 다양한 입장을 고루 발언할 수 있도록 발언권을 공정하게 분배하는 데에 신경 쓸 것을 요구하는 정도로, 사회자의 주관적 판단에 대해서는 별다른 언급이 없다.

반면 공정성 가이드라인은 진행자, 기자, 아나운서 등이 일반적 사안에 대해서는 전문적 관점에서 논평할 수 있으나 갈등사안에는 개인적 견해를 밝혀서는 안 됨을 명시하고 있다(pp. 40~41). 갈등상황에서는 방송 공정성이 더더욱 요구된다는 사실과 개인의 주관적 판단이 여론에 영향력을 미칠 수 있음을 인지하고 이를 예방하기 위한 것으로 보인다. 탄핵방송 보고서에서 앵커 및 진행자의 공정성이 문제가 되었던 것은 이들이 개인의 주관적 판단을 윤색적 형용사를 사용하며 드러냈기 때문임을 고려했을 때, 공정성 가이드라인이 보다 구체적 지침으로 기능할 수 있을 것으로 평가된다.

종합적으로 판단하였을 때 두 가이드라인이 지난 2004년 탄핵방송과 같은 사태가 재발되지 않을 수 있을 만큼의 예방효과를 가질 수 있을지는 회의적이다. 공정성 가이드라인은 제작 가이드라인에서는 다뤄지지 않았던 인터뷰 대상자의 선정에서 편향됨이 없어야 한다는 점, 앵커(사회자)가 갈등사안에 대해서는 개인적 발언을 해서는 안 된다는 점 등을 명시하고 있다는 점에서 나아진 면이 있다. 그러나 제작 가이드라인에서 구체적으로 다뤄지는 언어표현에서 유의할 점들이나 출연자 섭외과정에서 기준을 분명히 하고 기록으로 남겨 둘 것 등의 구체적 실천지침들은 공정성 가이드라인에 담겨 있지 않다. 제작 가이드라인과 공정성 가이드라인은 공히 사회 갈등적 사안을 다룰 때 어떤 균형을 추구해야 하는지, 화면구성과 자료화면이 공정하다는 것은 무엇을 의미하는지에 대해서 구체적 실천지침이 없다. 탄핵방송 보고서에서 크로마키와 자막을 공정성을 훼손할 수 있는 요소로 지적했음에도 불구하고 두 가이드라인은 이에 대해서 다루고 있지 않다.

종합적으로 공정성 가이드라인은 인터뷰의 양적 균형과 앵커(사회자)의 발언에서는 제작 가이드라인보다 구체화되었으나 언어표현과 출연자 섭외의 경우에는 오히려 후퇴한 측면이 있다. 나머지 4가지 요소에 대해서는 공정성 가이드라인이 제작 가이드라인보다 나아진 것이 없다. 많은 부분에서 공정성 가이드라인은 제작 가이드라인에서 다뤄졌던 내용을 반복하며 공정성이 방송제작 과정에서 중요하다는 것을 선언하는 수준에서 나아가지 못하고 있다.

5. 논의

우리 사회에서 방송을 보다 공정하게 만들 수 있는 방법이 두툼한 가이드라인, 그것도 외국의 개념을 단순 차용한 가이드라인을 만드는 데 있다는 주장에 선뜻 동의할 사람은 없을 것이다. 정치권력 그리고 시장권력으로부터 방송의 공정성을 지켜 내는 일이 가이드라인을 통해 가능하다고 보는 것은 민주적 헌법의 제정만으로 민주주의를 달성할 수 있다고 믿는 것만큼이나 순진한 태도가 아닐 수 없다. 설사 완벽하고 이상적인 가이드라인을 만들었다고 해도 구성원들의 수용과 실천이 전제되지 않는다면 이는 효용성을 지니지 못하게 된다.

앞서 제3장에서 살펴본 BBC 편성 지침이 실효성 있게 작동하는 이유는 가이드라인 자체의 우수성을 넘어, 바로 이러한 구성원들의 자발적 수용과 실천이 뒷받침되기 때문이다. 이러한 맥락에서 유선영(1995), 남재일(2008) 등은 한국 언론이 취재보도 가이드라인, 윤리강령 등을 내세워 저널리즘의 이상으로 객관주의를 형식적으로 추구하기는 했으나, 인식론적 기반을 다지지 못하여 '공정성 실패'를 낳았다고 비판한다. 같은 맥락에서 김경모와 신의경(2013)은 한국 언론이 '전문직주의의 핵심가치를 자체적으로 구축하지 못한 채 영미권 언론으로부터 수입한 형식적 객관주의 저널리즘의 형식적 관행만을 피상적으로 실천'한 것으로 평가하기도 한다.

그러나 가이드라인은 방송의 공정성을 실천하기 위한 필요충분조건은 아니더라도 최소한 그에 요구되는 수많은 필요조건 중의 하나라는 점은 부정할 수 없다. 금번 공정성 가이드라인 발간사(p. 5)에서 "공정성을 진일보하게 만드는 디딤돌이 될 것"이라고 밝힌 것과 같이, 가이드라인을 만들기 위해 고민하고 노력하여 하나의 결과물을 만들어 내는 과정 자체가 공정성 실현에 한 발짝 다가가는 계기가 될 수 있다.[13] 이러한 맥락에서 공영방송 KBS가 공정성 가이드라인을 만들고자 한 시도는 그 의미가 결코 작지 않다고 할 것이다.

하지만 단기간에 만들어진 결과물은 기대가 컸던 만큼이나 적지 않은 실망감을 안겨 준다. 보다 구체적으로 KBS 공정성 가이드라인은 그 내용과 형식면에서 기존의 방송제작 가이드라인을 진전시키고 있는 진일보한 가이드라인으로 평가하기에는 많은 한계점들을 드러내고 있다.

첫째, KBS 공정성 가이드라인과 방송제작 가이드라인의 관계를 어떻게 설정해야 할지 혼란스럽다. 공정성 가이드라인 발간사에는 "기존 준칙을 정비하고 제작현장에서의 활용성을 제고함으로써 공정성 논란에 효과적으로 대응하기 위해" 제작되었다고 서술하고 있다. 실제로 공정성 가이드라인과 종래의 제작 가이드라인의 내용 간에는 상당한 중복이 있음에도 양자 간의 관련내용에 대한 교차인용(*crossreferencing*)이 이루어지고 있지 않다.[14]

보다 근본적으로 기존의 준칙이라 할 공정성 가이드라인과 방송제작 가이드라인이 어떻게 연계되는지에 대한 공식적 설명이 어디에도 제시되고 있지 않다. 이에 따라 방송 공정성 문제와 관련하여 공정성 가이드라인을 주로 삼고 제작 가이드라인은 보조 가이드라인이 되는 것인지, 아니면 공정성 가이드라인이 제작 가이드라인을 대체하는 것인지 불확실한 실정이다. 제목에 충실해 공정성과 관련해서는 공정성 가이

---

13 실제로 필자는 내용 면에서 정교하고 실행차원에서 공고한 방송 공정성 원칙의 수립이 방송공정성을 실천하기 위한 가장 실효성 있는 방법이라도 믿고 있다. 이에 대한 자세한 논의는 15장 결론의 논의 참조.

14 이는 편성 가이드라인 내의 모든 관련 내용 및 편성 가이드라인과 다른 공식 문건 간의 관련 내용을 세밀하게 교차인용시켜 놓은 BBC 편성지침과 분명하게 대비된다.

드라인을 참고하고 제작과 관련해서는 제작 가이드라인을 따르면 되는 것인가? 만약 그렇다면 내용상 두 가이드라인 간에 서로 상충되는 부분이 있다면 어느 가이드라인을 따라야 하는가? 이에 대한 명확한 규정이 없는 한 공정성 가이드라인은 혼란을 가중시킬 우려가 높다.

둘째, 공정성 가이드라인이 제시하는 공정성 원칙은 종래 제작 가이드라인의 공정성 원칙을 보완하고 개선하는 수준을 넘어 이 같은 방송 저널리즘의 기본가치를 바라보는 시각에서 의미심장한 차이를 드러내고 있다. 보다 구체적으로 종래 제작 가이드라인의 공정성 원칙이 불편부당한 중립성 중심의 공정성 원칙을 제시하는 데 방점이 있었다면 공정성 가이드라인이 제시하는 공정성 원칙은 법철학자 롤스(Rawls)가 제시한 정의의 개념에 기초하여 사회적 소수와 약자의 입장을 우선 배려하고 이를 위해 직접적 현실참여도 배격하지 않는 입장으로 선회한 흔적을 보여준다. '균형, 책임, 진실을 앞세우는 저널리즘' 원칙으로서의 공정성 원칙이 적극적인 '평등주의적 정의 구현'의 철학으로 전환된 것이다.

양 문건은 공영방송의 기본가치를 바라보는 시각에서 이처럼 근본적 차이를 드러내고 있기 때문에 사실상 공영방송이 나아갈 길에 대해 서로 다른 입장을 천명하고 있다고 평가하는 것이 타당하다. 종래의 공정성 원칙과 양립하기 어렵고 때로 상충할 가능성을 지닌 새로운 공정성 원칙이 탄생한 것이다. 공정성 가이드라인에 담긴, 이처럼 새로운 공정성의 정의는 이 책의 제1장에서 살펴본 바 있는 공정성 원칙에 대한 극단론적 시각의 문제를 내포한다. 이처럼 과도하게 나아간 시각은 보다 온건한 여타의 관점들과 충돌을 빚고 실질적인 조작적 적용 차원에서도 문제를 초래할 가능성이 크다.

셋째, 공정성 가이드라인 그 자체의 세부 구성도 여러 측면에서 혼란

298

스러운 실정이다. 총론을 제외하면 공정성 가이드라인의 주 내용은 일반준칙과 세부준칙으로 구별되는데 양자 간에 구체적으로 어떤 차이가 있는지 확실하지 않다. 가이드라인상에는 이러한 구분기준에 대해 구체적 설명이 제시되지 않은 가운데, 일반준칙은 보편적 수준의 준칙을 담고 있고 세부준칙은 방송의 세부 보도 영역별 실천규범이라고 짐작될 뿐이다. 하지만 일반준칙과 세부준칙에 포함된 내용을 보면 이러한 상식적 예상이 맞지 않는 경우가 쉽게 눈에 띈다. 예를 들어 공직 후보자 검증보도나 재난재해 보도는 세부준칙에 실려 있지만 국회보도, 경제보도나 외신보도는 일반준칙에 포함되어 있다. 하지만 후자의 내용을 보면 세부준칙에 해당하는 매뉴얼 차원의 지침이 포함되어 있다.[15] 갈등적 사안[16] 및 선거보도는 일반준칙과 세부준칙 모두에 포함되어 있다. 한 걸음 더 나아가 분야별 세부준칙은 다시 일반원칙과 제작세칙으로 구분되는데, 일반원칙의 내용은 앞서 제시된 일반준칙과 사실상 차이가 없다.

넷째, 세부준칙 역시 비체계적이고 자의적인 구성의 문제를 드러낸다. 보다 구체적으로 세부준칙에는 ① 공직자 및 공직후보자 검증보도, ② 선거보도, ③ 여론조사 보도, ④ 공공정책에 관한 보도, ⑤ 사회갈등 보도, ⑥ 역사적 사건, 인물에 대한 보도, ⑦ 재난재해 보도 등 7개의 영역이 포함되어 있다, 이러한 영역이 선택된 기준이 무엇이며 그 외의 영역들은 왜 배제되었는지 분명한 기준이 제시되고 있지 않다.[17]

---

15 예를 들어 일반준칙의 경제 보도 내용 중 "방송에서 기업명, 상품명, 로고마크 등은 다음에 대해 검토한 후, 전체적으로 보아 시청자의 이해에 도움을 준다고 판단할 수 있을 때 사용한다 (p. 38)" 같은 내용은 세부준칙에 포함시키는 것이 보다 적절해 보인다.
16 일반준칙에서는 갈등적 사안, 분야별 세부준칙에서는 사회갈등 보도로 되어 있지만, 후자의 내용을 보면 갈등적 사안이라는 용어를 사용함으로써 사실상 같은 항목을 다루고 있음을 알 수 있다.

하지만 현재의 세부준칙에 포함된 영역들은 이와 같은 동향을 선도적, 예방적 차원에서 고려하기보다는 지금까지 우리 사회에서(보다 엄밀히는 KBS의 방송내용 중) 공정성이 문제가 되었던 보도영역에 대한 사후적 처방 마련에 주력하는 것으로 보인다.

다섯째, 실효성 차원의 의문이다. 공정성 가이드라인의 세부준칙 내용 중 상당부분이 매뉴얼 수준의 구체적 지침이 아닌 당위적 선언에 머무르고 있다. 공정성 가이드라인을 훑어보면 "최대한 검증하도록 노력한다", "철저한 검증을 통하여", "기초조사를 충실히 해야 한다"와 같은 문구를 쉽게 찾아볼 수 있다. 하지만, 이와 같은 문구 뒤에 어떻게 최대한 내지 철저하게 검증하는지, 어떻게 기초조사를 충실히 해야 하는지에 대한 구체적 설명이 이어지고 있는 경우는 찾아보기 어렵다.

실제로 새로운 공정성 가이드라인의 실효성을 평가해 보기 위해 종래의 방송제작 가이드라인 등과 함께 이를 공정성 가이드라인을 〈PD수첩〉 광우병 논란과 탄핵방송 논란의 주요 쟁점들에 적용해 본 결과는 실망스러운 것으로 나타났다. 세부 항목별로 편차가 있긴 하지만 종합적으로 KBS 공정성 가이드라인의 실효성은 KBS 방송제작 가이드라인에도 미치지 못하는 것으로 평가된다. 기실 인용의 엄밀성, 목차 구성의 체계성, 세부 내용의 구체성, 개념의 명확성 등 기초적인 내용 및 편집이 엉성함을 면치 못하고 있는 현재의 가이드라인에 대해 이러한 실효성 검토 자체가 과도한 검증작업이라 할 것이다.

---

17 예를 들어 최근 우리나라도 생활수준이 상승하면서 운동이나 몸에 좋은 음식 등 건강에 대한 관심이 폭발적으로 증가하고 있다. 특히 이 분야는 의학과도 연결되어 있으며 외국의 사례를 소개하는 경우가 빈번하기 때문에 공정성 논란이 일 가능성이 높다. 또한, 방송도 글로벌화함에 따라 해외 취재나 외국 사례 등을 열거하면서 외국인과의 인터뷰가 빈번해지고 있다. 특히 외국인과의 인터뷰는 시청자의 이해를 돕기 위해 의역이 이루어지는 만큼 외국인과의 인터뷰 자막 등 외국어 번역과 관련한 공정성 준칙도 필요할 것으로 보인다.

　　종합적으로 KBS가 2015년 초에 발표한 공정성 가이드라인은 그 총체적 허술함에 비추어 현재의 상태 그 자체로는 KBS의 공식적 규범으로 채택되어 활용될 가능성이 낮아 보인다. 이러한 허술함은 한편으로 안타깝고 역설적으로 다행스런 측면도 있다.

　　첫째, 이러한 허술함이 안타까운 것은, 실질적인 방송제작의 지침을 제공하는 가이드라인은 그 자체가 방송의 실질적 상태를 개선하는 의미심장한 선도적 계기가 될 수 있기 때문이다(15장 결론의 논의 참조). 하지만 금번에 만들어진 공영방송 공정성 가이드라인은 (다분히 그 목적의 비순수성 및 사업추진의 졸속성으로 인해) 우리 공영방송의 취약함 내지 허술함을 민낯으로 드러내는 데서 더 이상 진전되지 못하였다. '혹시나' 하는 기대가 '역시나' 하는 실망으로 끝나고 만 것이다. 사실상 내용 및 체계 면에서 공정성 가이드라인이 정교하고 공고하게 잘 만들어졌다고 하더라도 그것이 공식적인 제도적 문건으로 채택되기 위해서는 공영방송 전체구성원들 및 사회 구성원들의 동의 확보 절차가 필수적이다(김덕기, 2007). 문건을 만드는 작업보다 이 후자의 절차가 오히려 중요하고 그만큼 어렵다고 할 것이다. 아무리 잘 만들어진 가이드라인이라고 해도 경영진과 일선의 방송인들 간의 불신이 팽배하고 노조마저 분열되어 있는 공영방송 내부사정, 그리고 공영방송에 대한 신뢰가 취약한 사회적 상황을 고려할 때 이러한 동의를 확보하기란 결코 쉬운 일이 아니다. 금번 공정성 가이드라인은 그 내용의 부실함에 비추어 이러한 동의를 확보하기 위한 논의 대상 자체가 될 수 있을지 의문시된다.

　　둘째, 이러한 허술함이 다행스런 이유는 만일 공정성 가이드라인에서 제시된 섣부른 "평등주의적 정의 구현"의 시각이 세부적 지침까지 구체적으로 일관성 있게 구체화되었다면 종래의 제작 가이드라인과의 혼선문제가 심각해질 가능성을 배제할 수 없기 때문이다.

결론적으로 세계 최초로 공정성 가이드라인을 만들겠다는 거창한 목표는 하나의 어설픈 해프닝으로 마감되었다고 할 것이다. 공영방송 공정성에 대한 형식적 규범화 작업에서 발생한 이러한 에피소드는, 우리 한국 사회에서 공영방송의 자율적인 공정성 규범을 정립하는 일(그것도 방송사의 주도로)이 현 단계에서 얼마나 요원한 과제인가를 보여주는 생생한 사례다.

2

미디어 영역별
원칙의 적용

06

PD 저널리즘과 공정성 Ⅰ: ⟨PD수첩⟩과 광우병 파동 *

    앞의 장들에서는 미디어 공정성의 개념, 이론적 근거, 그리고 미디어 공정성 원칙을 제도화한 대표적인 성공 및 실패 사례로 손꼽히는 영국 BBC의 불편부당성 원칙과 미국 FCC의 방송 공정성 원칙, 그리고 우리나라의 공영방송인 KBS가 최근 발표한 공정성 가이드라인의 내용을 살펴보았다. 제6장과 이어지는 7장에서는 이 같은 원칙의 문제에서 현실의 문제로 눈을 돌린다.

    우리 방송의 역사를 통틀어 가장 뜨거운 공정성 논란을 불러일으킨 사례로 MBC ⟨PD수첩⟩의 광우병 프로그램을 꼽는 데 이의를 제기할 사람은 별로 없을 것이다. 2008년 4월 29일 MBC ⟨PD수첩⟩은 '긴급취재: 미국산 쇠고기, 과연 광우병에서 안전한가?' 편을 방영하였다. 충격적인 다우너 소의 영상이 전파를 탔고, 인간 광우병으로 사망한 것으로 추측되는 젊은 미국 여성의 사례가 방영되었다. 그 프로그램이 사회에 던진 충격파는 상상을 초월하는 것이었다. 이 프로그램을 계기로 이른바 PD 저널리즘의 공정성 이슈가 전사회적인 관심사로 떠올랐다.

---

* 이 장의 내용은 윤석민·조경민(2011)을 수정·보완한 것이다.

이 장에서는 2008년 우리 사회를 뜨겁게 달구었던 광우병 파동의 경과, 〈PD수첩〉 광우병 프로그램을 둘러싼 공방, 그리고 당시 사회적 소통이 드러낸 문제점을 고찰한다. 이어지는 제 7장에서는 탐사보도 프로그램 제작 현장에 대한 관찰을 토대로 PD 저널리즘에 있어서 공정성 구현의 가능성을 모색한다.

1. 광우병 파동 I: 전반기

2008년 봄, 우리 사회는 광우병의 공포에 휩싸였다. 이명박 대통령의 방미과정에서 미국 쇠고기 도입현상이 졸속 타결됨에 따라 미국 쇠고기의 광우병 안전성 문제가 도마 위에 올랐다. MBC 〈PD수첩〉은 '긴급취재: 미국산 쇠고기, 과연 광우병에서 안전한가?'편 방영을 통해 광우병의 위험을 센세이셔널하게 부각시킴으로써 이 문제를 국민적 이슈로 만들었다. 이 프로그램은 미 쇠고기의 안전성 문제는 수많은 후속 논의들을 촉발시켰고, 이명박 정부 출범 초반 두 달여간에 걸쳐 전국을 뒤흔든 촛불시위가 일어나는 주원인이 되었다.

1) 태동

우리나라는 1976년부터 외국으로부터 쇠고기를 수입했다. 우루과이 라운드 협상타결 이후, 쇠고기는 2001년부터 관세를 낮춰가며 전면 개방하기로 결정되었다. 이후 우리나라는 미국과 호주 등으로부터 쇠고기를 수입했고, 2003년에는 한국 쇠고기 시장의 절반가량(44%)이 미국산 쇠고기로 대체되었는데 이는 전체 수입쇠고기의 68% 이상을 차지했다(〈한겨레〉, 2003. 12. 24). 1990년대 말과 2000년대 초반, 유럽에서 광우병 파동이 일어났지만, 당시 미국산 쇠고기에 대한 광우병의 우려는 크지 않았다.

2003년 12월, 미국에서 광우병 감염이 의심되는 소 한 마리가 발견되었다. 이 소는 도축된 이후 광우병 양성반응이 확인되는 동안 이미 가공공장을 거쳐 유통되었고, 미 당국은 쇠고기 1만 파운드(3,920kg)

에 대한 리콜을 발표했다. 우리 정부는 즉각 미국산 쇠고기와 육가공품
의 검역을 중단함으로써 사실상 수입을 금지하였다.

미국은 이듬해 1월부터 광우병 감시 프로그램 확대, 특정 위험물질
(SRM) 식용사용 금지, 다우너 소 도축금지, 도축시 안전장치 강화 등
광우병과 관련한 각종 안전대책들을 시행하고 있음을 알리면서, 한국
을 포함한 미국 쇠고기 주요 수입국들에 대해 수입을 재개해 달라는 의
사를 내비쳤다(고종원 외, 2009, p. 261).

노무현 정부는 한미 FTA(자유무역협정) 체결에 강한 의지를 보였다.
이때 미국이 제시한 선결조건들 중 하나가 쇠고기 시장을 개방하는 문
제였다. 2006년 1월, 2003년 광우병 소 발견 이후 2년간 수입이 금지되
었던 미국산 쇠고기의 수입을 재개하기로 하였다. 이때 수입되는 소고
기는 30개월 미만 소의 근육부위 살코기에 한정되었다.

2006년 3월, 미국 앨라배마에서 다시 광우병 양성판정을 받은 소가
발견되었다. 미국 검역체계의 허술함이 다시금 지적되었지만, 당시 한
국정부는 쇠고기 수입위생조건을 그대로 제정했다. 그러나 2006년 10
월~12월 3차례에 걸쳐 수입된 22.3톤의 미국산 쇠고기에서 여러 차례
작은 뼛조각이 발견되었고, 이에 우리 정부는 미 쇠고기를 전량 반송함
으로써 수입을 금지하였다. 미국은 이러한 조치에 대하여 "지나치게 수
입조건이 엄격하다"며 불쾌한 입장을 드러냈고, 한미 FTA 협상은 난항
에 빠졌다. 2007년 3월 말, 노무현 대통령은 부시 대통령과의 전화통
화를 통해 미 쇠고기 수입 문제에 대한 합의를 성사시켰다. 노 대통령
은 "OIE(국제구역 사무국)의 권고를 존중해 합리적 수준으로 쇠고기 시
장을 개방하겠다"는 의향을 밝힌 것으로 알려졌다. 2007년 4월, 미국
산 쇠고기가 검역을 통과함으로써 3년 5개월 만에 다시 수입이 재개되
었다. 미국산 쇠고기는 당시 한우 가격과 대비해 매우 저렴했고, 소비

자들의 반응도 좋았다.

그러나 2007년 5월 30일, 미 쇠고기의 검역과정에서 뼈를 발라 내지 않은 갈비로 채워진 두 박스가 발견되자, 한국 정부는 해당 미국 작업장에 대해 수출 중단조치를 내렸다. 두 달 뒤에는 특정 위험물질(SRM)에 속하는 부위가 발견되었고, 이에 농림부는 미국산 쇠고기에 대해 검역중단조치를 취했다. 미국의 압력에 의해 다시 검역을 재개했으나, 열흘도 안 돼 갈비뼈가 두 차례나 검출되었고, 10월 5일에는 또다시 척추가 발견되었다. 정부는 미국산 쇠고기에 대해 검역중단조치와 수출선적 중단조치를 내렸다. 이 조치는 2008년 이명박 정부가 수입위생조건을 개정 시행할 때까지 이어졌다.

당시 미 쇠고기 수입 재개를 앞두고, 노무현 정부 시절부터도 언론과 방송, 그리고 반 FTA 단체들로부터 미 쇠고기가 광우병의 위험으로부터 안전하지 않다는 주장은 지속적으로 제기되었다. 2006년 10월 KBS 1TV 〈KBS 스페셜〉에서는 '얼굴 없는 공포, 광우병: 미국 쇠고기 보고서'를 방송했고, 2007년 5월 SBS TV 〈그것이 알고 싶다〉는 '광우병 괴담? 미국산 쇠고기 수입의 진실게임'을 방송했다. 두 프로그램 모두 미 쇠고기의 광우병 위험을 우려하고 정부의 졸속협상을 비판하는 내용이었다. 또한 반미・반FTA 단체들 역시 2003년 이후부터 미국 쇠고기는 광우병 쇠고기라며 수입을 반대했다(고종원 외, 2009, p. 79).

이명박 대통령 당선 이후, 2008년 4월 미국산 쇠고기 수입조건 개정을 위한 고위급 협의가 재개되자, 이명박 대통령은 직접 미국으로 출국하여 FTA 비준안을 타결하겠다는 의지를 보였다. 우리 정부가 고수하던 '30개월 미만 소의 살코기에 한해서' 수입하겠다는 조건을 일정 부분 완화하는 수준에서 협상이 이루어질 가능성도 거론되었다. 실제로 협상이 타결된 4월 18일 농림부 발표에 따르면, "국제수역사무국(OIE)이 광우병 통제국에 적용하는 기준인 광우병 위험물질(SRM), 즉 특정 부분과 등뼈 부위를 제외하고 모든 부위를 수입할 수 있도록 했다"고 하였는데, 이는 미국산 쇠고기에 걸렸던 빗장을 사실상 완전히 풀어 주는 것이었다(〈한국일보〉, 2008. 4. 18).

2) 광우병 논란의 대중적 점화(2008년 4월 말~5월 초순)

한미 FTA 쇠고기 협상이 타결된 지 열흘 후, 2008년 4월 29일 MBC 〈PD수첩〉이 '긴급취재: 미국산 쇠고기, 과연 광우병에서 안전한가?' 편을 방영하였다. 다우너 소(쓰러지는 소)의 충격적 영상이 전파를 탔고, 인간 광우병으로 사망한 것으로 추측되는 미국의 젊은 여성 아레사 빈슨의 사례가 방영되었다. 프로그램은 시청자들에게 미국산 쇠고기의 안전성을 신뢰할 수 없음을 강하게 전달했다. 보도 내용에 따르면, 미국산 쇠고기를 수입하게 되면 광우병의 위험이 커질 수 있으며, 특히 한국인은 유전적으로 광우병에 몹시 취약하기 때문에 한국인이 광우병에 걸린 쇠고기를 섭취할 경우 인간 광우병 발병 확률이 90% 이상으로 매우 높다는 것이었다. 또한 아레사 빈슨의 사망 사례에서, 당시 그녀가 인간 광우병에 걸려 사망한 것이 확인되지 않았음에도 불구하고, 프로그램상에서는 인간 광우병에 걸려 사망한 것처럼 자막 등을 처리하였다.[1] 〈PD수첩〉이 방영했던 내용이 과장되고 왜곡되었는지 여부는

---

1 당시 프로그램에서 쟁점이 되었던 사항들은 다음과 같다(위키백과 〈PD수첩〉의 미국산 쇠고기 관련 보도).
　① 앉은뱅이 소(주저앉은 소, 다우너 소)가 광우병에 걸렸을 가능성이 큰가?
　② 아레사 빈슨의 사인이 인간광우병과 관련이 있는가?
　③ 대한민국 정부가 월령 30개월 미만인 소의 특정위험물질(SRM) 5가지에 대한 수입을

이후 많은 논란을 불러일으켰고, 이에 대해 MBC는 언론중재위원회, 방송통신심의위원회 등으로부터 정정보도를 지시받게 된다. 프로그램 상의 허위부분과 관련하여 검찰은 MBC를 기소하기도 하였다.

〈PD수첩〉의 4월 29일 방영분은 말 그대로 태풍과 같은 파장을 불러 일으켰다.[2] 국민들 사이에 먹거리에 대한 불안이 조성되었고, 동시에 근거가 입증되지 않은 소문들이 확산되기 시작했다. "젤리, 과자, 떡볶이, 어묵국물, 피자를 먹어도 광우병에 걸릴 수 있다", "음식뿐만 아니라 화장품, 생리대, 기저귀 등에도 소의 일부가 쓰이기 때문에 광우병 위험이 있다"(〈조선일보〉, 2008. 5. 2)와 같은 괴담들이 퍼졌다. 한 여자 연예인은 "광우병이 득실거리는 소를 뼈째로 수입하다니 청산가리를 입에 털어 넣는 편이 낫겠다"라는 글을 본인의 미니홈피에 올려 화제가 되기도 했다. 〈PD수첩〉의 광우병과 관련한 첫 보도는, 광우병 이슈에

허용했는가?

④ 대한민국 국민이 인간광우병에 걸릴 가능성이 더 큰가? 또는 MM형 유전자를 가진 사람이 인간광우병에 취약한가?

⑤ 미국에서 광우병 발생시 우리 정부가 독자적 조치를 취할 수 있는가?

⑥ 라면 스프 등에 의해서도 인간광우병에 감염될 수 있는가?

⑦ 협상단의 실태 파악에 문제가 있었는가? 또는 대한민국 정부가 수입 위생 조건을 졸속으로 개정했는가?

대법원은 이 가운데 ①, ②, ④번에 대해 허위라고 판단했고, ④번은 정정 보도 대상으로 보았다.

2 〈PD수첩〉은 광우병과 관련하여 2008년 4월 29일자 방송을 포함해 1년간 총 6편의 프로그램을 내보냈다. 그중 5편의 프로그램이 두 달 반의 기간 동안 방영되었다. 2~3주 간격으로 계속해서 후속 프로그램을 내보낸 꼴로 당시 〈PD수첩〉에서 이 문제에 대해 어느 정도 촉각을 세우고 있었는지를 보여준다.

1) 2008년 4월 29일 769회 '긴급취재, 미국산 쇠고기, 과연 광우병에서 안전한가?'.

2) 2008년 5월 13일 771회 '미국산 쇠고기, 과연 광우병에서 안전한가? 2'.

3) 2008년 5월 27일 772회 '미국산 쇠고기 수입과 언론 보도'.

4) 2008년 6월 24일 776회 '쇠고기추가협상과 PD수첩 오보논란의 진실'.

5) 2008년 7월 15일 779회 'PD수첩 진실을 왜곡했는가?'.

6) 2009년 4월 28일 811회 '한미 쇠고기 협상, 그 후 1년'.

대한 국민적 관심을 점화시켰고, 사흘 후 촛불시위가 시작된 결정적 요인이 되었다.

〈PD수첩〉으로 식품안전에 대한 불안이 생겨났고, 이러한 불안은 갖가지 루머뿐 아니라 뉴스 보도 프로그램 등을 통해서도 증폭되었다. 이는 곧 미국 쇠고기 수입을 결정한 이명박 정부에 대한 불신으로 이어졌고, 정치적 이슈로 발전되었다. 5월 2일, 인터넷 포털 '다음'의 토론 사이트 '아고라'3에서는 '이명박 대통령 탄핵을 요구합니다'라는 코너에 60만 명 이상이 서명하기도 하였다. 5월 4일에 이 수치는 1백만 명으로 늘어났다.

2008년 5월 2일 첫 촛불집회가 열렸다. 첫 촛불집회를 주도한 단체는 '2MB 투쟁연대'(cafe. daum. net/antimb: 후에 '이명박 탄핵을 위한 범국민 운동본부'로 개칭) 였다.4 경찰은 당초 집회인원을 3백 명 정도로 예상했으나, 당일 열린 촛불집회에는 약 1만 명 (경찰 추산) 이 참여했다. 다음날인 5월 3일은 '정책반대 시위연대'(cafe. daum. net/ourkorea: 후에 '정책반대 시민연대'로 개칭) 의 주도로 촛불집회가 열렸다. 이날 촛불집회에는 약 1만 1천 명 (경찰 추산) 이 참여했다.

처음 촛불집회는 인터넷을 통해 집결된 10대 중고생들과 20대 초반의 청년들이 주로 참여했다.5 10대들이 집회 인원 중 절반 정도를 차지했

---

3 촛불시위가 처음 시작된 곳으로, 끊임없이 촛불시위 동참을 호소하는 글들이 올라왔고, 네티즌들은 이에 수십, 수백 개의 댓글을 달아 공감을 표현하였다. 촛불시위 당시에는 특히 정부를 비판하는 여론을 형성하는 데 지대한 역할을 하였다

4 이 단체는 창조한국당 당원에 의해 개설된 카페로, 대선 직후부터 이명박 대통령 당선 무효와 탄핵을 주장하는 촛불집회를 수시로 열어 왔다. 미국산 쇠고기에 대한 관심이 높아지자 이 카페는 긴급공지를 띄워 5월 2일 청계천에서 촛불집회를 열자고 제안했다 (고종원 외, 2009, p. 85).

5 당시 청소년들의 대거 참여는 촛불집회의 폭발력을 크게 키웠다는 분석이 있다. 촛불집회 한 달 전인 4월 15일 교육부는 초·중·고 우열반 편성, 0교시 수업, 심야·보충수업 등

는데, 특히 교복차림의 여고생이 많았다.[6] 주최 측은 행사의 정치적 성격을 배제하기 위하여 태극기와 카페 깃발만을 사용하고, 질서 유지대를 앞세워 시위대를 통제했다. 행사는 큰 충돌 없이 밤 10시쯤 끝났다.

초기에 촛불집회를 주도했던 세력은 '이명박 탄핵 카페'였지만, 오래지 않아 주도권은 주류 좌파단체인 '광우병 대책회의'로 넘어갔다. '광우병 대책회의'는 지난 2년간 "한미 FTA 반대"를 줄기차게 주장한 '한미 FTA 저지 범국민 운동본부'를 모태로 하여, 〈PD수첩〉 방영 이후 광우병 담론에 대해 대중적 관심이 일어나자, '광우병 미국산 쇠고기 국민감시단'을 결성하고 이어서 5월 6일 '광우병 위험 미국 쇠고기 전면수입을 반대하는 국민대책회의'를 결성했다. 대책회의에는 참여연대, 민변, 국민건강을 위한 수의사연대 등 12개 단체와 통합민주당, 민주노동당, 진보신당 등의 정당들, 광우병 국민감시단 등 사회단체, '이명박 탄핵연대' 등 네티즌 단체까지 1,500여 개 단체가 가입했다.

미국산 쇠고기 수입에 대한 규탄시위는 전국적으로 번졌다. '이명박 탄핵 카페'와 '정책반대 시위연대'와 같은 인터넷 카페를 중심으로 5월 4일에는 대전 은행동 사거리, 부산 서면 태현백화점 앞, 전주 전북대 앞 등지에서 2백∼1천 명가량의 인원들이 모인 가운데 촛불집회가 열렸다. 이날 다음 아고라 '이명박 대통령 탄핵' 온라인 서명운동에 참여한 누리꾼은 106만 명을 넘어섰다.

6일 저녁에는 서울 여의도 국회 앞에서 인터넷 모임 주최로 촛불 침묵시위가 열렸다. 시민, 학생들은 X자 표시가 된 마스크를 쓰고 침묵 촛

을 허용하는 '학교 자율화 추진계획'을 발표했다. 이러한 조치는 학생들이 이명박 정부에 대해 직접적인 반감을 갖게 되는 계기가 되었다(고종원 외, 2009, p. 85)

6 학생들은 "0교시 허용, 촌지 합법화 등 우리가 생각해도 말도 안 되는 정책들을 이명박 대통령이 내놨다", "점점 학교가 학원이랑 똑같게 된다"고 소리를 높였고, "미친 소 너나 즐쳐 드삼"과 같은 구호를 외쳤다(〈한겨레〉, 2008. 5. 5).

불집회를 열었다. 서울 청계광장과 부산, 전주, 제주에서도 광우병 감시단 등이 주관한 촛불집회가 열렸다(〈경향신문〉, 2008. 5. 7).

광우병 이슈를 중심으로 시위가 점점 크게 번지자, 5월 7일 정부는 국회 농림해양수산위에서 '쇠고기 청문회'를 열었다. 본 청문회에서는 미 쇠고기 안전성 문제와 검역주권 문제에 대하여 격론이 벌어졌다. 여야 의원 모두 한미 간 쇠고기 수입 협상과정의 문제점을 지적했다.[7]

쇠고기 청문회가 열린 5월 7일, 대학생들이 시국회의를 결성했다. 한양대, 이화여대, 숭실대 등 서울지역 18개 대학 총학생회와 동아리 연합회는 7일 연세대에서 '광우병 쇠고기 수입저지를 위한 서울지역 대학생 시국회의' 출범식을 열었다. 이들은 쇠고기 전면개방 협상을 규탄하는 대학별 집회, 강연회를 열고 서울지역 80만 대학생들을 상대로 서명운동에 나서기로 했다(〈경향신문〉, 2008. 5. 8).

한승수 국무총리는 5월 8일 한미 쇠고기 협상과 관련하여 대국민 담화를 발표했다. "국민들께 걱정을 끼쳐드린 데 대해 매우 송구스럽게 생각한다"고 사과한 뒤 "미국과 다른 나라들과의 협상과정을 지켜보면서 새로운 상황이 발생할 경우 언제라도 미국과 체결한 협정의 개정을 요구하겠다"고 했다. 그는 "미국에서 광우병이 발생해 국민건강이 위험에 처한다고 판단되면 수입중단 조치를 취하고 수입 쇠고기에 대한 전수조사를 실시하는 한편 즉각 조사단을 미국에 보내 철저히 조사하겠다"고 덧붙였다(〈조선일보〉, 2008. 5. 9).

또한, 정부의 강경한 입장을 드러내며, "정부는 허위사실을 유포하

---

7 통합 민주당을 위시한 일부 야당 의원들은 이명박 대통령이 '졸속협상'을 했다고 주장하며 정운천 농림수산식품부 장관의 퇴진을 주장했다. 이명박 대통령이 방미기간 중 정상회담 선물용으로 굴욕적 협상을 했다는, 이른바 '선물론'이다. 한나라당 측은 이미 거의 모든 협상절차는 노무현 정권에서 이루어진 것이고, 최종 합의만 현 정권에서 한 것이라는 '설거지론'으로 맞섰다.

거나 불법집회로 국민을 불안하게 하는 행위는 법과 원칙에 따라 엄정하게 대처하겠다"고 밝혔다. 한편 이날 정부는, 15일로 예정된 쇠고기 협상 관련 장관고시를 연기할 뜻이 없다고 발표했다.

촛불집회는 처음에 '광우병 공포'를 중심으로 동요되었던 10대 청소년들과 20대 초반 대학생들을 위주로 시작되었다. 이 무렵에는 촛불집회가 시민 전 계층을 대상으로 참여를 이끌어 내지는 못했다. 그러나 시간이 흐를수록 차츰 국민들 사이에서 식품 안전에 대한 우려와 한미 쇠고기 협상의 문제점이 크게 부각되었고, 광우병 위험에 대한 공감대가 확산되며, 촛불집회의 참여 계층은 점점 다양화되고 확대되는 양상을 보였다. 주말이나 휴일에는 촛불시위에 참여하는 시민들의 수가 급증하였는데, 금요일인 5월 9일에는 서울 청계천 광장 이외에도 부산, 인천, 대전, 광주, 수원 등에서 촛불집회가 열려 1만 명 이상이 참여한 것으로 집계되었다.

5월 9일 밤 MBC는 〈100분 토론〉을 열어 미국산 쇠고기 수입에 대해 '끝장 토론'을 벌였다. 토론 1부에서는 미국산 쇠고기의 안전성에 대해, 2부에서는 쇠고기 수입 협상결과를 주제로 격론이 오고갔다. 미 쇠고기 수입을 찬성하는 측은 이상길 농림수산식품부 축산정책단장, 이태로 외교통상부 다자통상국장, 정인교 인하대 경제학부 교수, 권준욱 질병관리본부 팀장이 출연하였고, 이에 반대하는 측에서는 송기호 국제통상전문 변호사, 박상표 국민건강을 위한 수의사연대 정책국장, 우석균 보건의료단체연합 정책국장, 진중권 중앙대 겸임교수가 출연하였다. '끝장 토론'이라는 형식으로 무려 3시간가량 진행되었으나, 양측의 주장은 접점을 찾지 못한 채 팽팽하게 맞서기만 하였다. [8]

---

8 방송 당시 미국 애틀랜타에 거주하는 교민 주부 이선영 씨는 전화 통화를 통하여, "일부 한인 단체가 미국산 쇠고기가 안전하다고 했지만, 그들의 회견 내용은 교민 대다수의 의

3) 정부의 강경론과 촛불집회의 확산 (2008년 5월 중순~하순)

이 시기 정부 측 인사들은 광우병에 대한 우려들, 루머들 그리고 촛불집회 등에 대하여 강경론으로 맞섰다. 안상수 한나라당 대표는, 5월 2일 "미국산 쇠고기 수입에 따른 지나친 광우병 공포감 조성이 인터넷과 지상파 방송을 통해 퍼지고 있다. 광우병을 걱정하는 것은 공감하지만 과장되게 확대 재생산해서 국민에게 공포심을 갖게 하는 것은 바람직하지 않다"고 하였으며, 같은 날 복지부 장관은 농수산식품부 장관 공동 담화에서 "미국산 쇠고기 수입조건 합의는 국제적 기준과 과학적 기준에 의거해 이뤄졌음에도 일부에서 과학적 근거 없이 제기하는 안전성에 관한 문제들이 사실인 것처럼 알려지고 있어 안타깝게 생각한다. 미국에서 수출되는 쇠고기는 미국의 국내 소비용 쇠고기와 동일한 과정을 거쳐서 생산된 제품이다"라고 말했다.

정부는 촛불집회에 대해서도 잇따른 발언을 통해 강경한 입장을 밝혔다. 경찰 관계자는 5월 4일, 미국산 소고기 수입에 반대하는 시민들의 촛불집회는 불법 집회이며, 촛불집회를 계속할 경우 주도자를 사법처리하겠다고 밝혔으며, 5월 7일 보수 측 공정택 교육감은, "중고생들의 미국산 쇠고기 수입반대 집회 참석을 자제시키겠다. 학생들의 집회 참석은 전교조 교사들과 연관이 있다"며 교육청 차원에서 촛불집회 참가자 학생에 정학 처분을 내리도록 하였다. 5월 8일 한승수 국무총리 역시 대국민 담화에서 강경한 대처에 대한 뜻을 밝힌 바 있다.

5월 11일에는 미 식품의약국(FDA) 영문오역 파문이 일었다. 정부

견과는 다르다"며, "미국에서 유통되는 미국산 쇠고기의 95%는 24개월 미만이다. 많은 한인들은 24개월 된 소조차도 불안해 되도록 풀만 먹고 자란 소를 먹으려 한다. 이런 경각심에 한인 주부들도 성명서를 발표했다"고 말하여 눈길을 끌기도 하였다(경향닷컴 촛불팀, 2008; 〈조선일보〉, 2008. 5. 9).

가 동물성 사료금지 완화조치를 담은 미국 연방관보 내용을 잘못 번역한 것이다. [9] 농림수산식품부에 따르면, 협상내용이 담긴 미국 식약청(FDA)의 영문(英文) 보도자료(미국 연방관보에 실린 내용을 요약한 것)를 번역하는 과정에서 반대로 해석, 오역한 것으로 드러났다. 통합 민주당 등 야권에서는 "정부가 연방관보를 오역하는 치명적 실수를 저질렀다"며 15일 예정된 장관 고시를 연기하고 전면 재협상에 나서라고 주장했다(〈조선일보〉, 2008. 5. 13). 미국과의 협상절차가 졸속했다는 의심이 국민들 사이에 만연해 있는 가운데, 협상과정에서의 잇단 실수들이 발견되자, 정부는 궁지에 몰렸다.

그러나 정부는 국민들의 더해 가는 불안감을 해소하지 못하고 그대로 방치한 채 강경한 입장만을 고수하였고, 이는 국민들의 반발심리를 자극했다. 5월 13일 어청수 경찰청장이 "촛불집회는 불법이며, 주최자들을 사법처리 하겠다"고 경고하였다. 또한 경찰은 이명박 대통령에 대한 악의적인 인터넷 괴담을 각종 인터넷 사이트에 유포시킨 네티즌 21명에 대한 신원확인 작업에 착수하기도 했다. [10]

경찰의 시위주도자 사법처리 방침이 정해지자, 네티즌들은 경찰청 홈페이지에 '자수 운동'을 벌였다. 14일 경찰청 홈페이지는, "내가 촛불

---

9 이것은 〈경향신문〉이 "미국 연방관보에 실린 동물성 사료금지 조치의 내용이 정부의 설명과 다르다"고 보도하면서 시작되었다. 정부가 5월 2일 기자회견에서 배포한 '미국산 쇠고기 안전성 관련 문답자료'에는, "30개월 미만 소라 하더라도 도축검사에 합격하지 못하면 동물사료로 사용할 수 없게 됐다"라고 설명하고 있으나, 협상 내용이 담긴 미국 연방관보에는 '30개월 미만의 소는 도축검사에서 불합격더라도 동물성 사료로 쓸 수 있다'라 기술되어 있었다.

10 이 중에는 인터넷상에서 이 대통령 탄핵서명 운동을 처음 제기한 '안단테'라는 네티즌도 포함됐다. '안단테'는 고교생으로 알려졌는데, 대운하 건설추진, 영어몰입식 교육 추진, 부적절한 장관인사, 미국산 쇠고기 수입 등을 비판하며 인터넷 서명운동을 시작한 장본인이다(경향닷컴 촛불팀, 2009).

집회 참가자이니 나를 잡아가라"라는 글들로 도배되었고, 한때 접속이 마비되기도 했다. 약 1천 건 이상의 '자수 글'이 올라왔고, 이 중에서는 자신의 실명을 밝힌 이도 많았다. 진보언론에서는 이를 "미국산 쇠고기 수입반대 행동에 족쇄를 채우려는 공권력에 맞서는 또 하나의 시민저항"이라고 평가했다.

국민들의 불안과 정부에 대한 불신과 항의가 이어지자 5월 14일, 정부는 당초 5월 15일로 예정되었던 미국산 쇠고기 수입 위생조건에 대한 장관고시를 연기하였다. 7~10일간 고시를 연기하는 동안 광우병 안전성에 대한 국민의 동의를 더 얻을 필요가 있다고 판단했기 때문이라고 알려졌다. 그러나 정부는 내용은 바꿀 수 없고 재협상도 없다고 거듭 밝혔다. 정부 관계자들은 수입조건을 바꾸기는 현실적으로 불가능하며, 이는 미국이 국제수역사무국(OIE)이 부여한 '광우병 위험통제가능 국가' 지위를 상실할 정도의 중대변수가 생기지 않는 한 협상내용을 바꾸지 못하도록 이미 양국 간에 합의했기 때문이라고 말했다.

장관 고시를 연기한 것에 대해 미국 측은 실망스럽지만 이해한다는 입장을 보였다.[11] 통합민주당·자유선진당·민주노동당 등 야 3당은 5월 14일, 수입조건의 효력 정지를 요구하는 가처분 신청을 서울행정법원에 제출하였다. 촛불집회는 5월 14일, 5월 17일 등 1만 명 이상이 참여하는 등 계속해서 이어졌다. 촛불집회의 주제는 미국산 쇠고기 수입 반대뿐 아니라 정부의 교육정책 반대, 대운하 반대, 의료 민영화 반대 및 보수언론에 대한 비판으로 확대되었다. 특히 중고등학생들은 현 정

---

11 미 무역대표부 그레첼 하멜(Hamel) 대변인은 "한국 정부가 예상을 훨씬 뛰어넘는 엄청난 양의 의견(many more public comments)을 접수한 것으로 알고 있다"면서 "한국 정부가 이 같은 의견들을 검토하는 데 시간이 필요하다는 점을 이해한다"고 밝혔다. 하멜 대변인은 그러나 "한국이 조속히 협정을 이행하기를 바란다"고 덧붙였다(〈조선일보〉, 2008. 5. 15).

부의 교육정책에 대하여 강한 반발을 드러내기도 했다.

집회는 10대 청소년들에서 점점 다양한 계층으로 확대되었고, 다양한 방법으로 진행되었다. 17일 '안티-이명박 카페'는 여의도에서 청계광장까지 가두행진을 하였고, '미주한인 아줌마 모임'은 온·오프라인에서 '광우병 소 반대 리본달기'를 주도하였다. 경기도 과천시에서는 '우리 집은 광우병 쇠고기 수입에 반대합니다'라고 적힌 현수막을 집집마다 내거는 현수막 걸기 운동이 일어나 반향을 일으키기도 하였다.

광우병에 대한 우려들이 줄어들지 않고 정부를 비판하는 여론이 들끓자, 정부는 미국과의 서신교류를 통하여 미 쇠고기 수입조건에 관련된 몇 가지 사항들을 합의하였다. 5월 20일, 정부는 미국과 추가협의를 통하여, 미국에서 광우병이 발생했을 시, 미 쇠고기 수입을 중단하는 것을 명문화하였으며, 또한 미국 내수용과 수출용의 쇠고기의 특정위험물질(SRM)을 일치시키기로 하였다: "양측은 서한(A4 용지 1장 분량)에 '관세 및 무역에 관한 일반협정(GATT) 20조와 세계무역기구(WTO) 규정에 따라 국민 건강을 보호하기 위해 필요한 조치를 취할 권리를 인정한다'고 명시했다. 서한에는 '광우병 발생시 수입중단'을 언급한 지난 8일 한승수 국무총리의 대국민 담화문과 이를 지지한다는 수전 슈워브 미 무역대표부(USTR) 대표의 지난 12일 발표문이 첨부됐다. 이와 함께 양측은 소 도축 과정에서 제거할 특정위험물질(SRM) 종류를 미국 내수용과 한국 수출용 쇠고기에 동일하게 적용하기로 합의한 내용을 서한에 담았다(〈조선일보〉, 2008. 5. 21).

보수 언론에서는 이를 '광우병 불안'의 진앙이 돼 온 두 개의 수입조건을 사실상 무효화한 것이라 보도했지만, 이에 대해 촛불집회 주최 세력인 광우병 국민대책회의는 "핵심적인 독소조항이 바뀌지 않고는 검역주권 회복이라 할 수 없다"고 반발하며, 재협상을 거듭 촉구했다.

당시 대중들 사이에 식품 안전에 대한 불안, 정부에 대한 불신이 만연하고 연일 촛불집회가 이어지자, 연예인들은 미국산 쇠고기 수입이나 정부에 비판적 발언을 하여 '개념 연예인'이라는 칭호를 받는가 하면, 촛불집회에 참여해 공연하는 등의 활동을 통하여 국민정서에 호응했다.[12]

5월 22일, 이명박 대통령은 대국민 담화를 발표한다. 이 대통령은 "정부가 국민들께 충분한 이해를 구하고 의견을 수렴하는 노력이 부족했다. 국민들의 마음을 헤아리는 데 소홀했다는 의견을 겸허히 받아들이며, 국민 여러분께 송구스럽게 생각한다"고 사과하였고, 국민건강을 위협하는 상황이 발생할 시, 수입조건을 강화할 것임을 밝혔다. 또한 세계 최대시장인 미국에서 경쟁국들보다 우월한 통상조건을 확보하기 위해 한미 FTA의 조속한 비준이 꼭 이루어져야 한다고 강조하고, 한미 FTA를 통해 얻을 수 있는 이점들에 대해 언급하였다. 이에 대해 여당은 대통령의 진심이 잘 드러난 담화라고 평가했으나, 야권에서는 일제히 실망을 드러내며 쇠고기 재협상을 촉구하였다.[13]

---

12 김구라는 "미국산 쇠고기를 먹느니 생삼겹을 씹겠다", 하리수는 "우리 국민들이 연구대상 또는 쓰레기 처리반이 되지 않도록 힘을 모아 우리의 권리와 생명을 보호하자", 김희철(가수)은 "재수 없게 미친 소 걸려서 나 병신 되면 어쩌지? 미친 소를 무슨 수로 구분해"라고 하였으며, 김장훈은 "내일(17일) 청계천에 갑니다"라는 장문의 글을 게재하고 실제로 당일 촛불집회에서 공연을 하였다(고종원 외, 2009, p. 83). 이 밖에도 윤도현 밴드, 이승환 등이 촛불집회에 자발적으로 참여해 공연을 하며 시민들의 호응을 이끌어 내었다.

13 진보신당의 심상정 대표는 "대통령의 담화문은 광우병 쇠고기 대국민 사기극의 화룡점정을 찍은 것", "재협상 언급 없이 쇠고기의 안전성을 강변하는 모습은 국민들을 협박하는 것", "오늘 담화문의 내용은 성난 쇠고기 민심을 정면으로 거부하는 것"이라 말했고, 노회찬 대표는 "선진국이 되기 위해서 미국에 조공은 바쳐야 한다는 이명박 대통령의 주장에 대해 국민들은 동의 못한다", "미국에게 가장 유리하고 상대국에게 가장 가혹한 FTA를 하필 우리가 체결해야 하는 이유를 대통령은 설명하지 못했다"고 하였다. 통합 민주당 차영 대변인은 "유감은 짧고 설명은 길었다. 진정성이 전혀 느껴지지 않는 울며 겨자먹기식 사과 표명일 뿐", "국민 마음을 전혀 헤아리지 않은 국면 전환용 담화"라 하였고, 자유선진당

정부는 성난 여론이 진정될 것을 기대했지만, 오히려 반발은 거세졌
다. 5월 24일 〈한겨레〉 여론조사에서 응답자의 62.5%는 "대통령 사
과가 미흡하다", 78.2%는 "재협상이 필요하다"고 답했다(고종원 외,
2009, p. 103). 이날 이후 촛불집회는 더욱 격렬해졌다.

의 박선영 대변인은 "대통령이 진정으로 국민건강을 생각한다면 쇠고기 재협상에 나서야
한다"고 밝혔다(http://agendanet.co.kr).

2. 광우병 파동 2: 후반기

1) 촛불집회의 절정기(2008년 5월 말~6월 중순)

2008년 5월 말에서 6월 초순경은 촛불집회의 절정기였다. 다양한 계층에서 가장 많은 국민들이 참여한 시기이며, 시위가 상설화되었다. 이슈가 쇠고기 문제에서 정부 및 보수언론에 대한 불만으로 확산되기도 하였다. 일부 폭력시위대가 등장하였으나 전반적으로는 비폭력 시위의 기조가 유지되었다.

5월 24일, 촛불집회가 거리시위로 격화되었다. 야 3당이 발의한 정운천 농림수산식품부 장관에 대한 해임 건의안이 부결된 다음날이었다. 이때 '독재타도'라는 구호가 등장했으며, 정부는 물리력을 동원해 차도를 점거하고 시민들을 강제 해산시키며 시위대와 정면으로 충돌했다. 25일 새벽 36명이 경찰에 연행되며 처음으로 연행자가 나왔다. 시위대는 '이명박 하야', '고시철회'뿐 아니라, '공기업 민영화 저지', '영어 몰입교육 반대', '대운하 반대' 등 정부정책 전체에 대하여 강한 불만을 표출했다. 이후 5월 26일에서 28일까지 촛불집회가 계속되었다. 시민들은 "평화시위를 하자"와 "청와대로 가자"는 의견으로 나뉘어 서로 충돌하기도 하였다. 5월 초의 촛불집회와는 달리, 이 당시의 촛불집회에서는 서울 도심을 누비며 시위가 계속되었고, 시위가 격화되었다. 5월 27일 새벽 시위대가 경찰을 공격하기도 하였고, 경찰은 시위대를 연행하였다. 시위대 안에서 강·온 양론이 계속하여 대립하는 가운데, 28일 새벽에는 경찰에 포위된 시민들이 스스로 호송차에 오르는 '자진연행' 운동, '촛불 인간 띠 잇기' 등의 '비폭력 무저항' 운동의 움직임이 나타나기도 하였다. 포털사이트 다음의 '아고라' 역시 이러한 주제로 격렬한 토론이 이루어졌고, 찬반투표 대결이 벌어졌다. 아고라에서 4월 말에 시작된 '이명박 대통령 탄핵 서명' 숫자는 5월 26일 132만 명을 넘어섰다.

계속되는 시위 속에서도 정부는 5월 29일 쇠고기 수입고시를 강행하였다.[14] 여론은 재협상을 요구하고 있었지만, 정부는 기존 합의 내용을 크게 바꾸지 않은 선에서 고시 안을 확정하였다.[15]

미 쇠고기 수입고시 강행을 계기로 촛불집회는 더욱 격렬해졌다. 5월 29일 서울 도심에서는 1만 명이 거리로 나왔다. 특히 '유모차 부대'와 '예비군 부대'들이 집회에 등장했으며, 대학생 단체들의 참여도 많았다. 이날 저녁 역시 시위 도중 참가자들이 일어나 거리로 나서서 도로를 점거하며 행진하는 불법시위가 계속되었고, 경찰은 촛불집회가 시작된 이래 최대 병력인 105개 중대 9천 명을 배치했다. 주말을 맞은 5월 31일에는 서울에서만 4만여 명, 전국에서는 총 6만 명(경찰 추산)이 시위에 참여해 지난 2일 시작된 촛불집회 중 최대 규모의 집회가 되었다. 이날 지방 중소도시, 해외 교민과 유학생들도 촛불을 들었다.

경찰은 시위대의 청와대 진출을 막기 위해 전경 버스로 차단벽을 설치하고, 일부 시위대는 전경버스를 타고 넘거나 버스를 밀어 넘어뜨리려 하는 등 폭력적 대치상황이 빚어졌다. 경찰은 시위대가 저지망을 뚫고 청와대로 밀려오자 시위대를 향해 물대포를 발사하고 경찰 특공대

---

14 고시 의뢰는 행정안전부에 농식품부 장관 명의의 고시를 관보에 올려달라고 요청하는 것으로, 의뢰일로부터 고시가 실제로 관보에 실려 공포되기까지는 보통 2~3일이 걸린다.

15 야권에서는 이에 항의하는 규탄대회를 열고 내각 총사퇴를 요구했다. 민주당 손학규 대표는 "재협상에 들어가지 않으면 이후 벌어지는 모든 사태의 책임은 이명박 정부에 있음을 엄숙히 경고한다"고 하며 고시 무효화 총력투쟁을 선포한다. 농민단체 회원들은 고시 발표장과 농수산식품부 청사에 진입하려 하기도 했다. 네티즌들은 "고시 강행은 국민을 무시하는 처사"라며 반발했고, 광우병 대책회의는 "고시 강행은 국민에 대한 선전포고"라며 "고시 강행으로 상황이 끝나는 게 아니라 이제 비로소 새로운 범국민적 항쟁이 시작될 것"이라 선언했다.

를 투입하며 저지했다. 이 과정에서 경찰 40여 명과 70명의 시민들이 부상을 입었다. 이로 인해 경찰의 강경진입에 대한 논란이 야기되었고, 경찰의 강경진압을 규탄하기 위해 6월 1일에는 대낮부터 거리시위가 시작되었다. 1일 저녁에는 시민 2만여 명(경찰 추산)이 참석했으며, 시위대와 경찰의 대치상황은 계속되었다.

촛불 시위에 우호적인 언론매체들은 촛불 시위를 쇠고기 문제를 넘어 정권과 국민 간의 대결구도로 몰고 가려는 의도를 내비쳤다. 이들 매체들에서는 "이명박 대통령은 국민을 적으로 돌리려는가"(〈한겨레〉), "이명박 대통령은 정녕 파국을 바라는가"(〈경향신문〉), "이명박 대통령, 국민의 피를 원하십니까"(〈오마이뉴스〉) 등의 호통이 쏟아졌다. 실제로 5월 말에 실시된 〈조선일보〉·한국갤럽 여론조사에서 대통령 지지도는 21.2%로, 당선 초기에 비하여 급락했는데, 대통령을 지지하지 않는 이유로 '국민들의 의견을 수렴하지 않아서'(21.3%)라는 응답이 가장 많았다고 한다(고종원 외, 2009, p. 105).

촛불시위가 정권에 대한 대립구도로 격화되자 〈조선일보〉, 〈중앙일보〉, 〈동아일보〉 등 정부에 우호적인 보수언론들에 대한 반발심이 집단행동으로 표출되는 사태가 일어났다. 이들 매체에 광고를 싣는 기업들에 대한 불매운동이 그것이다.

〈조선일보〉, 〈중앙일보〉, 〈동아일보〉 등 보수신문을 향한 적대감은 촛불집회 초기부터 형성되고 있었다. 5월 초순부터 '이명박 탄핵 카페'와 민주언론시민연합은 보수신문들을 압박하기 위해 '조, 중, 동 비대위'라는 이름의 조직을 만들거나 '안티 조, 중, 동' 기자회견을 열기도 했다. 포털 사이트 '다음'의 '아고라'에서는 '조, 중, 동 압박운동합시다'라는 서명운동이 일어났고 게시물의 말머리로 [조, 중, 동 폐간], [조, 중, 동 박멸] 등이 붙여졌다.

보수 신문들을 향한 적대감이 실질적인 행동으로 나타난 것은 '조, 중, 동 광고중단 압박운동'이다. 이것은 5월 말, 한 네티즌이 '아고라'에 조선, 동아, 중앙일보에 광고를 게재한 기업들 명단을 올리며 "항의 전화를 걸자"고 제안하면서부터 시작되었다. 이어서 '조, 중, 동 폐간 국민 캠페인'(cafe. daum. net/stopcjd: 나중에 '언론소비자주권 국민캠페인'으로 개칭)이라는 카페가 개설되기도 하는 등 압박운동의 행태는 구체화되었고, 이에 가담하는 네티즌들은 조선, 중앙, 동아일보를 폐간시키겠다는 목표를 천명하였다(고종원 외, 2009, p. 160).

네티즌들은 조선, 중앙, 동아일보에 광고를 게재한 기업들의 대표자에게 직접 전화를 걸어 광고를 내리라고 압력을 가하는 한편 해당사의 홈페이지에 광고철회를 요구하는 글을 도배하는 방법으로 광고주들을 압박하였다. 극단적인 경우, 자동접속 프로그램을 이용해 여행사 서버를 마비시키거나, 여행 상품을 한꺼번에 10건씩 예약한 후 취소하는 등의 방법도 사용하였다. 이러한 빗발치는 항의에 동국제약, 명인제약, 르카프, 보령제약, BBQ, 신선설농탕, 목우촌, 신일제약 등은 조선, 중앙, 동아일보에 광고중단을 선언하였다(고종원 외, 2009, p. 162).[16]

여론은 더욱 악화되었다. 이에, 정부는 6월 3일로 예정되었던 장관

---

16 이로 인해 보수언론들뿐 아니라 광고주 기업들도 막대한 피해를 입었다. 특히 '농심'은 이러한 과정에서 화제가 되었는데, '농심'의 인터넷 고객 상담원이 항의글에 대하여 "개인적 생각으로 언론사에 광고하는 기업을 대상으로 불매운동을 하는 것은 방법이 약간 잘못되지 않았나 생각합니다. … 〈조선일보〉는 우리나라의 1위 신문사입니다. 구독률이 이렇게 높은 한 〈조선일보〉는 앞으로도 계속 번창해 나갈 것입니다"라는 문구가 포함된 글을 올린 것이다. 압박운동에 참여한 네티즌들은 분노했고 '농심'을 집중 타깃으로 하여 압박운동을 벌였다. 당시 '농심'의 라이벌 기업 '삼양'은, 자사가 생산하는 컵라면에서 금속 너트가 검출되어 전량 리콜조치를 하였는데, 네티즌들은 이 사건이, '농심'이 궁지에 몰리자 '삼양'을 음해하려고 조작한 것으로 의견을 모아갔다. 네티즌들 사이에서 '삼양라면 사 주기' 운동이 일어났고, '삼양식품'의 주가는 보름 사이 3배 가까이 오르기도 하였다.

326

고시의 관보 게재를 일단 유보했다. 6월 초, 청와대 참모들이 촛불현장을 방문하며 국민과의 소통부족이 심각한 수준이라 파악했고, 관보 게재의 유보는 이러한 민심을 반영하려는 노력이 반영된 결과였다. 이때를 기점으로 정부의 태도가 급변했다는 평가가 지배적이다.

농림수산식품부는 6월 2일 "한나라당의 요청을 받아들여 미국산 쇠고기 수입위생조건 관보 게제(고시) 유보를 행정안전부에 요청했다"고 밝혔다. 정부는 그동안 '재협상은 없다'는 입장을 고수했으나 여론이 진정되지 않고 점점 악화되자, 다시 미국과의 협상을 시도하였다. 정부 고위 관계자에 따르면, 정부는 "쇠고기 재협상을 위해 미국 측과 여러 채널을 통해 '물밑 타진'을 하고 있다고 알려졌고, "핵심은 광우병 감염우려가 큰 30개월 이상 미국산 쇠고기 수입을 제한하는 문제"라고 말했다.[17] 6월 3일, 이명박 대통령은 "30개월 이상 쇠고기가 들어오지 않는 것이 당연하다"며 사실상 30개월 이상의 미국 쇠고기를 수입 중단하겠다는 방침을 확고히 했다. 정운천 농림수산식품부 장관 역시 "30개월 이상 수입금지될 때까지 수입조건 고시도 안 하고, 검역도 하지 않는다"고 못 박았다.[18]

정부의 이 같은 노력에도 민심은 쉽게 돌아오지 않았다. 6월 4일에 실시되었던 지방자치 재보궐 지방선거에서 여당인 한나라당은 참패했다. 전국 52곳 선거구 중 7곳에서만 당선자를 내는 데 그친 것이다. 이와 같은 결과는 한미 쇠고기 협상에 대한 성난 민심과 이명박 정부 출범 100일에 대한 평가가 표심에 반영되었기 때문이라고 분석되었다. 이틀

---

17 청와대는 이날 민심의 이반이 심각한 상황인 것을 감안하여 한반도 대운하 건설에 대해서도 일단 보류방침을 정하고 정부 내 논의를 중단하도록 지시하였다.

18 같은 날, 알렉산더 버시바우 주한 미국대사는 미국산 쇠고기 수입결정에 대한 사실상의 재협상 요청을 거부할 방침을 분명히 하면서, "미국산 쇠고기와 관련된 과학적 사실들에 대해 한국인들이 더 배우기를 바란다"고 말해 국민들의 동요를 낳기도 했다.

후 대통령 실장과 청와대 수석 전원이 일괄 사표를 제출하였다.

정부를 비판하는 여론이 계속 득세하자, 촛불집회를 주도하는 '광우병 대책회의'는 6월 5일부터 8일까지 3일간 '국민 집중 행동의 날'로 정하고 '72시간 릴레이 촛불집회'를 시작했다. 서울대를 비롯한 각 대학들은 동맹휴업을 선언했고, 노동계도 총파업과 연계하겠다는 방침을 밝혔다. 6월 6일은 촛불집회가 시작된 이래 최대 규모의 인파가 몰렸다(경찰 추산 5만 6천 명, 주최 측 주장 20만 명). 연휴 이틀째인 6월 7일은 4만 2천여 명(경찰 추산, 주최 측 주장 20만 명)이 참가했고, 8일 밤에도 4천여 명(경찰 추산, 주최 측 주장 3만 명)이 서울 광장에 모였다.[19]

6월 10일 한승수 국무총리를 포함한 내각이 이명박 대통령에게 일괄 사의를 표명했다. 한 총리는 이날 쇠고기 파문에 대한 책임을 지고 내각 일괄사퇴의 뜻을 전했다. 이에 대하여 진보 측 언론은 이명박 정부가 이 같은 상황에 처한 데는 '국민의 눈높이를 헤아리지 못한' 이 대통령의 일방적 국정운영, '고소영 청와대', '강부자 내각'이란 비판을 자초

---

[19] 촛불집회는 전반적으로 '비폭력 시위', '평화 시위'의 기조가 유지되었다. 고등학생과 대학생, 유모차를 끌고 나온 주부, 어린 아들, 딸을 데리고 나온 부모들까지 다양한 계층이 참여하였다. 현장에서는 토론회와 즉석 강연이 열렸고, 어떤 이는 자발적으로 악기를 연주하기도 하는 등 마치 대학축제와 같은 분위기가 조성되었다. 친구끼리, 가족끼리 삼삼오오 둘러앉아 맥주를 마시거나 이야기를 나누기도 했다. 밤이 되자 시위대는 서울광장에서 남대문 방향으로 난 왕복 10차선 도로를 점령하며 가두시위를 벌였다. 경찰은 세종로 동상 앞쪽에 전경버스로 바리케이드를 쳤다. 일부 시위대는 폭력적인 양상을 보였다. 전경버스 위에 올라타거나 전경을 공격하였고, 경찰은 그들을 막기 위해 방패를 휘두르고 소화기를 뿌렸다. 시간이 흘러 시위대의 숫자가 줄어들면서 시위는 오히려 격렬해졌다. 이날 시위 현장에는 각목과 쇠파이프가 등장했고 몇몇은 전경버스의 엔진을 망가뜨리거나 유리창을 깨기도 했다. 경찰과 시위대가 서로 소화기를 뿌려대면서 거리는 뿌옇게 변했고, 경찰은 새벽 5시경 시위대를 강제해산하며 10여 명을 연행했다. 광우병 대책회의는 폭력시위가 발생했던 것에 대해, "폭력을 행사한 시민들은 극히 일부에 불과했지만 이는 안타까운 일"이라며, "우리는 비폭력, 평화시위 원칙을 선언했고, 이를 끝까지 고수하겠다"고 밝히기도 했다.

한 '우리 사람 쓰기', '대국민 소통 부재 등에 원인이 있다'고 분석하였다 (〈경향신문〉, 2008. 5. 11).

6월 10일 촛불시위는 절정을 이뤘다. 광우병 대책회의가 6월 민주항 쟁 21주년을 기념하여 6월 10일 열리는 촛불 시위를 '백만 촛불 대행진' 의 날로 정했다. 경찰은 제주도를 제외한 전국에 갑호 비상령을 발령했 다. 시청 앞 광장과 청계광장, 광화문 일대는 시민들로 가득 찼다. 서 울 도심에 8만 명(경찰 추산), 전국 80여 개 시, 군에서 14만 명(경찰 추 산)이 참여했다. 주최 측에 따르면 전국적으로 50만 명 이상이 참여했 다고 발표했다. 경찰은 광화문 일대에 대형 컨테이너를 동원하여 청와 대로 가는 길목을 막았다. 이 컨테이너를 시민들은 '명박산성'이라 칭 했다. 이날 시위에서는 각종 노동단체와 이익집단, 재야 진보세력 등 이 대거 촛불시위에 합류했다. 공공운수연맹, 금속연맹, 전국교직원 노동조합(전교조) 등이 궐기대회를 열고 시위에 참여했다.

저녁에 일과를 마친 시민들과 학생들이 합류하며 시위 인원은 급격 히 늘어 세종로 사거리부터 숭례문까지 시민들로 가득 찼다. 촛불 시위 대는 이날 보수단체 회원들과 충돌을 빚기도 했다. 서울시청 앞 광장에 뉴라이트 전국연합, 국민행동본부, 선진화국민회의, 한미친선연합회 등 보수단체 회원들이 6·10 촛불 대행진에 대한 맞불집회를 벌였다. 촛불 시위대와 보수단체 양측은 서로 맞구호를 외치며 피켓과 플래카 드를 빼앗는 등 몸싸움을 벌였다. 그러나 이날은 6월 6일이나 7일처럼 폭력적 충돌은 일어나지 않았다.

일부 언론은 이날의 촛불 시위를 민주화 운동과 동일시하며, 촛불시 위가 4·19 혁명, 5·18 민주화운동, 6월 민주항쟁 등 역사적인 반독 재 민주항쟁과 같은 선상에 있다고 평가하였다.

21년만의 함성, 제 2의 민주화

시장 만능주의, 무한경쟁의 신자유주의 확대에 맞선 제 2의 민주화 항쟁이 시작되었다. 더 많은 민주주의를 향한 새로운 민주화의 촛불이 타오르고 있다. 한국 민주주의 전환의 계기였던 6·10 항쟁 21주년을 맞은 10일 이명박 정부의 미국산 쇠고기 수입 및 사회적 합의 없는 정책의 강행을 반대하는 '100만 촛불대행진'이 서울을 비롯한 부산·광주·대전 등 전국 각지에서 동시에 열렸다. 시민들의 전국적인 대규모 반정부 시위는 '독재타도·호헌철폐'를 외쳤던 1987년 이후 21년 만이다.

1,750개 시민단체로 구성된 광우병 국민대책회의는 "서울시청 앞 광장 등 전국 40여 곳에서 시민·학생 등 백만여 명이 참가했다"고 밝혔다. 시민들은 "쇠고기 재협상", "이명박 대통령 퇴진"을 외치며 서울 종로·부산 서면·광주 금남로 등지에서 밤늦게까지 가두행진을 했다. 대행진에는 시민·학생들과 양대 노총, 교사, 6·10 항쟁을 주도한 범재야·종교인들이 대거 참가했다. 국민회의 측은 "국민을 이기는 대통령은 없고 국민을 상대로 싸우는 대통령은 절대 지지 받을 수 없다"며 "100만 촛불을 보고 진정으로 국민의 마음을 헤아리는 것이 국민의 품으로 돌아올 수 있는 유일한 길"이라고 밝혔다(〈경향신문〉, 2008. 6. 11).

광우병 대책회의는 '6·10 항쟁기념 촛불 대행진'이 성공하자, 촛불의 동력을 이어가기 위해 '미군 장갑차 사망 여중생 6주기', '분신한 고 이병렬 씨 장례식', '6·15 남북공동선언 8주년' 등 계속하여 명분을 만들어 내며 시위를 이어가고자 하였다. 그러면서 15일에는 "촛불집회의 의제를 미국 소고기 수입 재협상에 국한하지 않고, '공기업 민영화, 수돗물 민영화, 교육 자율화, 대운하 반대 및 공영방송 사수' 등 5대 의제로 확대하겠다"고 밝혔다(고종원 외, 2009, p. 112). 촛불집회를 정치의 문제로 이끌어 가겠다는 것이다. 그러나 당초 촛불시위 이슈 자체가 탈이념적인 '식품안전'과 '생활안보'에 초점이 맞춰졌기 때문에 이러한 주제들은 시민들을 더 이상 끌어 모으지는 못했다. 16일 이후 촛불시위 참가자는 천 명을 밑돌았고, 정치적 변질을 우려하는 단체들은 더 이상의 동참을 거부하기도 하였다.

2) 한미 추가협상 타결과 촛불집회의 변질 (2008년 6월 중순 ~ 6월 말)

미국과의 추가 협의를 위하여 13일에 김종훈 통상교섭본부장이 출국하였다. 12일 브리핑에서 김 본부장은 "미국산 쇠고기에 대한 국민들의 우려를 반영하기 위해 수전 슈워브 미 무역대표부(USTR) 대표와 추가 협의에 나설 것"이라고 밝혔다. 이명박 대통령은 19일 특별 기자회견을 열고 "청와대 뒷산에 올라가 끝없이 이어진 촛불을 바라봤다", "뼈저린 반성을 하고 있다"고 말하며, "30개월 이상 쇠고기 수입은 어떤 일이 있어도 막겠다", "대운하 사업도 국민이 반대한다면 추진하지 않겠다"고 밝혔다.

한미 양국은 미국 워싱턴에서 다섯 차례에 걸친 협상을 통하여 19일 추가협상을 타결하였다. 추가협상 결과, 한미 양국은 자율규제와 정부 보증을 함께 진행하는 방식으로 30개월 이상의 쇠고기 수출입을 막기로 합의하였다. 추가협상 결과는 21일 기자회견을 통하여 발표되었다. 협상내용으로는, '미국 정부가 보증하는 QSA 프로그램을 통한 30개월 이상 쇠고기 수입차단', '30개월 미만 쇠고기의 뇌, 눈, 척수, 머리뼈 등 4개 부위 수입금지', '검역과정에서 2회 이상 식품안전 위해요인 발견시 작업중단 및 도축장 현지 점검권 강화' 등을 골자로 하였다. 정부 측에서는 "기대 이상의 큰 성과"라는 입장이었다.

그러나 광우병 국민대책회의는 이날부터 '전면 재협상'을 요구하며 6

월 20일부터 22일까지 '48시간 비상 국민행동'에 돌입했다. 주말인 21일과 22일 서울 도심에서 열린 촛불집회에는 그러나 2만여 명을 동원하는 데에 그쳤으며, 일반 시민들의 참여는 많지 않았다.[20]

향후 촛불집회에 관해서도 의견이 나뉘었다. 정부를 여전히 믿을 수 없고 미 수입 소고기의 안전성을 신뢰할 수 없다는 측과, 정부의 태도 변화와 추가협상을 얻어 내었으니 이제 촛불집회는 그만하는 것이 바람직하다는 의견이 대립했다. 이 당시 인터넷에서도 여론은 분열되었다. 극렬시위가 계속되자, '촛불시위를 멈춰야 한다'는 주장들이 제기되었다. 또한, 추가협상 타결결과를 믿고 지켜보자는 주장과, 촛불시위가 일부 단체의 정치적 목적으로 변질될까 안타깝다는 여론도 있었다. 이와 같은 주장에 대해 미국산 쇠고기의 위험, 불안요소는 하나도 해소되지 않았고, 근본적 해결이 아닌 임시 방편책을 믿을 수 없다는 주장이 맞섰다.

이명박 대통령은 24일 "국가 정체성에 도전하는 시위나 불법 폭력시위는 엄격히 구분해 대처해야 한다"며 시위의 과격화 경향에 대한 강력 대응 방침을 밝혔다. 이어서 25일 정운천 농림식품수산부 장관은 미국

---

20 이날을 기점으로 시위는 폭력적 시위로 변질되어갔다. 시위에 참여했던 세력들은 '다함께', '노동자의 힘', '전교조', '민주노총', '공공노조', '진보신당', '철도노조', '안티 이명박', '아고라' 등 소규모 시위대들이었고, 이들은 전경버스를 부수고 물병과 돌을 던지는 등 극렬 시위를 벌였다(〈조선일보〉, 2008. 6. 23). 시위대는 '국민토성'이라 칭하며 모래주머니를 쌓아 전경버스 위로 올라가기도 하였고, 전경버스에 밧줄을 묶어 끌어당기기도 했다. 경찰 역시 시위대 해산을 시도하며 양측은 격렬하게 충돌하였다.
시위에서 과격행동이 벌어지자 집회 참가자들 사이에 의견이 분열되기도 했다. 22일 새벽 시위대가 전경버스에 밧줄을 묶어 끌어내는 과정에서 부상자가 발생했고, 시위대를 지휘하던 국민대책회의 측은 "부상자가 발생했으니 밧줄을 치우자"고 제안했다. 이에 일부 시위대가 "실컷 선동해 놓고 밧줄을 놓아라 말아라 하느냐"며 거칠게 항의했다. 당시 촛불집회에 참여했던 한 시민은 "일부의 과격한 이들의 행동과 평화집회를 원하는 대다수 촛불 민심은 다르다"고 말했다.

산 쇠고기 수입위생조건 고시의 관보 게재를 요청했다. 미국산 쇠고기 수입이 곧 재개될 것임을 알리는 것이다. 이에 광우병 국민대책회의는 기자회견에서 "고시 강행은 국민을 향한 전쟁 선포"라고 강하게 반발했다. 이날 낮 대책회의 대표자들과 소수의 시위대는 기자회견 직후 청와대에 항의서한을 전달하려 진행하다 전경버스에 가로막혔다. 또 다른 시위대는 도로를 점령하고 농성을 벌이다 경찰에 연행되기도 하였다.[21]

앞서 6월 20일에는 농림수산식품부가 〈PD수첩〉을 상대로 명예훼손 혐의로 대검찰청에 수사를 의뢰했다. 6월 23일 검찰은 미국산 쇠고기 및 광우병 보도와 관련해 농림수산식품부가 MBC 〈PD수첩〉을 수사의 뢰한 사건을 규명하기 위해 '〈PD수첩〉 광우병 보도'에 대한 별도의 전담 수사팀을 구성했다.

검찰이 명예훼손 사건에 4명의 검사가 포함된 전담 팀을 구성하는 등 전례 없이 전폭적인 수사를 벌이는 것에 대해 야권은, 정부의 정치적 의도가 명백하다며, 일제히 반발했다.

미국산 쇠고기 수입이 가능하도록 하는 마지막 행정절차인 수입 위생조건 장관고시의 관보 게재가 26일 이루어졌다. 관보의 게재가 예고대로 시행되자, 이에 반발하는 거리시위는 더욱 격렬해졌다. 이날 낮부터 시작된 집회는 저녁이 되자 더욱 격한 양상으로 진행되었다. 경찰

---

21 당시 경찰은 정부의 강경대응 방침에 따라 시민들을 무더기로 연행하였고, 이 과정에서 80세 노인, 초등학생, 민주노동당 이정희 의원 등이 연행되며 무차별 연행 논란이 벌어졌다. 이와 같은 경찰의 강경대응에 격앙된 시위대는 "오늘은 꼭 청와대로 가야 한다"며 경찰과 폭력적으로 대치했다. 이날 저녁 시위는 약 3천 명(경찰 추산, 주최 측 추산 2만 명)의 시민이 참여했다. 일부 시위대는 모래 계단을 쌓고 전경버스를 밧줄로 끌어내려 하는 등 폭력시위를 벌였고, 경찰은 시위대를 향하여 분말소화기를 뿌리다 결국 물대포를 다시 꺼내 들었다. 이날 백여 명이 경찰에 연행되었는데, 이는 촛불집회가 시작된 이후 최대 숫자였다.

도 총력 대응하였다. 22

촛불집회가 폭력시위 양상을 띠게 되자 여권 인사들과 보수단체들은 촛불집회에 대해 비판적 시각들을 표출하였다. 27일, 한나라당 홍준표 원내대표는 촛불집회를 주도하는 세력이 골수 반미단체라며, 핵심세력으로 진보연대를 언급하였다. 그는 "순수하게 국민 건강권을 걱정해서 모인 국민의 촛불시위가 점점 반미단체 중심으로 반미 시위, 정권 투쟁, 정치 투쟁으로 이어지고 있다", "촛불은 꺼져 가고 깃발만 나부끼는 반미 시위, 정치 투쟁, 반정부 투쟁으로 몰고 가는 것은 옳지 않다"고 밝혔다(〈연합뉴스〉, 2008.6.27). 같은 날, 자유시민연대 등 40여 개 보수단체들로 이루어진 애국단체 연합은 촛불시위를 규탄하는 합동 기자회견을 열고, "촛불시위가 순수성을 잃고 시민들에게 무자비한 폭력을 행사했다"며, "광우병 국민대책회의는 보수단체가 일방적 폭력을 행사했다고 왜곡하고 일부 언론들이 폭력사태의 책임이 보수단체에 있는 것처럼 만들었다", "국가의 정체성을 부정하고 폭력을 일삼는 촛불시위는 중단되어야 한다"고 주장했다(〈연합뉴스〉, 2008.6.27).

다음날, 촛불집회 주최단체인 '광우병 국민대책회의'의 간부가 경찰에 구속되었다. 서울 경찰청은 청와대로 가자고 시위대를 선동하고 이명박 정권퇴진 운동 등을 선동한 대책회의 집행부 간부인 안진걸 씨와 한국청년단체 협의회 간부 윤희숙 씨를 구속했다. 경찰은 이들 외에도

22 이날 저녁에는 시위대와 경찰 간의 투석전이 벌어졌다. 경찰은 물대포를 쏘았고 시위대는 계란을 던지고 까나리액젓 물총을 쏘며 저항했다. 이 과정에서 경찰의 해산명령에 불복한 시위대 중 백여 명이 연행되고, 수십 명이 부상을 입었다.
이날 저녁 시위대는 조선일보와 동아일보 사옥을 공격하여 건물 일부를 파손하고 기자와 근처 호텔직원을 폭행하는 사태가 빚어지기도 하였다. 수입된 미국산 쇠고기가 보관되었던 부산항 감만부두의 냉동창고에 민주노총 조합원들이 몰려가 "미국산 쇠고기 반출금지"를 위해 감만부두를 나가는 냉동 컨테이너 트럭의 내용물을 검사하는 등 미국산 쇠고기의 반출을 봉쇄하며 농성을 벌였다.

'광우병 국민대책회의' 집행부 간부 8명에 대해서도 체포영장을 발부받았다. 촛불집회 주최 측 관계자들이 구속된 것은 촛불집회 시작 이후 처음이었다.

정부의 장관고시 이후 집회 주최 측을 구속하는 등 정부의 강경진압 방침이 더해지자 시위는 폭력적 양상을 띠며 더욱 격렬해졌다. 28일 시위는 쇠고기 장관고시 이후 첫 주말을 맞아 2만 명(경찰 추산, 주최 측 추산 10만 명)이 참여하여 6·10 이후 가장 큰 대규모 집회가 되었다. 이날 정부와 시위대는 초반부터 격렬하게 대치했다. 거리시위가 시작되자마자 경찰은 물대포를 쏘고, 전경버스로 시위대를 가로막았다. 시위대는 전경버스를 밧줄로 잡아당기고 차벽에 계란을 던지고 살수차를 파손하는 등 이날의 시위는 최악의 충돌사태를 빚었다. 이날 백 명이 넘는 경찰과 시위대가 부상당했고, 집회 참석자 50여 명이 연행되었다(〈연합뉴스〉, 2008. 6. 29).[23]

경찰은 29일 시위를 원천봉쇄했다. 경찰은 이날 오후부터 전경 8백여 명을 동원하여 서울광장으로 통하는 지하철 출구를 모두 차단하고 시위대들을 고립시키고 주최 측의 무대 차량을 견인하는 등으로 촛불시위가 일어나지 못하도록 강력한 조치를 취했다. 29일 서울광장에서 열릴 예정이던 촛불집회는 무산되었다. 정부는 이날 긴급 대국민담화를 발표하며, "과격·폭력시위 조장·선동자나 극렬 폭력행위자는 끝까지 추적, 검거해 사법조치하겠다"며 "파괴된 기물 등 피해에 대한 민

---

23 이 시기 촛불집회가 폭력적 상황으로 치달은 이유는 경찰이 시위에 대해 강경하게 진압하려 한 것에 더하여 일부 시위대의 과격행동이 지지를 얻었기 때문이라는 분석이 있다. 경찰이 시위대를 물리적 수단으로 강경하게 저지하려 하자 '비폭력으로는 아무것도 할 수 없다'는 여론이 득세하기 시작한 것이다. 시위의 강도는 계속 높아졌고, 초반 '평화시위'의 원칙은 무너졌다. 경찰은 과격 시위자들을 더욱 강경하게 진압하면서 집회는 심각한 폭력적 충돌로 이어졌다(〈연합뉴스〉, 2008. 6. 29).

사상 손해배상도 청구하겠다"고 밝혔다(〈한국일보〉, 2008. 6. 30).

경찰은 30일, 촛불집회를 주도한 '광우병 국민대책회의'와 '한국진보연대' 사무실을 압수 수색했다. 진보단체들은 강하게 반발하며 "공권탄압으로는 촛불을 끌 수 없다"며 정부를 맹렬히 규탄했다(〈국민일보〉, 2008. 6. 30).

3) 촛불의 소멸 (2008년 7월 초〜)

시위가 폭력적으로 변질되고, 정부에 의해 촛불집회가 원천봉쇄되자, 종교계가 참여하여 집회를 이끎으로써 촛불시위는 진정의 국면으로 전개되며 다시 비폭력의 기조를 되찾았다. 30일 대책회의는 서울광장에서 천주교정의구현전국사제단과 함께 54차 촛불집회를 겸한 '국민존엄을 선언하고 교만한 대통령의 회개를 촉구하는 비상 시국회의 및 미사'를 개최했다(〈한국일보〉, 2008. 7. 1). 천주교정의구현전국사제단은 대통령의 교만과 무능을 비판하고, 국민의 여론을 폭력적으로 찍어 누르는 정부를 개탄하는 한편, "촛불은 평화의 상징이며 비폭력의 꽃"이라며 시위대의 폭력을 자제할 것을 주장했다. 일부 기독교와 불교계도 이 같은 행보에 동참하며 릴레이로 시국 기도회와 법회를 열었다. 이 시기 촛불집회는 약 5천 명〜1만 명 정도가 참여하며 평화적 시위로 이어졌다.

종교단체가 주도하는 촛불집회가 닷새 동안 이어진 후, 주말인 7월 5일의 촛불집회는 시민단체와 종교계, 야당과 노동계 등 사회 각계와 시민들이 참여하여 대규모로 진행되었다. 이날은 5만여 명(경찰 추산, 주최 측 추산 50만여 명)이 참여하여, 6 · 10 '백만 촛불 대행진' 이후 최대 규모였다. 시위대는 숭례문, 명동, 종로 일대에서 비폭력 평화행진을 벌이고 6일 새벽 자진 해산하여, 폭력적 대치 상황 없이 평화적으로 마무리되었다. 주최 측은 '국민 승리'를 선언했다(〈경향신문〉, 2008. 7. 6).

7월 5일을 마지막으로 대규모의 촛불집회는 일어나지 않았다. 이후 촛불집회 참여 인원은 크게 감소했다. 정부는 다음 날부터 서울광장 주변을 봉쇄하였고, 반발도 있었지만 촛불의 열기는 예전 같지 않았다. 광우병 대책회의 지도부는 체포를 피해 조계사로 피신한 후, 조계사에서 계속하여 농성을 이어갔지만, 집회의 주도세력은 사실상 붕괴되었다. 이제 촛불집회는 주말이나 특정한 날에만 소규모로 열렸다가 두어 시간 만에 끝나기를 반복했다. 이 시기부터 광우병 공포가 사실과는 달리 크게 부풀려졌다는 주장들이 힘을 얻기 시작했고, 국내외 언론들의 비판여론과 함께 〈PD수첩〉 보도의 편파·왜곡 논란이 크게 불거졌다. 또한 당시 미국발 금융위기, 베이징 올림픽 개막 등으로 인해 대중의 관심은 광우병 공포와 촛불집회에서 차츰 멀어져 갔다. 8월, 광우병 대책회의 간부들이 체포되었고, 8월 30일에 광우병 국민대책회의 홈페이지에 "이번 주 토요일 촛불문화제는 도심에서 개최하지 않는다"는 공지가 올라오고, 촛불시위는 종료되기에 이른다(고종원 외, 2009, p. 120).

4) 〈PD수첩〉을 둘러싼 법적 공방 [24]

광우병 사태가 전개되는 과정에서 가장 중요한 역할을 담당했던 주체 중 하나는 MBC의 〈PD수첩〉이었다. 2008년 4월 18일 한미 소고기 수입협상이 타결된 열흘 뒤인 4월 29일, MBC 〈PD수첩〉은 '긴급취재! 미국산 쇠고기, 과연 광우병에서 안전한가' 편을 방영하여 국민적인 광

---

24 이 항의 내용은 2010년 12월 2일자 〈연합뉴스〉와 고종원 외(2009), p. 65의 내용, 위키피디아 'PD수첩의 미국산 쇠고기 관련 보도'을 종합해 정리하였다.

우병 공포와 두 달여에 걸친 촛불집회의 불씨를 댕겼다. 이후 〈PD수첩〉은 정부 측과의 길고 긴 갈등 및 소송전에 휘말리게 된다.

〈PD수첩〉이 제기한 광우병 관련보도가 사실과 다르다며 5월 5일, 농식품수산부는 언론중재위원회에 〈PD수첩〉에 대한 반론·정정 보도를 신청하였다. 5월 13일, 〈PD수첩〉은 '미국산 쇠고기, 과연 광우병에서 안전한가 2'를 방영한다. 이날 방송에서는 미국인들은 30개월령 이상의 쇠고기를 먹지 않는다는 내용을 전달했다. 미국에서 유통되는 쇠고기가 국내에 수입되는 쇠고기와 같다는 정부의 주장을 반박하기 위한 것이었다. 이러한 주장은 정부와 시위세력 간 논란을 불러일으키며 촛불집회의 열기를 더했다. 5월 19일, 언론중재위원회는 〈PD수첩〉 측에 "주저앉는 소가 일어서지 못하는 영상과 관련, 그 소들이 광우병에 걸렸다는 증거가 없다"라는 정정 보도문을 보도하라는 결정을 내렸다. 이에 대해 〈PD수첩〉 측은 언론중재위원회의 결정에 이의를 제기하며 "언론중재위의 결정에 따를 수 없다. 정식으로 법원의 판단을 받겠다"고 반발했다.[25] 5월28일 방송통신심의위원회는 〈PD수첩〉에 대한 심의를 착수한다고 발표하였다.

6월 중순, 미국 질병통제예방센터로부터 아레사 빈슨의 사인이 인간 광우병이 아니라는 결론이 내려졌고, 6월 20일에 농수산식품부는 〈PD수첩〉 제작진을 상대로 명예훼손 혐의로 검찰 수사를 의뢰하였다. 이에 서울 중앙지검은 〈PD수첩〉 사건을 특별전담수사팀(형사 2부)에 배당해 수사에 착수하였다. 이에 따라 명예훼손에 관한 형사소송이 시작된다. 검찰 수사 및 재판(형사소송)은 향후 2년 여간 계속된다.

〈PD수첩〉은 오보논란에 대한 해명으로 6월 24일 '쇠고기 추가협상

---

25 이에 따라 정정보도와 관련한 민사소송이 시작된다.

과 PD수첩 오보논란의 진실'을 방영한다. 여기서 〈PD수첩〉 측은 오역으로 논란이 된 부분에 대해 "오역이 아니라 의역"이라고 주장하였다. 일주일 뒤, MBC 노조는 정부의 〈PD수첩〉 수사에 반발하며 '언론탄압 권력복종 정치검찰 규탄'을 주제로 기자회견을 열었다.

7월 2일, 검찰은 MBC 〈PD수첩〉 측에 '원본 테이프' 870분 분량과 기초 취재자료의 제출을 요청했다. 그러나 MBC 측은 자료의 제출을 거부한다. 7월 7일 검찰이 〈PD수첩〉의 인간광우병 발언유도 가능성을 제기했고, 같은 날 MBC PD는 긴급총회를 열어 〈PD수첩〉에 대한 부당한 검찰수사를 규탄했다. 7월 11일, 검찰은 〈PD수첩〉 제작진 4명에게 소환을 통보한다. 그러나 7월 15일, MBC 측은 'PD수첩, 진실을 왜곡했는가?' 방송을 강행하는 한편, 〈PD수첩〉 제작진 김보슬 PD, 이춘근 PD와 작가 두 명은 검찰 소환에 불응한다. 검찰은 이에 소환을 재통보하고 앞서 요청했던 자료의 제출도 다시 요청했다.

7월 16일에 방송통신심의위원회는 MBC 〈PD수첩〉에 대한 심의결과 6군데의 의도적 오역과 단정적 표현 등으로 인해 방송의 객관성과 공정성이 지켜지지 않았다며 방송법상 최고 수준의 중징계인 '시청자에 대한 사과' 명령을 내렸다. 7월 24일 검찰은 조능희 CP 등 〈PD수첩〉 제작진의 소환을 재통보하고 정운천 농수산식품부 장관을 소환하여 피해자를 조사했다. 이에 반발하는 시민단체들을 중심으로 '방송장악저지 범국민행동'이 출범하기도 하였다.

7월 29일 검찰은 〈PD수첩〉에 공개질의서를 발송하고 기자회견을 열어 〈PD수첩〉 방영 내용 중 19곳이 의도적으로 왜곡되었다고 발표하였다. 2008년 7월 31일 서울남부지방법원 민사합의15부는 "〈PD수첩〉이 일부 허위 부분을 정정·반론 보도해야" 한다고 원고 일부승소 판결을 내렸다. 구체적으로 농림수산식품부가 청구한 7개 정정 및 반론보도 내용 중 〈PD수첩〉이 주저앉은 소(다우너 소)를 광우병에 걸렸거나 걸렸을 가능성이 큰 소로 보도한 내용, 대한민국 국민이 광우병에 더 걸릴 가능성이 많다고 보도한 내용 2개에 대해서는 정정보도를 해야 한다고 판결하였고, 정부가 특정위험물질(SRM) 5개의 수입을 허용한 것처럼 보도했다는 부분에 대해서는 반론보도를 해야 한다고 밝히고, 나머지 4개는 기각했다. 이에 대해 MBC 〈PD수첩〉 측은 재판부의 판단은 자의적 판단이라며 항소하였다. 8월 12일, MBC는 '시청자에 대한 사과' 명령을 이행하고, 이어서 〈PD수첩〉 책임자인 조능희 CP와 송일준 부국장을 보직 해임했다.

이듬해인 2009년 1월 7일 〈PD수첩〉을 수사하던 임수빈 서울중앙지검 형사2부장이 사표를 제출하였다. 〈PD수첩〉 사건 주임검사인 임 부장은 〈PD수첩〉이 부분적 오역 등으로 정확하지 않은 내용을 보도한 점은 인정되지만 언론의 자유 등에 비춰 볼 때 제작진을 기소하는 것은 무리라는 입장을 견지했고 이 때문에 강제수사 등 강력한 대응을 주문하는 수뇌부와 갈등을 빚어 온 것으로 알려졌다(〈연합뉴스〉, 2009. 1. 7). 검찰 측은 〈PD수첩〉 사건을 형사6부에 다시 배당하였다. 3월 초, 검찰은 〈PD수첩〉 제작진의 이메일을 압수수색하고 3월 말 이춘근 PD를 체포한다. 다음 달 15일 김보슬 PD도 체포된다. 검찰은 여러 차례 MBC 본사를 압수수색하려 시도했으나, 모두 무산된다. 4월 27일, 조능희 전 〈PD수첩〉 CP와 김은희 작가 등 제작진 4명이 체포된다.

6월 17일 서울고등법원에서 민사인 정정보도 소송과 관련하여 "PD수첩 일부 내용을 정정·반론 보도해야" 한다는 판결이 내려진다. 다음날 검찰은 〈PD수첩〉에 대한 수사결과를 발표하고, 조능희 PD 등 제작진 5명을 불구속 기소하였다. 12월 21일 명예훼손 형사소송 결심 공판에서 검찰은 〈PD수첩〉 제작진에 대해 징역 2~3년의 형을 요청한다.

그러나 2010년 1월 20일 형사소송을 담당한 서울중앙지법 단독재판부(문성관 판사)는 〈PD수첩〉 광우병 보도 내용에 허위 사실이 있었다고 볼 수 없다며 제작진 전원에 대해 무죄를 선고하였다.[26]

2010년 12월 3일 검찰의 항소로 진행된 형사사건 2심 공판에서 법원은 〈PD수첩〉 제작진에 대해 무죄판결을 내렸다. 재판부는 '다우너소'(주저앉는 소)가 광우병에 걸렸다는 부분, 미국인 아레사 빈슨의 사망원인이 광우병이란 부분, 한국인의 MM형 유전자가 광우병 발병 등에서 일부 허위사실이 인정되나, 명예를 훼손하거나 업무를 방해하려는 고의가 있었다고 보긴 어렵고 언론의 자유를 폭넓게 보장한 우리 헌법에 비춰 볼 때 형사처벌 대상이 아니다"라고 판단하였다.

2011년 9월 2일 대법원은 미국산 쇠고기의 광우병 위험성에 대해 왜곡·과장 보도를 해 정운천 전 농림수산식품부 장관의 명예를 훼손한 혐의 등으로 기소된 조능희 CP 등 〈PD수첩〉 제작진 5명에게 무죄를 선고한 원심을 확정하였다. 대법원은 "보도내용 중 일부가 객관적 사실과 다른 허위사실의 적시에 해당하지만, 국민 먹거리와 관련된 정부정책에 대한 여론형성에 이바지할 수 있는 공공성 있는 사안을 보도 대상으로 한 데다, 보도내용이 공직자인 피해자의 명예와 직접적 연관이 없고 악의적 공격으로 볼 수 없다는 점에서 명예훼손의 죄책을 물을 수 없다고 판단한 원심은 정당하다"고 판결하였다.

대법원에 의해 허위사실이 확정된 대목은 ① 주저앉은 소가 광우병에 걸렸을 가능성이 크다는 보도, ② 아레사 빈슨의 사망원인이 광우병이라는 보도, ③ 대한민국 국민이 광우병에 걸릴 가능성이 더 크다는

---

26 이처럼 민사소송과 형사소송의 1심 및 2심 결과가 달랐던 것은 정정보도 요구에 대한 사항을 다룬 민사소송과는 달리 언론인의 처벌에 관한 사항을 다루는 형사소송의 경우 언론의 자유에 대한 침해 가능성이 훨씬 크기 때문이다.

보도내용이었다. 대법원은 이 중에서 "우리 국민이 광우병에 걸릴 가능성이 더 크다는 보도" 부분만 정정보도가 필요하고 이 외에 나머지는 정정보도를 하지 않아도 된다고 판결하였다.

2011년 9월 5일 문화방송은 대법원의 판결에 대한 사고를 내며, "형사상 명예훼손에 대해 무죄판결을 내렸지만 보도의 주요 내용은 허위라고 판시해 진실보도를 생명으로 하는 언론사로서 책임을 통감한다"라고 발표하였다. 이어 "문화방송이 잘못된 정보를 제공한 것은 어떤 이유로도 합리화될 수 없으며 당시 문화방송의 잘못된 정보가 국민의 정확한 판단을 흐리게 해 혼란과 갈등을 야기했다는 지적도 겸허하게 받아들인다"라고 밝혔다. 이에 대해 MBC 기자회는 9월 8일 '누구한테 사과한 것인가? 시청자인가, 정권인가?'란 제목의 성명을 통해 "판결은 유죄가 아닌 무죄판결이며 대법원이 정부의 정책결정에 대한 언론의 정당한 감시와 비판을 인정한 게 핵심"인데도 경영진과 보도국 핵심간부들은 "이는 외면한 채 '석고대죄'하는 데 급급했다. 부끄럽다고 참담하다"는 입장을 밝혔다. 이어 "보도국 편집회의의 정상적인 논의절차를 거치지 않았다. 토론이 생략된 채 오후 늦게 큐시트에 추가됐을 뿐 부장들도 내용을 몰랐다"라며 사과보도 결정과정에 대해서도 비판을 제기했다. 그러나 문화방송은 〈PD수첩〉 제작자 때문에 사과를 하게 되었다며 관계자들을 징계 조치하였다.

3. 사회적 소통의 관점에서 살펴본 광우병 파동

광우병 파동은 2008년을 뜨겁게 달군 정치현상이고 사회문화적 현상이었다. 하지만 이는 무엇보다도 주목할 만한 사회적 소통현상이었다. 온 사회에 충격을 던져 준 〈PD수첩〉 광우병 프로그램을 위시하여, 연일 시청 앞 광장을 채우던 촛불시위, 인터넷에 의한 촛불시위 생방송, 소셜 미디어, 파워 블로거, 유언비어, 명예훼손, 괴담, 악플, 명박산성, 대통령의 사과, 소통의 위기담론에 이르기까지 수많은 소통적 실천, 그에 대한 반작용, 그리고 그에 대한 불안한 시각이 눈사태를 만난 듯 일거에 쏟아져 내린 사건이었다.

이러한 소통의 핵심에 미 쇠고기의 안전성, 특히 광우병 위험을 둘러싼 우려와 공포가 존재했다. 일반적으로 과학적 사실은 이른바 팩트의 진위에 대한 전문적 검증과 객관적 평가가 가능한 과학영역에 속한 정보로 받아들여진다. 하지만 미 쇠고기 광우병의 경우 과학적 사실들을 둘러싼 정부의 주장과 시민단체의 주장이 달랐다. 이른바 전문가라고 불리는 사람들의 의견도 많은 경우 극단적으로 갈라졌다. 주요 신문과 방송과 같은 매스미디어, 인터넷상의 텍스트들도 마찬가지였다. 광우병을 둘러싼 과학적 사실들을 둘러싼 갑론을박이 장기화되면서 국민들의 혼란과 불안은 가중되었다. 그 와중에 미 쇠고기의 광우병 위험에 대한 논의는 광우병 괴담으로 변질되고 급속히 유포되었다.

미 쇠고기 광우병 논란사태는 소소한 차이와 방향성의 차이가 있기는 하지만 줄기세포 복제를 둘러싼 황우석 사태, 그리고 천안함 침몰 원인 논란과 그 맥을 같이한다고 할 것이다. 이처럼 과학적 사실들의 진위여부를 둘러싸고 2000년대 이후 괴담 수준의 허위사실 유포, 전사회적 차원의 불안과 패닉현상 유발, 극심한 여론분열, 정치적 갈등, 대규모 소요사태들이 이어지고 있다는 사실에 비추어 이러한 사례들은 예외적 사례라기보다는 구조적 차원의 병리현상은 아닌지 (윤석민, 2011), 현시대 한국 사회에서 과학적 사실이 검증되고 소통되는 구조에 문제가 있는 것인 아닌가라는 의구심을 갖게 한다. 우리 사회에서 과학적 사실의 소통은 어떠한 특성을 지니며, 어떤 방식으로 이루어지고 있는가? 우리 사회에서 과학적 사실을 둘러싸고 사회갈등과 소요사태가 빈발하는 이유는 과학 자체의 문제인가, 아니면 소통되는 과정의 문제인가?

이하에서는 2008년 봄에 시작되어 그해 여름에 종결된, 우리 사회를 흔들었던 미 쇠고기 광우병 파동을 과학 커뮤니케이션이 파행을 빚었던 사례로 규정하고, 이상과 같은 질문들에 대한 답을 모색해 보고자 한다.

1) 과학 커뮤니케이션의 과정

다음 그림은 과학 커뮤니케이션의 과정을 모형화한 것이다. 이 모형의 출발점은 소통되는 내용으로서의 과학지식이다. 과학지식은 일반인이 쉽게 이해하기 어려운 전문적 정보로서의 특성을 지니기 때문에 직접적으로 일반 공중에 의해 접근될 수 없다. 일반적으로 이는 과학자 내지 전문가로 통칭되는 정보원에 의해 중개되어 일반 공중에게 최종 전달된다 (과학지식 → 1 → 정보원 → 2 → 일반 공중의 경로).

최근 들어 보다 일반적인 과학정보의 전달경로는 과학지식이 정보원을 거쳐 대중적인 중개자(media)를 통해 일반 공중에게 도달하는 것이다. 대중매체가 과학자나 전문가의 입을 빌려 과학정보를 공중들에게

〈그림 6-1〉 과학 커뮤니케이션의 과정

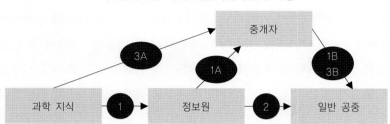

전달하는 경우가 그것이다(과학지식 → 1 → 정보원 → 1A → 중개자 →
1B → 일반 공중: Kim, 2007). 우리가 흔히 미디어에 의한 과학 커뮤니
케이션이라 부르는 소통현상이 이에 해당한다고 할 것이다. 정보원과
일반 공중을 매개하는 중개자의 역할에 따라 과학 커뮤니케이션의 질
이 좌우되는 상황이다.

하지만 경우에 따라서 중개자가 전문적 정보원을 경유하지 않고 과
학지식을 직접 일반 공중들에게 전달하는 경우도 있다(과학지식 → 3A
→ 중개자 → 3B → 일반 공중). 대중적인 미디어 내지 전문적이지 못한
전달자가 전문적 정보원의 역할을 대체하는 경우이다. 전문적 정보원
을 통해 과학정보를 전달할 수 없는 가운데 미디어가 과학정보를 직접
취재해 보도하는 위급한 재난상황이 그 대표적인 사례가 될 수 있다.
이 경우 전문적 과학정보의 부정확한 전달, 왜곡 등 과학 커뮤니케이션
의 장애현상이 발생할 위험이 상존하게 된다.

2) 소통내용으로서의 광우병 이슈의 특성

이상의 모형은 과학커뮤니케이션의 관점에서 광우병이라는 과학정
보 내지 지식이 사회적으로 소통되는 과정에서 나타났던 문제의 본질

을 살펴볼 수 있는 유용한 분석틀을 제공한다.

이 모형과 관련하여 우선적으로 고려할 사항이 소통내용으로서의 광우병 정보의 특성이다. 김학수(1999)는 과학정보의 특성으로 추상성, 전문성, 복잡성을 꼽고 있는데, 이 모두가 과학적 정보를 일상적 커뮤니케이션을 통하여 대중들에게 전파하기 어렵게 만드는 특성들이라 할 수 있다. 추상성은 현상들을 간략하게 기술하고 설명하기 위한 목적에서 비롯되는데, 과학지식은 추상화의 과정을 통하여 발전하며 이를 통해 일반성을 확보할 수 있다. 하지만 추상화의 정도가 높은 정보일수록 일반인들의 구체적이고 일상적인 경험과 동떨어져 있기에 이해하기 어려운 특성을 지니게 된다.

전문성은 과학지식이 특정 분야에 깊이 있는 지식을 갖춘 대상(과학전문가 집단)을 목표공중으로 깊이 있게 특화되어 있음을 의미한다. 과학지식을 이해하는 일은 기본적 과학소양뿐 아니라 그 지식에 접근할 수 있는 지식까지를 요구하며, 또한 그 과학분야 고유의 전문용어와 규칙들을 해석할 수 있는 능력까지를 필요로 하게 된다.

복잡성은 과학정보에 수많은 요소들이 관련되고 이들 간의 연결구조가 매우 복잡다단하다는 것을 의미한다. 과학적 지식이 고도화될수록 관련요소들이 많아지고 이들 간의 구조는 더욱 복잡해진다. 과학지식을 추구하는 작업은 바로 요소들 간의 관계들을 설정하고 검증하는 과정이라 할 수 있는데, 이러한 작업이 축적되고 전문화됨에 따라 과학지식이 한층 더 복잡해지는 것은 필연적이라고 할 것이다.

이에 추가하여 과학정보의 소통을 어렵게 만드는 특성으로 과학정보의 불확실성을 들 수 있다(Hom, Plaza, & Palmen, 2011). 과학지식의 축적과정은 엄밀하게 통제되는 조건하의 실험을 통해 이루어진다. 그렇기 때문에 과학적 지식이 확실성을 보장받을 수 있는 것은 엄밀하고 까다로운 통제조건들 속에서이다. 과학적 사실들이 현실적 조건들과 복잡하게 얽혀있는 실제상황에서 정확하고 완벽한 추정은 사실상 가능하지 않다. 이처럼 현실적 조건이 내포하는 불확실성은 비전문가뿐 아니라 전문가들 사이에서 동일한 사안을 두고 견해차이가 나타나는 기본 요인이라 할 수 있다.

2008년 봄에 우리 사회를 뒤흔든 미 쇠고기 광우병 파동의 뿌리에는 광우병이라는 질병이 지닌 이와 같은 전형적으로 복잡하고 전문적이며 불확실한 과학정보로서의 속성이 중요하게 작용하였다고 할 것이다. 실제로 미 쇠고기 수입에 따른 광우병 발생위험을 추정하기 위해서는 무수히 많은 과학적 사실들이 체계적으로 조합되어야 한다. 광우병의 발생원인은 무엇인지, 광우병이 전염되거나 발병하는 원인이 되는 물질은 무엇이며 이것이 어떠한 특성을 갖고 어떠한 식으로 축적되는지, 그리고 어떠한 과정을 통해 주로 확산되며, 인체에서 발병하게 되는 확률은 어느 정도인지, 발병할 경우 치사율은 어느 정도이며 광우병의 발병과 관련한 유전적 요인들이 존재하는지, 전염이나 확산을 통제할 수 있는 외부적 장치들은 무엇이며 이러한 통제기제들이 제대로 작동하는지 등 실제로 존재하는 위험의 추정을 위해 고려해야 하는 사항들은 실로 무수하다고 할 것이다. 이처럼 복잡하고 불확실한 광우병의 과학정보로서의 특성은 일반인뿐 아니라 전문가들에게도 그에 대한 정보가 부정확하게 해석되고 소통될 수 있는 가능성을 내포한다.

3) 미디어와 정보원

과학 커뮤니케이션 모형에서 두 번째로 주목할 요소는 중개자(미디어)와 정보원이다. 이 중에서 정보원은 주로 미디어를 통해 일반 공중과 연결된다는 점에서, 우선적으로 정보원과 일반 공중 사이에서 과학 정보를 중개하는 미디어의 역할에 대해 주목할 필요가 있다. 광우병 이 슈처럼 전형적으로 복잡한 과학정보의 사회적 소통과 관련해 미디어의 역할은 결정적이라 할 것이다. 일반 대중의 입장에서 신뢰할 만한 정보 와 해석을 얻는 원천이 미디어이기 때문이다.

하지만 이러한 기대와 달리 미디어의 과학정보 보도는 오히려 센세 이셔널리즘에 휩싸이거나 정치적 목적에 활용될 위험이 크다(Bell, 1994; Combs et al., 1979; Kim, 2007; Takahashi, 2011).

첫째, 미디어의 과학보도가 센세이셔널리즘에 휩쓸릴 위험이다. 미 디어를 통해 과학적 위험이 보도될 때, 위험을 추정하는 과학적 체계나 사실 증거를 통한 입증 등은 중요하게 취급되지 않는다. 오히려 많은 미디어 보도에서 극적인 효과를 얻기 위한 과도한 단순화 내지 성급한 일반화와 같은 문제가 발견된다.

특히 미디어들은 종종 과학기술의 부정적 측면 내지 추정된 위험의 가능성에 초점을 두는 경향을 보임으로써 과학기술의 위험에 대한 수 용자들의 부정적 인식 내지 불안감을 증폭시키는 역할을 한다. 실제로 종래의 과학 커뮤니케이션 연구들은 미디어가 과학기술의 위험을 보도 하는 경우에 상당한 오류를 내포하며, 위험을 과장하거나 선정적으로 표현하는 경향이 있음을 밝히고 있다(Bell, 1994; Combs & Slovic, 1979; Takahashi, 2011). 이 같은 미디어의 부정확한 과학정보 보도관 행은 일반 대중이 미디어에 대해 부여하는 사실성, 객관성, 전문성의 신화(*myth*)로 인해 단순한 사실의 왜곡을 넘어 여론의 왜곡 및 패닉현 상 유발 가능성을 안게 된다.

이는 특히 다수의 불특정 공중을 대상으로 치열하게 경쟁하는 대중 매체의 과학보도에서 흔히 드러나는 관행이다. 이들 매체에서 종종 정

348

보의 정확한 전달에 앞서 대중일반의 이목을 효과적으로 집중시키는 것이 가장 중요한 고려사항이 된다. 과학정보를 정확하게 담아내는 것에만 치중한다면, 실제로 그 정보를 다수의 대중들에게 전달하는 데는 오히려 장애가 될 수도 있다. 따라서 이들 매체들은 대중들이 내용을 쉽게 이해할 수 있도록 재구성함은 물론, 수용자들의 이목을 집중시킬 수 있도록 전달내용에 오락적 특성을 가미하고 자극적 요소를 극대화하게 된다(페터스·송해룡·김원제, 2009, p. 57; Boykoff & Boykoff, 2004; 2007). 특히 전 사회성원을 상대로 방송을 내보내는 지상파 TV의 과학보도 프로그램은 이 같은 센세이셔널리즘의 위험이 어떤 미디어보다도 크다고 할 것이다.

실제로 광우병과 관련한 사회적 소통의 포문을 열었던 MBC 〈PD수첩〉의 광우병 보도는 이러한 센세이셔널리즘을 통해 온 국민의 관심과 공, 그리고 분노라는 극적 효과를 이끌어냈다. 일례로 〈PD수첩〉이 그 첫 화면으로 주저앉는 증상을 보이는 다우너 소를 보여주고 이를 광우병 소로 묘사한 것이 그 예라 할 것이다. 다우너 소의 발생원인은 무려 59가지가 있고, 광우병으로 인해 그러한 증상을 보였을 확률은 실제로 무척 작았음에도 불구하고, 동 프로그램은 충격적인 다우너 소의 영상을 통하여 시청자의 눈길을 한데 모으면서 광우병의 존재와 위험을 과장하였다.

둘째, 미디어의 과학보도가 정치적 목적에 활용될 위험이다. 미디어의 정보전달은 종종 현실적 목적이나 의도를 바탕으로 이루어지게 되며, 그 과정에서 정치적 요소가 개입할 위험을 안게 된다. 특히 정치와 가장 동떨어진 것처럼 보이는 과학보도에서 이 같은 위험은 매우 높다. 고도로 복잡하거나 불확실한 이슈들을 대중들에게 전달함에 있어 미디어들은 많은 내용을 추론적으로 보도하게 되는데, 이러한 보도내용들은 왕왕 이데올로기적으로 편향된다. 어떠한 사항이 애초에 뉴스가 되고, '사실'이 무엇인지 판단하며, 그리고 누가 권위를 부여받을지 결정하는 모든 단계에서 이데올로기가 강력한 선택의 기제로서 작동하는 것이다(Carvalho, 2007).

〈PD수첩〉이 광우병의 위험을 객관적으로 전달하기보다는 미국 쇠고기 수입개방을 강행한 정치권력을 비판하려는 분명한 의도하에 과학정보를 엮어 하나의 스토리를 구성하였음은 잘 알려진 사실이다. 이는 정보를 선택하고 구성하는 과정에서 사실보다 내러티브를 중시하는 이른바 PD 저널리즘이 전형적으로 내포하는 위험이기도 하였다.

> … 기자 저널리즘과 달리 PD 저널리즘은 도덕성, 정의의 실현에서 출발한다. 소재선택 차원에서 약자와 강자라는 이분법적 도식에 기초해 인권이나 복지관련 소재를 빈번하게 선택하는 경향이 있다. 후자는 사실입증을 위해 영상을 활용하는 것이 아니라 관련된 영상을 모으고 이를 꿰맞추어 일정한 내러티브를 만들어 낸다. 이러한 견지에서 기자 저널리즘이 사실의 반영 내지 전달이라면 PD 저널리즘은 사실의 창작에 가깝다. (중략) 종합적으로 PD 저널리즘은 자유롭게 사실 너머의 진실을 밝히는 심층탐사 저널리즘을 통해 사회정의를 구현할 가능성을 지닌 방송 저널리즘 형식이다. 하지만 이러한 가능성은 뒤집어 볼 경우, 게이트키핑이 거의 이루어지지 않는 가운데 특정한 의도에 따라 창작된 스토리가 시청자 앞에 객관적 저널리즘의 이름으로 등장할 위험을 의미한다(윤석민, 2011, p. 195).

심지어 미디어들이 과학보도에서 객관성과 공정성을 높이기 위해 전문가들을 정보원으로 등장시키는 경우에도 정치적 선택성이 작용하게 된다(페터스·송해룡 2005; Shepherd, 1981; Takahashi, 2011; 이화행,

2007). 실제로 광우병 파동 당시 미디어들은 이러한 경향성을 역력하게 드러냈다. 〈PD수첩〉 광우병 프로그램을 내보낸 MBC는 말할 것도 없고, 〈한겨레〉, 〈경향신문〉, 〈프레시안〉 등 광우병의 위험성을 강조한 매체들은 소수의 인사들을 '전문가'로 반복 인용하였다. 대표적 인물은 박상표 국민건강을 위한 수의사연대 편집국장, 우희종 서울대 수의학과 교수, 우석균 보건의료단체연합 정책실장, 송기호 민주사회를 위한 변호사모임 소속 변호사 등이었다(고종원 외, 2009, p. 354).

이들 미디어가 광우병에 대한 과학정보를 보다 정확하고 공정하게 보도하고자 했다면 보다 전문적이고 중립적인 정보원들, 이를테면 의료 미생물학 전공자나 수의 미생물학 전공자, 혹은 보건 의료정책 관련 예방의학 전공자들을 정보원으로 선택했어야 했을 것이다. 하지만 광우병 위험을 대중에게 퍼뜨린 미디어들 속에서 가장 강력한 영향력을 발휘했던 정보원들은 가장 전문적인 광우병 관련 과학정보를 제공해 줄 수 있는 전문가들과 거리가 있었다. 정보원으로 동원된 이들은 전문가 중에서도 강하게 정치색을 띠는 활동가에 가까웠고, 광우병에 대해 특정 매체가 듣고자 하는 방향의 의견들을 말해 줄 수 있는 인사에 가까웠다. 이는 광우병에 대한 사회적 소통이 왜곡되는 주요 요인이 되었다.

4) 중개자로서의 인터넷과 일반 공중

인터넷은 대중매체와 함께 광우병에 관한 정보가 유통되는 또 다른 주요 경로였다. 촛불집회가 시작되고 집회가 조직화된 것도 인터넷을 통해서였으며, 광우병과 관련한 격렬한 논의들이 진행되었던 공간도 인터넷이었다.

인터넷의 특성은 쌍방향적 정보흐름이 가능하다는 것이다. 그렇기 때문에 인터넷상에서는 정보를 생산하는 정보원(*source*)과 그 정보를 수용하는 일반 공중(*public*)의 구분이 모호해질 뿐 아니라 많은 경우 수용자 스스로가 정보원의 역할을 하게 된다. 이때 나타나는 정보흐름의 특성으로 두 가지를 꼽을 수 있다. 먼저, 일반인이나 시민단체 회원과 같이 과학적으로 비전문적인 주체들이 과학정보의 수용자, 전달인 동시에 때때로 과학정보를 생산하기도 하는 정보원의 기능을 수행한다(강진숙·장지훈·최종민, 2009). 이에 따라 과학적 사안에 대한 논의가 전문적 과학의 맥락에서 이탈되어 논의가 진행되는 경우가 발생한다. 과학정보는 과학적 맥락에서 멀어질수록 불확실성이 증가하며, 이처럼 불확실성이 높은 과학정보는 정치적, 이념적 요소에 의하여 임의적으로 부정확하게 활용될 위험이 높아지게 된다.

두 번째 특성으로 인터넷 공간에서는 과학정보들이 일방향적이거나 단순하게 흐르는 것이 아니라 다중적으로, 무한히 반복되어 유통된다는 점을 들 수 있다. 이를 통해 정보내용은 끊임없이 확산 증폭된다. 이 과정에서 정보내용의 변형이 오기도 한다. 재난상황에서 위험이 사회적으로 확산되는 기제에 대한 '위험의 사회적 증폭 모형'(The Social Amplification of Risk Framework: SARF, Kasperson et al. 1988; Renn, Burns, Kasperson, Kasperson & Slovic, 1992)에 따르면 위험사건은 사회적 요소, 심리적 요소, 문화적 요소들과 상호작용하는 과정을 거치며, 이러한 과정에서 일반 공중에게 인지될 때 실제위험은 객관적 크기보다 증폭될 가능성이 높아지게 된다. 증폭의 기제는 정보가 '증폭역'(*amplification station*)이라 일컬어지는 커뮤니케이션 주체들, 예컨대 과학자, 위험 관리기관, 미디어, 오피니언 리더, 개인 네트워크 등을 여러 번 거칠수록 인상적인 부분이 선별, 재해석되고 사회적 가치가 부여되면서 증폭된다는 것이다(김원제·이창주·하연희·조항민, 2009;

오미영·최진명·김학수, 2008; 페터스 외, 2005; Renn et al., 1992). 이 이론적 개념을 적용할 때, 인터넷은 그 어떤 미디어보다도 위험의 사회적 증폭을 극대화하는 특성을 강하게 지닌 미디어라고 할 것이다.

실제로 2008년 광우병 파동의 확산과정에서 인터넷이 담당한 역할이 전형적으로 이에 해당하였다. 인터넷상에서 다수의 비전문적 정보원들과 매개자, 그리고 다수의 수용자들에 의해 반복적으로 논의되고 유포된 광우병 관련내용들의 대부분은 전문적 과학정보가 아니라 과학적 맥락과 분리된 불확실한 풍문에 가까웠다(노진철, 2009). 이처럼 불확실성이 높은 정보들이 인터넷 공간에서 끊임없이 반복적으로 유통, 선별, 재해석, 과장되는 과정을 거쳐 원래의 과학정보와는 동떨어진 '괴담' 수준의 정보들이 생겨났다고 할 것이다.

이처럼 부정확한 과학적 사실들로 인해 많은 국민들이 동요한다고 판단한 정부는 '광우병 괴담 10문 10답'을 인터넷에 게시하기도 했다. 정부가 지적한 괴담의 예로 '소를 이용해 만드는 화장품, 생리대, 기저귀 등 6백 가지 제품을 사용해도 광우병에 전염된다', '미국 사람들은 대부분 호주나 뉴질랜드 쇠고기를 먹는다', '미국 내 치매환자가 약 5백만 명인데 이 중 25만~65만 명이 인간광우병으로 추정된다', '살코기만 먹어도 광우병에 걸린다', '키스만 해도 광우병이 전염된다' 등을 들 수 있다. 하지만 이러한 정부의 과학적 반론은 실제로 괴담이 만연한 상황에서 큰 효과를 거두지 못하였다. 실제로 보건의료단체연합 등의 시민단체는 정부의 답변을 신뢰할 수 없다며 나름의 근거와 추론을 바탕으로 이러한 주장들의 타당성을 주장하였다. 광우병 파동이 지속되는 내내 과학적 근거가 없는 괴담은 인터넷 공간을 중심으로 맹위를 떨쳤다.

정리하면 광우병 파동에서 중요한 역할을 수행했던 중개자였던 인터넷은 그 속성상 과학정보를 전달함에 있어서 정확성과 공정성을 담보하기 어려운 미디어였다. 이러한 미디어를 통해 광우병 이슈가 지속적으로 변형, 확산되면서 광우병에 대한 과학적 정보는 점차 괴담으로 변질되었다. 광우병 괴담의 지배적 미디어로서의 인터넷의 속성이 변화되지 않는 소통의 구조적 조건 속에서, 이러한 괴담에 대한 대안적 담론은 큰 효과를 거두지 못하였다.

과학정보를 수용하는 일반 공중 역시 과학커뮤니케이션의 요소로서 참여한다. 일반 공중은 과학정보를 있는 그대로 수용한다기보다는 그 내용을 선별적으로 받아들임으로써 과학정보의 편향을 초래하기도 한다. 벨(Bell, 1991)에 따르면, 과학 커뮤니케이션에서 발견되는 심각한 편향이나 오류는, 미디어 보도의 전문적 보도내용 자체가 편향되거나 잘못된 데 기인하기보다는 수용자가 미디어 내용을 선택적으로 받아들이는 경향으로 인해 더욱 커지게 된다.

또한 일반인들이 과학적 위험정보를 인지함에 있어 감성적 변수들이 어떻게 작용하는지에 관한 연구는 흥미로운 사실들을 알려준다. 주목할 만한 것은 위험판단과 감정적 맥락과의 상관관계이다. 독일의 율리히 연구소의 연구(Spangengerg, 2003; Wiedemann et al., 2003; 페터스 외, 2009에서 재인용)에 따르면 동일한 피해결과를 묘사한 기사에 대하여 한 버전은 분노를, 그리고 다른 버전은 관용의 감정을 불러일으키도록 조작하였는데, 분노기사를 접한 피험자가 관용적 기사를 접한 피험자에 비해 평균적으로 위험을 높게 인지하는 것으로 나타났다.

일반인들이 과학적 위험정보를 받아들이는 과정에서 나타나는 이 같은 비과학적 성향(선택적 수용, 감성적 변수의 작용 등)은 제 2장에서 살펴본바, 압축 근대화의 과정 속에서 시민적 덕성을 충분히 성숙시키지 못한 채 과잉개인화되고 과잉정치화된 속성을 보이는 한국사회 성원들에게 한층 두드러진 양상을 보였다고 할 것이다. 일반인들 사이에서 방송 및 인터넷을 통해 접하게 된 광우병에 대한 근거 없는 주장들은 허무맹랑한 괴담이 아니라 자신과 가족의 건강을 위험에 빠뜨릴 수 있다는 경악스러운 현실의 공포로 다가왔다. 이러한 공포심은 미 쇠고기 수입 협상과정에서 정부가 '졸속 협상'을 했다는 주장이 널리 받아들여지며 분노의 정서와 맞물렸다. 반미 성향을 가진 단체들이 촛불시위를 비롯한 논의의 흐름을 주도하게 되면서 우리나라와 미국과의 역사적 맥락과 관련한 반미 정서를 미국 쇠고기 수입 건을 중심으로 한층 부추겼고, 이는 국민들의 광우병 공포와 맞물려 정부에 대한 국민들의 분노를 폭발시켰던 것으로 보인다.

> 개인들은 공포심을 극대화시킨 방송, 그리고 이를 확대재생산한 인터넷 괴담에 접하자 무엇보다 중요한 자신과 가족들의 건강이 위험에 처했다는 생각에 비이성적 패닉상태에 빠져들었다. 여기에 애국주의 열망에 사로잡힌 국민의 입장에서 굴욕적 협상타결로 국가자존심이 허물어졌다는 분노가 겹쳐졌다. 두 개의 뇌관이 동시에 건드려진 것이다. 폭풍과 같은 파장이 몰아친 것은 당연한 결과였다(윤석민, 2011, p. 196).

4. 논의

2000년 이후부터 최근까지 우리 사회는 지속적으로 사회적 소통의 위기사태를 겪어 왔다. 그중에서도 2005년의 황우석 사태, 2008년의 광우병 파동, 그리고 2010년의 천안함 폭침 등은 전문과학 분야의 사안들이 대중적, 사회문화적 동요를 불러일으키는 핵심요소로 작용했던 사건들이다.

황우석 사태는 황우석 교수 연구팀의 연구윤리 준수 여부 및 논문의 진실성에 대한 의혹이 사건의 발단이 되어 그를 영웅으로 떠받들던 국민들에게 막대한 충격을 안겨 주었다. 광우병 파동은 괴담 수준으로 부풀려진 광우병 위험으로 인해 10대 청소년들을 포함한 전 국민적 시위가 한 달 이상 이어지면서 갓 출범한 이명박 정부를 정치적 위기에 봉착하게 만들었다. 또한 천안함 침몰의 원인과 관련하여 제기된 수많은 의혹들과 함께 공식 조사결과에 대한 진위공방들이 난무했던 천안함 사태 역시 과학적 사실들을 둘러싸고 대규모의 대중적 소요가 발생했던 사례다.

이러한 사태들에서 과학적 사실 내지 정보가 대중들에게 초미의 관심대상이 되었고, 과학적 사실에 대한 진위여부가 사태의 전개에 중차대한 역할을 담당했다. 이 중에서도 2008년 봄, 우리 사회를 뒤흔들었던 광우병 파동은 사회적 소통의 관점에서 흥미로운 분석사례를 제공한다.

소통되는 내용으로서의 광우병 이슈는 전형적으로 복잡하고 불확실하며 논쟁적이고 정치적 해석이 가능한 전문적 과학정보의 특성을 지님으로써 이러한 총체적 파동의 일차적 원인을 제공했다. 여기에 사회

356

적 소통의 중심에서 여론의 중심을 잡아주었어야 할 미디어인 지상파 방송이 한편으로는 센세이셔널리즘, 다른 한편으로는 강한 정치적 편향성을 내포한 광우병 프로그램을 방송함으로써 광우병에 대한 불안과 공포심을 걷잡을 수 없을 만큼 증폭시켰다. 인터넷은 크고 작은 촘촘한 네트워크를 통해 일반대중을 상대로 불확실한 광우병 정보들을 끊임없이 유통, 변형, 재유통시킴으로써 '괴담' 수준의 정보들을 생성하고 확산시켰다. 과학 커뮤니케이션의 과정모형에 비추었을 때 표면상 지배적 소통모형은 과학지식 → 정보원 → 중개자(미디어) → 일반공중이었지만, 과학지식이 비전문적 중개자(인터넷)에 의해 직접 일반공중에게 전달되는 양상도 이에 못지않게 두드러졌다. 정보원을 경유하는 경우에도, 정보원의 구성은 수적 및 질적으로 심각한 편향성을 드러냈다.

종합적으로 광우병 정보의 사회적 소통과정은 전달되는 내용으로서의 광우병 이슈, 그것을 매개하는 미디어(중개자) 및 정보원의 속성, 그리고 이러한 과학적 위험정보에 대해 정서적으로 취약한 일반공중의 속성이 함께 어우러지면서 전문적인 과학정보로서의 광우병 이슈를 괴담화하고 이를 전사회적으로 급속히 확산시켜 온 국민들을 패닉상태에 빠뜨리는 최적의(최악의) 조합으로 결합되었다. 이것이 2008년 봄에 우리가 목격했던 사태라고 할 것이다.

문제는 이러한 사태를 초래한 소통의 구조는 언제라도 제2, 제3의 광우병 괴담을 만들어 내며 사회적 갈등과 파행을 재연할 가능성이 있다는 것이다. 과학기술이 가장 중요한 기회임과 동시에 위험으로 대두하는 현시대의 상황은 과학정보를 둘러싼 사회적 소통의 파행이 심각한 사회적 문제로 지속될 것임을 짐작하게 한다. 이러한 문제가 재연되는 것을 막기 위해서는 과학정보 소통의 과정을 보다 전문적이고 객관적이며 공정하게 만들기 위한 노력, 특히 이러한 소통과정의 중심에서 사회여론의 향방에 결정적 영향을 미치는 중개자인 방송미디어 탐사보도 프로그램을 그 실질적 제작과정 속에서 보다 공정하게 만들기 위한 노력이 요망된다. 〈PD수첩〉 제작진에 대한 검찰 수사 및 형사 소송과 같은 위압적인 공권력의 발동은 상황을 개선할 가능성은 극히 제한적인 반면 국가권력에 의한 언론자유 위축을 초래할 수 있다는 점에서 전혀 바람직한 대안이 아니라 할 것이다. 불행히도 우리 사회는 후자의 방향으로 나아갔다.

07

PD 저널리즘과 공정성 II: 탐사보도 제작현장과 공정성 원칙 *

    이 장에서는 앞서 제6장의 논의의 연장선상에서 PD 저널리즘과 공정성 이슈를 다룬다. 특히 이 장에서는 지상파 TV 탐사보도 프로그램이 제작되는 현장으로 눈을 돌려 보고자 한다. 공정성이 실천되어야 하는 실질적 공간이 바로 방송제작 현장이기 때문이다. 탐사보도 프로그램이 제작되는 과정은 구체적으로 어떤 단계로 구성되고 각각의 단계는 어떤 특성을 지니는가? 그 속에서 어떤 이들이 어떤 상호작용 속에 각자의 역할을 수행하는가? 그 총체적 과정 속에서 공정성 원칙의 구현은 과연 어느 정도 가능하며 이를 구조적으로 제약하는 요인은 무엇인가? 이러한 질문들에 대한 답을 통해 현실과 동떨어진 추상적 이념이 아닌 현장 기반의 공정성 실천원리를 구체화해 보고자 한다.

---

* 이 장은 육서영·윤석민 (2012) 과 육서영 (2011) 의 내용을 토대로 작성하였다.

1. 탐사보도와 PD 저널리즘

탐사보도(*investigative reporting*) 라 불리는 저널리즘은 특정한 비위 사건에 대한 피상적 보도를 벗어나 그 사건의 내막이나 배경, 드러나지 않은 연관성을 파헤침으로써 진위를 가려내고 폭로하고 나아가 비판하는 새로운 형태의 저널리즘이다. 워터게이트 사건을 기점으로 하여 이러한 저널리즘 유형은 기존의 폭로 저널리즘과 구분되어 탐사보도로 불리게 되었다(하유미, 2007). 탐사보도는 드러난 사실만을 전달함으로써 진실을 외면한다는 비판에 직면한 객관보도 저널리즘의 대안으로 등장했다. 탐사보도는 사실의 정확한 전달보다 사실에 대한 해석과 관점에 더 많은 관심을 둔다.

종래의 연구에 따르면, 탐사보도에 대해서는 크게 두 가지 관점이 구분될 수 있다. 첫째 팩트와 뉴스 취재, 스토리 구성, 진실의 추적 등 과정에 초점을 두는 입장이다. 둘째는 여론형성과 정책변화, 사회개혁 등 보도결과와 파장에 중심을 두는 입장이다(심재철·김주환·이경숙, 1996).

현장에서 직접 탐사보도를 한 경험이 있는 기자들은 탐사보도를 정의하는 데 있어 전자의 경향을 보인다. 윌리엄스(Williams, 1978)는 탐사보도를 '아이디어와 팩트를 모으고 분류하며, 패턴을 도출하고, 옵션을 분석하며, 감정보다는 논리에 기초를 둔 판단을 하는 하나의 비즈니스'(Williams, 1978, p. 12) 라고 정의했다. 탐사보도는 일반적 보도보다 철저하며, 범위와 폭이 넓다는 점에서 폭로보도와 구별된다(Bolch & Miller, 1978). 보호와 밀러(Bolch & Miller, 1978)에 따르면, 탐사보도는 '① 중요한 주제를 다루고, ② 정보 수집을 어렵게 하는 장애물을 포함해야 하며, ③ 주제의 중요성을 잘 설명하거나 보여주는 이야기를 포함하고 있어야 한다'(Bolch & Miller, 1978, p. 3).

두 번째 관점은 과정보다는 결과와 파장에 강조점을 두고 있다. IRE로 대표되는 기존의 탐사보도 개념이 탐사보도의 핵심을 비켜 간다며 언론의 감시견 기능을 강조한 프로테스 등(Protess et al., 1991)이 대표적이다. 이들은 기존의 탐사보도 정의들이 '탐사보도의 진정한 강점을 파악하는 데는 실패했다'며, '탐사보도는 국민의식을 깨워 공분을 일으키는 폭로 저널리즘'이라고 정의했다.

또한 탐사보도를 위해서는 첫째, 사회적 공분을 일으키는 악역이 있어야 하고, 둘째, 악역의 비리에 의한 피해자가 있어야 하며, 셋째, 여론의 환기를 통한 국민적 공분 등이 필수적으로 존재해야 한다고 주장하였다. 이와 마찬가지로 펠드스테인(Feldstein, 2006, p. 106)은 '미국 역사를 관통하는 탐사보도의 핵심은 사실을 모아 일반 시민을 위해 권위에 도전하고 권력남용에 반대하는 것'이라고 보았다.

우리나라 방송의 탐사보도 프로그램에 대해서는 이러한 두 가지 관점 모두가 공통적으로 적용된다고 할 것이다. 팩트와 진실에 대한 깊이 있는 추적과정을 통해 여론형성과 정책변화, 사회개혁 등 큰 사회적 파장을 불러일으키는 프로그램들이 그것이다.

우리나라 탐사보도의 효시는 1964년 고발성을 지닌 보도기획물로 매주 1회 15분간 방영되었던 TBC 〈카메라의 눈〉이라고 할 수 있다. 이후 60년대에는 〈TBC 백서〉, KBS 〈카메라 초점〉, 70년대에는 MBC 〈카메라 출동〉 등이 제작되었으나 이 프로그램들은 초보적 형태로 시민계도 정도에 중점을 두어 본격적인 탐사 프로그램이라고 하기에는 부족함이 많았다(박명진 외, 1991).

1980년대 들어 KBS 〈뉴스 파노라마〉, MBC 〈레이다 11〉이 제작되어 '심층보도' 개념이 도입되었으며, 특히 1983년 2월 처음 제작된 KBS 〈추적 60분〉은 우리나라 최초의 본격적인 탐사보도 프로그램으로 평가된다(안광식, 1984; 박명진 외, 1991). 1990년 MBC 〈PD수첩〉, 1992년 SBS 〈그것이 알고 싶다〉가 제작되었으며 1980년대 정권의 언론통제로 제작을 중단했던 〈추적 60분〉이 1994년에 다시 시작되면서 탐사보도 프로그램은 확고하게 자리를 잡기 시작했다.

이 중 대표적인 탐사보도 프로그램이라고 할 수 있는 〈추적 60분〉, 〈PD수첩〉, 〈그것이 알고 싶다〉의 화제작[1]들은 오랫동안 진실이라고 믿어 왔던 거짓을 밝히거나, 의도적으로 숨겨졌던 사실들을 심층취재를 통해 밝히고 고발함으로써 사회적으로 큰 파장을 불러일으켰다. 1990년대 초반에 들어서 본격적으로 형성된 이러한 새로운 탐사 저널리즘 프로그램들은 PD들이 주축이 되고, 제작형식이나 제작관행에서 기존의 저널리즘과 큰 차이를 보이기에 흔히 '기자 저널리즘'과 구별하여 'PD 저널리즘'으로 명명된다(원용진, 2005; 문소현, 2005; 하유미,

---

1 〈추적 60분〉: '한국판 몬도가네: 몸에 좋다면 뭐든지'(1983), '부실건설 고속도로 휴게소'(1994), '죽음의 영생교'(1994, 2003, 2004), '장애인 최경아, 누가 그녀를 죽였는가'(2000), '나는 방에서 나가고 싶다: 은둔형 외톨이 실태보고'(2005), '정형근 고문 논란, 누가 거짓을 말하나'(2005), 'KTX 전력유도 대책, 국고 1,200억 원의 진실게임'(2006), '한국타이어, 노동자 19명 왜 죽었나?'(2009), '죽었다 하면 암: 어느 마을의 공포'(2010)
〈PD수첩〉: '미군기지 평택 이전, 왜 문제인가'(1990), '의혹, 영생교를 밝힌다'(1994), '대순진리회를 아십니까'(1996), '기는 국세청 위에 나는 삼성'(2000), '한국의 권부 시리즈: 청와대, 검찰, 국가정보원, 국회'(2003), '황우석 신화의 난자 의혹'(2005), '미국산 쇠고기, 과연 광우병에서 안전한가'(2008), '용산참사, 그들은 왜 망루에 올랐을까?'(2009), '4대강과 민생 예산'(2009), '검사와 스폰서'(2010)
〈그것이 알고 싶다〉: '이형호 유괴사건-살해범의 목소리'(1992), '화성연쇄살인사건: 6년간의 살인'(1992), '더 이상 침묵할 수 없다: 김보은·김진관 사건'(1992), '살인미스터리 1: 누가 수지 김을 죽였나'(2000), '여간첩 미스터리 2: 수지 김 사건의 전모를 밝힌다'(2001), '죽음의 섬 실미도: 8·23 군특수범 난동사건의 진실'(2004), '연쇄살인자 심리파일: 사이코패스, 그들은 누구인가?'(2007), '정상의 증거는 신(神)만이 아는가: 오은선 칸첸중가 등정의 진실'(2010).

2007; 고희일, 2008).

김연식·조성호(2008)는 PD 저널리즘을 'TV의 영상성과 대중성을 활용하여 극적인 내러티브를 만드는 데 익숙한 프로듀서들이 탐사저널리즘을 보다 적극적으로 구현하기 위해 시도하는 저널리즘 유형'(김연식·조성호, 2008, p. 151)이라고 정의한다. 고희일(2008)은 이를 '프로듀서들에 의해 구현되는 환경감시 및 상호견제기능과 같은 적극적인 언론활동'이라고 정의하며, 이 용어 속에는 그 동안 기자들이 담당했던 시사분야에서 PD가 사회 의제를 형성하는 기능을 한다는 의미가 포함되어 있다고 보았다.

PD 저널리즘의 형성배경을 분석한 연구들은 공통적으로 PD 저널리즘 형성배경을 1980년대 우리나라의 정치적 상황과 연관시켜 설명한다(MBC 〈PD수첩〉 팀, 2000; 원용진, 2005; 구수환, 2009; 박보희, 2010). 1987년 군사독재 정권이 무너지면서 언론의 감시와 고발기능을 되찾는 과정에서 방송사가 공영성의 가치를 내세우며 이들 프로그램을 편성했다는 것이다. 이러한 외부적 조건과 함께 방송사 내적으로는 방송 저널리즘 영역의 기자 독점에 반발하며 나타난 PD들의 영역 확보를 위한 움직임이 중요한 요인으로 작용했다고 할 것이다(원용진, 2005).

PD 저널리즘은 시간제약과 속보경쟁으로 깊이 있고 폭넓은 취재가 어려운 기존 기자 저널리즘의 한계를 극복하고, 사회모순과 부조리를 고발하는 심층취재를 지향한다(이상기, 2002). PD 저널리즘 프로그램은 부당한 강자와 선량한 약자의 대립구도를 선명하게 제시함으로써 시청자의 감성에 적극적으로 소구한다(김연식·조성호, 2008). 이러한 PD 저널리즘은 사회적 소수자의 이익을 대변하면서 탐사보도의 영역 확대에 많은 공헌을 했으며(강형철, 2000), 한국 사회의 투명성이나 건강함을 한 단계 올리는 데 기여했다(원용진, 2005)는 평가를 받기도 한다. 하지만 동시에 PD 저널리즘은 제작진의 주장과 의견을 강하게 표현하며, 사실을 전달하기보다는 하나의 내러티브를 만들어 내려 하고, 이성보다 감성에 소구하려는 경향을 지니는 등 태생적으로 공정성의 갈등을 수반하는 측면이 있다.

PD 저널리즘과 기자 저널리즘의 차이를 보다 구체적으로 살펴보도록 하자. 첫째, PD 저널리즘 유형의 프로그램들은 귀납 구성방식을 통해 구체적이고 논리적으로 주제에 접근하는 서사구조를 보인다(윤호진, 2005). 이러한 서사구조는 '기승전결'로 요약할 수 있는데, '기 - 승' 단계에 해당하는 프로그램 전반부에서는 사안의 배경과 실태를 구체적으로 제시하고 설명하여 시청자의 이해를 돕고, 심각성을 일깨움으로써 강한 인상을 심어준다. '전' 단계에서는 구체적 사례와 전문가 의견 등을 통해 설득력을 높이고 '결' 단계에서는 문제를 해결하기 위한 구체적 방법을 제시한다. 이러한 구성방식은 시청자들에게 보도내용이 구체적이고 체계적이라는 인상을 심어 주어 보도의 신뢰성을 높인다(윤호진, 2005, pp. 55~56).

이 같은 서사구조는 텍스트가 아닌 영상을 통해 표현되는데, 이를 위해 사건을 드러낼 수 있는 영상을 모으고 영상에 내레이션을 맞춰 가는 경향을 보인다. 이러한 경향은 PD 조직의 제작 방식으로부터 기인한다. PD들은 'TV의 영상성과 대중성을 활용하여 극적인 내러티브를 만드는 데 익숙'(김연식 · 조성호, 2008. p. 151) 하기 때문이다.

둘째, 기자 저널리즘과 PD 저널리즘의 차이를 분석한 문소현(2005)에 따르면, 기자의 경우 게이트키핑, 즉 '데스킹'이 지속적으로 작용하는 데 비해, PD의 경우 소재선정시 주관이 강하게 작용한다. 김연식 외(2005) 역시 보도국에서 제작하는 〈시사매거진 2580〉의 경우, 매주 전체 제작진 회의가 진행되는 등 객관성 검증을 중요시하는 반면, 〈PD수첩〉은 제작진의 주관성 개입이라는 문제를 안고 있다고 보았다. 즉, 기자들은 객관성에 기반을 두고 서로 크로스체크를 하는 과정을 통해 자신이 이슈를 해석하는 방식을 일방적으로 고집할 수 없다는 것이다. 그러나 주관성 개입을 줄이기 위한 데스킹은 문제점도 내포한다. 즉, 기자들은 본격적 취재에 착수하기 위해 데스크의 동의를 구해야 하고, 민감한 사안일 경우에는 동의를 얻은 후에도 데스크의 관여가 지속되기도 한다. 또한 출입처에서 수시로 발생하는 일을 챙겨야 하기 때문에 시급한 소재에만 집중하게 되는 등 심층기획 취재를 하기에는 어려운 측면이 많다. 특히 뉴스 당일 취재, 당일 방송을 목표로 하기 때문에 속보성을 갖지만 심층성은 부족하다는 평가를 받는다.

셋째, 뉴스 매거진 형식의 시사보도 프로그램을 분석한 이상기(2002)에 따르면, 기자는 '관찰자'의 입장을 보이며, PD는 '탐정'의 입장을 취한다. 김연식(2005)이 기자와 PD가 각기 저널리즘에 대해 어떠한 인식 차이를 보이는지를 연구한 결과, PD들은 '무엇이 시청자들을 위해 좋은 것인가'가 소재선택의 기준이 되는 반면, 기자들은 '무엇이 시청자들에게 중요한 것인가'가 소재선택의 기준이 되는 것으로 나타났다. 또한 기자들은 사실에 기초한 정보를 전달하는 객관저널리즘을 선호하는 반면, PD들은 사실 자체보다는 사실에 대한 해석을 중요하게 여기며 이를 이야기로 구성하여 알리는 주창저널리즘을 선호하는 것으로 확인되었다.

넷째, 기자 조직과 PD 조직의 문화적 차이가 제작방식에 직접적 영향을 미친다. 고희일(2005)에 따르면 기자 조직이 '정확성'을 핵심가치로 여기는 것에 반해 PD 조직은 '창의성'을 핵심가치로 여긴다. 여기서 창의성은 사실의 효과적 전달방법의 창조를 의미하는데, 이러한 창조성은 영상 구성과 편집을 통해 나타나게 된다. 기자들이 논리적 설명이 가능한 소재를 선호하는 것과는 달리 PD들은 현장이 풍부한 소재를 선호한다. PD들의 창의성을 극대화하기 위해 조직차원에서 구축된 문화는 '자율성'과 PD에 의해 직접 진행되는 '편집'으로 요약할 수 있다. 이와 비교하여, 기자조직 내에는 정확성을 기하기 위한 데스크 차원의 게이트키핑 제도, 기사부터 작성하고 이에 맞추어 그림을 입히는 편집방식이 자리 잡고 있다. 유사한 맥락에서 원용진 외(2008)에 따르면 기자들은 객관성과 균형성을 중요시 여겨 조직체제에 크게 의존하며 분업과 익명성을 강조하는 반면, PD들은 개인을 제작자로 파악하는 경향이 있어 조직에 의존하기보다는 자신의 개성에 더 중점을 둔다고 한다.

탐사보도 프로그램에 한정하여 PD 저널리즘(〈추적 60분〉)과 기자 저널리즘(〈취재파일 4321〉)의 차이점을 분석한 고희일(2008)의 연구

〈표 7-1〉 기자 저널리즘과 PD 저널리즘

구 분	기자 저널리즘	PD(시사교양) 저널리즘
제작 방식	정보 위주 전달	이야기로 구성
진실추구 방법	확인된 사실에 기초한 진실	해석의 결과로 나타난 진실
소재 선택 기준	무엇이 시청자들에게 중요한 것인가? (What's important for viewers?)	무엇이 시청자들을 위해 좋은(옳은) 것인가? (What's good for viewers?)
선호 저널리즘 유형	객관 저널리즘	주창 저널리즘
핵심가치	정확성, 공정성, 균형성, 객관성	창의성, 사회정의
통 제	엄격함	느슨함
편집주체	기자, 카메라맨	PD
제작방식	원고 → 편집	편집 → 원고
선호하는 소재	설명이 가능한 소재	장면이 풍부한 소재
조직 v. 개인	조직강조, 시스템중심적, 분업	개성강조, 개인중심적
제작 방식	출입처 의존	출입처 무관

출처: 고희일(2005, p.61), 김연식(2005, p.108), 원용진 외(2008, p.187) 등을 종합하여 재구성.

는 프로그램 유형이 동일함에도 불구하고 제작주체에 따라 내용과 구성의 차이가 명확하게 드러남을 보여주고 있다. 〈추적 60분〉은 소재 선택에서 사회-정치-경제-문화 순이었고, 〈취재파일 4321〉은 사회-문화-경제-정치 순이었다. 서사구조에서도 차이가 발견되는데 〈추적 60분〉은 하나의 소재를 시간과 공간의 흐름에 따라 현장을 엮어 나가는 영상중심 통합체적 서사구조를 보이는 반면, 〈취재파일 4321〉은 원고의 흐름을 쫓는 기사중심 계열체적 서사구조를 취하고 있었다. 이데올로기 부분에서 〈추적 60분〉은 사회의 가치관과 질서에 도전하는 저항적 이데올로기를 보이는 반면 〈취재파일 4321〉은 사회 가치관 및 질서를 옹호하거나 보완하는 이데올로기를 추구하고 있음이 확인되었다.

2. 탐사보도 프로그램의 제작과정

PD 저널리즘의 모습은 TV 탐사보도 프로그램이 실제로 제작되는 과정을 통해 보다 생생하게 밝혀질 수 있다. 일반적인 탐사보도 프로그램의 제작과정은 아이템 선정과 취재방법 및 구성방향의 결정을 포함하는 기획 단계, 사전취재 및 섭외단계, 취재 및 촬영단계, 구성 및 편집단계, 대본 및 스튜디오 녹화를 포함하는 후반 작업단계로 이루어진다

〈표 7-2〉 탐사보도 프로그램의 제작과정

제작 단계	제작 내용	참여 제작진
기획	• 아이템 선정 : 시청자 제보(게시판 또는 전화제보), 신문 · 잡지 등 국내외 보도자료, 인터넷 등에서 방송 소재를 취합. 또는 PD나 제작진의 의견 중에서 선정하기도 함. • 아이템의 시의성, 사회적 의미, 취재용이성, 법적 문제 발생 가능성 검토	PD와 작가의 주도적 개입
취재 및 촬영	• 취재진 섭외 및 자료 조사 • 본격 취재(촬영) 시작 및 취재 결과물 (테이프와 자료화면)로 프리뷰 노트 작성	현장작업에서는 PD와 AD, 사무실 작업에서는 구성작가
구성 및 편집	• 프리뷰 노트를 바탕으로 편집구성안 작성 • 편집구성안 회의 • 가편집 및 완편집	• 구성작가 • PD와 구성작가 • PD 주도
대본 집필	• 대본 작성 • 대본 회의	• 메인 작가 • 제작진과 진행자
후반 작업 및 방송	• 내레이션(VCR더빙) 및 스튜디오 녹화 • 타이틀, 자막, 음악 등을 포함하는 종합편집	• PD • 전 제작진

주 : 이 제작과정은 제작 주체를 PD로 설정하고 구성한 것이다. 기자가 만드는 탐사보도의 경우 기자가 PD의 역할을 한다.

(김미라·고혜림, 2004; 〈그것이 알고 싶다〉제작진, 2004; 김연식·윤영철·오소현, 2005; 류혜린, 2009).

하지만 탐사보도 프로그램의 실제 제작과정은 명확하게 구분할 수 있는 지점이 거의 없으며 모든 단계가 혼재되어 나타난다. 기획단계에서는 아이템에 대한 사전 취재가 함께 이루어지며, 취재 및 촬영단계에서는 그날그날 취합된 결과물로 대략적인 구성을 짜 나간다. 구성단계에서도 부족한 부분이 있을 경우 다시 취재하기도 하며, 또한 구성은 기술적 의미의 편집이 아니라 내용적 의미의 편집이므로 구성 단계에서 편집도 함께 진행된다고 할 수 있다. 탐사보도 프로그램에서 다루는 아이템은 대부분 시의성이 매우 중요하기 때문에 제작단계 역시 가변적 상황을 유연하게 따라갈 수 있도록 각 제작단계가 서로 분리되어 있지 않으며 앞뒤 단계와 유기적으로 연관되는 방식으로 최적화되어 있다고 할 것이다.

1) 기획 단계

기획단계에서는 아이템 조사와 회의를 통해 아이템을 선정한다. 특히 아이템 회의에서는 특정 아이템을 시청자들이 알고 싶어 하는지, 그렇다면 구체적으로 무엇을 알고 싶어 하는지, 왜 그런 일이 벌어졌는지, 이 상황에서 제작진이 방송에서 다루어야 할 것은 무엇인지, 해당 내용이 사회에 던지는 의미가 무엇인지를 종합적으로 고려해야 한다(〈그것이 알고 싶다〉제작진, 2004). 제작진이 처음에 생각한 방향이나 결론이 취재과정에서 바뀔 수 있는데, 이럴 때는 진행 중이던 아이템을 포기하고 새로운 아이템을 찾아야 하는 경우도 있다. 탐사보도 프로그램의 기획에서 가장 중요한 것은 아이템 선정이다. 아이템을 찾는 기본 소스는 신문, 뉴스, 인터넷 등 타 매체의 보도이다. 그러나 이러한 소스를 바탕으로 선정된 아이템은 비교적 쉽게 접근할 수 있다는 장점이 있는 반면 타 방송사의 유사 프로그램과 아이템이 중복될 가능성이 높다는 단점이 있다. 시청자 또는 시민단체의 제보도 아이템 선정시 참고 대상이다. 특히 특정집단의 비리 등을 다룰 때에는 내부자 제보가 결정적 역할을 하기도 하는데, 이 경우 아이템을 독점할 수 있다는 장점이 있다. 또한 사건 사고에서 벗어나 정치·사회 문제 등 보다 거시적이고 구조적인 문제를 다루는 아이템은 특정 의도를 가지고 기획하에 만들어지기도 한다.

아이템을 선정할 때에는 다루는 내용이 시의적절한가, 섭외 또는 영상 확보가 용이한가, 명예훼손 등 법적·윤리적 문제의 발생 가능성은 어느 정도인가 등을 고려해야 한다. 특히 이러한 법적·윤리적 문제는 제작진에게 위축 효과(chilling effect)를 가져올 수 있다는 점에서 탐사보도 프로그램의 구성과 내용 전개에 영향을 미칠 수 있다(김미라·고혜림, 2004, pp. 239∼240).

우리나라 탐사보도 프로그램에서 아이템 관련 아이디어의 개진과 결정은 기본적으로 CP-PD-작가에 의해 이루어진다. CP와 PD, 작가 중 누구에 의해 아이디어가 나오는지는 프로그램의 성격 또는 각 개인의 개인적, 직업적 성향에 의해 좌우되는 경향이 있으나, 가장 결정권이 큰 주체는 취재와 편집권을 가지고 있는 PD라고 할 수 있다(이영돈, 2008). 이영돈(2008)은 그러나 탐사보도 프로그램의 아이템이 누구 한 명의 의견만으로는 결정되기 쉽지 않다면서, CP의 중요성을 언급하고 있다. 즉, 아이템이 정치적으로 민감한 경우나 사회적으로 어느 정도의 비중이 있는 기업 또는 인물의 비리를 고발할 경우에 PD와 CP에게 책임을 분산시킬 필요가 있기 때문이라는 것이다.

2) 취재 및 촬영 단계

취재 및 촬영 단계에서는 해당 아이템에 대해 폭넓게 자료조사를 한 뒤 이를 바탕으로 본격적 취재와 촬영을 시작한다. 현장작업인 촬영은 PD와 AD의 주도로 진행된다. 촬영과 함께 그날그날의 취재 결과물인 촬영테이프[2]를 그대로 받아 적는 테이프 딕테이션(*dictation*) 작업이 이루어지는데 방송가에서는 이를 '프리뷰 노트 작성'이라 한다. 프리뷰 노트에는 프레임의 영상이라든가 현장음까지 그대로 삽입되며 편집단계를 고려하여 타임코드도 정확히 입력해야 한다. 프로그램에 따라 다르지만, 촬영분량이 많기 때문에 프리뷰어를 고용하기도 하며, 스크립터들도 일부 참여한다.

탐사보도의 취재 및 촬영 단계에서 제작진은 전달하고자 하는 메시지를 보다 강화하기 위하여 일종의 실험을 시도하기도 한다. 또 한 가지 중요한 요소는 시청자들의 인식을 전환시키기 위한 증언, 또는 인터뷰 대상자이다. 특히 특정기업 또는 단체의 비리를 고발할 경우에는 내부 고발자를 확보하는 것이 중요하다(이영돈, 2008). 즉, 확실한 증언을 해줄 수 있는 제보자의 확보는 프로그램의 흡입력과 시청자들의 몰입 측면에서 매우 효과적이다.

3) 구성 및 편집 단계

구성 및 편집 단계는 취재 및 촬영된 내용을 토대로 스토리를 만들어 내는 단계이다. 프리뷰 노트가 완성되면 메인작가는 이를 바탕으로 편

---

2 〈그것이 알고 싶다〉의 경우, 촬영테이프는 40분짜리 6mm 테이프로 평균 80권 정도의 분량이 된다.

집구성안을 작성하는데 이때 프리뷰 노트는 작가의 기억력을 보완하는 기능을 한다. 많은 분량의 취재결과들이 선택되고 버려지는 과정은 편집구성안 작성으로부터 시작된다. 편집구성안 작성이 완료되면 작가와 PD는 회의를 통해 최종 조율에 들어간다. 편집구성안이 확정되면 PD는 수많은 촬영 테이프들 중에서 1차적으로 화면을 거르는 과정인 가편집을 하는데, 이는 PD의 업무영역이다. 가편집 이후의 단계는 완편집으로 작가와 PD의 주도하에 진행된다. 편집과정은 '고르는 것이 아니라 버리는 작업'으로, 지독한 '난산'(難産)으로 표현되기도 한다 (〈그것이 알고 싶다〉 제작진, 2004, p. 215). 편집이 완성되면 CP와 팀장이 함께 편집본에 대한 시사를 진행한다.

구성을 위해 가장 기본적인 바탕이 되는 것은 조사와 취재의 결과물로써, 조사와 취재가 깊이 있고 광범위하게 이루어지면 소재가 다양한 만큼 연출 역시 다양하게 진행될 수 있다. 게인즈(Gaines, 1998)는 '계획된 탐사보도 스토리를 발전시키기 위해서는 방대한 자료를 수집하고 조직하여 시청자들이 이해할 수 있는 최선의 방법으로 표현해야 한다' (Gaines, 1998; 이영돈, 2008, p. 68에서 재인용)고 말했다.

이처럼 탐사보도 프로그램의 논리적 완성도는 논점과 영상을 어떻게 결합하느냐에 좌우된다. 즉, '영상의 논리는 감정선(emotional line)과 몰입감(sense of involvement)의 배치가 중요'(이영돈, 2008, p. 67)한 것이다. 여기서 몰입감은 각 부분별의 강조점을 정점으로 하여 포인트를 배치하여 시청자의 감정을 '쥐었다 놓았다'(이영돈, 2008, p. 67)하는 과정에서 발생한다. [3]

---

3 이영돈(2008)에 따르면, 일반적으로 2분 뉴스에는 강조점이 1개, 15분 분량의 프로그램에는 2개, 1시간짜리 프로그램에는 5개 정도 존재하는 것이 이상적이다. 이 강조점을 어떻게 활용하여 몰입감을 최대로 이끌어 내는지가 프로그램 성패를 좌우한다.

구성을 어떻게 하느냐의 문제는 강조점을 어떻게 배치하느냐의 문제와 연관된다. 탐사보도 프로그램에서의 구성은 사실의 단순한 나열에 그치는 것이 아니라 스토리텔링을 이어나가야 하기 때문이다. 스토리텔링의 완결성은 프로그램의 성패를 좌우한다(이영돈, 2008). 특히 탐사보도 프로그램은 시청자들의 분노와 문제의식에 대한 공감을 이끌어내는 영상과 글의 구조가 다른 장르에 비해서 명확하기 때문에 이러한 스토리텔링의 중요성은 더욱 부각된다고 할 수 있다. 같은 맥락에서, 탐사보도 프로그램의 구성에 있어 중요한 것은 기승전결의 흐름이다. 50~60분 분량의 제한된 방송시간 내에 얼마나 자연스러운 흐름으로 기승전결을 전개할 수 있느냐의 여부는 시청자의 몰입 정도, 나아가 프로그램의 완성도를 좌우한다.

4) 대본집필 단계

구성된 내용물을 토대로 대본을 집필하는 단계로, 대본집필은 메인작가의 고유영역이다. 대본이 완성되면 모든 제작진과 진행자(제작진 외의 진행자가 있는 프로그램의 경우)가 모여 대본회의를 한다. 이 회의는 '놓친 것은 주워 담고, 너무 욕심낸 것은 버릴 수 있는 마지막 기회'(〈그것이 알고 싶다〉 제작진, 2004, p. 216)이다. 특히 진행자가 PD나 기자처럼 내부 제작진이 아니라 외부인의 경우라면, 진행자는 '마지막 제작진이자 최초의 시청자'로서 객관적 관점을 유지하는 데 도움이 될 수 있다.

5) 후반 작업 및 방송 단계

PD와 팀장의 확인을 거쳐서 대본이 완성되면 편집된 영상에 내레이션을 입히는 작업이 시작된다. 이때 스튜디오 대본을 진행자가 보고 읽을 수 있도록 프롬프터⁴ 작업이 필요한데, 보통 스크립터들이 이 작업을 담당한다. 종합편집은 자막, 음악 등을 삽입하는 과정으로, '프로그램에 포장을 입히는 최종단계'(〈그것이 알고 싶다〉 제작진, 2004, p. 219)라고 할 수 있다. 모든 과정을 완료하면 방송이 되고, 방송 후에는 모니터 회의를 진행하기도 한다.

---

4 진행자가 카메라를 보면서 원고 내용을 읽을 수 있게 해 주는 장치.

3. 탐사보도 프로그램 제작과정에 대한 참여관찰

2010년 11월부터 같은 해 12월까지 약 한 달 동안 지상파 3사의 탐사보도 프로그램 중 한 곳에서 참여관찰이 이루어졌다. 참여관찰 기간 동안 연구자(육서영)는 다른 제작진들과 마찬가지로 주말을 포함하여 정오부터 늦게는 새벽 3~4시까지 제작현장에 참여하는 일과를 반복하고, 스크립터들의 일이나 제작과정 중 소소한 업무를 도우면서 연구자와 제작진 간의 심리적 거리를 좁혀 나갔다. 보다 정확하고 세밀한 관찰을 위해 연구자는 각 제작과정과 그 과정 내에서 일어나는 작가 - PD 간 커뮤니케이션과 상호작용에 주목하여 참여관찰 일지를 세세하게 기록하였다. 연구자는 제작진의 공식적 회의자리나 식사시간 및 휴식시간에 나누는 대화의 자리에 미리 양해를 구하고 참석하였다. 또한 촬영단계에 참석하여 보조역할을 하기도 했으며, 스튜디오 녹화, 종합편집에 이르는 전 과정에 참석하여 진행내용 및 각 단계별 제작진의 소통을 직접 관찰하였다.

참여관찰을 보완하기 위해 연구자는 2010년 11월부터 2011년 5월까지 우리나라 지상파 방송사가 제작하는 탐사보도 프로그램의 현 제작진이거나 또는 제작진이었던 PD 10명과 작가 10명, 총 20명을 대상으로 심층 인터뷰를 진행하였다. 특히 방송사 조직의 분위기나 문화 차이가 프로그램 제작에 영향을 미치기 때문에 특정 방송사 프로그램의 경우를 일반화시키지 않기 위하여 한 방송사에서 최소 5명 이상의 제작진을 고루 선정하였다. 인터뷰 대상자 선정은 처음 참여관찰한 프로그램의 제작진의 소개로 시작하였으며, 이후에는 눈사람 굴리기(snow balling) 방식으로 진행하였다. PD의 경력은 최소 6년에서 최대 23년,

<表 7-3> 인터뷰 대상자 목록

PD		작가	
인터뷰 대상자	경력	인터뷰 대상자	경력
PD A	20년	작가 A	16년
PD B	10년	작가 B	13년
PD C	18년	작가 C	14년
PD D	23년	작가 D	19년
PD E	15년	작가 E	11년
PD F	18년	작가 F	16년
PD G	7년	작가 G	13년
PD H	6년	작가 H	13년
PD I	9년	작가 I	14년
PD J	17년	작가 J	8년

작가의 경력은 최소 8년에서 최대 19년까지 다양하게 분포했다.

1) 기획 단계

참여관찰 당시 제작진으로부터 가장 많이 들었던 이야기 중 하나는 바로 '아이템이 반'이란 말이었다. 아이템을 선정하는 단계인 기획단계에서는 소재를 잡는 것은 물론 그 소재를 어떻게 풀어갈 것인가와 관련된 방향을 설정하는 작업이 포함되기 때문이다. 그렇기 때문에 기획단계는 겉으로 보기에는 가장 여유로워 보이는 일정이지만 실제로는 가장 어렵고 힘든 기간이라고 할 수 있다.

연구자가 참여관찰한 프로그램에서 기획단계는 약 2주간 진행된다. 1주차에서는 조금 여유로운 분위기 속에서 자료를 찾고 팀원들이 그 자료를 공유하며 2주차부터는 본격적으로 아이템 선정에 돌입한다. 1주차에 아이템이 결정되면 2주차에 결정된 아이템과 관련 있는 자료를 보다 광범위하게 찾고 취재방향을 미리 정하는 등 촬영 주를 대비할 수 있지만 2주차 초반까지 아이템을 정하지 못하면 앞으로의 일정에 대한 부담감이 생기게 된다. 시청자 제보가 부족하거나 사회 곳곳에서 일어나는 사건과 사고가 프로그램 성격에 부합하지 않는 경우, 혹은 취재하고 싶은 아이템이 있지만 취재가 현실적으로 불가능한 경우 등 여러 가지 장애요소로 아이템이 쉽게 정해지지 않기도 한다.

참여관찰 중 한 팀이 2주차 중반이 지나도록 아이템이 정해지지 않은 경우가 있었다. 이때 작가와 PD는 한편으로는 계속 방송할 만한 아이템을 찾고, 다른 한편으로는 이전의 팀에서 시도해 보다가 포기했던 아이템을 재검토하여 실행 가능성을 논의해 보고, 팀장 및 CP와 계속 의견을 주고받았다. 그럼에도 아이템이 쉽게 잡히지 않자 제작진 모두가 예민해지고 초조해하는 모습을 볼 수 있었다.

기획단계는 '밑그림 그리기'로 표현할 수 있을 것이다.

> (기획단계는) 아이템 선정과 그 아이템을 통해서 무슨 얘기를 하며, 어떤 부분을 다룰 것이냐. 아이템을 잡았다가도 여기서 별로 할 얘기가 없다고 해서 바뀔 수도 있고. 어쨌든 거기서 무슨 얘기를 할 거냐를 미리 사전에 어느 정도 그림을 그리는 거다. (PD E)

기획기간 중에는 매일 저녁회의가 이루어지는데, 참여하는 제작진은 해당 방송을 하게 될 제작팀(PD, 작가, AD, 스크립터)이지만 회의를 주도하는 주체는 작가와 PD이다. 그러나 제작일정이 급박하게 돌아갈 경우 작가와 PD만 회의하는 경우도 볼 수 있었다. 작가 A에 따르면, 이 때문에 AD와 스크립터가 일을 잘 모르는 상황에서 제작이 진행되기도 한다. 그렇기 때문에 회의가 끝난 이후 작가가 스크립터에게,

378

PD가 AD에게 회의에서 논의된 정보를 전달하고 공유함으로써 제작에 차질이 없도록 확인하는 과정을 반복한다.

회의에서는 하루 동안 각자 알아본 아이템에 대한 브리핑을 진행한다. 기획의 초기단계에서는 한 자리에서 2~30개의 이슈가 오고 가며, 이때 특정 아이템을 선정했을 때 일어날 수 있는 문제와 예측 가능한 어려움, 예상되는 영상구성, 프로그램 성격과의 일치여부 등이 회의의 주요 토론내용이 된다. 더불어 한 아이템으로 60분을 구성할 수 있는지의 여부도 고려대상이 된다. 기획단계 초반에 이루어지는 아이템 회의는 아이디어 교류차원의 회의라고 할 수 있다.

회의에서 주목할 점은 제작진 간 커뮤니케이션 속에서 먼저 상대방이 염두에 둔 아이템에 대한 정보와 의견을 경청하고, 그에 대한 반박과 재반박을 가감 없이 제기한다는 사실이다. 즉, 기획 초기단계회의

<표 7-4> 아이템 회의 내용 및 PD-작가 커뮤니케이션

- 노조나 파업과 관련된 아이템일 경우: "봤는데 그림은 정말 세더라."*
- 종교 아이템일 경우: "그런 건(종교 문제) 안 건드리는 게 나아", 이에 대한 반박으로 "한 번 짚고 넘어갈 필요가 있어."
- 빈번하게 등장하는 아이템이거나 방송의 결말이 예상되는 뻔한 내용이라고 판단될 경우: "그거야말로 새로울 게 하나도 없어" 또는 "그러면 허무할 수 있어", 이에 대한 반박으로 "아니지, 그래도 그 과정에서 보여줄 수 있는 게 있어."
- 방송분량 관련방송 가능성 논의: "근데 그건 60분짜리는 안 될 것 같은데."
- 개인으로서 선호하는 아이템에 대한 의견제시: "내가 제일 땡기는 건~", "내가 항상 해 보고 싶었던 건~"

* '센 그림'이란 정적인 흐름을 보여주는 영상이 아니라 동적이고 시청자에게 감정적으로 소구할 수 있는 영상, 예를 들어 선정적이거나 자극적인 영상이라고 할 수 있다. 노조 또는 파업과 관련된 아이템일 경우의 센 그림이란 노조와 경찰(또는 사측)과의 대립으로 인해 벌어지는 물리적, 신체적 충돌 등을 의미한다.

에서는 브레인스토밍(*brain storming*)이 자유롭게 진행되어 아이디어를 폭넓고 다양하게 산출하는 것이다. 또한 아이템에 대한 각자의 의견제 시에 있어 작가와 PD의 역할 구분이라든가 선배와 후배의 개념차이가 적용되지 않는다. 다만 취재의 노하우나 방송제작의 노하우에서는 작가와 PD의 개념보다는 선배와 후배의 개념이 더 작용한다고 볼 수 있다. 예를 들어 경력이 많은 작가나 PD는 그렇지 않은 작가나 PD보다 취재원 정보에 대해 더 많이 알고 있다. 전문가나 아이템 관련 당사자의 인터뷰가 반드시 필요한 경우, 섭외에 있어 이들과의 관계가 중요하게 작용할 수 있는데 이때 연락망을 가지고 있거나 이전의 아이템에서 섭외한 적이 있을 때 이것이 중요한 소스로 작용할 수 있는 것이다.

또한 어느 곳은 취재가 불가능하다거나 반대로 어느 곳은 취재할 때 좋은 그림이 많이 나온다는 것을 꿰고 있다면 다른 곳에 들일 시간과 노력을 아껴 보다 효율적인 취재를 진행할 수 있는 것이다.

아이템이 가결정되면 기본적인 취재와 촬영이 시작된다. 그러나 막상 촬영에 들어갔을 때 생각했던 그림이 나오지 않거나 이미 표면적으로 드러난 것 외에 더 이상 새로운 것이 없다는 판단이 들면 그 아이템을 엎기도 한다.[5] 반대로 사전 취재결과 방송이 가능하다는 결론이 나면 본격적인 촬영준비에 들어간다. 먼저 작가는 각각의 VCR에 대한 대략적인 '와꾸'[6]를 작성한다. 여기에는 각 VCR에 들어가야 할 내용과 자료, 인터뷰가 필요한 대상(사건 관련 당사자 혹은 전문가)에 대한 정리가

---

5 제작진은 진행 중이던 아이템을 취소하는 것을 '아이템이 엎어진다' 또는 '아이템을 엎는다'로 표현한다.

6 일본어 'わく'(테, 테두리, 틀, 판)를 가리키는 것으로써, 방송계에서는 프로그램의 기본적인 틀, 대략적인 주제나 구성의 내용을 의미한다. 방송계에서 일본어가 지나치게 많이 쓰인다는 지적이 있지만 이 연구에서는 이를 취재 및 촬영 단계 이후의 작업인 '구성안'과 차별화시키기 위해 '와꾸'로 사용하도록 한다.

포함된다. 이때 작가의 배경지식이 중요하게 작용하는데 아이템 회의를 진행하면서 찾았던 자료 외에도 그 동안 축적했던 사회의 다양한 현상에 대한 자료나 전문지식 등을 녹여 내어 방송분량을 만들어 내야 하기 때문이다. 실제로 한 작가는 아이템이 확정되자마자 1시간 이내에 취재해야 할 내용과 인터뷰 예정 대상자들을 모두 구성해 냈다. 알고 있는 배경지식과 정보가 없었다면 불가능했을 일이다. 와꾸는 스크립터에게 전달되며, 스크립터는 이를 바탕으로 자료를 검색하고 인터뷰 대상자들을 섭외하기 시작한다.

한편 와꾸를 작성하는 대신 '취재라인'을 작성하는 프로그램도 있다. 취재라인이란 '결정된 소재로 어떤 이야기를, 어떤 경로로 전달할 것인가, 무엇을 취재하여 집중해 나갈 것인가'를 풀어 나가는 '취재대상과 깊이, 방향을 정하는 설계도'(작가 F 인터뷰)이다. 다시 말해 전달하고자 하는 바를 '어떻게, 무엇으로 보여줄 것인가'를 기획한 문서이다. 이때 아이템이 소재라면, 취재라인은 소재를 가지고 어떻게 주제에 접근할 것인지를 압축적으로 정리한 것이라고 할 수 있다.

와꾸 또는 취재라인을 짜기 위한 두 가지 소스는 기존의 정보와 새로운 아이디어이다. 스크립터는 먼저 아이템과 관련된 팩트 기사뿐만 아니라 기획기사와 프로그램, 논문 등을 최대한 많이 찾는다. 팩트 · 기획기사를 찾는 것은 배경지식과 함께 새로운 지식을 습득하는 과정이다. 이 과정은 '기존의 자료들이 쌓아 놓은 성과와 역량을 딛고 그 이상을 갈 수 있는'(작가 F 인터뷰) 토대를 마련해 준다. 기존의 정보들이 중요한 또 하나의 이유는 그 속에서 한계를 발견하고 이 한계를 극복하기 위해서는 어떤 점을 보완해야 하는지를 파악할 수 있기 때문이다. 이처럼 일련의 정보습득 과정을 통해 작가는 다루고자 하는 아이템에 대해 평균적인 일반 시청자 이상의 전문성 또는 전문지식을 갖게 된다.

　기획단계에서 주목할 점은, 아이템 선정이 2주에 걸쳐 진행되지만 1주차가 아닌, 작가가 합류하는 2주차에 결정되는 경우가 많다는 사실이다. 짧은 제작주기를 고려할 때 더욱 효율적인 방송제작을 위해 가장 이상적인 것은 작가가 합류하기 전에 아이템이 결정되는 것이라는 데 작가와 PD가 모두 동의하지만 사실은 그렇지 않다.

　　작가가 나오기 전에 PD가 '난 이걸 하고 싶어서 이걸 준비하고 있었어.'라고 하면서 들이미는 경우가 1년 동안 한 …세 번? 이 정도인 거예요. 그러니까 작가가 들어오는 순간부터 그걸(아이템) 찾고. (작가 C)

　아이템 선정과 관련한 작가들의 문제의식은 인터뷰에서뿐만 아니라 방송 후의 모니터 회의에서도 발견할 수 있었다. 한 제작팀의 방송이 나간 후 모니터 회의에서 지적된 사항 중 하나는 탐사보도 프로그램임에도 방향을 확실하게 잡지 못했다는 점이었다. 당시 해당 팀의 작가는 프로그램의 방향을 확실하게 잡기 위해서는 작가가 합류하기 전에 아이템이 잡혀 있어야 한다고 강력히 주장하였다. 작가의 주장은 두 가지 측면에서 해석할 수 있는데, 먼저 촉박한 제작과정 자체에 대한 지적이다. 즉, 방송 아이템을 확정하기 위해서는 여유를 두고 사전취재를 진행하면서 방송이 될 만한 아이템인지 아닌지를 판단할 수 있어야 하는데 현재의 기획기간은 너무 짧기 때문에 제작에 많은 어려움이 있다는 것이다. 두 번째는 작가가 합류해야만 아이템 선정작업이 본격적으로 시작되는 PD들의 제작 관행을 지적한 것이라고 볼 수 있다. 그러나 현재의 제작 시스템에서 제작기간을 늘리는 것은 사실상 불가능하기 때문에 작가의 문제의식은 제작기간에 대한 것보다는 PD들의 제작관행에 대한 것이라고 볼 수 있다.

이상으로 기획단계의 제작모습을 살펴보았다. 그러나 기획단계의 결과물이라고 할 수 있는 와꾸 또는 취재라인은 '앉아서 짜고 굴린 관념의 산물'(작가 F 인터뷰)에 불과하다. 실제로 취재에 들어가면 지금까지의 예상과 다른 상황이 발생할 수 있기 때문이다. 따라서 그 다음 단계인 취재 및 촬영단계에서 와꾸 또는 취재라인의 내용을 영상으로 직접 표현하고 현실과 다른 부분이 있을 경우 이를 수정하는 작업을 거치게 된다. 다음으로는 기획단계의 불완전성을 보완하고 나아가 실질적 방송내용을 눈에 보이는 결과물로 만들기 위한 취재 및 촬영단계에 대해 알아보고자 한다.

2) 취재 및 촬영 단계

아이템이 확정되었다고 해서 아이템의 방향까지 확실하게 잡힌 것은 아니다. 촬영을 진행하고 자료를 찾는 동안에도 방향에 대한 확신이 없거나 이야기를 풀어 나가는 데 어려움이 있다면 아이템을 둘러싼 수많은 배경들 가운데 어느 문제에 초점을 맞출 것인가, 즉 해당 사안을 어떤 시점에서 어떻게 접근하여 어느 정도로 파고들 것인가에 대한 의견을 나누어 방향설정의 불확실성을 최소화하려는 과정을 반복한다. 특히 기획 중인 아이템이 쉽게 풀어 나갈 수 없는 아이템이거나 아이템 속에서 다루는 인물들의 이면을 파헤치는 과정에서 장애물을 만났을 때 작가와 PD 간 의견교환의 중요성은 더욱 두드러진다. '아무래도 확실한 사례자가 한 명 더 있어야 할 것 같아요'(작가), '작가님, (새벽) 한 시 쯤에 회의 한 번 더 합시다. 아무래도 ○○가 만만한 상대는 아닌 것 같아요'(PD)의 대화 내용이 그 예이다. 이는 방향성을 확정하고 프로그램의 구조와 논리성을 견고하게 하기 위해 그만큼 협업이 필요하다는 것을 보여준다.

PD가 현장에서 돌아와 테이프를 넘기면 작가는 중요한 사안이거나 일정이 촉박할 경우 그 자리에서 직접 테이프를 확인한다.[7] 이를 '프리뷰'라 한다. 특히 방송 예정일이 얼마 남지 않았음에도 아직 남은 촬영 일정이 많다면 다른 팀에서 지원촬영을 나가기도 하는데, 이때는 촬영 테이프의 개수가 매우 많아서 프리뷰 노트가 작가에게 늦게 전달되기도 한다. 그렇기 때문에 작가는 프리뷰 노트 작성이 모두 끝나기를 기다리는 게 아니라 일단 PD로부터 촬영내용에 대한 이야기를 전해 듣고, 프리뷰 노트를 받아 보기 전에 직접 영상을 보면서 상황을 정리하게 되는 것이다. 방송의 자료가 되는 영상에는 PD가 직접 취재한 테이프뿐만 아니라 보도국이 제작하는 뉴스 화면, 시청자의 제보로 들어온 핸드폰으로 촬영한 영상이나 여러 포털 사이트에 업로드 되어 있는 각종 영상이 모두 포함된다. 프리뷰 단계에서 작가는 자신이 본 영상의 내용을 PD에게 확인하고, 영상 속에서 직접적으로 드러나지 않은 부분, 예를 들어 현장 분위기가 어땠는지, 카메라가 켜지기 전이나 꺼진 후에 추가상황이 있었는지를 세세하게 확인한다.

중요한 사안이 아니라 해도 작가는 모든 테이프를 직접 확인한다. 이와 같은 프리뷰 작업은 두 가지 측면에서 중요한 의의를 가진다. 먼저 앞으로의 방향을 설정하는 데 유용하다. 현재까지의 취재내용을 정확히 알아야 다음 취재단계에서 무엇이 필요한지를 짚어 낼 수 있고, 그래야 내실 있는 취재를 할 수 있는 것이다. 둘째로 프리뷰는 구성을 위

---

7 이 작업을 프리뷰(*preview*) 라고 부르며 촬영 테이프의 내용을 문서화시킨 것을 프리뷰 노트라 한다. 촬영 테이프를 한꺼번에 다 볼 수 없기 때문에 우선 프리뷰 전문 요원이 프리뷰 노트를 작성하는 것이다. 프리뷰 노트에는 타임 코드(T. C. , 어떤 내용의 영상이 몇 분 몇 초에 나오는지를 기입하는 것) 와 함께 영상의 내용, 인터뷰나 관련자의 증언 등의 멘트가 기록된다.

한 소스가 된다. 취재 및 촬영단계와 구성 및 편집단계는 각각 분리되어 진행되는 것이 아니라 혼재되어 나타난다. 작가는 취재 및 촬영단계의 결과물을 바탕으로 특정 장면과 특정 멘트를 방송의 어느 지점에 배치할 것인지를 시시각각 구성해 나가는 것이다.

취재 및 촬영단계에서는 기획단계와 마찬가지로 '종례'(PD I 인터뷰)라고도 표현되는 회의가 매일 저녁 이루어진다. 이 단계에서 회의가 중요한 이유는 반드시 정보를 공유해야 하기 때문이다. PD는 외부에서, 작가는 내부에서 수집한 정보들을 브리핑하고, 이에 따라 다음 날의 취재일정과 취재방향을 정하게 된다. 이때 정보공유의 목적은 구성방향 설정에 있다. 앞서 설명했듯, 탐사보도 제작단계가 명확히 구분되어 있는 것이 아니라 서로 혼재되어 나타나는데 취재 및 촬영단계에서도 시시각각 변하는 상황과 자료를 취합하여 구성방향을 사전에 정해야 한다. 특히 '계속 머리를 굴리면서 판을 짜고, 프로그램의 맥락을 고려하여 구성의 틀'(작가 G 인터뷰)을 짜기 위한 역량은 외부취재로 인해 시간적 여유가 부족한 PD보다 작가에게 더 요구되는 능력이라고 할 수 있다.

취재 및 촬영단계에서 외부에 있는 PD의 촬영작업과 내부에 있는 작가의 자료조사 작업 간의 간극은 작가와 PD 간의 '협업의 고리'(PD F 인터뷰)를 만들어 낸다. 내부에 있는 작가는 새로운 팩트를 알아내거나 정보가 입수되었을 때 중요한 팩트를 내부에서 시시각각 백업(back up)하면서 일정을 조정하는 역할을 한다. 한편 PD는 외부에서 촬영을 진행하면서 현장상황을 작가에게 바로 전달하며, 특히 내부에서는 알 수 없는 정보들을 접했을 때 이 역시 다음 진행단계에 반영할 수 있도록 작가와 공유하는 것이다.

촬영 테이프와 영상자료가 많은 현재의 방송제작 환경[8]에서 작가는

PD와 긴밀하게 상의하여 다음 일정과 구성방향에 대해 아이디어를 계속해서 만들어 내는 역할을 한다. 작가와 PD는 같이 촬영 테이프를 보면서 방송에 필요한 결정적 정보가 포함되어 있는지를 확인하고, 없다면 제작진의 의도를 보다 확실하게 전달할 수 있는 정보가 더 필요하다는 문제의식을 공유한다. 특히 이런 문제제기는 작가 측에서 하는 경우가 많은데, 이는 작가가 지금까지의 자료를 바탕으로 다음의 취재를 내부에서 지휘하는 역할을 함을 의미한다. 내부에서 취재를 지휘하는 작가의 역할은 편집장에 비유되기도 한다.

> 나는 작가는 편집장이라고 생각해요. PD들이 나가서 뭔가를 긁어 모아와. 그러면 이건 뉴스가치가 있고, 이건 없어. 이건 파악해 봐. 이런 역할을 하잖아요. 장(長)이라고 해서 위에 있다는 게 아니라 그 역할을 해 줘야 되는 거죠. (작가 H)

그러나 취재와 촬영단계에서 무엇보다 중요한 것은 작가와 PD의 '본분 다하기'라고 할 수 있다. PD는 촬영을 충분하고 깊이 있게 해야 하며, 작가는 아이디어를 적극적으로 제시하고 촬영 결과물로 빈틈없는 구성을 해 나가야 한다.

> 나중에 작가가 구성안을 짜는데, 구성안을 짤 때 자기(작가)는 이런 게 있었으면 좋겠다고 생각하는 게 있을 거 아니에요. 그런 걸 이야기하고 PD는 그 구성안의 10배쯤 되는 취재를 해야죠. 그러니까 항상 그렇거든

---

8 촬영 테이프가 많은 경우 테이프의 개수가 100~120개에 이르는데 촉박한 일정 속에서 외부 촬영을 나가는 PD가 다음 단계까지 고민할 여유는 거의 없다. 약 10여 년 전에는 1회분 방송 테이프가 50개를 넘지 않았다고 한다. 또한 본인이 찍어 온 테이프 중에 인터뷰와 같은 정보는 수기로 노트에 쓰기도 했다(PD J 인터뷰). 당시와 비교하면 현재는 2배 이상 촬영분이 늘어난 것이다.

요? 작가는 '아, 내가 짠 구성안대로만 하면 훌륭한 프로가 될 수 있어'라는 생각으로 구성안을 짜야 되고, PD는 '그 구성안에서 플러스알파를 반드시 이루어 내야 한다'는 생각으로 취재하고 촬영해야 돼요. 거기서 어느 한 부분이라도 게을리하면 좋은 방송이 될 수는 없죠. (PD A)

광범위한 자료를 빠짐없이 보기 때문에 아이템에 대한 제작진의 지식은 평균적 시청자보다 높은 수준이라고 할 수 있다. 또한 팩트가 중요한 탐사보도 프로그램의 특성상, 제작진은 객관성과 정확성을 담보하기 위하여 자문을 담당하는 해당 분야 전문가에게 기본적 사항부터 전문적인 지식까지 자문을 구하면서 관련지식을 익히는 과정을 반복한다. 제작팀 모두가 참석한 가운데 자문 담당자가 해당 사안에 대해 설명하고, 작가와 PD는 일반적 시청자 입장에서는 알기 어려운 사항이 무엇인지를 파악하여 자문 담당자에게 질문한다. 여기서 나오는 정보는 모두 녹음하여 문서화시킨 후 사실확인 등의 절차에 반영한다.

특히 찬반의 의견이 갈릴 수 있는 사안일 경우, 양측의 전문가들을 모두 만나 보며, 이들의 발언은 방송 인터뷰로 포함되는 경우도 많다. 전문가 인터뷰는 최종 편집단계에 이르기까지 계속되는데 이는 편집구성안을 작성하거나 편집에 본격적으로 돌입했을 때 세부정보를 확인하여 오류를 최소화하고 객관성을 담보하는 동시에 제작진이 '독단에 빠질 수 있는 것을 완화하고 경계'(작가 F 인터뷰)하기 위한 도구로 작용한다.

이 밖에 섭외의 경우, 주로 스크립터가 유선상으로 관련인물들을 섭외하며, 중요한 인물일 경우에는 작가나 PD가 직접 섭외한다. 탐사보도 프로그램의 특성상 특정인물을 공격하거나 이와 관련한 중요한 증언을 해줄 수 있는 인터뷰 대상자들을 섭외하는 데 있어 절대로 실수해서는 안 되는 경우가 바로 그때이다.

3) 구성 및 편집 단계

작가가 편집구성안을 쓰기 전, 가편집구성안을 바탕으로 실제 편집구성안에 대한 최종합의를 위한 회의를 한다. 가편집구성안은 방송될 내용의 큰 스토리 라인(*story line*)이며, 가편집구성안 회의는 4~5개의 VCR에 각각 어떤 내용이 들어가는지, 전체적인 흐름과 뼈대는 무엇인지를 확인하는 과정이다. 회의에서 가장 중요한 것은 가편집구성안에서 제작진이 말하고자 하는 핵심이 잘 드러나는지를 재확인하는 것이다. 즉, 자료화면, 통계, 논문이나 연구결과와 같은 전문자료와 지금까지 진행했던 취재 및 촬영 결과물이 각기 다른 소주제를 가진 VCR에 적절히 배치되어 있는가를 확인하는 것이 가편집구성안 회의의 핵심이라고 할 수 있다. 여기서 자료의 배치가 적절한가 혹은 부적절한가를 판단하는 기준은 바로 제작진의 핵심주장을 탄탄하게 뒷받침하고 있는가의 여부이다.

이밖에도 가편집구성안을 바탕으로 추가해야 할 영상이나 빼야 할 영상을 상의하여 확정하고(예: '너무 복잡하거나 지루하면 덜어 낼 거야. 그리고 ○○ 넣을 거야'), 인터뷰 내용, 제시되는 문서 등의 정보가 정확한지를 다시 한 번 확인한다. 또한 제목에 대한 의견도 오간다. 제목에 구체적인 수치를 포함하여 보다 현실성 있게 주제를 표현할 것인지, 아니면 전체적 맥락을 전달할 수 있도록 표현할 것인지 등을 상의하는 것이다. 가편집구성안 회의에서 들을 수 있었던 '제목에 이건 꼭 넣자', '이 효과는 대충하지 말고 꼭 신경 써서 해야 돼', '그림이 재밌어야지', '그림이 화려해야지' 등의 발언은 '무엇을' 전달한 것인가 만큼 무엇을

'어떻게' 전달할 것인가에 제작진이 많은 신경을 쓰고 있다는 것을 드러 낸다.

가편집구성안 회의에서 내용의 흐름과 영상에 대한 제작진의 합의와 공유가 마무리되면 작가는 편집구성안 작성에 들어간다. 편집구성안 작업은 작가의 몫이지만 이는 작가의 선택에 100% 의존하는 것이 아 니라 작가와 PD의 합작품이라고 할 수 있다. 기획단계부터 계속하여 작가와 PD가 함께 프로그램의 방향을 잡고, 취재 결과물을 공유하면 서 구성에 대한 부분도 합의를 해 왔기 때문이다. 그렇기 때문에 편집 구성안과 편집구성안의 결과물인 1차 편집본의 일치도가 상당히 높다. 하지만 큰 흐름 안에서의 디테일한 구성은 작가의 선택에 달려 있다. 예를 들어 인터뷰 중에서 어떤 멘트를 골라낼 것인지, 골랐다면 직접 멘트를 따서 반영할 것인지 아니면 내레이션에 녹여 낼 것인지, 내레이 션은 전체적으로 어떤 분위기와 흐름으로 갈 것인지 등은 작가의 고유 한 선택영역이다.

> 디테일한 구성이 작가의 몫이거든요. 서로 이야기해서 이런 흐름으로 간다고 했을 때 그 안에서 디테일한 구성을 해서 원하는 바를 전달할 수 있는. (PD C)

다시 말해 내용상의 중요한 부분은 작가와 PD 간 협업의 산물이라 볼 수 있으며, 표현상의 디테일한 부분은 작가의 역량이 강조되는 부분 이라고 할 수 있다. 작가들은 편집구성안 작성을 표현함에 있어 '구성 안을 쓴다'는 표현보다는 '구성안을 짠다'는 표현을 더 많이 쓴다. 편집 구성안에서는 워딩(wording) 자체가 중요한 것이 아니다. 내레이션과 인터뷰 선택의 문제, 기술적 표현기법, 주제를 효과적으로 전달하기 위한 기승전결의 완성도를 높이는 내용과 영상의 배치 등 방송에서 담을 논리와 설득의 구조가 편집구성안에 모두 녹아 들어가 있는 것이 무엇보다 중요하기 때문이다.

작가의 대다수는 탐사보도 프로그램에서 작가의 역할이 가장 중요한 단계로 '구성' 단계를 꼽는다. 전달하고자 하는 바를 직접 드러내지 않고 잘 녹여 내어 풀어 나간 구성안은 '시청자들로 하여금 가랑비 옷 젖듯이 주제에 몰입해 나가도록'(작가 F 인터뷰) 만든다.

PD 역시 작가의 역할이 가장 중요한 단계가 구성작업이라는 데 동의한다. 팩트가 방송 내용의 전부인 탐사보도 프로그램에서 글을 어떻게 쓰느냐의 문제보다 중요한 것은 구성을 어떻게 하느냐의 문제라는 입장이다. 구성이 잘되어 있으면 구성을 따라가는 편집과 대본이 훨씬 수월해지기 때문이다. 구성작업에는 팩트를 보다 흡인력 있게 구성하는 능력이 필요하다. 아무리 탐사보도라 할지라도 시청자의 이목을 끌지 못해서 피드백이나 반응을 얻지 못하는 방송은 의미를 가질 수 없기 때문이다. 작가의 구성 테크닉이 중요한 이유다.

> 그냥 평이하게 볼 수 있는, 지루하게 볼 수 있는 팩트를 대단히 흥미진진하게 만들 수 있는 테크닉을 지닌 사람들. (중략) 작가가 가지고 있는 구성 테크닉은 평범한 사안에도 힘을 불어넣고 생명력을 불어넣을 수 있는, PD가 가지지 않은 테크닉이 중요하죠. (PD D)

수십 명의 취재대상을 만나서 듣게 되는 엄청난 분량의 멘트 중에 방송에 담을 멘트를 고르는 작업은 '고통'(작가 G 인터뷰)에 가깝다. 이처럼 구성안 작업은 작가들의 역량이 가장 필요한 단계인 동시에 '피 말리는 작업'(작가 C 인터뷰) 또는 '악몽 같은 존재'(작가 F 인터뷰)로 비유될 만큼 정신적 압박을 많이 받는 단계이다.

> 우리 안에서는 ○○선배가 제일 오래 하셨는데, ○○선배가 저한테 '자기는 언제가 제일 힘들어, 작가하면서? 난 아직도 편집구성안만 쓰러 들어가려면 정말 가기 싫어' 이러고. '선배님도 그러세요? 난 선배님은 눈 감고도 쓸 줄 알았지.', '정말 들어가기 싫어.' 이렇게 할 만큼 사실 그걸(구성안) 짜는 단계가 제일 피 말려요. (중략) 그게 탄탄하게 짜이면 사실 대본은 거기서 조금 더 말을 어떻게 잘 쓰느냐, 어떻게 사람들의 마음에 꽂히게 쓰느냐의 정리일 뿐이지, 대본은 그걸(구성안) 잘 쓰고 나면 별로 안 힘들어요. (작가 C)

> 구성안이 작가에게는 정말 엄청난 악몽 같은 존재라고나 할까. 그러다가(구성안을 쓰다가) 5분 이렇게 자잖아요? 자는데 꿈에 정말 멋있는 구성안을 쓴 거야. 그래서 너무 기분 좋은 거야. 보면 꿈이야 꿈. 근데 이 얘기를 했더니 애들이 자기들도 그런 꿈 많이 꾼대. 얼마나 부담이 되겠어. (중략) 너무 무거운 짐이죠. (작가 F)

작가는 대본을 쓰는 단계보다 기획단계부터 모은 재료들을 어떻게 배치하고 어떻게 요리할 것인가에 더 큰 의미를 부여한다. 작가 F는 이런 구성안 작업을 '퍼즐 맞추기'로 비유한다. 잘 짜인 구성안은 주제와 딱 맞아 떨어져서 '버릴 게 하나도 없는'(작가 F 인터뷰) 형태로 나타난다는 것이다.

구성안이 나오면 다시 구성안 회의를 하게 되는데 이때 처음 와꾸 또는 취재라인에서 기획했던 주제의식이 잘 녹아 들어가 있지 않을 경우, 또는 다른 이야기가 들어가 있어서 흐름을 방해하는 경우에는 순서를 바꾸거나 다른 내용과 화면으로 교체하기도 한다. 심지어 큰 흐름 자체가 바뀔 수 있는데 이때 구성안이 주제의식의 중심을 잡고 있는가의 문제가 수정의 기준이 된다.

PD는 편집구성안에 자신의 생각을 반영하여 1차 편집(이하 가편)을 한다. 가편이 완성되면 팀장과 CP가 가편에 대한 시사를 진행하는데 이들은 시사에서 제작을 진행했던 작가와 PD가 놓친 부분이나 시청자 입장에서 이해가 잘 되지 않는 부분을 지적하면서 내용의 불완전성을 보완한다. 가편이 끝나면 작가와 PD가 모여 파인 커팅〔*fine cutting*, 파이널 커팅(*final cutting*) 또는 완편〕작업을 진행한다.

파인 커팅의 특성은 다음과 같이 정리해 볼 수 있다. 첫째, 파인 커팅은 취사선택의 작업이 매우 중요하다. 가편에서는 본래 방송분량을 기준으로 했을 때 짧게는 20분을 더 붙이거나 길게는 두 배 정도까지의 길이로 화면을 붙이게 되는데 파인 커팅을 통해 최종 방송분량을 맞추게 된다.

둘째, 재확인이 요구된다. 기획단계부터 제작을 진행하는 동안 취합한 정보가 매우 광범위하기 때문에 구성과 편집 단계에서 꼭 필요한 정보가 누락되는 경우가 있을 수 있다. 그렇기 때문에 놓쳤던 것은 없는지를 다시 한 번 점검하는 것이다.

셋째, 파인 커팅은 영상과 글의 전체적 흐름을 맞추는 과정이다. 편집구성안을 작성할 때 예상했던 화면의 느낌이 막상 가편 단계에서 붙여 보니 제대로 살아나지 못할 때가 더러 있는데, 이 경우에는 다른 그림으로 대체하기도 한다. 혹은 담아야 할 얘기가 많지 않은데 가편 단계에서 담을 이야기보다 많은 그림을 붙였다면 자르기도 하고, 반대로 해야 할 이야기가 더 많은데 붙인 그림이 부족할 때에는 늘리기도 한다. 그림을 늘리거나 자르는 것에서 더 나아가 전체적 구성을 바꾸는 경우도 있다.

넷째, 작가와 PD가 선호하는 측면이 다르게 나타날 수 있다. 파인 커팅에서 작가와 PD가 서로 다른 점에 중점을 두어 진행하는 경향이 있기 때문이다.

> 작가는 대본을 생각하면서 버리는 거야. 최종적인 프로그램에 대한 구상을 가지고 하는 거예요. 이 인터뷰는 버려도 되겠다, 내가 내레이션 할 수 있기 때문에. 근데 이 인터뷰는 도저히 안 된다, 이거는 내레이션으로 할 게 아니고 중요한 증언이기 때문에 이거는 (직접) 들어야 된다. (중략) (반면) PD는 그림의 논리로 이야기하는 경우가 많아요. 이게 풀 샷이니까 다음엔 타이트 샷 쓰고 싶고, 영상 부분으로 보는데, 이것 때문에 엄청나게 많이 싸워요. (작가 F)

이처럼 PD들은 대본보다 영상에 초점을 맞추기도 한다. 참여관찰을 진행하면서도 영상에 중요성을 부여하는 PD의 모습을 종종 볼 수 있었다. '이걸 녹이는 것부터 찍으면 예쁘겠지?', '그림이 재밌어야지', '그림이 화려해야지' 등의 말이 그 예이다.

다섯째, 파인 커팅은 작가와 PD의 완벽한 협업이 요구되는 과정이다. 편집구성안이 작가의 작업이고, 가편이 PD의 작업이라면, 파인 커팅은 작가와 PD 공동의 작업이다. 서로의 의견이 통일되지 않을 때 파인 커팅 작업은 24시간을 훌쩍 넘기기도 한다. 작가 F는 파인 커팅은 한 컷 한 컷을 작가와 PD가 상의하면서 이 컷을 왜 써야 하는지, 쓴다면 이 컷은 어떤 의미가 있는지에 대한 서로의 합의점을 최종적으로 찾아나가는 과정이라고 설명한다.

> 파인 커팅에서 모든 걸 다 쏟아부어야 되는 거죠. 굉장히 예민한, 제일 중요한 타이밍이거든요. 한 달 준비한 걸 거기 다 쏟아 부어야 되는 거니까. (PD E)

〈표 7-5〉 기획 · 취재 및 촬영 · 구성 및 편집 단계의 제작 내용과 흐름

단 계	소요 기간	제작 내용과 흐름

기 획	1~2주	− 아이템 논의
		  • 논의 대상: 시청자 제보, 사회 이슈(사건, 사고), 미해결 문제 등
		  • 고려 사항: 아이템의 사회적 의미, 독자적 시각과 해석의 가능성,
		       타 방송사 탐사보도 아이템에 관한 예측 또는 관련 정보,
		       발생가능한 문제점(법적 소송 · 그림 확보 여부 등),
		       예상되는 영상 구성, 프로그램 성격과의 일치 여부
		  • 참고 자료: 팩트 기사, 기획 기사, 기획 프로그램, 보도국 뉴스,
		       관련 영상, 관련 논문 등의 전문자료 등
		− 아이템 가결정
		− 관련 자료 확보 및 사전 취재
		− 아이템 확정 또는 재논의
		− 가구성안(와꾸, 취재라인) 작성
		  • 취재대상, 깊이, 방향성 설정 • 각 VCR 내용 구성
		  • 자료 및 취재가 필요한 사항 정리 • 인터뷰 대상 · 전문가 집단 정리

취재 및 촬영	2~3주	− 주제에 접근해 나가기 위한 구체적인 방향 설정 − 전문가 · 고문 활용 등으로 전문성 확보 − 작가: 내부 취재 · 자료 백업 ↔ PD: 현장 취재 · 상황 전달 − 작가와 PD의 정보 공유와 확인 작업 − 작가의 프리뷰 및 PD의 자료 검토 → 향후 취재 일정 조정 − 구성 작업의 동시 진행

구성
및
편집
	1주	− 가편집구성안 회의
		  • 스토리 라인에 대한 합의 • 추가 또는 삭제가 필요한 내용 합의
		  • 자료 배치 확인 • 제목 가결정
		− 편집구성안 작성: 정보의 취사선택과 배열의 과정
		− 가편집(1차 편집)
		  • 편집 구성안에 PD의 의견 반영
		  • 예상과 다른 영상 구성에 대한 보완 및 수정 작업
		− CP와 팀장의 시사
		  • 시청자 입장에서의 문제 제기 • 오류의 가능성 확인
		  • 내용의 불완전성 보완
		− 파인 커팅
		  • 자료의 최종 확인 • 영상과 글의 전체적 흐름 조정
		  • 작가와 PD의 완벽한 협업 필요

〈표 7-5〉는 기획단계부터 구성 및 편집까지의 제작내용과 흐름을 표로 정리해 본 것이다.

4) 대본 집필 단계

작가와 PD의 역량이 집약적으로 투입되는 파인 커팅이 끝나면 작가에게 보통 대본집필을 위한 24시간 내외의 시간이 주어진다. 작가는 파인 커팅의 과정에서 PD와 합의한 내용을 바탕으로 그림의 분량과 공간에 맞추어 대본을 집필하게 된다. 대본집필은 PD와 합의한 내용을 기본으로 하여 추가로 작가의 디테일한 묘사와 창의력이 요구되는 과정이다.

> 그림에 따른 내레이션이 편집 때 다 약속이 되어 있기 때문에 작가는 그걸 가지고 글을 쓰게 되는 거죠. 다만 아주 디테일하게 (예를 들어) 인터뷰를 리드하는 멘트를 쓸 것인지 아니면 전혀 다른 멘트를 쓸 것인지, 이런 거는 작가의 창의성이 발휘되는 거죠. 그러니까 PD와의 커뮤니케이션을 통한 약속, 그 약속에 따른 대본집필, 플러스 그 작가의 창의력이라든지 아니면 더 깔끔한 구성. 이런 게 더 들어가는 시간이 대본집필 단계죠. (PD A)

대본집필은 작가 고유의 영역이기는 하지만, 대본의 방향과 구체적인 표현을 어떻게 가지고 갈 것인지에 대해 PD도 의견을 제시한다.

> 편집구성안에 보면 대충의 내용, 대본이 나오긴 하는데 그걸 이제 조금씩 더 다듬어야죠. 그래서 PD는 자기 의견도 이야기를 해요. "여기서는 그림은 좋은데 말은 이게 좀 아닌 것 같다. 이렇게 좀 바꿨으면 좋겠

다."그러면 작가는 그 옆에서 PD하고 같이 협의해서 최종편집을 하면서 글 쓰는 것(대본)도 생각을 하는 거예요. (PD E)

이러한 제작관행은 두 가지 의미를 내포한다. 먼저 제작단계가 명확히 구분되어 있지 않다는 점이다. 탐사보도 프로그램에서 모든 단계는 서로 유기적으로 맞물려서 진행되는데, 대본 역시 이전의 단계인 파인커팅에서 어느 정도 합의가 되어 있다고 볼 수 있다.

또 한 가지 점은 작가와 PD의 업무를 정확하게 나눌 수 없다는 점이다. 앞서 살펴본 바와 같이 PD의 고유영역이라고 알려진 기술적 편집에 작가가 일정 부분 참여하는데, PD 역시 작가의 고유영역으로 알려진 대본에도 일정 부분 참여하기 때문이다. 그러나 여기서 염두에 두어야 할 점은 '기술'적 편집의 영역은 PD의 영역으로, 그리고 실질적 대본 '집필'의 영역은 작가의 영역이라는 것이다.

최종 대본이 완성되면 팀장과 PD가 대본을 확인하여 수정하기도 하는데 이러한 수정이 전달하고자 하는 의도나 메시지를 변경하는 경우는 드물다. 지금까지의 모든 단계를 거치면서 제작진 간에 끊임없는 토론과 논쟁을 통해 합의된 내용과 메시지를 도출했기 때문이다.

팀장의 교정은 불필요한 표현을 삭제하거나, 내용을 풀어내는 과정에서 길어진 문장을 정리하거나, 문맥을 자연스럽게 하는 등 그 의미를 조금 더 명확히 하는 데 목적이 있다. 편집과 대본은 큰 문제가 있을 경우를 제외하고는 구성에서 살을 더 붙이거나 세부사항을 변경하는 것에서 더 나가는 경우가 드물다.

'완대본'은 편집구성안에 비해 보다 자연스러운 흐름으로 앞뒤가 연결되어 있으며, 전달하고자 하는 바를 보다 효율적으로 표현하기 위해 그림과 글이 최적의 상태로 구성되어 있다. 작가가 대본을 쓰는 동안

PD는 개인정보 유출을 막기 위해 모자이크 또는 음성변조 등의 작업을 하고, 시각적 효과가 필요할 경우 CG 작업을 하기도 한다.

5) 후반 작업 및 방송 단계

완대본이 나오면 스튜디오 녹화가 진행된다. 스튜디오 녹화에 참여하는 진행자의 분량을 녹화하는 것인데, 이는 각각의 VCR을 이어 주는 역할을 한다. 이때 진행자에 의해 대본이 조금씩 수정되기도 하는데 한 번에 말하기에는 너무 긴 문장을 두 문장으로 나눈다든지, 같은 의미이지만 조금 쉬운 단어로 교체하는 정도의 수정에 그치기 때문에 이 과정 역시 전달하고자 하는 의미에는 차이가 발생하지 않는다.

스튜디오 녹화 후에는 프로그램에 따라 진행자나 아나운서 또는 성우가 내레이션을 더빙하고 종합편집(이하 종편)에 들어간다. 종편은 '완제품을 만드는 작업'(PD A 인터뷰)이라고 표현할 수 있다. 종편의 작업내용은 크게 기술적 작업과 내용적 작업으로 나뉜다. 기술적 작업은 스튜디오 녹화분과 촬영 편집분을 결합하고 효과음과 자막 등을 삽입하는 것이다. 내용적으로는 법적 문제, 저작권 문제 등이 발생할 소지가 있는지, 잘못된 정보는 없는지, 문맥이 적절하게 구성되었는지, 자막에 오류는 없는지 등을 최종적으로 다시 한 번 확인하는 작업으로써 전달력을 좋게 하기 위한 과정이라고 볼 수 있다. 자막의 경우, 맞춤법이 틀렸거나 표준어가 아닌 비어로 잘못 표기되었을 경우 사소한 문제라고 생각할 수도 있으나, 그 사소한 요소가 프로그램의 질을 결정하는 데 중요하게 작용할 수 있기 때문에 종편 단계에서 확실하게 점검해야 한다.

마지막 단계인 '종편'을 모두 마치고 방송이 된 후에는 모니터 회의가 열린다. 모니터 회의는 방송의 시청률 및 점유율과 재미, 그리고 질적 측면에 대한 고민을 나누는 자리이다. 모니터 회의에는 제작진, 팀장, CP가 참석하며 약 1시간 정도 이어진다. 스크립터는 모니터 회의에 필요한 자료를 준비하는데, 이 자료에는 타 방송사(케이블 TV 포함)의 시청률 변동추이 및 전체 시청률과 점유율이 포함되어 있다. 모니터 회의에 모인 제작진은 지난 방송에 대한 의견과 평가, 그리고 지적사항을 가감 없이 나눈다. 프로그램 전반에 대한 측면으로 보았을 때는 최근의 시청률 추이가 무엇을 의미하며 이는 어떠한 영향을 받은 것인지에 대한 분석을 진행하기도 한다. 이를 바탕으로 회의는 탐사보도 프로그램에 대해 시청자가 가지는 높은 기대치를 충족시키기 위하여 제작진의 역량을 어떻게 향상시켜야 하는가에 관한 논의까지 확대된다.

4. 제작과정에서 관찰된 PD와 작가의 상호작용

작가와 PD는 프로그램의 기획단계부터 방송단계까지 가장 긴밀하
게 협업을 진행하는 두 주체이다. 작가 C의 인터뷰 중 "우리 프로그램
은 우리 거야. 당신과 나 둘만의 거야"라는 말이 이를 직접적으로 드러
낸다. PD 간 및 작가 간의 커뮤니케이션에서는 방송할 아이템에 대해
논의하는 일이 별로 없다.

> 프로그램에 대한 상대방의 고민이 나한테 얼마나 크게 다가올지는 의문
> 이죠. 왜냐. 나도 지금 죽겠거든. 나도 죽겠는데 그게 얼마나 현실적으
> 로 저 사람의 고민이 온전히 나한테 다가올 것인가. (PD A)

> 자기만의 프로그램은 자기가 죽든 살든, 끝까지 자빠지든 그 프로그램
> 에 치여서 죽든지, 자기가 책임을 져야 된다는 마인드는 다 갖고 있어
> 요. (중략) 주제를 어떻게 강화시켜야 될 것인지, 가지를 어떻게 치고
> 뭘 버려야 될 것인지는 자기의 고민이지, 그걸 생판 모르는 쟤(다른 팀
> 의 작가)한테 물어봤자 고민의 정도가 다른 거지. 그 프로그램을 하는
> 작가는 이미 엄청난 자료를 읽어 가지고 일반인보다 상당히 많이 아는
> 수준에서 전문적 고민을 하는데, 그거를 읽지도 않은 선배나 동료한테
> 물어봤자, 도움이 잘 안 되는 거야. 괜히 머리만 아프고. (작가 F)

촉박한 제작일정 때문에 한 팀의 제작진은 그 팀이 다루는 아이템에
만 집중할 수밖에 없으며, 따라서 다른 팀의 아이템에 관여하거나 의견
을 나누는 것은 현실적으로 쉽지 않다. 물론 취재 노하우나 취재원 공
유와 같은 문제는 서로의 도움을 받을 수 있지만, 아이템에 대한 고민
과 선택은 프로그램의 방향성을 결정짓는 작가와 PD의 몫인 것이다.

작가와 PD 간 커뮤니케이션의 특성은 다음과 같다.

1) 쉼 없는 커뮤니케이션

참여관찰 초기, 연구자는 제작진 간의 커뮤니케이션이 사무실 내에서 그리 활발하게 일어나지 않는다는 점을 의아하게 생각한 적이 있다. 참여관찰 이전에 예상했던 분주하고 다소 소란스러운 분위기는 그곳에서 찾아보기 힘들었다. 사무실에 있는 제작진들이 각자의 자리에서 개인 컴퓨터로 자료를 찾거나 검토하는 모습이 대부분이었기에 과연 이곳에서 관찰할 수 있는 사항이 있을까 하는 의문이 들었던 것도 사실이다.

그러나 참여관찰을 진행하면서 제작진 간의 커뮤니케이션은 사무실 내에서 이루어지기보다는 비공식적 자리(흡연실이나 방송국 내 카페, 라운지, 휴게실 등)에서 주로 이루어진다는 것을 알게 되었다. 또한 온라인 메신저, 메일 등의 수단을 수시로 적극 활용하고 있었다. 특히 프로그램의 구성방향이나 취재내용에 대한 논의 등 핵심 결정과정은 비공식적 자리에서 이루어지는 경우가 매우 많다. 즉, 겉으로 보이는 대화의 형식은 사담(私談)이지만 그 내용은 공식적으로 이루어지는 회의에서의 그것과 다를 바 없는 것이다.

한편 PD는 외부에서, 작가는 내부에서 작업하는 취재 및 촬영단계에서는 대개 전화로 서로의 정보를 주고받는다.

> 심지어 모 PD는 새벽 3시, 4시 상관없어 그냥. '어후. 잠 좀 잡시다. 새벽 1시부터 5시까지만 우리 좀 자자.' 의문나면 바로 전화해. (작가 F)

> 애인이라고 할 정도로. (취재) 나가는 차 안에서부터 전화를 하기 시작

해서, 밤에 자기 전까지 전화하는 PD도 있어요. 그날 하루 전화통화 목
록을 보면, 아침 8시부터 새벽 2시까지 그 PD랑 쫙쫙. (작가 E)

PD는 현장의 상황을 작가에게 전달하고 작가는 내부에서 찾아낸 자
료를 서로에게 전달하는 것이다. 작가와 PD가 서로 같은 공간에 있지
않을 때 끊임없이 전화 통화를 주고받는 이유는 '공유'에 있다. PD의
취재내용을 작가가 모르면 PD가 아무리 잘 찍어도 구성에 반영이 되지
않고, 작가 역시 자신이 구상하는 아이디어나 프로그램의 개연성이 PD
에게 전달되지 않으면 취재에 혼란이 올 수 있기 때문이다. 공유를 위
한 커뮤니케이션을 통해 '작가가 안에 앉아 있고 PD는 나가더라도 한
몸'(작가 F 인터뷰)이 될 수 있는 것이다.

2) 토론 및 논쟁

많은 인터뷰 대상자들이 작가와 PD 간의 상호작용에서 가장 중요한
요소로 '신뢰'를 꼽았다. PD는 작가의 아이디어와 구성, 판단, 정보력
을 신뢰하고 작가는 PD의 현장취재를 신뢰해야 한다는 것이다. '믿음
이 없으면 뭘 믿고 뭘 쓸 수 있겠어요'라는 작가 H의 말이 이를 단적으
로 드러낸다. 제작경력이 적은 PD 역시 작가와의 상호신뢰를 중요 요
소로 꼽는다. 기본적으로 경력이 많은 작가가 제시하는 취재에 대한 노
하우, 아이템의 방송 가능성과 진행방향에 대한 의견을 존중하며, 작
가 역시 PD의 현장 상황판단을 충분히 수용한다는 것이다(PD H 인터
뷰). 서로의 역할에 대한 신뢰가 밑바탕이 되어 상승작용을 일으키면
프로그램의 성과가 좋게 나오기 마련이다. 'PD가 열심히 취재하면서
현장에서 (방송내용을) 뽑아내고, 작가가 그걸 딱 보고 아이디어를 팍

팍 제기'(작가 F 인터뷰) 해 주는 것이 작가와 PD 간의 이상적 관계라고
할 수 있다.

　상호신뢰와 함께 중요한 요소는 격의 없는 토론과 논쟁이다. 서로 다
른 세계관을 가질 수밖에 없는 두 명의 개인이 토론과 논쟁을 통해 보다
설득력 있는 주장을 만들어 낼 수 있으며 합의점을 찾아가는 과정이 있
어야 완성도 높은 프로그램을 만들 수 있기 때문이다. 그러나 간혹 이
러한 논쟁과 토론이 잘 이루어지지 않기도 하는데 경력의 차이가 많이
날 경우 이를 주저하는 경향이 있기 때문이다.

> 제 경력이 10년 넘었잖아요. 젊은 PD들이 오지 않습니까. 나이도 어린
> 데다가 경력도 얼마 안 되잖아요. 그러면 저 친구(본인을 의미함)는 나
> 이도 많은데다가 경력도 엄청 오래됐잖아. 그리고 ○○(프로그램 명)
> 하나만 갖고 계속해 와서 전문성도 나름 있으니까 댓거리를 좀 안 하려
> 는… (잘못 진행되고 있다고 생각될 경우) '바로 아니다'라고 얘기를 해
> 야 되는데 상대방의 급이 너무 버거울 때 아니라는 말을 못하는 거야.
> (그런데) 치열하게 막 많이 싸우고 논쟁도 격하게 하면서 그렇게 프로
> 그램 하면 참 재밌어요. 삼투압이랄까. 소금물과 냇물이 만나서 서로
> 막 (작용) 하면서 결국에는 딱 하나가 되는. 그런 어떤 정신과 정신이
> 만나서 점점 좁혀져 와서 마지막 편집단계에서 합치할 때의 그런 짜릿
> 한, 그런 마약 같은 게 있어요. (작가 F)

　서로 다른 가치관과 세계관을 가진 작가와 PD가 방향이 막막한 상황
속에서 끊임없는 토론을 통해 보다 합리적 구성과 주장을 찾아 나가는
과정과, 그 결과 합의점을 도출하는 것은 방송을 제작하는 데 있어 하
나의 '묘미'(PD J 인터뷰)가 된다.

　반대인 경우도 더러 있다. 작가보다 PD의 경력이 월등히 오래되거

나 그 능력을 인정받았을 경우 유능하고 역량 있는 작가임에도 주눅이 들어서 본래 가지고 있는 역량의 절반도 발휘하지 못한다는 것이다. 이 처럼 선후배의 개념이 적용되어 한쪽이 경력을 쌓고 능력을 검증받았을 때 '입봉'한 지 얼마 되지 않은 다른 한쪽이 논쟁을 꺼리거나 또는 논쟁의 과정 없이 한쪽의 판단에 제작 전반을 맡겨 버리게 되면 활발한 커뮤니케이션이 진행되지 않고, 그 결과 프로그램 역시 깊이 있는 논의를 이끌어 내지 못할 가능성이 있다.

작가와 PD 간 이견이 있을 때 이를 풀어 나가는 방법에 대한 질문 중 연구자가 인터뷰 대상자들로부터 가장 많이 들었던 말은 '싸움'이었다. 싸움이라 해서 물리적 충돌을 의미하는 것이 아니라 상대방과 의견이 다르더라도 한쪽의 의견에 무조건적으로 따르거나 어느 정도 적당한 선에서 타협하면 안 된다는 뜻이다.

다시 말하면, 본래 기획했던 주제를 현실화시키기 위해서는 서로가 가진 의견을 가감 없이 제시하고, 서로 끊임없이 설득의 과정을 거치고 논쟁을 진행해야 프로그램의 깊이가 깊어진다. 애초에 PD가 가진 세계관이나 가치관이 작가의 그것과 동일할 수 없기 때문에 격의 없이 최대한 많은 이야기를 나누는 자세가 필요한 것이다.

3) 구성과 그림의 상호보완

작가와 PD의 커뮤니케이션은 '논리'와 '그림'의 문제라고 할 수 있다. 총 4천~5천 분 분량의 촬영 결과물과 방대한 자료 중에서 방송을 위한 60분 내외의 분량을 추려 내기 위해서는 그들이 전달하고자 하는 바를 어떤 그림을 가지고, 어떻게 논리적으로 전달할 수 있는가에 대한 고민이 반드시 수반되는 것이다. 그렇기 때문에 작가와 PD 간 상호 보완은 상대방에게 부족한 점을 본인이 가지고 있을 때 가장 크게 발휘된다.

> 저 PD는 섭외도 잘하고 기획도 잘해. '오케이. 그러면 나는 이번에 원
> 고를 잘 써 보자.' 이렇게 생각을 해요. 근데 (PD가) 가서 사람들 이야
> 기를 잘 취재하는데, 뒷마무리가 이상해. 그러면 나는 뒷마무리를 생각
> 하고, 찍는 게 이상해. 그러면 이걸 어떻게 효과를 써서 살릴 수 있는
> 방법을 생각하고. 그(PD)의 장단점을 빨리 파악해서. (작가 H)

그러나 상호보완의 효과가 일어나지 않는 경우도 있다. 예를 들어 작
가와 PD 모두 구성의 역량이 약할 경우에는 내용의 흐름이 이상해지는
경우가 있으며, 반대로 영상이 약할 경우에는 구성이나 흐름은 논리적
으로 연결되어 있는데 영상미가 떨어져 '그림이 후진'(PD E 인터뷰) 프
로그램이 될 수도 있다.

> 저 사람(작가)이 약한 부분을 내가 도와줄 수 있고, 내가(PD) 약하면
> 저 사람이 도와줄 수 있고. 이러면 호흡이 잘 맞죠. 간단하게 얘기하면
> 글과 영상인데, 영상적으로 둘 다 강해. 근데 글은 둘 다 좀 별로예요.
> 그러면 대본이 이상해지죠. 흐름이 좀 이상해지는 경우가 있어요. 구성
> 력이나 이런 것들. 근데 또 반대로 둘 다 글은 잘 쓰고 구성이나 흐름 이
> 런 것들은 논리적이긴 한데 그림을 보는 게 둘 다 좀 떨어져요. 그렇게
> 되면 우리끼리 얘기하는데, '후지다'고 그러죠. 편집도 이상하게 되고,
> 이런 경우가 있죠. (PD E)

즉, 서로의 강점과 약점이 잘 맞물려 시너지 효과를 낼 수 있어야 구
성과 영상 모두 좋은 성과를 낼 수 있는 것이다. 눈여겨보아야 할 부분
은 바로 영상에 대한 작가의 보완이다. 프로그램 제작단계별 작가역할
에서 살펴보았듯이 작가는 편집과 관련하여 편집기를 직접 다루지 않

을 뿐, 영상에 가미되는 효과에도 방향을 제시한다. 실제로 편집구성안을 보면 작가의 업무가 단지 글을 쓰는 것에 한정되어 있지 않다는 것을 알 수 있다. 〈표 7-6〉은 편집구성안에 나타난 작가의 편집 관련 코멘트 중 일부를 정리한 것이다.

이처럼 각 사항에 CG나 재연, 이미지 등 상황을 가장 효과적으로 표현할 수 있는 방법을 제시하거나, 화면의 느낌을 살려내는 각기 다른 방법을 내용에 맞게 표시하여 두기도 한다. 회의에서도 마찬가지로 '여기는 컷이 너무 루즈해. 이거는 자르자' 등의 의견도 제시한다. 작가가 편집구성안에 제시한 편집의 유형이나 방식, 방향은 실제로 상당 부분 가편 및 파인 커팅에 반영되어 있는 것을 확인할 수 있었다.

위에서 볼 수 있듯이 작가는 내레이션과 스튜디오 대본만 집필하는 것이 아니라 편집에 어떤 효과를 쓰고, 그로써 전달하고자 하는 바를 어떻게 강조하고, 그 느낌을 어떻게 표현해야 하는지도 세세하게 명시

〈표 7-6〉 작가의 편집 관련 의견제시

- "찍지 말고 CG로 만져 주세요."
- "CG로 깔끔하게."
- "(디졸브) 그림 길게…."
- "T. S.* 강조해 주기."
- "T. S.에서 Z. O..**"
- "초고속 그림은 멘트 신경 쓰지 말고, 느낌으로 붙여 주세요."
- "아래 신문기사는 인터넷 말고 신문 찾아서 촬영할 것!"
- "아래 인터뷰, CG와 2분할로 화면구성!!"

* 타이트 샷(tight shot, T. S.): 텔레비전 피사체의 강조하고자 하는 부분을 화면 가득히 채워 넣어 여백을 남기지 않는 구도. 관객과 피사체의 거리가 극도로 가까워짐에 따라 연루감을 느끼도록 할 때를 가리킨다(출처: 네이버 지식백과).

** 줌 아웃(zoom out, Z. O.): 영화 촬영기법의 하나. 카메라의 위치를 고정시킨 채 줌 렌즈의 초점 거리를 변화시켜 촬영물로부터 멀어져 가는 것처럼 보이도록 촬영한다(출처: 네이버 국어사전).

하고 있다. 이는 작가의 업무확대에도 불구하고 PD의 고유영역이라고 여겨졌던 '편집' 작업에 작가가 일정 부분 관여하고 있음을 나타낸다. PD 역시 작가가 영상에 대한 감각을 가지고 있어야 한다고 본다. PD E 는 탐사보도 프로그램의 구성작가에게 필요한 자질에 대해 '영상에 대한 감각'을 제시한다.

> 구성작가는, 그냥 글 쓰는 소설가랑 다르게 글뿐만 아니라 영상에 대한 감각도 있어야 돼요. 어떤 면에서는 그게 더 중요할 수도 있어요. 작가 가 그냥 글만 쓰는 게 아니라 그림을 붙이는, 그걸 갖다가 생각할 수 있 어야 되죠. '이렇게 붙이는 게 더 효과적이다'라는 걸 말할 수 있는 작가 들이 더 좋은 작가라고 생각하거든요. (PD E)

이렇게 작가가 영상구성에도 기여할 수 있는 것은 선천적으로 타고 난 감이 있어서가 아니라 직접 카메라를 들지는 않지만 PD가 취재해 온 모든 영상 결과물과 영상자료를 확인하는 반복적 작업을 통해 영상 에 대한 감을 충분히 익히고 있기 때문이다. '작가생활의 3분의 1은 테 이프를 본다'는 작가 H의 말이 이를 뒷받침한다.

> 이쪽 직업 (작가) 에 있는 애들은 그림으로 생각을 하죠. 기억도 그림으 로 하고. 이를테면 무슨 단어를 찾아야 되면 나는 '중간쯤 페이지 왼쪽 모퉁이에서 중간쯤, 혹은 중간 밑에 거기 있던 단어야.' 이런 식으로 모 든 걸 그림으로 생각을 하는 순간이 생기거든. 그게 연습이 많이 되는 거지, 그 동안에. (작가 H)

제작진에 대한 체계적인 교육 시스템이 부재한 방송사 내에서 작가 는 프로그램을 제작하는 실무경험을 쌓으면서 영상과 구성에 대한 감과 역량을 키워 나가는 것이다.

4) 주도권 다툼

작가와 PD 중 누구의 '와꾸' 또는 '취재라인'으로 촬영을 진행하느냐
는 해당 아이템을 제작하는 기간 동안 작가와 PD의 관계를 결정짓는
중요한 요소로 작용한다.[9] 다시 말해 기획단계에서 누가 주도권을 잡
느냐의 문제는 프로그램 제작전반에서 누가 주도권을 잡느냐와 긴밀하
게 연관된다.

> 그거(취재라인)를 작가가 짜 버릴 경우에는 작가가 그 아이템의 주도권
> 을 갖고 들어가는 거예요. PD가 짤 경우에는 PD가 주도권을 갖고, 작
> 가에게 '뭘 좀 해 달라'하고 얘기를 하겠죠. 근데 작가가 먼저 짜 버릴 경
> 우에는, 작가가 그걸 딱 제출하는 순간 PD는 종속적인…. (작가 F)

> 작가들이 기획기능 같은 경우에서 주도적 역할을 해 버리면 PD는 단순
> 하게 VJ처럼 나가서 촬영하거나 아니면 작가가 만들어 준 편집구성안
> 에 맞춰서 편집하거나 그런 역할밖에 못하는 거죠. 일종의 힘 관계예
> 요. (PD F)

같은 소재이지만 작가와 PD가 각기 다른 주제와 핵심으로 취재라인
을 짤 수 있다. 예를 들어 지난 2010년 11월 23일에 발생한 북한의 연평
도 포격사건을 다루는 데 있어 소재는 '연평도 포격사건'이지만 '이 소재
를 어떤 측면에서 접근하여 무엇을 얘기할 것인가'의 관점은 개인마다

---

9 프로그램에 따라 와꾸 또는 취재라인을 작가만 작성하기도 하고, 또는 작가와 PD가 모두
작성해서 둘 중 하나를 택하기도 한다.

차이를 보일 수 있다. 배치되어 있던 포가 정상적으로 작동하지 않아서 군의 대응이 늦어졌다는 것을 말하는 '군의 대응 시스템'을 주제로 할 수도 있고, 또는 연평도 사건으로 인해 초래된 '외교적 문제'를 주제로 할 수도 있을 것이다. 그러나 취재라인 선택문제에서 서로 다른 두 개의 취재라인이 절충되는 경우는 드물다.

> (절충하면) 프로그램이 실패하게 돼 있어요. 짬뽕이 돼 버리잖아, 프로그램이. 어떤 하나의 라인이 그 주제의식하고 똑같아요. 주제가 다르잖아. (중략) 그럴 때는 토론을 통해서 서로 설득하고, 계속 이야기하고, 커피 마시면서 이야기하고, 저녁에 또 술 마시면서 이야기하고, 술 마시면 또 '알았어, 알았어' 동의하고, 다음날에 오면 '아닌데요'. 치열하게 그렇게 이야기해요. '어정쩡'은 있을 수 없고, 안 되죠. (작가 F)

　탐사보도 프로그램의 주제의식은 프로그램의 완성도와 밀접한 연관성이 있다. 참여관찰 당시, 모니터 회의에서는 해당 방송의 주제의식이 불분명하다는 지적을 들을 수 있었는데 이러한 지적이 제기되는 이유는 수많은 취재 결과물을 한꺼번에 녹이려고 해서 그 깊이가 깊어지지 못하고 겉핥기식의 문제제기에만 그쳤기 때문이다. 이와 마찬가지로 서로 다른 PD의 주제의식과 작가의 주제의식이 방송에 함께 녹아 있거나 아니면 절충되어 녹아 있다면 프로그램이 전달하려는 메시지의 일관성이 없을 가능성이 크다.

　서로의 시각이 다른 경우, 앞서 설명한 토론과 논쟁의 과정을 통해 보다 논리적이고 설득력 있는 주장을 받아들이는 것은 기본이다. 그러나 누구의 주장이 받아들여지는가의 문제에는 논리성과 설득력 외에도 두 가지 요소가 작용함을 발견할 수 있다. 먼저 첫 번째는 작가와 PD의 직종 개념을 떠나 선배와 후배의 개념이 중요하게 작용한다는 점이다.

아무래도 취재 노하우라든지, 아이템을 많이 접해 보면 이 아이템은 이런 부분 때문에 난점이 있고, 이 아이템은 겉으로 보기에는 좋아 보이지만 어떤 부분에서 어려움이 있을 거고, 이런 부분은 사실은 오랫동안 탐사보도 프로를 해본 사람이 더 많이 알기 때문에…. (PD G)

이 프로그램에 어떤 새로운 PD가 온다. 그러면 팀장도 기본적으로 조금 자리를 잡은, 가능하면 새로운 작가와 새로운 PD를 붙이지 않고, 자리를 잡은 작가랑 할 수 있도록 일부러 순서를 바꿔서라도 배치를 하죠. 그게 뭐냐. '당신이 좀 끌고 나가줘' 이런 거예요. (작가 C)

이러한 이유 때문에 탐사보도 프로그램의 팀장이나 CP는 경력을 하나의 기준으로 하여 '일종의 배려 차원'으로 작가와 PD의 라인업을 구성한다. 이에 대해서는 공식적인 것은 아니지만 다른 작가와 PD들 사이의 '심정적 동의'(PD H 인터뷰) 가 형성된다.

아이템 선정에 작용하는 두 번째 요소는 작업의 속성과 관련된다. 인터뷰 대상자들 중 상당수는 아이템 선정에 있어 'PD의 기동력'을 고려한다고 언급했다.

작가가 아무리 하고 싶어 해도 PD가 싫어하면 하기가 어려운 게 현실적인 거죠. 왜냐면 밖에 나가서 취재를 직접 해야 하는 사람이 내키지 않으면 힘든 측면이 분명히 있거든요. (PD A)

만약에 작가가 A라는 아이템이 하고 싶다. 근데 PD가 난 그거 별로 안 궁금하다. B라는 아이템을 하고 싶다. 그러면 작가는 A라는 아이템이 B라는 아이템보다 훨씬 좋아도 '현장에서 제대로 취재를 안 해 오면 어떡하지?' 이런 생각이 들면 그냥 B를 하자고 해요. 왜냐면 자기가 하고 싶다는 아이템에서 더 책임감 있게 취재를 하니까. (작가 A)

이처럼 취재와 촬영에 있어 PD의 기동성에 우선순위를 두어 아이템
이 선정되는 경향으로 인해 작가는 PD보다 다방면에 대한 관심과 지식
을 가져야 하는 부담감을 가지기도 한다.

> 아이템 선정하는 데에 작가가 훨씬 더 많은 아이디어와 생각을 내놔야
> 하는데 어쨌든 (선택과 결정의) 몫은 PD한테 있다는 거죠. (중략) 작
> 가는 훨씬 더 다방면에 관심이 많아야 하는 게, 사실은 더 멀티가 되어
> 야 하죠. 내가 하고 싶지 않아도 PD가 완전히 필이 꽂혔다. 그럼 그걸
> 해낼 수 있어야 하는 거예요. (작가 C)

탐사보도 프로그램에서 다루는 주제는 매우 광범위하다. 박보희
(2010)는 탐사보도 프로그램에서 다루는 주제의 유형을 15개 유목으로
분류하였는데 그 유목은 ① 정치/정책/외교, ② 전쟁/안보/북한/군,
③ 경제, ④ 기업, ⑤ 빈곤/복지/인권, ⑥ 역사/과거사, ⑦ 의료/건강
/과학, ⑧ 범죄/비리/사회병리, ⑨ 가정, ⑩ 사고/참사/환경/안전,
⑪ 인간관심사, ⑫ 교육, ⑬ 언론, ⑭ 문화/예술/스포츠, ⑮ 기타 등이
다. 이처럼 탐사보도 프로그램은 한 분야만을 집중적으로 다루는 것이
아니라 사회의 여러 현안에 대해 다각도로 접근하고 있다. 이러한 상황
속에서 PD의 기동력을 우선하여 아이템을 선정하는 경향은 작가들의
멀티 능력을 요구하고 있는 것이다.

5. 탐사보도 프로그램 제작의 현실과 공정성 원칙

1990년대 초반에 들어서 본격적으로 형성된 우리나라의 탐사보도 프로그램은 주로 기자가 아닌 PD가 제작하며, 형식이나 제작관행 측면에서 기존의 저널리즘과 큰 차이를 보이며 이목을 끌기 시작했다. PD들이 주축이 되어 제작한 탐사보도 프로그램은 겉으로 드러난 사실에 집중하여 사건의 전체적 맥락이나 숨어 있는 사실을 찾아내는 데에는 다소 취약한 기존의 저널리즘의 한계를 극복하면서 대중적 인기를 얻게 되었다. 나아가 이를 독자적인 저널리즘 실천행위로 규정하려는 움직임에 따라 이러한 유형의 프로그램을 통칭하는 'PD 저널리즘'이라는 용어가 등장하였다.

저널리즘이란 사실성과 객관성, 공정성을 극대화하는 것이 중요한 영역이다. 반면에 기자나 언론인과 구별되는 PD는 인위적으로(연출) 만드는(제작) 사람이라는 뜻을 담고 있다. 따라서 PD 저널리즘이란 '인위적 연출성'과 '사실성'을 결합시키려는, 어떤 의미에서 '동그란 네모'를 그리려는 것처럼 상호 모순적인 속성을 결합시키려는 시도이다.

꼭 PD 저널리즘이 아니더라도 방송 저널리즘 자체가 스타 저널리스트의 이미지 활용, 피처화된 뉴스, 영상을 통한 감성적 설득 등 사실중심의 전통적 저널리즘과 차별화된 특성을 보여준다. 이러한 특성은 스트레이트 뉴스보다 시사 다큐에서 한층 두드러진다. PD 저널리즘은 이와 같은 방송 저널리즘의 특성을 극단까지 밀어붙인 사례이다.

저널리즘 역시 역사적으로 진화하는 현상이기에 특정한 저널리즘 형식만을 옳다고 주장하는 것은 온당치 않다 할 것이다. 전통적인 사실중심의 저널리즘, 방송 저널리즘, PD 저널리즘, 작가 저널리즘, 그리고 인터넷 신문이 등장하면서 나타난 시민기자 저널리즘에 이르기까지 다양한 시도가 이루어지는 것은 오히려 자연스런 현상이다.

실제로 PD 저널리즘이 구축한 시사고발 프로그램, 심층취재 프로그램은 방송 저널리즘의 발전에 기여한 측면이 크다. PD 저널리즘은 시간제약과 속보경쟁으로 깊이 있고 폭넓은 취재가 어려운 기존의 기자 저널리즘의 한계를 극복하고 사건의 정황, 배경, 뒷이야기를 보다 샅샅이 파헤쳐 사회 모순과 부조리를 고발하는 심층취재의 가능성을 보여주었다. 종래 방송 저널리즘이 출입처 중심의 제도화된 소재를 다루어 왔다면 PD 저널리즘은 자유롭게 소재를 선택하며 성역 없는 저널리즘을 실천했다고 할 것이다.

PD 저널리즘은 관성, 균형성을 내세운 기자 저널리즘과 달리 도덕성, 정의의 실현에서 출발한다. 소재선택에서 약자와 강자라는 이분법적 도식에 기초해 인권이나 복지 관련 소재를 빈번하게 선택하는 경향이 있다. 기자 저널리즘이 과학적 태도를 지니고 있다면 PD 저널리즘은 문예적 태도를 지닌다. 기자들은 영상을 연역적, PD들은 귀납적으로 활용하는 경향이 있다. 후자는 사실입증을 위해 영상을 활용하는 것이 아니라 관련된 영상을 모으고 이를 꿰맞추어 일정한 내러티브를 만들어 낸다. 기자들이 기사 텍스트 작성에 많은 시간을 보낸다면, PD들은 영상장면들을 편집하고 음향·효과 등을 입혀 감성적 효과를 극대화하는 데 많은 노력을 투입한다. 이러한 견지에서 기자 저널리즘이 사실의 반영 내지 전달이라면, PD 저널리즘은 사실의 창작에 가깝다.

조직문화 차원에서도 차이가 크다. PD들의 경우도 책임 프로듀서의 감독을 받지만 그 관계는 데스크와 기자들 간의 관계에 비추어 수평적이고 자율적이다. 기자 보도본부가 조직과 그 위계를 인정하는 문화라면 제작본부는 작가적 창작 분위기를 중시하는 문화로 특징된다. 기자

412

조직에서 데스크의 역할이 매우 중요하고 엄격한 게이트키핑이 이루어
지는 반면, PD 조직은 자율성도 높고 개성에 대한 관용도 큰 편이다.

종합적으로 PD 저널리즘은 자유롭게 사실 너머의 진실을 밝히는 심
층탐사 저널리즘을 통해 사회정의를 구현할 가능성을 지닌 방송 저널리
즘 형식이다. 하지만 이러한 가능성은 뒤집어 볼 경우, 체계적 게이트
키핑이 이루어지지 않는 가운데 강력한 감성적 설득장치를 활용해 특정
한 의도에 따라 창작된 스토리가 시청자 앞에 저널리즘의 껍질을 쓰고
등장할 위험을 의미하는 것이다. 실제로 PD 저널리즘 프로그램들은 종
종 공정성으로 대표되는 전통적 저널리즘의 원칙을 벗어남으로써 사회
적 소통과 여론형성 과정에 혼선을 초래한다는 비판을 받아 왔다. 6장
에서 살펴본 〈PD수첩〉 광우병 프로그램은 그 대표적 사례였다.

숨겨진 사실에 대한 깊이 있는 추적과정을 통해 사회악 내지 권력의
비리를 파헤치고 여론형성과 정책변화, 사회개혁을 선도하는 강점을
유지하면서, 동시에 공정성을 담보할 수 있는 PD 저널리즘의 실천은
과연 불가능한 것인가? 이 장에서는 이론과 제도에서 눈을 돌려 방송제
작 현장에서 이 답을 찾아보고자 하였다. 보다 구체적으로 흔히 'PD 저
널리즘'으로 통칭되는 탐사보도 프로그램의 실제 제작과정 속에서 공정
성 원칙을 담보한다는 것이 과연 어디까지 가능하며 이를 구조적으로
위협 내지 가로막는 요인은 무엇인지를 확인해 보고자 하였다.

연구결과, 탐사보도 프로그램은 4~6주를 기본 주기로 해서 이루어
지는 '피 말리는' 초고강도의 집약적 협업의 산물임이 확인되었다. 이
러한 협업의 두 주체는 PD와 작가이다. 팀장이나 CP가 제작의 매 단계
에 개입하여 의견을 제시하고 영향력을 행사하지만 프로그램 제작이
진행될수록 이들의 영향력이 반영되는 데는 한계가 있다.

주목해야 할 사실은 프로그램 제작의 전 과정에서 PD의 동료, 조언자, 견제자, 협력자로서 구성작가들이 수행하는 역할이다. [10]

기획단계에서 작가들은 아이템의 방송가치와 사회적 함의를 고려하여 아이디어를 적극적으로 제시하며, 방대한 자료를 검토함으로써 습득한 준전문가 수준의 배경지식을 활용하여 방송내용의 방향을 설정하는 데 중요한 토대를 제공한다. 취재 및 촬영단계에서는 외부 촬영과 취재로 현장에서 대부분의 시간을 보내는 PD의 시간적 한계를 보완하기 위해 기획단계부터 구성안을 짜 나가기 시작한다. 또한 실시간으로 들어오는 정보와 취재 결과물을 확인하고 부족한 부분을 보완하여 향후의 일정을 조율하며, 외부 취재를 지시한다. 구성 및 편집 단계에서 작가는 지금까지 취합한 모든 결과물을 취사선택하고 시청자들에게 전달하고자 하는 메시지의 소구력을 강화하기 위하여 내용을 효과적으로 배치하는 역할을 수행한다. 최종 파인 커팅에서 작가는 PD와 함께 프로그램이 전달하고자 하는 바를 집약적으로 압축시킨다.

탐사보도 프로그램에 관여하는 작가는 보통 10년 이상의 경력을 가지고 있으며 방송사 내의 구성원들로부터 역량을 검증받은 작가들이다. 이러한 탐사보도 작가의 차별성은 PD와의 관계에도 일정 부분 영향을

---

10 탐사보도 프로그램의 제작에서 구성작가가 단순히 보조역할에 머무르는 것이 아니라 PD와 함께 제작 주체로 기능하고 있다는 사실이 알려진 것은 최근의 일이다. 그 직접적인 계기가 되었던 것은 2008년 MBC 〈PD 수첩〉의 '미국산 쇠고기, 광우병에서 안전한가'에 대한 검찰 수사, 그리고 2009년 KBS PD 집필제 시행파동이었다. 〈PD 수첩〉 수사는 그 타당성에 대한 논란과는 별도로, 탐사보도 프로그램에서 구성작가가 단지 해설자 및 출연자의 멘트 집필뿐만 아니라 프로그램의 기획, 핵심 메시지의 구성, 최종 완성작업 등에 깊게 관여하고 있다는 사실을 전 사회적으로 드러냈다. 또한 프로그램 제작과정에서 그동안 집필업무를 담당하지 않았던 PD가 구성작가의 역할을 수행하도록 한 KBS 경영진의 방침인 PD 집필제는 방송제작 전반의 차질, 유령작가의 등장 등 파행 끝에 일회성 해프닝으로 철회되었다. 하지만, 이 파동은 방송제작에 있어 구성작가의 역할과 영향력에 대한 관심을 다시 한 번 환기시키는 계기가 되었다.

미치는 요소로 작용한다. 순환근무 시스템으로 프로그램을 제작하는 PD와는 달리 탐사보도에서 5년 이상, 길게는 10년 이상 작업한 작가들은 PD의 선배 개념으로 제작에 주도적 역할을 하는 경우도 있다.[11]

제작현장에서의 직접적 참여관찰을 통해 작가와 PD의 상호작용에서 발견한 주요 특징은 제작의 매 순간이 PD나 작가, 어느 누구의 독단적 판단으로 진행되는 것이 아니라 두 주체 간의 상호작용과 커뮤니케이션을 바탕으로 진행된다는 사실이다. 이러한 관계는 '생각의 화합과 그 안에서의 견제'라는 말로 요약해 볼 수 있다.

제작의 매 단계에서 양자는 격의 없는 논쟁을 통해 메시지에 대한 합의를 추구하는 동시에, 서로의 의견과 주장을 견제하면서 어느 한 쪽으로 치우치지 않도록 균형을 잡는 이른바 '줄타기'를 이어간다. 작가는 현장에 몰입하는 PD가 간과할 수 있는 사실을 포착해 내고, PD가 특정 취재원 또는 상황에 집중하거나 감정적으로 쏠릴 경우 그에 대한 끊임없는 비판자 또는 견제자의 역할을 수행함으로써 프로그램의 객관성과 균형성을 보완한다. PD의 주관성을 작가가 통제하듯, 작가의 주관성 역시 PD에 의해 통제된다. 이러한 맥락에서 작가와 PD는 어느 한 주체의 독단적 판단에 의해 프로그램의 방향이 설정될 수 없도록 상호 견제하며 함께 나아가는 '두 수레바퀴'에 비유할 수 있다.

작가와 PD의 커뮤니케이션에서 중요한 요소로 자주 언급된 '생각의

---

11 탐사보도 프로그램의 작가는 다른 장르의 프로그램에 관여하는 작가와 비교했을 때 여러 측면에서 차별성을 나타낸다. 시사교양물의 경우 베테랑 작가들이 많기 때문에 작가의 영입 형식은 'PD의 선택'이지만 그 실질적인 내용은 '부탁 또는 제의'인 경우가 많다. 스크립터에서 서브 작가를 거쳐 시사 프로그램, 특히 탐사보도 프로그램의 메인 작가로 성장하는 경우는 많지 않으며, 그렇기 때문에 그만큼의 역량을 가진 다른 대체 인력을 찾기가 쉽지 않다. 이 때문에 MBC 시사교양국과 SBS 교양제작국은 실력을 인정받은 극소수의 작가들과 계약을 맺는다. 계약 작가는 보통 경력이 10년 이상인 작가들이다.

화합', 상대방에 대한 '신뢰', 작가와 PD의 협업을 집약적으로 나타내는 '한 몸' 또는 '가장 가까운 협업자' 등의 표현들은 그만큼 작가와 PD가 긴밀한 관계 속에 프로그램을 제작하고 있음을 나타낸다. 제작과정의 전 단계에 걸쳐서 외부 자문이나 전문가의 의견을 듣고 내부에서도 팀장과 CP의 관여가 이루어지지만, 그럼에도 불구하고 프로그램의 제작상황과 전달하고자 하는 메시지의 방향을 가장 잘 알고 있는 주체는 작가와 PD이다. 제작기간의 촉박함과 인력의 부족으로 인해 다른 팀의 작가와 PD는 자신이 맡고 있는 방송 외에 다른 팀의 방송에 관여하는 것은 사실상 불가능한 실정이다.

PD 저널리즘 형식의 탐사보도 프로그램의 공정성 원칙이 흔들리게 되는 핵심지점이 바로 여기라 할 것이다. 이 같은 제작 시스템하에서 한 팀이 된 작가와 PD가 기획단계부터 아이템에 대한 철학이나 가치관, 세계관 등을 공유하며 편향된 방향으로 나아갔을 경우, 상호간에 견제자의 입장을 유지하거나 게이트키퍼의 역할을 함에 있어 구조적 한계가 따르게 된다. 특히 프로그램 제작이 상당부분 진행되었을 때 이를 다른 관점에서 비판하거나, 나아가 그 관점이나 비판이 반영되어 현재진행형인 프로그램의 방향이 바뀌는 상황은 실질적으로 가정하기 어렵다. 탐사보도 프로그램의 제작에 있어 견제와 균형의 장치로 작동하는 PD와 작가의 관계 자체가 '생각의 화합'에 따른 협업적 편향성을 띠게 될 때, 이는 마치 견제장치 그 자체가 고장난 꼴로 이러한 문제를 바로 잡을 수 있는 시스템이 사실상 존재하지 않는 것이다.

그렇다면 이러한 문제점을 어떻게 극복하고 PD 저널리즘 현장의 공정성을 제고할 것인가? 이 장을 통해 제시한 제작현장에 대한 관찰에 기초하여 그 기본적 방안을 정리하는 것으로 이 장을 마치고자 한다.

첫째, PD 저널리즘은 반드시 필요하며 적극적으로 고양시켜야 하는 새로운 방송 저널리즘의 형식이라는 인식이 전제되어야 한다. PD 저널리즘은 지금까지 존재했던 어떤 저널리즘 형식보다도 깊이가 있고 소구력이 크다. 사회문제를 파헤치고 개혁을 선도할 가능성이 그 어떤 뉴스 프로그램보다 큰 의미 있는 탐사보도 프로그램 유형이다. 그 중심에 이 장을 통해 살펴본 제작자(PD와 작가)들의 헌신적 노력이 존재한다. 이로 인해 생겨나는 혼선과 갈등은 언론의 사회감시 및 권력비판에 수반되는 일종의 사회적 필수비용으로 간주되어야 하며 이를 처음부터 소모적이고 불필요한 것으로 보는 시각은 지양되어야 한다. PD 저널리즘이라는 새로운 저널리즘의 가능성은 소중하게 보듬어져야 한다.

둘째, 하지만 동시에 PD들이 만드는 탐사보도 프로그램에 대해서는 어떤 프로그램보다도 엄정한 공정성 원칙이 적용되어야 한다. 기자 저널리즘과 PD 저널리즘의 차이를 근거로 후자에 대해 차별적인 (보다 느슨한) 기준의 공정성 원칙을 적용할 것을 요구하는 주장은 타당하지 못할뿐더러 전혀 도움이 되지 못한다. 제 1장에서 논의한 바 있지만 이러한 주장의 논리적 오류는 자명하다. 이러한 상대주의적 입장을 취할 경우 미디어 공정성 원칙 자체가 흔들리고 정쟁의 도구로 전락하게 된다. PD와 작가들이 중심이 되어 수행하는 저널리즘 활동이 생래적으로 저널리즘의 기본가치들을 위배할 가능성이 크다면, 그에 따른 보다 타당한 논리적 귀결은 "따라서 PD 저널리즘에 대해선 처음부터 일반방송 저널리즘에 비해 한층 면밀하고 조심스런 접근이 필요하다"가 되어야 한다. 이러한 접근은 PD 저널리즘을 통제 내지 억압하려는 의도와 분명하게 구별될 필요가 있다.

PD 저널리즘의 공신력, 지속가능성, 사회적 파급효과는 PD 저널리즘의 공정성과 밀접하게 연관된다. PD 저널리즘이 일회성 프로젝트가 아니라 권력을 감시하는 영향력 있는 프로그램으로 유지되기 위해서는 그 지속을 위한 전략으로써 엄정한 공정성 원칙이 요청되는 것이다.

셋째, 구체적으로 기획, 취재 및 촬영, 구성 및 편집, 대본집필, 그리고 후반 작업 등 PD 저널리즘이 실행에 옮겨지는 제작과정 전반에 걸쳐 프로그램의 공정성이 꼼꼼하게 점검될 수 있어야 한다. 특히 편집 구성안, 가편집, 대본작성 단계에서 전체적 구성부터 언어표현과 같은 디테일에 이르기까지 공정성에 위배되는 사항은 없는지 세밀하게 점검되어야 한다. PD 저널리즘 프로그램 제작 단계별로 매뉴얼 수준의 공정성 체크 리스트를 만들면 도움이 될 것이다. 이러한 프로그램에서 통상적으로 사용하는 표현이나 용어들에 대해서도 점검이 필요하다.[12]

넷째, 체계적 관리시스템의 정립이 필요하다. PD 저널리즘이 야기하는 문제는 새로운 저널리즘 형식 자체의 문제를 넘어 이러한 저널리즘 형식을 책임 있게 운용하는 관리시스템의 문제(윤석민, 2011, p. 596)라는 점이 인식되어야 한다. 탐사보도 프로그램의 제작과정에서 상시적으로 게이트키핑 체계가 작동되면서 팀장이나 CP 등 제작 책임자는 그들의 팀에 대해 강한 지도력을 행사할 수 있어야 한다. 이들은 프로그램의 기본 구상에서부터 전반적 제작과정까지 공정성이 과정적으로 보장되도록 관리할 수 있어야 한다. 최종 결재단계에서만 공정

---

12 BBC 편성지침은 시사뉴스 프로그램에서 사용하는 언어와 관련해 놀라울 만큼 꼼꼼한 지침을 제공한다. 예를 들어 BBC를 '우리'라고 언급하는 것은 부적절한 것으로 간주된다 (BBC Guideline, p. 28). 설문조사 결과를 보도할 때에는 조사의 결과 자체를 제목으로 써야 하는 필수적인 경우가 아닌 한 그 결과를 뉴스의 제목으로 쓰지 않으며 여론조사가 실제보다 더 신뢰성 있는 것처럼 들리게 할 수 있는 언어를 사용하지 않는다. 예를 들어, '제시했다', '가리켰다'는 쓸 수 있지만, '증명했다', '보여줬다'를 사용할 수는 없다 (pp. 118~119). '테러리스트'처럼 가치 판단을 내포한 단어는 명확한 판단 과정이 없다면 사용하지 않고 대신 사건을 자세하게 설명하는 '폭파범', '공격자', '총기소지자', '납치범' 등의 단어를 사용한다(pp. 127~128).

성이 고려되는 것은 너무 늦은 것이다(BBC, 2008, p. 76). 공정성 논란이 발생한 경우 바로 이를 확인하고 조치를 취하며 필요한 경우 반론권을 보장하는 제도적 시스템이 마련되어야 한다.

다섯째, PD들이 제작하는 탐사보도 프로그램을 둘러싸고 벌어지는 논란의 근원에는 현 방송제작 시스템의 한계가 자리하고 있다. 4~6주로 한정된 촉박한 제작기간, 과도한 작업강도, 제작비 등 방송제작 시스템 전반에 관한 개선이 필요하다는 것은 두말할 나위가 없다. 동시에 탐사보도 프로그램 제작진이 사회적 이슈에 대한 전문 지식을 축적할 수 있는 교육 내지 연수 시스템이 마련되어야 한다.

이상에서 제시된 제안들 중 특히 강조할 필요가 있는 것은 마지막 사항이다. 최근 들어 지상파 TV의 탐사보도 프로그램은 눈에 띄게 위축된 상태이다. 여기에는 앞의 제 6장에서 살펴본 2008년 〈PD 수첩〉 광우병 프로그램에 대한 검찰수사 및 형사소송 등과 같은 위압적인 정치권력의 대응이 영향을 미쳤다 할 것이다.

하지만 최근 들어 탐사보도 프로그램을 위축시키는 보다 중요한 원인은 시장으로 보인다. 방송시장의 경쟁이 치열해지면서 지상파 방송의 경영이 지속적으로 힘들어지는 상황에서, 종종 논란에 휩싸이며 사업적 효용성은 떨어지는 탐사보도 프로그램의 존재기반은 해가 갈수록 약화되고 있다.

물론 전체 미디어 생태계 차원에서 탐사보도 프로그램이 위축되고 있다는 평가는 정확치 않다. 종래 주요 방송이나 신문을 통해 이루어지던 탐사 저널리즘은 최근 들어 뉴미디어(이를테면 제 12장에서 살펴보는 팟캐스팅) 영역으로 빠르게 확장되고 있다. 또한 사회의 공익단체들이 자체 프로젝트로 형식으로 탐사보도 프로그램을 제작하거나, 탐사 저널리스트가 자신이 다루려는 현안을 공개적으로 내걸어 대중 후원

⟨*crowd funding*⟩을 통해 탐사보도 작업을 수행하는 등 탐사보도 프로그램의 저변이 확장되는 양상도 관찰된다.[13]

그럼에도 불구하고 우리 사회에서 비판언론의 선봉역할을 해 온 PD 저널리즘으로 표상되는 지상파 방송사의 탐사보도 프로그램이 급속히 위축되는 현재의 추세는 사회적으로 결코 바람직하지 않으며 그에 대한 적극적 대책이 요망된다. 시장의 문제를 해결함에 있어 방송사의 주도권이 무엇보다 존중되어야 하지만, 방송평가 및 프로그램 지원정책에서 탐사보도 프로그램을 최우선으로 고려하는 식의 제도적 지원책은 정치적 시비에 휘말릴 일 없이 건강한 방송 저널리즘 조성 차원에서 충분히 검토 가능한 정책방안이라고 할 것이다.

---

13 우리나라를 대표하는 탐사보도 언론인인 중앙일보/JTBC의 이규연 탐사기획국장과의 대화를 통해 알게 된 사실이다.

종합편성 채널의 공정성

2009년의 '미디어법' 개정에 따라 2011년 말 방송을 시작한 종편의 도입과정에서 우리 사회는 막대한 비용을 치러야 했다. 미디어법과 종편 도입을 둘러싸고 2년 이상에 걸쳐 극심한 여야 갈등과 국회의 파행, 지상1파 방송사들의 파업, 종편 진출을 노리는 주요 일간지들과 그렇지 못한 언론사들 간의 상호비방, 시민단체 및 학계의 분열, 하루가 멀게 이어진 각종 시위 및 집회 등 사회 도처에서 갈등과 분열이 발생했음은 기지(既知)의 사실이다.

이 과정에서 보수성향의 주요 일간지들이 방송에 진출하게 됨으로써 방송뉴스 시장의 여론 다양성이 훼손될 것이라는 입장과 방송뉴스 시장에 새로운 사업자가 진출하면 지상파 중심의 과도한 여론 독점이 완화될 것이라는 입장이 팽팽하게 대립하였다. 종편을 둘러싼 이 같은 논란은 미디어법이 통과한 지 6년 그리고 종편이 출범한 지 4년이 다 된 현시점에 있어서까지 지속되고 있다.

이 모든 논란과 갈등의 중심에 종편보도의 공정성을 둘러싼 사회적 우려가 존재한다. 종편이 내보내는 뉴스 프로그램들은 보수적으로 편향되어 있다는 것이다. 이 장에서는 이러한 쟁점들을 다룬다.

422

1. 종합편성 채널 사업현황

종합편성 채널은 보다 정확히 말하면 케이블 TV와 위성방송, IPTV 등 유료방송 플랫폼의 채널사용사업자인 PP(*program provider*)를 기본 정체성으로 하고, 편성만 지상파 방송처럼 종합편성을 하는 종합편성 PP를 의미한다. 종합편성 PP는 전 세계적으로 한국의 방송정책에만 존재하는 개념으로 다채널의 유료 TV에서는 사실상 존재하기 어려운 채널이다. 다채널의 유료 TV에서는 영화, 스포츠, 음악, 드라마, 다큐멘터리 등 전문채널로 브랜드 가치를 만들어야 생존할 수 있기 때문이다.

그럼에도 불구하고 우리나라에서 종합편성 PP라는 개념이 나온 것은 지상파 방송의 겉모습만 보고 경쟁력의 원천이 마치 '종합편성'이라는 편성요인에 있다고 착각했기 때문이다(윤석민, 2011, pp. 564~565). 이러한 인식이 잘못된 것임은 두말할 나위가 없다. 지상파 방송의 종합편성은 지상파 방송의 편성이 오락 프로그램으로 집중되는 것을 방지하기 위해 도입한 공적 규제(혼합편성 원칙)의 산물이다.

실제로 지상파 방송은 드라마와 버라이어티 쇼 등 오락 프로그램에서 수입을 얻어 뉴스와 다큐멘터리 등 공익성이 높은 보도와 교양프로그램 등을 교차 보조한다. 종합편성은 방송사업 차원에서 짐 내지 의무이지 경쟁력의 원천이 아닌 것이다. 종합편성 PP가 지상파와 같은 종합 메뉴 형식의 종합편성을 지향하는 것은 자칫 자신의 정체성을 부정하고 스스로 생존을 위협하는 행위일 수 있다.[1]

---

[1] 따라서 종편이 적자행진을 멈추고 흑자로 전환하기 위해서는 과감하게 지상파 흉내 내기를 중단해야 한다. 종편은 지상파식의 종합편성이 아니라 성격이 보다 분명한 중범위의

이러한 이유에서 종합편성 PP의 도입단계에서 사업성은 어떤 면으로
든 불확실한 실정이었다. KBS와 MBC, SBS 등 지상파 채널이 강력한
영향력을 행사하는 이유는 오랜 기간 시청자들에게 방송서비스를 제공
하며 형성된 채널 브랜드 가치와 고정 시청자집단이 PP와 비교할 수 없
이 크기 때문이다. 〈조선일보〉, 〈중앙일보〉, 〈동아일보〉, 〈매일경
제〉신문이 새롭게 시작하는 종합편성 PP는 이러한 채널 브랜드 가치
와 고정 시청자집단 차원에서 백지상태나 마찬가지였다.

또한 콘텐츠산업은 우수한 제작인력을 얼마나 많이 확보하는가에 따
라 경쟁력이 좌우된다. 우수한 방송 프로그램 제작인력이 대부분 지상
파 방송사에 집중된 상황에서 종합편성 PP가 단기간에 지상파 방송사
의 경쟁력을 따라잡기란 어려운 일이 아닐 수 없었다.

이러한 차원에서 초기단계에서 종합편성 PP의 성공여부는 거의 전
적으로 정책적 지원에 의존한다고 해도 과언이 아니었다. 이러한 지원
책으로 ① 종합편성 PP의 의무 재송신, ② 종합편성 PP를 위한 광고정
책상의 혜택 강화, ③ 편성규제의 비대칭성, ④ 지상파 방송채널 번호
대 배정 등을 들 수 있다(윤석민, 2011, pp. 565~567). 하지만 종합편
성 PP에 대한 이와 같은 차별적 정책지원은 특혜시비를 초래하였다.[2]

편성, 심지어는 전문편성을 지향하는 게 타당하다. 사업전략 차원에서 선택과 집중 전략
에 따라 꼭 지켜 가야 할 핵심 프로그램 영역의 제작투자는 탄탄하게 유지하되 그 외의 프
로그램 영역에 대해서는 값비싼 자체 제작을 지양하는 전략이 그것이다. 이는 지상파 방
송PP 중 재방에 의존하는 드라마 채널은 수익성이 높은 반면 자체 제작이 많은 스포츠 채
널이 적자를 면치 못하는 현상을 보면 알 수 있다.

2 종편은 출범 이전부터 의무재전송, 10번대 채널번호, 1사1미디어랩 설립을 통한 사실상
직접광고 영업허가, 중간광고 허용, 발전기금 의무 면제 등과 관련해 각종 특혜/비대칭
규제 시비에 휘말려 왔다. 이 중 가장 큰 쟁점은 역시 의무재전송이다. MBC, KBS2는 의
무전송 채널이 아닌데, 종편만 유독 의무편성 채널로 규정돼 있다. 이에 따라 일각에서
'무조건 의무편성'에서 '선택적 의무전송'으로 종편 전송 규정을 전환해야 한다는 주장도
제기된다. 선택적 의무전송이란 '채널 2개 이상' 등으로 전체 채널에서 몇 개만을 의무 전

종편 채널의 도입 이후 첫 1년간 시청률 1%대의 프로그램을 손에 꼽을 정도로 시청률은 바닥권이고 광고매출은 예상했던 수준의 절반에도 못 미쳤다. 제 1야당 대통령 후보의 출연거부로 대표되듯 사회 일각의 정치적 거부감은 여전히 높았다.[3] 의욕적으로 내놓았던 드라마가 극히 저조한 시청률만을 기록하자 종편 4사를 통틀어 방영되는 신작 드라마의 수가 1∼2편에 불과할 만큼 제작에 대한 투자도 위축되었다. 제작과 편성의 최고 책임자급 인사들이 줄줄이 물러나거나 교체되었고, 신규 인력 채용도 거의 중단되었다. 예견되었던 총체적 실패가 현실화되는 양상이었다.

종편이 초기단계에서 겪었던 어려움을 보여주는 공식적 자료로 방송통신위원회(이하에서는 방통위)가 2013년 7월 9일 발표한 '2012년도 종편 및 보도PP 사업계획 이행실적 점검결과'를 들 수 있다. 여기서 방통위는 종편채널이 제출한 사업계획서상 주요 7개 항목인 ① 방송의 공적 책임·공정성·공익성 실현방안, ② 국내 방송장비 산업 기여계획 및 연구개발(R&D) 방안, ③ 콘텐츠 산업 육성·지원방안, ④ 지역균형 발전방안, ⑤ 소수시청자 지원방안, ⑥ 콘텐츠 공정거래 정착방안, ⑦ 유료방송 시장 활성화 기여방안에 대한 2012년 말까지의 이행실적을 평가하였다.

이러한 7개 항목에 대한 이행여부 점검결과 종편사업자들은 '방송의 공적 책임·공정성·공익성 실현방안', '국내 방송장비 산업 기여계획 및 연구개발(R&D) 방안', '콘텐츠 산업 육성·지원방안' 등을 제대로

송하도록 규정하는 것으로 실제로 공익채널은 선택적 의무전송체제를 따르고 있다.

3 종편이 첫 방송을 내던 2011년 12월 1일, '조중동 찌라시 방송', '총체적 코미디', '미디어 생태계 파괴', '미디어 대재앙', '여론독과점 심화', '미디어 다원성 위축' 등 극심한 비판을 퍼부었다. 3불 운동(불시청, 종편 출자기업 제품 불매, 불출연)을 촉구하는 신문도 있었다.

이행하지 않은 것으로 나타났다. 승인 5개사의 콘텐츠 비용(자체제작 + 외주제작 + 구매)은 총 3,453억 원으로 계획대비 47.4%에 그쳤다. 이들 사업자들은 지역균형 발전방안, 소수시청자 지원방안, 콘텐츠 공정거래 정착방안, 유료방송시장 활성화 방안은 대체로 계획대로 이행한 것으로 평가되었다. 하지만 이러한 후자의 평가항목들은 사업실적과 무관한 명목적 항목들이라는 점을 고려하면 실질적 평가실적은 극히 저조한 상황이었음을 알 수 있다.

사업적 측면에서 종편 채널들이 겪는 어려움은 지금도 여전하지만 상황은 해가 지나면서 빠르게 개선되고 있다. 이를 잘 보여주는 공신력 있는 자료가 방통위가 매년 우리나라의 방송시장 실태를 조사하여 내놓은 공식자료인 '방송시장 경쟁상황 평가보고서'로, 현재 이용 가능한 최신판은 2014년 보고서이다. [4]

〈그림 8-1〉은 2011년 말 종편이 첫 방송을 시작한 다음부터 2014년 12월 말까지 3년간의 종편 4개사의 시청률 추이를 보여준다. 종합편성 채널의 시청률은 최초 시장진입 이후 꾸준히 증가해 2013년 말에는 4개 채널 모두 월평균 시청률 1% 내외에 도달했고, 2014년 말까지 지속적으로 높아지는 추세를 보여주고 있다. 시청률 추이를 채널별로 살펴보면, 시청률 선두주자인 MBN의 시청률은 최초 시장진입 시점인 2011년 12월 기준 시청률 0.32%에서 2014년 12월에는 1.62%로 증가하였다. TV조선의 시청률은 0.27%에서 1.39%, 채널A의 시청률은 0.30%에서 1.16%, JTBC의 시청률은 0.42%에서 0.95%로 모두 유의미한 증가세를 보여주었다.

---

4 이 보고서에서는 종편에 대해 별도의 시장 획정을 하지는 않지만, 종합편성 채널의 시장 진입이 방송시장의 경쟁 등에 미치는 효과에 대한 높은 사회적 관심을 반영하여 관련 현황에 대한 별도의 분석자료를 제공한다.

종편채널 시청률과 지상파방송채널(평균 5% 수준) 사이에는 여전히 상당한 격차가 있으나, 유료 방송채널 중에서는 종편 4개 채널이 최상위 시청률을 기록하는 상황이다. [5]

초기의 종편 4사 평균 시청률은 0.5% 내외로 저조했다(최영주, 2012). 그러나 2012년 총선과 대선을 기점으로 시청률이 상승하기 시작하여(심미선, 2014), 현재 4개 채널의 합산 시청점유율은 지상파 1개사의 시청률을 웃도는 수준으로 성장하였다. 이문행(2014)은 1991년 개국한 SBS가 드라마〈모래시계〉의 흥행으로 1995년에야 안정 궤도에 올랐고, 케이블 채널도 출범 5년 이후부터 가입 가구가 늘고 시청률이 향상된 점을 감안하면, 종편의 성장세가 상당히 빠른 속도라고 평가

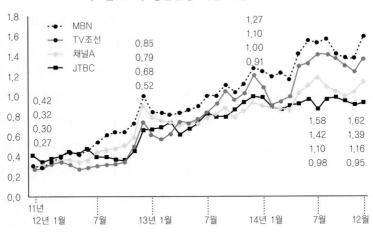

〈그림 8-1〉 종합편성 채널 시청률 추이

<hr>

5 종합편성 채널 진입 이전에 시청률 상위 유료방송 채널이던 YTN, MBC 드라마넷, KBS 드라마, SBS 플러스 등은 종합편성 채널 진입 이후 시청률이 다소 감소하거나 정체되는 양상을 보이고 있다. 종합편성 채널의 시청률이 지속적으로 상승함에 따라 이들 간의 시청률 격차가 줄어들었을 뿐만 아니라 2014년 12월 현재 종합편성 채널 4개사 모두 일반 유료방송 채널의 시청률을 앞지른 상황이다.

〈표 8-1〉 주요 PP별 총 사업 기준 영업이익률 현황

단위: 백만 원, %

구분	매출액			영업손익			영업이익률(%)		
	2011년	2012년	2013년	2011년	2012년	2013년	2011년	2012년	2013년
CJ	1,155,498	1,354,923	1,657,428	78,969	69,249	43,779	6.8	5.1	2.6
t-broad	87,417	90,342	94,911	19,924	21,273	9,986	22.8	23.5	10.5
MBC계열PP	202,155	191,124	202,097	22,872	10,769	21,030	11.3	5.6	10.4
SBS계열PP	237,898	248,594	256,185	6,739	4,205	10,015	2.8	1.7	3.9
KBS계열PP	138,222	162,120	164,006	12,814	6,246	8,028	9.3	3.9	4.9
한진KDN	124,501	123,896	120,124	18,400	11,954	7,687	14.8	9.6	6.4
JTBC	8,338	64,222	89,132	-37,688	-139,713	-155,337	-452	-217.5	-174.3
TV조선	6,906	51,344	71,555	-11,471	-54,311	-23,340	-166.1	-105.8	-32.6
채널A	7,977	48,000	67,209	-31,040	-73,785	-36,496	-389.1	-153.7	-54.3
MBN	61,372	62,806	78,256	-6,776	-41,947	-32,244	-11	-66.8	-41.2
일반PP	4,437,790	5,014,813	5,487,368	59,894	-193,289	-169,678	1.3	-3.9	-3.1
일반PP (종편 제외)	4,353,197	4,788,440	5,181,216	146,869	116,466	77,739	3.4	2.4	1.5

주: 1) 방송채널사용사업자 중 일반 PP는 데이터 PP, 홈쇼핑 PP, 라디오 PP 및 VOD를 제외한 PP 사업자이며 한 PP 사업자가 일반채널과 라디오 및 DP 채널을 함께 보유했다면 일반 PP로 간주.

2) 온미디어 계열 PP는 2009년 CJ에 인수되었음.

3) 2007년 t-broad는 t-broad폭스코리아, 이채널을 소유.

4) 2011년 MBN은 종합편성채널 MBN과 보도채널 MBN의 매출액, 영업손익이 합산되어 있음.

5) JTBC, TV조선, 채널A, MBN은 계열 PP를 포함하지 않은 단일 PP.

출처: 방송통신위원회(2014), 〈2014 방송시장 경쟁상황평가 보고서〉, p.346.

했다.

이와 같은 시청률의 지속적인 향상은 유료방송의 사업적 성과개선에 직접적으로 연결되고 있다. 〈그림 8-1〉은 우리나라 유료방송 채널들의 영업실태를 종합해서 보여준다. 종편 채널 4개사는 방송을 개시한 2011년부터 3년간 계속해서 마이너스의 영업이익률을 기록하고 있고, 2013년에도 MBN은 -41%, TV조선은 -33%, 채널A는 -54%, JTBC는 -174%로 종편채널 모두 상당한 손실이 발생하였음을 알 수 있다. 이러한 종편의 부진한 성과는 전체 PP의 영업이익률 평균을 적자로 만드는 요인이 되고 있다(-. 3. 1, 종편을 제외할 경우 1. 5).

하지만 같은 자료를 통해 종편의 매출실적이 해가 갈수록 크게 개선되고 있다는 것을 알 수 있다. 2013년 기준 종합편성 채널 4개사(계열PP 제외)의 방송사업 매출액 전체 규모는 3, 062억 원으로 전년도 대비 35. 2% 증가하였다. 이를 채널별로 살펴보면, 매출액 규모는 JTBC 891억 원, MBN 783억 원, TV조선 716억 원, 채널A 672억 원으로 각각 전년대비 38. 8%(JTBC), 24. 6%(MBN), 39. 4%(TV조선), 40. 0%(채널A) 증가하였다.

종편의 사업현황이 개선되고 있음은 방송광고 매출현황 자료에서도 잘 드러난다. 〈표 8-1〉은 2011, 2012년, 그리고 2013년의 종편 광고 영업 및 협찬 매출액 현황을 보여준다. 이를 통해 매해 종편의 광고매출이 빠르게 증가하고 있음을 볼 수 있다. 2013년 기준 종합편성 채널 4개사의 방송광고 및 협찬 매출액 전체 규모는 2, 505억 원으로 전년 대비 30. 1% 증가하였다. 사업자별 방송광고 및 협찬 매출액 규모는 JTBC 699억 원, MBN 663억 원, TV조선 591억 원, 채널A 551억 원으로 각각 전년 대비 34. 4%(JTBC), 19. 3%(MBN), 30. 7%(TV조선), 38. 6%(채널A)로 모두 크게 증가한 양상을 보여주고 있다. [6]

〈표 8-2〉 종합편성 채널 방송광고 및 협찬 매출액 현황

단위: 백만 원

구분	연도	광고	협찬	합계
JTBC	2013	69,891	–	69,891
	2012	51,995	–	51,995
	2011	7,555	483	8,038
채널A	2013	51,249	3,877	55,126
	2012	26,824	12,959	39,784
	2011	5,311	1,468	6,778
MBN	2013	66,296	–	66,296
	2012	55,550	–	55,550
	2011	52,815	–	52,815
TV조선	2013	48,102	11,041	59,143
	2012	36,612	8,624	45,237
	2011	5,914	991	6,905
합계	2013	235,539	14,918	250,456
	2012	170,982	21,584	192,566
	2011	71,595	2,942	74,536

출처: 방송통신위원회, 2014, p.356

---

6 JTBC와 MBN은 2013년에 협찬 매출액이 발생하지 않아 방송광고 및 협찬 매출액 규모와
  방송광고 매출액 규모가 동일하다. 협찬 매출액을 제외한 방송광고 매출액 규모는 JTBC
  699억 원, MBN 663억 원, 채널A 512억 원, TV조선 481억 원이다.

2. 종합편성 채널이 제공하는 프로그램

이상에서 살펴본 대로 종합편성 채널들의 사업현황은 종합적으로 평가할 때, 여전히 어려움이 있지만 상황은 매해 빠르게 개선되고 있다는 것을 알 수 있다. 그렇다면 종합편성 채널이 제공하는 프로그램은 어떠한가?

종합편성 채널들이 제공하는 프로그램의 전반적인 수준을 보여주는 자료가 방송 프로그램에 투입하는 제작비 규모라고 할 것이다. 방송사가 제공하는 프로그램의 질은 결국 투입하는 제작비에 비례하기 때문이다.

다음의 〈표 8-3〉은 종편 4개사가 2011, 2012, 2013년 3년간 투입한 방송프로그램 제작비 현황을 보여준다(방송통신위원회, 2014, p. 358). 2013년 기준으로 종합편성 채널 4개사(계열 PP 제외)가 투입한 방송프로그램 직접제작비 전체 규모는 3,197억 원으로 전년도 대비 3.0% 감소하였다. 직접제작비의 세부 내역은 자체제작비 1,469억 원, 외주제작비 1,669억 원, 방송 프로그램 구매비 59억 원으로 자체제작비는 21.2% 증가한 반면, 그 외 세부내역은 각각 전년 대비 16.4%(외주제작비), 33.4%(구매비) 감소한 것으로 나타났다.

이를 통해 종편사업자들은 완성된 방송프로그램을 구매하기보다는 자체제작 또는 외주제작을 통해서 자신의 채널에 편성할 방송프로그램을 획득하고 있음을 알 수 있다.

2013년 한 해에 종편사업자들 중 제작비 규모가 가장 큰 JTBC의 직접제작비 규모는 1,511억 원이었으며 그중 자체제작비 비중과 외주제작비 비중은 각각 37.8%와 60.6%으로 나타났다. 채널A의 직접제작

비 규모는 494억 원이었으며 그중 자체제작비 비중과 외주제작비 비중
은 각각 63.7％와 35.1％, MBN의 직접제작비 규모는 478억 원이었
으며 그중 자체제작비 비중과 외주제작비 비중은 각각 23.5％와
75.1％, TV조선의 직접제작비 규모는 714억 원이었으며 그중 자체제
작비 비중과 외주제작비 비중은 각각 65.8％와 30.9％로 나타났다. 종
합적으로 2013년 기준 종합편성 채널 중 직접제작비 규모가 가장 큰 사
업자는 JTBC(1,511억 원)였고, 채널별 직접제작비 중에서 자체제작비
비중이 가장 큰 사업자는 TV조선(65.8％), 외주제작비 비중이 가장 큰

〈표 8-3〉 종합편성 채널의 직접제작비 규모

단위: 백만 원

	연도	자체제작	외주제작	구매	총계
JTBC	2013	57,188	91,600	2,316	151,105
	2012	29,838	67,848	1,716	99,403
	2011	3,876	10,613	40	14,530
채널A	2013	31,436	17,329	597	49,362
	2012	7,783	53,215	3,267	64,265
	2011	941	9,309	122	10,372
MBN	2013	11,261	35,935	623	47,818
	2012	35,156	39,174	1,572	75,902
	2011	–	–	–	–
TV조선	2013	47,026	22,081	2,331	71,438
	2012	48,474	39,338	2,255	90,067
	2011	962	3,332	826	5,120
합계	2013	146,911	166,945	5,867	319,723
	2012	121,250	199,576	8,810	329,636
	2011	5,779	23,254	989	30,022

주: 1) 자체제작은 자체제작과 공동제작의 합, 외주제작은 순수외주와 특수관계사외주의 합, 구매는
　　국내물 구매(외주＋비외주)와 국외물 구매의 합으로 구성.
　　2) 2011년 MBN은 종합편성 채널 MBN과 보도채널 MBN의 직접제작비가 합산되어 있어 제외.
출처: 방송통신위원회, 2014, p.360.

사업자는 MBN(75.1%)이었다.

이상의 제작비 통계자료는 현재 종합편성 채널이 제공하는 프로그램의 품질과 관련하여 중요한 시사점을 지닌다. 첫째로 종편사업자들은 JTBC를 제외하면 프로그램 제작에 많은 비용을 투입하고 있지 않다. TV조선이 700억 원대, 채널A는 490억 원대, 그리고 MBN은 470억 원대 수준이다.

둘째로 그나마 종편 채널들은 2013년도에 프로그램제작비를 크게 줄인 것으로 나타났다. 방송기간이 사실상 1개월에 불과한 2011년을 제외하고 2012년과 2013년의 제작비 수치를 비교할 경우 이러한 추세를 분명하게 읽을 수 있다. TV조선의 경우 900억 원 수준에서 710억 원 수준으로, 채널A의 경우 640억 수준에서 500억이 조금 안 되는 수준으로, 그리고 MBN의 경우 760억 수준에서 480억 정도의 수준으로 20%에서 많게는 40%까지 제작비를 감축하였다. 그 내용을 보면 TV 조선의 경우 자체제작비는 거의 같은 수준으로 유지한 반면 외주제작을 크게 줄였고, 채널A의 경우는 자체제작비를 크게 늘리는 대신 외주제작비를 전년도에 비해 거의 30% 수준으로 감축했음을 알 수 있다. 반면에 MBN의 경우 외주제작비는 거의 같은 수준으로 유지한 반면 자체제작비를 30% 수준으로 급감시킨 것으로 나타났다.[7]

종편사업자들이 이처럼 제작비를 줄이는 것은 적자를 보는 사업현실에 비추어 불가피한 선택이라고 할 것이다. 하지만 이에 따라 전체적인 방송 프로그램의 질이 낮아지는 문제가 발생하게 된다.

---

7 이와 같은 제작비 감소 추세는 종편 채널뿐 아니라 방송사업자 전반에 걸쳐 나타난 현상이다. 2013년에 전체 방송사업자의 TV 방송프로그램 직접제작비 중 종편 채널이 차지하는 비중은 13.6%, 일반 PP의 직접제작비 중 차지하는 비중은 22.9%로, 전년도 대비 각각 2.8%p, 5.9% 증가한 것으로 나타났다.

첫째, 높은 재방비율이다. 종편 채널은 초기단계에 50%가 넘는 재방비율(2011년 12월~2013년 2월, 종편 4사 재방비율 평균 51.3%)을 보였고, 부진한 시청률 때문에 조기종영 내지 편성시간대 변경 등 편성의 안정성이 흔들리는 모습을 보였다(김영주·정재민, 2013). 종편 채널 모두가 주시청시간대인 메인뉴스 프로그램의 편성시간을 변경하였고, 드라마 편성시간대도 개국 이후 대부분 이동되었다(최세경, 2012).

둘째, 시사보도 프로그램의 과다 편성이다. 종편이 출범한 2011년 12월부터 2013년 6월까지 종합편성 채널의 편성 다양성을 분석한 한 연구에 따르면, JTBC(58.5%)를 제외한 종편 3사의 뉴스와 시사 프로그램 편성비율이 70%에 달하는 것으로 나타났다(이현우·원희영, 2013). 그 이유는 종편 4개 채널 모두 신문사를 모태로 출범했기 때문에 뉴스 및 시사보도에 경쟁력이 있는 데다 제작비 절감 시도와도 관련이 있다고 보았다. 아울러 2012 대선기간 중 경쟁적으로 정치토론 프로그램을 편성해 시청률을 끌어올린 종편 4사는 선거 이후의 편성정책에서도 같은 기조를 지속하는 경향이 있었다. 종편 채널들은 이처럼 당초 출범 취지와 달리 뉴스나 시사 프로그램을 과잉 편성하여 시청자 선택권을 제한한다는 비판을 받았다(한국언론재단, 2012).[8]

셋째, 프로그램의 낮은 품질이다. 종편 채널은 출범 이후 지속적인 프로그램 품질 시비에 휘말려 왔다. 보수언론인 〈조선일보〉, 〈중앙일보〉, 〈동아일보〉, 〈매일경제〉 등으로부터 태동한 만큼 종편 보도의 보수성은 어느 정도 예상되었다. 그러나 개국 이후 정작 문제가 된 것은 정치적 편향성에 앞서 기본적인 사실관계의 확인미비, 수준 이하의 진행, 비속어와 막말 등 여과 없는 발언, 지나친 성적 표현이나 재연 등

---

8 뉴스나 시사물은 대표적인 공익적 콘텐츠라는 점, 그리고 '종합편성'이 PP채널의 입장에서 비현실적이라는 점을 고려할 때 이러한 비판은 타당하지 않다는 것이 필자의 견해이다.

434

프로그램 제작 전반에 드러나는 저급성 내지 미완성도였다. 9

종편 채널이 제공하는 프로그램들 중에서도 가장 많은 주목을 받고
또 우려를 자아내는 것은 시사보도 프로그램이다. 종편 채널의 시사뉴
스 프로그램은 우리나라 방송 뉴스의 지형에 의미심장한 변화를 초래
했다는 점에는 대부분의 연구자들이 의견을 같이한다. 하지만 이러한

〈표 8-4〉 2011.12~2013.3 기간 중 방심위의 종편 프로그램 심의 의결사례

구 분	프로그램명	일 시	내 용	제재종류
선정성	jTBC 〈김국진의 현장박치기〉	2012년 11월 1/3/4일	'성인 에로가요' 전문 가수라는 출연자(정희라)가 자신의 노래인 〈쏘세지 타령〉을 부르는 도중 일부 가사를 신음소리로 대체…(중략)	프로그램 관계자 징계 및 경고
혐오감	채널A 〈이영돈 PD의 소비자X파일〉	2012년 4월 27일	이른바 '인육캡슐'의 실태 관련 방송. 태아 사체를 잘게 잘라 건조하는 과정을 보여줌…(중략)	주 의
폭력성	MBN 〈추적 사각지대〉	2012년 12월 2일	지각을 하게 된 아들이 돈이 없어 택시비를 줄 수 없다는 어머니와 말다툼하면서 웅크리고 있는 어머니를 몽둥이로 찌르고 발로…(중략)	프로그램 관계자 징계 및 경고
청소년·인권보호 등의 방송윤리	TV조선 〈영상추적 NOW〉	2012년 1월 26일	11개월 된 아기가 뜨거운 증기가 뿜어져 나오는 전기밥솥 증기 분출구에 손을 짚어 화상을 입음. 이 과정에서 아이의 엄마와 제작진이 이를 제지하지 않고 지켜보는 모습을 방송	경 고

9 그 사례로 TV조선의 〈장성민의 시사탱크〉(방송일자 '13. 05. 13)와 채널A의 〈김광현의 탕탕평평〉(방송일자 '13. 05. 15)에서 탈북 북한군 출신이라는 인물을 등장시켜 확인되지 않은 대대급 북한군의 1980년 5월 광주 급파 주장을 방영한 사실, 2013년 7월 7일 채널A 〈뉴스특보〉에서 아시아나 여객기 착륙사고에 관한 내용을 보도하던 앵커가 "중국인 2명이 사망한 것으로 파악됐습니다. 우리 입장에서는 다행이라고 말할 수도 있을 것 같은데요"라는 멘트를 내보낸 것을 들 수 있다.

변화를 바라보는 시각에서 긍정적 평가와 부정적 평가가 공존한다.

우선 긍정적 평가를 살펴보면 종편은 지상파 뉴스가 지배하던 TV 뉴스보도 장르의 새로운 전기를 마련한 것으로 평가된다. 텔레비전의 뉴스 및 시사프로그램들의 형식 및 내용을 한층 풍부하고 다양하게 만든 것이다. 특히 정치담화 공간의 새로운 행위자로서의 종편의 역할은 가히 괄목상대할 만하다. 한국갤럽조사연구소(2014) 가 전국 성인 1, 200여 명을 대상으로 조사한 뉴스채널 선호도를 조사한 결과, 2013년 이후 지상파 3사 뉴스에 대한 선호도는 감소세를 보이는 반면, 종편인 JTBC 와 TV조선의 선호도는 급증하였다. 특히 JTBC에 대한 선호도는 세월호 사건 이후인 2014년 5월 당시 MBC와 SBS에 대한 선호도를 넘어섰다. 종편 뉴스에 대한 신뢰도 역시 출범 3년 만에 평균 3. 6점 (5점 만점) 을 기록해 지상파 방송(3. 9) 과 보도전문채널(3. 7) 에 이어 3번째로 높았으며, 전국종합신문의 기사 신뢰도(3. 43) 를 능가하고 있다(한국언론진흥재단, 2014) .

방송사별 저녁종합뉴스의 시청자 특성을 분석한 심미선(2014) 의 연구에서는 MBC, SBS와 JTBC의 메인뉴스 시청자 구성이 성별과 연령 측면에서 유사하고, KBS와 채널A, TV조선의 시청층이 비슷하다는 사실이 발견되었다. 이러한 결과들을 통해 종편이 뉴스시장에서 비교적 동일한 시청자를 대상으로 지상파 방송사의 위협적인 경쟁자로 대두하고 있음을 확인할 수 있다.

종편채널의 출범이 지상파 방송 뉴스에 미친 영향을 분석한 한수연 · 윤석민(2015) 의 연구에 따르면 종편 채널의 새로운 시사뉴스 보도는 지상파 방송 뉴스에 대해서도 의미심장한 변화를 초래한 것으로 평가된다. 그동안 한국 방송 뉴스의 고질적 문제점으로 지적된 천편일률적인 형식의 틀(반현 · 홍원식, 2009; 이준웅 · 황유리, 2004; 최영재, 2009)

을 방송사들이 탈피하기 시작한 것이다.

구체적으로, 종편의 출범은 지상파 뉴스의 1일 평균 아이템 수 감소와 이에 따른 아이템별 보도시간 증가를 초래한 것으로 확인되었다. 이는 백화점식으로 다수의 기사를 80~90초의 도식하에 단편적, 파편적으로 제시하던 보도관행에서 벗어나 한 아이템에 보다 긴 시간을 집중하게 되었다는 것을 의미한다. 이와 함께 종편 출범 이후 기사에 인용된 취재원 수와 사운드바이트 길이 역시 증가한 것으로 나타났다. 다양한 취재원과 사운드바이트의 사용은 기자의 사실 확인에 대한 성실성과 균형보도를 추구하는 태도를 시사한다(이재경, 2013).

종편 저널리즘의 확산이 뉴스의 연성화 증가, 심층성 감소, 그리고 앵커의 의견개입 증가 여부로 평가된 지상파 방송사 뉴스의 시장지향적 저널리즘 확대에는 전반적으로 영향을 미치지 않은 것으로 나타났다. 이러한 사실은 종편 채널의 등장에 따라 방송전반에 걸쳐 시장지향적 저널리즘이 확산될 것이라는 세간의 우려가 반드시 타당하지는 않다는 점을 시사한다.

하지만 종편 채널이 제공하는 시사뉴스 프로그램에 대한 부정적 시각도 만만치 않다. 뉴스보도, 시사토론, 시사 대담 프로그램 등 프로그램 제목과 진행자만 바뀔 뿐 내용이 대동소이한 스튜디오 제작물이 범람한다든지, 이들 프로그램들이 정치나 북한 뉴스에만 주로 주목함으로써 뉴스의 다양성 및 균형성 차원에서 문제를 초래하고, 뉴스거리가 되지 않는 하찮은 이슈가 거창하게 침소봉대되고 뉴스시간의 전면부에 배치된다든지, 여러 프로그램에 겹치기 출연하는 패널들(이른바 논객들)의 자질 및 준비성이 떨어진다든지 등과 같은 문제들이 지적된다. 이와 동시에 공통적으로 강조되는 것이 공정성의 문제이다.

최영재(2015)는 최근 개최된 방송 공정성 관련 학술세미나 발제문에서 종편 저널리즘의 문제점을 다음과 같이 정리하고 있다.

첫째, 종편 채널은 뉴스시사 프로그램의 집중 편성으로 보도채널에 가까운 편성을 하고 있다. 이 점은 YTN과 연합뉴스TV 등 뉴스채널로부터 항의를 받기도 하지만, 그것보다도 종편 채널의 등장으로 인한 '과잉 담론'이 우리 사회의 더 큰 문제로 대두되고 있다.

둘째, 기존의 지상파 방송이 객관 저널리즘을 지향했다면 '종편 저널리즘'은 '의견 저널리즘', '옹호(advocacy) 저널리즘'을 구현하고 있다. 차별화 전략이면서, 모회사인 신문이 구사하는 선택과 집중을 통한 의제설정 영향력을 높이는 편집방식을 차용한 것으로 볼 수 있다. 종편 저널리즘의 의견 저널리즘은 정치 종속적 지배구조로 인해 소극적인 기계적 균형보도에 머물고 있는 지상파 뉴스가 해내지 못하는, 한껏 언론자유가 신장된 형태의 정의로운 목소리를 내기도 한다. 하지만 모회사 신문이 그랬던 것처럼 때로는, 아니 더욱 자주, 방송에서 의견과 주장을 표출하는 과정에서 사실검증과 객관성을 생략하는 경우가 많아 편파와 불공정 문제를 일으키곤 한다.

셋째, 종편 저널리즘의 이슈는 정치문제 또는 선정적 가십기사에 집중되어 있다. 〔또한〕[10] 북한문제로 '영업'을 하는 특징을 가지고 있다. 다루는 이슈의 다양성과 심층성, 전문성 등에서 높은 점수를 받지 못하고 있다.

넷째, 종편채널은 '토크 저널리즘'의 개척과 실현의 성과를 거두고 있다. 정치문제와 북한문제에 집중하는 편성전략, 옹호 저널리즘과도 무관하지 않고, 저비용 고효율의 편성경영 전략과도 직결돼 있다. 하지만 종편채널은 사실 확인과 권력감시, 소수자 배려를 위한 탐사보

---

10 〔 〕은 연결을 위해 필자가 추가.

도, 심층취재에는 결정적으로 취약점을 드러내고 있다.

다섯째, 종편 채널은 '보수편향 고령화 채널'의 특성을 가지고 있다. JTBC를 제외한 종편채널 시청자의 70% 이상이 고령층이다. 그래서 프로그램도 이야기 식으로 쉽게 풀어 주고, 앵커의 목소리도 크게 내고, 노인층을 잡아 놓기 위해 프로그램 길이도 길게 편성한다. 문제는 종편 채널의 주요 시청자들이 객관적이고 공정한 시사 및 의견 정보를

〈표 8-5〉 2015년 2/4분기 방송통신심의위원회의 방송심의 의결현황

제작종류별 / 부문	보도교양					연예오락					상품판매방송	방송광고	소계
	지상파TV	지상파R	종편	PP	SO/위성/IPTV 등	지상파TV	지상파R	종편	PP	SO/위성/IPTV 등			
과징금													0
정정·수정, 중지													0
관계자 징계			3	5		1			11			1	21
정정·수정, 중지, 관계자 징계 및 경고									2				2
정정·수정, 중지 및 관계자 징계									2				2
정정·수정, 중지 및 경고													0
관계자 징계 및 경고			1						8				9
경고	3		9	22	1	6			21				64
주의	6	3	13	5	30	5	2		16				92
소계	9	3	26	32	31	12	2	2	60	1	8	4	190
권고	29	20	62	21	16	17	16	2	33	2	29	126	373
의견제시	3	4	26	1	1	5	3		8		4	27	82
소계	32	24	88	22	17	22	19	2	41	2	33	153	455
총계	41	27	114	54	48	34	21	4	101	3	41	157	645
문제없음	1	3	16	2		4	2	1	6		3	25	63
총 심의건수	42	30	130	56	48	38	23	5	107	3	44	182	708

(제재조치 / 행정지도 구분: 위 표 좌측에 '제재조치'는 과징금~소계(190)까지, '행정지도'는 권고~소계(455)까지를 포함함)

출처: 방송통신심의위원회 홈페이지 정보마당 통계자료.

소비하기보다는 편파적이고 공격적인 주장, 즉 '편향'을 소비하고 있다는 것이다.

정리하면 종편 채널들은 지상파에 견주어 모든 점에서 경쟁력이 취약한 자신의 한계를 극복하기 위해 자신들이 강점을 지닌 시사보도 프로그램에 집중하게 되었으며, 시청자들(주로 고령층)의 눈길을 사로잡기 위한 차별화 전략으로 적극적인 주창(옹호) 저널리즘을 구사하고 있다. 이에 따라 종편 채널들은 지속적으로 공정성 문제를 야기시키고 있다. 다음에 제시된 방송통신심의위원회(방심위)의 최근 심의 통계자료는 그 실태를 보여준다.

3. 종편 공정성의 실증적 평가[11]

종편의 불공정성에 대한 사회적 우려가 극에 달하던 2013년 가을, 필자와 필자가 지도하던 한 대학원생은 종편 채널들의 공정성을 실증적으로 평가하는 연구를 수행하였다. 불공정성을 둘러싼 종래의 논의들은 다분히 인상론적 평가 내지 이념적 주장의 수준을 벗어나지 못한다는 판단하에, 종편의 불공정성에 대한 세간의 인식은 과연 사실인지, 모(母) 회사가 우리 사회의 보수언론을 상징하는 조선·중앙·동아·매일경제이기 때문에 종편의 보도 역시 우편향적 논조를 띨 것이라고 확신할 수 있는지, 종편의 보도가 불공정하다면 과연 어떠한 측면에서 얼마나 불공정한 것인지, 더 나아가 각 종편 채널들은 동일한 양상을 보이는지, 만일 각 채널들 간에 차이가 존재한다면 그 양상은 어떠한지 등과 같은 질문에 대한 답을 찾아보는 것이 연구의 목적이었다.

마침 2012년 말에는 제 18대 대통령 선거가 있었다. 대통령 선거는 언론의 공정성을 가늠할 수 있는 대표적 상황이다. 따라서 이 연구는 지난 대선 선거국면에서 종편 채널들은 과연 얼마나 공정했는지를 분석해 보고자 하였다. 보다 구체적으로 대선기간 동안 종편이 내보낸 저녁 메인 종합뉴스의 선거관련 보도내용을 연구자들이 구성한 공정성 평가척도에 의거해 시계열적으로 분석함으로써 종편의 공정성을 실증적으로 평가해 보고자 하였다. 이하에서는 유사한 연구를 계획하는 후속 연구자들에게 참고가 될 수 있도록 연구방법론과 결과분석 등을 상세하게 소개해 보고자 한다.

---

11 원희영·윤석민(2015)를 정리한 내용이다.

1) 연구에서 사용한 공정성 평가모형

이 연구는 백선기(1992, 2002), 이창현(2002), 최영재·홍성구(2004), 이준웅·김경모(2008), 그리고 보도 공정성 연구에 대한 달레시오와 알렌의 메타 분석(D'Alessio & Allen, 2000) 연구결과를 토대로 공정성의 하위 개념을 정량적 편향성과 정성적 편향성으로 구분하고 두 개념을 중심으로 공정성에 대한 평가모형을 마련하였다.

달레시오와 알렌(2000)에 따르면 공정성 관련 내용분석 연구경향은 게이트키핑 과정에 내재된 체계적 편향, 보도량 편향, 출연자 발언 편향 등 3가지 갈래로 나누어진다. 먼저 게이트키핑과정의 체계적 편향은 선거보도와 관련해서 언론이 한쪽 후보나 정당과 관련된 이슈로 뉴스를 채우는 식으로 편파성을 드러내는 것이다. 하지만 게이트키핑의 체계적 편향을 검증하기는 쉽지 않다. 게이트키핑의 편향을 알기 위해서는 관련된 뉴스 전체를 연구대상으로 삼아야 하는데, '관련된' 뉴스를 범주화하는 것 자체가 현실적으로 가능하지 않기 때문이다. 따라서 공정성 관련 내용분석 연구들은 정량적 차원에서의 보도량의 편향과 정성적 차원에서의 출연자 발언의 편향을 주로 살피고 있다(백선기, 1992; 2002; 이준웅·김경모, 2008; 이창현, 2002).

보도량 편향에 대한 내용분석 연구는 신문의 경우 입장별 헤드라인 글자 크기나 신문 기사의 크기를 비교하고, 방송의 경우에는 갈등하는 입장별 보도시간, 출연자 및 취재원의 수 등을 비교하는 등 정량적 측면에서 공정성을 평가한다. 그러나 이 방법은 기계적인 양적 균형성에 경도되어 질적인 차원의 편향성은 충분히 반영하지 못하는 한계가 있다. 이를 보완하는 것이 발언의 편향성 분석이다. 이는 뉴스보도 출연자의 성격과 발언에 내재된 편향성을 분석한다는 점에서 단순한 정량

442

적 공정성 분석을 넘어 보도내용의 정성적 공정성을 평가할 수 있게 해 준다. 이러한 논의에 기초하여 이 연구에서는 공정성 하위개념을 정량적 편향성과 정성적 편향성으로 구분하고 이 각각에 대해 다음과 같은 분석틀을 채택하였다.

(1) 정량적 편향성: 등장인물의 균형성

저널리즘을 실천하기 위해서는 취재원 접촉을 통해 얻은 정보의 활용이 필수적이다(이재경, 2003). 활용된 취재원의 성격을 분석함으로써 뉴스의 정치적 편파성을 측정한 연구자들에 따르면 활용된 취재원의 성향은 보도의 질뿐만 아니라 기사에 반영되는 관점의 다양성 및 공정성까지 좌우한다(Groseclose & Milyo, 2005; Shoemaker & Reese, 1991). 예를 들어 대선 국면에서 집권여당의 인물 또는 집권여당을 지지하는 사람만을 취재원, 인터뷰이·출연자로 섭외한 뉴스는 야당의 인물 또는 야당을 지지하는 사람들을 함께 섭외한 뉴스보다 관점의 다양성을 구현하지 못할 가능성이 높다는 것이다. 같은 맥락에서 이준웅과 김경모(2008)는 뉴스보도가 공정하기 위해서는 다루는 이슈에 관한 사회의 다양한 관점, 의견, 주장을 반영하고, 다양한 정보원을 활용(이준웅·김경모, 2008; Entman, 1985)해야 한다고 주장한다. 이러한 논의에 기초하여 이 연구는 종편 뉴스 프로그램이 활용한 취재원, 인터뷰이·출연자[12] 등 등장인물의 균형성을 분석하여 종편 뉴스의 정량적 편향성을 평가해 보고자 하였다.

---

[12] 취재원이란 10초 내외의 짧은 발언을 하는 외부 인물로 행인(行人)이 그 대표적인 예다. 인터뷰이·출연자는 뉴스 스튜디오에 착석해 진행자의 인터뷰에 응하거나(인터뷰이) 상호간에 대담 내지 토론을 전개하는 인물들(출연자, 흔히 '논객'으로 지칭)을 묶어서 지칭한다.

(2) 정성적 편향성: 발언의 편향성

이 연구는 정성적 편향성을 뉴스 등장인물의 발언에 담긴 편향성으로 분석하였다. 뉴스 제작진들이 특정 가치를 옹호하고 주관적 논평을 적극적으로 곁들이는 것이 반드시 나쁘다고는 할 수 없다. 가스텐(Garsten, 2009)은 심지어 좋은 레토릭이라고 해서 꼭 이성적일 필요는 없다고 주장한다. 왜냐하면 '좋은 메시지'란 종종 감정 또는 심지어 편견에 호소하며 민주적 숙의를 돕기 때문이다(Garsten, 2009). 그러나 감정, 편견에 호소하는 정파적 선거방송이 선거결과에 실질적으로 상당한 영향력을 미친다(Collins, 2004; Morris, 2005; Vigna & Kaplan, 2007)는 점을 고려할 때, 적어도 선거보도에서만큼은 정치적 편향성을 드러내는 것은 바람직하다고 볼 수 없다.

따라서 이 연구는 증거 없는 주장, 감정 및 추론에 의지하는 호소 등으로 구성된 선거관련 보도는 공정성 차원에서 문제가 있다는 차원에서 등장인물별 발언의 편향성 정도를 분석하여 종편 뉴스의 정성적 편향성을 평가해 보고자 하였다.

2) 연구방법

(1) 분석대상

이 연구의 분석대상 매체는 MBN, JTBC, 채널A, TV조선(가나다순) 등 종편 4사, 그리고 비교대상인 SBS 5개 채널이다. 종편의 비교대상으로 SBS를 선택한 이유는 SBS가 종편과 민영 종합편성 채널이라는 공통점을 지닌 채널이기 때문이다. 비교대상으로 KBS, MBC, YTN 역시 고려하였으나 소유권자의 성격을 고려했을 때 KBS와 MBC는 공영, YTN은 종합편성과 거리가 먼 '24시간 뉴스전문 채널'이기 때

444

〈표 8-6〉 분석 대상 프로그램

방송사	뉴스 명칭	방송 기간	편성 시간대
SBS	SBS 8 뉴스	1991년 12월 9일~현재	매일 오후 8시~8시 55분께
TV조선	뉴스쇼 판	2012년 9월 19일~현재	평일 오후 9시 40분~11시
JTBC	JTBC 뉴스 10	2011년 12월 1일~2012년 11월 2일	평일 오후 9시 50분~10시 50분
	JTBC 뉴스 9	2012년 11월 5일~2013년 9월 13일	평일 오후 8시 50분~9시 40분
채널A	뉴스A	2011년 12월 26일~2013년 2월	평일 오후 9시 50분~11시
MBN	MBN 뉴스 8	2012년 4월 16일~현재	평일 오후 8시~9시

〈표 8-7〉 분석 대상 일자

분석대상 일자		주요 이슈	지지율 변동 추이		
			박근혜 후보	문재인 후보	지지율 차이 (박-문)**
선거운동전기	2012. 9. 17	문재인 민주통합당 대선 후보선출	40.4	18.3	22.1
	2012. 9. 24	박근혜 후보 과거사 사과: 인혁당 관련 발언	38.3	20.2	18.1
	2012. 10. 8	정수장학회 쟁점 부상	35.8	21.6	14.2
	2012. 10. 9	NLL 대화록 논란 가열	36.6	20.8	15.8
	2012. 10. 22	박근혜, 정수장학회 입장 발표	42.8	24.9	17.9
선거운동후기	2012. 12. 6	안철수 전 후보, 문재인 후보 유세 합세	50.1	45.1	5
	2012. 12. 10	두 번째 대선 TV토론(경제, 복지, 노동, 환경 분야): 박근혜, 문재인, 이정희	50.9	45.3	5.6
	2012 12 11	민주통합당과 경찰, 국정원 조사 (국정원 직원 김하영 오피스텔 대치)	50	45.6	4.4
	2012. 12. 12	민주통합당 대변인 국가정보원의 정치개입에 대한 공식적인 문제 제기	48.3	47.1	1.2
	2012. 12. 17	마지막 대선 토론	48.2	48	0.2

* 수치는 백분율(%)
** 이 연구는 여론조사기관인 리얼미터의 유권자 지지율 조사를 이용하였다. 리얼미터의 여론조사가 매일 이루어졌고, 이에 대한 자료가 현재까지도 보존·공개되고 있기 때문이다. 다른 조사기관들도 대선 후보들에 대한 지지율 조사를 시행하였으나 조사가 주(week) 단위로 또는 간헐적으로 이루어지고 자료가 공개되지 않는 등의 한계가 존재하였다. 리얼미터 조사는 전화조사방식으로 지역·성·연령별 할당표집을 통해 추출된 2천 명의 표본을 대상으로 실시되었고 95% 신뢰수준에 표본오차 ±2.2%였다.

문에 민영 종합편성 채널인 SBS에 비해 적절하지 않다고 판단하였다.

분석대상 프로그램은 채널별로 편성시간은 다르지만 20시와 23시 사이에 편성되는 각 채널의 저녁 메인 종합뉴스로 삼았다. 저녁 메인 종합뉴스는 종합편성 채널 및 지상파 각사가 편성하는 뉴스 프로그램 중 가장 공을 들이는 간판 프로그램으로서 뉴스 프로그램들 중 가장 높은 시청률을 기록하고, 자사의 보도원칙 및 논조가 가장 분명히 드러난다는 특징을 보이기 때문이다. 잦은 개편과 대선 특집편성으로 조사기간 동안에도 프로그램 명칭, 편성 시간대 및 방영시간이 변동하는 경우가 있었지만, 이 연구는 그에 개의치 않고 저녁 뉴스 프라임시간대에 편성된 종합 뉴스 프로그램의 대선보도 내용을 연구대상으로 삼았다.

이 연구의 분석기간은 민주당의 대선후보가 정해진 2012년 9월 17일부터 12월 19일 대선 선거일 직전까지다. 분석대상 날짜는 박근혜 후보가 압도적으로 지지율 1위를 기록하던 2012년 9월 및 10월의 닷새(선거운동 전기), 그리고 박근혜 후보와 문재인 후보 간 격차가 큰 폭으로 줄어 오차범위 내 접전을 벌이기 시작한 2012년 12월의 닷새 등(선거운동 후기) 총 10일이었다.[13] 구체적 일자 선택은 양 후보의 지지율에 영향을 미치는 주요 선거관련 이슈가 발생한 날을 우선 고려하였다.

(2) 편향성의 측정

앞서 논의한 대로 이 연구는 공정성을 정량적 편향성과 정성적 편향성으로 구분하고 전자는 등장인물의 균형성, 후자는 등장인물 발언의

---

13 이 연구가 수행한 뉴스 내용분석에는 많은 시간과 노력이 소요되었다. 이에 따라 분석대상을 열흘치 정도의 각 방송사의 메인 뉴스로 국한할 수밖에 없는 조건에서 가능한 명확한 연구결과를 확보하고자 후보 간 지지율에 변화가 발생한 일자를 중심으로 분석 대상 뉴스 프로그램을 표집하였다. 따라서 이 연구의 결과를 일반화하는 데는 조심성이 필요하다.

446

편향성을 통해 측정하였다. 우선 정량적 편향성과 관련해 취재원, 인
터뷰이 및 출연진별 보도시간을 산술적으로 계산하여, 각 진영별 등장
인물 발언길이의 균형성을 비교 검토하였다. 보다 구체적으로 등장인
물들의 성격을 파악해 진영별로 구분하고 그들이 행한 발언의 길이를
초단위로 계산해 전체 편성시간 대비 비율을 비교하였다.[14]

정성적 편향성과 관련해 이 연구는 등장인물별 발언의 편향성 여부
및 그 정도를 분석하였다. 뉴스 등장인물은 진행자·앵커·기자, 10초
내외의 짧은 발언을 하는 취재원, 대담 포맷 등에서 보다 긴 발언을 하
는 인터뷰이·출연자의 3유형으로 나눌 수 있다. 한국 방송뉴스 도식
에 따르면 지상파 뉴스 진행자·앵커·기자의 발언은 스트레이트 뉴스
에 걸맞게 건조하고 '객관적' 성격을 띠는 반면(이준웅·황유리, 2004),
취재원과 인터뷰이·출연자들은 그들의 의견을 표명하여 뉴스에 내용
을 더하는 역할을 담당한다. 이에 이 연구는 취재원, 인터뷰이·출연
자, 그리고 진행자·앵커·기자의 발언을 구분해 각각 분석하였다. 일
차적으로 모든 발언은 다음과 같은 코딩 스킴에 따라 구분되었다.

① 사건(발생) 과정에 대한 사실보도
② 사실 + 분석
③ 사실 + 양측 입장을 균형 있게 반영
④ 사실 + 박 후보 지지
⑤ 사실 + 문 후보 지지

14 이 연구는 박근혜 후보 또는 문재인 후보 편향적인 발언을 한 프로그램 등장인물의 총 발
언 길이를 후보 편향성 점수 산출의 기초 자료로 삼았다. 이렇게 한 이유는 보통 특정 후
보 편향성을 명백하게 드러낸 등장인물은 전 방송에 걸쳐 해당 후보 편향적 태도를 유지
했을 것으로 판단하였기 때문이다. 그러나 등장인물이 실제로 발언시간 내내 박근혜 후보
편향적인 태도를 유지했다고 확신할 수는 없다.

⑥ 사실 + 박 후보 반대

⑦ 사실 + 문 후보 반대

⑧ 사실 없는 균형적 (불편부당한) 발언

⑨ 사실 없는 박 후보 지지

⑩ 사실 없는 문 후보 지지

⑪ 사실 없는 박 후보 반대

⑫ 사실 없는 문 후보 반대

⑬ 사실 또는 사실 없는 기타 발언 (안철수, 이정희 등에 대한 평가)

발언내용의 지지, 반대 여부 등 편향성 판단은 종래의 관련 연구들 (윤영철, 2007; 이민웅 등, 2004; Young, 2002) 등을 참고하여 윤색적인 형용사, 부사, 동사/ 주관적 감정/ 역사적 교훈 또는 상식적 어구/ (검증되지 않은) 다른 사람의 말 또는 글/ 바람직한 규범적 가치/ 감정이 명백하게 드러난 얼굴 표정[15]을 적극적으로 활용했는지 여부에 기초해 이루어졌다.

이러한 과정을 통해 일차 코딩이 완료된 후, 코딩 항목 중 ①, ②, ③, ⑧은 사실보도 또는 중립적인 입장, ④, ⑦, ⑨, ⑫는 박근혜 후보 편향적 발언, ⑤, ⑥, ⑩, ⑪은 문재인 후보 편향적 발언으로 분류하였다. ⑬의 경우는 이 연구의 주된 갈등구도에 해당하지 않는 내용으로 분석대상에서 제외하였다.

다음으로 이 연구는 정량적 및 정성적 편향성 평가를 결합시켜 각 종편채널 메인뉴스의 대선보도 내용에서 후보 편향성 (박근혜 vs 문재인) 점수를 계산하였다. 후보 편향성 점수는 각 대선 보도내용에 나오는 등장인물들의 특정후보 편향적 발언량을 합산한 후 이를 보도시간으로

---

15 '명백하게 드러난 얼굴 표정'은 일반적인 시청자라면 고민의 여지없이 명백하게 판단할 수 있는 출연자의 얼굴 표정이 담길 때에만 분석에 포함시켰다.

448

〈표 8-8〉 후보 편향성 점수 산정방식

종편 메인 뉴스 프로그램의 A(B) 후보 편향성 점수

$$= \sum_{i=1}^{k} \frac{\text{등장인물}i\text{의}A(B)\text{후보편향정도}\times\text{등장인물}i\text{의발언길이}(\text{초})}{\text{대선관련뉴스보도시간}}$$

(k는 등장인물의 수)

나눈 점수(비율)다. 이를 통해 당일 특정 종편채널의 메인뉴스 대선보
도가 얼마나 특정 후보 편향적이었는지를 추정할 수 있다.

이를 계산하기 위해 우선 각 등장인물의 발언이 특정후보에 대한 편
향성을 띠는지 여부를 위의 코딩 스킴에 따라 확인하였다. 편향성이 확
인된 발언에 대해, 편향성 값(1 또는 2)[16]에 발언의 길이(초)를 곱했다.
특정 후보 편향적인 발언의 길이가 10초인 경우와 60초인 경우는 편향
성의 정도가 다르다고 판단하였기 때문이다. 마지막으로 이를 대선관
련 뉴스보도 시간으로 나누어 비율로 치환하였다.

(3) 코딩

코더 간 신뢰성을 확보하기 위해 약 2주간의 시간을 할애하였다. 코
더들은 우선 코딩 스킴 및 각 개념들에 대한 조작적 정의들에 대해 숙지
하였다. 그 후, 코더들은 훈련차원에서 연구자와 함께 연구대상 테스
트용 프로그램들을 함께 시청한 후 코딩하였다. 그렇게 채널별로 각각
3편 이상의 프로그램들을 함께 코딩해 본 다음, 연구자와 코더들은 각

---

[16] 편향성을 띤 발언은 1. 박근혜 지지, 2. 박근혜 지지 + 문재인 반대, 3. 문재인 지지, 4.
문재인 지지 + 박근혜 반대의 4가지 유형으로 구분된다. 연구자들은 1이나 3에 비해 2나 4
에 해당하는 편향성의 정도가 더욱 심한 것으로 보고 이를 코딩에 반영하였다. 구체적으
로 위의 코딩 스킴에서 ④와 ⑦로 동시 코딩된 발언에 대해서는 박근혜 후보 편향성 값이
'2'에 해당하는 것(문재인 후보 편향적 발언에 대해서도 마찬가지)으로 코딩하였다.

채널별 총 10편의 연구대상 프로그램들 중 두 편의 프로그램을 같은 시간, 같은 장소에서 함께 코딩하며 코더 간 신뢰도가 제대로 확보되었는지 여부를 확인하였다. 이런 과정을 거친 후 홀스티 기법으로 코더 간 신뢰도를 구한 결과, 95% 수준의 신뢰도를 보였다.

그럼에도 불구하고 출연자 발언에 담긴 편향성과 편향성을 드러내는 표현방식과 관련된 문항의 코딩에서는 신뢰성이 여전히 염려되었다. 따라서 코더들은 우선적으로 뉴스에 등장하는 출연자들의 모든 발언을 스크립트에 정리하였고 발언의 편향성이 드러난 부분에 노란색 블록 처리 등의 기록을 남겼다. 이후, 코더들이 분석하기 모호하다고 밝힌 기사들을 중심으로 두 명의 코더와 연구자가 함께 검토하는 과정을 거쳤다.

4) 분석결과

분석대상 일자의 분석대상 프로그램을 통해 보도된 대선 관련 뉴스는 총 753건이었다. 방송사별로 SBS는 총 41건, TV조선은 총 111건, JTBC는 총 95건, 채널A는 총 298건, MBN은 총 208건의 대선 관련 뉴스를 메인 뉴스프로그램을 통해 보도하였다.

앞서 논의한 대로 이 연구는 뉴스 프로그램 등장인물을 외부인력으로는 취재원 및 인터뷰이·출연자, 그리고 내부인력으로는 진행자·앵커·기자, 이렇게 3가지 유형으로 구분하여 분석하였다.

(1) 정량적 편향성

우리나라는 다당제이나 대선국면에서는 실질적으로 양당제 구도가 형성된다. 따라서 대선기간 동안 뉴스제작자는 주로 집권여당 및 제 1

450

〈표 8-9〉 분석 대상 날짜와 분석 대상 기사

일 자	지지율 격차	SBS	TV조선	JTBC	채널A	MBN	계
2012. 9. 17	22.1%	3	4	5	28	11	51
2012. 9. 24	18.1%	4	5	4	26	25	64
2012. 10. 8	14.2%	2	5	6	28	24	65
2012. 10. 9	15.8%	6	6	4	30	25	71
2012. 10. 22	17.9%	3	6	7	29	29	74
소 계		18	26	26	141	114	325
2012. 12. 6	5.0%	4	22	14	31	24	95
2012. 12. 10	5.6%	5	14	11	28	14	72
2012. 12. 11	4.4%	5	16	13	34	15	83
2012. 12. 12	1.2%	4	18	13	33	20	88
2012. 12. 17	0.2%	5	15	18	31	21	90
소 계		23	85	69	157	94	428
계		41	111	95	298	208	753

* 수치는 빈도

〈그림 8-2〉 두 개 이상의 진영을 대표하는 인물 출연 여부

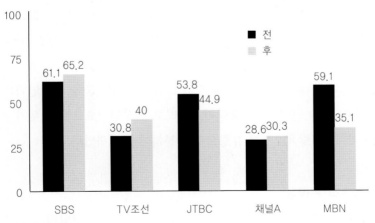

* 수치는 백분율(%)

야당의 경쟁양상을 뉴스내용에 공정하게 반영하는 역할을 요구받는다. 이 연구는 각 방송사가 18대 대선에서 박근혜 후보 지지진영과 문재인 후보 지지진영의 입장을 균형 있게 취급했는지 여부를 취재원, 그리고 인터뷰이·출연자들의 구성을 통해 각각 분석하였다.

우선 분석대상 뉴스 전체를 대상으로 경쟁하는 두 개 이상의 진영을 대표하는 인물이 출연했는지 여부를 확인하였다. 〈그림 8-2〉는 그 결과를 보여준다. SBS 뉴스에는 대선을 둘러싼 두 개 이상의 진영을 대표하는 입장이 소개된 기사가 평균 약 60%였다. 그러나 종편은 이처럼 다양한 진영을 소개하는 보도의 비율이 SBS에 비해 전반적으로 낮았다. 특기할 점은 방송사별, 시기별 차이다. 후보 간 지지율 격차가 컸던 전기에 JTBC와 MBN은 두 개 이상의 진영을 반영한 보도비율이 SBS 수준 정도로 높았지만 후보 간 지지율 격차가 줄어든 후기에 이르러서는 이 비율이 상대적으로 감소하였다. TV조선과 채널A는 전 선거운동기간에 걸쳐 이러한 보도비율이 낮게 나타났다.

① 취재원

정량적 편향성 분석을 위해 시기별로 새누리당 측 취재원과 민주당 측 취재원 중 어떤 정당을 대표 또는 지지하는 취재원을 더 빈번하게 섭외했는지를 분석하였다. 그 결과, 연구대상 방송사들은 전반적으로 새누리당 측 취재원과 민주당 측 취재원을 고르게 활용했다는 것이 밝혀졌다. 후보 간 지지율 격차가 컸던 전기에는 JTBC를 선두로 연구대상 방송사들이 새누리당 측 취재원을 민주당 측 취재원에 비해 소폭 수준에서 보다 빈번하게 활용하였다. 그러나 후보 간 지지율 격차가 줄어든 후기에 연구대상 방송사들은 주요 정당의 입장을 대변 또는 지지하는 취재원을 거의 동일한 비율로 활용한 것으로 드러났다.

② 인터뷰이 · 출연자

인터뷰이 · 출연자와 관련해 일차적으로 이들의 논평이 담긴 보도가 방송사별, 시기별로 전체 대선뉴스 보도의 몇 %를 차지하는지 분석하였다. 해당 기간 동안 SBS 뉴스에는 인터뷰이 · 진행자가 등장하지 않았다. 그 이유는 SBS 뉴스는 정형화된 '한국형 방송뉴스 도식'(이준웅 · 황유리, 2004)[17]을 따랐기 때문이라 할 것이다. 반면 종편 4개 채널들의 뉴스에는 인터뷰이 · 출연자가 종종 등장하였다. 종편 4개 채널이 기존 지상파 방송 뉴스가 고수하는 '한국 방송뉴스 도식'과 자사의 뉴스를 차별화하기 위한 노력의 일환으로 대담 또는 토론형식을 뉴스에 적극 도입했기 때문이다.

〈그림 8-4〉는 그 결과를 보여준다. 인터뷰이 · 출연자의 논평을 가장 많이 담아낸 것은 TV조선이고, 다른 종편들이 그 뒤를 따르고 있음

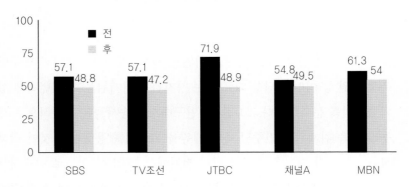

〈그림 8-3〉 취재원의 정치적 성향

* 수치: (새누리당 측 취재원 수 / 새누리당 측 취재원 수 + 민주당 측 취재원 수)×100

17 한국형 방송 뉴스 도식이란 ① 두세 문장으로 이루어진 앵커의 도입, ② 7개 내외 문장으로 구성되는 기자의 리포팅, ③ 리포팅 중간에 삽입되는 한두 개의 인터뷰로 구성되는 정형화된 구성방식이다.

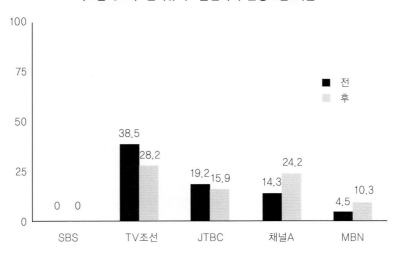

〈그림 8-4〉 인터뷰이 · 출연자의 논평포함 비율

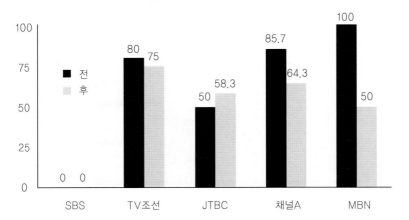

〈그림 8-5〉 인터뷰이 · 출연자의 정치적 성향

* 수치: (새누리당 측 인터뷰이 · 출연자 수 / 새누리당 측 인터뷰이 · 출연자 수 + 민주당 측 인터뷰이 · 출연자 수) × 100

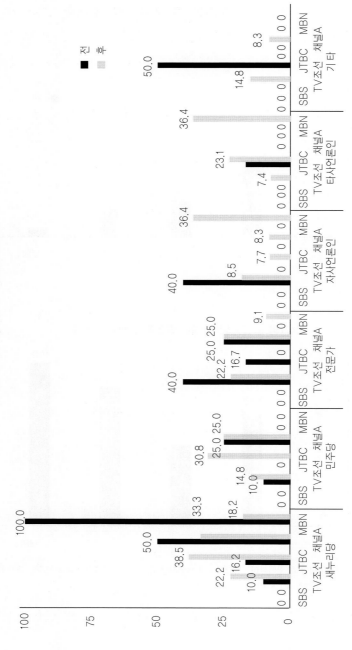

〈그림 8-6〉 인터뷰이 · 출연자 프로필

을 알 수 있다. TV조선은 전체 대선 뉴스 보도 대비 평균 30%의 비율로 인터뷰이·출연자의 논평이 담긴 뉴스 보도를 제작하였고, JTBC와 채널A는 20% 미만, MBN은 10% 미만의 비율로 인터뷰이·출연자의 논평을 담아냈다.

다음으로는 시기별로 새누리당 측 인터뷰이·출연자와 민주당 측 인터뷰이·출연자 중 어느 측이 더 빈번하게 등장했는지 분석하였다. 〈그림 8-5〉가 보여주듯 채널별로 JTBC는 전 선거기간에 걸쳐 새누리당과 민주당 측 인터뷰이·출연자를 비교적 균형 있게 섭외한 것으로 드러났다. 반면에 TV조선과 채널A는 후기에 경향성이 완화되기는 했지만, 전 선거기간에 걸쳐 새누리당 측 인터뷰이·출연자를 중점적으로 출연시킨 것이 확인되었다. MBN의 경우 선거 전기에는 새누리당을 중심으로 인터뷰이·출연자를 섭외하다가 후기에 균형을 찾은 것으로 나타났다.

〈그림 8-6〉는 정량적 편향성 분석차원에서 인터뷰이·출연자의 프로필을 보다 구체적으로 분석한 결과를 보여준다. 종편 채널들은 선거의 직접적인 이해당사자인 정당인들 외에도 전문가(시사평론가), 자사 언론인, 타사언론인들을 폭넓게 활용하는 모습을 보여주었다.

(2) 정성적 편향성

① 취재원

〈그림 8-7〉은 취재원들의 발언이 어떤 성격을 띠었는지를 정성적으로 분석한 결과를 보여준다. 방송사와 시기를 불문하고 취재원 발언은 사실의 제시 없는 해석, 주장, 감정, 논평이 주종을 이루었다. 이는 취재원의 활용이 주로 10초 이내의 전후맥락의 제시 없는 짧은 발언의 인

456

〈그림 8-7〉 취재원의 발언 성격

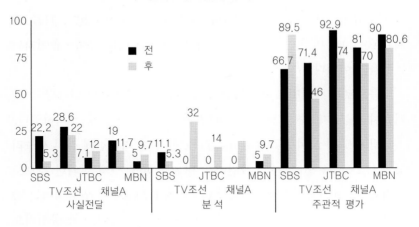

용 방식으로 이루어지기 때문이라 할 것이다.

② 인터뷰이 · 출연자

종편뉴스가 우려를 자아내는 주요 이유 중 하나가 뉴스 프로그램에 직접 참여해 자신의 주관적인 견해나 태도를 직설적으로 표출하는 인터뷰이 · 출연자들의 존재라고 할 것이다. 실제로 이들의 발언 내용 및 행위를 분석한 결과, 그 상당부분이 주관적 감정을 드러내고 있고, 윤색적 꾸밈말, 메시지가 분명한 얼굴 표정의 활용도 상당한 수준이 이르는 것으로 밝혀졌다. 아래의 발언내용 인용문은 이러한 발언들의 전형적인 유형을 보여준다.

이번 대선판을 최악으로 만든 분이 바로 안철수 후보입니다. 이분이 느닷없이 등장해서 그때부터 단일화 사활이 걸린 것 아닙니까. 그러니까 대선이 이미지선거 이벤트선거 더 나아가서 마타도어 선거로 가 버린 겁니다. 이건 네거티브 중에서도 마타도어, 흑색선전 선거로 가는 거예

요 이런 저질선거가 어딨어요. 2002년 김대협 마타도어 사건이 결국 부
정선거라고 판단하는데 그때에 비해서 나아진 게 뭐있습니까?
〔12월 17일 채널A. 〈뉴스A〉. 전원책, 이종훈. (대선토론으로 보는
막판 판세). 03:15〕

③ 진행자 · 앵커 · 기자

종편 뉴스는 프로그램을 이끄는 진행자 · 앵커 · 기자 자체가 중립적
이지 못해 공정성에 문제를 초래한다는 지적을 받고 있다. 이를 검증해
보기 위해 진행자 · 앵커 · 기자의 발언을 분석했다. 〈그림 8-8〉은 그
결과를 보여준다. TV조선은 선거운동 시기와 무관하게 전체 뉴스보도
중 평균 약 50%가 진행자 · 앵커 · 기자의 주관적 논평을 담아냈다. 한
편 채널A와 MBN은 후보 간 지지율 격차가 컸던 전기에는 진행자 · 앵
커 · 기자가 본인의 주관적 견해를 잘 내비치지 않았으나, 후보 간 지지
율 격차가 좁아진 후기에는 전기에 비해 두드러지게 본인의 주관적 견
해를 드러냈다. JTBC와 SBS의 진행자 · 앵커 · 기자는 전체 뉴스보도
대비 각각 평균 20%, 10% 수준에서 본인의 주관적 논평을 곁들였다.

종편 4사 방송사의 진행자 · 앵커 · 기자의 논평을 보다 구체적으로
살펴본 결과는 〈그림 8-9〉와 같다. 이들의 발언은 주관적 감정을 표출
하고, 윤색적 꾸밈말, 역사적 사례, 윤리적 가치, 또는 타인의 발언을
인용하는 식으로 자신들의 입장을 드러내는 경우가 많았다. 이에 반해
연구의 비교집단인 SBS 진행자 · 앵커 · 기자의 논평은 사실을 바탕으
로 그에 대한 분석을 더하는 방식으로 전달되었다. 종편의 진행자 · 앵
커 · 기자들은 또한 '명백하게 드러난 얼굴 표정', 즉 비언어적 의사표
현방식 등으로 자신의 주장을 드러내기도 하였다. 이는 윤영철(2007)
이 구분한 뉴스 진행자의 3가지 의견개입 방식 중 '대화와 맞장구를 통

〈그림 8-8〉 진행자 · 앵커 · 기자의 주관적 논평이 담긴 뉴스보도

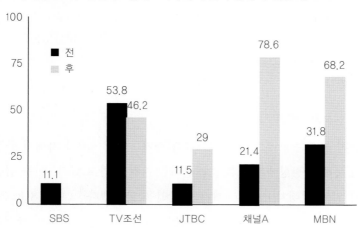

한 주관적 평가'와 유사한 유형인데, 주로 둘 이상의 진행자가 상호 간 혹은 인터뷰이 · 출연자와 대화하면서 비언어적 표현(예를 들어 폭소 내지 심각한 우려의 표정 등)으로 상대방의 발언에 대해 자신의 입장을 드러내는 방식이다. 아래의 인용문은 그 전형적인 사례를 보여준다.

〔변희재〕 8월부터 시작해서 수많은 비상식적 정치행위들이 반복해서 상식적인 결과라는 건 내일부터 헌신적으로 문재인 후보를 도와서 정권을 창출하고 지금 그 정권을 어떻게 하느냐 협상을 했다는 것이 지금 상식적인 것인데 그런 것이 뭐가 나올 가망성이 없다는 것입니다. 이러한 비상식적인 것을 보아 가지고. 그러면 이제는 안철수 후보에 대해서는 정치통로의 범위에서 벗어난 거 같아요. 문학이나 인문학적으로 접근해야지 정치통로로는 해석이 안 돼서 제가 가장 많이 배우는 정치 평론가로 명지대 정치학과 신율 교수인데 오늘 평을 하는데 오늘 평을 못하더라구요.

〔유상욱 앵커〕 (18:10) 하하하하 (박장대소) 신율 교수한테 많이 배우

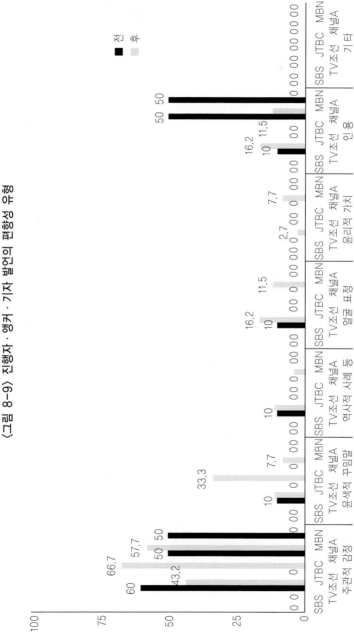

〈그림 8-9〉 진행자·앵커·기자 발언의 편향성 유형

460

고 있어요?

〔변희재〕 네. 오늘 5시에 평하는데 평론을 못하더라구요.

〔유상욱 앵커〕 하하하하. 평론을 못할 정도. 비상식적으로.

(12월 6일 채널A. 〈뉴스A〉. 유상욱, 김설혜 앵커).

(3) 후보 편향성 점수

① 편향성이 드러난 뉴스의 수

이상의 논의에서 종편의 편향성을 평가하기에 부적합한 것으로 드러난 취재원의 편향성을 제외하고, 인터뷰이·출연자의 편향성과 진행자·앵커·기자의 편향성을 중심으로 종편 메인 뉴스 프로그램의 대선보도 후보 편향성 점수를 산출하였다.

인터뷰이·출연자의 편향성이 드러난 뉴스는 전체 450개 뉴스 중 총 60개였다. 이러한 뉴스보도의 양은 TV조선(26개), 채널A(23개), JTBC(7개), MBN(4개) 순으로 높게 나타났다. 특히 채널A의 경우, 지지율 격차가 컸던 전기(3개)보다 후보 간 지지율 격차가 좁혀진 후기(20개)에 인터뷰이·출연자의 편향성이 드러난 뉴스가 약 7배 정도 증가하였다.

진행자·앵커·기자의 편향성이 드러난 뉴스는 전체 450건의 뉴스 중 총 25건이었다. 진행자·앵커·기자의 후보 편향성은 TV조선(13개), 채널A(10개) 순으로 높았고, JTBC와 MBN의 경우 그 정도가 미미한 것으로 나타났다(각각 1개). TV조선과 채널A의 진행자·앵커·기자의 편향성이 드러난 뉴스의 수는 인터뷰이·출연자의 편향성이 드러난 뉴스의 경우와 마찬가지로 후보 간 지지율 격차가 좁혀진 선거 후기에 증가하는 양상을 보여주었다(전기 5개, 후기 20개).

〈표 8-10〉 인터뷰이·출연자의 후보 편향성 점수

날짜	SBS			TV조선			JTBC			채널A			MBN		
	전체 시간	박	문	전체 시간	박	문	전체 시간	박	문	전체 시간	박	문	전체 시간	박	문
0917	0 (0.0)	0 (0.0)	0 (0.0)	608 (100.0)	1,019 (167.6)	0 (0.0)	0	—	—	0	—	—	0	—	—
0924	0 (0.0)	0 (0.0)	0 (0.0)	639 (100.0)	850 (133.0)	0 (0.0)	0	—	—	0	—	—	0	—	—
1008	0 (0.0)	0 (0.0)	0 (0.0)	874 (100.0)	812 (92.9)	0 (0.0)	0	—	—	536 (100.0)	536 (100.0)	0 (0.0)	0	—	—
1009	0 (0.0)	0 (0.0)	0 (0.0)	468 (100.0)	0 (0.0)	0 (0.0)	250 (100.0)	0 (0.0)	202 (80.8)	328 (100.0)	0 (0.0)	0 (0.0)	193 (100.0)	193 (100.0)	0 (0.0)
1022	0 (0.0)	0 (0.0)	0 (0.0)	712 (100.0)	0 (0.0)	552 (77.5)	237 (100.0)	237 (100.0)	0 (0.0)	816 (100.0)	445 (54.5)	371 (45.5)	0	—	—
1206	0 (0.0)	0 (0.0)	0 (0.0)	2,614 (100.0)	2,070 (79.2)	275 (10.5)	386 (100.0)	0 (0.0)	0 (0.0)	3,330 (100.0)	4,009 (120.4)	440 (13.2)	1,124 (100.0)	0	0
1210	0 (0.0)	0 (0.0)	0 (0.0)	1,846 (100.0)	1,873 (101.5)	0 (0.0)	2,810 (100.0)	0 (0.0)	284 (10.1)	1,118 (100.0)	0 (0.0)	1,052 (94.1)	693 (100.0)	0	0
1211	0 (0.0)	0 (0.0)	0 (0.0)	3,614 (100.0)	2,216 (61.3)	322 (8.9)	769 (100.0)	0 (0.0)	0 (0.0)	2,519 (100.0)	2,515 (99.8)	906 (36.0)	720 (100.0)	178 (24.7)	416 (57.8)
1212	0 (0.0)	0 (0.0)	0 (0.0)	1,563 (100.0)	1,712 (109.5)	443 (28.3)	2,567 (100.0)	0 (0.0)	474 (18.5)	2,915 (100.0)	1,853 (63.6)	346 (11.9)	1,283 (100.0)	686 (53.5)	0
1217	0 (0.0)	0 (0.0)	0 (0.0)	3,552 (100.0)	2,327 (65.5)	271 (7.6)	579 (100.0)	271 (46.8)	0 (0.0)	5,640 (100.0)	5,960 (105.7)	4,798 (85.1)	0	—	—

주: 1) 전체시간: 수치 단위는 초(seconds).
2) 괄호 안은 비율(%).

② 후보 편향성 점수 1: 인터뷰이 · 출연자의 후보 편향성 기준

〈표 8-10〉는 인터뷰이 · 출연자의 편향성을 기준으로 한 방송사별 후보 편향성 점수를 보여준다. 괄호 안의 수치는 전체 선거뉴스시간 대비 박근혜 후보 편향적인 인터뷰이 · 출연자의 발언 시간, 또는 전체 선거뉴스시간 대비 문재인 후보 편향적인 인터뷰이 · 출연자의 발언시간을 비율로 나타낸 값이다. 이러한 점수를 후보 간 지지율 격차 추이에 따라 산포도로 나타내면 〈그림 8-10〉과 같다. [18]

종편 4개사의 뉴스의 인터뷰이 · 출연자는 선거 국면, 그리고 후보 간 지지율 격차 추이에 관계없이 일관된 후보 편향성을 드러내고 있음

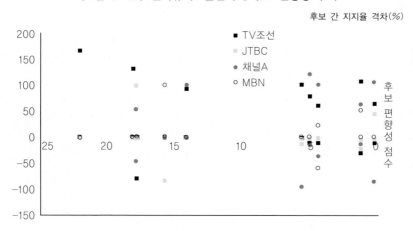

〈그림 8-10〉 인터뷰이 · 출연자의 후보 편향성 추이

---

[18] 편향성 점수는 박근혜 후보 편향성의 경우 양수(+), 문재인 후보 편향성의 경우 음수(-)로 변환해 나타냈다. 따라서 산포도에서 세로축 원점(0)을 기준으로 상부는 박근혜 후보에 대한 보도 편향성 정도, 하부는 문재인 후보에 대한 보도 편향성 정도를 나타내며 세로축 원점(0)에 가까울수록 보도가 공정함을 의미한다. 한편 산포도에서 가로축은 지지율 격차의 추이를 나타내는바, 우측으로 갈수록 선거일이 임박하여 지지율 격차가 좁아진 시기의 보도 편향성 정도를 보여준다.

〈표 8-11〉 진행자·앵커·기자의 후보 편향성 점수

날짜	SBS			TV조선			JTBC			채널A			MBN		
	전체 시간	박	문	전체 시간	박	문	전체 시간	박	문	전체 시간	박	문	전체 시간	박	문
0917	3,030 (100.0)	0 (0.0)	0 (0.0)	1,956 (100.0)	0 (0.0)	0 (0.0)	3,247 (100.0)	0 (0.0)	0 (0.0)	2,823 (100.0)	0 (0.0)	0 (0.0)	892 (100.0)	0 (0.0)	0 (0.0)
0924	2,497 (100.0)	0 (0.0)	0 (0.0)	2,356 (100.0)	0 (0.0)	213 (9.0)	2,867 (100.0)	0 (0.0)	0 (0.0)	2,988 (100.0)	0 (0.0)	0 (0.0)	2,580 (100.0)	0 (0.0)	0 (0.0)
1008	2,399 (100.0)	0 (0.0)	0 (0.0)	—	89 (-)	0 (-)	—	0 (-)	0 (-)	3,308 (100.0)	0 (0.0)	0 (0.0)	3,007 (100.0)	0 (0.0)	0 (0.0)
1009	2,513 (100.0)	0 (0.0)	0 (0.0)	—	0 (-)	0 (-)	2,509 (100.0)	0 (0.0)	0 (0.0)	3,707 (100.0)	0 (0.0)	0 (0.0)	3,080 (100.0)	65 (2.1)	0 (0.0)
1022	1,844 (100.0)	0 (0.0)	0 (0.0)	2,647 (100.0)	0 (0.0)	42 (1.6)	2,612 (100.0)	0 (0.0)	0 (0.0)	2,889 (100.0)	0 (0.0)	0 (0.0)	2,226 (100.0)	0 (0.0)	0 (0.0)
1206	2,952 (100.0)	0 (0.0)	0 (0.0)	2,995 (100.0)	0 (0.0)	108 (3.6)	2,270 (100.0)	0 (0.0)	0 (0.0)	640 (100.0)	151 (23.6)	0 (0.0)	2,152 (100.0)	0 (0.0)	0 (0.0)
1210	2,947 (100.0)	0 (0.0)	0 (0.0)	3,762 (100.0)	58 (1.5)	0 (0.0)	2,960 (100.0)	0 (0.0)	0 (0.0)	3,356 (100.0)	0 (0.0)	0 (0.0)	1,660 (100.0)	0 (0.0)	0 (0.0)
1211	2,967 (100.0)	0 (0.0)	0 (0.0)	464 (100.0)	357 (76.9)	146 (31.5)	2,063 (100.0)	0 (0.0)	0 (0.0)	6,928 (100.0)	241 (3.5)	0 (0.0)	1,973 (100.0)	0 (0.0)	0 (0.0)
1212	2,618 (100.0)	0 (0.0)	0 (0.0)	2,429 (100.0)	92 (3.8)	164 (6.8)	4,773 (100.0)	580 (12.2)	0 (0.0)	2,915 (100.0)	252 (8.6)	0 (0.0)	2,650 (100.0)	0 (0.0)	0 (0.0)
1217	2,419 (100.0)	0 (0.0)	0 (0.0)	608 (100.0)	484 (79.6)	0 (0.0)	3,219 (100.0)	0 (0.0)	0 (0.0)	3,938 (100.0)	1,656 (42.1)	0 (0.0)	2,126 (100.0)	0 (0.0)	0 (0.0)

주: 1) 전체시간: 수치 단위는 초(seconds).
2) 괄호 안은 비율(%).
3) '-'는 전체 방송 시간을 파악할 수 없는 경우.

464

을 알 수 있다. 전반적으로 박근혜 후보 편향성이 강하긴 하지만, 문재인 후보 편향성도 상당한 수준으로 나타난다. 요컨대, 종편 메인뉴스에 등장한 인터뷰이·출연자들은 선거국면과 후보 간 지지율 격차 추이와 무관하게 본인들이 각각 지지하는 후보 편향적 발언을 했음을 알 수 있다.

(3) 후보 편향성 점수 2: 진행자·앵커·기자의 후보 편향성 기준

진행자·앵커·기자의 후보 편향성 점수 분석결과 더욱 흥미로운 사실이 밝혀졌다. TV조선과 채널A는 진행자·앵커·기자의 후보 편향성 점수에서 앞서 분석한 인터뷰이·출연자의 경우와 마찬가지로 높은 점수를 보여주었다. 주목할 만한 점은 이러한 편향성이 후보 간 지지율 격차가 줄어들수록 증가하였다는 것이다. 채널A와 TV조선의 진행자·앵커·기자는 후보 간 지지율 격차가 줄어들수록 분명한 박근혜 후보 편향성을 드러냈다. 그런데 그러한 경향성은 TV조선보다 채널A에

<그림 8-11> 진행자·앵커·기자의 후보 편향성 추이

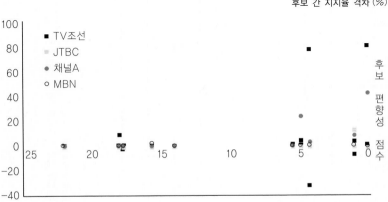

서 보다 선명하게 나타났다. 채널A의 진행자·앵커·기자가 편향성을 보인 경우 이는 모두가 박근혜 후보를 지지 또는 긍정하는 발언이었으나, TV조선의 진행자·앵커·기자는 대체적으로 박근혜 후보 편향성을 띠는 가운데 일부 문재인 후보 편향성을 드러내는 경우도 있었다. JTBC와 MBN은 앞서의 경우와 마찬가지로 특정 후보 편향성을 보이지 않았다.

4. 논의

서두에서 언급했지만 우리 사회에서 심각한 사회적 논란을 빚고 있는 종편채널 공정성 문제의 근원에는 첫 단추부터 잘못 채워진 인식 내지 개념상의 오류가 존재한다. 종합편성 PP는 '둥그란 네모'처럼 시장에서 현실적으로 존재하기 어려운 채널이다. 종합편성은 종래의 지상파 방송처럼 영향력 있는 채널이 오락프로그램으로 쏠리는 것을 규제하기 위해 탄생한 공공적 규제(혼합편성)의 산물이다. 이러한 규제는 방송시장의 경쟁이 치열해지면서 심지어 지상파에 대해서조차 요구하기 어려운 규제가 되어가고 있다. 이러한 상황에서 새롭게 등장한 4개의 채널에 대해 이러한 '종합편성'을 요구하는 것은 난센스일 뿐 아니라 이러한 채널들에 대해 핵심적으로 요구해야 하는 사회적 책무를 바르게 제시함에 있어서 혼선을 초래한다.

실질적으로 종편이 일반 PP와 정책 차원에서 차이를 보이는 것은 뉴스보도 허용여부 이외의 다른 무엇이 아니다. 방송뉴스의 품질과 공정성 보장차원에서 뉴스보도를 할 수 있는 채널들을 신중하게 제한하는 정책의 산물이다. 따라서 현재의 '종합편성 채널'이라는 애초에 잘못된 사업자 범주를 폐기하고 '뉴스편성허용 PP'라는 사업자 범주로 종래의 종편을 규정할 필요가 있다. 실제로 종편사업자들은 시장에서의 값비싼 시행착오를 거쳐 자연스레 이러한 개념의 채널로 정착되고 있다. 현재와 같이 논리적 타당성을 결여한 종편사업자 개념을 유지할 경우 현재 종편이 사업 및 프로그램 차원에서 안고 있는 문제는 더욱 악화될 것이 자명하다.

종편을 '뉴스편성허용 PP'로 정확히 규정할 경우 그에 대한 일차적 정

책목표가 무엇인지 분명해지게 된다. 이러한 채널들을 대상으로 현실
성과 타당성이 없는 종합편성의 약속 내지 의무사항을 지키게 하는 것
이 아니라,[19] 이러한 채널들이 제대로 된 품질의 공정한 뉴스를 내보내
도록 하는 것이 그것이다. 공정성에 대한 우려는 종편의 등장을 가능하
게 한 미디어법 개정을 둘러싸고 우리 사회가 극심한 갈등을 겪었던 가
장 중요한 이유(강효상, 2011)였음을 상기할 필요가 있다.

　우리나라에서 방송미디어 규제정책을 담당하는 주무부처인 방송통
신위원회는 이러한 차원에서 정확히 거꾸로 가고 있다. 올해 4월 29일
방통위는 최성준 위원장 주재로 전체회의를 열어 2016년 이후 실시될
지상파방송 재허가와 종합편성·보도 채널 재승인 때 심사기준과 항목
별 배점 등을 명확히 하는 내용의 기본계획을 의결하였다. 이는 그동안
재허가·승인 심사 때마다 매체별로 유효기간 만료 7~8개월 전에 기
본계획을 확정해 심사기준으로 활용함으로써 심사의 일관성과 방송사
업자의 예측가능성이 떨어진다는 지적에 따른 것이다. 방통위는 이에
따라 방송사업자가 구체적인 심사기준 등을 사전에 명확히 인지해 자
율적으로 이행하고 사업계획을 준비할 수 있도록 하기 위해 재허가·
재승인 심사기준을 고시로 정하기로 하였다.

　여기까지는 시비의 소지가 없다 할 것이다. 문제는 심사항목 중 공적
책임·공정성의 실현 가능성 및 지역·사회·문화적 필요성 사항은 지
상파의 경우 225점에서 250점으로 늘리는 반면 종편·보도채널은 각각

19 〈방송법〉 제69조 2·3항은 '종편 방송사업자는 정치·경제·사회·문화 등 각 분야의 사
　항이 균형 있게 표현될 수 있도록 해야 한다', '주시청시간대에는 특정 방송 분야의 방송
　프로그램이 편중돼선 안 된다'고 규정하고 있다. 이에 따라 보도·예능·드라마·교양 등
　장르별로 '최소 몇 % 이상'이라는 편성비율을 방통위 고시로 규정해야 한다는 주장이 제
　기되기도 한다. 이 같은 프로그램 편성 규제는 지상파 방송에서도 폐지된 정책으로 이를
　종편 채널에 적용해야 한다는 주장은 전적으로 타당성을 결여하고 있다.

250점과 320점에서 210점과 260점으로 줄이기로 했다는 것이다. 이러한 정책방향은 방통위가 종편이 안고 있는 문제의 본질이 무엇인지 제대로 인식 못하고 있음을 드러낸다. 종편에 대해서는 있으나마나 한 형식적 규제는 최소화하되,[20] 공정성에 대해서만큼은 종래의 지상파에 버금가거나 그 이상의 엄정한 기준이 적용되어야 한다.

이 장에서는 종편 뉴스보도의 공정성을 실증적으로 평가해 보려는 목적으로 뉴스보도의 정량적 편향성과 정성적 편향성, 그리고 이 양자를 결합시킨 편향성 점수에 기초해 종편 채널들의 18대 대선 보도 공정성을 평가한 연구를 소개하고 있다.

연구결과에 따르면 18대 대선 보도에서 종편 채널들은 비교대상인 지상파 민영방송 채널(SBS)에 비해 정량적 및 정성적 차원 모두에서 편향성이 강했던 것으로 나타났다. 특히 TV조선과 채널A는 자사의 진행자·앵커·기자를 활용해 박근혜 후보 편향성을 드러냈고 이러한 편향성은 박근혜 후보와 문재인 후보 간의 지지율 격차가 줄어들수록 심화되었다.

그 외에도 이 연구를 통해 몇 가지 주목할 만한 점들을 확인할 수 있었다. 첫째, 18대 대선 보도에서 종편 채널들은 비교대상인 지상파 민영방송 채널(SBS)에 비해 정량적 및 정성적 차원 모두에서 편향성이 강했던 것으로 나타났다. 그 주된 이유는 전통적 뉴스도식을 벗어나 뉴스 스튜디오에 나와 자유롭게 의견을 개진하는 인터뷰이·출연진을 적극 활용하고, 또 진행자·앵커·기자가 자신의 주관적 느낌이나 견해를 거침없이 표출하는 종편 뉴스의 포맷 때문인 것으로 판단된다.

---

20 이를테면 종편에 대해 국산 애니메이션 의무편성을 요구하는 것을 예로 들 수 있다. 이에 따라 종편 4사는 주 시청층인 어린이들이 보기 힘든 새벽 시간대에 국산 애니메이션 프로그램을 편성하고 있다.

　둘째, 편향성 수준에서 종편 채널들 간에 차이가 존재하였다. 18대 대선 국면에서 종편 4개 채널 중 TV조선과 채널A가 정량적 및 정성적 차원 모두에서 상대적으로 높은 편향성(주로 박근혜 후보 편향성)을 드러냈다. 분석에 포함된 전체 450개의 선거관련 뉴스 중 인터뷰이·출연자의 후보 편향성이 드러난 49개(82%)의 뉴스, 그리고 진행자·앵커·기자의 편향성이 드러난 25개의 뉴스 중 23개(92%)가 이 두 채널에 집중되었다. 특히 주목할 만한 것은 TV조선과 채널A의 진행자·앵커·기자가 드러낸 편향성이다. 이들은 뉴스 프로그램 진행자의 절대적 가치인 중립성과 공정성을 유지하기보다는 종종 개인적 주장, 얼굴 표정, 윤색적인 꾸밈말 등을 통해 자신의 주관적 관점을 표출하였다.

　셋째, TV조선과 채널A의 인터뷰이·출연자가 드러낸 편향성은 선거기간 전반에 걸쳐 비교적 유사한 수준에서 유지된 반면, 진행자·앵커·기자의 후보 편향성은 문재인 후보의 지지율이 박근혜 후보를 따라잡을 정도로 상승한 후반부로 갈수록 심화된 것으로 나타났다. 기존 연구에 따르면 미디어는 여론조사에서 앞서는 후보에 대해 보다 많이, 더 긍정적으로 보도하는 경향이 있지만, 선거일을 앞두고 지지율이 오르는 후보에 대해서도 긍정적으로 보도한다(Media Tenor, 2004).

　TV조선과 채널A의 진행자·앵커·기자는 이와 반대되는 경향성을 보인 것이다. 이에 대해, 상기 채널들은 대선기간 동안 박근혜 후보 우위의 대선구도를 설정해 놓고, 박근혜 후보와 문재인 후보의 지지율이 큰 차이를 보이는 동안은 비교적 여유로운 입장에서 외부인력(인터뷰이·출연자)을 동원해 박근혜 후보를 지지했지만, 선거 말기에 지지율 차이가 급격히 감소하면서 애초 자신들이 설정한 구도를 유지하고자 내부인력까지 전면에 나서는 보다 적극적인 박근혜 후보 편향성을 실천했다는 해석이 가능하다.

이러한 연구결과는 세간에 공유되고 있는 종편의 불공정성에 대한 우려가 근거 있다는 것을 확인시켜 준다. 혹자는 이 같은 종편 저널리즘의 불공정성은 문제될 것이 없다고 주장하기도 한다. 종편 채널은 어차피 정치적으로 보수적인 사람들만 보기 때문에 설사 대선관련 보도가 불공정했을지라도 보도내용이 선거결과에 미친 영향력은 미미했을 것이라는 입장이다.

하지만 이는 편향적 종편 뉴스의 폐해를 선거공학적 차원에서만 파악하는 근시안적 주장이다. 특정 집단에만 소구하는 뉴스는 상이한 집단 간의 소통을 어렵게 하는 집단 양극화를 가속화한다(윤영철, 2007; Bernhardt, Krasa, & Polborn, 2008; Morris, 2007; Sunstein, 1995; Virag, 2007). 소통의 양극화 및 미디어 간의 이념적 갈등이 이미 극심한 상황인 우리 사회에서 편향성이 강한 종편 뉴스가 이념을 달리하는 정치 및 사회집단 그리고 미디어 간의 대립 및 갈등을 심화시킬 위험은 매우 크다.

또한 편향성을 지닌 언론은 수용자들이 언론 보도를 통해 우연히 자신이 옹호하는 입장과 다른 생각을 접함으로써 개인적 수준이나 집합적 수준에서 양극화 경향이 감소될 수 있는 기회를 박탈한다(이준웅, 2013). 요컨대 대선이 임박한 시기에 파당적 보도를 한 종편 채널들은 특정 사안과 관련된 여러 이해당사자의 입장을 소개함으로써 생각이 경도된 수용자들이 다른 정보나 견해를 접할 수 있는 기회(Curran, Iyengar, Lund, & Salovaara-Moring, 2009; Sunstein, 2009)를 살리지 못했다고 할 것이다.

따라서 이 연구를 통해 확인된 종편 뉴스의 편향성은 우리 사회의 사회적 소통, 사회통합 및 민주주의의 실천에 심각한 장애를 초래한다는 인식하에 문제해결을 위한 실효성 있는 대책이 강구되어야 함은 물론이다. 예를 들어 사업자들이 제출했던 사업계획서에 포함되었지만 시행되지 않은 편성가이드라인의 수립 및 그 준수를 감독하는 자율적인 공정보도위원회의 운영이 그 첫걸음이 될 수 있다. 이를 통해 이 연구를 통해 확인된바 인터뷰이·출연진, 그리고 진행자·앵커·기자가 편향적 주장을 거침없이 개진하는 종편 뉴스 포맷의 문제점에 대한 개선책을 마련하는 것만으로도 종편의 편향성 문제는 상당부분 완화될 수 있을 것이다.

앞의 제6장에서 PD 저널리즘의 공정성 문제를 논하면서도 마찬가지였지만, 종편 채널의 공정성 문제 역시 '종편 저널리즘'이라는 새로운 저널리즘 형식 자체의 문제만큼이나 이러한 저널리즘 형식을 책임있게 운용하는 관리 시스템의 문제라는 점이 분명하게 인식되어야 한다. 이러한 관리 시스템을 하나씩 구체화시켜 갈 때, 종편은 저급하고 편파적 공격 저널리즘을 일삼는 '천덕꾸러기'를 넘어, 극도의 위축현상을 보이는 방송 저널리즘을 각성시키는 '용감한'(최영재, 2015) 전위적 비판언론으로 거듭날 수도 있을 것이다.

09

소셜 미디어 공간에서의 공정성

윤석민 · 황현정* · 배진아**

얼마 전까지 사회적 여론형성에 가장 중요한 영향력을 행사하는 주체는 다수의 공중들을 상대로 신속하게 뉴스 정보를 제공하여 관심과 의견을 결집시키는 매스미디어였다. 그러나 디지털 미디어 환경의 진화에 따라 온라인상의 인적 관계망을 기반으로 한 소셜 미디어들이 사회적 소통의 전면에 등장하며 종래 뉴스 미디어들의 위상을 흔들고 있다.

소셜 미디어는 연결 - 연결을 통해 종래의 매스미디어에 버금가는 정보확산 및 여론형성 기능을 수행한다. 더 나아가 종래의 언론이 소셜미디어와 긴밀하게 연동되어 보완적 관계를 형성하면서 양자의 구분이 점차 의미를 상실하는 양상도 나타난다.

소셜 미디어는 뉴스 미디어로서 어떠한 특성을 지니는가? 우리가 흔히 언론이라고 통칭하는 매스미디어의 기능 내지 영향력과 어떤 유사성 및 차이를 보이는가? 영향력에 수반되는 사회적 책임은 무엇인가? 이 장에서는 이러한 질문들을 중심으로 소셜 미디어 공간에서의 미디어 공정성 문제에 접근해 보고자 한다.

---

* 서울대 언론정보학과 대학원 박사과정 학생(hjhwang@snu. ac. kr).
** 공주대학교 영상학과 교수(jinabae@kongju. ac. kr).

1. 소셜 미디어의 미디어적 특성

1) 소셜 미디어의 개념 및 유형

소셜 미디어[1]에 대해 최근에 부상하는 '미디어 현상'이라는 표현을 다는 것은 더 이상 적절하지 않다고 할 것이다. 페이스북, 트위터, 그리고 각종 블로그들로 대표되는 소셜 미디어는 크고 작은 범위의 사회적 상호 작용, 정보와 의견의 교환, 그리고 각종 거래의 수단으로 이미 상당기간 동안 우리 일상 속에 자리 잡아 왔다. 하지만 소셜 미디어는 빠르게 진화하는 현상이기에 우리에게 끊임없이 새로운 모습으로 다가온다.[2]

소셜 미디어가 제공하는 서비스는 하루가 멀게 변화하는 모습을 보이고 있어 그 포괄적인 모습을 개념화하고 유형들을 체계적으로 구분하는 것은 쉬운 일이 아니다. 실제로 소셜 미디어의 개념 및 유형은 연구자들마다 각양각색으로 제시되고 있다. 하지만 그 안에서 공통적으로 강조되는 기본적 특징을 발견할 수 있다.[3] 국내에서 이루어진 연구

---

1 이 장에서는 SNS(*Social Network Service*) 또는 소셜 네트워크 사이트를 소셜 미디어라는 용어로 통일해서 사용한다.

2 최근 들어 소셜 미디어는 광범위한 가입자 및 이들 간의 촘촘한 연결망을 기반으로 홈쇼핑, 핀테크, 뉴스를 포함한 각종 미디어 콘텐츠 제공(카카오스토리), 뉴스 큐레이션 서비스(Buzzfeed, Circa, Flipboard, VOX, Huffington Post 등), 숙박(에어비앤비), 콜택시(우버택시, 카카오택시 등), 음식배달 서비스(요기요, 배달의 민족 등) 등 개인과 집단, 그리고 집단과 집단을 연결하는 (집단) 커뮤니케이션 서비스들에 대한 플랫폼으로 확장됨으로써 종래의 인터넷 포털에 대한 강력한 경쟁자로 부상하고 있다.

3 이하 내용의 서술은 여론집중도위원회에서 나온 두 편의 보고서에 주로 의존하고 있다. 첫째는 2013 여론집중도조사위원회 보고서, '소셜 미디어의 영향력 집중도: 트위터를 중심으로'이다. 특히 이 연구보고서의 2장은 종래의 소셜 미디어 연구들(국내 학술지 논문 82편, 해외 학술지 논문 108편)을 수합하여 그 연구주제, 소셜 미디어의 개념 정의 및 유형 구분, 연구방법론, 연구내용 등에 대한 메타분석 결과를 담고 있다. 둘째는 2015년에 같은 제목으로 나온 보고서이다. 이는 2013년 연구와 기본 틀은 동일하되, 데이터 수집

들을 보면, 공유(community), 참여(participation) 및 공개(openness)를 소셜 미디어의 중요한 특징으로 파악하며, 이와 같은 특징 중의 하나 내지 둘 이상에 근거하여 소셜 미디어를 정의하는 경우가 대다수다.

우선적으로 강조되는 특성은 '공유'이다. 김은미와 이주현(2011)은 소셜 미디어가 디지털 및 모바일 기술을 통해 활발한 정보의 생산 및 공유와 관계 맺기를 가능하게 하는 미디어라고 정의한다. 이와 유사한 맥락에서, 소셜 미디어는 이용자들이 정보나 의견뿐 아니라 다양한 콘텐츠를 상호 교환 또는 공유할 수 있는 광대역 네트워크 서비스(이병혜, 2013; 최민재·양승찬, 2009) 또는 참여자들 간의 커뮤니케이션에 의해 성립되는 미디어(김상돈·김승녕, 2012)로 정의되기도 한다. 관심사가 같은 이용자들이 모여 있는 온라인 커뮤니티 서비스와 달리, 소셜 미디어에서는 사용자 스스로가 중심이 되어 다른 사람들과의 관계를 형성하고 이를 바탕으로 보다 큰 네트워크를 형성한다(고상민 등, 2010).

두 번째로 강조되는 특성은 '참여'이다. 소셜 미디어는 인적, 사회적 연결망을 통한 상호작용의 플랫폼으로서, 수동적 수용자가 아닌 능동적 참여자로서의 이용자를 가정한다(강진숙·김지연, 2013). 같은 맥락에서 조희정(2012)은 스스로 생산하고 유통할 수 있는 능동성, 모바일 연동을 통한 속보성, 그리고 기존의 웹 환경과 차별화되는 쌍방향성이 소셜 미디어의 가장 큰 특징이라고 본다.

마지막으로 소셜 미디어는 '개방적' 미디어이다. 소셜 미디어란 개인의 생각과 의견 등을 공유하기 위해 사용하는 개방화된 온라인 툴과 미디어 플랫폼(김유향, 2011)이다. 소셜 미디어는 지극히 사적인 1인 미디어인 동시에 개방성을 바탕으로 집단적 커뮤니케이션 메커니즘을 구

및 영향력 평가지표 등 방법론적 문제점을 개선하고 분석 사례수를 크게 늘린 반복(replication) 연구이다.

476

동한다(장우영 · 차재권, 2011).

해외의 연구들 속에서도 다양한 개념 정의를 찾아볼 수 있다. 하지만 다수의 연구자들이 채택하는 소셜 미디어의 개념으로 보이드와 엘리슨 (Boyd & Ellison, 2008)이 제안한 통합적 개념을 들 수 있다. 보다 구체적으로 이들은 소셜 미디어를 "개인들로 하여금 ① 지정된 시스템 내에서 개인 신상정보를 공개하거나 준공개하고, ② 자신이 연결관계를 맺는 사람들의 리스트[연결망]⁴를 형성하며, ③ 이러한 자신의 리스트 그리고 시스템 내의 다른 사람들에 의해 형성된 연결망의 리스트를 둘러볼 수 있게 해주는 웹 기반의 서비스"라고 정의하였다.

이러한 정의에 따르면, 소셜 미디어에는 흔히 알려진 트위터, 페이스북 이외에도, 개인의 블로그, 싸이월드의 미니홈피, 링크드인 (LinkedIn) 그리고 카카오톡이나 라인 등과 같은 인스턴트 메신저⁵가 포함될 수 있다. 한편 카플란과 핸린(Kaplan & Haenlein, 2010)은 이용자의 참여에 주목하여 소셜 미디어를 "웹 2.0의 사상적 · 기술적 토대를 기반으로 한 인터넷 응용 프로그램들로 이용자가 콘텐츠를 창조, 교환할 수 있는 미디어"라 명명하기도 하였다. 〈표 9-1〉은 이와 같은 소셜 미디어의 개념들을 정리해 본 것이다.

그렇다면 다양한 집단 커뮤니케이션을 가능하게 하는 소셜 미디어의 유형은 어떻게 구분할 수 있을까? 위키피디아 한글판(ko. wikipedia. org)에서는 소셜 미디어를 크게 블로그(*blog*), 소셜 네트워크 서비스

---

4 〔 〕는 설명을 위해 필자가 추가.
5 카카오톡이나 라인과 같은 인스턴트 메신저의 경우 다수 대 다수의 소통을 가능하게 하지만 이러한 네트워크가 또 다른 네트워크로 연결되지 않는 폐쇄적 속성을 지니기 때문에 소셜 미디어에 포함시키지 않는 연구자들도 있다. 이를테면 여론집중도조사위원회의 2015 연구의 경우 이러한 서비스들이 '공개'의 요건을 충족시키고 있지 못하다는 점에서 소셜 미디어에 포함시키고 있지 않다.

(SNS), 위키(Wiki), 손수 제작물(UCC), 그리고 마이크로 블로그(*mi-cro-blog*)의 5가지로 구분하고 있다. 이러한 구분은 하나의 일관된 기준보다는 사회적으로 널리 보급된 소셜 미디어 서비스들을 대상으로 플랫폼의 기술적 특성, 콘텐츠의 형식, 그리고 서비스의 주목적 등을 복합적으로 고려하여 이루어진 것이라 할 것이다. 종래의 학술 연구들이 제시하는 소셜 미디어의 유형 구분 또한 이와 크게 다르지 않다. 금

〈표 9-1〉해외 학술지 논문에 제시된 소셜 미디어의 개념

해외논문	소셜 미디어에 대한 개념 정의
Boyd & Ellison (2008)	다음의 3가지를 만족하는 웹 서비스 • 제한된 시스템 내에서 개인의 프로필을 공개 또는 일부 공개함. • 관계를 맺고 있는 사람들의 리스트(연결망)를 형성할 수 있음. • 시스템 내에서 자신 혹은 다른 이용자들이 형성한 연결망의 열람이 가능함.
Kaplan & Haenlein (2010)	웹 2.0의 사상적·기술적 토대를 기반으로 한 인터넷 응용 프로그램들로, 이용자가 콘텐츠를 창조 또는 교환할 수 있는 미디어
Barker (2009)	개인 네트워크를 공개적으로 구축하기 위해 프로필을 생성하고 생성한 프로필을 타인과 연결하는 웹 사이트
Orr 외 (2009)	• 개인의 프로필 생성과 프로필의 타인 열람이 가능한 웹 사이트로서 온라인상의 사회망 구축과 증대를 목적으로 함. • 웹 사이트상에서 이용자들과 개인의 연결을 목적으로 하는 모든 사이트를 일컬음.
Kim & Lee (2011)	개인과 연결망을 형성하고 있는 이용자들의 리스트를 자신과 다른 이용자들이 둘러볼 수 있게 하고, 프로필 등 자신을 타인에게 표현할 수 있는 기술적 기능을 갖춘 웹사이트
Howard & Parks (2012)	다음의 3가지 측면에서 소셜 미디어를 정의 • 콘텐츠를 생산하고 배포할 수 있는 정보 기반시설 및 도구. • 디지털화된 개인의 메시지, 뉴스 정보, 견해, 문화적 산물의 형태를 띠는 콘텐츠. • 이 같은 디지털 콘텐츠를 생산하고 소비하는 공중 또는 기관 및 산업.
Lim (2012)	사회 운동이 이루어지기 위한 네트워크를 확장 및 유지할 수 있는 기술과 공간

출처: 여론집중도조사위원회, 2013, p.46의 내용 일부 수정.

희조와 조재호(2010)는 소셜 미디어를 크게 마이크로 블로그(트위터, 미투데이 등), 소셜 네트워크 서비스(싸이월드, 페이스북 등) 및 기타 블로그, 메시징 서비스로 구분한다. 김성태 등(2011)은 대표적 소셜 미디어의 형태로 트위터, 미투데이 등의 마이크로 블로그와 페이스북, 마이스페이스 등의 소셜 네트워크 서비스 두 가지 유형만을 제시하기도 하였다(김성태 등, 2011).

일부 연구자들은 하나의 일관된 기준에 따라 보다 체계적인 소셜 미디어 유형구분을 시도하기도 한다. 최민재와 양승찬(2009)은 이러한 맥락에서 소셜 미디어를 그 기능에 따라 커뮤니케이션 모형(블로그, 마이크로 블로그, 소셜 네트워킹, 이벤트 네트워킹), 협업 모형(위키스, 소셜 북마킹, 리뷰 & 오피니언 사이트, 커뮤니티 Q&A), 콘텐츠 공유 모형(사진 공유, 비디오 공유, 오디오/음악 공유), 그리고 엔터테인먼트 모형(가상세계, 게임 공유 & 플레이)으로 구분하였다.

이 구분에 따르면 유튜브 등은 콘텐츠 공유 모형이며, 트위터나 페이스북 등은 커뮤니케이션 모형에 해당한다. 김명숙(2007) 역시 기능을 중심으로 소셜 미디어를 블로그형, 폐쇄형, 니치(niche)형, 매칭형, 영상중심형으로 구분하였다. 블로그형은 개인의 생각이나 주장을 공유하는 형식으로 개방적인 반면, 폐쇄형은 기존 회원의 초대나 승인으로 이용 가능한 서비스로 유대관계가 깊다는 특징을 가진다. 니치형은 특정 집단 전용의 커뮤니티로 활용되는 소규모 웹사이트를 의미하며, 매칭형은 주로 비즈니스에 특화된 사교 및 교류 장소를 제공하는 서비스이고, 영상중심형은 유튜브와 같이 영상을 공유할 수 있는 형태를 의미한다(김명숙, 2007).

강원택 등(2012)은 소셜 미디어 서비스의 목적에 따라 관계형, 소통형, 협업형, 공유형 등으로 구분하였다. 관계형은 인적 연결을 중요하게 여기는 페이스북으로 대표되고, 소통형은 소통과 공표(*publicity*)에 초점을 둔 트위터, 협업형은 정보의 공동생산이 중심이 되는 위키피디아, 그리고 공유형은 콘텐츠의 공유에 초점을 둔 유튜브와 플리커 등이 포함된다(강원택 외 2012).

김유향(2011)은 소셜 미디어가 전달하는 콘텐츠 형식에 따라 소셜 미디어를 문서, 이미지, 동영상, 소셜, 그리고 기타의 5가지 범주로 유형화하였다.

해외 연구들에서도 연구자들이 채택한 기준이 무엇인가에 따라 소셜 미디어 유형이 다양하게 제시됨을 볼 수 있다. 맨골드와 폴즈(Mangold & Faulds, 2009)는 온라인상의 네트워크 및 정보 공유포맷에 따라 인적 관계망을 구축할 수 있는 페이스북이나 마이스페이스 등 같은 사회 관계망 사이트(*Social Networking Sites*), 유튜브나 플리커 등과 같이 창작물을 공유하는 사이트, 협업사이트(위키피디아 등), 그리고 마이크로 블로깅 사이트(트위터 등)로 소셜 미디어를 분류하고 있다.

반면 엘리슨, 스타인필드, 램프(Ellison, Steinfield, & Lampe, 2007)는 이용자의 활용목적에 따라 직업적 목적(LinkedIn 등), 로맨틱한 관계 목적(Friendster 초기 형태), 공통의 관심사를 가진 사람과 연계 목적(마이스페이스 등), 대학생 집단의 연계 목적(Facebook 초기 형태)을 충족시키는 사이트들로 소셜 미디어로 범주화하였다.

이와 유사하게 폴켄버그, 피터, 쇼우텐(Valkenburg, Peter, & Schouten, 2006)은 소셜 미디어를 데이팅 사이트, 공통의 관심사를 가진 사람들을 연계시키는 사이트, 그리고 친구와의 네트워크 형성을 가능하게 하는 사이트로 유형화하기도 하였다. 이들은 전문적 목적의 사이트(LinkedIn)와 비전문적 목적의 사이트(Facebook, MySpace, Friendster)로 보다 단순하게 소셜 미디어를 구분하기도 한다.

이외에도 소셜 미디어의 타깃층에 주목하여, 일반 대중을 타깃으로 하는 사이트(Facebook)와 특정 틈새(*niche*)를 타깃으로 한 사이트(예를 들어 TakingITGlobal. org, YouthNoise. org: 기근, 인권 등과 같은 사회적 문제에 관심을 갖는 사이트)로 유형구분을 시도한 연구도 있다(Gil de Zúñiga, Jung, & Valenzuela, 2012).

이러한 논의들을 종합하여 여론집중도조사위원회 소셜 미디어 연구팀에서는 소셜 미디어의 유형을 아래와 같이 포괄적으로 제시하고 있다.

1) 온라인상의 네트워크 및 정보 공유의 측면에서 ① 인적 관계망을 구축할 수 있는 사회적 관계망 사이트(Social Networking Sites, 페이스북, 마이스페이스 등), ② 창작물 공유하는 사이트(유튜브, 플리커 등), ③ 협업사이트(위키피디아 등), ④ 마이크로블로깅 사이트(트위터 등)

2) 이용자의 활용목적에 따라 ① 직업적 목적(LinkedIn 등), ② 로맨틱한 관계 목적(Friendster 초기 형태), ③ 공통의 관심사를 가진 사람과 연계 목적(마이스페이스 등), ④ 대학생 집단(페이스북 초기 형태)의 연계 목적을 지닌 사이트.

3) 제공되는 서비스의 유형에 따라 ① 커뮤니케이션 모형(블로그, 마이크로 블로그, 소셜 네트워킹, 이벤트 네트워킹), ② 협업 모형(위키스, 소셜 북마킹, 리뷰 & 오피니언 사이트, 커뮤니티 Q&A), ③ 콘텐츠 공유 모형(사진 공유, 비디오 공유, 오디오·음악 공유), ④ 엔터테인먼트 모형(가상세계, 게임 공유 & 플레이)의 형태를 띠는 웹 서비스들.

2) 뉴스 미디어로서의 소셜 미디어

이상에서 살펴본 소셜 미디어의 개념들을 종합하면, 소셜 미디어는 이용자가 자신을 공개함으로써 타인들과 연결망을 형성하고 더 나아가 타인들이 연결망을 형성하는 사람들과도 다시 연결될 수 있는 네트워킹 서비스라 할 것이다. 소셜 미디어의 네트워크는 연결 및 이를 통한 재연결을 통해 무궁무진하게 확장될 수 있다. 이러한 연결망을 기반으로 소셜 미디어 이용자들은 자신의 정보와 의견, 경험을 수많은 다른 사람들에게 제공하면서 동시에 타인들의 정보와 의견, 경험을 쌍방향적으로 공유하게 된다.

우리의 삶의 많은 부분이 개인 대 집단 및 집단 대 집단 간의 상호작용과 소통 행위에 의존한다는 점을 고려한다면 우리 삶에서 소셜 미디어가 지니게 될 중요성은 앞으로 한층 증대될 것이 확실시된다. 현시점에서 소셜 미디어가 종래의 신문, 방송과 같은 뉴스 미디어로서의 위상을 가지는가에 대한 판단은 유보하더라도 소셜 미디어가 종래의 뉴스 생산과 교환과정에 근본적 변화를 가져오고 있음은 분명하다.

이처럼 막대한 영향력 내지 잠재력을 지닌 소셜 미디어의 주요 기능 중의 하나가 앞서 소셜 미디어의 유형에 대한 논의에서 살펴본 대로 정보나 콘텐츠를 공유하는 것이다. 특히 최근 들어 소셜 미디어는 뉴스 콘텐츠를 공유하는 중요한 수단이 되고 있다.[6]

소셜 미디어 이용동기를 조사한 김영주와 정재민(2014)의 연구에 따르면 소셜 미디어 이용자들이 소셜 미디어를 이용하는 가장 중요한 이유는 '친구/지인과의 연락 및 교류'를 위해서이고, 두 번째로 중요한 이

---

6 이 항의 내용은 여론집중도조사위원회(2015)에 주로 의존하였다.

유는 '뉴스를 보기 위해서'인 것으로 나타났다. 최근 들어 연락 및 교류 동기는 점차 감소하는 반면, 뉴스나 정보 획득을 위해 소셜 미디어를 이용하는 경우(45.7%)가 지속적으로 증가하고 있다. 따라서 소셜 미디어는 개인 대 집단 및 집단 대 집단의 연결 및 상호작용을 매개하는 광범위한 기능의 일환으로 '뉴스 미디어'로서의 기능, 다른 말로 저널리즘적 기능을 수행한다고 할 것이다.

그렇다면 뉴스 미디어로서의 소셜 미디어는 어떠한 특성을 지니는가? 종래의 논의들을 보면, 소셜 미디어가 지닌 특성들 중 어디에 방점을 두는가에 따라 소셜 미디어를 통해 구현되는 저널리즘을 평가하는 관점들 역시 다양한 양상을 보인다는 것을 확인할 수 있다.

이러한 논의들은 크게 낙관적 논의와 현실적 논의 두 가지로 구분된다. 우선 낙관적 논의들에서는 소셜 미디어를 통한 뉴스는 종래의 매스 미디어가 지닌 일방성, 수동성, 영향력의 집중 등과 같은 문제들을 극

〈그림 9-1〉 한국인들의 소셜 미디어를 통한 뉴스 이용 정도

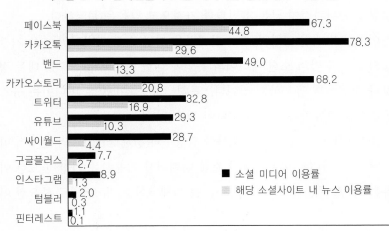

출처: 김영주 · 정재민(2014), p.102.

복하는 새로운 저널리즘을 실천할 수 있다는 주장을 제기한다. 이와 관련된 종래의 대표적 주장들을 그 내용이 일부 중첩되지만 그대로 제시해 보면 다음과 같다.

첫째, 소셜 미디어 상에서는 뉴스 생산과 유통, 이용은 하나의 연결된 순환구조를 형성하며 서로의 경계를 넘나들고 상호 결합하며 서로에게 영향을 미치면서 뉴스 생산자와 이용자 간 경계짓기를 무의미하게 한다(박선희, 2012). 소셜 미디어를 통한 뉴스 소통은 종래의 일방적 매스미디어와는 달리 사람들이 대화에 참여하는 '대화적 관행'이 되고, 뉴스 자체를 전달하는 정보적 속성보다 관계적 속성이 더 큰 의례적 교감행위가 된다(Boyd, Golder, & Lotan, 2010). 공개된 네트워크에서 이용자들은 자유롭게 뉴스를 퍼 나르고, 의견을 공유하고, 소통하며, 영향력을 지닌 자 또는 유력자를 중심으로 커뮤니티를 생성하기도 한다. 따라서 소셜 미디어에 뉴스의 전파는 송신자에서 수신자에게로 전해지는 뉴스전달이 아니라 뉴스를 전하는 사람과 듣는 사람 사이에서 일어나는 '뉴스 교환'의 양상을 보이게 된다.

둘째, 소셜 미디어는 누구에게나 개방된 뉴스 플랫폼으로 뉴스 소비자인 시민들이 뉴스생산에 적극적으로 참여하기에 용이한 플랫폼이다. 또한 시민들이 뉴스를 수집, 보도, 분석, 전송함으로써 집단 지성적 협업, 더 나아가 실질적 집단행동의 추동[7]이 이루어지곤 한다는 점에서 소셜 미디어는 시민 저널리즘(*civic journalism*) 혹은 참여 저널리즘(*participatory journalism*)을 실천할 수 있는 가능성으로 평가된다(김사승, 2009; 김태원·김상욱, 2013; 전지나, 2012; 정회경·김사승, 2007; 조화순·김정연, 2012; 최항섭, 2009).

---

7 이를테면 트위터의 경우 의견의 개진을 넘어 행동촉구형 글이 상당한 비중을 차지하며 이는 종종 실질적인 사회적 운동으로 이어지곤 한다(조화순·김정연, 2012).

셋째, 소셜 미디어가 가지는 연결성은 저널리즘을 일상 속에 편재 (*ambient journalism*) 한 현상으로 변모시킨다. 이제는 언제 어디서나 뉴스를 접할 수 있고, 그에 대한 논의도 가능하게 되었다. 상시 연결가능한 형태의 저널리즘은 기존의 주류언론을 통하지 않고도 뉴스 이용자들이 지식과 정보를 실시간으로 소통, 확산시킬 수 있게 해줌으로써 새로운 형태의 대화형 저널리즘(*dialogical journalism*) 을 실현한다(Deuze, 2003; Hermida 2010; 김은미·이주현, 2011; 설진아, 2013).

넷째, 소셜 미디어는 네트워크를 기반으로 시민과 언론인이 뉴스적 가치를 지닌 콘텐츠를 생산, 유통, 소비, 피드백하는 과정에 함께 참여한다는 점에서 네트워크 저널리즘(*network journalism*) 의 한 형태로 간주할 수 있다(설진아, 2013; 전지나, 2012). 네트워크 저널리즘은 웹 2.0 환경에 맞게 언론인과 시민들의 협업을 바탕으로 뉴스를 생산하는 양식으로 기존의 시민 혹은 참여, 온라인 저널리즘의 한계를 극복한 저널리즘으로 평가된다(장병희·남상현, 2012).

다섯째, 소셜 미디어는 기존의 엘리트 기반의 하향식 저널리즘과 차별화되는 사회적 약자 기반의 상향적 저널리즘을 실천한다는 측면에서 대안적 저널리즘(*alternative journalism*) 으로 구분되기도 한다(Herman & Chomsky, 1998; Tuchman, 1978).

하지만 이러한 주장들에 대한 반론도 만만치 않다. 가장 우선적으로, 소셜 미디어를 애초에 뉴스 미디어로 볼 수 있는가에 대해 의문을 제기하는 시각이 있다. 소셜 미디어가 여론 형성력을 가지는 것이 아니라 소셜 미디어는 사람들 사이에서 이루어지는 다양한 형태의 상호작용을 돕는 매개체에 불과하고, 따라서 그 자체로 언론 미디어의 기능을 수행하는 것은 아니라는 주장이다.

소셜 미디어는 기존의 신문, 방송 등과 같은 수준에서 여론 영향력을 행사하기보다는 기존의 미디어가 생산한 뉴스 및 시사정보가 확산되는 단계에서 영향력을 갖는 미디어로 보아야 한다는 주장 역시 같은 입장의 시각이라 할 것이다. 기존 언론이 많이 보도하는 뉴스 이슈와 트위터에서 빈번하게 회자되는 뉴스 이슈들이 서로 중첩되는 부분이 많다는 연구결과(김은미·이주현, 2011)는 소셜 미디어가 기존 미디어의 재매개 창구로서의 역할에 머물고 있음을 보여준다. 트위터의 하이퍼링크 출처를 분석하였더니 69.5%가 기존 뉴스 미디어의 콘텐츠라는 연구결과(이재현·김찬균, 2012), 그리고 트위터가 자신의 의견을 게재하기보다 주로 남의 글을 퍼뜨리는 데 치중하고 있다거나 단순 리트윗 수가 대부분이어서 트위터상에서 다양한 출처의 의견이 파급되지 못한다는 주장(조화순·김정연, 2012) 역시 같은 맥락에서 해석 가능하다.

이러한 현실적 시각을 실증적으로 뒷받침하는 대표적 연구로 여론집중도 조사위원회가 2015년에 수행한 '소셜 미디어의 영향력 집중도 연구'를 들 수 있다. 이 연구에서는 2004년 6월 말에서 8월 초에 걸쳐 5주의 기간 동안 당시 한국 사회의 대표적 관심사였던 세월호 사건, 군대폭력 문제, 지방선거와 관련하여 유통된 총 7백만 개(7,077,510건)의 트윗 전수를 수집하였는데 그중 원트윗 수는 약 140만 개(1,404,620건)로 19.85%, 리트윗 수는 약 567만 개(5,672,889건)로 80.15%로 나타났다. 이를 통해 이 연구는 트위터는 뉴스 콘텐츠를 생산하기보다는 공유 및 확산하는 미디어라는 점을 확인해 주었다(여론집중도조사위원회, 2015, p. 150).[8]

이 연구는 여기서 한 걸음 더 나아가 리트윗 기능을 이용하면서 단순히 기존 트윗에 의견을 부연하지 않고 리트윗을 하는 경우(단순 리트윗)

---

8 이 연구는 2014년 6월 당시 사회적으로 회자되던 대표적인 뉴스 키워드들을 통해 당시 한국 사회에서 유통되던 트윗의 전수를 수집하였다.

〈표 9-2〉 주요 이슈에 대한 트윗과 리트윗 수

	전 체	세월호 사태	군대폭력 문제	지방선거
전체 트윗 수	7,077,510	3,355,965	442,478	2,440,005
(원)트윗 수	1,404,621 19.85%	502,277 14.97%	114,543 25.89%	467,543 19.16%
리트윗수	5,672,889 80.15%	2,853,688 85.03%	327,935 74.11%	1,972,462 80.84%

〈표 9-3〉 주요 이슈에 대한 단순 리트윗과 숙의 리트윗 비교

	전 체	세월호	군문제	지방선거
단순 리트윗 수	5,631,575 99.27%	2,840,438 99.54%	326,015 99.41%	1,958,773 99.31%
숙의 리트윗 수	41,314 0.73%	13,250 0.46%	1,920 0.59%	13,689 0.69%

와 트윗에 사용자가 의견 및 정보를 추가하여 리트윗을 하는 경우(숙의 리트윗)를 구분하고 각각의 빈도와 비중을 계산하였다(여론집중도조사 위원회, 2015, 153~154). 그 결과 전체적으로 단순 리트윗이 5,631, 575건으로 99.27%, 숙의 리트윗은 41,314건으로 0.73%에 불과한 것으로 나타났다.

이처럼 전체 트윗 중에서 원트윗의 수보다 리트윗의 수가 훨씬 많다는 점, 그리고 리트윗의 경우 말 그대로 아무런 의견의 추가 없이 단순한 전달에 불과하다는 것에 비추어, 트위테리안들이 트위터를 매개로 사회적 이슈를 활발하게 공유하고 매개하고 확산하는 것은 사실이지만, 이를 통해 적극적으로 의견을 개진하고 논의를 발전시켜 가기보다는 공유를 통한 소극적 의견개진 행위가 보다 일반적임을 알 수 있다.

이 연구는 또한 소셜 미디어가 평등한 적극적 참여와 상호작용에 의

해 특징되는 민주적, 대안적 시민 미디어라기보다는 극심한 영향력의
집중으로 특징되는 불평등의 미디어라는 점을 보여준다. 보다 구체적
으로 2015 소셜 미디어의 영향력 집중도 연구는 피리트윗 수[9]를 기준으
로 전체 계정의 영향력 분포를 분석하여 총 20만 개(203,586개)에 달하
는 전체 계정 중 전체 계정의 0.42%를 차지하는 854개의 계정이 계정
영향력의 80%를 차지하고 있음을 밝혀낸다(여론집중도조사위원회,
2015, pp. 50~52). 지니 계수를 이용하여 계정 영향력 불균형 정도를
계산한 결과 0.99로 나타남에 따라 계정별 영향력의 집중도는 말 그대
로 완전한 불평등 상태를 보여주는 것으로 나타났다.

이와 같은 뉴스 미디어로서의 소셜 미디어의 특성에 관한 현실론적
입장에 대해 재반론이 존재한다.

우선 소셜 미디어는 사람들 사이에서 이루어지는 다양한 형태의 상
호작용을 돕는 매개체에 불과하고, 따라서 그 자체로 언론 미디어의 기
능을 수행하는 것은 아니라는 주장에 대해, 박상호(2012)는 여론은 공
중의 의견이 집합된 개념이거나 단순히 정보나 의견 전달에 그치는 것
이 아니라 공중들 간의 역동적인 대화 과정, 즉 커뮤니케이션 그 자체
임을 감안한다면, 소셜 미디어는 정보를 공유하고 대화할 수 있는 플랫
폼을 제공함으로써 공중의 자발적인 커뮤니케이션을 꾀하는 '여론 형성
의 장'으로서 기능한다는 반론을 제기한다.

소셜 미디어는 독자적인 뉴스정보를 생산하기보다는 기존의 미디어
가 생산한 뉴스 및 시사정보를 확산시키는 수단에 불과하다는 지적에
대해서도, 미디어가 생산해 내는 내용차원의 뉴스가치 외에 기존 뉴스

---

9 피리트윗(retweeted tweets). 트위터에서 리트윗은 원 작성자의 글을 다른 사람들에게
  전파하는 기능을 가진다. 따라서 리트윗을 받은 횟수를 비교함으로써 원 트윗 작성자의
  영향력을 파악할 수 있다.

의 확산과 주목도에 미치는 영향차원에서 소셜 미디어의 영향력을 재평가할 필요가 있다는 주장이 제기된다. 과거에는 언론사가 게이트키핑을 거쳐 뉴스가치를 판단해 선택해 준 기사를 독자들이 수용했지만 이제는 과거 뉴스 수용자였던 사람들이 스스로 중요한 뉴스를 골라 유통시킬 수 있기 때문에 기존 언론에서 외면하거나 작게 다룬 뉴스도 가치가 있다고 판단되면 소셜 미디어를 통해 뉴스로 재조명되고 빠른 속도로 전파된다는 것이다(전지나, 2012; 황유선, 2014).

소셜 미디어는 기존 뉴스 미디어가 생산한 뉴스를 재매개하지만 그 과정에서 참여자들 간의 즉각적인 상호작용 및 의견 또는 새로운 정보의 추가를 통해 뉴스 내용, 형식, 가치를 변형(Stassen, 2010; 김은미·이주현, 2011)시킨다는 주장 역시 같은 시각을 드러내고 있다.

〈표 9-4〉 프로젝트 계정과 인용 RT를 둘러싼 편집자와의 토론

이 장에 대한 재교를 보는 과정에서 이 같은 연구내용의 타당성과 관련해 김민경 편집자로부터 '프로젝트(비공개) 계정'과 '인용 RT'의 측면에서 다음과 같은 두 가지 질문이 제기되었다. 첫째 프로젝트 계정과 관련된 질문이다. 프로젝트 상태에서 작성하는 트윗은 검색이 불가능하다. 이로 인해 a의 트윗을 프로젝트 계정인 b가 리트윗할 경우 리트윗 수에는 집계가 되지만 그 리트윗이 무엇인지 공개되지는 않는다. 이로 인해 숙의 리트윗보다 단순 리트윗의 수가 더 많게 집계될 가능성이 있다. 둘째, 인용 RT와 관련된 질문이다. 인용 RT(연구에서 숙의 리트윗에 해당)란 상대의 트윗을 리트윗하면서 상대의 아이디와 함께 자신의 의견을 적어 리트윗하는 것을 말한다. 예를 들어 A가 B의 트윗을 인용 RT하는 경우, 〔난 그렇게 생각 안 하는데? @A ID "A의 원문"〕처럼 나타나고 A에게 멘션이 가게 된다. 문화권마다 다르지만 한국에서는 인용 RT를 매너 없는 행위로 보는 트위터 이용자들이 상당수(과반수로 추정)에 달하는 것으로 평가된다. 따라서 인용 RT가 적은 것은 매너 차원의 문제이지 숙의성의 문제는 아니라는 것이다.

〈표 9-4〉계속

이와 같은 전문적 질문이 책의 편집자로부터 제기되었다는 사실은 필자와 여집위 연구의 공동연구자인 배진아 교수에게 신선한 놀라움을 안겨주었다. 첫 번째 질문에 대한 답변이다. 김민경 편집자는 프로텍트 계정이 리트윗에 집계되었을 것이라고 가정하고 질문을 제시했지만, 여론집중도조사위원회(여집위)의 연구에서는 프로텍트 계정이 리트윗 분석에서 애초에 빠져 있다. 리트윗의 집계가 각 트윗의 리트윗 수를 합산하는 방식으로 이루어졌다면 프로텍트 계정이 집계에 포함되었겠지만, 동 연구에서는 리트윗 자체를 수집해서 그 수를 집계하였기 때문에 공개적으로 드러나지 않는 프로텍트 계정의 리트윗은 수집과정에서 배제되었다. 설사, 프로텍트 계정의 리트윗이 리트윗 수에 집계되었다 하더라도, 그로 인해 숙의 리트윗보다 단순 리트윗의 수가 더 많아졌을 것이라고 보기는 어렵다. 이는 집계에서 제외된 프로텍트 계정의 리트윗 중 많은 수가 '숙의 리트윗'이라는 전제하에 가능한 가정인데 프로텍트 계정의 리트윗이 여타 계정의 리트윗들에 비해 숙의 리트윗이 많을 것으로 가정할 만한 근거는 없어 보인다.

두 번째 질문에 대한 답변이다. 트위터상에서 리트윗을 하면서 의견을 적는 것(인용=숙의)이 비매너라고 보는 문화가 존재한다는 것은 다시 말해 한국사회의 트위터 문화 자체가 숙의를 활성화할 수 없는 속성을 가지고 있다는 지적으로 이해된다. 이는 단순 리트윗이 숙의 리트윗보다 훨씬 많다는 여집위의 연구결과를 뒷받침해 주는 설명이 된다.

2. 소셜 미디어 공간에서 발생하는 공정성 논란의 본질

이상에서 살펴본 대로 소셜 미디어는 연결-연결을 통해 빠르고 넓게 확장될수록 연결망의 특성으로 인해 종래의 매스미디어를 대체할 수 있는 뉴스 미디어로서의 가능성을 지닌다. 또한 소셜 미디어를 통한 뉴스 소통은 수평적이고 참여적이며 숙의적인 뉴스 미디어로서의 특성을 지닐 것이라는 낙관적 예측과는 달리, 현실적으로는 종래의 매스미디어와 유사하게 일방적, 수직적이며, 소수의 참여자에게 영향력이 집중된 양상을 드러내고 있다.

하지만 소셜 미디어가 이처럼 종래의 뉴스 미디어와 유사한 확산력 및 매체적 속성을 보인다고 해서 소셜 미디어에 대해 후자에 적용되는 공적 책임을 바로 적용할 수는 없다 할 것이다. 그 이유는 소셜 미디어를 종래의 뉴스 미디어와 같은 공적 미디어로 간주할 수 있는지 여부를 쉽게 판가름할 수 없기 때문이다. 이하에서는 소셜 미디어를 둘러싼 사회적 논란과 갈등의 근본원인이라 할 이 소셜 미디어의 혼종성(混種性)에 대해 보다 구체적으로 논의해 보고자 한다.

1) 사적 미디어와 공적 미디어의 혼종성

지금까지 특정한 미디어가 매개하는 소통행위의 맥락이 공적인지 아니면 사적인지 명확하게 구분할 수 있었다면, 소셜 미디어는 이러한 기준에 따라 나누기가 쉽지 않다. 소셜 미디어는 사적 및 공적 미디어로서의 특성을 공유하기 때문이다. 대인관계를 형성하고 관리하는 도구 내지 그러한 관계적 소통이 이루어지는 공간이라는 측면에서 소셜 미디어는 사적 미디어 공간의 성격을 띤다. 그러나 소셜 미디어에 공개된 정보가 얼마나 넓게 확산될 수 있는지를 고려하면, 이 공간을 단순히 사적으로 영유되는 공간이라고 단정할 수 없다. 소셜 미디어는 나와 나의 친구, 또는 팔로워와의 커뮤니케이션이 일어나는 사적 공간으로 수용자의 범위를 한정하는 것 같지만, 이 수용자는 불특정 다수로 쉽게 확장된다.

친구 또는 팔로워로 수용자를 한정하는 경우에도 이들의 속성은 오프라인의 친구에 비해 그 성격이 복잡하다. 친밀한 친구, 면식만 있는 사람, 오프라인에서 전혀 만난 적이 없이 온라인에서만 형성된 관계 등 친밀함과 아는 정도의 단계가 오프라인에 비해 훨씬 다양하다. 이를 통해 전달되는 정보는 친구의 친구를 통해, 또는 하이퍼링크를 통해 내가 상정한 범주 및 통제범위를 쉽게 초월하여 퍼져간다. 실제로 기존의 연구들을 보면 소셜 미디어에서 글을 쓴 사람의 수용자 지각과 실제 수용자의 크기 간에는 상당한 차이가 존재한다.

번스테인, 박시, 버크와 카러(Bernstein, Bakshy, Burke, & Karrer, 2013)는 페이스북에서 사람들은 실제 자신이 보유한 독자인 '친구'의 숫자보다 적은 수의 사람들이 자신의 글을 읽을 것으로 생각한다는 것을 발견했다. 그들에 따르면, 소셜 미디어 이용자들은 실제 독자의 약 27%만이 자신의 글을 읽을 것이라고 추산한다고 한다. 역으로 샤우와 길리(Schau & Gilly, 2003)는 블로그의 글쓰기를 탐색한 연구에서, 글쓴이가 친구나 가족에 초점을 맞추어 블로그를 운영하더라도 그의 글이 제한되지 않고, 예측할 수 없는 대중에게 널리 읽힐 것을 가정하고 공적인 스타일의 글을 쓰는 경향이 있다고 말한다. 이는 예상독자를 실제독자보다 더 크게 가정하는 경우이다.

이처럼 소셜 미디어의 메시지는 소수의 폐쇄적 인원으로 대상을 한

정하지도 않지만, 그렇다고 본격적으로 불특정 다수를 대상으로 하지
도 않는다. 완전히 사사롭지도 않지만 그렇다고 공식적 게이트키핑 절
차를 따라 메시지가 만들어지고 전송되는 것도 아니다. 개인적이지만
완벽히 사적이지 않고, 집단적이지만 완전히 대중적이지 않다. 개인적
인 것과 대중적인 것, 사적인 것과 공적인 것의 경계를 모호하게 하는
혼종의 공간인 것이다. 공공성과 사사성(*privateness*)의 맥락이 혼합되
는 공간이고, 가까운 친구와 전혀 알지 못하는 사람이 함께 조우하는
공간이며, 과거의 정보와 현재의 정보가 동시에 열람 가능한 공간이다
(Baym & Boyd, 2012).

소셜 미디어는 대인 커뮤니케이션과 매스 커뮤니케이션의 경계를 모
호하게 하여, 사적 공간과 공적 공간이 혼재하는 특이한 공간을 창조해
냈다. 바자로바는 이러한 맥락에서 소셜 미디어를 '매스퍼스널 미디어'
(*masspersonal media*)로 명명하기도 한다 (Bazarova, 2012).

사적 공간의 특성과 공적 공간의 특성이 혼재하여 오롯이 사적이지
도 공적이지도 않은 이 공간, 오늘 점심식사와 같은 사사로운 신변잡기
에 대한 이야기부터 정부의 새로운 고용정책을 둘러싼 공적 토론이 함
께 이루어지는 이 새로운 공간에 대해 종래의 사회적 소통규범은 충분
한 답을 주지 못한다. 소셜 미디어를 통해 이루어지는 소통행위가 과도
기적 혼선과 갈등을 초래하는 원인이 여기 있다고 할 것이다. 첫째 소
셜 미디어는 사적 미디어임과 동시에 공적 미디어이기 때문에 이를 통
해 메시지를 보내는 커뮤니케이터와 메시지를 받는 수용자 간의 정체
성의 혼선과 충돌을 초래하며, 둘째, 이러한 혼선 내지 충돌이 발생한
경우 이를 해결하는 게 어렵게 된다.

이를 소셜 미디어에 글을 쓰고 읽는 행위를 통해 보다 구체적으로 살
펴보도록 하자. 소셜 미디어는 그 혼종성으로 인해 글을 쓰는 사람 입

장에서 이를 사적 공간 및 공적 공간 어느 쪽으로도 볼 수 있게 만든다. 글을 읽는 사람의 입장에서도 마찬가지이다. 만일 글을 쓰는 사람과 글을 읽는 사람 모두가 그 공간을 사적 공간이라고 가정한다면, 그는 공적 상황에 놓여 있을 때와는 달리 사적 정체성을 전면에 내세우며 사적 개인으로서의 자유로움을 누리며 글을 쓸 것이고, 글을 읽는 사람도 이 점을 충분히 인식하면서 글을 읽을 것이다. 마찬가지로 양자 모두가 이를 공적 공간으로 가정한다면 글을 쓰는 사람은 자신이 쓰는 글에 대해 공적 기준과 규범을 적용할 것이고 글을 읽는 사람도 마찬가지 기준과 규범 속에서 이를 받아들일 것이다.

문제는 글을 쓰는 사람과 글을 읽는 사람의 소셜 미디어 공간인식이 차이를 보이게 되는 경우다. 글을 쓰는 사람은 이를 사적 표현의 공간으로 여기는 반면, 글을 읽는 사람은 이를 공적 공간으로 간주하는 것이 그것이다. 소셜 미디어의 혼종적 성격으로 인해 커뮤니케이터와 수용자 간에는 이러한 인식의 엇박자가 발생할 가능성이 상시 존재한다. 따라서 양자 간의 소통행위 속에서 (제2장에서 살펴본) 소통행위의 본원적 편향성은 한층 증폭되어 극심한 소통의 혼선과 갈등을 초래하게 된다.

더 나아가 이러한 혼선과 갈등이 심화되어 '사적 표현의 자유'와 '공적 소통의 책임'을 공식적으로 가려야 하는 상황이 발생한 경우, 종래의 공적 미디어 공간과는 달리 소셜 미디어 공간에서는 그에 대한 시시비비를 판가름하는 게 쉽지 않다. 소셜 미디어를 통해 글을 쓰는 사람은 자신의 글을 공적 정체성과 무관한 사적 표현이라는 입장을 내세우게 될 것인바, 이는 혼종성을 지닌 소셜 미디어의 특성상 충분히 개연성을 지닌 주장이 될 수 있다. 역으로 글을 읽는 사람 입장에서는 같은 글을 두고 사회적 책임이 따르는 공적 발언이라고 주장할 수 있으며 이 역시 소셜 미디어의 혼종성에 비추어 잘못된 주장으로 배격할 수 없다. 이처럼 글을 쓰는 사람과 읽는 사람 모두 자신의 입장을 정당화하는 근거를 지닌 상황에서 이들 간의 갈등해소는 그만큼 어려운 일이 될 수밖에 없다.

2) 소셜 미디어의 혼종성으로 인한 갈등의 사례

우리 사회에서 사적 미디어와 공적 미디어의 속성을 공유하는 소셜 미디어의 혼종성이 초래한 혼선과 갈등의 사례는 쉽게 찾아볼 수 있다. 모든 사람들이 지켜본다는 사실을 인식하지 못한 채 소셜 미디어를 통해 자신과 연결된 소수의 사람들에게 예사롭게 툭 던지듯 전달하는 내용은 몇 차례의 연결-연결을 통해 즉각적으로 전 사회에 확산되면서 걷잡을 수 없는 파장과 갈등을 초래하곤 한다. 하지만 앞서 살펴본 소셜 미디어의 혼종성으로 인해 이에 대한 시비를 분명히 가리기란 결코 쉽지 않다. 이하에서는 두 개의 대표적 사례를 살펴보고자 한다.

(1) 법관의 소셜 미디어 발언 사례

2011년 한미 자유무역협정(FTA) 체결에 반대하는 글을 일부 법관들이 소셜 미디어에 올리자 이러한 행위에 대해 찬반양론이 거세졌다. '법관이 소셜 미디어에서 정치적 의견을 표출하는 것이 정당한가'에 대해 논쟁이 벌어지면서, 공직자의 소셜 미디어 사용에 대한 권고사항이 발표되기도 했다(이서현·박훈상, 2011. 11. 30). 법관이 개인의 정치적 성향을 인터넷[소셜 미디어][10]에 표명하는 것은 재판과 판결의 공정성

---

10 〔〕는 필자가 추가.

에 대해 오해를 불러일으킬 소지가 있으므로 자제해야 한다는 의견(성 낙인, 2011. 12. 1)과 사적 공간에서의 표현의 자유는 보장되어야 한다 는 의견이 팽팽히 맞섰다. 학계와 법조계, 언론이 제각각의 의견을 내 며 양극단의 시각을 제시했을 뿐, 정답은 없었다. 법관이 대한민국의 시민으로 가지는 표현의 자유와 공직자로서의 가져야 할 책임과 윤리 중 어느 것이 우선되어야 하는 지에 대해 명확한 답변을 제시하지 못하 였다.

법관의 소셜 미디어 사용에 대해 미국의 사례와 한국의 사례를 분석 한 노동일(2012)의 연구는 한국의 논의나 미국의 논의나 모두 법관과 표현의 자유에 대해서 일치된 견해를 찾아보기 힘들다는 점을 보여주 고 있다. 그러나 노동일은 유엔의 '사법부 독립을 위한 기본 원칙'에 명 시된 법관의 표현의 자유 및 결사의 자유에 대한 특별 규정이 이 쟁점의 한 가지 기준이 될 수 있을 것이라고 제안한다. 유엔의 '사법부 독립을 위한 기본원칙'(Basic Principles on the Independence of the Judiciary) 의 제8조 '표현과 결사의 자유'의 내용은 다음과 같다. [11]

> 세계인권선언에 따라 사법부의 구성원 역시 일반 시민들과 마찬가지로 표현의 자유, 양심의 자유, 집회와 결사의 자유를 가진다. 다만, 법관 은 이와 같은 권리를 행사함에 있어 언제나 법관직의 존엄성과 사법부 의 불편부당성, 독립성을 유지할 수 있는 방식으로 행동해야 한다.

---

[11] 원문은 다음과 같다. "In accordance with the Universal Declaration of Human Rights, members of the judiciary are like other citizens entitled to freedom of expression, belief, association and assembly; provided, however, that in exercising such rights, judges shall always conduct themselves in such a manner as to preserve the dignity of their office and the impartiality and independence of the judiciary."
(http://www.ohchr.org/EN/ProfessionalInterest/Pages/IndependenceJudiciary.as px)

　2011년 논의 당시, 대법원 공직자 윤리위원회는 권고의견 7호를 통해 '법관이 소셜 미디어를 사용할 때 유의해야 할 사항'을 발표하기도 하였다. 해당 의견에서는 법관이 소셜 미디어를 사용할 때는 첫째, 소셜 미디어의 특성을 잘 이해하고 사용법을 숙지해 소셜 미디어를 사용하는 과정에서 의도하지 않은 결과가 발생하지 않도록 주의해야 하고, 둘째, 법관 윤리강령을 준수하여 품위를 유지하고, 법관으로서의 공정성과 청렴성을 훼손하지 않아야 하며, 편견이나 차별을 드러내거나 그러한 오해를 받지 않도록 유의해야 한다. 또한 셋째, 소송관계인이 될 수 있는 사람과 교유할 때에는 법관으로 공정성에 의심을 일으킬 외관을 만들어서는 안 되고, 넷째, 구체적 사건에 관해서 논평하거나 의견을 표명하는 것이 제한되고, 구체적 사건에 대해 타인에게 법률적 조언을 하거나 법조인에 관한 구체적 정보를 제공해서도 안 된다. 마지막으로 사회적·정치적 쟁점에 대하여 의견표명을 하는 경우에도 자기 절제와 균형적인 사고를 바탕으로 품위를 유지해야 하고, 법관이 사회적 논란의 중심에 놓이거나 공정한 재판에 영향을 미칠 우려를 야기할 수 있는 외관을 만들지 않도록 해야 한다고 권고하고 있다(대법원 공직자 윤리위원회, 2011).[12]

　법관의 표현의 자유와 관련된 논의는 2015년 초 수원지방법원의 한 부장판사가 2008년부터 인터넷에 특정 집단 비하, 인격 비하, 강한 정치적 비판 등 이른바 '막말 댓글'을 작성한 것이 알려지면서 다시 주목을 끌게 되었다(양은경, 2015. 2. 12). 소셜 미디어와는 성격이 다르지만, 인터넷 댓글을 작성할 때 실명을 사용하지 않았고, 자신이 법관임을 드러내지 않았으므로 사적 의견 표명이라고 볼 수도 있는 사안이다.

---

12 이러한 권고의견은 법적인 구속력을 갖고 있지는 않지만, 법조계 내에서 소셜 미디어의 사용을 제약하는 가이드라인의 의미를 지닌다고 할 것이다.

이 사안에서도 사적 개인의 표현의 자유를 옹호할 것인가 법관으로서
의 품위유지, 윤리 등을 더 앞에 둘 것인가가 논란거리로 떠올랐다. 그
러나 2011년의 사례와 마찬가지로 합의된 결과를 도출하지 못한 채 사
건이 종결되었다. 법관의 윤리강령이 제시하는 법관의 품위유지(2조),
공정성(3조), 정치적 중립의무(7조)를 훼손했는지 여부를 판단하여 징
계 위원회에 회부하겠다는 대법원의 의견에도 불구하고, 사건이 알려
진 직후 해당 판사는 사표를 내고 대법원은 그 사표를 수리함으로써 논
쟁이 마무리된 것이다. 이번에도 사적 개인의 표현의 자유와 법관의 직
업적 윤리의 충돌시 어느 가치를 우선시해야 하는 가에 대해서는 결론
을 내리지 못했다.

　법관의 소셜 미디어 사용을 규제하는 것이 옳은가, 그렇지 않은가에
대해 명확한 결론이 내려지지는 못했지만, 적어도 소셜 미디어에 법관
이 작성한 글이 향후 법관의 공인으로서의 활동에 영향을 줄 수 있다는
사실에 대해서는 사회적 합의가 존재한다고 할 것이다. 이러한 발언이
재판에 영향을 줄 수 있으니 법관이라는 공직자의 윤리와 소양 등을 해
치지 않을 것이 요구된다는 것이다.

(2) 기자의 소셜 미디어 발언 사례

　이상에서 살펴본 법관들의 소셜 미디어 발언만큼이나 논란이 되는
것이 기자들의 소셜 미디어 발언이다. 기자들은 직업적으로 법관과 마
찬가지로 높은 신뢰성과 공정성을 갖출 것이 요구된다. 기자들이 소셜
미디어를 사적 미디어 공간으로 간주하고 자유롭게 개인적 의견들을
표명할 경우, 이는 그 미디어 공간의 혼종적 속성으로 인해 해당 기자
들의 공식적 보도내용을 접하는 수용자들에게 자칫 편향된 시각이나
오해를 불러일으킬 소지가 있다.

실제로 기자들의 소셜 미디어 발언 속에서 기자들의 사적 정체성과 공적 정체성이 명확히 구분되지 않아 문제를 초래한 사례들을 쉽게 찾아볼 수 있다. 2009년 〈워싱턴 포스트〉의 최고 책임편집자 중 한 명인 라주 나리세티(Raju Narisetti)는 자신의 트위터에 아래와 같은 글을 남겼다.

> 센 버드 의원(91세)이 '너무 빨리 일어서다가' 넘어져 병원에 실려 갔다. 임기제한을 두는 건 어떤가. 아니면 은퇴 나이를 두든지. 그도 저도 아니면 상식적으로 처신하든지.[13]

이는 그날 사고로 넘어져서 병원에 입원한 고령의 하원의원 로버트 버드를 비꼬는 트윗이다. 이 트윗을 작성한 사람이 〈워싱턴 포스트〉의 최고 책임편집자라는 점이 문제가 되었다. 라주 나리세티는 이 트윗이 문제가 되자 트위터 계정을 폐쇄했고, 자신은 사적 개인으로서 느끼는 의견을 썼을 뿐 〈워싱턴 포스트〉와는 관계가 없음을 밝혔다. 그는 이 트윗이 90여 명의 친구와 동료를 대상으로 한 개인적 의견임을 강조했다. 하지만 그는 비록 자신이 개인적 의견을 트위터에 남겼지만, 이것이 〈워싱턴 포스트〉의 편집경향으로 읽혀질 수 있음을 일부 시인했다. 그리고 (비록 전부터 준비된 것이긴 하지만) 당일자로 〈워싱턴 포스트〉는 소셜 미디어 가이드라인을 발표하였다(Alexander, 2009).

2014년 영국에서는 BBC 뉴스의 채널 편집자(channel editor)이자 당시 선거보도 팀에 속한 자스민 로렌스(Jasmine Lawrence)가 유럽의회 및 지방선거(European and local council elections)를 앞두고, 영국독립당

---

13 원문은 다음과 같다. "Sen Byrd (91) in hospital after he falls from 'standing up too quickly.' How about term limits. Or retirement age. Or commonsense to prevail."

(UKIP)를 조롱하는 듯한 트위터 메시지를 남긴 것이 논란이 되었다. 그녀는 자신의 트위터 계정에 "#내가 UKIP에 투표하는 이유 ― 오늘날 정치에서 완전히 무시되고 있는 성차별주의와 인종차별주의를 지닌 백인, 중산층, 중년 남성을 위하여"[14] 라는 글을 선거 전날 올렸다. 이 글은 영국독립당에 성차별적이고 인종차별적이라는 비난을 가하는 것으로, 정치적으로 편향된 그녀의 독자적 의견이다. 그녀는 곧 트위터 계정을 삭제했지만, BBC는 이 글이 자신들의 선거보도 원칙인 불편부당성에 영향을 미칠 수 있다고 판단하여 그 즉시 그녀를 선거보도팀에서 제외시켰다. 이때 BBC는 BBC 소속 직원들에 대한 소셜 미디어 이용 가이드라인이 존재했고, 자스민 로렌스가 이 가이드라인을 어긴 것으로 판단했다(Conlan, 2014). BBC는 자스민 로렌스의 글이 개인 계정을 통한 것이었지만, 그것이 BBC 선거보도의 공정성에 영향을 줄 수 있다고 판단한 것이다.

최근의 한 연구에 따르면, 언론인의 소셜 미디어를 통한 개인 노출 및 독자와의 상호작용은 수용자들이 지닌 언론인에 대한 개인적 차원의 인식에 긍정적 영향을 미치지만, 언론인에 대한 전문직업인 차원의 인식에는 부정적 영향을 미치고, 더 나아가 이러한 인식은 뉴스 자체에 대한 인식에까지 전이된다고 한다(Lee, 2015). 이런 점에서 소셜 미디어는 언론인에게 있어서 장점과 단점을 모두 지닌 양날의 칼이라고 할 수 있다. 한국에서도 언론인의 소셜 미디어 활동이 공정성 시비로 이어진 사례들을 쉽게 찾아볼 수 있다. 2010년 3월 26일 다수의 팔로워를 지닌 파워 트위테리안(*power twitterian*)으로 활동하던 MBC 김주하 기자는 그날 발생한 천안함 침몰사고의 속보를 트위터로 전달한다. 그러

---

14 트윗 원문은 다음과 같다. "#WhyImVotingUkip ‐ to stand up for white, middle class, middle aged men w sexist/racist views, totally under represented in politics today."

500

던 중 그녀는 트위터에 "북한 반잠수정 침몰시킨 듯"이라는 메시지를 작성하였다. 이는 해당시점에 확인되지 않은 사실이었다. 김주하 기자는 바로 "죄송합니다. 특보를 2번 진행하다 자세하게 올리지 못했습니다. 군 관계자에 따르면 우리 초계함이 침몰하는 과정에서 인근에 있던 군 관계자가 북한의 반잠수정으로 보인다고 발표했던 미확인 물체는 새떼일 수도 있다고 하네요. 계속 뉴스 주시하겠습니다"라고 정정하는 글을 썼으나, 이미 앞의 트윗은 상당히 전파된 이후였다. 이 사건에 대해 김주하 기자가 이른바 '북풍'을 조작하려는 것 아닌가라는 의혹이 발생하기도 하였고, 부정확한 정보전송에 대해 책임을 묻는 사람도 있었다. MBC에서도 해당 사건에 대해 김주하 기자에게 경위서를 요구하기도 하였는데 그 주 내용은 트위터에 쓴 글들이 개인적인 것이었는지 MBC 기자로서 쓴 것들이었는지 묻는 질문이었다고 한다(곽선미, 2010. 4. 7; 〈쿠키뉴스〉, 2010. 3. 27).

2012년에 유사한 사례가 다시 발생하였다. 그해 2월 선거법 위반과 명예훼손으로 구속 수감된 정봉주 의원을 지지하는 '비키니 시위'가 트위터에서 이슈가 되었던 시점에 MBC의 이보경 기자가 자신의 트위터에 비키니를 입고 정봉주 의원을 지지하는 이미지와 메시지를 올린 것이다. 이때도 이보경 기자는 스스로 개인적 공간에서 팔로워를 늘려보고자 개인적 의견을 표출한 것이라고 주장했으나, MBC가 정봉주 의원이 주 멤버로 참여하던 팟캐스트 방송 〈나는 꼼수다〉를 지지하는 것으로 비추어질 수 있다는 우려가 제기되기도 하였다. 김주하 기자의 경우와 같이 MBC는 이보경 기자에게 경위서를 요구했는데, 그 주 내용 역시 이보경 기자의 표현행위가 사적 의견인지 아닌지를 확인하는 것이었다고 한다(박종찬, 2012. 02. 03).

2015년 초 KBS가 신입사원 공채과정에서 '일간베스트'(이하 일베)[15]

에서 활동한 사람을 기자로 채용하면서 발생한 논란 역시 이러한 사례
들과 같은 연장선상에 놓여 있다고 할 것이다. 일베에서 지속적으로 특
정 집단을 비하하는 극단적 의견 표명을 해 온 활동가 출신을 공영방송
기자로 채용하는 것이 알려지자 KBS 내부의 기자협회, 아나운서협회,
여기자협회 등 11개 직능단체들은 공개적으로 채용에 반기를 들며 채
용취소를 요구하였다. 일베에서 반사회적이고 반인륜적인 발언을 일
삼았던 사람이 공영방송에서 취재하고 기사를 방송하는 것은 공영방송
의 공정성과 공익성을 훼손할 수 있다는 것이 그 주된 이유였다. 하지
만 다른 한축에서는 일베는 표현의 자유가 보장되는 사적 소통공간으
로, 이러한 공간에서 행한 활동을 근거로 기자직 직업선택을 제한하는
것은 타당하지 않다는 의견도 제시되었다. 이 역시 시간적으로 발언행
위가 먼저 발생했다는 차이가 있을 뿐 혼종성을 지닌 미디어 공간에서
기자의 공적 정체성과 사적 정체성이 구분되지 못한 채 충돌을 빚은 사
례라고 할 것이다.[16]

---

15 일베는 특정 지역 비하, 여성 비하, 극단적인 보수적 이념 표명 등으로 사회적 물의를 일
으키는 커뮤니티 사이트이다.

16 KBS는 이에 대한 부정적 여론이 일자 해당 신입사원을 비기자직에 배치하였다. 해당 신
입사원 및 그의 부친은 문제가 된 일베 활동전력을 "진심으로 사죄, 처절히 반성"한다는
취지의 반성문을 발표하였는데 한쪽에서는 이러한 반성문의 진정성을 둘러싸고, 다른 한
편에서는 이처럼 반성문을 강제하는 것이 인권보호 차원에서 타당한가를 둘러싸고 다시
논란이 일었다.

3. 언론사들의 소셜 미디어 가이드라인

사적 표현의 공간이면서 동시에 공적 미디어로서의 특성이 중첩된 소셜 미디어 공간에서 지속적인 논란이 벌어지자, 국내외의 주요 미디어들은 소속 기자들의 소셜 미디어 사용에 대해 가이드라인을 제시하기 시작하였다.

이러한 가이드라인에 대해 일각에서는 기자의 사적 표현의 자유를 제한하는 행위라는 비판이 있는 일면, 다른 한 측에서는 소셜 미디어도 준(準) 공적 미디어이고 따라서 언론의 공정성을 해칠 수 있는 행위는 제한하는 것이 옳다는 옹호론도 제기되는 상황이다. 현재까지는 소셜 미디어 이용에 대한 가이드라인을 제시하는 언론사보다 그렇지 않은 언론사가 많다. 그러나 점차 보다 많은 신문, 방송사들이 기자의 소셜 미디어 사용이 그들의 기사, 나아가 회사의 평판에 영향을 줄 수 있다고 감지하고 이에 대한 규칙을 제정하여 기자들과 공유하는 추세이다. 이하에서는 그 대표적 사례들을 소개해 보고자 한다.

1) BBC의 사례

BBC는 기자의 소셜 미디어 사용에 대해 가장 구체적이고 체계적인 가이드라인을 가지고 있는 언론사이다.[17] 그들은 자신들이 가지고 있는 편성지침(Editorial Guideline)의 항목 중 '15조: 이익의 상충'(Conflicts of Interest), 그리고 '14조 편성의 진실성과 독립성'(Editorial Integrity)의 내용을 구체화하기 위해 소셜 미디어 등(블로그와 마이크로

---

17 BBC의 공정성 원칙에 대해서는 이 책 3장의 논의 참조.

블로그, 개인 웹사이트 포함)의 개인적 사용에 대한 참고노트(*guidance note*)를 만들어 조직원들과 공유하고 있다. 이 '참고노트'에서는 개인적 사이트들을 소셜 미디어, 블로그와 마이크로 블로그, 오픈 위키백과 등으로 구분하여 이 개개 서비스들을 사용할 때의 유의사항을 제시하고 있다. 그 핵심은 인터넷에서의 개인의 활동이 BBC와 관련하여 잠재적 갈등이 일어날 수 있음을 생각하고 있어야 하고, BBC와 개인의 영역을 명확히 구분하며, BBC 뉴스의 공정성과 신뢰 및 평판에 영향을 미칠 수 있는 활동을 지양해야 한다는 것이다.

이러한 원칙하에서 BBC의 공식적 홈페이지를 연결하거나 연결되어 있음을 알리는 행위를 지양할 것을 권고하고, 정치적 성향을 드러내지 말 것을 요청하며, BBC와 관련된 사진, 동영상, 글들을 소셜 미디어 등에 공유하지 말 것을 권고한다. 또한, 동료에 대해 비판하는 글도 금지한다. 마지막으로 작성자가 BBC 직원임을 알리는 블로그, 마이크로 블로그, 개인 웹 사이트 등을 시작할 때는 반드시 보고라인의 상급자와 상의할 것을 규정하고 있다. 이러한 '참고노트'의 내용은 매우 상세하고, 그래서 규제가 많은 것처럼 보인다. 그러나 실제 제시하는 주요 원칙은 다른 언론사들이 제시하는 가이드라인과 공유되는 부분이 많으며, 오히려 다양한 상황을 가정하고 각각의 상황에서의 지침을 제시하고 있어 현실적이라고 할 것이다.

BBC는 이와 같은 편성지침뿐 아니라 '소셜 에디터'라는 직책을 두어 기자 및 직원들의 소셜 미디어 이용을 지도하게끔 하고 있다. 그들은 BBC와 관련된 소셜 미디어 계정을 3가지로 구분한다. 첫째는 @bbcnews나 @bbcbreaking처럼 공식적인 BBC 이름의 소셜 미디어 계정, 둘째는 BBC 직원들의 개인 소셜 미디어 계정, 그리고 마지막으로 경제 에디터 @robrtpeston이나 @nickrobinson처럼 BBC의 유명스타기자가 운영하는 소셜 미디어 계정이 그것이다. BBC의 소셜 에디터 크리스 해밀턴(Chris Hamilton)은 BBC의 일부 기자들이 스타 트위테리안이 되어 많은 팔로우를 거느리는 것에 대해 사람들이 관심을 갖고 팔로우하는 것은 그 스타기자들이 하는 일 때문임을 잊어서는 안 된다고 말한다. 뉴스 수용자와 인간적 소통은 좋은 일이지만 트윗이 자신의 직업의 연장선상에 있다는 것을 인지하고 원칙을 지켜야 한다는 것이다. 인간적 소통을 유지하되, 지나치게 개인적 생활이나 주관적 관점으로 BBC에 대한 독자의 기대를 —져 버려서는 안 된다는 것이 BBC의 입장이다(Riordan, 2014).

2) AP의 사례(AP, 2012)

BBC가 소셜 미디어 및 제3의 사이트의 개인적 사용에 대해 가이드라인을 제시하고 있다면, AP는 개인적 사용뿐 아니라 취재도구로서 소셜 미디어를 사용하는 방법에 대해서도 가이드라인을 제시하고 있다. 가이드라인은 AP 소속 저널리스트들에게 각 소셜 미디어 서비스 당 하나씩의 계정을 갖고 이를 개인적으로든 직업적으로든 적극 사용할 것을 권장하는 것으로 시작한다. 소셜 미디어는 기자들의 취재를 도와줄 수 있는 도구이자 독자와 커뮤니케이션할 수 있는 통로임이 강조된다. 그러나 취재의 보조도구로서 소셜 미디어를 사용할 때는 반드시 자신이 AP소속 직원임을 알려야 하고, 소셜 미디어를 통해 수집된 정보는 반드시 이중확인을 한 뒤 기사화할 것을 권고하고 있다.

AP의 소셜 미디어 가이드라인은 소셜 미디어의 빠른 전파력에 특히 주의를 기울일 것을 지적한다. (스포츠나 유명인사 등을 소재로 한) 매우 사적인 농담도 AP의 평판에 영향을 미칠 수 있음을 염두에 두고 소셜 미디어 활동을 할 것을 요구하고, AP의 직원에 대한 내용, AP의 내부 정보, 기타 중요 정보들은 함부로 소셜 미디어에서 공개해서는 안 된다고 못 박고 있기도 하다. 또한 AP는 소속 기자들이 소셜 미디어 내에서 편향되어 보이지 않도록 행동할 것을 권고하고 있다. 이를 위해 친구 맺기, 팔로잉 등을 할 때 자유롭게 하되, 특정 이슈나 정치적 세력에 대해 한쪽으로 편향되어 관계맺기를 하지 말 것을 부탁하고 있고, 트위터에서의 리트윗 역시 특정 의견을 옹호하는 행위로 보일 수 있으니 주의를 기울이라고 당부하고 있다.

또한 AP에서 보도된 기사와 사진들은 소셜 미디어에서 공유할 것을 권장하지만, AP의 공식 소셜 미디어 계정에는 특별한 코멘트를 달거나 상호작용하지 말 것을 요구한다. 이는 AP의 공식 소셜 미디어 계정은 독자를 위한 것으로 저널리스트들의 커뮤니케이션 공간이 아니기 때문이다. AP의 가이드라인은 BBC와 유사하게 잠재적으로 사측과 기사의 공정성에 영향을 미칠 수 있는 행위를 규제하고 있고, 정치적으로 편향된 의견을 제시하지 않을 것을 권고하고 있다. 그러나 소셜 미디어의 긍정적 활용 가능성을 십분 강조하면서 그에 대한 가이드라인을 제시하고 있다는 점에서 BBC의 가이드라인과 차별화된다고 할 것이다.

3) 로이터의 사례(Reuters, 2013)

로이터의 가이드라인은 짧고 원론적이지만 소셜 미디어의 영향력, 가능성과 위험에 대해 분명하게 적시하고 있다. 로이터는 소셜 미디어가 기자들의 취재활동에 여러모로 도움을 줄 수 있음을 지적한다. "소셜 미디어는 매우 유용한 일차적 및 집단적 정보의 원천일 뿐 아니라, 트위터에서 뉴스 스토리와 제보자를 발견하고, LinkedIn에서 정보원을 확인하며, 페이스북 집단들로부터 〔사안을 바라보는〕[18] 관점 내지 통찰을 얻는 등 우리에게 새로운 보도의 가능성을 열어 준다"[19]고 평가한다.

로이터는 기자 역시 사적 개인으로서 표현의 자유를 지니고 소셜 미디어를 자유롭게 활용할 수 있음을 인정한다. 개인으로서 자신의 일상과 신변잡기에 대해 자유롭게 글을 쓰는 등 소셜 미디어를 사적 공간으로 활용할 수 있다는 것이다. 하지만 로이터의 가이드라인은 이 공간에서 작성되고 공유된 글들이 기사와 로이터의 평판에 영향을 미칠 수 있음을 강조한다. 이러한 맥락에서 로이터가 추구하는 저널리즘의 공정성, 불편부당성을 훼손하지 않도록 소셜 미디어를 조심스럽게 사용할 것을 당부하고 있다.

가이드라인은 소셜 미디어가 초래하는 공정성과 신뢰성에 대한 잠재적 위험성을 여러 번에 걸쳐 강조하고 있다. 로이터가 쌓아 온 공정하고 전문적인 저널리즘의 평판을 해치지 않도록 기자는 소셜 미디어에 자신이 로이터에 소속되어 있음을 밝힘과 동시에 소셜 미디어에 쓰는 글이 로이터를 위한 것이 아니라, 기자 본인을 위한 본인에 관련된 글임을 소셜 미디어 프로필에 명백히 밝힐 것을 권고한다. 더불어 '좋아요'(*like*)와 같은 표식을 주고받는 것에 대해서도 주의를 기울일 것을 요구한다. 로이터 가이드라인은 다음과 같이 주의를 당부하는 것으로 마무리된다.

"조심해야 한다. 소셜 미디어가 일에 도움을 줄 수 있는 가능한 모든 방법들을 탐색해야 함은 물론이다. 하지만 트윗을 하거나 글을 올리기

---

18 〔 〕는 연결을 위해 필자가 추가.

19 원문은 다음과 같다. "Not only have they served as a conduit for primary-and crowd-sourced information, they have also given us new ways to report -- finding stories and tipsters on Twitter, using LinkedIn to locate sources, mining Facebook groups for angles and insights, and so on."

전에 그것이 기자의 전문직주의와 로이터의 평판에 영향을 미칠 수 있음을 고려해야 한다. 의심이 가면 동료나, 편집장 또는 상급자와 상의하기 바란다."[20]

4) 〈워싱턴포스트〉의 사례 (*Washington Post*, 2011)

〈워싱턴포스트〉는 그들의 디지털 출판 가이드라인에서 소셜 미디어 섹션을 따로 떼어 소셜 미디어에 대한 규정을 제시하고 있다. 소셜 미디어 가이드라인은 7가지의 기본원칙을 먼저 제시하고 각 원칙별로 구체적 사례와 행동지침을 명시한다. 이외에도 자주 문의되는 질문에 대한 답을 주는 형식으로 기자들이 실제로 소셜 미디어를 사용하는 과정에서 발생할 수 있는 문제점들에 대해 가이드라인을 제시하는 등 매우 구체적이면서 적극적으로 기자들의 소셜 미디어 사용에 관여하는 모습을 보이고 있다.

7개의 기본원칙은 다음과 같다: ① 공신력을 유지하라(Maintain credibility), ② 실제 또는 명백한 갈등을 피하라(Avoid real or apparent conflicts), ③ 전문성을 높여라(Be professional), ④ 투명성을 제고하라(Promote transparency), ⑤ 링크하기 전에 주의하라(Look before you link), ⑥ 실시간으로 생각하라(Think in real-time), ⑦ 미디어를 고려하라(Mind the medium).

이 중 처음 3개의 원칙은 앞서 언급된 다른 언론사들의 가이드라인과 내용이 상당부분 겹친다고 할 것이다. 소셜 미디어 사용에서 언론

---

20 원문은 다음과 같다. "In other words, be careful. By all means, explore ways in which social media can help you do your job. But before you tweet or post, consider how what you're doing will reflect on your professionalism and our collective reputation. When in doubt, talk to colleagues, your editor or your supervisor."

사의 공정성, 기사의 공정성을 고려하고, 기사의 공신력과 언론사의
평판에 영향을 미칠 수 있는 활동을 피하며, 편향성을 띠지 않게 주의
하라는 지침이다. 네 번째 원칙인 '투명성을 제고하라'는 것은 리트윗
이나 친구 맺음이 '동의'(*endorsement*) 내지 '지지'(*support*)의 의미가 아
님을 명백히 밝히고, 정보의 소스에 대해서 명확히 하고, 자신의 의견
과 기사를 구분하도록 하라는 지침이다. 다섯 번째 원칙은 링크 공유
(*link-sharing*)는 소셜 미디어의 핵심적 기능인바, 워싱턴 포스트의 링
크에 대한 신뢰도를 제고할 수 있게끔 링크가 정보적이도록 하고, 사
실에 대해서 확인하며, 링크에 대한 책임감을 갖고 잘못된 링크가 확
인되면 즉각 바로잡을 것을 강조한다.

　마지막으로 두 원칙은 취재도구로서 소셜 미디어를 사용하는 것과
관련한 지침이다. 중요한 뉴스, 새로운 뉴스에 대해 빠르게 대처하라
는 것이 실시간으로 생각하라는 지침이고, 미디어를 고려하라는 것은
소셜 미디어가 하나의 미디어라는 점을 고려하여 소셜 미디어상에서
다른 사람들과 좋은 관계를 유지하고 비판에 직면했을 시에도 인내심
을 갖고 대응하라고 권고하는 내용이다.[21]

5) 〈조선일보〉의 사례

　2011년 〈조선일보〉는 소속 기자들이 준수해야 할 소셜 미디어 가이
드라인을 제정해 사보에 소개하였다(이대호, 2011. 3. 7). 〈조선일보〉
의 가이드라인은 기본원칙과 권고사항 등 총 10개 조항으로 구성되어

---

21 "비판에 직면했을 시 10까지 세면서 이를 개인적으로 받아들이지 말고 〈워싱턴 포스트〉를
　대변하는 표현을 쓰지 말라"는 마지막 지침 내용이 자못 흥미롭다. "When you encounter
　criticism, count to 10. Don't take it personally, and never make statements on behalf
　of The *Washington Post*."

있는데, 페이스북, 트위터, 개인홈페이지, 블로그 등 기자들의 모든 소셜 미디어 활동을 적용대상으로 하고 있다. 그 구체적 내용은 앞서 살펴본 해외 언론사들과 상당 부분에서 유사하다고 할 것이다.

가이드라인은 자유로운 소셜 미디어활동을 대전제로 하되 그 결과에 대해서는 스스로 책임을 진다는 원칙을 제시하고 있다. 취재의 목적으로 사용하든, 개인적 목적으로 소셜 미디어를 사용하든 늘 〈조선일보〉 기자로서 자신이 인식됨을 유의하고 소셜 미디어를 사용할 것을 권고하고 있다.

그 내용을 보면 소셜 미디어를 통해 공공의 문제나 특정 인물에 대해 언급할 때는 신문보도에 준하는 공정성과 객관성, 정확성을 유지해야 한다. 또한 취재보도와 관련된 경우에는 부서장과 상의할 것을 권고하고 있고, 취재를 위해 사용할 때는 본인의 신분을 밝히고, 어떠한 목적으로 정보를 구하려고 하는지 명시해야 한다. 이 외에도 권고사항으로 정치적 중립성을 지킬 것, 논란을 회피하고 사내기밀 유포를 금지하며, 사업적 활동금지, 저작권 및 초상권의 보호를 제시하고 있다(〈조선일보〉, 2012).

〈표 9-5〉는 이상에서 살펴본 국내외 언론사들의 소셜 미디어 가이드라인들을 종합적으로 정리한 것이다. 이를 통해 각 언론사들이 어떤 공통점을 지니고 있으며 차별적으로 강조하고 있는 내용은 무엇인지 한눈에 살펴볼 수 있다.

이를 통해 알 수 있는 가이드라인의 공통적 강조점은 기자가 소셜 미디어에 글을 쓰는 행위는 소셜 미디어가 개인적 공간이고, 거기에 쓴 글이 개인적 목적으로 쓰인 것이라고 하더라도, '언론사에 소속된 기자'라는 정체성과 완벽히 분리될 수 없다는 것이다. 기자들은 반드시 그

〈표 9-5〉〈조선일보〉의 소셜 미디어 가이드라인

회사가 이번에 제정한 소셜 네트워크 서비스(*Social Network Service*, 이하 소셜 미디어) 가이드라인은 언론환경의 변화를 반영하고 더욱 신뢰받는 언론이 되려는 의지의 반영이다. 여기서 소셜 미디어 활동이란 페이스북, 트위터, 개인홈페이지, 블로그 등 소셜 미디어를 통해 자신의 생각을 밝히는 모든 행위를 말한다. 이에 따라 본지 기자직군 및 미디어경영직군 사원들은 소셜 미디어 활동을 하면서 몇 가지를 유념해야 한다.

◇ 자기 책임 아래 활동한다
우선 사원들은 누구나 소셜 미디어 활동을 자유롭게 할 수 있으나 각자 책임 하에 시행하며, 그 결과에 대해서도 스스로 책임져야 한다. 보도를 위해서든 개인 목적으로든 소셜 미디어 활동을 하면 외부에서는 '조선일보 사원'으로 인식된다는 점도 잊지 말아야 한다. 공정성과 신뢰성에서 의심을 받지 않아야 한다는 것이다. 특히 소셜 미디어를 통해 공공의 문제나 특정인물에 대해 언급할 때는 신문 보도에 준하는 공정성과 객관성, 정확성을 유지해야 한다. 본사 사규에 어긋나지 않도록 품위 있게 언행을 구사해야 하는 것도 물론이다. 특히 조선일보 기자 본연의 업무를 소홀히 하거나, 취재 및 보도에 부정적 영향을 미쳐서는 안 된다.

취재보도와 관련된 경우는 사전에 부서장과 상의하는 것이 바람직하다. 또한 취재를 통해 얻은 정보가 명예훼손의 소지가 있거나 당사자의 법적 이익을 침해할 가능성이 있는 경우에는 소셜 미디어를 통해 이를 전파하지 않도록 한다. 취재를 위해 소셜 미디어를 활용할 때는 자신의 신분을 밝히고 어떠한 목적으로 정보를 구하려고 하는지를 명시해야 한다.

◇ 각종 권고사항
다음 항목을 특히 유의하는 것이 좋다.
정치적 중립: 정파적이라는 인상을 주지 않도록 한다. 특정 정치인에게 동조하는 행위를 함으로써 오해를 받을 수 있는 행동을 하지 않도록 한다. 성차별, 지역차별, 종교차별, 학력차별 등 사회적 논란을 야기할 수 있는 의제에 대한 의견을 올릴 때는 신중해야 한다.
논란 회피: 소셜 미디어에서의 활동이 사회적 파문을 만들지 않도록 유의한다. 지나친 소셜 미디어 활동으로 취재원을 노출시키지 않도록 한다.

〈표 9-5〉 계속

사내기밀 유포금지: 본지 제작과정과 관련한 정보나 기밀사항을 소셜 미디어에 올리지 않는다. 본지와 본지 기자에 대한 신뢰도를 떨어뜨리고 명예를 훼손하는 글과 사진, 동영상, 기타 콘텐츠를 소셜 미디어로 전파하지 않는다.
상업적 활동금지: 소셜 미디어에서 상업행위로 오해받을 일을 하지 않는다. 소셜 미디어 활동을 통해 사적 이익을 취하거나 특정 상품이나 기업체를 홍보해서는 안 된다.
저작권·초상권 보호: 소셜 미디어에서 동영상이나 사진 등을 올릴 때 상대방의 저작권, 초상권을 보호해야 한다. 소셜 미디어에서 취득한 정보를 기사에 인용할 경우 제공자의 동의를 받고, 출처를 밝혀야 한다.

점을 명확히 인지하고, 기자라는 공적 정체성에 요구되는 신중하고 책임감 있는 자세를 견지해 줄 것을 가이드라인들은 요구하고 있다. 이는 앞서 인용한 UN의 '사법부 독립을 위한 기본원칙'의 8조 '표현과 결사의 자유'에 담겨 있는 요구사항과 유사하다. 기자는 소셜 미디어 공간에서 표현의 자유를 누릴 수 있으나, 기자에게 요청되는 윤리를 지키고, 자신이 속한 언론사의 불편부당성과 평판이 위협받지 않도록 행동해야 한다는 것이다.

정리하면 국내외 주요 언론사들의 소셜 미디어 가이드라인은 소셜 미디어에서 표현의 자유는 절대적 의미의 자유가 아니라 언론사의 공정성, 정확성, 독립성 등과 같은 저널리즘적 기본가치를 훼손시키지 않는 범위 내에서의 자유라는 점을 분명히 하고 있다. 이를 통해 이들 언론사들은 소셜 미디어가 오롯이 사적일 수 없는 공적 성격을 지닌 혼종의 공간이며, 따라서 공정성 논의를 피해 갈 수 없는 공간임을 천명하고 있다 할 것이다.

512

4. 논의

이 장은 강력한 여론 영향력을 지니는 동시에, 사적 미디어와 공적 미디어 영역의 경계를 허물며 새로운 소통공간을 창출하고 있는 소셜 미디어에서 나타나는 소통의 혼선과 공정성 쟁점들을 살펴보았다. 법관이나 언론인들이 소셜 미디어를 사용하는 과정에서 발생한 논란 사례들로부터 우리는 소셜 미디어 공간에 글을 쓰는 사람들과 그 글을 읽는 사람들 간에 나타나는 '인식의 차이'를 관찰할 수 있다. 소셜 미디어에 글을 쓰는 사람의 입장에서 순수하게 사적인 것처럼 비추어지는 이 공간은 글을 읽는 사람의 입장에서 사회적 책임이 수반되는 공적 공간이며 이러한 인식의 간극은 종종 쉽게 판정하기 어려운 공정성 논란을 야기한다.

그렇다면 점차 그 중요성이 증대되는 소셜 미디어 공간에서의 소통 행위, 특히 뉴스정보 소통행위의 공적 책임을 보다 합리적이고 타당하게 가리기 위해 어떤 기준을 적용할 수 있을까? 지금까지 뚜렷한 해법이 제시되지 못한 이 질문과 관련해, 소셜 미디어의 미디어적 특성을 그것이 매개하는 소통의 유형과 관련시켜 논의할 때 우리는 답변의 실마리를 찾을 수 있다고 본다.

사적 미디어와 공적 미디어의 속성을 겸비한 소셜 미디어의 혼종적 속성은 다시 말해 소셜 미디어가 순수한 사적 소통으로부터 집단적 소통 그리고 사회적 소통에 이르기까지 모든 유형의 소통을 매개한다는 것을 의미한다. 〈그림 9-2〉에 개인-개인 간 소통부터 사회-사회 간 소통에 이르기까지 모든 소통 현상들을 모두 망라하는 것으로 표시된 큰 원은 이를 나타낸다.

〈그림 9-2〉 소셜 미디어의 미디어적 특성

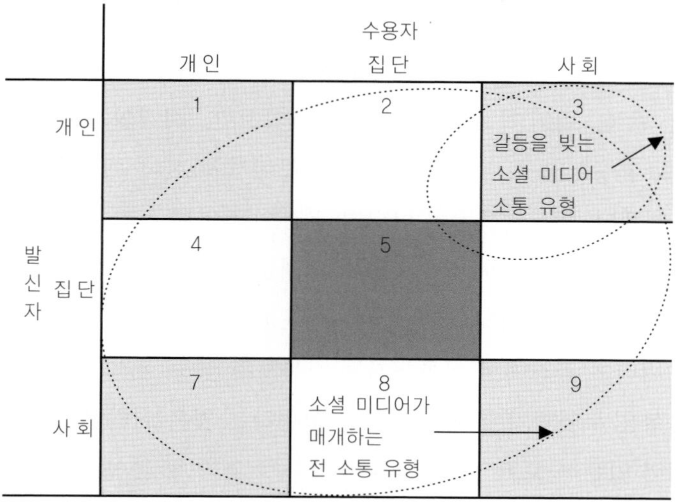

그렇다면 소셜 미디어가 갈등을 초래하는 소통유형은 무엇인가? 소셜 미디어가 개인적 발신자와 개인적 수용자 간에 이루어지는 사적 소통을 매개하는 경우 시비의 소지는 존재하지 않는다. 발신자와 수용자 모두 사적 정체성을 기반으로 소통행위를 수행하기 때문이다. 소셜 미디어가 사회적 발신자와 사회적 수용자 간에 이루어지는 사회적 소통을 매개하는 경우도 마찬가지라 할 것이다. 문제가 발생하는 경우는 발신자가 사적 정체성을 기반으로 소통행위를 수행하는 반면 수용자는 공적 정체성을 기반으로 이를 수용하는 상황이다.

발신자는 자신의 소통행위를 완전한 자유가 보장되는 사적 소통행위로 인식하는 반면, 수용자는 이를 엄정한 책임이 수반되는 사회적 소통행위로 인식하는 상황이다. 그림 우측 상단의 작은 원이 바로 이처럼 갈등을 빚는 소셜 미디어 소통유형을 나타낸다.

이러한 논의에 기초할 때 소셜 미디어의 혼종성이 초래하는 공정성

514

문제는 결국 소셜 미디어가 사적인 발신자와 공적인 수용자 간에 발생하는 일종의 급진적 상향 커뮤니케이션[22]을 매개하는 상황에서 발생하는 문제라는 것을 알 수 있다. 이는 목적을 갖고 의도된 '도발, 일탈, 금기파괴, 전복, 범죄'적 소통행위일 수도 있지만, 대개의 경우는 소셜미디어의 혼종성으로 인해 발신자의 입장에서 자신이 메시지를 보낸 공간이 폐쇄된 개인적 공간이 아니라 공적으로 열린 공간이며, 자신이 내보낸 메시지가 의도한 것과 다르게 읽히고 해석될 수 있음을 충분히 인지하지 못한 결과 나타나는 소통행위라고 할 것이다.

소셜 미디어 공간에서 이루어지는 소통행위들 중 공적 책임이 수반되는 유형은 무엇인가에 대한 기준을 설정하는 것은 이러한 혼선을 줄이는 의미 있는 시도가 될 수 있을 것이다. 〈표 9-5〉는 발신자의 공인 여부, 메시지의 내용, 수용자의 규모, 그리고 발신행위의 유형을 고려하여 이러한 기준을 예시해 본 것이다.

〈표 9-6〉에서 공인은 사회적 기준에 비추어 공인으로 분류되는 발신자가 이를 소셜 미디어 소통공간에서 스스로 분명하게 드러내거나 내지 쉽게 식별할 수 있는 경우이고 사인은 그렇지 않은 경우에 해당한다. 발신자가 공인인 경우 그 발언에는 사회적 책임이 따르게 된다. 메시지는 그 안에 담긴 내용이 공적인가 사적인가에 따라 그에 수반되는 사회적 책임의 정도가 달라짐은 물론이다. 수용자의 규모도 소통의 공적 책임에 영향을 미치는 요소로서 규모가 클수록 그들을 대상으로 한 소통은 더욱 '공적'이라고 할 것이다. 마지막으로 발신행위의 경우도

---

22 개인적 정체성을 지닌 주체가 궁극적 집단, 궁극적 구조라고 할 수 있는 사회(적 정체성을 지닌 주체)에 대해 사사로운 의견을 표명하거나 또는 사회가 개인적 주체의 사사로운 의사표출을 들어주는 행위를 말한다. 이에 대한 보다 자세한 논의는 윤석민(2007)의 2장과 4장 참조.

〈표 9-6〉 소셜 미디어 공간에서의 소통유형에 수반되는 공적 책임의 정도

발신 행위의 유형	수용자 규모	공인		일반인	
		공적인 내용	사적인 내용	공적인 내용	사적인 내용
글 옮기기	큼	보통	낮음	낮음	매우 낮음
	작음	낮음	매우 낮음	매우 낮음	매우 낮음
직접 글쓰기	큼	높음	보통	보통	낮음
	작음	보통	낮음	낮음	매우 낮음

단순히 글을 옮기는 경우와 직접 글쓰기로 구분할 수 있고 후자에 대해
보다 무거운 공적 책임이 적용된다고 할 것이다.[23]

이러한 기준에 따르면 발신자가 공인이고, 메시지가 공적 내용이며,
수용자의 규모가 크고, 발신행위의 유형이 직접 글쓰기에 해당하는 소
통유형(위의 표에서 짙은 음영으로 강조된 셀)에 대해 높은 수준의 공적
책임이 요청됨을 알 수 있다. 다른 말로 이러한 소통상황에서 소셜 미
디어 공간은 공적 미디어로서의 속성을 강하게 띤다고 할 것이다. 공인
과는 달리 일반인의 경우 소셜 미디어 공간은 사적 미디어 공간의 속성
이 강하다고 보는 것이 타당하다.

이 장의 후반부에서 살펴본 국내외 주요 언론사들의 소셜 미디어 가
이드라인은 본질적으로 언론현장의 누적된 경험에 기초하여 이처럼 공
적 책임의 정도가 높은 소통행위의 유형이 무엇인지를 정리한 관행적
기준에 해당한다고 할 것이다. 이러한 가이드라인의 의미를 통제의 관

---

23 소셜 미디어 공간에서 타인이 작성한 글, 주장, 자료 등을 단순하게 전달(리트윗)하는 경
  우 직접 글을 쓴 경우에 비해 공적 책임의 정도가 낮다고 할 것이다. 하지만 전달하는 내
  용이 무엇인가에 따라 높은 수준의 책임이 발생할 수도 있다. 사회혼란을 초래하는 허위
  정보나, 타인의 명예를 훼손하며 피해를 주는 정보 등을 옮기는 행위가 그에 해당한다고
  할 것이다.

점에서 무조건 부정적으로 바라보는 것은 잘못이다. 혼종성을 지닌 소셜 미디어의 특성에 비추어 이러한 가이드라인은 소셜 미디어를 통한 소통의 혼선을 바로잡고 공정성을 제고하기 위한 최선은 아니더라도 차선의 대안일 수 있다.

가이드라인 없이 표면적으로 자율적인 사용을 허락하고 있는 언론사의 태도는 오히려 기자의 소셜 미디어 사용에 혼란을 초래할 수 있다. 공식화된 가이드라인이 없는 경우에 기자들은 자신이 어떤 글을 써도 되는지 혼란스러운 상황에서 스스로를 검열하게 되고, 사회적으로 용인되는 기준을 내면화하기까지 상당한 시행착오를 거칠 수밖에 없게 된다. 앞서 소개한바, 우리 사회에 소셜 미디어가 본격화되기 시작한 초기 단계에 발생한 김주하 기자나 이보경 기자의 문제발언 등이 이에 해당한다고 볼 수 있다.

소셜 미디어 발언을 둘러싼 논란이 발생했을 경우 그 책임을 가릴 수 있는 가이드라인이 없는 상황에서, 기자와 언론사의 암묵적 기준이 차이를 보임으로써 표현의 자유와 기자로서의 품위 또는 윤리를 둘러싼 소모적 갈등이 되풀이될 수 있다. 정제된 공식적 가이드라인이 없는 상황에서 비공식적 채널을 통한 제재는 오히려 표현의 자유가 억압되는 결과가 초래될 수도 있다.[24]

앞서 살펴본 국내외 주요 언론사들의 가이드라인 내용을 보면 저널리즘의 실천차원에서 소셜 미디어가 제공하는 새로운 가능성이 긍정적으로 평가되고 있음을 볼 수 있다. 예를 들어 뉴스 수용자들이 무슨 정보를 필요로 하는지 파악하고, 독자와의 관계를 유지하며, 기자가 쓴 기사를 평가받고, 취재소재를 개발함에 있어 소셜 미디어는 직접적인

---

24 이를테면 언론사에 따라 소셜 미디어 글쓰기를 원천적으로 금지하는 암묵적 조직문화가 존재하는 것이 그 예가 될 수 있다.

도움을 준다. 비단 직업적 활동과 관련해서뿐 아니라 순수하게 즐거움의 용도로 소셜 미디어를 사용하는 것 역시 언론인의 삶을 풍요롭게 해줄 수 있다는 점에서 긍정적으로 평가된다. 이러한 맥락에서 이 같은 가이드라인들의 기본방향은 저널리즘의 기본적 가치인 공정성, 정확성, 독립성 등을 해치지 않는 범위에서 자유로운 소셜 미디어 사용을 적극 권장하는 데 있다고 할 것이다.

물론 세간의 우려처럼 이러한 가이드라인이 새로운 미디어 공간에서의 기자들의 표현의 자유를 억압하는 통제와 감시의 규범으로 작동할 가능성도 상존한다. 하지만 이러한 문제에 대한 타당한 접근방법은 가이드라인 자체를 반대하는 것이 아니라, 보다 합리적인 가이드라인을 만들기 위해 노력하는 것이라 할 수 있다. 가이드라인은 한번 만들어지고 끝나는 것이 아니며, 그 과정에서 구성원들 간의 활발한 토론 및 의견수렴 절차가 요구된다.

정리하면 현재 국내외의 주요 언론사들이 소셜 미디어 이용과 관련해 마련한 가이드라인은 소셜 미디어를 통한 소통의 혼선을 바로잡기 위한 의미 있는 출발점이다. 비단 기자사회를 넘어 법원이나 공직사회, 정치집단 등 공적 중요성이 큰 조직들에 있어서, 더 나아가 파워 트위터리안, 파워 블로거, 유명인 등 소셜 미디어 공간에서 강력한 영향력을 행사하는 행위자들의 입장에서도 이러한 가이드라인은 자신들의 소셜 미디어 소통행위를 돌아보는 유용한 기준이 될 수 있을 것이다.

〈부록 9-1〉 국내외 주요 언론사들의 소셜 미디어 가이드라인

구분	BBC	AP	로이터	워싱턴포스트	조선일보
대상 직원	BBC 전 직원 • 편집부서 직원(편집에 영향을 행사할 수 있는 직원, 뉴스와 시사, 다큐멘터리 관련 리서치 직원부터 이사회 구성원까지 포함)과 비편집 부서 직원을 구분한 가이드라인 제시	AP 전직원 (AP staffers)	로이터 기자들 (reporters)	워싱턴포스트 전 직원 (Washington Post employees)	조선일보 기자직군 및 미디어경영직군 사원
대상 소셜 미디어	페이스북 등 소셜 미디어, 블로그, 트위터 등 마이크로 블로그, 위키피디아 등의 온라인 백과사전, 개인웹사이트	페이스북, 트위터를 비롯한 모든 소셜 미디어	특정하지 않음	페이스북, 트위터, 링크드인을 비롯한 모든 소셜 미디어	특정하지 않음
기본 원칙	BBC의 편집 가치와 정책과 부합하는 방법으로 소셜 미디어를 사용해야 함.	소셜 미디어의 사용을 장려하지만 AP의 브랜드와 직원 개인의 브랜드를 제고할 수 있는 방향으로 사용해야 함.	소셜 미디어가 로이터의 독립성에 대한 명성과 불편부당성 또는 로이터 브랜드를 위협할 수 있다는 것을 인지하고 소셜 미디어를 사용하도록 권장함.	소셜 미디어를 사용할 때는 워싱턴포스트의 전문직 진정성(professional integrity)을 지켜야 함.	누구나 소셜 미디어 활동을 자유롭게 할 수 있으나 각자 책임하에 시행하며, 그 결과에 대해서도 스스로 책임져야 함.

〈부록 9-1〉 계속

구분	BBC	AP	로이터	워싱턴포스트	조선일보
기본 원칙	BBC의 불편부당성, 브랜드 명성을 해쳐서는 안 됨.	AP의 기존 가치를 지키면서 오늘날 논쟁이 되고 있는 이슈에 대해서는 개인적 의견을 피력하지 않음.	소셜 미디어를 사용하기 전에 자신의 행동이 자신의 전문성과 로이터의 전체 명성과 관계됨을 명심함.	워싱턴포스트의 저널리스트는 언제나 워싱턴포스트의 저널리스트임.	소셜 미디어 활동을 하면 '조선일보 사원'으로 인식된다는 점도 잊지 말아야 함. 공정성과 신뢰성에서 의심을 받지 않아야 함.
신분 노출	BBC 직원임을 밝힐 경우, 게재되는 내용이 개인적 의견임을 명확히 밝힘. BBC 직원임을 밝히지 않을 경우, BBC관련 내용을 게재하지 않음.	업무에 소셜 미디어를 사용할 경우 반드시 AP 직원임을 밝힘.	인터넷 공간 어디서든 자신을 숨기거나 가장해서는 안 됨. 프로필에 로이터 소속 저널리스트임을 밝히고, 작성하는 글이 로이터를 위한 것이 아니라, 자신을 위한 것임을 명확히 함.	풀네임과 직책을 프로필에 기재.	
회사 및 업무 관련 내용 게재 내용	기밀 정보 및 내부 안건, 정책 게재 금지.	AP를 통해 이미 보도된 것과 관련된 내용은 게재 가능.	로이터의 내부 정보, 기밀 인사 문제, 내부 회의의 민감한 정보를 게재 금지.	취재원, 보도자료, 보도 결정 등이 내부적 편집 이슈 게재 금지.	제작과정과 관련된 정보, 기밀사항 게재 금지.

〈부록 9-1〉 계속

구분		BBC	AP	로이터	워싱턴포스트	조선일보
게재 내용	회사 및 업무 관련 내용	BBC 내에서 비공개적으로 작성된 콘텐츠 게재 금지.		일반적인 복지에 관련된 아이디어를 교환하는 것까지 제한하지는 않음.	워싱턴포스트 사이의 경제적 활동에 대한 어떤 의견 또는 정보도 게재 금지	
	동료 관련	동료가 원치 않는 콘텐츠 게재 금지. 게재한 콘텐츠도 동료의 요청이 있다면 삭제해야 함. 동료에 대한 공격적, 비하적 발언 금지.	AP 직원의 안전을 위협할 어떠한 콘텐츠도 게재해서는 안 된다.			조선일보와 조선일보 기자에 대한 신뢰도를 떨어뜨리고 명예를 훼손하는 글과 사진, 동영상, 기타 콘텐츠를 전파하지 않음.
	정치적 및 사회적 이슈	편집부서 직원 또는 정치적으로 민감한 위치에 있는 직원은 정치적 성향을 표명하는 것을 금지함. 비 편집부서 직원은 정치적 활동을 할 경우 자신이 BBC의 비편집부서 직원임을 공개하도록 함.	공공 문제에 대해 공개된 장소에서 의견을 표명하는 것을 자제해야 함. 특정 정당, 운동 등에 대한 지지활동에 동참하지 말 것.	공개적으로 표명된 의견이 자신의 임무나 로이터에 영향을 줄 수 있음을 염두하고 씀.	정치적, 인종적, 성적, 종교적 편견이나 선호를 반영한 것으로 인식될 수 있는 콘텐츠는 게재 제한. 어떠한 정치적, 정파적 조직의 페이지나 사이트로부터 유무형의 상품, 선물, 증표를 받아서는 안 됨.	정파적이라는 인상을 주지 않도록 한다. 특정 정치인에게 동조하는 행위를 함으로써 오해를 받을 수 있는 행동을 하지 않도록 함.

〈부록 9-1〉 계속

구분		BBC	AP	로이터	워싱턴포스트	조선일보
게재 내용	정치 및 사회적 이슈	취재를 위해 정치적 그룹 가입이 필요하다면, 매니저 승인을 얻어 여/야, 찬/반 균형 있게 가입	'좋아요'를 누르거나, 친구를 맺는 것도 중립적으로 논쟁의 양쪽 주제와 모두 하도록 함.		자신이 취재하는 주제에 대해 특정한 이익을 취하거나 지지하는 행위 금지	성차별, 지역차별, 종교차별, 학력차별 등 사회적 논란을 야기할 수 있는 의제에 대한 의견을 올릴 때는 신중할 것.
	개인적 내용	가이드라인의 적용을 받지 않음.	자유롭게 쓰되, 하찮은 글도 AP와 AP직원에게 나쁘게 작용할 수도 있다는 것을 염두에 둘 것.	자유롭게 사용.		
상호 작용	친구 맺기, 팔로잉		취재원, 정치인, 뉴스메이커에 대한 친구요청 및 팔로잉은 필요하다면 하용. 그러나 공개된 공간에서 뉴스메이커와 상호작용하는 것을 피하도록 함. AP 매니저는 부하직원에게 친구요청을 하지 않음.	친구를 맺고 팔로잉하는 행위를 강제하거나 이에 압력을 가하지는 않을 것. 기자들의 판단에 달림.	누군가를 팔로잉하거나 누군가와 친구를 맺을 때, 조직에 가입할 때는 반드시 주의를 기울일 것.	

〈부록 9-1〉 계속

구분		BBC	AP	로이터	워싱턴포스트	조선일보
상호작용	리트윗, 인용		누군가의 글을 코멘트 없이 직접 RT하는 것은 해당 의견에 대한 지지로 보일 수 있으므로, 그 의견의 출처를 밝히는 코멘트를 달아서 RT하도록 함.		RT와 링크는 지지와 같지 않음을 명확히 밝혀야 함. RT를 할 때는 원 트윗의 출처를 명확히 해서 RT하도록 함.	
	취재도구로써 사용		소셜 미디어의 콘텐츠를 보도할 때는 반드시 해당 내용의 진위 파악 및 출처 확인. 뉴스메이커나 유명인의 소셜 미디어를 인용할 경우, 해당 소셜 미디어의 운영 주체가 누구인지 확인할 것.		진위 파악을 반드시 할 것. 실수로 한 RT나 잘못된 정보에 대해 주체적으로 수정함. 특종에 대해 빠르게 대처할 것. 실시간성에 관심을 가질 것.	자신의 신분을 밝히고, 어떠한 목적으로 정보를 구하려고 하는지를 명시. 지나친 소셜 미디어 활동으로 취재원을 노출시키지 않도록 함. 소셜 미디어에서 동영상이나 사진 등을 올릴 때 상대방의 저작권, 초상권을 보호. 소셜 미디어에서 취득한 정보를 기사에 인용할 경우 제공자의 동의를 받고 출처를 밝혀야 함.

〈부록 9-1〉 계속

구분	BBC	AP	로이터	워싱턴포스트	조선일보
콘텐츠 삭제와 수정		트위터는 삭제해도, 그것이 자신의 트위터에서만 삭제될 뿐 여전히 공개적으로 남아있을 수 있으므로, 삭제가 필요한 트윗이 있다면 Nerve Center에 연락. 수정이 필요한 콘텐츠는 빠르고 투명하게 수정하도록 함.			
문제 발생 시 대처 요령	매니저와 상의.	매니저에게 보고.		매니저와 상의.	

포털 미디어의 공정성 Ⅰ: 포털 뉴스 서비스의 공정성

윤석민 · 정영주 *

이 장과 이어지는 제 11장에서는 오늘날 온라인 공간에서 뉴스유통의 허브 내지 메타(*meta*) 뉴스미디어로 자리 잡고 있으면서 막대한 사회적 영향력을 행사하는 포털 미디어의 공정성 쟁점들을 다룬다. 우선 이 장에서는 포털이 제공하는 뉴스 서비스의 공정성 문제를 논의하고자 한다. 포털 미디어는 자체적으로 뉴스를 생산하지는 않지만, 외부의 신문, 방송 및 인터넷 신문 등 수많은 뉴스미디어들과 일정한 뉴스 공급 계약을 맺고 이들이 생산한 뉴스 콘텐츠를 재매개하는 메타 뉴스미디어의 기능을 수행한다.

뉴스 서비스는 이용자들을 유인하고 포털 내에 머물게 하는 주요 콘텐츠이다. 이러한 뉴스 서비스 제공에서 포털은 뉴스 미디어를 선별적으로 선택하고 또 그들이 제공하는 뉴스 중 무엇을 중요하게 취급할지를 결정함으로써 저널리즘의 요체라고 할 실질적인 게이트키핑 및 뉴스 편집기능을 수행하는 것이다. 최근 들어 사회구성원들이 개별적인 신문이나 방송 뉴스를 소비하던 데서 벗어나 점차 포털을 통해 폭넓은

* ICT 사회정책연구센터 선임연구원(joungyj@snu.ac.kr).

뉴스를 소비하는 모습을 보이게 되면서 포털이 제공하는 뉴스 서비스의 공정성이 뜨거운 논란거리로 부상하게 되었다.

이 장에서는 포털 미디어가 이러한 논란에 대응하여 취해 온 조치들을 소개하고 포털 뉴스 서비스의 공정성 시비를 해소하기 위한 방안은 무엇일지 논의해 보고자 한다.

1. 포털뉴스의 부상

2015년 8월 집권여당인 새누리당의 싱크탱크인 여의도연구소가 발표한 '포털 모바일 뉴스(네이버 · 다음) 메인화면 빅데이터 분석보고서' (최영우 외, 2015)는 포털뉴스의 공정성에 대한 오래된 논란을 재연시켰다. 2015년 1월부터 6개월간 네이버와 다음의 모바일 뉴스 페이지에 게시된 뉴스 제목과 출처를 수집, 분석한 결과 정부와 청와대에 부정적인 콘텐츠가 더 많이 노출되고 있다는 결론을 두고 이루어진 논쟁은 연구방법의 엄밀성과 해석에 대한 논란은 차치하고라도 포털을 통한 뉴스유통의 중요성과 우리 사회에서 포털이 갖는 영향력을 다시 확인시켜 주었다. 금번 여의도연구소의 보고서는 포털의 모바일 뉴스를 대상으로 한 것이지만, 포털뉴스의 공정성 문제는 인터넷을 통한 뉴스 이용이 대중화되면서 이미 여러 차례 제기되었다.

인터넷 포털사이트 중에서 최초로 뉴스 서비스를 실시한 것은 1998년 '야후코리아'였다. 그러나 포털이 뉴스미디어로 주목받기 시작한 것은 2001년 이후 '네이버'와 '다음'의 2강 체제가 구축되면서부터이다. 2001년 미국의 9 · 11 테러, 2002년 월드컵과 여중생 추모 촛불시위, 2004년 대통령 탄핵, 김선일 씨 피랍사건, 연예인 X파일, 황우석 사태 등 굵직한 사건이 터질 때마다 포털뉴스의 이용량이 급증하였다. 인터넷, 특히 포털사이트에서 여론이 수렴되고 관련 이슈가 확산되면서 포털사이트는 미디어로서의 역할을 자연스럽게 수행하게 되었다.

대형 포털사가 본격적으로 뉴스 서비스를 시작한 2003년을 전후로 포털은 명실상부한 인터넷뉴스 소비의 주요 플랫폼이 되었고, 이용자는 개별 언론사 사이트보다 포털을 통한 뉴스 소비를 더 선호하게 되었다(김영주, 2012).

특히 국내 최대포털인 네이버의 뉴스 서비스 제공방식 변화는 사회구성원들의 인터넷뉴스 소비행위 및 신문사들에게 직접적인 영향을 미쳤다. 포털 뉴스 서비스 초기단계에 네이버를 비롯한 국내 포털사들은 언론사 제휴를 통해 콘텐츠를 제공받아 내부의 편집인력이 제목을 수정하고 기사를 배열하여 메인페이지에 노출하는 방식을 채택하였고, 이용자들은 기사를 선택하면 네이버 서버에 저장된 기사를 확인할 수 있었다.

이러한 뉴스 서비스 방식은 네이버의 규모와 영향력이 예상외로 커지고 다양한 매체의 뉴스를 한 번에 볼 수 있는 포털이 언론과 같은 역할을 하면서 논란이 되었다. 특히 포털이 기사제목과 배열에 대한 자의적 편집권을 갖고 포털에만 트래픽 집중현상이 일어나자 언론사와의 갈등이 심화되었다.[1] 기사선택에 따른 게이트키핑과 기사의 배열과 댓글 관리 등으로 포털 미디어가 사회적 여론형성 과정에 직접적 영향을 미치게 되면서 포털에 언론으로서의 책임을 지워야 한다는 주장 또한 제기되기에 이른다(김경희・배진아・김유정, 2015).

---

1 2010년 한국언론진흥재단 주관으로 이루어진 〈신문의 위기극복을 위한 대토론회〉에서 우리나라 신문 산업이 겪고 있는 위기극복 방안의 하나로 포털과의 관계정상화 문제가 다루어졌다. 신문사와 인터넷 포털과의 불균형한 콘텐츠 공급 관계가 심화되면서 신문업계의 수익이 갈수록 악화되고, 신문의 존립 기반이라 할 수 있는 독자가 심각한 수준까지 이탈되고 있으며, 또 포털을 통한 신문사의 뉴스・정보콘텐츠의 저작권 침해 행위가 광범위하게 발생하면서 신문업계는 계량화하기 힘든 유무형의 피해를 입고 있다는 문제가 지적되었다. 또한 이런 문제가 새롭게 등장하고 있는 스마트폰 등 모바일 서비스 분야로까지 이어질 가능성이 높다는 우려가 제기되었다. 이에 따라 ① 신문사 공동 뉴스포털 설립, ② 포털의 저작권 침해에 대한 공동 대응, ③ 모바일 뉴스 콘텐츠 시장에 대한 능동적 (공동) 대처 등과 같은 방안이 제시되었다(한국언론진흥재단, 2010). 5년이 지난 현시점에서 돌아볼 때 이러한 방안들은 하나도 제대로 시행되지 못하고 포털에 대한 신문산업의 종속성은 보다 심화되었다.

이에 대응하여 네이버는 2009년 1월부터 뉴스를 제공하는 언론사가 직접 뉴스를 편집하고, 네이버는 각 언론의 프론트 페이지만을 제공하는 '뉴스 캐스트' 방식을 도입하였다. 이것은 네이버가 편향성 시비를 낳는 뉴스 편집에서 손을 떼고 정보 서비스 플랫폼으로 가겠다는 방침으로 이해되었다(안종묵, 2012). '뉴스 캐스트'의 아웃링크 방식은 언론사의 트래픽을 개선하는 효과가 있었지만 뉴스의 연성화 및 선정성 논란을 초래하게 된다. 포털을 통해 제공되는 자사 뉴스를 직접 편집하고 배열하게 된 언론사들이 이용자의 방문을 유도하는 어뷰징 기사에 집중하고, 기사제목만 보고 기사를 선택하는 대부분의 이용자들에 맞추어 기사내용과 관련성이 적은 자극적이고 선정적인 제목들을 앞다투어 달게 되었다(김경희·배진아·김유정, 2015).

네이버의 '뉴스 캐스트'라는 노출방식에 대한 비판이 커지자 네이버는 2013년 4월부터 기존의 뉴스박스에 다수의 이용자가 설정한 상위 52개 뉴스미디어의 제호 섬네일(thumbnail)만을 노출하는 '뉴스스탠드' 형태로 다시 개편하였다. 그러나 한 번의 클릭으로 뉴스소비가 이루어지던 환경에서 두 번 이상의 클릭해야만 원하는 기사를 볼 수 있는 환경으로의 전환은 언론사의 트래픽을 급격히 감소시켰고, 그 결과 기대와는 달리 언론사가 포털을 통해 게재하는 뉴스의 연성화와 선정성은 더욱 심화되었다(김위근, 2014; 윤석민·홍종윤·정영주, 2014). 더구나 뉴스 스탠드는 메이저 언론사들에게 절대적으로 유리한 방식이라는 비판도 제기되었다. 이용자가 개별 뉴스가 아닌 언론사를 선택하게 됨으로써 결과적으로 뉴스스탠드가 온라인에서조차도 메이저 신문사의 브랜드파워를 보장해 주는 데 기여했다는 것이다(신동희, 2014).

이러한 비판에 따라 2014년 2월, 네이버는 '뉴스스탠드' 방식에 종래의 '뉴스캐스트' 방식을 일부 병행하는 뉴스 서비스 제공방식 개편을 실시하였다(김위근, 2014). 개편된 뉴스스탠드는 특정 언론사를 '마이뉴스'로 설정한 이용자들에게 해당 언론사의 기사제목이 6개씩 노출되는 형태로, 기사제목이 노출된다는 점에서 과거 뉴스캐스트 시절과 비슷하지만 이용자들이 마이뉴스로 설정한 언론사 기사만 본다는 것과 각 언론사들이 직접 6개의 노출기사를 편집한다는 것에 차이가 있다.

뉴스스탠드 방식 도입 이후 가장 두드러진 특징은 포털이 제공하는 뉴스페이지의 약진이었다. 우리나라의 온라인 미디어시장 조사전문기관인 코리안 클릭에 따르면 뉴스스탠드 이용자 규모는 뉴스캐스트 이용자의 22.8% 수준에 불과하고 언론사들의 트래픽이 급감하여 종합/일간지의 경우 방문자 수 61%, 페이지뷰 27%가 감소했고, 경제지와 전문지는 방문자 수와 페이지뷰가 약 50% 감소했다. 반면 포털이 제공하는 뉴스 페이지는 방문자 수가 평균 4%, 페이지뷰가 37% 증가하였고, 특히 네이버 뉴스섹션은 주간 평균 방문자 수가 50% 가량 증가하고 페이지뷰는 130% 이상 증가하였다.[2]

종합적으로 그간 수차례에 걸쳐 이루어진 네이버의 뉴스 서비스 제공방식의 변화는 뉴스의 연성화와 선정성, 어뷰징 문제와 함께 뉴스의 편향성 논란 문제를 근본적으로 해결하지는 못한 것으로 평가된다. 이 중 가장 큰 변화라고 할 수 있는 네이버의 뉴스캐스트 방식 도입은 포털 미디어가 언론사가 아니라 단순히 뉴스의 '재매개' 미디어라는 특성을 부각시킴으로써 포털 뉴스 서비스의 편향성 논란에서 벗어나려는 의도에서 이루어졌지만 모든 뉴스미디어의 뉴스를 프론트페이지에 게시하는 것이 물리적, 기술적으로 어려운 상황에서 '개별뉴스 편집'을 둘러

---

2 〈코리안클릭〉, News Flash 뉴스스탠드 전환과 뉴스미디어 시장환경의 변화. 219-2호, 2013. 4. 26.   URL=http://www.koreanclick.com/information/info_data_view.php?id=324.

싼 편향성 논란과 함께 '미디어 선택'을 둘러싼 편향성 논란을 불거지게
하였다(안종묵, 2012).

　　뉴스캐스트 서비스 이후에도 네이버가 제공하는 '네이버뉴스' 페이지
는 여전히 자체 편집권을 갖고 뉴스 서비스를 제공함으로써 편향성 논
란에서 자유롭지 못했고, 뉴스스탠드 도입 이후에는 이 같은 네이버의
뉴스페이지 방문자 수와 페이지뷰가 더 늘어남으로써 포털뉴스의 공정
성 이슈는 더욱 중요한 사회적 관심사로 부각되기에 이르렀다.

532

2. 포털뉴스의 공정성 논란

포털 뉴스 서비스를 둘러싼 공정성 논란은 크게 포털의 뉴스미디어 선택을 둘러싼 논란과 포털이 제공하는 자체 뉴스페이지의 편향성 논란으로 나누어 볼 수 있다.

먼저 포털의 뉴스미디어 선택을 둘러싼 논란이다. 포털은 뉴스를 직접 생산하지 않고, 외부 언론사와의 계약을 통해 뉴스를 제공하고 매개한다. 그런데 포털과 뉴스공급을 제휴한 언론사의 수는 매우 제한적이다. 2014년 말 기준 〈신문 등의 진흥에 관한 법률〉(이하 신문법)에 의거해 등록된 '인터넷 신문'은 모두 5,950건이며, 인터넷 신문을 포함해 문화체육관광부에 등록된 정기간행물은 17,600여 개가 넘는 상황이다(문화체육관광부 e-나라지표). 이 가운데 약 천 개(중복매체는 1개로 계산)가 우리나라 2대 포털인 네이버, 다음카카오와 검색 제휴를 맺고 있고, 뉴스공급 제휴를 맺은 매체는 양사를 합쳐 140개(중복매체는 1개로 계산) 정도로 알려졌다(네이버, 2015. 5. 28). [3] 등록된 인터넷 신문이 모두 실제 운영되고 있는 것이 아니라 하더라도[4] 인터넷 신문 중 소수만이 포털과 뉴스공급 제휴 및 검색 제휴를 맺고 있는 것으로 추정 가능하다. 우리나라 인터넷뉴스의 대부분이 포털을 통해 이용되는 현실을 감안하면, 이처럼 뉴스공급 계약을 통해 극소수의 뉴스미디어에만 존재 가치를 부여함으로써 포털은 권력화된다(김위근, 2014). 이러한 맥락에서

[3] 뉴스 공급 제휴의 경우 언론사에 뉴스공급 대가를 지불하는 계약관계를 의미하고(메이저 언론사의 경우), 뉴스 검색 제휴의 경우 공급대가는 지불하지 않고 포털뉴스 검색 대상에 포함시키는 것을 의미한다(마이너 언론사의 경우).

[4] 2013년에 수행된 인터넷 신문 발행 및 법규 준수 실태조사(신정호, 2013)에 따르면 등록된 인터넷 신문 중 실제 운영되는 것은 72.8%인 것으로 나타났다.

포털이 어떠한 기준으로 뉴스공급 및 검색 제휴 언론사를 선정하는가 하는 것에서부터 포털뉴스의 공정성 논란이 시작된다.

두 번째는 포털이 제공하는 자체 뉴스페이지의 편향성 논란이다. 포털이 직접 뉴스를 생산하지는 않지만 포털이 제공하는 뉴스 매개서비스는 뉴스가치 판단을 통해 제공된 뉴스 중 일부만을 선택하고, 이를 편집함으로써 이루어진다(신동희, 2014). 포털이 자체 뉴스 홈서비스를 만드는 과정에서 이 같은 게이트키핑과 의제설정 역할을 수행하고, 이러한 뉴스 서비스가 여론에 적지 않은 영향력을 행사함으로써 포털 뉴스 서비스의 공정성 논란이 생겨나는 것이다.

포털의 게이트키핑과 의제설정 기능에 대한 기존 연구들은(김경희, 2008; 박광순·안종묵, 2006; 최민재·김위근, 2006) 포털사이트 뉴스 에디터들이 이용자들의 뉴스소비에 적지 않은 영향을 미치며, 포털사이트의 뉴스 에디터가 어떠한 뉴스를 취사선택하여 제공하는가에 따라 해당 포털사이트 이용자들의 의제가 설정되고 있음을 보여준다. 실제로 포털사들이 뉴스페이지를 운영함에 있어 언론사 및 뉴스 선정에 차이가 있을 뿐 아니라 주제선정에도 차이가 나타나며, '다음'의 뉴스페이지 이용자들과 '네이버'의 뉴스페이지 이용자들은 완전히 상이한 뉴스 기사들을 접할 수 있다는 분석도 제시된다(김경희·배진아·김유정, 2015).

뉴스페이지 편집을 통한 포털의 여론 영향력이 커지면서 2007년 대선과 2012년 대선 등 중요한 정치적 시기마다 포털 뉴스 서비스의 공정성 문제가 중요 이슈로 빠짐없이 떠오르는 양상을 보인다. 포털이 뉴스 서비스를 통해 특정 후보를 옹호한다거나 보수성향의 후보에게 편중되었다는 지적 등이 지속적으로 제기되는 것이다.

최민재·김재영(2008)은 2007년 대선 당시 상위 4개 포털사인 네이

버, 다음, 네이트, 야후코리아의 뉴스 서비스가 공정성 측면에서 어떠
한 특성과 한계를 보였는지 탐색적 연구를 진행하였다. 연구결과 포털
뉴스가 불공정했다고 단정할 만한 뚜렷한 경향성은 발견되지 않았지
만, 기사의 게재시간이나 게재량, 기사의 유형별 선택(스트레이트/사
설·칼럼) 등에서 포털별로 차이가 있었고, 기사내용을 중심으로 한 공
정성 분석에서도 기계적 중립성을 추구하거나 긍정적 기사비율을 높이
는 등 포털 간 차이가 나타났다. 이는 포털이 자체적으로 인위적 편집
행위를 수행하고 있다는 실증적 근거라 할 수 있다.

　2012년 대선에 대한 포털 뉴스 서비스의 내용분석을 실시한 김효경
·권상희(2013)의 연구에서는 네이버와 다음 두 포털 모두 박근혜 후
보에게 호의적인 기사제목을 제공하는 것으로 나타났지만, 특정 포털
사가 특정 후보에게 유리한 기사제목을 편집하여 제공하는 경향은 없
는 것 같다는 결론을 내렸다.

　네이버와 다음카카오 등 국내 양대 포털의 뉴스편집 과정은 기계적
알고리즘과 '큐레이터'라 불리는 기사 배열자의 수작업이 섞인 과정으
로 알려져 있다. 매체로부터 공급받은 뉴스를 기계적 알고리즘이 정해
진 기준에 따라 일차적으로 분류한 후 기사 배열자들이 기사 경중을 따
져 배열위치나 우선노출 여부를 결정한다. 네이버의 경우 45명, 다음
카카오는 40명의 큐레이터들이 기사배열 업무를 담당하며 팀장급의 경
우 기존 유력 신문사 기자출신들이 맡고 팀원들은 자체 육성한 인력으
로 알려졌다(〈한국일보〉, 2015. 9. 21). 이 과정에서 기사의 제목을 수
정하려면 해당기사를 공급한 자의 동의를 받아야 한다는 신문진흥법
규정(제10조 제2항)과 저작권 위반문제 등으로 제목편집은 하지 않는
다. 기사배열 이력은 뉴스 서비스 페이지 하단에 1분 단위로 공개하며,
기사배열 기록을 6개월간 보관해야 하는 언론중재법 규정(제15조)에

의거하여 과거 배열이력도 확인 가능하다. 5

　문제는 기사분류에 적용하는 기계적 알고리즘의 기준과 가중치 등이
알려져 있지 않고, 기사 배열자들의 판단에 의존해 뉴스를 취사선택하
고 위치노출 등을 결정하는 상황에서 공정성 시비가 상존할 수밖에 없
다는 것이다. 한편으로는 공정성 논란을 회피하기 위해 비판적 기사를
축소하는 위축효과나 정치기사보다는 연예나 스포츠 기사를 확대하는
뉴스의 연성화·상업화 경향이 현저하게 나타나기도 한다. 6

---

5 포털들이 제휴를 맺은 매체로부터 공급받는 뉴스는 하루 평균 2~3만 건에 달한다. 이를
1차적으로 자동 분류 프로그램(기계적 알고리즘)이 분류한다. 다음카카오는 이를 루빅스
로 부르고, 네이버는 따로 명칭이 없다. 기계적 알고리즘이 뉴스를 분류하는 가장 대표적
인 기준으로 겹치는 단어를 들 수 있다. 즉, 동일한 단어가 여러 번 반복될 경우 이를 같은
성격의 기사로 분류한다. 기계적 알고리즘은 신뢰도가 높은 매체와 그렇지 못한 매체를 가
려내지 못한다. 그래서 양대 포털은 주요 언론사들에 가중치를 부여해 기계적 알고리즘이
이들 뉴스를 우선 분류하도록 한다. 기계적 알고리즘은 기사 경중을 가려내지 못하기 때문
에 양대 포털은 기사의 경중과 중요도를 따져 배열위치나 우선노출 여부를 결정하는 '큐레
이터'라고 부르는 기사 배열자를 따로 두고 있다. 양대 포털 모두 사람의 손을 거치더라도
뉴스의 제목편집을 하지 않는 반면 미국과 일본의 야후는 뉴스 서비스의 경우 생산부터 배
열까지 모두 기계적 알고리즘을 거치지 않고 사람 손에 의지한다. 이를 위해 아예 뉴스 서
비스 업체를 인수했다. 애플도 뉴스 서비스를 위해 지난 6월 뉴스편집장 모집 공고를 내면
서 '알고리즘에서 벗어난 스토리를 찾아낼 수 있는 언론인'을 조건으로 내걸었다. 포털 뉴
스 서비스의 메인화면에 어떤 뉴스들이 어떻게 배열됐는지를 확인하려면 뉴스 서비스 페
이지 하단에서 '기사배열 이력'이라는 메뉴를 선택하면 된다(〈한국일보〉, 2015.9.21).
6 실제로 포털 뉴스 서비스의 문제점은 불공정성이라기보다는 선정성 내지 상업성에 있다는
지적이 있다. 민간사업자인 포털들은 이용자들을 많이 끌어들여 광고수익을 내야 한다.
그렇다 보니 뉴스 서비스의 배열은 연예, 스포츠 등 선정적 기사 위주로 배열될 수밖에 없
다. 기사 건수도 단연 스포츠와 연예 분야가 많다. 실제로 국회 교육문화체육관광위원회
소속 새누리당 김학용 의원이 포털 PC 메인화면 노출기사에 대해 전수조사(아침 8시 기준
노출기사)한 자료에 따르면 올 1월부터 9월(총 273일)까지 네이버와 다음 메인화면에 노
출된 기사 14,742건의 기사제목 중 1,447(10%)에서 성, 자살, 살인, 폭력 등의 선정적
제목이 노출된 것으로 나타났다. 포털사별로 살펴보면 네이버의 경우 총 6,552건의 PC 메
인화면 노출 기사 중 236건(3.6%)의 기사에서 선정적 제목의 기사가 노출되었으며, 다음
의 경우 총 8,190개의 PC 메인화면 노출 기사 중 1,241건(15.5%)의 기사에서 빛, 자살,
테러, 성폭행 등의 선정적이고 자극적인 표현이 들어간 제목의 기사가 노출된 것으로 나타

536

3. 언론으로서의 포털과 법적 책무

포털이 제공하는 뉴스의 공정성 논란은 결국 포털이 언론인가 아닌
가 하는 근본적 질문에 대한 답변과 연관된다. 포털을 언론으로 보는
것이 타당하지 않다는 입장은 전통적 의미에서 언론의 가장 큰 특징이
자 여타 매체와의 차별성을 갖는 요소인 '독립적 취재 및 기사제작', '실
질적·내용적 편집통제권'이라는 요소를 결여하고 있다는 데 근거를 둔
다(황성기, 2007). 포털사이트는 계약을 통해 기존 언론사가 취재 제작
한 뉴스를 제공받아 이용자에게 전달 또는 이용자가 보다 쉽게 접근할
수 있도록 매개하는 기능을 할 뿐이며, 자신이 전달하는 정보의 내용에
일정한 이데올로기 내지 이념적 지향성을 전제로 하는 실질적·내용적
편집통제권을 행사하는 것이 아니므로 전통적 의미에서의 언론기능을
수행한다고 볼 수 없다는 것이다. 또한, 포털이 언론으로서 지위를 인
정받는다면 상응하는 권리도 행사할 수 있는 것인데, 단지 정보의 수
집, 선정, 전파 등 기존 신문과의 형식적 유사성을 이유로 뉴스 서비스
를 상업적으로 활용하는 포털을 신문과 같은 언론매체로 보아 규율할
수 없다(허진성, 2009)는 주장도 제기된다.[7]

났다. 특히 '다음'의 경우에는 빚, 도박, 사채 등 돈 문제와 관련한 제목의 기사가 지난 9개
월 동안 277건으로 매일 아침 8시 포털 메인화면에 노출되었으며, 자살, 죽음, 사망 등의
제목기사가 236건, 전쟁, 테러 등의 기사가 183건, 성폭력, 성폭행, 성추행 등 성과 관련
한 시사가 175건으로 나타났다(김학용 의원실 보도자료, 2015. 10. 4).
[7] 최근 들어 이재진, 황용석 등은 전문가들을 대상으로 포털의 언론성에 대한 의견을 조사
한 델파이 연구결과를 발표하였다. 그 주요 내용을 소개하면 다음과 같다(이재진·황용
석, 2015).
첫째, 뉴스소비는 포털로 집중되고 있다.
둘째, 포털뉴스는 언론사와 유사하게 편집권을 행사하고 그에 따라 의제설정기능을 행사

그러나 포털이 언론인가 아닌가의 논쟁은 신문법이나 선거법을 개정
하면서 나온 법적 논쟁일 뿐 사회적 차원에서 포털은 뉴스 유통체로서
언론기능을 수행한다는 점에 이의가 없다고 할 것이다(안종묵, 2011;
황용석, 2013). 뉴스 이용자의 규모라든지 정보전파력, 그리고 의제설
정 주도권 등이 포털을 중심으로 재편되고, 포털의 게이트키핑이 이용
자의 뉴스 소비에 중대한 영향을 미친다는 점은 이미 오래 전에 여러 연
구들을 통해 충분히 입증된 사실이라 할 것이다(김경희, 2008; 김재영·
양선희, 2006; 박광순·안종묵, 2006; 이민규, 2006; 최민재·김위근,
2006; 황용석, 2005). 포털 뉴스 서비스는 전통적 뉴스 '생산' 중심의 영
향력을 넘어 뉴스 '유통'이라는 새로운 형식을 통해 언론과 같은 영향력
을 행사하게 되었고, 더 나아가 뉴스 생산과 유통, 소비의 전 과정에 중
요한 변화를 초래한 것이다.

이와 같은 시각은 포털이 사실상 언론매체와 같은 기능을 수행하고
있으므로 이에 상응하는 책임을 지는 것이 정당하며 신문법을 통해 이

한다는 의견이 다수였다.

셋째, 포털뉴스의 편집권을 인정하면서도 그것이 전통적인 언론의 편집권과 어떻게 다른
가에 대해서는 전문가들의 의견이 엇갈렸다.

넷째, 포털뉴스가 이용자의 시사정보 습득에 미치는 영향이 긍정적이라는 입장과 부정적
이라는 입장은 엇비슷했다.

다섯째, 포털뉴스의 편집방식과 관련하여 사람에 의한 편집과 알고리즘에 의한 편집을 구
분해서 판단할 필요가 없다는 의견이 다수였다.

여섯째, 사이비언론 등의 문제로 포털뉴스가 검색제휴 등을 제한적으로 해야 한다는 입장
과 가능한 개방해야 한다는 입장이 맞섰다.

일곱째, 매체 다원성 관점에서 다수의 이종매체들을 합산하여 영향력을 평가하고자 할 때
포털뉴스의 영향력은 질적으로 언론사와 달라서 별도의 영향력 측정이 필요하다는 의견
이 보다 많았다.

여덟째, 인터넷뉴스의 문제점에 대해서 그 책임이 콘텐츠 공급자에게 더 많다는 평가가
나왔다.

마지막으로, 대다수 전문가들이 포털뉴스에 대해 방송보다는 신문에 가까운 규제모델을
제시하였다.

를 규제하는 것이 타당하다는 주장으로 연결되었고, 2009년 7월 31일 〈신문 등의 자유와 기능보장에 관한 법률〉이 〈신문 등의 진흥에 관한 법률〉(이하 '신문진흥법'이라 함)로 개정되는 과정에서 포털은 '인터넷 뉴스 서비스 사업자'로 규정되기에 이른다. 이러한 법 개정의 취지는 '인터넷포털 등이 뉴스를 제공하여 언론의 기능을 하고 있어 이를 언론 관계 법률의 규율대상으로 포함'[8]하기 위한 것으로서, 개정된 신문진흥법은 인터넷 뉴스 서비스 사업자의 정의와 등록의무,[9] 준수사항 등을 규정하고 있다.

보다 구체적으로 신문진흥법에서는 신문[10]과 인터넷 신문,[11] 인터넷 뉴스 서비스를 구분하고, '인터넷 뉴스 서비스'란 신문, 인터넷 신문, 〈뉴스통신 진흥에 관한 법률〉에 따른 뉴스통신, 〈방송법〉에 따른 방송 및 〈잡지 등 정기간행물의 진흥에 관한 법률〉에 따른 잡지 등의 기사를 인터넷을 통하여 계속적으로 제공하거나 매개하는 전자간행물로 규정한다(법 제2조 제5호). 이 정의에 포털이나 검색엔진이라는 용어가 명시되어 있지 않지만, 법령의 정의, 이용량과 영향력 등을 고려할 때

---

8 한선교 의원 대표발의 신문 등의 자유와 기능 보장에 관한 법률 전부개정법률안(의안번호 1803214, 발의연원일 2008. 12. 26.) 중 제안 이유 참조.

9 법 제9조(등록) ① 신문을 발행하거나 인터넷 신문 또는 인터넷뉴스 서비스를 전자적으로 발행하려는 자는 대통령령으로 정하는 바에 따라 다음 각 호의 사항을 주사무소 소재지를 관할하는 특별시장·광역시장·도지사 또는 특별자치도지사(이하 '시·도지사'라 한다) 에게 등록하여야 한다. 등록된 사항이 변경된 때에도 또한 같다. (이하 생략)

10 법 제2조 제1호. '신문'이란 정치·경제·사회·문화·산업·과학·종교·교육·체육 등 전체 분야 또는 특정 분야에 관한 보도·논평·여론 및 정보 등을 전파하기 위하여 같은 명칭으로 월 2회 이상 발행하는 간행물로서 다음 각 목의 것을 말한다.

11 법 제2조 제2호. '인터넷 신문'이란 컴퓨터 등 정보처리능력을 가진 장치와 통신망을 이용하여 정치·경제·사회·문화 등에 관한 보도·논평 및 여론·정보 등을 전파하기 위하여 간행하는 전자간행물로서 독자적 기사 생산과 지속적인 발행 등 대통령령으로 정하는 기준을 충족하는 것을 말한다.

'인터넷뉴스 서비스'의 대명사는 '포털 뉴스 서비스'라 할 수 있다(김위근·김춘식, 2010). 인터넷 뉴스 서비스의 법적 정의에서 주목해야 할 단어는 '제공'과 '매개'로서, 법령의 정의에서 포털 뉴스 서비스는 고유한 뉴스 콘텐츠를 생산하는 전통적 개념의 뉴스미디어와 구분되는 차별적 정체성을 갖는다(김위근, 2013; 황용석, 2012).

개정된 신문진흥법에 따라 포털 사업자는 인터넷 뉴스 서비스 사업자로서 법적 책무를 부여받는다. 먼저 법 제6조(독자의 권리보호)에 따라 인터넷 뉴스 서비스 사업자는 ① 편집 또는 제작의 기본방침이 독자의 이익에 충실하도록 노력하여야 하고, ② 독자의 권익을 보호하기 위한 자문기구로 독자권익위원회를 둘 수 있으며, ③ 신문·인터넷 신문의 편집인 및 인터넷 뉴스 서비스의 기사배열 책임자는 독자가 기사와 광고를 혼동하지 아니하도록 명확하게 구분하여 편집하여야 한다.

또한 신문진흥법은 제10조에서 인터넷 뉴스 서비스 사업자의 준수사항을 별도로 제시하고 있다. 신문진흥법 제10조(인터넷뉴스 서비스사업자의 준수사항)는 ① 기사배열의 기본방침이 독자의 이익에 충실하도록 노력하여야 하며, 그 기본방침과 기사배열의 책임자를 대통령령으로 정하는 바에 따라 공개하여야 하고, ② 독자적으로 생산하지 아니한 기사의 제목·내용 등을 수정하려는 경우 해당 기사를 공급한 자의 동의를 받아야 하며, ③ 제공 또는 매개하는 기사와 독자가 생산한 의견 등을 혼동되지 아니하도록 대통령령으로 정하는 바에 따라 구분하여 표시하여야 하고, ④ 제공 또는 매개하는 기사의 제목·내용 등의 변경이 발생하여 이를 재전송 받은 경우 인터넷 뉴스 서비스 사업자의 인터넷 홈페이지에 재전송 받은 기사로 즉시 대체하도록 규정하고 있다. 이 외에도 인터넷 뉴스 서비스 사업자는 종사자의 능력과 자질향상을 위한 연수제도를 설치·운영해야 하며(법 제8조), 청소년 유해정보로부터 청소년을 보호하기 위하여 청소년보호 책임자를 지정, 공개하여야 한다 (법 제9조의2).

포털의 법적 책무는 언론중재법에서도 발견된다. 2009년 2월 6일 개정된 언론중재법은 제2조(정의) 제18호에서 "인터넷뉴스 서비스란 언론의 기사를 인터넷을 통하여 계속적으로 제공하거나 매개하는 전자간행물"이라고 포털을 규정하고, 동법 제2조 제1호에서 "언론이란 방송, 신문, 잡지 등 정기간행물, 뉴스통신 및 인터넷 신문"이라고 명시했다.

개정된 언론중재법에는 인터넷 뉴스 서비스의 특칙(법 제17조의2)을 마련하여 정정보도 및 반론보도 또는 추후보도가 청구되었을 때 지체 없이 해당기사에 정정보도 청구 등이 있음을 알리는 표시를 하고 해당 기사를 제공한 언론사에 그 청구내용을 통보하도록 하고 있다. 또한 동법 제15조의 제8항에서는 인터넷 뉴스 서비스 보도의 원본이나 사본 및 그 보도의 배열에 관한 전자기록을 6개월간 보관하도록 하고 있다.

한편, 신문진흥법에서는 신문 등의 자유와 책임(법 제3조),[12] 편집의 자유와 독립(법 제4조)[13] 조항에서는 신문과 인터넷 신문만을 언급하고, 인터넷 뉴스 서비스 사업자를 제외시키고 있다. 이는 인터넷 뉴스 서비스에 대한 정보원 접근권과 자유로운 공표의 자유, 자율적 편집권을 부여하지 않음으로써 전통적 언론매체와 차별적 지위를 부여하고 있다. 이와 같은 법적 구분은 언론중재법 제2조 제1호에서 '언론'이란

---

[12] 제3조(신문 등의 자유와 책임) ① 신문 및 인터넷 신문에 대한 언론의 자유와 독립은 보장된다.
② 신문 및 인터넷 신문은 제1항의 언론자유의 하나로서 정보원에 대하여 자유로이 접근할 권리와 그 취재한 정보를 자유로이 공표할 자유를 갖는다.
③ 신문 및 인터넷 신문은 인간의 존엄과 가치 및 민주적 기본질서를 존중하여야 한다.
[13] 제4조(편집의 자유와 독립) ① 신문 및 인터넷 신문의 편집의 자유와 독립은 보장된다.
② 신문사업자 및 인터넷 신문사업자는 편집인의 자율적인 편집을 보장하여야 한다.

〈표 10-1〉 인터넷 뉴스 서비스 사업자의 주요 법적 책무

신문 등의 진흥에 관한 법률	시행령
제6조(독자의 권리보호) ① 신문사업자·인터넷 신문사업자 및 인터넷뉴스 서비스사업자는 편집 또는 제작의 기본방침이 독자의 이익에 충실하도록 노력하여야 한다. ② 신문사업자·인터넷 신문사업자 및 인터넷뉴스 서비스사업자는 독자의 권익을 보호하기 위한 자문기구로 독자권익위원회를 둘 수 있다. ③ 신문·인터넷 신문의 편집인 및 인터넷뉴스 서비스의 기사배열책임자는 독자가 기사와 광고를 혼동하지 아니하도록 명확하게 구분하여 편집하여야 한다.	
제8조(연수) ① 신문사업자·인터넷 신문사업자 및 인터넷뉴스 서비스사업자는 종사자의 능력과 자질향상을 위한 연수제도를 설치·운영한다. ② 신문사업자·인터넷 신문사업자 및 인터넷뉴스 서비스사업자가 공동으로 종사자의 연수를 위한 기구를 설치·운영하는 경우 제34조에 따른 언론진흥기금에서 이를 지원할 수 있다.	
제9조의2(청소년보호책임자의 지정 등) ① 인터넷 신문사업자와 인터넷뉴스 서비스사업자는 인터넷 신문과 인터넷뉴스 서비스의 음란·폭력정보 등 청소년에게 해로운 정보(이하 "청소년유해정보"라 한다)로부터 청소년을 보호하기 위하여 청소년보호책임자(이하 "청소년보호책임자"라 한다)를 지정하여야 한다. 다만, 〈정보통신망 이용촉진 및 정보보호 등에 관한 법률〉 제42조의3 제1항에 따라 청소년보호책임자를 지정하여야 하는 자는 그러하지 아니하다.	

〈표 10-1〉 계속

신문 등의 진흥에 관한 법률	시행령
② 인터넷신문사업자와 인터넷뉴스서비스사업자는 제1항 본문 또는 〈정보통신망 이용촉진 및 정보보호 등에 관한 법률〉 제42조의3 제1항에 따라 청소년보호책임자를 지정한 경우에는 지정된 청소년보호책임자를 대통령령으로 정하는 바에 따라 공개하여야 한다. ③ 청소년보호책임자는 해당 사업자의 임원 또는 청소년보호와 관련된 업무를 담당하는 부서의 장에 해당하는 지위에 있는 사람(부서의 장에 해당하는 지위에 있는 사람이 없는 경우는 청소년보호와 관련된 업무를 담당하는 사람을 말한다) 중에서 지정한다. ④ 청소년보호책임자는 해당 인터넷신문 또는 인터넷뉴스서비스의 청소년유해정보를 차단·관리하는 등 청소년보호업무를 하여야 한다. ⑤ 그 밖에 청소년보호책임자의 지정 및 업무에 필요한 사항은 대통령령으로 정한다. [본조신설 2015.5.18.]	제8조(인터넷뉴스서비스사업자의 준수사항) ① 법 제10조 제1항에 따라 인터넷뉴스서비스사업자는 제공하는 인터넷뉴스서비스에서 언론의 기사를 연결하여 종합적으로 제공하는 화면 중 연결 단계구조의 최상위 화면에 기사배열 기본방침과 기사배열책임자를 공개하되, 기사배열 기본방침의 구체적인 내용은 해당 화면이나 별도 화면으로 연결되어 볼 수 있도록 제공하여야 한다.
제10조(인터넷뉴스서비스사업자의 준수사항) ① 인터넷뉴스서비스사업자는 기사배열의 기본방침이 독자의 이익에 충실하도록 노력하여야 하며, 그 기본방침과 기사배열책임자를 대통령령으로 정하는 바에 따라 공개하여야 한다. ② 인터넷뉴스서비스사업자는 독자적으로 생산하지 아니한 기사의 제목·내용 등을 수정하려는 경우 해당 기사를 공급한 자의 동의를 받아야 한다.	② 인터넷뉴스서비스사업자는 법 제10조 제1항에 따라 인터넷뉴스서비스에서 언론 기사를 연결하여 제공하는 화면과 기사배열 기본침과 기사배열책임자를 제공하는 화면으로 연결하여야 한다.

〈표 10-1〉 계속

신문 등의 진흥에 관한 법률	시행령
③ 인터넷뉴스 서비스사업자는 제공 또는 매개하는 기사와 독자가 생산한 의견 등을 혼동되지 아니하도록 대통령령으로 정하는 바에 따라 구분하여 표시하여야 한다. ④ 인터넷뉴스 서비스사업자는 제공 또는 매개하는 기사의 제목·내용 등이 변경되어 이를 재전송하는 경우 인터넷뉴스 서비스사업자의 인터넷홈페이지에 재전송된 기사로 즉시 대체하여야 한다.	다만, 다음 각 호의 어느 하나에 해당하는 경우에는 기사배열 기본방침과 기사배열한 의견 등을 혼동되지 아니하는 경우에는 기사배열 등 편집에 관여할 수 없는 형태로 언론의 책임자를 공개하지 아니할 수 있다. 1. 인터넷뉴스 서비스사업자가 기사배열 등 편집에 관여할 수 없는 형태로 언론의 기사를 매개하면서 그 사실을 해당 화면에 표시한 경우 2. 인터넷뉴스 서비스사업자가 제7조 제3호에 따라 등록이 제외된 경우 ② 법 제10조 제3항에 따라 인터넷뉴스 서비스사업자는 그가 제공 또는 매개하는 기사와 독자가 생산한 의견 등이 혼동되지 아니하도록 다음 각 호의 사항을 준수하여야 한다. 1. 개별 기사에 대한 독자의 의견은 기사와 명확하게 구별될 수 있도록 표시할 것 2. 동일 서비스 영역에서 제공 또는 매개하는 기사와 독자가 생산한 의견 등이 함께 실린 경우에는 명확히 구별될 수 있도록 표시할 것
언론중재법	시행령
제15조(정정보도청구권의 행사) ⑧ 인터넷 신문사업자 및 인터넷뉴스 서비스사업자는 대통령령으로 정하는 바에 따라 인터넷 신문 및 인터넷뉴스 서비스 보도의 원본이나 사본 및 그 보도의 배열에 관한 전자기록을 6개월간 보관하여야 한다.	제11조의2(인터넷 신문 및 인터넷뉴스 서비스 배열전자기록의 보관) ① 법 제15조 제8항에 따라 보관하여야 하는 인터넷 신문 및 인터넷뉴스 서비스 보도의 배열에 관한 전자기록(이하 "배열전자기록"이라 한다)은 다음 각 호의 어느 하나에 해당하는 기사를 대상으로 한다.

〈표 10-1〉 계속

언론중재법	시행령
제17조의2(인터넷뉴스 서비스에 대한 특칙) ① 인터넷뉴스 서비스사업자는 제14조 제1항에 따른 정정보도 청구, 제16조 제1항에 따른 반론보도 청구 또는 제17조 제1항에 따른 추후보도 청구(이하 "정정보도청구 등"이라 한다)를 받은 경우 지체 없이 해당 기사에 관하여 정정보도청구등이 있음을 알리는 표시를 하고 해당 기사를 제공한 언론사 등(이하 "기사제공 언론사"라 한다)에 그 청구 내용을 통보하여야 한다. ② 제1항에 따라 정정보도청구등이 있음을 통보받은 경우에는 기사제공언론사도 같은 내용의 청구를 받은 것으로 본다. ③ 기사제공언론사가 제15조 제2항(제16조 제3항 및 제17조 제3항에 따라 준용되는 경우를 포함한다)에 따라 청구에 대하여 그 청구의 수용 여부를 청구인에게 통지하는 경우에는 해당 기사를 매개한 인터넷뉴스 서비스사업자에게도 통지하여야 한다.	1. 인터넷 신문사업자의 경우에는 해당 인터넷 신문의 맨 위 화면에 게재된 기사 2. 인터넷뉴스 서비스사업자의 경우에는 다음 각 목의 기사 가. 해당 인터넷뉴스 서비스사업자가 제공하는 인터넷뉴스 서비스의 맨 위 화면에 게재된 기사 나. 해당 인터넷뉴스 서비스사업자가 언론의 기사를 연결하여 종합적으로 제공하는 화면 중 연결 단계조의 맨 위 화면에 게재된 기사 ② 배열전자기록에는 제1항 각 호의 기사에 대한 다음 각 호의 사항이 포함되어야 한다. 1. 기사의 제목 및 제공 언론사의 명칭 2. 해당 화면에서 기사가 배열된 위치 3. 해당 화면에 최초로 노출된 시각 및 삭제된 시각 ③ 제1항과 제2항에 따라 배열전자기록의 보관의무를 지는 자는 전년도 기준으로 직전 3개월간 하루 평균 이용자 수가 10만 명 이상인 인터넷 신문사업자 및 인터넷뉴스 서비스사업자로 한다.

〈표 10-2〉 다음뉴스 서비스 원칙

다음뉴스는 국내에서 처음으로 실시간 이용자 반응형 콘텐츠 추천 시스템 (RUBICS) 을 도입했습니다.

루빅스는 이용자의 다양한 취향을 고려하여 개별 이용자에 맞춤형 콘텐츠를 자동 추천하는 방식입니다. 공공의 관심사는 빠르게 제공하고 개인의 선호도에 맞는 콘텐츠를 실시간으로 보여주고 있습니다.

하루 수많은 기사가 쏟아지지만 이용자에게 열람되지 못하는 기사가 무수히 많고 좋은 기사는 더욱 소개되기 어려운 현실을 고민했습니다.

사용자의 뉴스 소비 패턴이 기사 노출과 배열을 결정하여 좋은 기사가 이용자를 정확히 찾아가고 이용자가 잘 발견하도록 돕습니다.

루빅스를 통해 더욱 가치 있는 콘텐츠를 전달하기 위해 아래와 같은 서비스 원칙을 실천하겠습니다.

1. 다양한 정보를 신속하게 제공하겠습니다.
   - 이용자가 필요한 정보를 신속하게 전달하겠습니다.
   - 신뢰할 만한 매체를 통해 다양하고 차별적인 시각을 지닌 정보를 함께 제공하겠습니다.
2. 이롭고 바른 정보를 제공하겠습니다.
   - 속보를 전하되 정확한 정보가 전달되도록 노력하겠습니다.
   - 상업성을 노린 단순 홍보, 선정적이거나 사행심을 조장하는 소재는 다루지 않겠습니다.
   - 국민생활에 도움이 되는 공공정보 제공에 힘쓰겠습니다.
   - 사회 구성원들이 성적, 신체적, 계층적인 이유 등으로 차별받지 않도록 노력하겠습니다.
3. 정치적 중립을 지키겠습니다.
   - 다양한 정치적 견해와 정보를 균형 있게 제공하겠습니다.
   - 정치적 중립을 위해 이용자의 정보 접근권을 향상시키고 이용자 주도적인 정보소비를 돕겠습니다.
   - 정보유통에 있어 이해관계가 얽힌 정치적 상업적 압력에 흔들리지 않겠습니다.
4. 개인의 인격과 명예 및 초상권을 침해하지 않겠습니다.
   - 개인정보와 인격침해 및 명예훼손 방지를 위한 이용자 안내를 의무화하고 적극 홍보하겠습니다.

〈표 10-2〉 계속

- 권리침해가 법률적으로 명백한 경우, 정보 제공자(매체 또는 개인)에게 즉각 통보하고, 정해진 원칙에 따라 처리하겠습니다.   5. 쌍방향 서비스를 하겠습니다.   - 정보제공자와 이용자 간의 원활한 소통을 돕기 위해 노력하겠습니다.   - 기사수정이나 삭제요청을 신속히 처리하기 위한 핫라인을 운영하겠습니다.   - 뉴스 서비스에 대한 질문이나 의견을 듣고 반영하기 위한 고객센터를 상시 운영하겠습니다.

출처: http://media.daum.net/info/edit.html.

방송, 신문, 잡지 등 정기간행물, 뉴스통신 및 인터넷 신문이라고 명시하면서 인터넷 뉴스 서비스사업자를 언론에 포함시키지 않은 데서도 발견된다. 이로 인해 신문법과 언론중재법의 조항들은 인터넷뉴스 서비스 사업자에 대해 언론으로서의 자유와 권리보다는 뉴스기사의 매개자로서 이용자 보호와 책무를 부여하는 데 강조점을 둔 것(안종묵, 2009; 황용석, 2012. 4)이라는 해석이 제시된다.

분명한 것은 포털로 대표되는 인터넷 뉴스 서비스의 정체성이 '제공'과 '매개'라는 유통의 기능을 핵심으로 하며, 포털 뉴스 서비스의 뉴스 유통은 '기사배열'을 포함하는 행위라는 것이다. 이로 인해 신문진흥법은 별도로 인터넷뉴스 서비스 사업자의 준수사항을 규정하면서(법 제10조) 기사배열 방침이 독자의 이익에 충실하도록 하고 기사배열 기본방침과 기사배열 책임자를 공개하도록 규정했다. 이와 같은 법 규정에 근거하여 포털 사업자들은 기사배열의 기본 방침을 '뉴스 서비스 원칙' 또는 '기사배열 원칙'이라는 이름으로 뉴스 홈에 공개하고 있다. 아래는 각각 국내 대표적 포털인 '다음'과 '네이버'의 웹사이트에 게시된 기사배열 방침이다.

〈표 10-3〉 네이버 기사배열 원칙

다양한 정보를 신속하고 정확하게 전달하겠습니다.

이용자가 필요로 하는 정보를 신속하게 제공하면서도 정확한 전달이 되도록 노력하겠습니다.

다양한 매체, 차별화된 시각의 정보를 함께 전달함으로써 이용자의 알 권리를 충족시키겠습니다.

균형 잡힌 정보로 정치적 중립을 지키겠습니다.

특정 계층의 논조나 입장을 지양하고 균형 있는 정보를 제공하겠습니다.

기사배열 가이드 이외의 어떤 외부 간섭이나 사적 이해관계도 배제하겠습니다.

사회적 공익 가치를 존중하겠습니다.

상업적이거나 선정적인 내용의 기사는 지양하고 유익한 정보전달에 힘쓰겠습니다.

지역, 종교, 성적 차별을 부추기는 기사는 배제하겠습니다.

장애인, 비정규직, 노인, 어린이 등 사회적 약자의 인권을 배려하고 존중하겠습니다.

이용자와 쌍방향 소통을 구현하겠습니다.

이용자와 실시간으로 소통하고 정보제공자의 기사수정과 삭제요청도 신속하게 반영하겠습니다.

뉴스 서비스에 대한 궁금증과 개선점 등을 들을 수 있는 네티즌의 소리를 운영하고 귀 기울이겠습니다.

정정, 반론, 추후 보도기사 모음과 각 언론사 기사 중 고침보도 모음을 운영하고 신속하게 처리하겠습니다.

개인의 인격권 보호에 힘쓰겠습니다.

개인정보와 인격침해 및 명예훼손을 최소화 할 수 있도록 배열하겠습니다.

기사나 댓글을 통해 개인정보가 유출되지 않도록 모니터 의무를 다하겠습니다.

기사의 오보나 저작권 침해 등의 문제로부터 이용자를 보호하는 24시간 접수 안내를 운영하겠습니다.

출처 : http://news.naver.com/main/ombudsman/edit.nhn?mid=omb.

548

4. 포털뉴스 공정성을 위한 자율규제 노력과 한계

이 같은 각 포털사 단위의 뉴스 서비스 원칙 공개에도 불구하고 포털 뉴스 서비스에 대한 사회적 관심과 우려, 공정성 논란이 지속되자 2012 년 2월에는 다음커뮤니케이션, 야후코리아, SK커뮤니케이션즈, NHN, KTH 등 국내 주요 포털사들은 공동으로 '인터넷 뉴스 서비스 사업자 기사배열 자율규약'을 발표하게 된다. 해당 규약은 한국인터넷 기업협회와 한국인터넷자율정책기구(이하 KISO)의 공동 주관하에 KISO 정책위원 및 각 사별 인터넷 뉴스 서비스 종사자 등이 포함된 자 문단을 구성하여 협의를 통해 업계 공동의 규약으로 마련한 것이다.

이 규약은 신문진흥법의 법적 책무들을 포괄하면서도 포털 뉴스 서 비스의 공정성과 객관성, 투명성 등 사회적 책무를 수행하기 위한 자율 규제를 구체화한 것이라는 점에서 긍정적 평가를 받았다(김위근, 2012. 4; 황용석, 2012. 4).

규약은 '보도의 자유로운 유통', '다양성', '공정성', '이해상충 배제', '위험의 최소화', '피해구제', '선택권', '저작가치의 보전', '이용자 참여 성', 그리고 '전문성' 등 총 10개의 조항으로 구성되어 있다.

'보도의 자유로운 유통'은 국민의 알 권리를 보장하기 위해 언론보도 의 자유로운 유통을 보장하기 위해 노력하는 것을 의미하며, '다양성' 은 다양한 사회계층의 입장이 반영될 수 있도록 기사배열의 다양성을 유지한다는 것이고, '공정성'은 어떤 사안을 다룰 때 한쪽으로 치우치 지 않을 뿐만 아니라 사안의 전모를 이용자들이 쉽게 이해할 수 있도록 균형 잡힌 시각으로 사실을 전달하는 것을 의미한다.

'이해상충 배제'는 사적 이익을 위해 언론보도를 이용하지 않도록 노력하는 것이며, '위험의 최소화'는 청소년 보호와 선정성 지양 등 공익과 사회적 안전을 위해 노력하는 것을 뜻한다.

'피해구제'는 언론보도를 통해 발생하는 피해를 신속하게 구제하는 것을 의미하며, '선택권'은 이용자들의 정당한 기사선택권을 보호하기 위해 부당한 기사 재전송 제한, 광고와 기사의 분리, 단순 복제기사 제한, 기사와 의견의 분리 등을 수행한다는 것이다.

'저작가치의 보전'은 언론사의 저작권리가 침해되지 않도록 기사 원문을 수정하지 않고, 새로운 기사 전송시 지체 없이 반영함을 의미하며, '이용자 참여성'은 인터넷이 사회적 공론장의 기능을 수행할 수 있도록 공정하고 건강한 참여문화가 만들어지도록 노력한다는 것이다.

'전문성'은 뉴스배열 행위가 언론보도가 다루는 사회현상에 대한 이해와 보도물이 사회에 미칠 영향 등을 복합적으로 다뤄야 하는 전문적 활동임을 인지하고 뉴스배열에 필요한 전문성을 높이기 위한 교육활동에 스스로의 노력을 기울인다는 내용이다.

문제는 개별 포털 사업자들이 공개하는 기사배열 방침이나 포털사업자 공동으로 발표한 기사배열 자율규약들의 내용이 너무 추상적이고 선언적이라는 것이다. 신문진흥법에 규정된 조항들이나 포털의 기사배열을 둘러싸고 제기된 사회적 우려들을 포괄하고 있으나 그 내용이 구체적이지 않고 모호하여 이러한 내용이 실제로 어떻게 반영되는지 확인하기 어렵다.

이러한 이유에서 신문진흥법에 명시된 기사배열 원칙 공개요구, 그리고 포털사들의 공동규약 제정 이후에도 포털이 제공하는 뉴스의 공정성에 대한 논란은 지속되었다. 급기야 이러한 논란을 해소하기 위해서는 포털 사업자들이 보다 구체적으로 편집 알고리즘을 공개해야 한다는 요구가 제기되기에 이른다(블로터닷넷, 2013. 8. 19; 신동희, 2014).

550

〈표 10-4〉 인터넷 뉴스 서비스 사업자의 기사배열에 관한 자율규약

우리는 언론보도의 자유롭고 공정한 유통의 공간을 제공하고 이용자의 알 권리와 선택의 다양성을 증진하기 위해 시대적 사명을 다할 것을 다짐한다.
우리는 운영의 투명성과 자율성을 높이기 위해 스스로의 행동규약을 세워 실천해 나가고자 〈인터넷 뉴스 서비스 사업자의 기사배열에 관한 자율규약〉을 제정한다.

2012년 2월 1일
(사) 한국인터넷기업협회 (사) 한국인터넷자율정책기구

제1조 보도의 자유로운 유통
언론보도의 자유로운 유통은 헌법이 보장하는 국민의 알 권리의 하나로서 공중의 이익과 민주사회의 의사결정에 기여하는 필수요소이다. 우리는 표현의 자유를 보호하고 언론보도의 자유로운 유통을 보장하기 위해 노력한다.
　① (국민의 알 권리 보장) 우리는 국민의 알 권리를 서비스의 중요한 목적으로 삼는다.
　② (취재의 자유 옹호) 우리는 언론사의 취재와 편집의 자유를 옹호한다.
　③ (간섭의 배제) 우리는 언론보도의 자유로운 유통을 위협하는 권력과 금력 등 내·외부의 개인이나 집단의 어떠한 부당한 간섭이나 압력도 배제한다.

제2조 다양성
다양한 사회 구성원들이 서로 다른 신념에 따라 의견을 교환하는 것은 민주주의의 필수요소이다. 우리는 다양한 사회 구성원들의 의견을 존중하며, 이를 위해 언론보도의 다양성을 유지하기 위해 노력한다.
　① (다양성) 우리는 기사의 주제나 내용이 현저하게 법질서를 위반하지 않는 이상 그것의 내용적 속성 때문에 기사배열을 배제하지 않으며, 다양한 사회계층의 입장이 반영될 수 있도록 노력한다.
　② (소수자 보호) 우리는 취약계층, 장애인, 등 사회적 소수자의 목소리를 존중하며 소수의 입장이라는 이유로 기사를 배열함에 있어 차별하지 않는다.

제3조 공정성
공정성은 어떤 사안을 다룰 때 한쪽으로 치우치지 않을 뿐만 아니라 사안의 전모를 이용자들이 쉽게 이해할 수 있도록 균형 잡힌 시각으로 사실을 전달하는

〈표 10-4〉계속

것으로 우리는 이를 위해 노력한다.
 ① (중립성) 우리는 어느 한쪽의 견해나 주장에 치우침 없이 중립적인 입장
  에서 기사를 다룬다.
 ② (균형성) 우리는 대립되는 가치나 사안을 다룸에 있어 정보를 균형 있게
  제공하기 위해 노력한다.

제4조 이해상충 배제
이해상충은 개인적 이익과 공적 이익이 상호 충돌하는 것으로서 우리는 사적
이익을 위해 언론보도를 이용하지 않도록 노력한다.
 ① (경제적 이익추구 금지) 우리는 기사를 다룸에 있어 회사나 개인의 금전
  이익을 추구하거나 손실을 회피하기 위한 행동을 하지 않는다.
 ② (이해관계 유의) 우리는 사적 이해관계를 반영하는 행동을 하지 않는다.
 ③ (부당한 영향력) 우리는 언론사의 취재보도활동에 어떠한 영향력도 행사
  하지 않는다.

제5조 위험의 최소화
위험의 최소화는 언론보도를 통해 사회적 피해를 최소화하고 공익을 지키는
것으로 우리는 사회적 안전을 위해 노력한다.
 ① (청소년 보호) 우리는 기사를 배열함에 있어 그 내용이 아동 및 청소년에
  게 미칠 영향이 무엇인지를 중요하게 고려한다.
 ② (선정성 지양) 우리는 지나친 성적 표현, 폭력, 약물사용 등 선정적 내용
  의 기사와 과잉표제를 사용한 기사를 공익적 차원에서 제한한다.

제6조 피해구제
언론보도를 통해 발생하는 피해를 신속하게 구제하는 것은 인터넷 뉴스 서비
스사업자에게 부여된 법적 책무이다. 우리는 언론중재법상의 피해구제 절차
에 충실하게 따르기 위해 노력한다.
 ① (기사배열 기록보관) 우리는 언론중재법 제15조 8에 의거 기사배열 기록을
  6개월간 보관하여 정정보도 청구나 반론보도 청구시 필요한 자료로 제공
  한다.
 ② (표시의무) 우리는 정정보도 청구, 반론보도 청구, 또는 추후보도 청구
  등을 받은 기사에 대해 지체 없이 그 사실을 표시한다.

〈표 10-4〉 계속

제7조 선택권

인터넷뉴스 서비스를 이용함에 있어 상업적 이해관계 등으로 이용자의 선택권이 방해받는 것은 건강한 정보소비를 막는 것이다. 우리는 이용자들의 정당한 기사선택권을 보호하기 위해 노력한다.

① (부당한 기사 재전송 제한) 우리는 특별한 사유 없이 동일하거나 유사한 내용의 기사를 반복적으로 전송하여 이용자의 선택성을 방해하는 기사를 제한할 수 있다.

② (광고와 기사의 분리) 우리는 광고와 기사의 구분이 불분명한 기사의 배열을 제한할 수 있다.

③ (단순복제기사 제한) 타사의 기사를 그대로 복사하여 새로운 기사처럼 포장하여 제공하는 것은 타사의 권리를 침해하는 동시에 이용자의 선택권을 훼손하는 것으로서 우리는 그러한 기사의 배열을 제한할 수 있다.

④ (기사와 의견분리) 우리는 언론보도와 이용자 의견이 명확히 구분되도록 한다.

제8조 저작가치의 보전

언론보도는 많은 노력이 들어가는 창의적 활동의 결과물이다. 우리는 뉴스 서비스를 운영함에 있어 언사의 기사를 저작권 계약 범위 내에서만 정당하게 활용하며, 언론사의 저작권리가 침해되지 않도록 노력한다.

① (내용수정 배제) 우리는 언론사 기사 원문을 수정하지 않는다.

② (갱신의무) 우리는 언론사가 제목이나 내용의 변경으로 인해 새로이 기사를 전송하거나 알려 주면, 지체 없이 이를 반영하도록 노력한다.

제9조 이용자 참여성

인터넷은 참여촉진적인 공간으로서 사회적 공론장의 기능을 수행한다. 특히 언론보도는 사회적 여론형성과 이용자의 사회참여에 중요한 매개체이다. 우리는 이용자의 참여성을 존중하여 공정하고 건강한 참여문화가 만들어지도록 노력한다.

제10조 전문성

뉴스배열은 언론보도가 다루는 사회현상에 대한 이해와 보도물이 사회에 미칠 영향 등을 복합적으로 다뤄야 하는 전문적 활동이다. 우리는 뉴스배열에 필요한 전문성을 높이기 위한 교육활동에 스스로의 노력을 기울인다.

그 대표적 사례로 제시되는 것이 구글의 뉴스랭킹 알고리즘이다. 구글은 2005년부터 두 번에 걸쳐 특허방식을 통해 구글 뉴스편집원칙을 상세하게 공개했는데, 2003년 출원 및 2005년 공개된 1차 구글 뉴스순위 알고리즘, 2009년 출원 및 2012년 공개된 2차 구글 뉴스순위 알고리즘을 살펴보면, 뉴스목록의 순서가 어떤 기준에 의해 정해지는지 투명하게 알 수 있다(강정수, 2013. 8. 19). 구글의 뉴스순위 알고리즘은 기사량, 기사 길이, 보도의 중요성, 속보성, 뉴스 이용패턴, 평판, 발행부수나 사이트 방문자 수, 뉴스생산 종사자 수, 지국의 수, 최초 취재정보(사람, 장소, 기관)의 수, 뉴스주제의 다양성, 국제적 도달 수준, 철자와 문법을 포함한 기사스타일 등 13가지 기준으로 구성된다.[14]

그러나 일각에서는 포털들이 기사배열 원칙 공개를 요구하는 신문진흥법 규정에 따라 이미 편집원칙을 공개하고 있고, 기존 언론사들에게는 자사의 1면에 어떤 원칙으로 어떤 기사를 선정했는지 요구하지 않으면서 포털에게만 이를 공개하라는 것은 무리라는 주장도 제기된다. 또

---

14 원문은 다음과 같다(https://www.google.com/patents/US8126876).
1. the number of articles produced by the news source during a given time period
2. an average length of an article from the news source
3. the importance of coverage by the news source
4. a breaking news score
5. a usage pattern
6. human opinion of the news source
7. circulation statistics of the news source
8. the size of the staff associated with the news source
9. the number of news bureaus associated with the news source
10. the number of original named entities the news source
11. breadth (e. g., the number of topics on which the source produces content) of the news source
12. international diversity of the news source
13. the writing style used by the news source

한 구글의 뉴스순위 알고리즘은 기사량이나 평판, 기자 및 지국의 수, 다루는 뉴스주제의 범위, 국제적 영향력 등 뉴스 자체보다는 언론사 관련 기준이 적지 않아 사실상 대형매체에게 더 유리하다(〈미디어오늘〉, 2013. 8. 22; 〈슬로우뉴스〉, 2013. 9. 11; 신동희, 2014)는 지적도 있다. 만약 국내 포털이 같은 방식의 알고리즘을 적용한다면, 알고리즘 변수 자체가 불공정하며 특정 매체를 편향한다는 비난이 제기될 가능성이 높다.

더 근본적인 문제는 알고리즘 자체가 사람이 구성하는 프로그래밍이라는 점이다. 구글의 알고리즘도 결국 사람이 함수치와 가중치를 결정함으로써 사람의 주관적 판단이 개입되고, 알고리즘을 만든 사람이 형성한 뉴스 판단 기준이 반영된다는 점에서 가치중립적일 수 없다(신동희, 2014; 오세욱, 2015. 2).

종합적으로 포털 뉴스 서비스의 공정성을 둘러싼 논란은 오랜 시행착오에도 불구하고 여전히 해답을 찾지 못하는 실정이다. 이미 편집원칙을 공개하는 상황에서 편집원칙을 공개하라는 주장은 공허하고, 알고리즘을 공개하라는 주장 역시 현실적이지 않다. 어느 포털도 검색 알고리즘을 100% 공개하지 않으며, 알고리즘을 공개하는 순간 어뷰징과 같이 뉴스편집 원칙을 악용하는 사례가 나타날 가능성도 적지 않다. 또한 알고리즘의 제작 자체에 어떤 식으로든 그것을 만드는 사람의 판단이 개입할 수밖에 없는 상황에서 공정성 문제를 완벽하게 해결하는 알고리즘은 불가능하며, 이러한 맥락에서 알고리즘의 공개 자체가 근본적 대안이라 하기도 어렵다.

5. 사회적 논의를 통한 포털뉴스 공정성 확보방안

이 같은 상황에서 2015년 5월 '네이버'와 '다음카카오'는 새로운 뉴스
제휴정책 도입에 대한 공동 기자간담회를 개최하고 언론계가 주도하는
독립적인 뉴스제휴 평가기구를 제안했다. 네이버와 다음카카오는 현
재 두 포털 사업자의 제휴매체에 대해 '극소수의 매체들만이 혜택을 보
고 있다'는 의견부터 '이미 너무 많은 매체들이 반영되어 있다'는 의견까
지 양극단의 평가가 나오고, 제휴신청에서 탈락되거나 계약이 연장되
지 않는 매체 측은 평가가 공정하지도 투명하지도 않다고 비판하며, 사
이비 언론과 어뷰징(abusing) 기사가 증가하면서 저널리즘이 죽어가고
있다는 비판에 직면하여 자체적으로 최선의 해법을 찾기 어려워 평가
위원회 구성을 제안한다고 밝혔다. 포털 뉴스 서비스의 영향력과 사회
적 책임에 비추어 뉴스 제휴평가도 공적 영역으로 옮겨와 논의하는 것
이 바람직하다는 것이다(네이버, 2015. 5. 28).

이후 준비위를 거쳐 2015년 말 출범 예정인 '포털뉴스 제휴 평가위원
회'는 한국방송협회, 한국신문협회, 한국언론진흥재단, 한국언론학
회, 한국온라인신문협회, 한국인터넷신문협회, 한국케이블TV방송협
회, 경제정의실천시민연합, 대한변호사협회, 한국기자협회, 언론인권
센터, 인터넷신문위원회, 한국소비자연맹, 한국신문윤리위원회, 한국
YWCA연합회 등 총 15개 단체가 추천하는 인사로 구성된다. 포털 뉴스
서비스에 대한 언론사의 진입 및 퇴출을 결정할 수 있는 중요한 자리임
을 감안하여 어떤 위원이 특정 매체에 대해 어떤 결정을 내렸는지를 불
투명하게 하기 위해 단체당 두 명씩 평가위원을 추천하며, 위원 신원은
공개하지 않는다(〈연합뉴스〉, 2015. 9. 24).

그러나 '뉴스제휴 평가위원회'는 출범하기 전부터 논쟁과 비판에 휩싸였다. 포털사들이 뉴스 제휴사의 선정과 평가에서 그동안 공정하지도, 투명하지도 않다고 비판받았다는 차원에서 이러한 작업을 사회적 공론의 장에 내놓은 것은 긍정적으로 평가할 수 있지만, 스스로가 평가받아야 할 대상인 언론에게 다른 언론에 대한 포털 뉴스 서비스 입점, 제재, 퇴출 심사권한을 부여함으로써 공정하고 투명한 평가가 이루어지지 않을 것이라는 의혹이 제기되고 있다. 이는 '뉴스제휴 평가위원회'가 실질적으로 어뷰징을 퇴출할 수 있는가, 주류 언론사가 주축이 된 평가위원회가 어뷰징 등을 이유로 대형 미디어에 패널티를 부여할 수 있는가, 직접적인 이해당사자들로 구성된 평가위원회에서 모든 언론사가 승복할 수 있는 공정한 평가기준을 만들 수 있는가 하는 의문들로 이어진다.

뉴스제휴 평가위원회가 포털이 어떠한 기준으로 뉴스공급 및 검색제휴 언론사를 선정하는가 하는 뉴스매체 선택의 공정성 논란에 대한 사회적 논의의 장이라면 포털이 제공하는 뉴스페이지 편집의 편향성 논란에 대해서는 논쟁의 치열함과 무게에 비해 진전이 적은 편이다.

2015년 8월 여의도연구소가 발표한 '포털 모바일 뉴스 메인화면 빅데이터 분석 보고서'에 대해 네이버 뉴스편집에 대한 자문과 검증을 맡는 네이버 뉴스편집 자문위원회는 언론사에서 제공한 기사의 제목을 네이버가 자체로 편집하지 않는다는 사실을 재차 확인하고, "뉴스편집 이력은 1분 단위로 공개되어 있으므로 이를 바탕으로 전문기관에서 실증적 연구를 객관적으로 진행하길 기대한다"고 밝혔다. 또한 "해당 보고서와 별도로 기사배열의 공정성에 대해 자문위에서 지속적으로 논의할 것"이라면서 편집에 대한 더욱 높은 수준의 신뢰를 확보한다는 차원에서 산하에 '실시간 편집 모니터링단'을 두는 방안을 추가로 논의하기로 하였다(〈연합뉴스〉, 2015. 9. 9).

다음카카오는 이용자가 좋아하는 콘텐츠를 지속적으로 학습해 최적화된 맞춤형 콘텐츠를 자동 추천하는 '루빅스'를 2015년 6월부터 뉴스서비스에 우선 적용하여 어느 곳에 편향된 뉴스편집을 하지 않는다는 공식입장을 발표하였다. 종래에는 PC와 모바일에서 다음뉴스 접속시 모든 이용자가 동일한 기사로 구성된 첫 화면을 보았다면, 루빅스 알고리즘 적용 이후에는 이용자 반응에 따라 관심사별로 각기 다른 기사를 접하게 된다(〈연합뉴스〉, 2015. 9. 9).

하지만 이러한 포털 측의 대응에도 불구하고 포털 뉴스 서비스의 공정성을 둘러싼 논란은 잦아들고 있지 않은 상황이다.

논의의 일각에서는 포털 뉴스 서비스에 대해 편집원칙 공개 및 공정성 원칙 준수를 요구하는 것은 편집권 침해이며, 특히 다른 언론사에 대해서는 이 같은 요구를 하지 않으면서 포털에게만 이를 강요하는 것은 타당하지 않다는 주장이 제기되기도 한다. 이러한 주장이 성립하기 위해서는 포털이 편집권을 보유한 언론사라는 점이 전제되어야 한다. 하지만 포털은 여전히 자신이 언론의 지위를 지닌다는 점을 인정하지 않고 있다.

포털이 언론이 아니라면 이데올로기적 지향성을 내포할 수 있는 편집권 그리고 포털의 자체 뉴스 홈페이지에서 수행되는 기사 분류와 이슈 제시, 뉴스 에디터의 주관적 판단에 따른 기사배열 권한을 가지지 않는 것이 논리적으로 타당하다. 다른 언론사가 제공한 기사를 종합편집하여 뉴스 홈페이지를 제공하는 포털이 중계자적 위치에서 중립성을 지키기란 결코 쉬운 일이 아니며 포털 자체의 노력만으로 공정성을 견지하는 데는 한계가 있을 수밖에 없기 때문이다(최민재·김재영, 2008).

이러한 맥락에서 포털 뉴스 서비스의 공정성 논란을 종식시키기 위한 가장 분명한 해결책으로 포털 자체의 뉴스 홈페이지를 더 이상 운영하지 않는 방안이 제시되기도 한다. 즉, 포털은 검색엔진으로서 본연의 기능에 충실하고, 언론은 지금처럼 포털에 기사를 통째로 넘기는 대신 스스로 기사 생산과 유통 모두를 책임지는 방향으로 역할을 정립해야 한다는 것이다(심석태, 2015. 9).

이와 같은 해결방안은 포털뉴스 제휴 매체의 공정성 논란과 관련해 일각에서 제시하는 방안, 즉 가두리 양식장식 제휴정책을 버리고 포털을 모든 언론사에 개방할 것, 그리고 어뷰징의 원인이 되는 실시간 검색어 서비스를 폐지하라는 것과 같은 맥락의 주장이라고 할 것이다.

이러한 극단적인 주장은 포털의 영업자유 차원에서, 포털에 기반 한 인터넷 언론 보호 차원에서, 그리고 무엇보다 포털 뉴스 이용자들의 편익 차원에서 비현실적이며 바람직하지도 않다고 할 것이다. 하지만, 동시에 포털 뉴스 서비스의 공정성을 둘러싸고 지속적으로 제기되는 사회적 논란은 지금까지 이루어져 온 업계 주도의 자율규제 방식에 한계가 있다는 것을 방증한다. 그렇다면 포털의 사회적 책임을 구현하기 위한 보다 현실적인 방안은 무엇인가?

이와 관련하여 2015년 9월 문화체육관광부 국정감사에서 박대출 새누리당 의원이 포털 뉴스의 공정성과 객관성을 담보하는 민간 독립기구인 가칭 '인터넷뉴스 서비스 심의위원회'(인심위)를 설립해야 한다는 의견을 개진했고, 이에 김종덕 문화체육관광부 장관은 설립을 검토하겠다고 밝힌 바 있다. 하지만 이러한 관주도의 새로운 심의기구 설립은 포털 뉴스 서비스의 공정성 논란을 가라앉히기보다는 오히려 불거지게 할 가능성이 크다. 비록 인심위가 형식적으로 민간 독립기구의 형태를 취하더라도 사실상 동 기구가 종래의 방송통신심의위원회(방심위)처럼 포털 뉴스 서비스를 심의하는 국가기구의 속성을 지니리라는 것은 자명하다. 이는 인터넷뉴스 서비스에 대한 국가의 직접적인 내용규제라는 시비를 초래하게 될 것이다. 이처럼 새로운 심의위원회를 중복적으로 설립할 바에는 방심위의 심의기능을 포털뉴스 서비스에까지 확대시키는 게 오히려 합리적일 것이다. 종합적으로 포털뉴스 서비스에 대한 전담 심의기구 설립방안은 현실적 타당성을 결여하고 있다 할 것이다.

박용상(2015)은 유럽연합(EU)에서 발전시켜온 자율 및 공동규제(self-and co-regulation) 모형을 토대로 이상에서 제시된 극단적인 방안들과는 달리 현실적으로 수용 가능한 합리적 대안을 제시한다. 기업, 정부, 입법자, 시민사회 등 공적 및 사적 영역을 망라하는 이해관계자들이 참여하여 설립하는 (가칭)인터넷뉴스미디어협회가 그것이다. 동 기구는 법률에 의해 설립되어 정부 및 업계 양측으로부터 독립성을 보장받는다. 동 기구는 포털 뉴스 서비스와 같은 새로운 미디어의 자유를 보호하는 동시에 동 미디어 서비스가 야기할 수 있는 사회적 해악을 방지하기 위한 정책과 규제 틀을 발전시킨다. 이를 위해 새로운 미디어 서비스에 대한 명료한(실행지표를 가진) 목표를 도출하고 이를 위한 객관적인 모니터링 및 심사 메커니즘을 수립한다. 이 모든 과정에 업계의 입장이 고려되지만 기본적인 원칙 작성과 의사결정 기능은 업계로부터 충분히 독립성을 지니도록 한다. 자율규제를 원칙으로 하지만 최고의 사결정기구(이사회)의 구성에 있어서 업계의 영향을 배제하는 방안을 강구한다. 관련 업계에 의한 재원조달이 원칙이지만 시민사회 조직 등 충분한 재원을 갖고 있지 못한 참여자들을 위해 공적 자금을 사용할 수 있다. 한마디로 자율규제와 공공규제의 장점을 결합시킨 독립적 규제 시스템을 정립하는 것이다. 이러한 박용상의 제안은 종래 포털 미디어들이 주도해 온 자율규제의 실효성이 시비의 대상이 되고 있는 상황에서 자율규제와 공공규제의 장점을 균형 있게 결합시키는 하나의 대안으로 주목할 만하다. 하지만 이러한 혼합형 규제시스템을 둘러싸고 정치권력이 자율규제에 깊게 관여하여 포털 뉴스 서비스를 통제하려 한다는 시비가 일 가능성이 없지 않다.

종합적으로 포털 뉴스 서비스의 공정성 문제를 둘러싼 제도적 차원의 근본 대책을 찾기란 쉽지 않다. 하지만 최근 들어 포털 뉴스의 공정성을 둘러싼 정치적 공세가 다시금 거세지면서 이에 대한 사회적 차원의 논의 및 대안 모색을 더 이상 미룰 수도 없는 실정이다.

이러한 상황에서 우선적으로 시행 가능한 방안이 개별 포털 사업자들이 공개하고 있는 기사배열 방침이나 포털 사업자들이 공동으로 발표한 기사배열 자율 규약들이 실제 뉴스 서비스에서 어느 정도 준수되고 있는지를 검증하는 작업이다. 검색의 공정성 논란과 관련해 네이버가 KISO에 의뢰해 수행한 '검색어검증위원회'와 같이 (11장의 논의 참조) 포털의 기사배열 방침이 실제 뉴스 편집에 어떻게 구현되고 있는지를 검증하는 독립적인 위원회를 구성하여 검증활동을 수행할 수 있다.[15] 이와 동시에 포털 뉴스의 미디어적 성격 및 이에 적용되는 공적 규제의 유형에 대한 학계의 논의가 본격화 될 필요가 있다.[16]

---

15 이러한 맥락에서 네이버는 2015년 10월 한국언론학회를 통해 '포털의 기사 선택과 배열의 공정성 탐색' 연구과제를 공모한다고 밝혔다. 이 연구과제는 네이버를 중심으로 포털의 기사 선택과 배열의 공정성을 중립성, 균형성, 다양성 등의 차원에서 분석하고 이를 토대로 포털의 기사 선택과 배열의 공정성 여부를 평가할 수 있는 보다 객관적인 기준을 제시하는 데 목적이 있다.

16 이와 관련하여 앞서 소개한 이재진 · 황용석 (2015) 에 따르면 전문가들 사이에서는 포털 뉴스 서비스에 대해 방송보다는 신문 규제 모델을 적용하는 것이 타당하다는 의견이 우세를 보이는 것으로 나타났다. 하지만 포털 뉴스 서비스에 대해 어떤 규제 모델을 적용할 것인가는 전문가 대상 의견조사만을 통해 결정할 사항이 아니라는 것이 본 연구자들의 판단이다. 포털의 지위와 사회적 영향력을 반영한 공정성 기준을 수립하기 위해서는 종래의 신문사, 뉴스통신사, 유료방송의 보도채널 및 종합편성 채널, 그리고 지상파 방송 등 여타 뉴스 미디어와의 매체 특성 비교 분석, 그리고 일반인들의 포털 뉴스 이용행태 분석 결

지금까지의 논의를 정리해 보자. 포털이 현재 제공하고 있는 뉴스 서비스는 다른 언론사가 생산한 뉴스를 매개하고 연결하는 인터넷 뉴스 서비스 사업자의 역무를 넘어 언론사를 선택하고 이슈를 선택하며 사람의 손을 거친 자체적 판단으로 편집, 구성한 뉴스 서비스를 제공함으로써 게이트키핑과 의제설정 기능을 통해 여론에 영향을 미치는 언론으로서 기능하는 측면이 있음을 부인하기 어렵다.

포털 뉴스 서비스는 포털 사업자 입장에서는 자신이 제공하는 수많은 서비스 중의 하나일지 모르나, 포털이 재매개하는 뉴스는 민주적 여론 형성의 기초가 된다는 점에서 사회, 정치적으로 중차대한 의미를 지닌다. 더구나 인터넷 이용자의 절대 다수가 포털을 이용하고 인터넷 뉴스 이용의 대부분이 포털을 통해 이루어진다는 점을 고려할 때, 포털 뉴스 서비스가 뉴스미디어로서 사회적 책무를 충실히 수행해야 한다는 것은 당연한 요청이다.

다만 포털의 사회적 책무를 제도화하는 과정이 정치적으로 과열되거나 권력의 직접적 개입 내지 법적 통제로 이어지는 것은 포털의 미디어적 기능을 위축시키면서 동시에 또 다른 공정성 시비를 낳을 수 있다는 점에서 바람직하지 못하다. 급할수록 돌아가랬다고, 포털 사업자가 자체적으로 제안한 공정성 구현 방안이 실효성 있게 이루어지게끔 검증 활동을 강화하면서, 동시에 근본적인 쟁점이라 할 포털의 미디어성과 사회적 책임에 대한 학계의 논의를 본격화해야 한다. 이 모든 과정 속에서, 그 구체적 방안이 무엇이건, 포털의 공적 책임은 자율규제 및 이에 대한 사회적 감시와 견제라는 큰 틀 속에서 견인되어야 할 것이다.

과가 종합적으로 고려될 필요가 있다.

11

포털 미디어의 공정성 II: 포털 검색 서비스의 공정성

윤석민 · 이지연* · 정영주**

이 장에서는 제 10장에서 다룬 포털 뉴스 서비스의 공정성 문제에 이어 포털 검색 서비스의 공정성 관련쟁점들을 다룬다. 포털 검색 서비스는 오늘날 사회구성원들이 일상에서 필요한 정보, 지식, 뉴스를 습득하는 가장 중요한 수단이다. 이러한 맥락에서 포털 검색 서비스는 사회 구성원들이 세상을 접하는 창(窓)이라고까지 할 만하다. 이러한 창이 왜곡되지 않은 세상의 모습을 보여주는가는 그만큼 중요한 사안이 아닐 수 없다.

이 장에서는 구체적으로 포털 검색 서비스를 둘러싸고 제기된 검색 편향성(*search bias*) 쟁점들은 무엇인지 살펴보고, 포털 미디어가 수행하는 폐쇄적 게이트키핑 과정의 투명성을 높이기 위한 대응책으로 제시되는 검색 중립성(*search neutrality*) 원칙과 그 실효성을 평가하게 될 것이다. 다음으로 우리나라를 대표하는 포털 미디어인 네이버 검색 서비스에 대해 한국인터넷자율정책기구(KISO)가 수행한 검증활동을 살펴보고 그 개선방안 등을 제안하고자 한다.

* ICT 사회정책연구센터 연구원(leejy379@snu.ac.kr).
** ICT 사회정책연구센터 선임연구원(joungyj@snu.ac.kr).

1. 문제 제기

    포털은 온라인 공간에서 콘텐츠 제공자와 이용자를 매개하는 중간자로서 이용자의 요청에 따라 디지털 공간상의 수많은 콘텐츠를 수합하고 체계적으로 정리하여 이용이 편리하도록 제공하는 역할을 수행하는데, 이를 흔히 '포털 검색 서비스'라고 한다. 이러한 과정에서 포털 미디어는 이용자들에게 보다 관련성이 높은 콘텐츠를 제공하기 위하여 일종의 게이트키핑 작업을 수행하는데, 이는 정보에 대한 접근, 제한, 차단의 의미를 동시에 지니게 된다. 이 과정에서 검색 편향성이 개입할 수 있다는 문제가 제기된다.

    포털의 게이트키핑은 '기계적 알고리즘에 의한 대용량 정보처리'와 예외적 사안에 대한 '인위적 조작'의 두 가지 유형으로 구성된다. 이 과정이 일반 대중에게 공개되지 않음으로써 이러한 처리과정이 편향되지 않은지, 특정 이해관계나 세력 등을 대변하는 것은 아닌지, 소수의 의견이 무시되는 것은 아닌지, 사회여론이 포털 미디어의 체계적 편향으로 인해 영향을 받는 것은 아닌지 등과 같은 의혹이 제기되고 있다.

    이러한 의혹에 대한 대응책으로 검색 중립성 원칙이 제시되고 있다. 검색 중립성 원칙은 한마디로 말해 디지털 콘텐츠를 보다 중립적으로 다루어 검색의 투명성을 강화하려는 원칙이다. 그러나 해당 원칙들은 모호한 개념으로 이루어져 실천 가능성이 높지 않다. 또한 이러한 원칙에 의거하여 포털 미디어의 알고리즘 및 편집 등의 정보처리 과정을 공개할 경우 이를 악용하여 스팸이나 어뷰징 등의 부작용이 나타날 수 있다는 점이 지적된다.

    이러한 상황에서 우리나라의 포털 미디어에 대해서도 공정성 시비가 제기되었고, 그에 대한 대응책으로 네이버를 비롯한 포털 사업자들은 (사) 한국인터넷자율정책기구(Korea Internet Self-governance Organization, KISO)를 설립하여 검색 서비스에 대한 규정을 마련하였다. 또 KISO 산하에 '검색어 검증위원회'를 두고 검색어 서비스가 왜곡되고 있는지를 검증하는 절차를 거치기도 하였다. 이 장에서는 동 위원회가 제출한 검증보고서의 내용을 살펴 과연 포털 검색 서비스에 대해 적절한 검증이 이루어지는지, 보고서에 담긴 권고사항 등이 실제로 포털 검색 서비스의 개선에 도움이 되는지 여부 등을 평가하고 개선방향을 제안해 보고자 한다.

2. 포털 검색 서비스의 편향성

포털 미디어는 재매개 저널리즘을 실천한다(임종수, 2006). 이는 직접적으로 콘텐츠를 생산하는 저널리즘이 아니라 기존의 방송·신문이 제공(=매개) 했던 콘텐츠를 취합하고 이용하기 쉽게 가공하여 포털 미디어라는 공간을 통해 제공(=재매개) 하는 게이트키핑 과정으로, 뉴스 생산이 아닌 '유통'을 통한 저널리즘의 실천형태라 할 것이다. 이는 디지털 콘텐츠를 종합·배포하는 정보 중개자(*intermediary*)의 역할(Foster, 2012), 디지털 콘텐츠를 수합(*aggregation*)·발간(*publishing*)·배포(*distribution*) 하는 역할(OECD, 2008) 로 묘사되기도 한다.

포털의 재매개 저널리즘 실천과정은 포털이 제공하는 콘텐츠에 대한 이용자들의 수동적 이용만큼이나(이에 대해서는 앞의 제 10장 참조) 이용자들의 능동적 정보검색과 포털의 게이트키핑을 거쳐 이루어진다. 이때 포털이 관련성(*relevance*) 이 높은 정보를 얼마나 잘 찾아주는가에 따라 이용자의 검색 경험의 질 및 만족도가 결정되며 이는 다시금 포털 미디어의 경쟁력과 직결된다.

포털의 게이트키핑 과정에서 이용자가 일차적으로 접하는 검색보조 서비스는 '실시간 급상승검색어' 서비스와 '자동완성/연관 검색어' 서비스이다. 실시간 급상승검색어는 단위시간 동안 네이버 검색창으로 입력되는 검색어를 분석해서 입력횟수의 증가비율이 가장 큰 검색어를 순서대로 보여주는 서비스이다. 또 자동완성/연관 검색어는 다수 이용자들의 검색행동 데이터를 기반으로 검색어 간 관련성을 추출하여 이용자들이 검색어를 입력할 때 관련 검색어를 제안하는 검색 편의서비스이다(KISO 검증위원회, 2013. 1). 실시간 급상승검색어 서비스는 검색시점에서 전체 포털이용자들이 가장 많이 검색한 키워드를 보여줌으로써[1] 검색의 기본방향을 제시하고, 자동완성/연관 검색어는 이용자의 실질적 키워드 입력행위에 편의를 제공함과 동시에 다양한 관련 키워드로 검색을 유도하는 기능을 수행한다.

이러한 포털 미디어의 검색보조 서비스는 그 자체로 막대한 영향력을 발휘한다. 여타의 포털 사업자들이 인기 검색어 순위를 일간 내지 주간 단위로 집계한 데 반해, 2005년 5월부터 네이버가 해당 검색어들을 초 단위로 제공하기 시작하면서 실시간 급상승검색어 서비스는 큰 주목을 끌기 시작했다. 신문·방송 등이 뉴스를 생산하면 이것이 포털 미디어의 검색어 순위에 즉각 반영되고, 해당 검색어와 관련된 콘텐츠가 다시 신문·방송을 통해 재생산되면서 주거니 받거니 여론이 생산되는 구도가 자리 잡게 된 것이다(김태규·손재권, 2007). 또 연관/자동완성 검색어를 통해 이용자들은 몇 번의 클릭만으로 관련 있는 주제를 쉽게 찾을 수 있게 됨과 동시에 끊임없이 이어지는 검색어 서비스의 행렬을 통해 다양한 콘텐츠를 공유하게 되었다.

포털 미디어의 게이트키핑은 크게 두 가지 유형이나 과정으로 구분된다. 하나는 대량의 정보에서 관련성 있는 정보를 걸러내는 자동화된 순위 알고리즘에 의한 기계적 처리과정이며, 다른 하나는 이러한 기계적 처리과정을 거친 후에 예외적 사안에 대해서 인위적으로 검색어를 제외 혹은 노출처리하는 등의 인위적 조작(human-directed manipulation)[2] 과

---

1 이는 특정 시점에서 사회 구성원들이 드러내는 '집합적 관심의 분포', 즉 사회여론의 동향으로 해석되기도 한다.

2 이에 대해서는 '조작 또는 수정'(manipulation), '세부적 조작'(local manipulation), '수작업'(hand tweak), '인위적 개입'(humane intervention) 등 다양한 용례로 사용되는 경향을 보이며, 일관된 용어는 사용되지 않고 있다. 이 장에서는 '조작'이라는 용어로 통일해 사용하고자 한다.

568

정이다(Grimmelmann, 2007).[3] 일각에서는 이러한 인위적 조작이 공정성 문제를 야기하기 때문에 이를 규제해야 한다고 주장하기도 한다(Pasquale & Bracha, 2008). 하지만 순위 알고리즘을 통한 기계적 처리과정의 한계 때문에 인위적 조작과정은 사실상 불가피한 실정이다. 관련성 있는 정보를 검색할 때 기계적 알고리즘을 거쳐 빠른 속도로 관련정보를 걸러낼 수 있지만, 사안에 따라 검색결과의 수정이 필요한 예외적 경우는 얼마든지 발생할 수 있기 때문이다(Foster, 2012; Goldman, 2006). 법이 금지하는 불법정보[4] 외에 포털이 자체적으로 마련한 가이드라인이나 강령 등에 따른 검색결과의 추가적 선별과정이 이에 해당한다.

특히 이러한 인위적 조작은 온라인상에서 발생하는 이용자들의 권리침해에 대응하여 이루어진다. 특정 정보가 사안에 따라 국민의 알 권리와 맞닿아 있다고 판단되는 경우 제외된 검색어를 노출처리하고, 거꾸로 이용자가 권리침해에 대한 보호를 요구할 경우 이에 대한 판단을 거쳐 노출처리된 검색어를 제외처리하는 경우가 발생하는 것이다. 최근 인터넷에서 발생하는 권리침해에 효율적으로 대응하기 위하여 국가의 규제를 인터넷 중개자의 자율규제로 대체하면서 인위적 조작과정에서 포털의 역할은 한층 중요해지고 있다. 미국의 1998년 〈디지털 밀레니엄 저작권법〉과 2000년 〈유럽연합의 전자상거래 지침〉(European Union's Electronic Commerce Directive)이 정하는 고지 및 제거체제(*notice*

---

3 이러한 포털 미디어의 검색 서비스는 게이트키핑의 범위에 따라 순위 알고리즘에 의한 기계적인 처리라는 보편적인 조작(*universal manipulation*), 예외적인 사안에 대한 인위적인 수정 과정인 세부적인 조작(*local manipulation*)으로 나누어 볼 수도 있다(박용상, 2013: 1083).

4 음란물, 혐오스러운 사진, 도박, 불법 약품광고, 불법 대출, 위조자격증, 불법무기거래, 장기매매, 동반자살, 특정지역 및 여성 등에 대한 차별비하, 타인에 대한 명예훼손 등의 콘텐츠가 해당된다.

and take down) 가 그 예라 할 것이다(MacCarthy, 2010).

우리나라의 인터넷 법제 역시 자율 및 공동규제 체제를 기본으로 하며, 이용자 권리침해에 대한 보호를 인터넷 중개자인 포털 미디어가 대행하도록 하고 있다. 이와 관련된 내용은 〈정보통신망 이용촉진 및 정보보호 등에 관한 법률〉에 제시되어 있다. 이 법 제42조의3(청소년 보호책임자의 지정 등) 은 정보통신서비스 제공자가 청소년 보호책임자를 지정하여 청소년 보호업무를 이행하도록 의무화하고, 제44조(정보통신망에서의 권리보호) 는 정보통신서비스 제공자가 사생활 침해 또는 명예훼손 등 타인의 권리를 침해하는 정보를 정보통신망에 유통시키지 않도록 하고 있다. 이 법 제44조의2(정보의 삭제요청 등) 는 피해자의 요청에 의한 정보통신서비스 제공자의 삭제, 차단 제도를 규정하고, 제44조의3은 피해자의 요청이 없는 경우에도 임시조치를 취할 수 있도록 하고 있다(박용상, 2013, p. 998). 또한 이 법 제44조의4는 이용자를 보호하고 안전하며 신뢰할 수 있는 정보통신서비스를 제공하기 위하여 정보통신서비스 제공자가 강령을 제정하여 시행할 수 있도록 하는 등 포털 미디어의 자율규제를 장려하고 있다.

이외에도 〈언론중재 및 피해구제 등에 관한 법률〉은 정정보도 청구, 반론보도 청구, 추후보도 청구 등에 대해서도 포털 미디어가 대응하도록 하고(제17조의2, 인터넷 뉴스 서비스에 대한 특칙 참조), 〈저작권법〉에서도 저작권자가 저작권 침해를 주장하며 저작물의 복제 및 전송 중단을 요구하는 경우, 그 즉시 해당 저작물 등의 복제 및 전송을 중단시키고 이를 복제·전송자에게 통보하도록 하고 있다(제103조 제1항, 제2항). [5]

---

5 해당 복제·전송자가 자신의 행위가 정당한 것임을 소명할 경우 포털 사업자는 그 저작물의 복제·전송을 재개시켜야 한다(동법 제103조 제3항).

이처럼 인터넷 정보서비스에서 포털 검색 서비스의 역할과 책임이 증대함에 따라 이를 둘러싼 공정성 논란도 커지게 된다. 특히 포털의 영향력이 증대되면서 이러한 공정성 이슈는 점차 중요한 정치이슈로까지 부각되고 있다. 검색을 통해 사회문화적 이슈에 대한 정보를 얻는 이용자들이 불투명하고 객관적이지 않은 검색결과로 인해 편향된 판단을 내릴 수도 있다는 것이다(Manne & Wright, 2011b). 또한 포털 미디어가 뉴스 '분배 병목'(*distribution bottleneck*)으로 작용하여 사회적 뉴스 유통에 있어 일종의 '편집' 기능을 수행하면서 기존 뉴스산업의 경제적 가치와 성장을 좌지우지할 뿐만 아니라, 정치 어젠다에 영향을 미칠 수 있다는 점이 지적되기도 한다(Foster, 2012).

이러한 공정성 논란은 포털 미디어의 게이트키핑 과정이 폐쇄적 속성을 지님으로써 더욱 증폭된다. 때문에 이는 '블랙박스 사회'라고 비판되며 적어도 누군가에게는 '내부를 들여다보는' 권한이 주어져야 한다(Pasquale, 2008)는 주장이 제기되기도 한다.

폐쇄적 게이트키핑이 초래하는 포털 미디어의 공정성 시비에 대해 혹자는 기술발전에 따라 개인화된 검색이 가능해지면 문제가 해결될 것이라 전망하기도 한다. 즉, 현재의 검색 서비스 등은 모든 이용자들에게 단일화된 패키지 콘텐츠를 제공하는 형태(*one size fits all*)로서, 만약 개개인의 성향에 맞도록 검색 서비스를 제공할 수 있다면 이제까지 제기되었던 공정성 문제가 해결될 것이라 보는 것이다(Goldman, 2006; Carlson, 2007). 포털 미디어의 검색 편향성(*search bias*)을 개인 단위의 검색 편향성으로 대체함으로써 포털 미디어의 공정성 문제를 해결할 수 있다는 것이다. [6]

---

6 현재도 Google News 등에서는 추천 기사 설정이나 정치, 경제, 사회, 문화/생활 등의 주제에 대한 설정, 매체에 대한 설정 등 뉴스 맞춤 설정을 할 수 있다. 포털 네이버에서도

그러나 이 경우에도 여전히 문제가 발생할 수 있다. 검색엔진의 개인
화된 필터 혹은 신뢰할 수 있는 인터넷상의 친구 등을 통해 전해져 오는
뉴스필터 등이 구현되면 이러한 정보만을 이용하는 이용자들은 무의식
중에 자신의 입맛에 맞는 정보만을 습득할 수 있다. 이른바 그들만의
'편안한 지대'(comfort zone)에 갇혀 자신의 흥미 이외에 다른 정보를 습
득하지 못하고 가치관이 왜곡되거나, 왜곡되었다는 사실조차 인지하지
못하게 되는 것이다. 이러한 경우를 '필터 버블'(filter bubble)이라 한다.
필터 버블에 갇힌 이용자는 자신도 모르게 습득된 가치관과 정보를 스
스로의 통제하에 설정하였다고 여길 수 있다(Pariser, 2011). 개인화된
검색은 목표 청중(target audience)의 프로파일링에 기반을 둔 맞춤형 광
고와도 같다. 이는 기존에 행해졌던 인위적 조작의 효율성을 더욱 높일
것이며, 이용자들이 이러한 조작 가능성을 인지·확인하지 못할 경우
공정성 문제가 더욱 심화될 여지도 있다(Pasquale, & Bracha, 2008).

PC 버전에서는 뉴스 스탠드 시스템을 통해 특정 매체를 선택한 뒤에 해당 매체에 대한 기
사 설정이 가능하다.

3. 검색 중립성

이러한 포털 검색 서비스의 공정성 논란을 해결하기 위하여 문제의 근본적 원인인 검색의 폐쇄성을 줄이고 투명성을 높이자는 주장이 제기된다. 검색되는 콘텐츠를 인위적으로 조작하거나 순위 등을 차별하여 제시하지 않고 게이트키핑의 두 처리과정인 기계적 순위 알고리즘과 인위적 조작을 가하는 규칙 및 절차 등을 공개하자는 것이다. 이러한 투명성에 대한 요구는 망 중립성(*network neutrality*) 개념에 빗대어 '검색 중립성'(*search neutrality*)으로 통칭된다. 망 중립성은 브로드밴드 네트워크 사업자가 제 3의 어플리케이션, 콘텐츠 혹은 포털 등을 차별하는 것을 금지하는 원칙(Schewick, 2007)이다. 이와 마찬가지로 검색 중립성은 브로드밴드 인터넷 서비스사업자 내지 검색엔진 등이 온라인 환경에서 콘텐츠나 웹사이트 등을 차별하는 것을 금지하는 원칙이다 (Pasquale, 2008). [7]

이러한 검색 중립성 개념은 원래 전문검색 웹사이트와 마이크로소프트 등이 구글에 대해 제기한 〈독점 금지법〉(antitrust law) 소송에서 제안된 개념이다. [8] Foundem 등 일부 웹 사이트는 구글의 검색엔진 서비

---

[7] Foundem이라는 영국의 '수직적 포털'(*vertical portal*)은 검색 중립성 문제를 지속적으로 제기하면서(http://searchneutrality.org) 유럽연합집행위원회(European Commission)에 구글의 불공정 행위를 제소하였다. 여기서 수직적 포털(*vertical portal*)은 광범위한 사이트들에 대한 검색 서비스를 제공하는 수평적 포털(*horizontal portal*)과 달리, 도서 등과 같이 특정한 상품에 대한 검색, 결제, 배송 등의 종합적인 서비스를 제공하는 포털을 의미한다(김인희·김태현. 2010).

[8] 마이크로소프트, Foundem, Fairsearch.org 등이 제소한 구글의 반독점 위반 행위에 대해 EU 집행위원회는 조사를 벌이고 있으며, 최근에는 구글의 자사 정보 및 자사 서비스 우선 노출 방식에 대해 경쟁 제한성이 있다고 보고, 경쟁사의 서비스를 검색 페이지에 표시할 때 자사의 것과 같은 프로세스를 적용할 것을 요구하기도 했다(Reuters. EU anti-

스에서 제외되거나 우선순위에서 누락되어 사이트 접속자 수가 감소하
는 등의 피해를 입었다고 주장하며, 구글의 검색 서비스가 경쟁을 저해
할 수 있는 불공정 행위라 보고, 유럽연합집행위원회와 미국 연방거래
위원회(FTC)에 소송을 제기하였다. 특히 문제가 된 것은 구글의
'Universal Search' 시스템이었다. 해당 시스템은 웹 페이지를 크롤링
해 나타난 검색엔진 내의 뉴스, 영상, 이미지, 도서 등의 목록을 종합
하여 보여주는데, Foundem 등은 구글의 이러한 시스템이 구글의 지
도, 뉴스, 유튜브, 이미지 등 구글과 관련된 검색결과를 전체 검색결과
의 상위에 배치시키고 있다[9]고 주장하였다. 자사 콘텐츠를 검색결과의
우선순위에 두거나 경쟁사 콘텐츠를 배제함으로써 공정한 경쟁환경을
훼손하고 있다는 것이다. 이에 덧붙여 구글의 검색 서비스가 '중립적으
로' 처리되어야 한다는 '검색 중립성' 개념을 제시했다.

　검색 중립성은 포털 등의 검색엔진이 검색 처리과정에서 중립적으로
정보를 다루어 투명한 검색 서비스를 이용자들에게 제시해야 한다는
원칙이다. 이는 검색엔진 등의 인터넷 서비스사업자가 사회적, 문화
적, 정치적 측면에서 필수설비(*essential facility*)[10]로 기능하므로 그에

---

trust case against Google based on 19 complaints: sources 2015. 4. 27). 반면 미국 연
방거래위원회(FTC)의 조사에서는 구글의 자사정보 우선노출 방식이 경쟁을 제한하려는
목적보다는 이용자의 편익을 증진시키기 위한 것이라는 결론을 통해 〈반독점방지법〉 위
반혐의에 대해 무혐의 처분을 내린 바 있다(FTC, In the matter of Google Inc.,
Statement of the Federal Trade Commission Regarding Google's Search Practices.
FTC File Number 111-0163. 2013. 1. 3).

9　http://www.foundem.co.uk/Foundem_Google_Timeline.pdf.

10　과거의 정책 입안자들이 통신 산업이 특정 사업자에게 집중되는 것에 대응하여 기간통신
사업자(*common carrier*)에 대한 통제의 필요성을 강조한 바와 같이, 현재는 기간통신사
업자뿐만 아니라 검색엔진, 포털 사업자 역시 연구자, 광고, 매스미디어 등에 필수적인
설비에 해당하므로 그 사회적 지위에 부합하는 통제가 필요하다는 것이다(Wu & Vietor,
2011. *The master switch: The rise and fall of information empires*. Vintage Books).

따른 사회적 책임을 부과해야 한다는 논리를 배경으로 한다(Pasquale, 2011). 보다 구체적인 검색 중립성 원칙은 다음과 같다(Odlyzko, 2009; Patterson, 2009; Grimmelmann, 2010).

① 평등(*equality*) : 평등의 원칙은 출처나 콘텐츠 등에 관계없이 모든 콘텐츠를 동등하게 취급하여야 한다는 망 중립성의 개념에서 직접 파생한 원칙이다. 즉, 검색엔진은 모든 콘텐츠, 웹사이트, 플랫폼 등을 차별하지 않고 동등하게 대해야 한다.

② 객관성(*objectivity*) : 정확한 정보와 정확하지 않은 정보가 혼재될 수 있으므로 검색엔진은 반드시 정확한 검색결과만을 제시해야 한다.

③ 편향(*bias*) : 검색엔진은 인터넷의 정보지형을 체계적으로 혹은 불공정하게 왜곡하여 편향성을 띠지 않도록 해야 된다.

④ 트래픽(*traffic*) : 검색엔진의 서비스에서 제외된 웹 사이트는 트래픽이 현저하게 저하되는 반면, 검색결과에서 상위에 배치된 웹 사이트는 트래픽 증가로 인해 이익을 볼 수 있다. 따라서 웹사이트는 관련성 있는 콘텐츠를 제시하는 검색엔진의 원칙에 의해 제시되어야 하며, 여타의 사유로 검색에서 제외처리되어서는 안 된다.

⑤ 관련성(*relevance*) : 검색엔진은 관련성이 높은 정보를 제공하여 검색결과에 대한 이용자 만족도를 최대화할 수 있도록 노력해야 한다.

⑥ 자사관련 이익(*self-interest*) : 검색엔진은 자사 이익과 관련된 웹 사이트, 검색어 등을 우선적으로 노출하지 않아야 한다.

⑦ 투명성(*transparency*) : 검색엔진은 웹 페이지의 순위를 매길 때 사용하는 알고리즘을 일반 대중, 콘텐츠 제공자, 관련 규제 책임자 등에게 공개해야 한다.

⑧ 조작(*manipulation*) : 검색엔진은 자의적 편견에 따라 서비스 내용을 조작하지 않고 일반적 규칙에 의거하여 웹 사이트 순위 등을 투명하게 제시해야 한다.

이러한 검색 중립성 개념은 우리나라에서도 논란이 되었다. 검색 점유율이 높고 사회적 영향력이 큰 포털사업자들이 검색 광고서비스나 콘텐츠 제공사업자와의 제휴서비스 등을 공정하게 처리하였는지에 대한 논란이 나타난 것이다. 2013년 5월에는 네이버, 다음 등의 포털 미디어가 사회적 영향력을 이용하여 독과점 등의 불공정 거래행위를 하였는지에 대해 공정거래위원회가 현장조사를 실시하기도 했다. 당시 공정위는 네이버와 다음이 인터넷 벤처 및 중소 콘텐츠 사업자와의 거래에서 부당하게 가격을 결정하는 등의 불공정 행위를 했는지 여부, 네이버와 다음이 자회사를 대상으로 일감을 몰아주는 등의 부당한 내부거래가 있었는지 여부, 그리고 네이버를 인터넷 포털시장에서 시장 지배적 사업자[11]로 볼 수 있는지 등을 확인하고자 했다(〈한겨레〉, 2013. 5. 14; 〈이투데이〉, 2013. 5. 27).[12]

---

11 〈독점규제 및 공정거래에 관한 법률〉(약칭 공정거래법) 제2조(정의) 제7항에 의하면, 시장지배적 사업자는 일정한 거래 분야의 공급자나 수요자로서 단독으로 또는 다른 사업자와 함께 상품이나 용역의 가격·수량·품질 기타의 거래조건을 결정·유지 또는 변경할 수 있는 시장지위를 가진 사업자를 말한다. 시장지배적 사업자의 판단에서는 시장점유율, 진입장벽의 존재 및 정도, 경쟁사업자의 상대적 규모 등을 종합적으로 고려한다.

12 이에 대해 네이버와 다음은 시정방안과 함께 동의의결을 신청했다. 동의의결제도는 공정거래법 위반혐의로 조사받는 사업자가 원상회복과 피해구제 등 타당한 시정방안을 제안하고, 공정위가 이해관계자 등의 의견수렴을 거쳐 타당성을 인정할 경우 법 위반 여부를 확정하지 않고 신속하게 사건을 종결하는 제도다. 구체적 시정방안으로 네이버는 검색결과에서 광고 영역과 검색결과 영역의 구분을 명확히 하고, 과거 'AD'라고만 된 광고 영역의 표시를 한국어인 '광고'로 바꾸었다. 또 광고 영역의 배경색에 옅은 음영을 넣어 검색결과와 광고를 구분하기 쉽게 했다. 다음 역시 광고와 검색결과의 구분을 나타내는 개편을 진행했다(〈한겨레〉, 2013. 11. 25). 이와 별개로 공정위는 온라인 시장 전반의 불공정한 거래관행을 개선하고 사업자의 인식변화를 유도하기 위해 '인터넷 검색 서비스산업 모범거래기준안'을 발표했다. 검색결과를 표시하는 방식과 검색 순위를 결정하는 주요 원칙을 공개할 것, 통합검색으로 자사 유료 전문서비스를 제공할 경우 자사 서비스임을 알 수 있도록 표시할 것, 검색결과로 광고를 노출할 때에는 이용자가 상업용 광고임을 명확하게 알 수 있도록 안내문과 음영을 표시할 것, 키워드 광고대행사나 광고매체사 등 거래상대방의 영업활동을 제약하는 행위를 하지 않을 것, 자회사나 계열사 등에 대해 인력이나 자

  우리나라에서 포털 사업자의 불공정 거래행위 논란과 관련해 등장한
검색 중립성 논의는 검색어 서비스에 대한 불공정 시비로 확산됐다.
구글 등의 해외사례에서도 네이버의 연관 검색어와 비슷한 자동완성
검색어 서비스와 관련해 명예훼손, 사생활 침해 등의 이용자 피해가
발생하여 논란이 되었다.[13] 그러나 우리나라의 포털 네이버에서 검색
어 서비스와 관련해 빚어진 논란은 이용자들의 권리 침해뿐만 아니라
정치적 문제와 결부되면서 그 논란이 더욱 확대되었다. 특정 정치인과
정치세력에 불리할 수 있는 검색어 등이 노출 혹은 제외처리되면서,
포털의 검색어 서비스가 불공정하다는 지적과 함께 이러한 불공정성이
여론을 왜곡시킬 수 있다는 우려가 제기된 것이다. 이는 네이버 등에
서 제공하는 검색어 서비스가 여론을 반영하는 지표로서 우리 사회에
미치는 영향력을 상징적으로 나타내며, 우리나라만의 독특한 현상이
라 할 수 있다.[14]

금, 자산 등을 부당하게 지원하는 행위를 금지할 것 등의 내용을 담고 있다(〈아이티투데이〉, 2014. 1. 9. '네이버·다음 등 검색 서비스 불공정행위 제재 사항은?').

13 해외에서도 자동완성 검색어와 관련하여 여러 소송이 제기되었다. 일본의 경우 2012년 한 남성이 자신의 이름을 검색할 경우 범죄와 관련한 단어가 노출된다며 구글을 상대로 명예훼손 소송을 제기하였다. 독일의 경우에도 2012년 전 영부인이었던 베티나 불프가 자신의 이름을 검색하였을 때 노출되는 매춘, 성매매 등의 자동완성 검색어 및 연관검색어 85개에 대한 검색결과 삭제를 구글에 요청하였다. 호주에서도 한 남성이 자신의 이름과 함께 범죄와 관련한 단어가 등장하고, 이미지 검색결과로 범죄 관련기사와 자신의 사진 등이 노출된다며 명예훼손 소송을 제기한 바 있다. 이상의 구체적 사례에 대해서는 '김지은(2013. 3. 28), 구글의 자동완성 검색어 관련 해외 소송사례 소개. KISO 저널 10호, 법제 동향'(http://journal. kiso. or. kr/?p=2315)을 참조할 것.

14 물론 구글의 사례에서 야기된 '검색 중립성' 논란과 네이버 사례에서 나타나는 '검색어 서비스의 중립성' 논란은 다소 차이가 있다. 구글의 사례는 전반적 검색과정에서 나타나는 검색결과의 편향성을 문제로 삼고 있으며, 네이버의 사례는 검색을 유도하는 검색어의 편향성으로 인해 수용자들의 여론 인식에 미치는 영향을 문제로 삼고 있기 때문이다. 그러나 구글의 검색과정과 마찬가지로 네이버의 검색어 추천 서비스 역시 검색 중립성이 다루는 검색 서비스의 범위에 포함되며, 실제로 검색어 추천 서비스에 따라 검색결과가 상

4. 검색 중립성 원칙의 한계: 모호한 개념과 실효성의 부족

검색 중립성 원칙은 그 필요성에 대한 공감대에도 불구하고, 모호한 개념으로 인해 비판을 받고 있다. 이러한 비판을 종합하면 검색에서 순수한 의미의 중립성은 가능하지도 바람직하지도 않다는 것이다. 특히 검색 중립성 원칙에서 제시되는 '정확성', '불공정'에 대한 개념이 모호하여 합의에 이르기 어렵다는 점이 지적된다. 즉, 이용자들이 입력하는 검색어는 개인에 따라 다양한 의미와 맥락을 지닐 수 있어 반드시 '정확한' 정보만 존재하는 것이 아니고, 알고리즘이 중립적으로 구성될 수 있다 하더라도 이용자와 콘텐츠 제공자의 개입과 이용 과정에서 그 결과가 중립적으로 인식되지 않을 수 있다는 것이다(Grimmelmann, 2010).

검색 중립성 원칙을 기계적으로 요구하는 것 또한 바람직하지 않을 수 있다. 본래 검색엔진은 이용자의 요청과 관련성이 있는 정보를 제공하는 것으로서, 이를 위한 취사선택 과정에서 자연스럽게 편향성을 띠게 된다. 검색엔진의 중립성을 높이는 것은 이러한 관련성을 낮춰 이용자들이 찾고자 하는 정보를 오히려 찾지 못하게 하는 결과로 이어질 수 있다(Manne & Wright, 2011b). 또한 명백한 증거 없이 검색엔진의 중립성을 요구하는 것은 오히려 검색엔진의 혁신이나 경쟁력을 악화시킬 뿐만 아니라, 검색엔진을 이용하는 정보 이용자들의 혜택을 침해할 수 있다(Manne & Wright, 2011a). 나아가 검색 편향성(*search bias*)은 배제해야 할 관행이 아니라 오히려 관련성 있는 정보의 제공을 위해 필수적인 것이며 바람직한 것이라는 반론도 제기된다(Goldman, 2006).

이하게 나타나는 등 두 사례는 밀접하게 관련되어 있다.

이러한 상황에서 포털 검색 서비스의 공정성을 보장하기 위해서는 검색 중립성이라는 애매한 원칙에 매달리기보다는 실제적 조치로써 구체적인 순위 알고리즘과 인위적 조작의 규칙을 공개해야 한다는 주장이 제기되고 있다. 근본적으로 포털 미디어의 게이트키핑이 폐쇄적으로 이뤄지고 있어 논란이 되는 것이므로, 폐쇄적 게이트키핑 과정을 투명하게 공개한다면 이에 대한 논란이 수그러들 것이라는 주장이다. 또 이러한 과정과 절차를 규제에 접목시킨다면 검색 서비스 간의 경쟁을 활성화하여 검색 서비스 시장의 메커니즘을 개선할 수 있을 것이라는 정책적 제안까지 나오고 있다(Goldman, 2006).

물론 현재 포털의 검색 알고리즘과 인위적 수정절차 등은 검색엔진의 고유권한으로 간주되며 그에 대한 제3자의 개입이나 공개요구 등은 받아들여지지 않고 있다. 이와 관련하여 미국 법원은 2003년 "구글의 랭킹은 검색 쿼리(*search query*)에 따라 나타나는 특정 웹사이트의 중요성을 나타내며, 검색엔진이 콘텐츠의 상대적 중요성을 결정하는 방법에 따라 얼마든지 달라질 수 있는 고유한 표현으로서 명백한 허위의 표현이 아닌 이상 공익과 관련된다. 이에 따라서 해당 랭킹 시스템은 완전한 헌법적 보호를 받는다"며, 검색 서비스의 랭킹이 '헌법적으로 보호' 받는 언론이라고 판시했다(Search King, Inc. v. Google Tech, Inc., 2003).

2007년 판결에서도 미국 법원은 "수정헌법 제1조는 자유로운 표현에 대한 권리를 보장하며 이는 무엇을 말할 것인가와 무엇을 말하지 않을 것인가를 모두 포괄하는 개념"이라며, 구글이 소송을 제기한 원고(Christoper Langdon)[15]의 웹사이트 콘텐츠가 적합하지 않다고 판단하

---

15 원고는 "www.NCJusticeFraud.com"(NCJustice)과 "www.ChinaIsEvil.com"(ChinaEvil)이라는 웹사이트를 소유하고 있었다. NCJustice 사이트는 Roy Cooper 등 노스캐롤라

여 이를 검색결과에 포함시키지 않고 또 그에 대한 광고게재 등을 거절한 행위에 대해 시정을 요구하는 것은 검색엔진에 대해 표현을 강제하는 것"이라며 원고 측의 주장을 받아들이지 않았다(Christoper Langdon V. Google, Inc, 2007). 이러한 판결에 따르면 포털 검색 서비스는 표현의 자유를 보장받는 언론의 위상을 지니며, 이를 규제하는 시도는 언론을 규제하거나 검열하려는 행위로 간주된다(Pasquale & Bracha, 2008). 같은 맥락에서 검색엔진은 기존의 언론 매체와 다름없는 발화자(speaker)이며, 적절한 편집 가이드라인에 의해 정치적인 의도 없이 검색결과를 제시했다면 수정헌법 제1조에 따른 표현의 자유를 존중받아야 한다(Volokh & Falk, 2011)는 주장도 제기되었다.

그러나 이러한 주장에 대해 포털 미디어의 검색 서비스는 '언론'의 정의에 부합하지 않는다는 반론이 제기되기도 한다(Pasquale & Bracha, 2008). 검색엔진이 수정헌법 제1조에 따른 표현의 자유를 보장받는다고 할 때 포털 미디어가 내세우는 '보호받아야 할 표현'이 무엇인가가 애매하다는 것이다. 이에 대해 포털 측은 순위 알고리즘이나 이용자의 질의에 따른 순위 등은 '보호받아야 할 표현'에 해당하며, 특히 검색결과의 순위는 페이지의 질에 관한 주관적 의견으로서 그 자체가 수정헌법 제1조의 보호를 받는다고 주장한다. 그러나 검색엔진의 검색결과나 랭킹

이나 주정부 관료의 범죄 행위를 폭로하는 사이트였으며, ChinaisEvil 사이트는 중국 정부가 저지른 잔혹한 행위들을 기술하는 사이트였다. 원고는 해당 웹사이트를 검색엔진 등에서 홍보하는 광고를 게재하려 하였다. 그러나 구글 등은 이에 대해 '적합하지 않은 콘텐츠'(unacceptable contents)라며 광고를 거절하였다. 특정 개인·집단·기관에 우호적이지 않은 문서 혹은 법에 의해 보호받는 집단에 대해 우호적이지 않은 광고 등을 게재하지 않는다는 것이 그 이유였다. 또한 구글은 'Roy Cooper' 등에 대한 검색결과에서 NCJustice를 누락시켰다. 이에 대해 원고는 구글의 검색결과가 객관적·중립적이지 않다고 비판하였다. 원고가 구글에 소송을 걸자, 구글은 NCJustice를 Roy Cooper에 대한 검색결과에 노출시켰고, 원고는 이와 관련해 구글이 최초에 NCJustice 등을 누락시킨 것은 자의적 판단임을 방증한다고 주장하였다.

580

순위는 일부 표현적 요소를 갖지만, 이를 헌법이 보호하는 '의견' (*opinion*) 의 표현으로 볼 수 없다는 주장도 만만치 않다. 검색 서비스는 정보제공이라는 기능을 수행하는 실행적 성격을 지닐 뿐 의사표현적 성격을 띠지 않는다는 것이다(Pasquale & Bracha, 2008).

포털 미디어가 상황에 따라 입장을 달리한다는 점도 비판의 대상이다. 실제로 저작권이나 불법행위 등의 권리침해에 대해 검색엔진은 스스로를 발화자가 아니라 이용자에 의해 강제된 발화를 하는 것이며, 이러한 과정에서 콘텐츠를 전달하는 전달자 혹은 콘텐츠에 대해 어느 정도 편집할 것인가를 판단하는 행위자로서만 기능할 뿐이라고 주장한다. 이 때문에 검색엔진은 '수동적 도관'(*passive conduit*) 또는 '콘텐츠를 전달하는 인프라 시설 혹은 플랫폼'으로 간주되어 저작권 침해[16]나 불법행위에 대한 책임에서 면책된다. 이렇듯 검색결과의 순위 등에 대해서는 스스로를 언론이라고 주장하고, 저작권 등 권리침해 문제와 관련해서는 스스로를 언론이 아닌 정보서비스 전달자라는 입장을 취하는 것은 사안에 따라 유리한 방향으로 자신의 검색 서비스를 해석하는 이중성을 띤 태도라 할 것이다.

이처럼 포털 미디어의 정체성을 무엇으로 볼 것인지, 게이트키핑에 따른 책임을 져야 하는지, 책임을 져야 한다면 어떠한 형태의 책임을

---

16 저작권 침해 행위에 대하여 포털 미디어가 책임을 면제받는 경우는 다음과 같다(〈저작권법〉제102조). ① 내용의 수정 없이 저작물 등을 송신하거나 경로를 지정하거나 연결을 제공하는 행위 또는 그 과정에서 저작물 등을 그 송신을 위하여 합리적으로 필요한 기간 내에서 자동적 중개적·일시적으로 저장하는 행위, ② 서비스 이용자의 요청에 따라 송신된 저작물 등을 후속 이용자들이 효율적으로 접근하거나 수신할 수 있게 할 목적으로 그 저작물 등을 자동적·중개적·일시적으로 저장하는 행위, ③ 복제 전송자의 요청에 따라 저작물 등을 온라인서비스제공자의 컴퓨터에 저장하는 행위, ④ 정보검색도구를 통하여 이용자에게 정보통신망상 저작물 등의 위치를 알 수 있게 하거나 연결하는 행위, ⑤ 기술적으로 조치를 취하는 것이 불가능한 경우.

져야 하는지에 대해 여전히 논란이 지속되고 있다. 현재까지 이에 대한 결론이 내려지지 않은 가운데 검색엔진의 내부적 편집기준을 강제로 공개하도록 할 근거가 분명하게 제시되지 못하고, 실제로 어떤 포털 미디어도 이러한 기준과 절차를 공개하지 않는 상황이다.

기계적 알고리즘과 인위적 수정의 절차를 모두 공개하는 데 따른 부작용의 우려도 제기된다. 특정한 콘텐츠를 검색결과의 상위에 오르게 해 주는 '검색엔진 최적화'(Search Engine Optimization, SEO) 기술의 악용 가능성 증가가 그것이다(박용상, 2013, p. 1084).

이러한 최적화 기법에는 허용될 수 있는 'white hat' 기법[17]과 허용되지 않는 'black hat' 기법 등이 있다.[18] 'white hat' 기법은 검색엔진 자체의 규칙과 정책에 더해 이용자의 입장에서 검색의 편익을 증진시켜 주는 기법으로 바람직한 것으로 평가된다. 'black hat' 기법은 웹 사이트의 페이지 랭크를 교란, 왜곡하는 기법으로 금지되는 관행이다.[19] 예를 들어 검색엔진이 페이지의 텍스트와 키워드 등을 스캔할 때, SEO는 특정한 사이트를 숨기거나 작은 사이즈로 보여줄 수 있다. 혹은 전혀 무관한 페이지를 검색엔진에 노출시킴으로써 검색 서비스의 결과를 특정한 방향으로 교란시키기도 한다. 검색엔진이 링크구조(*link structure*)에 대한 분석기술로 옮겨 감에 따라 자동적으로 생성된 수천 개의 웹 사이트들

---

17 Craven, P. (2003). 'Ethical' Search Engine Optimization Exposed!, WebWorkshop, URL=http://www.webworkshop.net/ethical-search-engine-optimization.html.

18 'white hat' SEO와 'black hat' SEO의 구체적인 사례에 대해서는 Pasquale, F. A. (2010)의 pp. 350~352를 참고하라.

19 윤리적으로 저촉되지 않는 범위에서 'black hat' 기법을 사용하는 경우도 있다. 이를 회색지대(*grey area*)라고 한다. 예를 들어 검색 서비스 순위를 올리기 위해 링크를 걸거나 의도적으로 콘텐츠를 복제하는 경우 등이 있을 수 있다. 불법적인 'black hat' 기법과 긍정적인 'white hat' 기법을 구분하기 어려운 경우도 회색지대로 취급된다. 해당 논의에 대해서는 Grey Hat SEO(http://greyhatseo.com)을 참고하라.

582

이 서로를 링크하여 인기도를 올림으로써 마치 실제로 그러한 사이트를
이용하는 이용자 집단이 있는 것처럼 위장하는 'link farm' 기법도 등장
하였다(Grimmelmann, 2007; 2008). 이렇듯 불법적인 SEO 기법은 기
만적 조작을 통해 정당한 콘텐츠 제공자에게 피해를 입힐 수 있으며, 특
정 콘텐츠로 소비자를 유도함으로써 허위광고 문제를 불러일으킬 수도
있다(Grimmelmann, 2007).

만약 검색 서비스 알고리즘의 기본 구성 및 가중치 등이 공개될 경우
'black hat' SEO에 의한 비윤리적 행위가 늘어날 가능성이 있다. 특히
'스팸'(*spam*)의 경우가 그러하다. 마케팅 등에 이용되는 광고성 스팸
등이 더욱 늘어날 수 있으며, 이는 검색 서비스의 관련성과 검색의 효
율성을 저해하는 결과를 낳아 포털 미디어 이용자들의 이익을 침해할
가능성이 있다. 또 네이버 등 포털 미디어가 제공하는 뉴스에서 발견되
는 어뷰징(*abusing*)[20] 문제가 더욱 심각해질 수 있다.

이들 기법은 단순히 검색결과를 왜곡하여 사업자 간 거래에 해를 미
치는 데 그치는 것이 아니라 정치적, 사회적 문제를 일으킬 수도 있다
(Grimmelmann, 2007). '구글 폭격'(*google bombing*) 사례가 이에 해당
한다. 구글 폭격은 2001년 4월 아담 매트(Adam Mathes)가 작성한 온
라인 기사 'Filter Friday: Google Bombing'에서 처음 사용한 용어로,
복합적인 하이퍼링크 전략을 사용하여 검색 서비스에서 특정한 문구의
상대적 순위를 조작하는 기법을 지칭한다.[21] 예를 들어 1999년 구글에

---

20 어뷰징은 인터넷 포털사이트에서 언론사가 해당 기사의 클릭 횟수를 늘리기 위해 의도적
으로 유사한 제목의 기사를 지속적으로 전송하거나, 인기 검색어에 특정 검색어를 등재
시키기 위해 클릭 수를 조작하는 등의 행위를 일컫는 것으로 '부당한 재전송'의 형태라 할
수 있다. 해당 논의에 대해서는 윤석민·홍종윤·정영주(2014)의 《언론진흥 관련정책
체계 정비 방안연구》(한국언론진흥재단)를 참조하라.

21 1997년 초에 Archimedes Plutonum이라는 사람이 유즈넷에서 검색엔진 폭격(*search*

서 '사탄 그 자체보다 더 악한 것'(*more evil than Satan himself*)이라는 문구를 검색하면 마이크로소프트의 홈페이지가 검색결과의 최상단에 제시되고, '참혹한 실패'(*miserable failure*)라는 문구를 검색하면 조지 부시(George W. Bush)의 홈페이지가 첫 페이지의 상단에 나타나며, '유대인'(*Jew*)이라는 단어로 검색하면 반유대주의 사이트인 Jew Watch가 최상단에 뜨도록 하는 기법이 이에 해당한다(Bar-Ilan, J., 2007). 우리나라에서도 구글 폭격의 사례로 '학살자'라는 문구를 검색하면 결과의 상단에 '전두환'이 등장하도록 조작한 사례가 있다. [22] 허위 콘텐츠와 인물을 만들어 자신을 선전하는 내용을 실은 뒤 이를 검색 서비스에 나타나도록 하는 '가짜인형극'(*sock puppetry*)이라는 기법이 사용되기도 한다(Grimmelmann, 2007).

이러한 행위들은 해당 문구와 관련한 특정 인물 또는 집단에 대한 명예훼손의 소지가 있다. 그러나 일부 사례의 경우 이용자에 의한 사회운동으로 간주할 수도 있다(Tatum, 2005)는 점에서 이러한 검색기법을 검색 서비스에서 억제해야 하는 것인지, 억제해야 한다면 어떠한 사례에 대해 특정할 수 있으며 그 사유는 무엇인지 등에 대한 의견이 분분하다. 구글은 구글 폭격에 대해 유사한 사례가 지속적으로 나타나자 알고리즘 차원에서 대응하기도 했다. [23]

---

engine bombing)이라는 단어를 처음 사용한 것으로 알려져 있기도 하다. http://www.kibo.com/exegesis/search_engine_bombing.html.

22 내일신문, '학살자'에 전두환, '실패(*failure*)'하면 부시. 2005. 9. 27, URL=http://news.naver.com/main/read.

23 구글은 2005년 9월 16일 구글 블로그를 통해 당시 검색제품 고객서비스 사장인 Marissa Mayer가 구글 폭격에 대한 입장을 밝힌 바 있다. 'failure' 또는 'miserable failure'라는 단어를 입력하면 백악관의 홈페이지로 연결된 것과 관련해 그는 구글 폭격 등과 같이 검색결과에 영향을 미치는 행위를 용납할 수는 없지만 이러한 결과를 막기 위해 검색 서비스를 조작하는 것 역시 바람직하지 않다는 견해를 밝혔다. 일부 장난스러운 시도들이 몇몇 사람들에

　이들 사례처럼 투명성에 대한 요구로 알고리즘의 내용을 공개한다면, 이를 의도적으로 악용하거나 의도적이지 않더라도 관련성 있는 콘텐츠의 검색을 저해하는 행위 등을 통해 검색 서비스의 품질이 낮아지는 문제가 발생할 수 있다. 이러한 맥락에서 검색엔진 알고리즘의 수정, 변경 및 비밀 유지는 불가피한 측면이 있으며 법적으로 비난받을 수 없다(박용상, 2013, p. 1087).

　이상과 같은 부작용으로 인하여 포털 미디어의 폐쇄적 게이트키핑 과정을 일반에 공개하는 것이 아니라, 규제자 혹은 제3의 독립적인 외부 기관에만 국한해 공개함으로써 투명성을 추구하자는 주장도 제기된다(Pasquale, 2008; Pasquale & Bracha, 2008). 이 경우 복잡다단한 이해 관계로부터 독립하여 포털 미디어 검색 서비스에 대한 중립적 개선책을 내놓을 수 있는 주체가 누구인가에 대한 의문이 뒤따르게 된다.

　검증 주체 혹은 기관의 전문성 역시 추가적 판단이 필요한 부분이다. 포털 미디어의 기계적 알고리즘은 매우 다양한 가중치를 부여하고 있으며, 시시때때로 업데이트되는 성질을 지닌다. 평가자는 이러한 가중치를 전문적으로 판단할 수 있는 기술적 역량을 갖추어야 한다(Grimmelmann, 2007; 2010). 만약 이러한 역량을 제대로 갖추지 못한다면, 포털 미디어의 방대한 검색 서비스에 대한 검증이 적절한 시기

게 피해를 미칠 수 있으나, 검색 서비스의 전반적 품질에는 영향을 미치지 않기 때문이라는 것이다(http://googleblog. blogspot. kr/2005/09/googlebombing- failure).

　그러나 2009년 1월 24일, 부시 대통령 때와 유사하게 'failure', 'cheerful achievement'라는 문구가 오바마 대통령의 인적 정보와 연결되어 등장하자 소프트웨어 엔지니어인 Matt Cutts는 구글의 공식정책에 대한 웹 게시글에서 구글 폭격을 방지하는 알고리즘을 실행하겠다고 발표하였다. 부시 대통령에 대한 구글 폭격 당시, 추후의 사태에 대비하여 해당 알고리즘을 개발하였으나 적용하지 않고 있다가 유사한 사례가 다시 등장하자 해당 알고리즘을 가동하기로 했다는 것이다(http://googlepublicpolicy. blogspot. kr/2009/01/detecting-new-googlebombs. html).

내에 적정수준에서 완결되기 어렵다. 검색기술은 비즈니스 모델과 소비자 행태변화에 맞추어 끊임없이 발전하고 있기 때문에 검증기관의 대처는 늦고 비효율적일 수밖에 없다(박용상, 2013, p. 1082).

포털 미디어의 검색 서비스가 불공정하다는 지적과 관련하여 검색에 있어서 공정성의 가치란 과연 무엇인지에 대한 합의가 없다는 점도 문제로 지적된다. 포털 뉴스 서비스에서 중립성은 자사 콘텐츠에 이익을 가져다주거나 경쟁 콘텐츠에 피해를 줄 수 있는 검색결과를 선제적으로 지양하는 행위로 구체화될 수 있다. 하지만 검색결과를 판단하는 과정에서 복잡하게 얽힌 이해관계로 인해 누가 이익을 보는가에 대한 판단은 쉽지 않다. 검색 서비스 자체가 다수와 관련된 복잡한 커뮤니케이션 과정이기 때문에 콘텐츠 제공자의 이익과 손해에 대한 기준, 이를 이용하는 이용자의 혜택 등에 대해 합의된 기준이 없는 실정이다(Manne & Wright, 2011b). 또한 검색 알고리즘이 개별적 경쟁콘텐츠를 배제하지 않도록 설계되었더라도, 검색 시스템 자체가 특정 집단의 이익을 체계적으로 대변하도록 구축되어 있을 가능성도 있다(Crane, 2013). 따라서 포털 미디어 서비스의 중립성을 추구할 경우 개별 콘텐츠와 서비스 전체 혹은 그 이상의 범위 중 어디까지 중립성을 요구해야 할지, 그 범위 역시 모호하다.

또한 특정한 검색결과를 선택적으로 보여주는 검색엔진이 모든 콘텐츠를 차별 없이 취급하게 될 경우, 검색 서비스가 추구하는 '관련성 있는 정보의 효율적 검색'이라는 가치를 저해할 수 있다는 문제가 있다. 골드만(Goldman, 2006)에 의하면 모든 검색엔진은 이용자를 만족시키기 위해 콘텐츠를 편집하는 일종의 선택을 수행하며, 이러한 선택은 체계적으로 특정 형태의 콘텐츠를 우호적으로 판단하여 '검색엔진 편향성'(search engine bias)을 발생시킬 수 있다.

　이러한 편향성은 자연스러운 것임에도 모든 콘텐츠에 대한 차별을 금지하여 평등한 접근을 요구한다면 그것은 검색의 본질적인 기능과 상충되는 결과를 낳는다. 검색 페이지의 우선순위에 관련성 있는 정보를 효율적으로 배치·제시하는 것이 포털 미디어의 검색 서비스인데, 무엇을 우선순위로 할지 결정함에 있어 극단적 중립성을 앞세울 경우, 오히려 어떠한 콘텐츠도 우선적으로 제시할 수 없는 문제가 발생한다. 이는 관련성 있는 정보를 효율적으로 찾고자 하는 검색엔진의 존재의의를 부정하고 이용자들이 검색엔진을 이용할 유인을 사라지게 하는 것이다.

5. 네이버 검색 서비스의 불공정성 문제와 이에 대한 대응

이렇듯 검색 중립성과 그 실천적 대안으로 거론되는 검색 알고리즘 및 인위적 조작원칙의 공개 등은 필요성이 어느 정도 인정되면서도 개념의 모호성과 실효성 측면에서 비판을 받아 왔다.

포털 미디어의 검색어 공정성을 둘러싼 시비는 우리 사회의 포털 미디어에서도 예외가 아니었음은 물론이다. 이에 네이버를 비롯한 포털 사업자들은 자율정책기구를 설립하여 이와 같은 논란에 대응하면서, 예외적으로 처리하는 인위적 조작의 내용과 절차에 대해 외부 검증기관인 '검색어 검증위원회'에 의뢰하여 4차례에 걸친 투명성 보고서를 발간했다. 이러한 접근방식은 기존의 검색 중립성 원칙을 현실에서 보다 구체적으로 적용하고자 하는 노력의 일환으로 평가할 수 있다. 사업자 간의 공동자율기구를 통해 검색어 서비스에 대한 원칙을 마련하고, 외부의 검증을 받으면서 검색어 서비스의 노출과 제외사유에 대한 원칙을 일정부분 개선하고 있기 때문이다.

이 절에서는 국내 포털사업자들의 자율 공동규제 내용을 구체적으로 살펴봄으로써, 검색 중립성의 모호성과 실효성의 한계를 어떻게 극복하는지, 추가적 개선방안에는 무엇이 있는지 살펴보고자 한다. 이러한 작업은 검색어 서비스를 둘러싸고 나타나는 불공정성의 문제와 관련해 우리 사회의 특성과 맥락에 맞는 구체적이고 실질적인 대안이나 방향을 제시하는 데 기여할 것이다.

1) 자율규제정책 기구의 설립

국내 포털사업자들의 자율규제정책 기구로는 (사) 한국인터넷자율정책기구(KISO)가 있다. KISO는 이용자들의 표현의 자유를 신장하는 동시에 이용자들의 책임을 제고해 인터넷이 신뢰받는 정보소통의 장이 될 수 있도록 하고, 이용자 보호에 최선의 노력을 기울이는 인터넷 사업자들의 사회적 책무를 설립목적으로 한다.

이러한 KISO의 모태가 된 것은 2008년 7월 27일 출범한 '건강한 인터넷을 위한 포털 정책협의회'(이하 포털 협의회)였다. 포털 협의회 설립의 계기는 미국산 쇠고기 수입과 광우병 파동으로 야기된 촛불집회가 온라인 토론공간인 다음 아고라 등에서 확산된 것이었다. 이러한 토론공간은 네티즌들의 다양한 의견이 자유롭게 개진되는 공공토론의 장이 형성되었다는 점에서 긍정적 평가를 받기도 하였으나, 근거 없이 타인을 비방하거나 허위사실을 유포하는 등 악성 댓글들이 다수 나타나면서 문제가 되기 시작했다.[24] 방송통신위원회 역시 2008년 7월 사이버 공간에서의 폐해를 최소화하고 신뢰성을 담보하기 위해 '인터넷 정보보호 종합대책'[25]을 발표했다. 포털이나 P2P 사업자 등에게 불법정보에 대한 모니터링 의무를 부과하고, 명예훼손 등의 피해자가 정보 삭제요청시 임시조치 등을 취하지 않는 사업자에 대해 처벌규정을 도입하기로 한 것이다. 이에 한국인터넷기업협회(회장 허진호)는 협회 산하에 다음 커뮤니케이션, SK커뮤니케이션즈, NHN, KTH, 코리아닷

---

24 http://www.mt.co.kr/view/mtview.

25 해당 종합대책은 '침해사고 예방 및 대응능력 제고', '개인정보 관리 및 피해구제 체계 정비', '건전한 인터넷 이용질서 확립', '정보보호 기반조성' 등 4개 전략을 달성하기 위한 50개 세부대책으로 구성되어 있다. 이 중 포털 사업자에게 불법 정보의 유통을 방지하기 위한 기반을 강화하는 등의 조치는 '건전한 인터넷 이용질서 확립' 대책에 해당하였다.

컴, 하나로드림 등 6개 포털사가 참여하는 포털 협의회를 구성하였다. 위법·유해 게시물에 대한 처리를 전담할 공동기구가 필요하다는 공감대가 형성된 것이다.

2008년 10월 배우 최진실 씨가 악성 댓글 등으로 인해 자살하는 사건이 발생하면서 본격적으로 악성 댓글을 규제하고 포털 역시 일정한 책임을 져야 한다는 여론이 형성되었다. 정치권에서는 인터넷 실명제 확대와 사이버 모욕죄 신설 등을 추진하면서 포털을 규제해야 한다는 목소리가 높아졌고, 26 사이버상의 모욕죄가 심각한 사회문제로 야기되면서 이에 대한 적절한 조치가 필요하다는 공감대가 형성되었다. 특히 명확한 기준이 없는 가운데, 인터넷 서비스 사업자들의 기술적·사회적 부담이 가중되면서 포털 사업자들의 일관된 대응체계에 대한 필요성이 제기되었다.

이러한 일련의 과정에서 포털 사업자들은 포털의 모니터링 업무를 강화하여 인터넷 문화를 개선하기 위한 자율협의체를 본격적으로 구성하기 시작하였으며, 2008년 12월 '포털 자율규제 협의회'를 설립하였고, 2009년 3월에는 '(사) 한국인터넷자율정책기구'를 공식 출범시켰다 (〈연합뉴스〉, 2009. 2. 27). KISO는 다음카카오(다음), 네이버(네이버), SK 커뮤니케이션즈(네이트), 뽐뿌 커뮤니케이션(뽐뿌), 씨나인(오늘의 유머), (주) 인비전커뮤니티(SLR CLUB), 씨엘 커뮤니케이션

---

26 이 시기 대표적으로 발의된 법안에는 장윤석 의원의 형법 일부개정 법률안과 나경원 의원의 '정보통신망 이용 촉진 및 정보보호법 개정안'(이른바 최진실법) 등이 있다. 두 개정안은 모두 사이버상의 모욕 행위가 가해자를 특정하는 것과 피해자의 권리를 구제하는 것이 어렵다고 보고, 기존의 형법 체계상에서의 일반 모욕죄만으로 사이버 모욕죄를 다룰 수 없다는 전제를 두고 있다. 이에 형법 일부개정 법률안에서는 형법상에서의 사이버 모욕죄 신설을, 정보통신망법 일부개정 법률안에서는 정보통신망을 통해 이루어지는 모욕죄 신설을 제안하면서 반의사불벌죄 형식을 취하였다. 이는 피해자의 고소·고발 없이도 사이버상의 모욕 행위를 처벌할 수 있다는 의미이다. 두 법안은 모두 기간 만료로 폐기되었다.

〈표 11-1〉 한국인터넷자율정책기구 정책규정 중, 검색어 관련 부분

제3장 검색어에 관한 정책

제12조(원칙)

회원사는 연관검색어 등을 인위적으로 생성 또는 변경하지 아니한다.

제13조(예외적 삭제)

① 회원사는 다음 각 호의 어느 하나에 해당하는 경우가 아닌 한 연관검색어 등을 제외하거나 삭제하지 아니한다.

1. 연관검색어 등 해당 검색결과가 특정인을 식별할 수 있는 개인정보를 노출하는 경우

2. 제5조 제2항의 '정무직 공무원 등 공인'에 해당하는 자가 권리침해 등을 이유로 연관검색어 등의 삭제를 요청한 경우로서, 공공의 이익과 관련이 없는 영역에서 그 연관검색어 등 해당 검색결과로 인해 사생활이 침해되었거나 허위의 사실이 적시되어 명예훼손 등 권리침해가 발생한 경우

3. 제5조 제2항의 '정무직 공무원 등 공인'에 해당하지 않는 자가 권리침해 등을 이유로 연관검색어 등의 삭제를 요청한 경우로서, 그 내용이 공공의 이익 또는 공적 관심사와 관련이 없는 사실을 적시한 경우이거나, 일정기간 언론보도를 통해 공론화되지 않은 사유 등으로 그와 관련된 일반 이용자의 알 권리보다 연관검색어 등 해당 검색결과가 특정인의 사생활을 침해하거나 명예를 훼손하는 정도가 더 크다고 판단되는 경우

4. 특정한 개인이 권리침해 등을 이유로 연관검색어 등의 삭제를 요청한 경우로서, 연관검색어 등 자체가 특정 지역, 종교, 사상, 장애, 인종, 출신국가 등을 비하하는 단어를 포함하고 있어 연관검색어 등으로 그러한 단어를 현출시키는 것이 과도한 사회적 갈등을 조장할 우려가 높은 것으로 판단되는 경우

5. 개인이 권리침해 등을 이유로 연관검색어 등의 삭제를 요청한 경우로서, 연관검색어 등 자체가 그의 명예 또는 사생활 보호에 부정적인 영향을 미치는 의미를 띠고 있는데, 그 연관검색어 등을 선택했을 때의 검색결과는 전혀 존재하지 않거나 그러한 의미와 무관한 내용만 검색되는 경우

6. 연관검색어 등 또는 해당 검색결과가 저작권을 명백히 침해하는 경우

7. 연관검색어 등 또는 해당 검색결과가 음란, 도박 등 불법정보 또는 선정적인 정보를 노출하는 경우

8. 법원이 결정 또는 판결에 의하여 또는 행정기관이 법령 및 적법한 절차에

〈표 11-1〉계속

> 따른 행정처분, 결정 등에 의하여 연관검색어 등의 삭제를 요청한 경우
> 9. 연관검색어 등이 오타, 욕설, 비속어 등을 포함하여 현저하게 이용자의 불편을 초래하고 서비스의 질을 저하하는 경우
> 10. 연관검색어 등의 생성이 상업적인 용도 및 이에 준하는 그 밖의 사유로 비정상적인 절차에 의해 남용된 경우
> ② 제5조 제2항의 '정무직 공무원 등 공인'이 공적 지위를 벗어난 때에도 해당 지위에 있을 때 발생한 공적 업무와 관련된 검색어는 제1항 제2호에 따라 처리한다.
> 제13조의 2(처리절차)
> ① 회원사는 제13조 제1항의 각호에 해당하는 검색어에 대한 신고가 있는 경우 이를 검토하여 적절한 조치를 취할 수 있다.
> ② 제13조 제1항 제2호 내지 제5호의 경우, 권리침해를 주장하는 자는 대상 검색어를 특정하고, 침해사유를 소명하여야 한다.
> ③ 회원사는 필요하다고 인정하는 경우 KISO에 심의를 요청할 수 있다.

출처: (사)한국인터넷자율정책기구 홈페이지(www.kiso.or.kr).

즈(클리앙), 파코즈 하드웨어(파코즈 하드웨어), 줌 인터넷주식회사(zum.com), (주)아프리카 TV(아프리카 TV) 등 총 11개사를 회원으로 두고 있으며 회원사 게시물에 대한 자체적인 심의활동 및 정책결정을 통해 자율규제를 실시한다.

KISO가 수행하는 자율규제의 대상범위는 크게 3가지로, 게시물, 검색어, 선거기간 중 인터넷정보서비스에 대한 것이다. KISO는 인터넷상에서 이용자에 의해 게재되는 게시물 중 명예훼손이나 국가적 법익 침해와 관련된 게시물에 임시조치 등의 처리를 결정한다. 또 이용자들의 권리를 침해하는 검색어 등에 대한 정책결정과 심의결정을 통해 회원사들의 게시물에 대한 자율규제를 지원한다. 더불어 선거기간에 게시물, 검색어에 대한 기준을 제시함으로써 선거의 공정성을 보호하고

국민의 알 권리와 표현의 자유를 보장하고자 한다(KISO 홈페이지, 정책
규정. 2015. 8. 3. 기준).

이 장에서는 포털과 관련해 제기되는 여러 가지 문제 중 특히 검색 중
립성 논란에 초점을 맞추고자 하므로, KISO의 검색어 서비스 관련 자
율규제 내용을 구체적으로 살펴보고자 한다. KISO의 정책규정 중 검
색어 서비스에 해당하는 내용은 다음과 같다.

KISO는 정책규정 제3장 검색어에 관한 정책에서 연관 검색어 등을
인위적으로 생성 또는 변경하지 않는다(제12조)는 원칙 아래, 제13조
에서 예외적으로 연관 검색어 등을 삭제하는 경우에 대해 서술하고 있
다. 개인정보 노출, 명예훼손, 저작권, 음란/도박 등 불법정보 노출,
행정/사법기관의 삭제 요청, 오타나 욕설 및 비속어 등 연관 검색어 등
의 삭제사유를 규정했다. 또 제13조의2 처리절차에서는 검색어에 대한
신고가 있는 경우 회원사가 이를 검토하여 적절한 조치를 취할 수 있으
며, 권리침해를 주장할 경우에는 대상 검색어를 특정하여 사유를 설명
하여야 하고, 필요한 경우 회원사가 KISO에 심의를 요청할 수 있다고
되어 있다. 이와 같은 내용은 KISO 정책위원회의 '정책결정'에 따라 지
속적으로 개선되어 왔다.[27]

포털사업자들이 스스로 사회적 영향력을 가진 미디어라는 점을 인식

---

27 검색어와 관련된 정책규정 변경의 건에 관한 정책결정 사례는 다음과 같다.
    2011. 제9호 선거 기간 중의 연관 검색어 및 자동완성 검색어 목록에 관한 정책
    2012. 제15호 연관 검색어 및 자동완성 검색어 관련 정책결정
    2012. 제16호 연관 검색어 및 자동완성 검색어 관련 추가결정
    2013. 제17호 연관 검색어 및 자동완성 검색어 관련 추가결정(유명인 및 일반인 관련)
    2013. 제19호 정책결정 15호 추가결정(사회적 갈등조장 관련)
    2013. 제20호 정책결정 15호 추가결정(오타, 욕설, 비속어 등 관련)
    2013. 제21호 정책결정 15호 추가결정(검색어 및 검색결과 관련)
    2014. 제24호 연관 자동 완성어 처리절차 관련 결정

하고, 그에 걸맞은 적절한 역할을 수행하고자 자율 규제를 통해 검색어에 관련된 정책과 검색어 삭제의 원칙들을 수립하고 있다는 점은 긍정적으로 평가할 만하다. 또한 현실적으로 인터넷상에서 이뤄지는 대다수의 규제가 사후처리에 불과할 수밖에 없는 점을 감안하면 장기적으로 자율규제를 통한 검색의 공정성 증진과 검색 서비스의 질 향상이 효율적 대안이 될 수 있을 것이다. 포털에 제기되는 여러 문제들을 해결하고자 사업자들 스스로 협의체를 구성하는 것은 적어도 공정성 문제에 초점을 두고 포털 등에 대한 의견교환이 이루어지는 공론의 장이 마련된다는 점에서도 의미가 있다(허진성, 2013).

그러나 KISO의 구성과 구속력에 대해서 문제가 지적될 수 있다. KISO는 회원사들이 납부하는 회비로 운영되고 있는데, 이러한 재원조달 방식은 자율기구의 독립성에 문제가 될 수 있다. 또 자율강령을 갖추고 있으나, 회원사가 합의된 내용과 절차를 준수하고 있는지에 대한 모니터링이 부재하고, 강령을 준수하지 않았을 경우 징계방안 등이 구체적으로 마련돼 있지 않다. 정책위원회의 정책결정 및 심의결정을 회원사들이 준수하는지에 대한 모니터링도 불가능하다. 이는 자율규제기구로서 규제의 실효성을 확보하기 어렵다는 것을 의미한다. 자율규제가 성공적으로 정착하기 위해서는 KISO의 정책이나 심의결과가 회원사에 대해 독립적 구속력을 가질 필요가 있다.

이러한 문제제기에 대응하여 현 (사) 한국인터넷자율정책기구 내에 뉴스 서비스 관련조직의 개편 및 확대가 대안으로 제시되기도 한다(신동희, 2014). 동시에 자율규제가 좀더 효율적이면서도 합리적인 규제방식으로 정착되기 위해서는 공적 심의기관 등 정부영역과의 공식적인 협력 네트워크 또는 협력모델 등을 구축할 필요성도 제기되고 있다(유정석, 2010, pp. 61~62).

594

2) 검색어 검증위원회 발족 및 투명성 보고서 발간

이렇듯 네이버를 비롯한 포털 사업자들이 자율기구인 KISO를 설립하고 정책규정을 마련하여 검색어 서비스에 대한 원칙과 예외적 삭제규정 등을 제시하고 있음에도 검색어 서비스의 공정성과 관련된 의혹은 끊임없이 제기되었다.

(1) 사례 1: 촛불시위 관련 실시간 급상승검색어 관련 의혹

2011년 5월 25일 〈오마이뉴스〉의 '미안하다 네이버, 난 구글 편이다'라는 기사에 네이버 실시간 급상승검색어에 포함되어 있던 '탄핵', '이명박', '이명박 탄핵', '광우병'의 검색어가 1분도 되지 않은 사이에 사라졌다는 의혹이 보도되었다. [28] 이와 같은 문제제기에 대해 NHN은 검색어를 새로고침(refresh) 하는 시간이 브라우저가 켜져 있는 시간에 비례하여 증가하는 로직을 갖고 있기 때문에 브라우저를 오래 켜둔 상태라면 새로운 데이터로 바뀌지 않을 수 있다고 설명하였고, 실시간 급상승검색어의 변화내역 등 내부정보까지 제시하며 해명을 시도하였다.

그러나 이러한 해명 이후에도 네이버의 실시간 검색어 트렌드를 보여주는 '네이버 트렌드 연감' 등에서 '이명박 탄핵'이라는 단어가 검색어의 1만 등 안에 들어 있지 않을뿐더러, '탄핵'이란 단어조차 1년 내내 한 시간도 실시간 검색어 1위를 한 적이 없다는 내용이 서술되어 논란이 되었다. 당시 이명박 탄핵 서명운동에 참여한 사람들이 백만 명에 육박했고 다음 아고라 서버가 다운되기까지 한 점 등을 감안하면, '이명박 탄핵'이라는 단어가 '네이버 트렌드 연감'에 반드시 포함되었어야 한다는 것이다(〈오마이뉴스〉, 2011. 6. 10).

---

28 http://www.ohmynews.com/NWS_Web/view.

(2) 사례 2: 정우택 의원 '성상납' 키워드 검색결과 관련
(〈동아일보〉, 2012.7.24)[29]

2012년 7월 23일 팟캐스트 〈나는 꼼수다〉에서 정우택 최고위원이 충북도지사 시절 성상납을 받았다는 의혹이 제기되었다. 이후 각종 포털사이트에서 '정우택 성상납', '정우택 내연녀' 등의 검색어가 정우택 최고위원의 연관검색어로 등장하였다. 그런데 다음, 네이트, 야후에서는 해당 키워드가 자동검색되는 데 비해 네이버의 경우 해당 키워드가 검색되지 않았으며, 연관검색어의 '더보기'를 클릭할 경우에만 '정우택 성추행'이 노출되었다. NHN은 해명을 통해 정우택 의원이 경찰의 수사결과를 제시하며 '정우택 성추문' 자동완성 검색어의 삭제를 요청하였고, 네이버는 자동완성 검색어 제외 기준상 명예훼손에 해당한다고 판단하여 자동완성 검색어를 삭제하였다고 밝혔다(한국인터넷자율정책기구 검증위원회, 2013. 1).

(3) 사례 3: 안철수 룸살롱, 박근혜 룸살롱 검색결과에서 성인인증
유무 차이 (〈동아일보〉, 2012.8.22)[30]

월간지 〈신동아〉가 안철수 대통령 예비후보자의 룸살롱 출입의혹을 보도한 후(〈신동아〉 9월호 기사) '안철수 룸살롱'이 실시간 급상승검색어에 올랐다. 이에 주진우 〈시사IN〉 기자가 트위터에 "네이버에 룸살롱을 치면 성인인증을 하라고 뜹니다. 이명박 룸살롱, 박근혜 룸살롱, 정우택 룸살롱도 마찬가집니다. 유독 안철수 룸살롱은 그렇지 않습니다"며 조작의혹을 제기했다. 이에 대해 NHN은 성인인증이 필요한 검색어라도 일정량 이상의 검색이 이뤄지고, 관련 언론보도가 있으면 국

---

29 http://news. donga. com/3/all/20120724/48002028/1.

30 http://news. donga. com/3/all/20120822/48787288/1.

민의 알 권리를 위해 성인인증 절차를 일시 해제한다고 밝히고, 과거에 논란이 되었던 '박근혜 콘돔'도 이슈가 되었을 때 성인인증 절차를 해제한 적이 있다고 해명하였다. 하지만 오히려 실시간 급상승검색어에 '박근혜 콘돔'이 추가되고, 관련 검색어가 실시간 급상승검색어의 대부분을 차지하는 해프닝이 벌어져 '안철수 룸살롱' 사안은 실시간 급상승검색어에 대한 사회적 논란의 상징이 되었다(한국인터넷자율정책기구 검증위원회, 2013.1).

(4) 사례 4: 자동연관 검색어에 대해 여야 후보 차별논란 (〈경향신문〉, 2014.5.16.)[31]

2014년 5월 지방선거 당시, 야당 서울시장 후보인 '박원순'과 경기지사 후보 '김진표'를 검색하면 연관검색어가 뜨지 않고, 여당 서울시장 후보인 '정몽준', 경기지사 후보 '남경필'을 검색하면 연관검색어가 뜨자 네이버가 여당에 유리한 쪽으로 검색결과를 조작한다는 논란이 제기됐다. 이에 NHN은 선관위의 예비후보자 데이터베이스에 의거해 예비후보자에 등록된 인명에 대해서는 자동완성 및 연관검색 제공 서비스를 중단하는 원칙에 의한 것이라 해명하였다. '정몽준', '남경필' 키워드에 연관검색어가 나오는 것은 선관위 예비후보자 데이터베이스에 해당 이름이 없기 때문이며, 박원순 서울시장 후보의 경우 당시 예비후보자로 등록하지 않았지만 동명이인(경남 통영시 시의회의원 통영시 마선거구 무소속 박원순 후보)이 예비후보자로 등록되었고, 김진표 후보의 경우 바로 전날 예비후보자로 등록하여 이 내용이 반영되었다는 것이다. 남경필 후보의 경우 15일 후보 등록을 했지만 선관위의 최신 데이

---

31 http://news.khan.co.kr/kh_news/khan_art_view.html?artid=201405161106101&code=910110.

터베이스가 전달되지 않아 해당 서비스가 제공되는 것이라 밝혔다.

검색 서비스의 공정성에 대한 의혹이 지속적으로 제기되자 네이버를 운영하는 NHN은 2012년 9월 14일 기자간담회를 개최하여 검색 서비스에 대해 구체적으로 설명하였다. 또한 해당 간담회에서 논의한 대로 실시간 급상승검색어, 자동완성/연관 검색어 서비스 등 3대 검색어 서비스와 검색 제외어에 대해 KISO를 통한 외부기관의 검증을 받기로 하였다(한국인터넷자율정책기구, 2014. 3).

NHN은 KISO에 공식적으로 네이버 실시간 급상승검색어와 자동 완성/연관 검색어에 대한 검증을 의뢰하면서 KISO에서 투명성 보고서 (*Transparency Report*)를 작성하되 NHN은 작성자, 작성방식, 운영방안, 보고서 내용, 예산 등에 일체 관여하지 않고 보고서 작성에 필요한 자료만을 제공하겠다고 밝혔다. KISO 정책위원회는 NHN의 요청을 수용하기로 결정하면서 회원사에 소속된 정책위원이 검증에 참여할 경우 검증절차의 투명성, 객관성 및 공정성에 의문이 제기될 수 있고, NHN이 회사 내부자료를 공개하기 어려울 수 있다는 점을 감안하여 회원사에 소속되지 않은 외부 정책위원으로 검증위원회를 구성하기로 했다. 또한 단순히 운영담당자가 노출에서 제외하기로 결정한 검색어만 살펴보는 것이 아니라 검색 운영규정과 운영절차를 함께 검토하여 합리적 운영기준에 따라 해당 서비스가 운영되는지 살펴보기로 하였다. 이러한 내용으로 KISO 산하 부설위원회로 '검색어 검증위원회'가 발족하였으며, 동 위원회는 2013년 1월, 2013년 9월, 2014년 3월, 2015년 3월 등 4차례에 걸쳐 '‘네이버’ 실시간 급상승검색어 등에 대한 검증보고서(Ⅰ~Ⅳ)'를 발간하였다.[32]

---

[32] 해당 보고서의 발간에 참여한 외부 정책위원, 네이버 측으로부터 제공받은 자료, 검증 기간, 검증 범위 및 내용 등은 〈부록 11-2〉를 참조하라.

　4차례의 검증에 참여한 위원들은 KISO의 어느 회원사에도 소속되지 않은 외부 전문위원으로 구성되었다. 1차 조사에서는 검색어 서비스의 검색 제외절차와 세부운영정책에 대한 구체적 검증을 실시하여 KISO 의 정책규정이 어떻게 반영되는지 확인하였다. 실무자 인터뷰와 네이 버가 제출한 검색 제외어 목록에 대한 전수조사가 이루어졌으며, 특히 3차 조사에서는 현장실사를 통해 실제 어떠한 절차를 거쳐 검색어 제외 처리가 이루어지는지 살펴보았다.

　검증대상은 실시간 급상승검색어, 연관 검색어, 자동완성 검색어 등 네이버의 3대 검색어 서비스였으며, 검증내용은 외압에 의해 부당한 노출 제외어가 있는지 여부, 자의적 판단에 의한 노출 제외어가 있는지 여부, 운영정책(운영 가이드)에 따른 적정한 제외처리 여부[33] 등이다. 검증위원회는 포털의 자의적 판단을 줄일 수 있는 구체적 판단기준을 제시하고자 하였다. 또한 검증위원회가 제안한 개선방안을 어떻게 반 영하였는지 차기 검증위원회가 확인하도록 함으로써 검증위원회의 권 고내용이 실제실행으로 옮겨지도록 하였다.

　검증위원회의 활동과정에서 구체적 검색 알고리즘에 대한 공개 내지 검증은 이뤄지지 않았다. 3차 검증보고서에서 일부 기술적 알고리즘에 대한 타당성 및 적정성이 검토되었으나 이는 직접적 알고리즘에 대한 기술적 검토는 아니다.[34] 네이버 측이 기자 간담회 등에서 검색어 추출

33　해당 내용은 특히 가이드라인에 따른 과잉 처리 문제를 주요 대상으로 하며 과소 처리는 제외하는 것으로 되어 있다. 이는 가이드라인을 정확히 이행할 경우에 검색어를 지나치 게 많이 제외할 수 있으므로 과잉 처리된 부분에 대해 주의하여 검토하였다는 의미다. 이 는 본래의 가이드라인이 정밀성을 띠고 있다 하더라도 사안에 따라 검색어가 과잉/과소 처리될 수 있음을 의미한다.

34　이는 네이버의 검색어 서비스에서 오해를 불러일으키는 사례들에 대한 알고리즘 서비스 의 타당성 및 적정성을 검토한 것이다. 예를 들어 사용자의 활동패턴의 변화로 인한 오해 의 소지로써, 사용자가 네이버 화면에 접속해 있으며 움직임을 보이지 않고 장시간이 경

알고리즘에 사용되는 일반적 방식에 대한 이해를 돕기 위해 일부 자료를 공개[35]한 적은 있으나, 이러한 알고리즘은 기업 경영상의 비밀로 간주되어 왔다.

기계적 알고리즘을 통한 검색결과가 실제 검색 서비스의 대부분을 차지하는 반면, 포털의 인위적 편집 및 조작은 예외적 소수 사례에 해당한다는 점에서 검증위원회의 활동이 제한적이라는 지적도 제기될 수 있다. 검증위원회가 검증한 내용은 네이버의 검색 서비스 전반에 대한 것이 아니라 실시간 급상승검색어, 연관 검색어, 자동완성 검색어 등 네이버의 3대 검색어 서비스에 관한 노출제외 기준에 초점이 맞추어져 있기 때문이다.

그러나 앞서 논의에서 살펴본 것처럼 포털 검색의 공정성에 대한 논

과한 후 컴퓨터를 이용할 경우 실시간 급상승검색어 리스트가 바뀔 수 있다. 이러한 급격한 변화는 외부 사용자가 판단할 때 인기 검색어가 순식간에 모두 바뀌었다는 인상을 주게 되어 조작의 의혹을 가질 수 있다. 특히 사용자가 여러 개의 검색창을 동시에 띄워 놓고 일부의 검색창에서만 활동할 경우 활성화된 검색창과 장시간 비활성화된 검색창에는 각기 다른 실시간 급상승검색어 리스트가 보일 수 있으므로 사용자의 의혹이 증폭되기도 한다. 이러한 경우에 대해 검증 보고서에서는 실시간 급상승검색어 로직상의 검색패턴 자체가 급격히 변하여 발생하는 리스트의 급격한 업데이트는 서비스의 목적에 잘 부합되는 경우라고 판단하였으며, 사용자의 반응이 없는 상태가 지속되어 생기는 리스트의 급격한 업데이트에 대해서는 동일 시간대에는 각 사용자별로 하나의 실시간 급상승검색어 리스트만 존재하게 하는 방식으로 서버와 클라이언트 간의 연결구조를 변경한다면 오해의 소지를 제거할 수 있을 것이라 제언하였다. 또 기술적 측면에서 알고리즘 자체는 외부의 압력이나 조작에 의한 편집이 나타나지 않는 것으로 판단하였고, 의혹을 해소하기 위해 실시간 급상승검색어에 노출된 검색어 리스트를 부가 서비스로 제공하는 등의 서비스를 시행할 수도 있다고 덧붙였다(한국인터넷자율정책기구 검증위원회, 2014. 3).

35 실제로 네이버는 자사의 검색어 추출 알고리즘을 기업 경영상의 비밀이라는 이유로 비공개하고 있으나, 이에 대한 정보를 다음과 같이 개략적으로나마 제시한 바 있다(한국인터넷자율정책기구, 2014. 3)

Score = 〔(관측횟수 - 기대횟수)/표준편차〕+ 순위차 보정 + 관측횟수 보정

기대횟수 = max 〔과거 일주일 평균 검색횟수, 어제 검색횟수〕× 〔시간대 특징 보정, 전체 검색량 보정, 실시간 급상승검색어 노출 보정〕

란은 기계적인 알고리즘에 의거한 검색결과에 대한 것이라기보다 알고리즘의 결과에 대해 포털이 가하는 인위적 편집과 조작에 초점이 맞추어져 있다. 기계적 알고리즘이 검색어 서비스에 전반적으로 적용되는 처리과정이라면, 세부적 편집과 조작은 특정 검색어에 적용될 수 있는 처리과정이기 때문이다. 따라서 특정 사안에 대한 이해관계를 반영하거나 조작의 여지가 있다는 의심이 생겨나게 되고, 예외적으로 처리되는 검색어 사례가 공정성 논의의 핵심을 차지하는 것이다. 포털 미디어의 이용자들은 해당 검색 서비스에 대해 기술적 부분에서의 검증보다는 윤리적이고 개념적인 관리의 측면에 대한 불공정성을 문제로 삼기 때문에 '예외적 검색어에 대한 제외절차와 처리의 기준이 사회적으로 납득할 만한 것인가?' 혹은 '특정 이해관계가 반영되었는가?'에 대한 논의가 주를 이루게 된다(한국인터넷자율정책기구, 2014. 3).[36]

　이러한 논의를 바탕으로 검증위원회는 실시간 급상승검색어, 연관검색어, 자동완성 검색어 서비스의 노출제외어에 대해 구체적 통계현황과 사례분석, 담당자와의 인터뷰를 수행하였다. 검색어 노출제외 처리의 분류유목은 KISO 정책규정의 제13조(예외적 삭제)에 제시된 조항들을 기준으로 하였다. 실시간 급상승검색어의 노출제외 처리기준은 ① 개인정보 노출, ② 명예훼손, ③ 성인·음란성, ④ 불법·범죄·혐오성, ⑤ 서비스 품질저해(검색결과 이상, 오타·특수문자·무의미, 욕설·비속어·장난, 추천 부적절), ⑥ 법령 및 행정·사법기관의 요청, ⑦ 상업적·의도적 악용, ⑧ 유사 키워드 등 8가지 유목으로 분류하였다. 자동완성 검색어와 연관 검색어는 그 알고리즘과 처리과정이 동일하여 검색어 제외처리 기준 유목 역시 동일하게 분류하였다. 구체적으

---

36 〈부록 11-2〉 네이버 검색어 검증위원회의 보고서 주요 내용 참조.

로는 성인·음란성, 유명인 개인정보 노출, 일반인 개인정보 노출, 유명인 및 단체 명예훼손, 저작권 침해, 불법·범죄·혐오성, 반사회성, 욕설·비속어, 기타, 어뷰즈, 서비스 품질 저해, 법령 및 행정·사법기관의 요청, 오타, 기타 등 13개 유목이다(한국인터넷자율정책기구 검증위원회, 2013. 1; 2013. 9; 2014. 3; 2015. 3).

한편, 검색어가 노출 제외되는 경우는 이용자들이 권리침해 신고를 한 경우와 네이버가 자체적으로 판단하여 직접 처리하는 경우로 구분된다. 실시간 급상승검색어 서비스의 경우 노출되는 기간이 하루를 넘기지 않기 때문에 권리침해 신고가 발생하기 어렵고, 실제로 이용자 신고에 의해 노출에서 제외한 사례는 없는 것으로 나타났다(한국인터넷자율정책기구, 2013. 1). 따라서 실시간 급상승검색어가 노출제외된 현황은 네이버가 판단하여 직접 제외처리한 사례들의 통계이며, 자동완성·연관 검색어에서 노출제외 처리된 현황은 이용자의 권리침해 신고에 의한 경우와 네이버가 직접 제외처리한 경우가 모두 반영된 것이다.

〈표 11-2〉는 실시간 급상승검색어 제외처리 현황이다. 2012년 9월과 2013년 상반기에는 성인·음란성 검색어가 각각 61.4%(654건), 56.1%(2,055건)로 가장 많은 비중을 차지하였다. 2013년 하반기에는 불법·범죄·혐오성 검색어가 36.4%(532건)로 가장 많이 제외처리되었으며, 2014년 상반기에는 유사 키워드(같은 뜻 또는 같은 내용을 가진 검색어가 상위에 랭크되어 있을 경우 하위에 있는 검색어를 제외하는 것)가 36.19%(1,074건)로 가장 많은 비중을 차지하였다. 법령 및 행정·사법기관의 요청에 의해 검색어가 제외처리된 경우는 없는 것으로 나타났다.

앞서 밝힌 바와 같이 자동완성·연관 검색어의 경우에는 네이버가 자체적으로 판단하여 직접 노출제외 처리하는 경우와, 이용자의 권리 침

〈표 11-2〉 실시간 급상승검색어 제외처리 현황

건(%)

제외사유 \ 시기		2012년 9월	2013년 상반기	2013년 하반기	2014년 상반기	2014년 하반기
명예훼손		139(13.0)	248(6.8)	108(7.4)	256(8.63)	123(4.26)
개인정보		42(3.9)	181(4.9)	105(7.2)	223(7.51)	63(2.18)
불법/범죄/혐오성		69(6.5)	328(9)	532(36.4)	677(22.81)	753(26.11)
성인/음란성		654(61.4)	2,055(56.1)	171(11.7)	214(7.21)	181(6.28)
상업적/의도적 악용		41(3.8)	644(17.6)	308(21.1)	188(6.33)	316(10.96)
종합		121(11.4)	207(5.7)	238(16.3)	336(11.32)	154(5.34)
서비스 품질 저해*	검색결과 이상	–	–	–	7(0.24)	33(1.14)
	오타/특수문자/무의미	–	–	–	134(4.51)	81(2.81)
	욕설/비속어/장난	–	–	–	22(0.74)	8(0.28)
	추천 부적절	–	–	–	173(5.83)	32(1.11)
법령 및 행정 사법기관의 요청		0	0	0	0	0
유사 키워드		–	–	–	1,074(36.19)	1,294(44.87)
합계		1,066(100)	3,663(100)	1,462(100)	2,968(100)	2,884(100)

출처: 한국인터넷자율정책기구 검색어 검증위원회 1~4차 보고서

* 2012년 9월에는 '서비스 품질저해'가 단일 유목으로 집계되었고, 2014년 상반기부터 '검색결과이상', '오타/특수문자/무의미', '욕설/비속어/장난', '추천 부적절'의 세부 항목으로 집계.

해 신고에 따라 검색어를 노출 혹은 제외처리하는 경우로 구분된다. 먼저 자동완성 검색어에 대해 네이버가 직접 제외처리한 결과를 보면, 2012년 9월에는 '서비스 품질저해'(8,658건, 35.94%), '불법/범죄/혐오성'(8,450건, 35.08%) 검색어가 가장 많이 제외처리되었다. 2013년 상·하반기에는 '성인/음란성'(상반기 117,493건, 41.4%; 하반기 84,269건, 42.7%) 검색어가 가장 많이 제외처리되었으며 '저작권 침해'(상반기 81,390건, 28.7%; 하반기 54,431건, 27.58%) 사유가 그 뒤를 이었다. 2014년 상·하반기에는 '오타'(상반기 13,325건, 27.38%; 하반기 13,882건, 39.22%)에 따른 제외처리와 '일반인 개인정보 유출(상반기 12,322건, 25.32%; 하반기 4,557건, 12.87%) 사유가 크게 늘어난 점을 볼 수 있다(〈표 11-3〉 참조).

반면, 이용자의 권리침해 신고에 의해 처리된 사유는 '명예훼손'의 비중이 가장 높은 것으로 나타났다(2012년 9월 102건, 58%; 2013년 상반기 3,973건, 51.9%; 2013년 하반기 4,426건 48.6%; 2014년 상반기 1,106건, 41.5%; 2014년 하반기 548건, 40.7%).[37] 이외에 '성인·음란성' 검색어도 높은 비중을 차지했으며, '일반인의 개인정보 노출' 사유도 2013년 상반기 이후 주요한 사유로 등장하고 있다(〈표 11-3〉 참조). 이러한 결과는 네이버가 자체적으로 판단하여 자동완성 검색어를 제외처리하는 사유와 이용자의 신고에 의해 제외처리하는 사유에 현저한 차이가 있다는 것을 보여준다.

〈표 11-4〉는 연관검색어 서비스의 노출제외 처리현황이다. 네이버

[37] 이는 명예훼손 등 법률적 판단이 필요한 사안의 경우 원칙적으로 권리침해 신고가 있는 경우에 법무 책임자의 판단을 받아 처리하고 있기 때문이다. 예외적인 사안에 대해서는 자체 판단에 의해 제외처리하는 경우가 있으나, 자체 판단에 의한 검색어 제외 통계에서 명예훼손을 이유로 하는 제외 건수는 다른 사유에 의한 제외 건수에 비하여 극히 적다(한국인터넷자율정책기구, 2013. 1).

〈표 11-3〉 자동완성 검색어 제외처리 현황

건(%)

제외사유	2012년 9월 직접 처리	2012년 9월 이용자 신고 처리	2013년 상반기 직접 처리	2013년 상반기 이용자 신고 처리	2013년 하반기 직접 처리	2013년 하반기 이용자 신고 처리	2014년 상반기 직접 처리	2014년 상반기 이용자 신고 처리	2014년 하반기 직접 처리	2014년 하반기 이용자 신고 처리
명예훼손	14(0.06)	102(58)	33(0)	3,973(51.9)	4,427(2.24)	4,427(48.6)	1,106(2.27)	1,106(41.5)	548(1.55)	548(40.7)
개인 총합	3,653(15.16)	25(14.2)	19,375(6.8)	1,182(15.4)	14,797(7.5)	2,989(32.9)	13,884(28.53)	569(21.3)	4,734(13.37)	132(9.8)
개인 정부/유명인 유명인	—	—	899(0.3)	40(0.5)	783(0.4)	225(2.5)	1,562(3.21)	112(4.2)	177(0.5)	58(4.3)
개인 정부/유명인 일반인	—	—	18,476(6.5)	1,142(14.9)	14,014(7.1)	2,764(30.4)	12,322(25.32)	457(17.1)	4,557(12.87)	74(5.5)
유출* 불법/범죄/혐오성	8,450(35.08)	15(8.5)	10,230(3.6)	52(0.7)	10,542(5.34)	59(0.6)	1,108(2.28)	36(1.4)	419(1.18)	26(1.9)
유출* 성인/음란성	3,316(12.76)	21(11.9)	117,493(41.4)	1,927(25.7)	84,269(42.7)	1,267(13.9)	7,965(16.36)	404(15.2)	5,303(14.98)	385(28.6)
상업적/의도적 악용(어뷰즈)**	0	12(6.8)	3(0)	306(4.0)	257(0.13)	251(2.8)	574(1.18)	382(14.7)	915(2.58)	180(13.4)
서비스 품질 저해	8,658(35.94)	1(0.6)	—	—	—	—	—	—	—	—
법령 및 행정 사법기관의 요청 저작권 침해	—	—	81,390(28.7)	127(1.7)	54,431(27.58)	160(1.9)	4,627(9.51)	16(0.6)	5,150(14.55)	23(1.7)
법령 및 행정 사법기관의 요청 반사회성	—	—	3,345(1.2)	11(0.1)	2,369(1.2)	14(0.2)	1,534(3.15)	9(0.3)	200(0.57)	2(0.1)
법령 및 행정 사법기관의 요청 욕설/비속어	—	—	3,976(1.4)	54(0.7)	1,584(0.8)	53(0.6)	311(0.64)	20(0.7)	186(0.53)	3(0.2)
오타	—	—	36,243(12.8)	8(0.1)	24,927(12.63)	98(1.1)	13,325(27.38)	27(1)	13,882(39.22)	13(1)
기타	—	—	11,864(4.2)	18(0.2)	5,983(3.03)	21(0.2)	3,411(7.01)	86(3.2)	3,534(9.98)	36(2.7)
합계	24,091(100)	176(100)	283,952(100)	7,658(100)	197,346(100)	9,348(100)	48,672(100)	2,665(100)	35,398(100)	1,348(100)

출처: 한국인터넷자율정책기구 검색어 검증위원회 1~4차 보고서.

* 개인정보유출의 경우 2012년 9월에는 유명인과 일반인을 구분하지 않고 집계되었으며, 2013년 상반기부터는 '유명인'과 '일반인'을 구분하여 집계되었다.

** 상업적, 의도적 악용이 2013년 상반기부터 '어뷰즈' 항목으로 집계하였다.

〈표 11-4〉 연간 검색어 제외처리 현황

건(%)

제외사유		2012년 9월 직접 처리	2012년 9월 이용자 신고 처리	2013년 상반기 직접 처리	2013년 상반기 이용자 신고 처리	2013년 하반기 직접 처리	2013년 하반기 이용자 신고 처리	2014년 상반기 직접 처리	2014년 상반기 이용자 신고 처리	2014년 하반기 직접 처리	2014년 하반기 이용자 신고 처리
명예훼손		18(0.13)	321(50.9)	28(0)	15,746(69.1)	14,397(16.55)	14,397(55.4)	6,334(10.33)	6,334(50.5)	4,144(8.57)	4,114(43.6)
개인정보유출*	종합	857(6.35)	173(27.4)	16,758(16)	3,485(15.3)	19,138(22)	8,314(32)	31,059(50.64)	3,197(25.5)	6,164(12.74)	1,150(12.1)
	유명인	-	-	482(0.5)	195(0.9)	2,128(2.45)	1,583(6.1)	3,052(4.98)	762(6.1)	1,084(2.24)	636(6.7)
	일반인	-	-	16,276(15.5)	3,290(14.4)	17,010(19.55)	6,731(25.9)	28,007(45.66)	2,435(19.4)	5,080(10.5)	514(5.4)
불법/범죄/혐오성		9,781(72.43)	56(8.9)	1,856(1.8)	1,155(5.1)	3,102(3.56)	270(1)	4,673(7.62)	359(2.9)	5,664(11.71)	2,402(25.3)
성인/음란성		2,006(14.85)	54(8.6)	15,940(15.2)	896(3.9)	16,805(19.31)	942(3.6)	2,819(4.6)	189(1.5)	8,114(16.78)	153(1.6)
상업적/의도적 이용(어뷰즈)**		-	19(3)	11(0)	325(1.4)	623(0.72)	324(1.2)	302(0.49)	302(3.9)	720(1.49)	398(6.6)
서비스 품질 저해		843(6.24)	8(1.3)	-	-	-	-	-	-	-	-
법령 및 행정 사법기관의 요청		-	0	-	-	-	-	-	-	-	-
저작권 침해		-	-	66,893(63.6)	919(4)	28,138(32.34)	1054(4.1)	4,756(7.75)	156(1.2)	12,424(25.69)	494(5.2)
반사회성		-	-	829(0.8)	18(0.1)	1,229(1.41)	132(0.5)	914(1.49)	26(0.2)	229(0.47)	6(0.1)
욕설/비속어		-	-	549(0.5)	73(0.3)	613(0.7)	84(0.3)	187(0.3)	27(0.2)	169(0.35)	3(0)
오타		-	-	1449(1.4)	4(0)	3,591(4.13)	168(0.6)	4,667(7.61)	6(0)	3,615(7.47)	119(1.3)
기타		-	-	855(0.8)	115(0.5)	1,368(1.57)	612(2.4)	4,164(6.79)	491(2.4)	3,414(7.06)	625(4.2)
합계		13,505(100)	631(100)	105,168(100)	22,792(100)	87,013(100)	26,297(100)	61,339(100)	11,087(100)	48,365(100)	9,494(100)

출처: 한국인터넷자율정책기구 검색어 검증위원회 1~4차 보고서

* 개인정보유출의 경우 2012년 9월에는 유명인과 일반인을 구분하지 않고 집계되었으며, 2013년 상반기부터 '유명인', '일반인'을 구분하여 집계되었다.

** 상업적, 의도적 악용의 경우 2013년 상반기부터 '어뷰즈' 항목으로 집계하였다.

가 자체적으로 판단하여 직접 제외처리한 경우를 보면, 2012년 9월에는 '불법·범죄·혐오성'(9,781건, 72.43%), '성인·음란성'(2,006건, 14.85%) 순이었고, 2013년 상·하반기에는 '저작권 침해'(66,893건, 63.6%; 28,138건, 32.34%), '일반인 개인정보 유출'(16,276건, 15.5%; 17,010건, 19.55%) 순으로 제외처리 사유가 나타났다. 2014년 상·하반기에는 유명인보다 '일반인의 개인정보 유출'(28,007건, 45.66%)이 약 10배 정도 많았다. 이는 세월호 참사, 22사단 총기난사 사건 등으로 인해 일반인의 개인정보가 다수 유출된 영향으로 보인다 (한국인터넷자율정책기구, 2015.3).

그 외에 저작권 침해사유가 2014년 상·하반기에 각각 4,756건 (7.75%), 12,424건(25.69%)으로 나타났다. '성인·음란성'의 경우에는 2014년 상반기를 제외하고 10%대를 유지하였다.

연관검색어에 대한 이용자 권리침해 신고의 사유는 자동완성 검색어에 대한 권리침해 신고와 마찬가지로 '명예훼손'에 관련된 건수가 가장 많았다(시기별로 각각 321건, 50.9%; 15,746건, 69.1%; 14,397건, 55.4%; 6,334건, 50.5%; 4,114건, 43.6%). '일반인의 개인정보 유출' 역시 2013년 상반기 이후 지속적으로 높은 비중을 차지한 것으로 나타났다. 자동완성 검색어와 마찬가지로 연관검색어 서비스에서도 네이버가 자체적으로 판단하여 자동완성 검색어를 제외처리하는 사유와 이용자의 신고에 의해 제외처리하는 사유에는 현저한 차이가 있다는 것을 알 수 있다. 네이버에서 연관검색어 목록 옆에 '신고하기' 버튼을 두는 등 권리침해에 대한 신고를 간소화한 것도 이용자 권리침해 신고건수를 증가(한국인터넷자율정책기구, 2014.3)시킨 요인으로 보인다.

실제 검색어 서비스 담당자들이 참조하는 검색어 제외처리 가이드라인이나 세부 운영정책 등은 보고서에 공개되지 않았다.[38] 또한 이러한 기준이 마련되어 있다 하여도, 가이드라인의 기계적 적용이 문제로 지적되었다. 즉, 특정 단어가 검색어에 포함되었다는 이유만으로 검색어가 노출에서 제외됨으로써 이용자들의 사회적 이슈에 대한 접근이 과도하게 제한되는 경우가 많았다(한국인터넷자율정책기구, 2013. 9; 2014. 3; 2015. 3).

따라서 가이드라인을 구체적으로 설정하고 그에 대한 예시를 적절하게 배치하여 검색어의 검수 담당자들이 일관된 방식으로 검수를 처리하는 한편, 적절한 수위에서 해당 가이드라인을 운용하는 노력이 요구된다. 이와 관련하여 검증위원회는 지속적인 모니터링을 통해 검수된 사례 중 적절하지 않은 사례를 분류하여 운영 가이드라인을 재정비하고, 새롭게 나타나는 검색어 문제의 경우 관련된 사안을 충분히 논의하여 문제를 해결할 수 있는 검증기구가 필요하다고 제안하고 있다(한국인터넷자율정책기구, 2013. 9).

또한 검증위원들은 검색노출 제외처리의 내용과 노출제외 결정절차를 검토하여, 그 기준의 적정성과 타당성 등을 살피고 개선방안을 제시하였다. 예를 들어 검색 노출제외어 처리기준과 관련하여 검색결과에 의해 개인정보가 노출될 가능성을 고려할 것, 불법·범죄·혐오에 대한 개념을 명확히 할 것, 행정·사법기관의 요청에 의해 노출 제외어로 처리할 경우 강제조치와 임의조치를 구분하고 임의조치의 경우 수용할 수 있는 경우와 수용하지 않는 경우의 기준을 규정할 것 등의 개선방향을 제시했다. 또한 정치·사회적 문제와 관련된 검색어에 대해 명예훼

---

38 KISO 정책규정에서 제시하는 검색어 서비스에 대한 예외적 처리절차를 바탕으로 실제 검색어 서비스 담당자들이 참고하는 가이드라인을 말한다. 보고서에는 해당 내용의 전체가 서술되지 않고 부분적으로 요약되어 있다. 보고서의 설명에 따르면 실무자들이 참고하는 가이드라인은 기본 절차와 세부운영 가이드라인 혹은 정책으로 구성되어 있으며, 이에 해당하는 구체적 사례가 항목별로 제시되어 있다.

손과 사생활 침해를 이유로 노출제외 결정을 할 때에는 3인 이상의 책임
자급 판단을 받은 후 노출제외를 결정하는 절차를 마련하고, 노출제외
어의 타당성을 사후적으로 검증할 수 있는 내부 절차를 마련할 것 등의
개선방안을 제시하기도 했다(한국인터넷자율정책기구, 2012.9).

2차 보고서에서는 일반인들이 검색어 노출 또는 제외처리 신고절차
를 잘 알지 못해 명예훼손 등 검색노출 제외사유가 발생해도 이를 신고
하지 못하는 경우가 많다는 점을 지적하였으며, 이는 연관검색어 옆에
'신고하기' 버튼을 신설하는 개선으로 이어졌다(한국인터넷자율정책기
구, 2013.9). 이외에도 범죄명이 포함된 검색어에 대해 운영기준을 너
무 기계적으로 적용할 경우 사회적 이슈에 대한 접근을 과도하게 제한
하는 결과를 낳을 수 있으므로 이를 보완할 수 있는 방안을 강구하라고
권고했다.

3차 보고서에서는 시사·사회성 집단행동이라는 세부기준을 이용하
여 노출제외 여부를 결정하는 것은 적절하지 않다는 것과 언론에서 보
도된 부정적 사안에 대해 해당 단체들의 신고를 적극적으로 반영하여
검색에서 제외할 것인지 혹은 시청자·소비자의 알 권리 측면에서 검
색에 노출시킬 것인지에 대한 운영기준 마련이 필요하다는 것을 지적
했다(한국인터넷정책기구, 2014.3).

또한 급속하게 늘어나는 어뷰징과 관련해 단순히 검색어에서 노출
제외처리하는 데 그치지 말고 이용자의 관심과 어뷰징을 구별하여 자
체적 판단을 수행해야 하며, 여론환기 등을 목적으로 실시간 급상승검
색어를 이용하는 경향에 대한 대책이 필요함을 지적했다(한국인터넷정
책기구, 2014.3; 2015.3).

검증위원회의 보고서는 검색어 노출에서 제외처리되는 사유와 비중
등에 대한 통계현황을 제시하고, 일반인들의 개인정보 노출이나 어뷰

징 문제 등 변화하는 포털 이용환경을 반영해 검색 서비스의 투명성을 제고하는데 기여한 측면이 있다. 또한 검색어 제외기준에 대한 정의와 예외적 사항 등에 대해 명확하게 서술하여, 문제가 될 수 있는 검색어 등을 일관되게 처리할 수 있도록 하였다. 이는 검색 서비스에 대해 포털 사업자가 자의적으로 처리할 수 있는 부분을 최소화하고 이용자들의 권리침해에 적극적으로 대응할 수 있도록 하는 등 긍정적으로 평가받을 수 있는 부분이다.

그러나 1차 보고서 이후 검증위원회가 지적한 사항에 대해 구체적으로 검토를 진행 중인지 여부나 검증위원회의 권고사항이 실제로 어떻게 서비스에 반영되었는지에 대한 설명이 충분치 않아 해당 보고서의 구속력 또는 실천력에 한계가 있는 것으로 평가된다. 어뷰징이나 상업적, 의도적인 검색어의 악용, 기존 언론이 아닌 소셜 미디어 등을 통해 나타나는 개인정보의 침해 등 새로운 형태의 문제가 계속 등장하는 만큼 이를 어떻게 개선할 것인가에 대한 논의가 이루어져야 할 것이다.

6. 논의

이상에서 포털 미디어의 폐쇄적 게이트키핑과 그로 인해 제기되는 공정성 문제를 살펴보고, 이에 대한 대응으로서 나타나는 검색 중립성의 개념과 내용 등을 살펴보았다. 이를 통해 검색 중립성의 개념이 모호하고 실효성이 없으며, 실제로 이를 적용하더라도 스팸, 어뷰징과 같은 부작용이 생길 수 있다는 점이 지적되었다.

우리나라의 대표적 포털 미디어인 네이버 역시 유사한 공정성 문제로 논란의 대상이 되고 있다. 특히 정치적 이슈에 관한 검색 공정성 문제가 제기되면서 네이버의 검색어 서비스가 특정 정치세력에 대해 우호적 입장을 취하고 있다는 의혹이 제기되었다. 이에 대해 네이버를 비롯한 포털 사업자들은 자율규제기구 KISO를 설립하고, 산하에 검색어 검증위원회를 구성하여 투명성 보고서를 발간하는 등 공정성 시비에 대해 능동적으로 대응하는 모습을 보였다. 이처럼 자율규제의 범위 내에서 포털 미디어가 검색의 공정성 시비에 대해 적극적으로 대응하고 있다는 점은 긍정적으로 평가할 만하다.

그러나 검색어 검증위원회는 검증활동에서 KISO 정책규정의 제13조(예외적 삭제)에 제시된 조항들을 검증기준으로 삼았다는 한계를 드러냈다. 포털 검색 서비스와 관련하여 가장 논란이 된 검색의 정치적 공정성 문제를 다루기보다는 명예훼손, 개인정보 노출, 어뷰징 등 기존 검색노출 제외어 유목차원에서 검색어 처리가 제대로 이루어졌는지 여부를 평가한 것이다.

또한 갈수록 증가하는 소셜 미디어를 통한 일반인의 개인정보 침해 사례나 어뷰징 문제, 역어뷰징[39]과 같이 일반적 어뷰징과 구별하기 어려운 경우 등 현행 정보통신망법이나 기타 제반 법률로 규정할 수 없는 새로운 양상의 문제가 계속해서 등장하는 상황이다. 이에 대한 검증위원회의 지속적 문제제기에도 불구하고 이러한 문제에 어떻게 대응할 것인가에 대한 구체적 논의는 진전되지 않고 있다. 검증위원회에서 지적한 사항이 포털사들에 의해 제대로 반영되는지 확인하기 어렵다는 점, 그리고 4차 보고서를 끝으로 해당 검증위원회의 활동이 종료된 후 나타날 수 있는 공정성 문제 등은 여전히 과제로 남아 있다.

검증위원회의 보고서에서 구체적으로 각 포털사에서 누가 어떠한 절차와 내용을 통해 검색어에 대한 예외적 처리를 수행하는지, 해당 내용을 검수하는 인력 등에 대한 교육이나 사후 검증이 어떻게 이루어지는지 등에 대한 내용이 완전히 드러나지 않는 것 역시 한계로 지적될 수 있다. 검색 서비스 운영과 관련해 공정성에 대한 외부의 의혹을 불식시키는 방법은 노출제외 검색어의 선별 및 판단 절차의 객관성과 투명성을 확보하는 것이다(한국인터넷자율정책기구, 2013. 1). 포털 미디어의 영향력을 감안하면 검색 알고리즘 자체를 구체적으로 공개하지는 않더라도 우리 사회의 여론과 밀접하게 관련되어 공정성 문제가 불거지는 검색어 서비스에 대해서는 노출제외에 대한 처리과정이 보다 세밀하고 투명하게 공개될 필요가 있다.

검색 서비스에서 제외된 검색어의 목록과 제외사유 등을 각 포털사들이 주기적으로 그대로 공개하는 것이 해결책이 될 수도 있으나 노출에서 제외된 검색어는 불법적 정보를 담고 있거나 타인의 명예를 훼손할 수 있는 정보이므로, 해당 정보의 공개가 가능한지 혹은 가능하더라도 타당한지에 대해 검토가 필요하다. 따라서 1차 보고서의 제안처럼

---

39 어뷰징의 경우 이용자 신고를 기반으로 처리될 경우 어떤 업체가 다른 경쟁업체에 관한 '긍정적 의미'의 검색어를 배제하려는 역어뷰징의 문제가 나타날 수 있다.

각 포털사는 KISO 등 제 3의 기관에 대해 정기적으로 노출 제외어 목록과 제외사유를 제공하고 그 타당성을 검증받는 방안을 추진하는 것이 타당하다고 할 것이다(한국인터넷자율정책기구, 2013. 1). 또한 검증 보고서에서 지적한 내용들을 반영하여 각 포털마다 검색 서비스 운영 가이드라인을 개선하는 노력이 수반되어야 할 것이다.

포털 검색 서비스의 공정성 제고를 위한 노력은 자율규제를 기반으로 이루어져야 한다. 국가기관 등에서 이에 개입하는 것은 바람직하지 못함은 물론, 포털 미디어의 검색 공정성을 둘러싼 시비와 의혹을 더욱 심화시킬 것이다. 하지만 포털 검색 서비스의 사회적 영향력이 막대하고 또 이를 둘러싼 공정성 시비가 지속되는 상황에서 누군가는 사회 구성원을 대신하여 검색 서비스의 내부를 지속적으로 들여다보고 포털 검색 서비스가 과연 사회적 차원에서 적정한 방향으로 이루어지는지 살펴볼 필요가 있다.

현시점에서 포털 미디어의 검색 공정성 제고를 위한 현실적 방안은 그간 검색어 검증위원회에 대해 지적되었던 문제점을 개선함으로써 동 위원회에 의해 수행된 자율규제의 구속력과 실효성을 강화하는 것이라고 할 수 있다. 이를 위해서는 일차적으로 검색어 검증위원회의 공신력을 제고할 수 있어야 한다. 검색어 서비스에 대한 전문성을 갖추고, 다양한 이해관계로부터 독립적 인사들로 검증위원회를 구성해야 한다. 참여의 폭 및 평등성 제고 차원에서 공모절차가 검토될 수도 있을 것이다.

앞서 지적한 대로 지금까지 4차례에 걸쳐 이루어진 검색어 검증위원회의 활동은 포털 검색 서비스가 명예훼손, 개인정보 노출, 음란성 검색어, 폭력·반사회적 성향의 검색어 등 실정법상의 검색어 제외규정을 제대로 지켰는지에 대한 검증에 국한되었다. 이러한 수준의 검증은 포털 검색 서비스의 공정성에 대한 사회적 우려에 비추어 턱없이 부족한 것이다. 향후 검증위원회는 검색어 제외기준을 검토하고 정교화하는 역할을 넘어 포털 검색 서비스의 공정성 시비에 대해 주도적으로 대응하고 포털 검색 서비스의 윤리적·사회적 책임을 적극적으로 견인하는 역할을 수행할 수 있어야 할 것이다.

이를 위해서는 검증위원회의 토대가 되는 인터넷 포털 자율정책기구 (KISO)의 구성과 위상 자체가 달라져야 한다. 포털 사업자들에 종속된 지배구조 속에서 이용자 권리침해에 국한해 제한적으로 운영되는 현재의 자율정책기구가 아니라,[40] 포털 검색 서비스의 공정성과 관련한 문제들을 선제적으로 진단하고 그에 적극적으로 대응하는 독립적이고 강력한 자율정책기구의 위상이 그것이다.

이처럼 새로운 자율정책기구는 포털 사업자 입장에서 현행 KISO 체제보다 한층 엄격한 사회적 책임 및 규제 의무를 감수해야 하는 부담으로 다가올 것이다. 그러나 우리 사회에서 포털 미디어가 지니는 막대한 영향력을 고려할 때, 포털 검색 서비스의 공정성 문제를 해소하기 위해 사업자가 최선을 다하는 모습을 보이는 것은 검색의 신뢰성을 높이고 미디어로서 포털의 위상을 정립하기 위해 반드시 필요하다. 이는 궁극적으로 이용자들의 검색경험의 질과 서비스에 대한 만족도를 높임으로써 포털 미디어의 경쟁력을 제고하는 결과로 돌아오게 될 것이다.

---

40 KISO의 모델이 된 영국의 IWF(Internet Watch Foundation)은 사업자들이 재정적 책임을 지지만 거버넌스에는 관여하지 않는 독립성을 지닌다. 하지만 이 모델이 국내에 도입되는 과정에서 포털 사업자들의 대표가 거버넌스를 직접 행사하는(예를 들어 회원사 대표들이 이사회를 구성하고 이사장을 돌아가며 맡는 방식) 구조로 변질되었다. 이러한 거버넌스 구조는 포털 사업자들이 경제적 책임을 지지만 거버넌스에 관여하지 않는 독립적 구조로 개선되어야 한다.

〈부록 11-1〉 한국인터넷자율정책기구 검색어 검증위원회의 '네이버' 실시간 급상승 검색어 등에 대한 검증보고서

보고서/검증 기간	검증 위원	네이버 제공 자료	검증 방법	검증 내용 및 기준
1차/ '12년 9월	- 김기중(법무법인 동서파트너스 변호사) - 배 영(숭실대 정보사회학과 교수) - 정경오(KISDI 책임연구원) - 황용석(건국대 언론홍보대학원 교수)	- 사회적으로 문제된 사례('인척수 룸살롱', '정우택 성상납' 검색어)에 대한 자료와 NHN의 입장 - 네이버 실시간 급상승 검색어 및 자동 완성/연관 검색어 제외 절차 - 네이버 실시간 급상승 검색어 및 자동 완성/연관 검색어 세부 운영 정책 - 2012년 9월 실시간 급상승 검색어 노출 제외어 목록 및 자동 완성/연관 검색어 노출 제외어 목록(자동 완성/연관 검색어의 경우 권리 침해 신고를 받은 검색어 중 제외된 것과 제외되지 않은 것의 구분 포함) - 각 서비스 책임자 인터뷰(3회)	- 검색어 서비스에 비판적 의견을 발표한 외부 인사들의 자문 - 네이버 각 서비스 담당자에 대한 인터뷰 - NHN 제출 규정 검토 - 실제 제외어에 대한 전수 조사 및 제외 과정에 대한 적정성 판단	- 검증 내용 • 검색어의 노출 제외 절차 • 검증대상 검색어의 노출 제외 기준(운영정책) • 노출 제외어에 대한 검증 • 각 서비스의 검색어 추출 알고리즘은 검증대상에서 제외 - 검증 기준 • 외압에 의한 부당한 노출 제외어가 있었는지 여부 • 노출 제외어 결정에 자의적 개입이 있었는지 여부 • 노출 제외어 처리 절차 및 기준의 적정성 • 개별 노출 제외어의 적정성

〈부록 11-1〉 계속

보고서/검증 기간	검증 위원	네이버 제공 자료	검증 방법	검증 내용 및 기준
2차/'13년 상반기	- 김기중(법무법인 동서파트너스 변호사) - 배영(숭실대 정보사회학과 교수) - 정경오(KISDI 책임연구원) - 황용석(건국대 언론홍보대학원 교수) - 이재신(중앙대 신문방송학과 교수) - 김성순(이화여대 법학전문대학원 겸임교수)	- 2013년 상반기 네이버 실시간 급상승 검색어 제외어 목록 전체 - 2013년 상반기 네이버 자동 완성/연관 검색어 제외어 목록 전체 - 2013년 상반기 검색 제외어 관련 검증위원회 질의에 대한 네이버의 답변 - 각 서비스 책임자 인터뷰	- 네이버 각 서비스 담당자에 대한 인터뷰 - NHN 제출 규정 검토 - 실제 제외어에 대한 전수 조사 및 제외 과정에 대한 적절성 판단	- 검증 내용 • 실시간 급상승 검색어와 자동 완성/연관 검색어의 노출 제외절차와 기준(운영가이드), 노출 제외어 검증 • 미래의 오류 또는 자의적 개입 가능성 감소 받은 검토 • 각 서비스의 검색어 추출 알고리즘은 검증대상에서 제외 - 검증 기준 • 외압에 의한 부당한 노출 제외어가 있는지 여부 • 자의적 판단에 의한 노출 제외어가 있는지 여부 • 운영정책(운영가이드)에 따른 적정한 제외처리 여부(과잉처리 문제 중심, 과소처리는 제외) • 자의적인 판단을 줄일 수 있는 구체적인 노출 제외어 판단 기준 제시

〈부록 11-1〉계속

보고서/검증 기간	검증 위원	네이버 제공 자료	검증 방법	검증 내용 및 기준
3차/ '13년 하반기	- 김기중(법무법인 동서파트너스 변호사, 소위원장) - 배 영(숭실대 정보사회학과 교수) - 정경오(KISDI 책임연구원) - 황용석 건국대 - 이재신(중앙대 신문방송학과 교수) - 김성순(이화여대 법학전문대학원 겸임교수) - 차미영(카이스트 문화기술대학원 교수)	- 2013년 하반기 네이버 실시간 급상승 검색어 제외어 목록 전체 - 2013년 하반기 네이버 자동 완성/연관 검색어 제외어 목록 전체 - 2013년 하반기 검색 제외어 관련 검증위원회 질의에 대한 네이버의 답변 - 각 서비스 실무자 및 책임자 인터뷰	- 네이버 검색어 제외 업무 실사 - 제외 업무 담당자 인터뷰 - 검색 분야 책임자 인터뷰 (검색어 운영 프로세스 확인) - 사전 통보 없는 추가 데이터 요구(알고리즘의 적정성, 타당성 검토) * 데이터에 기반을 둔 기술적인 검증은 수많은 한계를 내포하고 있기 때문에 가능하다하더라도 모의 검증이 이뤄질 수밖에 없다. 이에 기술적인 측면에서의 검증과 평가는 알고리즘의 적정성, 타당성에 대한 검토로 제한되었다.	- 2차 보고서와 검증 내용, 검증 기준 동일.

<부록 11-1> 계속

보고서/검증 기간	검증 위원	네이버 제공 자료	검증 방법	검증 내용 및 기준
4차/'14년	- 김기중(법무법인 동서파트너스 변호사, 소위원장) - 배 영(숭실대 정보사회학과 교수) - 정경오(KISDI 책임연구원) - 황용석(건국대 언론홍보대학원 교수) - 이재신(중앙대 신문방송학과 교수) - 김상순(이화여대 법학전문대학원 겸임교수) - 차미영(카이스트 문화기술대학원 교수)	- 2014년 네이버 실시간 급상승 검색어 노출 제외어 목록 전체 - 2014년 상/하반기 각 2개월이 네이버 자동 완성/연관 검색어 노출 제외어 목록 전체 (상반기: 2014년 4월 16일~2014년 6월 25일, 하반기: 2014년 9월 1일~2014년 10월 31일): 사회적 이슈를 고려하여 전반기에는 '세월호 침몰사건', '22사단 총기 난사사건'이 있었던 시기 채택 * 그 중요성이 상대적으로 큰 실시간 급상승 검색어에 대해서는 2014년 노출 제외 검색어 전수 조사, 비교 작위이 많고 다양한 검색어가 존재하는 연관/자동 완성검색어의 경우에는 상반기 2개월 및 하반기 2개월자료 분석		- 2, 3차 보고서와 검증 내용, 검증 기준 동일

*각 차수의 검증 보고서의 내용을 기반으로 정리하였음.

〈부록 11-2〉 네이버 검색어 검증위원회 보고서의 주요 내용

보고서	평가 및 제안	개선 및 반영 사항
1차	1. 실시간 급상승검색어 (1) 제외 절차 - 검수부터 노출까지의 시간이 현행 5분은 짧으므로 최소 10분 정도로 연장할 것. - 정치, 사회적인 문제와 관련된 검색어를 명예훼손과 사생활 침해를 이유로 노출 제외 결정을 할 때에는 3인 이상의 책임자가 판단을 받은 후 노출 제외를 결정하는 절차를 마련할 것. 단, 연예인 관련 검색어의 경우 긴급한 처리의 필요성을 부인할 수 없으므로, 예외로 할 수 있음. - 노출제외어의 타당성을 사후적으로 검증할 수 있는 내부 절차를 마련할 것. (2) 제외 기준 - 해당 검색어 결합에 의해 개인정보가 노출될 가능성이 있는 경우를 고려할 것. - 명예훼손 관련 사내법무책임자의 검수 절차를 구체적으로 밝힐 것. - 명예훼손의 경우 루머성/목로성/비방성 검색어의 검수로 통합하고 그 세부유형에 언론보도가 있는 경우와 없는 경우로 구분할 것. - 언론 보도되지 않은 명예훼손/루머성 이슈 검색어 유형에서 실시간급상승검색어는 제어가 원칙인데, 자동 완성/연관 검색어는 노출처리를 원칙으로 하고 있음. 처리 기준의 차이가 나는 근거나 이유를 명확히 제시할 것. - 성인성 검색어와 음란성 검색어를 따로 정의하여 과잉제어되지 않도록 할 것. - 불법·범죄·혐오에 대한 개념을 명확히 할 것. 혐오의 경우 광의의 개념인 반사회성을 사용함. - '검색어'와 '검색결과'를 구분하여 불법·범죄·반사회성이 포함된 검색어/검색어 자체는 문제가 없으나 결과에 관련 내용이 포함된 경우로 분류할 것. - '서비스 품질 저해'의 기준을 명확히 하고 제어 및 노출의 기준을 제시할 것.	*검증위원회에서 펴낸 첫 번째 보고서로, 개선 및 반영 사항에 대해서는 다음 차수 보고서에 서술됨

〈부록 11-2〉 계속

보고서	평가 및 제언	개선 및 반영 사항
1차	- 욕설/비속어 검색어가 불법·범죄·혐오, 서비스 품질 저해 두 가지 유형 모두에 포함되어 있음. 따라서 욕설/비속어는 반사회성으로, 반사회성 검색어는 서비스 품질을 저해하는 것으로 포함하는 것을 권고함. - 행정·사법 기관의 요청의 경우 강제조치와 임의조치로 구분하고, 임의조치의 경우 수용할 수 있는 경우와 수용하지 않는 경우의 기준을 규정할 것. - 행정·사법 기관의 포괄적 제어 요청이 경우 구체적인 내용을 확인 또는 재요청하는 절차를 명시할 것. 유형별 처리방식에 대해서 행정기관별로 유형화할 것. - 상업적·의도적 악용에 대한 담당자의 업무를 구체적으로 규정할 것. - 상업적·의도적 악용에 관해 검수기준에서 제시하는 유형에 따라 상업적 검색어와 조작 목적 검색어로 구분하고, 상업적 검색어는 상품명·서비스명·기업명 검색어와 쇼핑몰·사이트명 검색어로 분류하고, 조작 목적 검색어는 어뷰징 검색어를 포함할 것. 2. 자동 완성/연관 검색어 (1) 제어 절차 – 명예훼손, 개인정보 등 권리 침해를 이유로 하는 자동 완성 검색어 제어 결정은 권리침해신고에 따라 이루어지도록 하고 자체적인 제어 결정을 최소화하며, 이러한 원칙이 '세부운영정책'에 반영되도록 하고, 자동 완성/연관 검색어에 대한 권리침해 신고를 보다 적극적으로 알리고 이를 활용할 수 있도록 할 것. (2) 운영 정책 - 성인성 검색어를 음란성 검색어로 처리하는 경우 과잉 처리의 문제가, 음란성 검색어를 성인성 검색어로 처리하는 경우 과소처리의 문제가 발생할 수 있으므로, 세부적으로 구별할 것. - '준 성인성 검색어'에서 '준 성인성'의 의미가 불분명하므로 따로 분류될 필요가 없음.	

620

〈부록 11-2〉 계속

보고서	평가 및 제안	개선 및 반영 사항
1차	- 유명인의 개인정보 노출 검색어에 해당 검색어와의 결합에 의해 개인정보가 노출되는 경우를 추가할 것. - 개인정보가 노출되는 경우의 범위가 넓으므로 적절히 제한할 것. - 개인의 신상정보 중, 민감 정보는 원칙적으로 제외하고 예외적으로 노출할 것. - 유명인과 일반인의 구분은 기본 처리 방식에 배치할 것. - 유명인 및 단체에 대한 명예훼손성 검색어에 위험자가 요청할 때마다 새 위임장을 요구할 것. - '저작권 침해에 대해 이해도가 높은 검수자'을 기본 처리방식에 배치할 것. - 성명 관련된 행위/범죄명을 직접적으로 노출하는 검색어의 경우 불법·범죄 관련 검색어가 아니라 명예훼손과 관련된 내용이 많으므로 명예훼손성 검색어로 분류할 것. 3. 투명성 제고를 위한 검증위원회 권고 (1) 검증기구 운영영역의 수립 – 검증주체의 독립성, 검증자료의 투명성, 검증절차의 명료성, 답변의 즉시성. (2) 검증기구의 구성 – KISO 정책위원회 회원사 소속 정책위원이 아닌, 정책위원만으로 구성된 KISO 산하의 독립형 특별위원회 구조를 검증기구의 성격으로 권고함. (3) 검증위원회의 기능 – 주기성을 갖춘 검증보고서 발간, 청문, 검색어 운영 정책에 대한 자문, 정보공개 청구, 시정권고 및 시정사항에 대한 조치 결과 발표. (4) 결과 공표 – NHN 지속가능보고서에 주요 결과 게재, 검증위원회 보고서, 보도자료. (5) 정보 공개의 범위	

〈부록 11-2〉계속

보고서	평가 및 제안	개선 및 반영 사항
2차	1. 실시간 급상승 검색어 - 공인, 유명인, 일반인에 대한 구분을 체계적으로 할 것. - 성인·음란성에 해당하여 제외되는 실시간급상승검색어가 가장 높은 빈도로 발생하므로 자세한 가이드라인과 사후 검증을 대비한 조치가 뒤따라야 할 것(예: 스냅샷 저장). - 불법성과 관련하여 잘못 분류된 검색어가 있음. 처리 사유를 명확히 분류할 것. 2. 자동 완성/연관 검색어 - 기업 및 단체에 대한 부정적인 이슈 및 명예훼손의 경우 관련 보도가 발견되는지 여부에 따라 노출 제외 및 유지가 결정되는데, 관련보도 및 관련 게시글의 정의를 명확히 할 것. - 아프리카 TV BJ와 같이 스스로 유명인이 되고자 하는 사람을 유명인/일반인 중 어떻게 분류할 것인지와 관련하여 정리할 필요가 있음. - 명예훼손 등이 신고에 의한 처리 절차를 아는 사람들과 모르는 사람들과의 정보 격차로 인하여 신고 여부가 결정되는 경향이 있음. - 범죄명이 포함된 검색어, 불법성이 있는 검색어 등에 대해 운영기준을 너무 기계적으로 적용할 경우 사회적 이슈에 대한 접근을 과도하게 제한할 수 있음. - 유명인의 범죄 관련 내용을 명예훼손으로 분류하는 것이 타당한 경우가 있음. - 반사회적인 세부 유형으로 반윤리성을 추가할 필요가 있을 것. - 동의적 표현(예: 쓰레기)에 대해 신중히 검수할 것.	* 1차 보고서에서 지적받은 내용이 개선, 반영 1. 실시간 급상승 검색어의 제외 절차 평가(검수부터 노출까지의 시간을 10분으로 결정, 권리침해를 이유로 노출제외할 때는 3인 이상의 책임자급 판단에 따르도록 함, 노출제외된 검색어에 대해서는 같은 책임자급이 매일 조치의 적정성을 사후검증하도록 함) 등을 받음. 단 실제로 이 기준에 따라 서비스를 운영하고 있는지의 여부를 확인하지 못하였음. 2. 자체판단에 의한 자동 완성/연관 검색어 제외 절차에서 유명인 및 단체 명예훼손 항목에서 '당사자 요청 시 제외 검토'라는 기준을 반영하여 수용. 명예훼손으로 분류해야 하는 검색어 제외 사유의 경우, 불법/범죄성으로 분류한 사례가 다수 발견되어 관련 담당자에 대한 교육 필요.

〈부록 11-2〉 계속

보고서	평가 및 제안	개선 및 반영 사항
2차	- 임시제의 처리된 검색어이지만 임시기간의 종료 후 다시 노출되는 경우가 발생. 재검수 및 재확인의 노력이 필요. - '서비스 품질 저해' 영역과 '기타'영역이 상호중복되는 것으로 보임. 적용 영역이 대해 가능성이 보이므로, 기타 영역보다는 다른 영역에 우선적으로 적용하도록 할 것. - 검색어 자체는 음란/성인성으로 의심해볼 수 있으나, 당시의 사회 이슈와 관련이 있거나 정보를 얻기 위한 검색어로 보이는 검색어가 제외되는 경우가 있었음(예: 강의석 나체시위, 아청법 트렌드 등). 3. 검증위원회의 권고안 - 검색어 시점과 검증시점 차이로 인한 문제로 해결 - 운영 기준의 기계적 적용으로 인한 문제를 보완할 수 있는 방안 강구 - 제외 처리된 검색어에 대한 모니터링 - 유형인 판단기준의 정비 - 고객센터에서 검색어 서비스 안내방식의 개선 4. 기타 - 일반인은 특정 검색어를 제외하는 행위 자체를 인위적인 개입으로 보고 있으므로, 인위적인 개입이 없다는 막연한 주장을 되풀이할 것이 아니라 인위적인 조정을 하되 그 과정에서 특정인의 이익을 반영하지 않는다는 것을 설명하고 구체적인 통계 등을 알려 일반인들이 검색어 제외를 신청할 수 있는 방법을 홍보할 것.	3. 명예훼손 사유는 가중치 신고에 의해 처리하는 것이 원칙이나, 명예훼손의 우려가 분명한 일부 검색어를 자체 판단하여 제외하는 것은 가능하다. 그러나 자의적 판단 내지 요인에 의한 처리를 방지할 수 있는 판단 기준 등에 대해 추가적으로 설정하고자 함. 4. 연관검색어 목록에 '신고하기' 버튼을 추가하여 권리침해신고를 활성화함. 5. 실시간 급상승 검색어와 완성/연관 검색어의 운영 기준을 명확히 분리함. 6. 운영 기준 개정 권고사항이 반영과 미반영 부분에 대한 타당성에 논의하거나 구체적으로 검증하거나지 및 하였음. 다음 검증위원회에서 검증할 필요가 있음.

〈부록 11-2〉 계속

보고서	평가 및 제안	개선 및 반영 사항
3차	1. 실시간 급상승 검색어 - 전후의 노출제어가 순차로 이뤄진 경우에, 후의 노출 제어 조치만 기록, 보관하고 이전 노출제어 조치에 대한 조치는 삭제하고 있음. 사후 검증을 위해 노출제어 조치를 취한 모든 기록을 보존할 것. - 어뷰즈, 낚시성, 어뷰징 등의 단어에 대한 기준을 설정할 것. - 시사 사회성 집단행동이라는 세부기준을 사용하여 노출제어 여부를 결정하는 것은 적절하지 않음. 2. 자동 완성/연관 검색어 - 신고하기 버튼을 설치하여 일반인 개인정보노출 사례가 증가하고 있음. 목록에 제외하는 경우 검색의 질 하락으로 이어질 수 있다는 점을 유의할 것. - 언론과 방송에서 보도된 부정적 사안에 대해 해당 단체들이 신고를 적극적으로 방어이들에 제외할 것인지 아니면 사청자/소비자의 알권리 측면에서 이를 검색어에 노출시킬 것인지 운영기준을 마련할 것. - 어뷰즈와 관련하여, 네이버가 경쟁사업자의 유관한 검색어를 강제로 배제하기 위하여, 성대방의 검색어를 어뷰즈하고 이를 바탕으로 검색어를 삭제 요청하는 '역어뷰즈'를 시도할 가능성이 있음. 관련된 사안에 대해 삭제를 요청할 수 있는 자를 적정 수준으로 좁히고 자체 판단에서 어뷰즈 관련 검토관행을 늘릴 것.	* 1차 보고서에서 지적받은 내용의 개선, 반영 1. 실시간 급상승 검색어 - 개인정보 검색어의 정의를 정보통신망법, 개인정보보호법에 부합하게 정의함. - 결함가능성과 관련한 불명확한 내용을 명확하게 규정함. - 검색결과에 따라 명예훼손, 음란성이나 성인 검색어에 해당될 수 있는 경우 추가 검토가 필요하다는 내용을 신설함. - 명예훼손성 검색어에 대한 검수절차 개선 및 업무책임자의 참여 여부를 보완함. - 명예훼손성/루머성 검색어와 루머성/목요성/비방성 검색어를 통합함. - 성인성 검색어를 삭제하고 음란성이 유행으로 통일함. - 혐오요을 반사회성에 포함시켜 서비스 품질 저해 유형으로 이동하고 욕설/비속어도 반사회성에 포함시켜 서비스품질 저해 유형으로 변경함. - 법명 및 행정·사법 기관의 요청이 있을 경우 이를 반영하되, 예외적으로 기관 요청이 범위가 모호한 결정에 따라 기준 적용범위를 지정하고 있음. 해당 내용을 추후 보다 명확히 기술할 것.

〈부록 11-2〉 계속

보고서	평가 및 제안	개선 및 반영 사항
3차	- 욕설/비속어 관련 검색어에서, 사이버 불링 등 청소년보호에 문제점이 있을 수 있으므로 자체 검수하여 삭제할 것. - 기계적 처리와 관련된 과잉제어의 문제를 개선할 것. - 제외 여부의 작성성보다도 제외가 이루어지는 이유, 카테고리의 부적절한 적용이 더욱 문제로 보임. 3. 검증위원회 권고안 - 실시간 급상승 검색어를 이용한 여론 환기 등의 '운동(movement)'에 대하여 이를 상업적 어부징과 구분할 필요가 있음.	- 상업적/조작목적을 분리하고 세부 기준을 분류함. 2. 연관/자동 완성 검색어 - 준성인성 검색어를 삭제함. - 일반인과 유명인의 개인정보 검색어 개념은 동일하게 정의하되, 일반인과 유명인의 개념과 범위만 다르게 규정하였음. - 민감정보의 경우 언론/방송/본인 소셜 미디어 등을 통해 공개되지 않은 경우에만 노출을 제어 처리하도록 함. - 유명인과 일반인의 개인정보와 관련 주의사항을 동일하게 적용함. - 명예훼손과 관련하여 위임자가 요청하는 경우마다 새 위임장을 요청함.

〈부록 11-2〉 계속

보고서	평가 및 제안	개선 및 반영 사항
4차	1. 실시간 급상승 검색어 - 익명 보도된 사항과 관련하여 이용자들이 추측하여 만들어 낸 검색어를 어떻게 처리할지 검토할 것. - 기존 언론이 아닌 새로운 매체를 통해 유명해진 인물들을 어떻게 취급할 것인지 검토할 것. - 상업적, 의도적 악용을 이유로 하는 제외어가 구준히 증가하고 있으므로 부정하게 검색어를 이용하려는 시도에 대한 대책을 마련할 것. 2. 연관/자동 완성 검색어 - 명예훼손 관련 과도한 처리를 하는 경우가 발생하였음. 해당 검색어를 유지했을 때의 장점도 함께 고려하여 평가하는 것이 바람직함. 신고에 의한 검색어 제외 여부를 결정할 때에는 신중히 처리할 것. - 여부장을 주장하는 업체의 범위가 넓어지는 등 여부장에 대한 대책 마련이 필요하다. 그러나 판단하기 어렵다는 한계와 경쟁업체에 의한 의도적인 배제 등이 어려운 문제가 있음. 향후 지속적으로 논의할 것. - 〈스갱이 힙고 싶다〉에서 보도한 네이버 이슈 관련 검색어가 전부 기타 사유로 배제되었으나 이는 타당하지 않음.	* 검색어 검증위원회에서 패널 마지막 보고서로, 검증된 내용들이 향후 개선·반영 여부에 대해서는 알 수 없음.

12
대안언론의 공정성

김수지* · 윤석민

　사회적 소통과 여론형성을 지배하는 주류 미디어의 이면에 제도화된 미디어 체제에 반대하며 이를 개혁하고자 하는 대안언론이 존재한다. 이들의 언론행위는 정치적 목표, 실천전략, 내용과 형식 등 제반 측면에서 종래의 언론에 부과된 사회적 책임의 한계를 벗어나는 경우가 적지 않지만, 제도권 밖 미디어로서의 존재의의, 그리고 상대적으로 미미한 영향력 등으로 그에 대한 폭넓은 관용 내지 묵인이 존재했다.

　하지만 최근 디지털 미디어 및 인터넷의 발전에 따라 도달범위 및 영향력 차원에서 종래 대안언론의 한계를 넘어서는 강력한 대안언론이 출현하면서 상황이 급변하고 있다. 이들의 검증되지 않은 주장이 사회 여론을 흔들면서 이들에 대한 정치적 탄압이 본격화되는 양상도 엿보인다. 대안언론 본연의 존재의의를 살리면서 동시에 위상변화에 부합하는 대안언론의 책임성을 강화하는 방안은 무엇인가? 이 장에서는 최근 급속한 성장세를 보여준 정치 팟캐스트를 중심으로 이러한 문제를 탐색해 보고자 한다.

---

* ICT 사회정책연구센터 연구원(suji6742@snu.ac.kr).

628

1. 대안언론은 무엇인가?

　한국에서 대안언론은 낯선 현상이 아니다. 대안언론에 대한 요구는 지속적으로 존재했다. 〈한겨레〉는 1987년 대선 이후 시민들의 후원에 의해 발간된 미디어로 지금까지도 진보미디어의 한 축을 담당하며, 2000년에는 "모든 시민이 기자다"라는 모토로 〈오마이뉴스〉(Ohmynews)가 창간되었다. 이후 대안언론이 인쇄매체뿐만 아니라 방송으로까지 이어질 수 있어야 한다는 주장이 제기되었고, 이에 따라 대안적 방송 보도 형태를 모색하는 시도들이 등장하기 시작하였다. 2011년 해직 기자들을 중심으로 〈뉴스타파〉가 등장하여 3만 5천 명의 후원자들의 후원을 받고 있다. 2013년 〈국민TV〉는 국민적 성원 속에서 협동조합 방식으로 자금을 모아 대안방송을 송출하고 있다. 이외에도 〈GO발 뉴스〉, 〈팩트TV〉 등 다양한 대안언론들이 존재한다.

　그러나 대안언론이라 불리는 언론은 계속 존재했음에도 불구하고 정작 대안언론이 무엇인지 정의하기란 쉽지 않다. 그것을 정의하려고 해도 주류언론과의 대비를 통해서 드러내는 것이 최선인 경우가 많다. 즉, 대안언론만을 독자적으로 정의하여 나타내기란 쉽지 않다. '대안' (alternative)이라는 표현 역시 기존의 '주류'(mainstream) 매체들과는 다르다는 점을 강조하기 위한 포괄적 표현으로, 구체적으로 무엇을 대안으로 지칭하는지는 불분명하다(박춘서, 2006).

　하컵(Harcup, 2011)의 연구는 대안언론 종사자들이 자신을 주류언론을 부정함으로써 정의하는 부정적 정의(self-fulfilling negative definition)를 가지고 있거나, 마치 음란물을 판단하는 것처럼 대안언론은 일단 보면 알 수 있다는("I know them when I see them") 직관적 판단에

의지하고 있음을 보여준다(Harcup, 2011). 결국 대안언론은 주류언론
과 다른 모든 속성을 아우르는 것으로 이해되면서 포괄적이고 모호한
개념이 된다. 그래서 대안언론은 대립(*anti*)으로 존재하고 독자적 의미
영역을 확보하기 힘들어지는 경향이 있다(박춘서, 2000).

　대안언론을 정의하기 어려운 이유가 이들이 대립의 영역으로 존재하
기 때문만은 아니다. 대안언론 연구자들 중 일부는 애초에 대안언론을
정의하는 것을 거부한다. 대안언론을 정의하는 과정은 보통 기존언론
과의 비교를 통해서 수행되는데, 이 과정에서 전통적 저널리즘 가치에
기반을 두고 평가하기 때문에 대안언론은 상대적으로 저평가되거나 언
론이 아닌 것이 되어 버리는 위험을 안는다는 것이다(Downing, 2008).
이는 대안언론을 정의하는 것 자체가 대안언론의 잠재력을 제한한다고
보고 적극적으로 대안언론의 정의를 거부해야 한다는 주장이다.

　이러한 다우닝(John Downing)의 주장은 실질적으로는 대안언론의
형태가 너무 다양하기 때문에 정의내리기 어렵다는 것으로도 이해할
수 있다. 즉, 대안언론으로 통용되는 것들 간의 차이가 크기 때문에 쉽
게 정의되지 않는다는 것이다. 다우닝은 그의 저서에서 대안언론의 사
례로 타블로이드 형태의 인쇄신문뿐만 아니라 리플렛까지 포함시켰다.
애톤과 해밀턴은 팬덤에서 자체 생산하는 인쇄물과 개인 블로그도 대
안언론으로 정의하고 있다(Atton & Hamilton, 2011). 더구나 최근 주
류언론에서 다뤄지지 않는 이야기들이 트위터나 유튜브, 플리커와 같
은 다양한 매체들을 통해 전해지고 있다(Poell & Borra, 2012)는 점은
대안언론을 특정 매체에 국한시켜 정의할 수 없게 한다. 그런 까닭에
대안언론 연구자들은 대안언론을 정의하지 않고 넘어가거나 대안언론
이라 불리는 사례들을 열거함으로써 그것의 윤곽을 보여주는 접근을
취한다.

　따라서 대안언론에 대해 명확한 정의를 내리는 것보다는 그것이 일 반적으로 공유하는 속성이 무엇인지를 살펴보는 것이 대안언론을 이해 하는 보다 효과적인 방법일 수 있다. 박춘서는 플리거의 연구를 인용하 여 ① 탈중심화, ② 작업의 민주화, ③ 탈전문화, ④ 탈자본화, ⑤ 실천 적 저널리즘의 5가지 대안언론의 기본 속성을 소개한다(박춘서, 2006). 각각 송신자와 수신자 간의 구분을 지양하고 누구나 참여가능 한 열린 언론, 언론 조직 내에서의 권위적 위계를 탈피하고 생산과정의 민주화 보장, 전문성을 갖춘 기자가 작성한 보도 글이 아니라 삶의 현 장에서 개인이 느끼고 직면하는 문제들에 대한 조명, 미디어 소유 자본 및 광고로부터 자율성 확보, 사회운동을 전파할 뿐만 아니라 직접 사회 운동을 기획하고 실천하는 것을 뜻한다.

　위의 5가지 속성들이 동등한 가치를 갖는 것은 아니다. 대안언론 연 구자들은 5가지 속성들 중에서도 마지막 속성인 '실천적 저널리즘'을 가장 강조하는 경향을 보인다. 대안언론의 목적은 미디어 권력의 비대 칭을 드러내고 이를 구조적으로 해결하는 사회참여적 실천에 있다. 설 령 언론이 아무리 시민들의 참여로 이루어지고 자본으로부터 독립되어 있다고 할지라도 사회 전반의 권력구조를 비판하는 실천이 결여되어 있다면 대안언론이라고 할 수 없다는 주장도 있다. 지식생산의 수단인 언론을 부르주아의 영향력으로부터 자유롭게 하여 프롤레타리아트를 위한 공론장을 형성하는 것이 대안언론의 핵심이라는 것이다(Fuchs, 2010). 이는 언론이 뉴스를 생산하는 과정보다는 그것이 최종적으로 생산해 내는 콘텐츠가 사회에 미치는 영향에 초점을 둔 관점으로 이해 할 수 있다.

　이와 같은 주장은 상당히 급진적이며 이것이 합의된 의견이라고 하 기는 힘들지만, 대안언론의 목적을 파악하는 데에 도움을 준다. 대안언론의 특징으로 거론되는 것들 중에서도 이들이 공유하는 정치의식을 핵심으로 지적하기 때문이다. 이는 윤영철이 대안언론을 사회지배세력에 대한 저항적 기관이자 피지배세력을 변론, 옹호하는 언론으로 보고 급진적 민주주의로 설명하고자 한 것과도 맥을 함께한다(윤영철, 2007). 대안언론은 주류언론의 정치 및 자본권력에 대한 종속을 비판하는 자생적 목소리를 냄으로써 건강한 공론장의 형성을 목적으로 한다. 그래서 대안언론은 정치적으로 급진적 경향을 가진 모든 미디어를 아우르기도 한다(Downing, 2003). 한국의 언론학계에서도 대안언론은 시민운동을 기반으로 시민의 정치토론 및 참여를 촉진하고자 하며, 제도화된 공식 커뮤니케이션 체제에 반대하는 도전적 시도를 아우르는 것으로 다루어진다(김은규, 2006; 민인철, 2007; 민인철·반현, 2006; 박선희, 2001; 박선희·주정민, 2004; 박춘서, 2000; 2006).

이와 같은 선행연구를 바탕으로 하여 이 글은 대안언론을 '정치경제적으로 지배적 위치에 있는 제도화된 언론조직을 비판하며 사회에서 소외된 사람들의 입장에서 정치참여 및 토론을 촉진하고자 하는 언론'이라고 정의하고자 한다. 이때 '정치경제적으로 지배적 위치에 있는 제도화된 언론조직'은 주류언론이라 정의한다.

대안언론을 이해할 때 범하게 되는 오류 중 하나는 대안언론이 모든 지점에서 주류언론과 다를 것이라고 기대하는 것이다. 그러나 대안언론은 주류언론을 비판하면서도 많은 부분에서 그것과 유사한 속성을 갖는다. 대안언론은 두 가지 차원에서 주류언론과 동일한 모습을 보인다. 첫 번째는 대안언론이 형식과 취재방법론이 전통적 저널리즘의 그것과 유사하다. 주류언론의 보도형식과 취재방법론을 상당부분 차용하기 때문이다. 대안언론은 보도형태면에서는 타블로이드 저널리즘을, 그리고 취재방법론에서는 탐사 저널리즘을 차용했다(Atton & Hamilton,

2011). 뿐만 아니라 실제로 많은 저널리스트들이 주류언론에서 대안언론으로, 또는 대안언론에서 주류언론으로 오가고 있다. 하컵은 이를 두고 대안언론의 교차집단(*crossover grouping*)적 속성이라고 지칭하며 대안언론과 주류언론이 같은 연속선상에 있을 수밖에 없음을 지적한다 (Harcup, 2005). 〈나꼼수〉의 구성원이었던 주진우가 〈시사IN〉 기자라는 사실, 〈뉴스타파〉의 주요 구성원이 주류언론사의 해직기자들로 구성되어 있다는 사실에서도 확인할 수 있다.

두 번째 속성은 대안언론이 기존의 저널리즘을 대체할 수 있는 새로운 저널리즘 가치를 제시하는 것이 아니라 그것을 보완하고자 한다는 사실이다. 종종 대안언론이 추구하는 가치로 시민의 직접 참여와 시민과의 상호작용성(*interactivity*)을 강조하기도 하지만 그것이 대안언론의 최종목표가 될 수는 없다. 어떤 저널리즘이든 민주주의의 유지 및 발전이 최우선의 목표이자 스스로의 존재를 정당화할 수 있는 가치다. 대안언론이 바라는 것은 전통적인 저널리즘의 회복일 가능성이 크다 (*recuperative than transformational*). 즉, 대안언론은 저널리즘의 상실을 두려워하며 이를 복원시키려고 하는 실천적 운동이다(Rosenberry & St. John, 2010). 민주주의와 이를 위한 건강한 공론장의 형성은 저널리즘 존재의 당위를 결정하며, 이러한 사실은 대안언론에게도 동일하게 적용된다.

그렇다면 대안언론의 주류언론에 대한 비판의 지점은 어디에 있는가? 대안언론은 주류언론의 보도행태와 조직운영으로는 저널리즘의 목표인 민주주의와 건강한 공론장의 형성을 달성할 수 없을 것이라고 판단한다. 보다 심하게는 주류언론의 보도행태가 민주주의를 훼손하고 공론장을 약화시키고 있다고 판단한다. 그리고 주류언론의 비작동 및 오작동에 대한 해결책이 언론인의 윤리의식 강화나 재교육 등으로 해결될 수 없다고 주장한다. 왜냐하면 주류언론은 본질적으로 정치 및 자본권력의 영향력하에 놓여 있을 수밖에 없기 때문이다. 광고를 받는 한, 언론은 기업의 입김으로부터 자유로울 수 없다. 정치권력으로부터의 독립성을 확보하지 못하는 한, 언론은 정권에 대해 홍보성 보도를 할 수밖에 없다(Curran, 2002; McChesney, 1999). 대안언론은 언론이 참된 언론으로 존재하기 위해서는 주류언론의 운영 시스템과 근본적으로 다른, 새로운 언론조직을 만들어야 한다고 주장한다.

그 결과 대안언론은 주류언론과 다른 조직운영을 취하게 된다. 일반적으로 이들은 주류언론보다 훨씬 작은 규모의 조직으로 구성되어 있다. 또한 정치 및 자본 권력으로부터의 독립을 가장 중요한 가치로 내세우며 독자들의 구독료나 후원에 의지한다. 창의적 콘텐츠를 생산하는 것 또한 중요한 가치로 인식된다. 창의적 콘텐츠는 형식적이고 의례적인 주류언론의 보도를 비판하는 것일 뿐만 아니라 수용자의 이목을 끌기 위한 전략이기도 하다.

결국 대안언론은 작은 자금력으로 독립성을 유지하며 개성 있는 콘텐츠로 영향력을 확대해야 하는 어려운 과제를 떠안게 된다. 그 결과 대안언론은 살아남기 위해서라도 더욱 혁신적일 것을 강요받게 되는데, 팟캐스트와 같은 다양한 미디어 기술을 능동적으로 사용하는 것 역시 대안언론의 혁신적인 면모 중 하나이다.

2. 대안언론으로서의 팟캐스트

대안언론에 대한 논의는 2000년대 이후, 인터넷의 등장과 함께 폭발적으로 증가하였다(Downing, 2008). 인터넷으로 인해 누구나 별다른 자격을 획득할 필요 없이 경제력의 제약을 최소화하면서 자신이 표현하고자 하는 바를 표현할 수 있게 되었다는 믿음이 싹텄기 때문이다.

기술적 변화가 저널리즘에 영향을 미친다는 사실은 명백하다. 기술은 저널리즘이 현실을 만나는 인터페이스를 제공한다. 어떤 시공간에서 어떤 기술을 이용하여 현실을 포착하는지, 그리고 그것이 최종적으로 이용자들에게 어떻게 전달되는지의 여부는 고려되어야 하는 중요한 요소이다(Creech, 2014). 그리고 인터넷을 비롯한 적소매체(*niche media*)가 대안언론의 증가를 이끌었음을 부인하기는 어렵다. '다음카카오'에서 제공하는 뉴스펀딩[1] 서비스는 누구나 특정 주제를 가지고 후원을 받아 콘텐츠를 제작할 수 있게 함으로써 다양한 주제를 아우르는 비전문가의 보도를 쉽게 한다. 미국의 〈프로퍼블리카〉(*Propublica*),[2] 한국의 〈뉴스타파〉[3]와 같은 비영리 대안언론이 생산한 동

---

[1] 2014년 9월 29일 다음카카오에 의해서 시작된 서비스로 뉴스 생산에 크라우드 펀딩을 결합했다. 기사를 작성하고자 하는 사람이 구상하는 기사 주제와 방향을 제시하면, 이를 지지하는 수용자가 기사작성에 필요한 금액 중 일부를 후원하게 된다. 뿐만 아니라 후원자에게는 기자에게 상호의견교류를 위한 인터페이스가 제공된다.

[2] 독립, 비영리 온라인 언론사로 공익에 부합하는 탐사저널리즘을 실천하는 것을 목표로 한다. 2007년 *Wall Street Journal*이 머독에게 팔리면서 대대적인 구조개편과 함께 탐사보도팀이 사라지게 된다. 이에 따라 1991년부터 2007년까지 *Wall Street Journal*의 편집장으로 있었던 폴 스테이그너는 탐사보도 언론기구를 만들어 달라는 한 기업가의 요청과 기부금으로 2008년 6월 〈프로퍼블리카〉를 설립하고 편집장이 된다. 〈프로퍼블리카〉는 자신이 수행하는 저널리즘을 강자에 의한 약자의 착취 그리고 권력을 가진 자들의 실패를 조명함으로써 권력의 정당성을 검증하는 것이라고 소개한다. 〈프로퍼블리카〉는 2010년 국제보

영상 콘텐츠는 유튜브나 전용 애플리케이션, 팟캐스트 등 다양한 플랫폼을 통해 제공된다. 〈이박사와 이작가의 이이제이〉, 〈새가 날아든다〉, 〈장윤선의 팟짱〉과 같은 팟캐스트에 특화된 대안적 시사·뉴스 보도 역시 등장했다.

팟캐스트는 애플사의 ipod과 방송을 뜻하는 Broadcasting의 합성어이다. 팟캐스트는 오디오, 라디오, PDF, 동영상 등 다양한 멀티미디어 콘텐츠를 지원하며, 에피소드 형식으로 이루어진 콘텐츠 시리즈를 디지털 정보로 제공한다. 인터넷을 통해 유통되며, 이용자가 자신의 기기에 다운로드받아 원하는 시간에 자유롭게 이용한다는 점에서 본질적으로는 비실시간 콘텐츠에 해당한다. 그러나 스트리밍 서비스도 가능하다. 이처럼 팟캐스트 서비스들 중 정치·시사내용을 담고 있는 것을 '정치 팟캐스트'라고 정의할 수 있을 것이다. 구체적으로는 국내외 정치·경제·사회·문화 등의 전반에 관하여 시사적인 취재보도·논평·해설하는 내용을 담은 콘텐츠를 제작하여 팟캐스트 형식으로 콘텐츠를 유통하는 행위 혹은 콘텐츠 그 자체를 '정치 팟캐스트'라고 정의할 것이다. [4] 대안언론이 생산하는 대부분의 팟캐스트 콘텐츠는 정치 팟캐스트에 해당한다.

팟캐스트의 생산방식, 비즈니스 모델, 이용방식 등에서 정해진 형태

도로 온라인 언론사 최초로 퓰리처상을 수상했으며, 2011년에는 탐사보도로 퓰리처상을, 2013년에는 피보디상을 수상했다.

3 99% 시민들을 위한 비영리, 비당파, 독립 언론기관을 표방하며 탐사저널리즘을 제 1의 언론가치로 삼는다. 이명박 정권하에서 2012년 1월 MBC 기자들의 뉴스제작 거부에서 출발하여 언론계 전반으로 확산되었던 언론노조파업 당시 발생한 해직언론인들이 모여 시작한 것이 현재의 뉴스타파로 성장했다. 광고나 수익사업을 하지 않고 철저히 후원으로만 운영되며, 현재 3만 5천여 명의 후원자를 갖고 있다. 조세피난처, 국정원 여론조작, 국정원 간첩조작사건 등 한국 사회에서 중요한 정치적 국면을 제공했던 이슈들을 보도했다.

4 〈방송법〉 제2조 24호 '보도'의 정의 참조.

가 없으나 유통방식만큼은 RSS를 이용한다. 그리고 이러한 이유에서 RSS가 팟캐스트의 핵심적 특징으로 언급되는 것으로 보인다.

실제 RSS의 요체는 매우 간단한데, 콘텐츠의 형식과 위치에 대한 요약 정보로 이해할 수 있다. Rich Site Summary 또는 Really Simple Syndication의 약자인 RSS는 콘텐츠의 위치와 간략한 소개를 정보 구조를 나타내기 위해 사용되는 컴퓨터 언어인 xml 파일 형식으로 표현한 것이다. 즉, RSS는 팟캐스트의 콘텐츠를 담고 있지 않으며, 단지 팟캐스트의 구조가 정리되어 있다. 실제 팟캐스트를 이용하기 위해서는 RSS를 통해 팟캐스트가 업로드되어 있는 서버에 접근하여 콘텐츠를 다운받아야 한다. RSS 정보를 가지고 오는 행위, 정보의 흐름을 RSS feed라고 한다.

RSS가 혁신적인 것은 이용자의 컴퓨팅 기기가 수시로 RSS 정보를 읽어들여 콘텐츠 업로드 상황을 파악하고, 설정에 따라 자동으로 팟캐스트를 다운받는다는 사실에 있다. 이를 가능하게 하는 것이 팟캐처(Podcatcher)이다. 팟캐스트에서는 팟캐처를 이용하여 RSS의 업데이터 정보를 확인한다. 팟캐처란 팟캐스트 콘텐츠의 업데이트 사실을 확인하고 콘텐츠를 다운받을 수 있도록 환경을 조성해 주는 클라이언트 애플리케이션 소프트웨어로, 이용자의 RSS feed를 돕는다. 팟캐처는 특정 팟캐스트 채널을 구독하면 정기적으로 해당 팟캐스트의 RSS를 읽어 업데이트 사실을 확인한다. 팟캐처 설정을 통해 업로드된 콘텐츠를 자동으로 다운받도록 할 수도 있다.

일반적으로 팟캐스트의 유통에는 팟캐스터, 팟호스터, 팟캐스트 포털, 그리고 이용자의 4개 주체가 관여한다. 팟캐스터는 팟캐스트 콘텐츠를 제작하여 콘텐츠를 웹서버에 업데이트하는 사람·조직·집단을 지칭한다. 팟캐스터는 직접 생산한 콘텐츠를 자신의 서버에 직접 업로드할 수도 있지만, 일반적으로 인터넷 호스팅 서비스를 이용한다.

인터넷 호스팅 서비스(Internet hosting service)는 인터넷 서버를 운영하는 서비스로, 서버를 갖고 있지 않은 사람도 콘텐츠를 인터넷에 제공할 수 있도록 한다. 그중에서도 팟호스터는 팟캐스트에 특화된 인터넷 호스팅 서비스로 정의할 수 있다. 팟캐스터가 생산한 콘텐츠는 공유를 위해 웹서버에 업로드되어야 하고, 자신이 직접 웹서버를 보유하는 경우가 아닌 이상 대개의 팟캐스터는 팟호스터의 서비스를 이용하게 된다. 팟호스터는 금액에 따라 웹서버에 일정한 저장장소를 할당하여 제공한다. 팟호스터는 팟캐스트 콘텐츠 업데이트 내용을 반영하여 RSS를 업데이트한다. 구독한 팟캐스트 채널의 RSS 업데이트 내용은 이용자의 팟캐처를 통해 자동으로 확인된다. 그 결과 팟캐스터는 별도로 팟캐스트 업로드 사실을 알리기 위한 홍보를 하지 않아도 된다.

팟캐스트가 많아지고 콘텐츠의 수가 늘어남에 따라 콘텐츠의 정보를 정리하여 이용자가 접근 가능한 환경을 만들어 주는 플랫폼이 필요하게 되었다. 이에 따라 등장한 것이 '팟캐스트 포털'이다. 팟캐스트 포털은 에피소드 형식으로 업로드되는 팟캐스트 콘텐츠를 정리하여 방송채널 형식으로 목록을 만들어 검색 가능하도록 함으로써 이용자의 접근이 용이하도록 한다. 한국은 '팟빵'이 대표적 팟캐스트 포털 사업자이다.

결국 이용자의 입장에서 보면, 이용자는 팟캐처를 통해 팟캐스트 포털을 경유하여 마음에 드는 팟캐스터의 RSS 정보를 자신의 팟캐처에 저장해 두면 자동으로 콘텐츠를 다운받을 수 있다. 굳이 업데이트 여부를 확인하지 않아도 되므로 이용 편이성이 높다. 팟캐처를 설치하지 않고 매번 팟캐스트 포털에서 콘텐츠를 이용하는 것도 가능하다. 포털에서 팟캐스트 콘텐츠를 이용시 스트리밍 서비스로 콘텐츠를 접할 수 있고 댓글이나 후원, 별점 등으로 팟캐스터 또는 다른 이용자들과 상호작용할 수 있다. 팟캐스터 입장에서는 한 번 포털에 등록한 이후로부터는 서버에 콘텐츠를 업로드하면 자동으로 포털과 이용자의 기기에 업데이트 내용이 제공되므로 유통에 소요되는 비용이 줄어들 뿐만 아니라 비정기적으로 콘텐츠를 업로드해도 유통에 차질이 발생하지 않는다.

대안언론의 관점에서 보았을 때 이러한 팟캐스트 기술은 4가지 측면에서 대안언론에게 이롭게 작동한다.

우선, 팟캐스트의 유통에서 가장 중요한 특징은 기술을 이용하는 데 대한 지불이 이루어지지 않는다는 점이다. 콘텐츠 제작에 들어가는 비용과 팟호스팅에 필요한 비용을 제외하면 팟캐스트의 유통에는 팟캐스터도 이용자도 금전적 부담이 없다. 이런 까닭에 팟캐스트는 상대적으로 자본으로부터 독립적일 수 있는 기술적 조건을 갖추게 된다. 미디어 생산수단의 불공정한 소유구조로부터 자유롭다는 인식과 함께, 대안언론의 가능성을 갖는 기술이라는 기대를 받게 된다.

게다가 기존의 저널리즘이 전문성을 갖춘 소수의 사람들에 의해서만 제작되었던 것과 달리 팟캐스트는 누구나 참여 가능하다는 점에서 진입장벽이 낮을 뿐만 아니라 기존 저널리즘에 비해 이용자와의 높은 상호작용성을 보여준다. '팟빵'과 같은 팟캐스트 포털은 이용자와 생산자 사이의 상호작용을 위한 인터페이스를 제공한다. 누구나 팟캐스트 제작에 참여할 수 있고 이용자와 제작자 사이의 상호작용성이 높다는 데에서 팟캐스트가 민주적 매체일 것이라는 기대 또한 생겨난다.

또한 팟캐스트는 콘텐츠의 형식면에서 매우 자유롭다. 동일한 팟캐스터가 동영상, 음성, 텍스트, 그림 등 다양한 형태의 콘텐츠를 자유자재로 업로드할 수 있다. 즉, 팟캐스트는 특정 감각양식(*modality*)에 얽매인 콘텐츠가 아니기 때문에 흔히 미디어 구분에서 이루어지는 것처럼 어느 감각기관에 소구하는지의 여부가 기준이 될 수 없다. 이는 규제당국으로 하여금 팟캐스트가 방송, 라디오, 신문, 음악 등 다양한 미디어 사업자 중 무엇으로 해석해야 할지를 모호하게 한다. 그러나 대안언론의 입장에서는 창의적이고 다양한 내용구성을 가능하게 함으로써 기존 언론이 보여주지 못하는 새로운 보도양식을 시도할 수 있는 기술적 환경을 구현해 준다는 장점으로 작용한다.

무엇보다 주목해야 하는 사실은 팟캐스트는 매체의 속성상 통신에 해당하므로 표현의 자유가 최대한으로 보장되는 가벼운 규제가 적용되는 영역이라는 점이다. 이용자에게 팟캐스트는 방송과 통신의 속성을 아우르는 융합미디어이지만 현행법상으로는 인터넷을 통해 이용자들 간의 정보를 전송하고 수신하는 통신의 영역에 해당한다. 따라서 팟캐스트에는 공정성, 객관성 등 전통적 언론매체에게 부과되는 가치들이 강제되지 않는다. 물론 방송통신심의위원회에서는 통신내용에 대해서도 심의할 권한을 가지고 있으나, 인터넷 통신내용에 대한 규제는 방송에 비할 것이 못 된다.

그럼에도 불구하고 팟캐스트는 다음의 두 측면에서 이용자에게 방송과 유사한 환경을 조성한다. 첫 번째로 콘텐츠의 적극적인 Push와 Pull이 결합된 서비스가 이루어진다. 기존의 콘텐츠 서비스에 대한 Push와 Pull의 구분은 이용자의 콘텐츠 선택과 콘텐츠를 이용하는 시공간의 결정을 한데 묶어서 통칭하는 것이었다. 즉, Pull은 이용자가 자신이 원하는 시간과 장소에서 자신의 이용동기에 맞는 콘텐츠를 적극적으로 찾아 시청하는 것을 뜻했다. 그러나 팟캐스트는 특정 콘텐츠의 선택과 콘텐츠를 이용할 시공간 선택이 분리된 양상을 보인다. 이는 RSS의 특성에 기인한다.

팟캐스트 유통에 사용되는 RSS는 한 번 구독을 설정하면 자동으로 이용자의 컴퓨팅 기기에 다운로드된다. 최초의 콘텐츠 선택은 이용자의 자발적 의사였을 것이나, 이후에 제공되는 콘텐츠는 자동으로 저장된다는 점에서 방송이 방송 콘텐츠를 이용자에게 Push하는 것과 유사하다. 이러한 속성 덕분에 팟캐스트의 업로드가 주기적이지 않아도 이용자의 일상에 깊숙이 침투하게 된다. 그러나 여전히 이용자가 콘텐츠를 접하는 공간과 환경은 이용자의 Pull을 통해 이루어진다. 따라서 팟캐스트는 콘텐츠를 이용자의 기기에 자동으로 저장하는, 적극적인 Push가 이루어지지만 콘텐츠 이용시간과 장소는 이용자의 Pull에 의해서 결정된다.

두 번째 특징은 팟캐스트가 일회성이 아니라 콘텐츠의 연속물로 제공된다는 점이다. 대개의 팟캐스트는 시리즈물로 제공된다. 팟캐스터가 개별 에피소드를 업로드하면, 업로드 사실이 RSS 피드로 이용자에게 알려지고, 설정에 따라서는 자동으로 기기에 다운로드된다. 따라서 이용자들은 자연스럽게 콘텐츠를 연속물로 이해하게 된다. 즉, 팟캐스트는 일회성의 통신으로 그치지 않는다. 이용자는 팟캐스트로부터 방송 프로그램과 같은 지속적 편성행위(시간편성이 아니라 콘텐츠 배치로서의 편성행위)를 기대하게 된다.

이처럼 팟캐스트는 방송과 유사한 속성을 갖고 있으며 이것이 팟캐스트의 기술적 영향력을 강화한다. 실제로 팟캐스트 이용자 집단과 정부 및 국회, 시민단체, 학계, 산업계의 여섯 집단 모두가 정도의 차이는 있으나 팟캐스트를 방송매체로 이해하는 것으로 나타났다(박우귀·권상희, 2014). 이처럼 팟캐스트에 대한 법리 해석과 실제 매체를 이용하는 이용자들의 인식 간에 괴리가 발생하면서 과연 어떻게 규제하는 것이 옳은지에 대한 고민이 생겨나게 된다. 이용자들은 팟캐스트를 방송과 유사한 것으로 이해하고 방송에 준하는 영향력을 갖고 있다고 생각하는데, 실제 저널리즘의 규제영역에서는 벗어나 있는 것이다.

지금까지 살펴본 바에 따르면 팟캐스트는 대안언론이 되기 쉬운, 대안매체인 것으로 그려진다. 즉, 기술적 환경이 대안언론을 만들었다는 판단으로 이어진다. 그러나 실재 팟캐스트가 곧 대안언론으로서 작동하는지를 확인하기 위해서는 팟캐스트가 지금까지 어떻게 변화해 왔는지를 살펴볼 필요가 있다.

팟캐스트는 콘텐츠와 팟캐스터의 유형에 따라서 다양하게 분류 가능하다. 〈표 12-1〉과 〈표 12-2〉는 대표적인 국내 팟캐스트 포털인 '팟빵'에서 집계한 팟캐스트 순위정보를 토대로 하여 상위 50위의 팟캐스트를 대상으로 작성한 도표이다. 팟빵은 〈나꼼수〉가 인기를 모으던 2012년 3월에 서비스를 시작하였으므로 2012년 3월 자료에서부터 시작하여 6개월 간격으로 총 8차례 자료를 확인하였다. 이를 통해 시간의 흐름에 따라 생산되는 팟캐스트 및 팟캐스트의 유형이 어떻게 변화했는지를 알 수 있을 것이다. 팟빵에는 현재 5천여 개의 팟캐스트가 등록되었으며, 이용자가 팟캐스터를 후원하고 상호작용할 수 있는 인터페이스를 제공한다. 팟캐스트의 생산현황과 콘텐츠 유형, 팟캐스터의 유형을 직접 파악할 수 있는 정보가 없는 상황에서 팟빵의 순위정보를 통해 간접적으로 팟캐스트의 실황을 파악하는 것이 최선의 방법일 것이다.

〈표 12-1〉은 팟빵 순위 상위 50개의 팟캐스트를 콘텐츠의 내용에 따라 유형화한 것이다. 정치시사에 해당하는 것이 앞서 정의한 정치 팟캐스트에 해당한다. 지식정보의 경우 시사와는 상관없이 역사나 경제, 과학기술, 인물 등에 대해 논의하는 콘텐츠이다. 어학은 영어나 일본어 능력을 함양하기 위한 언어학습을 목적으로 하는 콘텐츠이며, 음악과 영화, 도서, 요리, 스포츠 등은 취미로 분류하였다.

2012년의 모습을 보면 정치 팟캐스트와 지식정보 콘텐츠, 어학 콘텐

〈표 12-1〉 팟캐스트 콘텐츠 유형별 분류

유형 시점	정치시사	지식정보	어학	취미	코미디	종교	성인	기타	합계
2012.3	18	10	8	9	3	2	0	0	50
2012.7	16	13	6	8	3	2	1	1	50
2013.1	17	10	5	11	4	1	1	1	50
2013.7	30	5	4	8	2	1	0	0	50
2014.1	23	5	2	12	3	4	0	1	50
2014.7	28	3	2	10	3	2	2	0	50
2015.1	28	4	3	7	3	2	3	0	50
2015.7	20	5	3	8	9	2	1	2	50
합계	180	55	33	73	30	16	8	5	400

츠가 대부분임을 알 수 있다. 이는 팟캐스트가 정보를 전달하고 획득하는 매체로 이해되고 있음을 뜻한다. 정치 팟캐스트의 경우 〈나꼼수〉 현상이 지난 2013년 7월에는 30개의 정치 팟캐스트가 50위권 안에 속했으나, 그 이후 인기가 줄어들어 2015년 7월에는 20개의 정치 팟캐스트가 상위 50위 안에 포함되었다. 그럼에도 불구하고 정치 팟캐스트는 상위 50개의 팟캐스트 중에서 가장 높은 비율을 차지하고 있다. 즉, 여전히 팟캐스트를 통해 유통되는 주요 콘텐츠들은 정치 팟캐스트임을 부인하기 어렵다.

〈표 12-1〉은 또한 시간이 지남에 따라서 팟캐스트의 콘텐츠 유형이 다양화되고 있음을 보여준다. 정치 팟캐스트와 지식정보 콘텐츠, 어학 콘텐츠가 차지하는 비율은 줄어들고 대신 취미와 코미디, 종교 콘텐츠 등이 차지하는 비율이 높아졌다. 특히 2015년 7월에 정치 팟캐스트가 20개로, 지식정보 콘텐츠가 5개로 줄어든 것과 달리 코미디 콘텐츠는 9개로 급증하였다. 이는 현 상황에서 팟캐스트가 곧 대안언론이라고 인식하는 것은 잘못일 수 있음을 시사한다.

〈표 12-2〉는 팟캐스트를 생산하는 팟캐스터가 누구인지를 두고 유형화한 결과이다. 앞서 주류언론과 대안언론에 대한 정의에 기초하여 팟캐스터를 구분하였다. 전현직 정치인을 묶어 '정치인'이라 칭하였다. 팟캐스터가 특정 조직이나 집단에 속해 있음을 밝히지 않거나 알 수 없을 때 일반인 개인에 의해 창작된 것으로 간주하였다. '해외'라 함은 미국의 CNN이나 영국의 BBC, 다양한 주제로 무료 강연회를 개최하는 비영리 재단인 TED 등이 해당한다. 기타의 경우 개인 창작자가 아니라 집단 및 조직이나 그 규모가 영세한 중소기업이나 학원, 출판사로 구성되어 있다.

가장 눈에 띄는 것은 초기의 팟캐스트는 대개가 주류언론에 의해 생산된 콘텐츠이거나 해외콘텐츠라는 사실이다. 이는 초기의 팟캐스트가 직접 생산한 콘텐츠라기보다는 주류언론에 의해 생산된 콘텐츠의 VOD 서비스로, 또는 해외 정치시사 및 지식정보 콘텐츠의 유통창구로 이해되고 있음을 알 수 있다. 2012년 3월부터 2013년 1월까지 기타 어학 콘텐츠들은 대개 소규모 출판사나 학원이 생산한 경우가 대부분이

〈표 12-2〉 팟캐스터 유형

유형 시점	주류언론	대안언론	정치인	연예인	종교인	일반인	해외	기타	합계
2012.3	14	5	1	0	2	14	5	9	50
2012.7	14	7	0	0	2	6	15	6	50
2013.1	17	5	0	2	1	9	9	7	50
2013.7	9	24	0	2	1	12	0	2	50
2014.1	9	21	0	1	3	9	0	7	50
2014.7	9	20	2	1	2	12	0	4	50
2015.1	9	19	2	2	2	13	0	3	50
2015.7	11	11	3	5	2	14	0	4	50
합계	92	111	8	13	15	90	29	42	400

644

기 때문이다.

본격적으로 대안언론에 의한 콘텐츠가 생산되기 시작한 것은 2013년 1월부터이다. 이는 앞서 정치 팟캐스트가 2013년 1월에 급증한 것과도 맞물린다. 반면 이 시점부터 해외에서 제작된 콘텐츠는 50위권에서 벗어나게 되고, 일반인이 직접 생산한 콘텐츠가 차지하는 비율은 높아진다. 대안언론이 생산한 콘텐츠는 2013년 7월에는 50개의 팟캐스트 중 절반가량을 차지하였으나, 2015년 7월에는 11개로 주류언론의 팟캐스트와 동수를 차지하고 있다. 이는 앞서 〈표 12-1〉 팟캐스트의 콘텐츠 유형이 다양화되는 것과 맞물려 연예인 및 일반인이 생산한 콘텐츠가 늘어난 까닭인 것으로 보인다.

〈표 12-1〉과 〈표 12-2〉를 종합하여 평가하였을 때 확인할 수 있는 사실은 팟캐스트의 기술적 환경이 대안언론을 낳은 유일한 이유일 수는 없다는 점이다. 새로운 매체의 등장은 담론의 공백과 함께 그것이 건강한 민주주의를 이룩하는 데에 긍정적 효과를 가지고 올 것이라는 환상을 낳기 쉽다. 팟캐스팅 역시 종종 여느 신생매체가 그러했던 것처럼 등장과 함께 민주주의에 긍정적 영향을 미칠 것이라고 인식되고 있다(Sterne, Morris, Baker, & Freire, 2008).

그리고 기술환경이 정치 팟캐스트를 가능하게 했다고 이해하게 되었을 때 정치 팟캐스트에게 언론 공정성과 같은 저널리즘의 가치를 고려할 것을 요구하는 것은 불가능해진다. 기술적 차원에서 고려하였을 때 팟캐스트는 개개인간의 통신에 해당하기 때문이다. 이는 채널 희소성의 와해와 수용자 분화, 적소매체(niche media)의 등장으로 인해 저널리즘이 비정치적이어야 한다는 주장이 환상이며 실현 불가능해졌다는 주장으로 이어진다(Kperogi, 2013). 인터넷에 기초한 일반적인 개인의 저널리즘 행위는 시민의 입장과 견해를 대변하고, 탈객관적이고, 생활에 밀착되어 있다(Goode, 2009; 김민하·신윤경, 2011). 이들은 굳이 공정하고자 노력하지 않는다. 또한 표현의 자유와 맞물려 누구나 자신의 견해를 자유롭게 밝힐 수 있어야 한다는 생각이 정치 팟캐스트 논의를 지배하게 된다. 인터넷과 신생매체의 등장은 분명히 저널리즘의 기본원칙을 어떻게 흔들어 놓고 있는지를 보여준다.

그러나 정치 팟캐스트를 기술적 차원에 더해 대안언론의 차원으로까지 이해하게 되면 다른 논의가 가능해진다. 온라인 시민 저널리즘이 저항적 행위로 해석하기에는 주류언론과의 관계설정이 모호한 것에 반해 (Goode, 2009), 대안언론은 주류언론의 객관성과 공정성을 문제시하며 그것을 비판하기 위한 실천양태로서 등장한다.

〈나꼼수〉를 비롯한 많은 정치 팟캐스트가 대안언론으로 이해되어야 하는 이유가 여기에 있다. 이들은 단순히 자신의 의견을 피력하는 것 이상을 달성하고자 한다. 대안언론으로서의 정치 팟캐스트는 분명한 정치의식을 갖고 한국의 주류언론이 공정하지 않다는 평가에서부터 출발한다. 대안언론은 저널리스트가 특정 집단, 특히 미디어에서부터 소외된 사람들을 이해하고 그들의 목소리를 반영할 수 있어야 하며, 더 나아가 직접 그들의 이해관계를 위해 정치적 움직임을 만들어 내고 참여해야 한다고 주장한다. 이들은 언론을 시민 모두에게 보편적 공익 서비스로 이해하고, 따라서 객관성과 공정성을 갖춰야 한다고 주장하는 주류언론의 이상과는 다른, 저널리즘의 가치 자체에 새로운 이해를 제시하려고 한다(Waisbord, 2009).

대안언론으로서의 정치 팟캐스트는 2013년 7월에 부각되어 점차 그 비중이 줄어들고 있는데 굳이 정치 팟캐스트를 논의해야 할 이유가 있느냐고 반문할 수 있다. 그러나 50위 안에 들어 있는 정치 팟캐스트의 비중이 낮아진 것은 대안언론에 대한 사회적 요청이 사라졌기 때문이라고 이해되는 것보다 대안언론이 팟캐스트 외에도 다양한 플랫폼으로 확장되고 있기 때문이라고 이해되는 것이 맞다. 여전히 〈뉴스타파〉, 〈GO발뉴스〉, 〈국민TV〉와 같은 대안언론이 건재하고 있기 때문이다.

3. 대안언론의 공정성과 정치 팟캐스트

대안언론은 새로운 기술환경이 제공하는 기회를 틈타 언론의 객관보도 원칙을 전면적으로 부정하며, 특정 집단, 특히 사회적으로 소외된 사람들의 이해관계를 반영하는 저널리즘 형태이다. 따라서 이들이 추구하는 공정성은 일반적으로 통용되는 공정성 개념과 근본적 차이를 보이게 된다.

독립적이고 비판적인 미디어는 정보를 제공받는 민주주의(*informed democracy*)에 필수적이다. 그러나 주류 미디어(*mainstream media*)는 그들이 감시해야 하는 경제적, 정치적 권력 속에서 안락함을 누리고 있다. 뉴스산업들의 합병은 가속화되고, 이는 매스미디어에서 다뤄지는 관점의 폭을 제한하고 있다. 미국의 미디어 창구가 이윤을 추구하는 거대기업들에 의해 소유되고 광고주의 지원을 받는 상황에서, 독립 저널리즘 역시 제대로 기능하지 못하고 있다. FAIR는 궁극적으로 지배 미디어 복합기업을 부수고 독립 공영방송을 설립하여, 강한 비영리 대안언론을 마련하기 위한 구조적 개혁이 필요하다고 생각한다.

웬 '뉴스타임즈'? 아무 이유 없습니다. 저는 이명박 대통령이 싫습니다. 국민은 대통령이 싫다고 말할 수 있는 권리가 있습니다. 오늘부터 '하니TV'에서 편파방송을 하겠습니다. 그러나 그 과정은 최대한 공정하고 객관적으로 하겠습니다.

한국 탐사저널리즘센터·뉴스타파는 한국 언론의 고질적 병폐인 정파성과 상업주의를 배격하고 오로지 진실의 편에 서서 탐사저널리즘을 수행합니다. … 한국탐사저널리즘센터·뉴스타파는 국민이 주권을 제대

648

로 행사해 우리 사회가 보다 나은 방향으로 나가고, 우리 민주주의가 보다 성숙해질 수 있도록 올바른 정보를 제때 제공합니다.

위의 글들은 각각 미국의 미디어 감시단체이자 대안언론인 FAIR와 김어준의 '뉴욕타임즈', 한국 탐사저널리즘센터·뉴스타파가 스스로를 소개하는 글이다. 각각의 글을 통해 이들 매체가 추구하는 바가 무엇인지를 알 수 있다. 주목해야 할 사실은 이들이 스스로를 '공정성'을 추구하는 매체로 규정하고 있다는 것이다. FAIR의 경우 그들의 이름이 공정성(fair)이며 '뉴욕타임즈'는 공정하고 객관적인 방송을 할 것임을 밝히고 있다. 〈뉴스타파〉는 정파성과 상업주의를 지양하고 진실을 밝힐 것이며 민주주의 성숙에 기여할 것임을 밝히고 있다.

베트남전쟁과 신사회운동의 대두, 매카시즘의 사기극과 워터게이트 등은 언론이 단순히 정부를 홍보하는 기능에 머물러서는 안 된다는 성찰을 낳는다. 그리하여 1960년대 대안언론의 황금기가 도래하게 되는데, 이들은 객관주의에 도전하고 전쟁, 자본주의, 인종차별주의, 성차별주의에 반대했다(Aucoin, 2007). 대안언론은 저널리스트가 특정 집단, 특히 미디어에서부터 소외된 사람들을 이해하고 그들의 목소리를 반영할 수 있어야 하며, 더 나아가 직접 그들의 이해관계를 위해 정치적 움직임을 만들어 내고 참여해야 한다고 주장한다. 이들은 언론을 시민 모두에게 보편적 공익 서비스로 이해하고 따라서 객관성과 공정성을 갖춰야 한다고 주장하는 주류언론의 이상과는 다른, 저널리즘의 가치 자체에 새로운 이해를 제시한다(Waisbord, 2009).

대안언론에 대한 이러한 기대는 한국에서도 발견된다. 한국 사회에서 언론에 대한 비판은 주류언론의 구조개혁과 대안언론 마련의 두 가지 방향에서 진행되었다(김은규, 2006). 〈오마이뉴스〉, 〈GO발뉴스〉, 〈뉴스타파〉, 〈국민TV〉 등의 대안언론이 등장하고 영향력을 키워 나가는 현상은 한국 사회가 여전히 제 기능을 수행하는 언론에 대한 갈증을 갖고 있음을 보여준다.

앞서 대안언론을 정의하면서 살펴보았듯, 대안언론에 대한 욕구는 정치적 비전과 밀접하게 연관되어 있다. 대안언론의 뉴스보도는 사회운동과 개혁에 우호적일 뿐만 아니라 직접 참여하고자 하며, 급진적 입장에서는 구조적 변화에 기여하는 언론매체만을 대안언론이라고 칭하기도 할 만큼 정치적 색채가 뚜렷하다. 이러한 언론행위는 기존의 저널리즘 관점에서 보았을 때 공정성의 원칙을 크게 벗어난다(Atton, 2005; Fuchs, 2010; Rosenberry & St. John, 2010; 강명구, 1994; 박춘서, 2006). 기존 저널리즘의 가치를 기준으로 대안언론의 공정성을 논의한다면, 대안언론은 전혀 공정하지 못하며 오히려 의도적으로 공정성을 훼손하고 있다고까지 말할 수 있을 것이다.

이러한 비판에 대해 대안언론은 오히려 주류언론이야말로 객관성을 표방하며 뉴스의 윤리, 이데올로기에 대한 책임을 방기하고 있다고 주장할 것이다(강명구, 1994). 대안언론은 가치와 사실을 분리하는 것이 가능하며 그렇게 하는 것이 정치적으로 바람직하다고 여기는 객관성의 핵심적 전제에 도전한다(Atton, 2005; Atton & Hamilton, 2011; 강명구, 1994). 즉, 기존 언론은 객관성과 공정성을 표방하고 있지만 실제로는 권력관계와 유착된, 지극히 정치적 입장을 반영한 보도를 하고 있다는 것이 대안언론의 현실 분석이다. 따라서 이미 한쪽으로 치우쳐진 정보만이 유통되는 상황에서 오히려 민주적 언론보도는 권력에 저항하는 언론보도라고 주장한다. 이들은 이미 존재하는 미디어 권력의 비대칭의 균형점을 바로잡기 위한 "의도된 편파보도"를 실천한다. 그리고 그것이 "누군가에게는 더 공정한 보도"(p. 316)라고 주장한다(Eliasoph,

1988). 대안언론은 반전(反戰), 여성주의, 환경, 민족, 성소수자 등 신사회운동과 함께 명맥을 유지해 나간 주창저널리즘과도 맥을 같이한 다(Waisbord, 2009).

결국 대안언론의 저널리즘 실천은 이미 편견에 사로잡힌 기존언론에 대항하기 위한 것으로서 대안언론이 이미 주류언론에 의해 팽배해 있는 관점을 반복할 필요가 없다고 본다. 이들에게 공정성은 기존 저널리즘의 공정성을 부정함으로써 달성 가능하다. 우리는 여기에서 공정성을 이해하는 기본적 인식의 차이가 존재함을 알 수 있다.

주류언론의 공정성은 개별 언론사를 공정성의 실천범위로 삼는다. 개별 언론사들이 모든 시각을 아우르는 보도를 하게 되었을 때 전체 보도 생태계에서도 공정성이 달성 가능할 것이라는 입장으로 저널리스트는 개별 언론사의 언론보도가 공정하도록 노력하게 된다(individualistic approach). 대안언론의 공정성 부정은 언론보도 생태계 전체를 아우르는 총체적 접근법(holistic approach)을 취한다(Atton, 2005).

대안언론은 개별 언론사들이 자신이 속한 정치적 환경에서 벗어나는 것은 불가능하며, 따라서 기존 저널리즘이 이야기하는 공정성은 애초에 개별 언론사 수준에서는 달성될 수 없다고 본다. 오히려 그것보다더 중요한 것이 언론보도 생태계가 작동하는 구조인데, 보도 생태계 전체를 조망했을 때 그 안에서 모든 사회집단들의 의견이 고루 반영되어야 공정성이 달성될 수 있다는 입장이다. 따라서 대안언론의 저널리스트는 전체 뉴스보도 환경에서 소외되는 목소리를 강하게 항변하는 것이 공정한 것이라고 여긴다. 이때 저널리스트는 전체 뉴스보도 환경이 공정하도록 노력한다.

공정성에 대해 개별적 접근법을 취하는 주류언론과 달리 대안언론은 공론장 전체를 고려하여 소외된 사람들의 목소리를 강변하는 총체적 접근법을 취한다. 이러한 대안언론의 공정성은 어떻게 평가되어야 하는가. 대안언론의 공정성 접근이 기존의 저널리즘 규범을 위협한다는 평가보다 우선하여 이루어져야 하는 것은 그것이 기존언론의 반성을 요구하고 있다는 사실을 인지하는 것이다. 대안언론은 기존 언론이 제 기능을 수행하지 못할 때 등장하고 사회적 지지를 얻는다. 〈나꼼수〉를 비롯한 정치 팟캐스트가 제기하는 것은 오늘날 한국 사회에서 주류 언론이 정치 및 자본권력으로부터 자율성을 획득하는 데 실패한 까닭에 공정한 보도태도를 취하지 못한다는 비판적 평가이다. 언론 공정성 문제가 해결되지 않는다면 정치 팟캐스트는 물론이고 새로운 형태의 대안 미디어가 등장하여 언론에 대한 시민들의 갈증을 충족시켜야 할 것이다. 결국 대안언론의 급진적, 편향적 언론활동 그 자체가 이들이 공정하지 않음을 뜻하지는 않는다. 대안언론이 추구하는 바가 기존 저널리즘 원칙의 폐기가 아니라 그것의 보완에 있음을 유의해야 한다(Atton & Hamilton, 2011; Dahlgren, 2013; Rosenberry & St. John, 2010).

이들은 다만 공정성의 다른 패러다임에 서 있는 것이며, 대안언론의 저널리즘 실천은 주류언론의 공정성을 보완하여 건강한 민주주의를 건설하고자 한다는 데에서 사회적 존재 의의를 발견할 수 있다. 결국 이들이 목적으로 하는 '정보를 제공받는 민주주의'(informed democracy), '공론장의 성숙'은 주류 저널리즘의 관점에서도 옹호되는 바이며 함께 달성될 수 있을 것이다. 따라서 정치 팟캐스트의 보도행태가 특정 정당, 정책, 후보자, 이데올로기에게 우호적이라는 사실 자체만을 두고 비판하기는 힘들다. 현재 한국의 언론환경에서 언론 정상화를 위한 대응의 일부로 이해할 수 있기 때문이다.

뿐만 아니라 대부분의 대안언론은 소규모로, 비영리 조직체의 형태로 운영되고 있음을 고려해야 한다. 주류언론의 공정성 개념은 상당히 많은 자본력과 전문교육을 받은 다수 인력을 동원했을 때 달성 가능한 것이 사실이다. 전문기자를 고용하고 상당한 규모의 언론조직을 운영하는 대안언론도 물론 존재하지만, 주류언론의 그것과는 비교하기 힘들 만큼 작은 규모에 불과하다. 자본 및 인력 규모, 아마추어리즘을 고려한다면 대안언론에게 주류언론의 공정성 원칙을 따를 것을 일방적으로 요구하는 것이 실효성을 갖기 어렵다. 그러나 이것이 대안언론은 공정성 원칙의 예외지대에 있음을 의미하지는 않는다. 직접적으로 대안언론의 공정성을 쟁점화한 정치 팟캐스트가 바로 〈나꼼수〉였다.

4. 정치 팟캐스트의 영향력과 〈나꼼수〉

이처럼 대안언론이 생산하는 정치 팟캐스트는 공론장에서 소외된 사람들의 입장을 강변함으로써 공론장 전체의 균형을 재조정한다는 태도를 취한다. 여기서 문제가 되는 것은 특정 정치 팟캐스트가 전 사회적인 여론형성 과정에 막대한 영향력을 행사하게 될 경우다. 이 경우 앞서 살펴본바, 대안언론이 추구하는 공정성의 논리가 타당한지 재검토가 필요하게 된다.

〈나꼼수〉는 정치 팟캐스트의 영향력을 확인할 수 있었던 대표적 사례다. 2011년 4월 28일을 시작으로 〈나꼼수〉는 기존 언론에서는 제공되지 않는 정치정보를 유쾌하게 제공하는 대안언론으로 지칭되었다. 이들은 2011년 11월에는 한미 FTA를 비준을 무효화할 것을 촉구하는 집회를 조직하고, 2012년 대선에서 특정 후보자를 지지하는 등 정치색을 노골적으로 드러냈다. 유머와 풍자로 사실과 가설을 넘나드는 이들의 방송에 대해 주류언론은 그들의 정치색에 따라 다른 평가를 내놓았고, 이런 와중에 〈나꼼수〉의 인지도는 더욱 높아졌다.

그 결과 〈나꼼수〉는 자타가 공인하는 대안언론이 된다. 2011년 11월 24일, 전국언론노동조합은 '현 정권의 부도덕성을 폭로하고', '주류언론이 권력감시 등 제 기능을 다하지 못하고 있는 상황에서 대안언론으로 역할을 훌륭하게 수행했다'고 평하며, 〈나꼼수〉에게 제 21회 민주언론상을 수여하기도 했다. 2012년 1월 5일에는 미디어공공성포럼으로부터 '2011 언론상'을 수상하면서 명실상부한 대안언론으로 자리매김하게 된다(이병섭, 2012).

〈나꼼수〉가 다룬 주제만 해도 BBK문제, 서울시 무상급식 투표, 10

654

·26 서울시장 보궐선거, 이명박 전 대통령의 내곡동 사저, KTX 민영화, 선관위 디도스 공격, 천안함 사건, MBC 파업 등 다양하다. 김어준, 김용민, 정봉주 세 사람으로 진행되었던 〈나꼼수〉는 2011년 6월 30일 8회차인 '청계재단의 진실'에서부터 주진우가 참여하기 시작하여 4명의 고정 출연자를 확보하게 된다. 팟캐스트 길이에 제한이 있는 것도 아니어서 1~2시간 안팎으로 제각각이다. 팟캐스트가 업데이트되는 주기도 정해진 바 없었으며, 빨리 콘텐츠를 송출하고 싶을 때에는 '호외'를 만들기도 했다.

2011년 8월 23일, '2011년 8월 22일 호외편'으로 〈나꼼수〉는 미국 아이튠즈 팟캐스트에서 미국 1위를 차지했다. 아이튠즈가 세계에서 가장 많은 팟캐스트가 업로드되는 팟캐스트 포털임을 감안하면, 사실상 세계에서 가장 영향력 있는 팟캐스트 에피소드였던 셈이다. 〈나꼼수〉의 인기가 확연히 드러나자 지상파 방송사에서도 〈나꼼수〉에 대해 다루기 시작하였다. 처음 〈나꼼수〉 현상을 다룬 지상파 방송은 MBC 〈손석희의 시선집중〉의 2011년 8월 26일자 방송이었다. 이전부터 신문사에 의해 회자되어 오기는 했으나, 주류언론이 〈나꼼수〉를 본격적으로 다루기 시작했던 시점은 2011년 8월 이후라고 할 수 있을 것이다. 2011년 10월 이후에는 사안에 따라 문재인, 박지원, 이정희, 유시민, 심상정, 노회찬, 정세균, 손학규, 김두관, 정청래와 같은 정치인사들이 게스트로 등장하기도 했다. 〈나꼼수〉는 2012년 초, 회당 7백만 건 이상의 다운로드가 이루어지며 주요 일간지를 뛰어 넘는 여론지배력을 가지고 있다고 논평되기도 하였다.[5]

〈나꼼수〉의 영향력은 이들이 굵직한 이슈를 최초로 보도했기 때문에

5 〈PD저널〉, 2012년 1월 9일자, '요즘 대세, "나는 팟캐스트다" ― 정치인, 평론가, 언론인 등 팟캐스트 방송 잇따라 선보여 "점점 진화할 것"'.

생긴 것이 아니었다.[6] 상당수 언론이 이미 다루어 왔던 바를 심층적으로 재미있게 전달하는 것이 핵심이었다. 정치권력의 부조리와 관계된 민감한 사안을 누구나 이해할 수 있는 쉬운 표현들로 전체적 맥락을 설명하고 대중과 함께 분노하며 카타르시스를 제공하는 이야기 구조가 〈나꼼수〉의 특징으로 일컬어진다. 그러나 보수언론의 입장에서 〈나꼼수〉는 저속한 표현을 사용하는, "좌파적" 의도를 띠는 요주의 대상이자 음모론으로 저널리즘을 훼손시키는 선동꾼이었다(이기형 외, 2012).

정치 팟캐스트는 이제 낯선 '뉴미디어'가 아니라 하나의 장르로 일상 속에 자리매김했으며 정치적 공론장에 영향을 미치고 있다. 2012년 대선 기간 동안 정치 팟캐스트가 이용자들에게 미치는 영향을 연구한 결과 투표 전에 청취한 정치 팟캐스트가 한 편 증가할 때마다 문재인 후보를 선택할 가능성이 약 24.8% 높아졌다는 연구결과도 제시되었다(민영, 2014). 연구자가 해당 논문에서 언급한 것처럼 여기에는 이미 문재인 후보를 지지하는 사람들이 정치 팟캐스트를 이용하는 선택적 미디어 노출이 이루어진 결과일 가능성을 무시할 수 없다. 그럼에도 불구하고 정치 팟캐스트가 중요한 선거 국면에서 상당한 영향력을 미쳤다는 것은 분명한 것으로 보인다. 여기에 매체 간 의제설정 능력을 확인해 본 결과 제한적이기는 하지만 〈나꼼수〉는 2011년 서울시장 선거기간 동안 박원순 후보자와 나경원 후보자의 개인 트위터보다 의제설정에 더 큰 영향력을 미친 것으로 보이며, 〈나꼼수〉가 독자적으로 강조한 의제가 MBC 뉴스에서 뒤늦게 강조되기도 했다(최수연·임종섭,

---

6 내곡동 사저 문제의 경우는 조금 다르다. 〈나꼼수〉가 내곡동 사저를 다룬 팟캐스트를 공개한 것은 2011년 10월 9일이었다. 이보다 하루 앞선 10월 8일에 〈시사저널〉에서 같은 내용을 이미 보도한 바 있다. 실질적으로 〈나꼼수〉와 〈시사저널〉이 독립적으로 취재한 것임을 감안할 때, 〈나꼼수〉가 이전까지 언론에서 제대로 다뤄진 바 없었던 이슈를 공론장에 문제 제기한 중요한 사례라고 할 수 있을 것이다.

656

2013).

〈나꼼수〉는 정치 팟캐스트로서 여론의 의제설정, 매체 간 의제설정에 상당한 영향력을 발휘한 것 외에도 직접 정치현장에 뛰어들기도 하였다. 2011년 11월 30일, 〈나꼼수〉는 여의도 광장에서 한미FTA 비준을 무효로 할 것을 촉구하는 특별공연을 열었다. 당시 여의도 광장에는 경찰 추산 1만 6천 명, 주최 측 추산 5만 명의 사람들이 모였다.[7] 〈나꼼수〉는 정치적 비전을 가지고 실천하는 대안언론의 전형이었으며, 상당한 여론 영향력을 갖고 있었음을 알 수 있다. 즉, 〈나꼼수〉의 영향력은 정치적 편향성을 가진 일부 이용자들에게로 제한된 것이 아니라 한국 사회 전반이 〈나꼼수〉에게 영향을 받고 있었다.

〈나꼼수〉가 보도했던 내곡동 사저 의혹은 〈나꼼수〉가 한국 사회 전반에 어떤 영향을 미치고 있었는지를 보여주는 대표적인 사례다. 〈나꼼수〉는 2011년 10월 9일, '도둑적으로 완벽하신 가카'라는 에피소드에서 이명박 전 대통령의 내곡동 사저 의혹을 본격적으로 다루었다.[8] 이명박 전 대통령이 퇴임 후 거처를 내곡동에 마련하는 과정에서 국가예산에 손해를 끼치도록 지시했거나 또는 보고받고도 방조했다는 것이었다. 이후 한나라당 홍준표 의원이 〈나꼼수〉에 출연하여 내곡동 사저 문제에 대한 난상토론이 이루어지고, 〈나꼼수〉가 찬송가를 개사하여 내곡동 사저 문제를 희화화한 노래가 인기를 끌면서 〈나꼼수〉의 이슈

---

7 〈프레시안〉 2011년 12월 1일자 '여의도 꽉 채운 "나꼼수 파워", 어디로 향할까', 〈연합뉴스〉 2011년 11월 30일자 '여의도서 FTA 반대집회, "나꼼수" 공연' 참조.

8 〈나꼼수〉 이전에 〈시사저널〉에서 2011년 10월 8일에 하루 먼저 내곡동 사저 의혹을 보도한 바 있다. 실제로 〈시사저널〉과 〈나꼼수〉에서 문제 제기한 바는 거의 유사했다. 그러나 내곡동 사저 의혹이 사회적 이슈로 급부상했던 데에는 〈나꼼수〉의 영향력이 분명히 존재했다. 〈PD저널〉 2011년 10월 19일자 '〔논설〕 내곡동 게이트와 "나꼼수" 그리고 언론인', 〈시사저널〉 2011년 11월 24일자 '"나꼼수"의 도넘은 왜곡과 비방' 참조.

장악력은 더욱 커졌다. 2011년 10월 당시 민주당은 이명박 전 대통령 등을 검찰에 고발했으나 2012년 6월 사건 관련자들 전원은 불기소처분 됐다. 검찰의 불기소처분으로 사실여부를 확인하기는 힘들게 되었으나 〈나꼼수〉가 국정의 주요 이슈를 선점하고 이에 영향력을 행사했음은 분명하다.

이처럼 〈나꼼수〉가 당시 한국 사회의 공론장에 상당한 영향력을 행사했음을 확인할 수 있는 직간접적인 지표들은 다양하다. 내곡동 사저 문제가 지금까지도 언급되는 중요한 사회적 의제임을 감안하면, 〈나꼼수〉가 이를 의제화한 것은 반드시 필요한 일이었으며 〈나꼼수〉의 긍정적 효과를 보여주는 사례라고 할 것이다. 그러나 〈나꼼수〉가 한국 사회의 공론장에 미쳤던 영향력이 긍정적이기만 한 것은 아니었다. 두 개의 사례를 살펴보자.

2011년 12월 22일 대법원은 정봉주에게 BBK사건을 둘러싸고 공직 선거법상 허위사실 유포죄로 원심 확정 징역 1년을 선고했다. 정봉주를 상대로 한 BBK 소송은 〈나꼼수〉가 시작되기 전부터 이미 진행 중이었고 1심과 2심에서는 이미 유죄판결을 받은 상태였다. 다만 〈나꼼수〉의 인기가 높아진 이후인 2011년 12월에 대법원은 "근거가 박약한 의혹의 제기를 광범위하게 허용할 경우 비록 나중에 그 의혹이 사실무근으로 밝혀지더라도 잠시나마 후보자의 명예가 훼손됨은 물론 임박한 선거에서 유권자들의 선택을 오도하는 중대한 결과가 야기되고 이는 오히려 공익에 현저히 반하는 결과가 된다"고 상고를 기각했다. 이로써 2007년 대선과정에서 정봉주가 당시 이명박 대선후보와 관련한 허위사실을 유포한 혐의로 징역 1년을 선고한 원심이 확정되었다.

이명박 대통령이 대선 후보일 때부터 시작된 BBK 의혹은 사실상 〈나꼼수〉로 인해 의제로 부상했다. 〈나꼼수〉는 '1화' 시작과 함께

658

BBK 사건을 다루었으며, 대법원 판결 직후 〈나꼼수〉 '호외'를 녹음했다. 이 방송에서 〈나꼼수〉는 BBK가 허위사실이 아님을 거듭 확인하는 내용을 담았다. 정봉주 의원에 대한 1년 징역, 10년간 피선거권 박탈은 부당하다는 입장이었다. 이후 소셜 미디어에서는 공지영 작가의 트윗을 비롯하여 대법원 판결의 부당함을 알리는 '정봉주 구하기'가 이루어졌다. 민주통합당도 '정봉주 구명위원회'를 열고 한명숙 당대표가 수감 중인 정봉주를 면회하면서 총선전략으로 적극 활용하였다. 대법원 판결의 부당성을 알리기 위한 〈나꼼수〉의 노력은 이후 민주통합당이 함께한 '봉주 버스' 등의 행사로도 나타났다. 9 총선과 대선까지도 목전에 두고 있는 상황에서 야당과 함께 적극적으로 자신의 정치적 견해를 표방하고 있음을 확인할 수 있다. 이런 와중에 〈나꼼수〉는 민주통합당의 정치 마케팅 수단이 되었다. 10

한 가지 사례를 더 살펴보자. 정봉주에 대한 대법원 판결과 관련하여 당시 '비키니사건/코피사건'과 여기에 대한 〈나꼼수〉의 대응은 사회적 영향력에 걸맞은 태도였다고 보기 힘들다. 해당 사건은 정봉주 지지를 위한 '나와라 정봉주 국민본부' 홈페이지에서 그의 사면을 촉구하는 1인 시위 인증샷(인증사진)들이 올라왔는데, 그중 일부 여성들이 비키니를 착용한 사진으로 시위하였고, 이에 대해 〈나꼼수〉가 "코피 조심해라" 등의 발언을 한 데에서 비롯되었다. 이후 〈나꼼수〉의 발언이 젠더 권력관계에 기반한 성차별적 발언이라는 비판이 일었다. 이를 두고 김어준은 해당 여성과 권력관계가 없으므로 성희롱이 아니라고 방송에서 언급하면서 논란은 더욱 심화되었다.

9 〈머니투데이〉 2012. 2. 11, '"정봉주 구하자!" 봉주버스 출발' 참조.
10 〈세계일보〉 2012. 2. 12, '민주당은 '정봉주 마케팅'외엔 할 게 없나', 〈서울신문〉 2012. 2. 13, '민주통합당의 도 넘은 '정봉주 마케팅'' 참조.

당시 사건을 두고 진보진영 내부에서도 〈나꼼수〉에 대한 태도가 갈라지게 되었는데, 인터넷 공론장에서 진보적 입장을 견지하며 〈나꼼수〉를 지지했던 '삼국카페'는 2월 6일 〈나꼼수〉에 대한 지지를 철회하는 성명서 발표한다.[11] 다음은 성명서 내용의 일부이다.

（앞부분 생략） 우리는 지금까지 〈나꼼수〉 멤버들이 보여주었던 노고에 감사드리며, 그들의 공로를 인정하는 바이다. 이 성명서는 그간 〈나꼼수〉의 행보를 폄훼하려는 목적이 아님을 밝힌다.

　우리는 '비키니 시위 사진'을 소비하는 일부 남성들의 관점에 우려를 표했고, 트위터, 메일 등을 통해 〈나꼼수〉의 입장표명을 지속적으로 촉구하며 사태를 진정시켜 줄 것을 기대했다. 그러나 주진우 기자의 "가슴 응원 사진 대박! 코피를 조심하라!"는 접견민원인서신 사진공개는 시위의 본 메시지가 아닌 가슴을 집중 부각하며 주객을 전도시켰다. '코피' 발언은 그들이 남성 위주의 사회적 시선으로 여성을 바라보며, 여성을 성적 즐거움을 가져다주는 한낱 눈요깃거리로 삼고 남성의 정치적 활동의 사기진작을 위한 대상정도로 전락시킨 것이다. （중략）
4. … 그러나 김용민 교수는 비판 멘션에 대해서는 편집RT하거나 차단시키는 등의 소통을 거부하는 모습을 보였으며, 김어준 총수는 〈시사인 토크 콘서트〉에서 "성희롱은 권력의 불평등 관계가 전제돼야 하는데 청취자와 우리 사이에는 그런 게 없다"라며, 불쾌감을 나타내는 여성 청취자를 청취자의 범주에서 배제했다. 또한 "생물학적 완성도에 대한 감탄, 성적 대상화는 자연스러운 것이다"라는 발언으로 논란을 가중시

---

11 삼국카페는 2008년 미국산 소고기 수입반대 촛불집회 이후 사회 현안에 적극적으로 참여해 온 3개의 온라인 카페（소울드레서, 쌍화차코코아, 화장~발）를 총칭한다. 미용에 관한 여성 전용 커뮤니티인 이들은 이후에도 언론노조 파업 지지, 4대강 반대, 한미 FTA 반대, 국정원 대선개입에 대한 철저한 수사, 철도 민영화 반대 등의 주요 사회 현안들에 대해 적극적인 입장을 취했다. 〈경향신문〉 2012. 2. 6, '삼국카페 대표들 "나꼼수 동지의식 내려놓는다"' 참조.

컸다. (중략)

6. '삼국카페'는 성별, 종교, 기타 사회적 신분으로 차별하지 않겠다는 '진보'의 가치와 인간을 도구화하지 않겠다는 '민주주의'의 원칙을 수호 하기 위해서 대의라는 이름 아래 침묵하지 않을 생각이다. 우리는 '반쪽 진보'를 거부하며, 〈나꼼수〉에게 가졌던 무한한 애정과 믿음, 동지의 식을 내려놓는다. … (생략)

위의 두 사건은 이미 상당한 영향력을 갖춘 대안언론으로 성장했던 〈나꼼수〉가 과연 건강한 공론장을 조성하는 데 기여했는지에 대해 의문을 제기한다. 정봉주의 허위사실 유포혐의에 대한 대법원 판결 이후 〈나꼼수〉가 특정 정당의 선거도구로 전락해 버린 것이 아닌가라는 우려가 나타났다. 여성에 대한 성희롱이라는 문제제기에 대해 피해자의 치유를 도모하기보다는 자신의 말이 틀리지 않았음을 항변하는 태도에서 〈나꼼수〉를 지지했던 사람들이 실망감을 드러냈다.

이런 와중에 〈나꼼수〉에 반한, 보수적 성향의 시민 정치 팟캐스트 역시 등장하였다. 〈나꼼수〉에 대한 불신에서 비롯하여 이들을 비판하는 것을 목표로 삼는 정치 팟캐스트였다. 〈나꼼수〉에 반대하며 등장한 정치 팟캐스트의 방송내용 역시 공정했다고 보기는 힘들다. 이들의 콘텐츠 또한 〈나꼼수〉의 그것과 동일하며 다만 옹호하는 이데올로기가 달랐을 뿐임을 고려하면 〈나꼼수〉와 다를 바 없이 편향된 정치 팟캐스트였다. 입장에 따라서는 이들이 옹호하는 정치적 입장이 주류 이데올로기와 같으며 따라서 오히려 사회의 불균형을 심화키는 더더욱 불공정한 콘텐츠라고 주장할 수도 있을 것이다. 그러나 〈나꼼수〉의 사회적 영향력이 증가함에 따라서 그들에 대한 불신과 회의, 갈등의 골이 깊어지고 있었음을 보여주는 또 다른 징후로 해석하는 것이 사안의 본질을 가장 잘 설명한다.

　이처럼 〈나꼼수〉가 영향력을 갖추기 시작하면서 이들의 저널리즘 실천이 건강한 공론장의 건설에 기여하기보다는 갈등과 분열을 조장하고 있는 것은 아닌가 하는 우려가 본격적으로 나타나기 시작하였다(민영, 2014).

5. 논의

　사회적 소통과 여론형성을 지배하는 주류 미디어의 이면에 대안언론
이 존재한다. 이들의 내용과 형식은 종종 언론에 통상적으로 부과되는
사회적 책임의 한계를 벗어남에도 그 주변적 위상 및 미미한 영향력 등
으로 인해 그에 대한 관용 또는 묵인이 존재했다고 할 것이다. 하지만
디지털 미디어 및 인터넷의 발전에 따라 도달범위 및 영향력 차원에서
종래 대안언론의 한계를 넘어서는 강력한 대안언론이 출현하게 되었
다. 이제 더 이상 주변적이라고 할 수 없는 이들의 사회적 소통행위가
사회여론을 흔들면서 대안언론 본연의 존재가치를 살리는 동시에 대안
언론의 책임성을 강화하는 방안은 무엇인지가 중요한 관심사로 떠오르
게 되었다.

　특정 대안언론이 사회적 영향력과 권력을 확보하게 되었을 때 종래
대안언론에 적용되었던 실천논리는 한계에 봉착하게 된다. 가장 근원
적인 질문은 다음과 같다. '영향력을 지닌 대안언론이 급진적 편향성을
띠는 것이 과연 바람직한가?' 이 장을 통해 살펴본 〈나꼼수〉가 제기한
문제가 바로 이것이었다고 할 것이다.

　〈나꼼수〉는 대안언론으로서 작게 출발했다. 그러나 정치현황에 대
한 설명과 해학으로 인기를 끌었고, 높은 접근성을 보여주면서 점차 영
향력을 확보했다. 처음에 애써 이를 무시하던 주류언론도 〈나꼼수〉를
비중 있게 다루기 시작하였다. [12] 〈나꼼수〉가 독자적으로 발굴한 의제

---

12 〈나꼼수〉를 최초로 다룬 주류언론을 찾기는 어렵다. 그러나 〈나꼼수〉가 본격적으로 주류
　언론에 의해 다뤄지기 시작한 것은 〈나꼼수〉가 2011년 8월 23일에 아이튠즈 팟캐스트에
　서 다운로드 1위를 달성하면서부터인 것으로 추정된다. 이전까지 〈나꼼수〉에 대해 보도

가 뉴스시장에 유통되면서 주류언론의 의제로 등장하기도 하였다(최수연·임종섭, 2013). 〈나꼼수〉는 주류언론의 기계적 공정성에 피곤해진 대중들에게 사건 배후의 이야기, 분명한 선악구도, 인물들 간의 관계, 뚜렷한 정치색을 제공하면서 두터운 수용자 층을 확보하였다.

이처럼 대안언론이 사회 공동체의 민주주의에 미치는 영향력이 확실시될 때에도 '대안언론이기 때문에' 통상적 저널리즘 가치에서 제외되는 영역에 있다는 주장은 더 이상 타당성을 인정받기 어렵다. 대안언론이 사회의 여론 형성과 민주적 의사결정에 영향을 미치는 지위를 확보하게 되었을 때, 해당 대안언론에 대해서는 다음의 3가지 이유에서 영향력에 상응하는 책임이 요구되기 때문이다.

첫째로, 언론의 존재 당위성은 민주주의에 근거하기 때문이다. 이러한 사실은 대안언론에도 동일하게 적용된다. 대안언론의 당위성은 저널리즘을 대체하는 다른 가치가 아니라 저널리즘의 복원에 있다. 어떤 형태의 언론이든 "언론은 민주주의에 대한 염려에서부터 시작하며 건강한 민주주의를 형성하고자 한다"는 전제를 도외시할 수 없다(제 2장 4항의 논의 참조). 그리고 민주주의가 위기에 봉착했을 때 저널리즘 역시 위기에 처할 수밖에 없다(Rosenberry & St. John, 2010). 저널리즘의 오랜 논의는 민주주의에 대한 이해와 궁극적으로 맞닿아 있음을 주지해야 한다(Dahlgren, 2013). 대안언론 또한 저널리즘의 기본 규범을 단순히 무시하고 그칠 수는 없다. 오히려 대안언론으로 자처하며 편향성을 노골적으로 드러내는 태도는 언론과 정치현상에 대한 신뢰를 저

한 언론사는 〈쿠키뉴스〉, 〈오마이뉴스〉와 같은 소규모 온라인 언론사였으며, 〈주간경향〉은 2011년 7월 20일, 〈한겨레〉는 2011년 8월 8일에 처음 다루었다. 〈나꼼수〉가 아이튠즈 팟캐스트에서 1위를 달성한 이후 MBC 2011년 8월 26일에 〈손석희의 시선집중〉에서 〈나꼼수〉에 대해 다룬 바 있으나 여전히 언론에서 다뤄지는 비중이 적다가, 2011년 10월경부터 조중동을 비롯한 모든 주류 언론사에서 〈나꼼수〉에 대한 보도가 이루어졌다.

해하고 민주주의에 대한 회의적 태도를 갖도록 할 것이다.

둘째로, 대안언론이 영향력을 확보한 순간, 이들은 더 이상 적소매체로서 일부의 수용자에게 선별적으로 노출되는 것이 아니다. 대안언론이 권력의 비대칭성을 바로잡기 위해 급진적 커뮤니케이션 전략을 취하는 것은 실제로 그들이 대변하고자 하는 소외계층의 언로가 상당부분 차단되어 있기 때문에 긍정적으로 용인될 수 있다. 그러나 특정 대안언론이 영향력을 갖게 되었다는 것은 이들이 공론장의 의제설정에 성공적이며, 미디어 권력으로 부상했음을 뜻한다. 만약 영향력을 갖춘 대안언론이 공론장을 과열시키기만 할 뿐 건강한 민주주의 담론형성과 거리가 있다면 이는 오히려 대안언론이 목적으로 하는 바를 스스로 버리는 셈이 된다. 따라서 대안언론은 영향력을 갖게 되었을 때 그들의 미디어 권력에 맞게 정파적 급진성을 조정할 필요가 있다.

셋째, 대안언론의 지속 가능성이 공정성과 밀접하게 연관되어 있기 때문이다. 제도화를 거부하는 게릴라성 대안언론은 존재할 수 있다. 그러나 과연 그것이 지속가능한가에 대해서는 회의적이다. 일회성의 프로젝트가 아니라 지속적으로 한국 사회의 여론형성에 영향력을 미치고, 권력의 균형을 맞출 수 있게 진화하는 것을 목적으로 한다면 공정성 원칙은 의도적으로 무시할 수 있는 가치가 아니다. 대안언론이 여론에 미치는 영향력이 분명해지는 순간, 이들은 더 이상 공론장에서 일부 계층의 사람들만을 대변하는 언론이 아니라 이해관계를 갖는 모든 사람들의 목소리를 반영할 것을 요구받게 된다. 언론 공정성은 여론에 영향력을 미치게 된 언론이 짊어져야 하는 의무일 뿐만 아니라 그들이 스스로의 지속가능성을 확보하기 위한 전략이기도 하다.

1942년 타임 사와 엔사이클로피디어 브리태니커 사의 재정지원으로 구성된 허친스 위원회는 1947년 보고서를 발행한다. '자유롭고 책임 있는 언론'(A Free and Responsible Press)라는 이름의 이 보고서는 '허친슨 보고서'(Hutchins Report)라고 불리며 언론의 자유와 책임을 다룬 고전이 되었다. 허친슨 보고서는 표현의 자유를 권리이자 진실을 말할 의무로 받아들인다. 이는 국가를 초월하며 도덕적 권리이기 때문에 국가가 함부로 침해할 수 없는 것이 된다. 그러나 동시에 이러한 표현의 자유는 또한 공동체에 대한 도덕적 의무이기 때문에 무책임하게 증오나 의구심을 양산하는 주장은 정당하지 않다. 따라서 언론의 자유는 언론이 시민의 권리나 공공의 이익과 통합될 때에만 받아들일 수 있다.

허친슨 보고서에서 또한 주목할 대목은 서문에서 언론이 라디오, 신문, 영화, 잡지, 책 등 매스미디어 전체를 아우르고 있음을 분명히 하고 있다는 점이다. 1940년대 당시 신생매체였던 TV 역시 다루고 있다. 이는 언론의 책임이 특정 매체의 기술적 속성에 따라 국한될 수 없기 때문이다. 보고서의 핵심 주장은 여론에 영향을 미칠 수 있는 모든 미디어들은 이러한 사회적 책임 안에서 움직인다는 사실이다. 이 보고서의 논리를 적용할 때 신생 미디어를 전송수단으로 삼는 대안언론 역시 그 영향력의 크기에 따른 사회적 책임을 부과받는다.

대안언론의 위상이 변화하였을 때 해당 대안언론 그리고 이들을 지지하는 이들에게는 어떻게 하면 대안언론을 그 변화한 위상에 부합하는 언론으로 기능하게 할 것인가라는 과제가 부여된다. 그러나 〈나꼼수〉방송의 경우에서처럼 대안언론은 바로 이 지점에서 더 이상 앞으로 나아가지 못한다.

이와 관련하여 앞의 10장과 11장에서 살펴본 포털이 그 뉴스 서비스 및 검색 서비스의 공정성과 관련해 사회적으로 제기되는 문제를 해결하는 방식은 시사하는 바가 적지 않다. 포털 역시 처음부터 공정성 문제에 대한 해결책이 있었던 것은 아니며 아직도 보완해 나가야 할 점이

666

많다. 하지만, 공정성 논란이 제기되었을 때 이에 적극적으로 대응하며 문제해결을 위한 구체적 실마리를 찾아 나서는 모습이 주목할 만하다. 반면 팟캐스팅을 포함해 현재 대안언론으로 거론되는 언론사들은 정치적 입장은 분명히 표명하고 있을지 모르나, 자신들이 지키고 추구하는 저널리즘 원칙에 대해서는 공개한 바 없다. 대안언론 스스로가 이러한 원칙에 대해 명확한 원칙을 갖고 있지 않을 가능성이 높다. 따라서 무엇을 어떻게 취재하는지에 대한 원칙을 제정하고 공표하는 것은 대안언론의 사회적 책임을 드러냄과 동시에 이러한 원칙을 내부적으로 정립하는 의미 있는 첫걸음이 될 것이다.

이러한 취재원칙의 공개는 각 언론사 단위로 이루어지는 것이 현실적일 것이다. 어디까지가 대안언론인지 그 경계가 모호하고 개별 대안언론이 처한 여건이 여유롭지 않은 상황에서 그에 대해 포털과 같이 공동의 기구를 만들고 함께 취재원칙을 만들 것을 요구하는 것은 과도하다.[13] 많은 대안언론이 공존하는 상황에서 취재원칙을 공표할 수 있는 대안언론은 이용자로부터 보다 큰 신뢰를 얻게 될 것이다. 이러한 원칙은 또한 기자와 언론조직이 불필요한 공정성 논란에 휩싸이는 일을 막아주며, 공정성 논란 발생시에 모든 외부적 기준에 선행하는 최우선의 자체 기준으로써 대안언론 본연의 가치와 자율성을 지켜주는 안전판 역할을 하게 될 것이다.

이러한 취재원칙은 각 언론사별로 자유롭게 만들 수 있지만 그 안에 포함될 가장 기본적인 내용으로 다음의 사항들을 꼽아볼 수 있다. 첫째, 건강한 여론환경을 조성하는 것이 목적임을 천명해야 한다. 대안

---

13 네이버, 다음, 네이트와 같은 주요 포털과 8개 인터넷 사업자들은 2009년 (사) 한국인터넷자율정책기구(KISO)와 같은 자율규제 정책기구를 만들고 검색어와 그것의 삭제에 대한 정책을 마련하고 있다.

언론 역시 여느 언론과 마찬가지로 민주주의와 분리되어 존재할 수 없기 때문이다. 특히 대안언론의 본질이 언론 공정성에 대한 인식과 밀접함을 인식하고, 공정성을 어떻게 인식하는지를 분명히 제시할 필요가 있다. 공정성에 대해 어떠한 태도를 취할 것인지에 대해서는 개별 대안언론의 판단에 맡겨 두어야 한다. 이러한 자율적 입장표명을 통해 각 대안언론사는 현재 한국 언론지형을 바라보는 자신의 관점, 자신이 지향하는 가치, 이를 위한 구체적 취재의 원칙 등을 이용자들에게 제시할 수 있을 것이다.

둘째, 투명성 확보방안이 포함되어야 한다. 투명성을 확보하는 것은 진실을 찾기 위해 최선의 노력을 다하며(accuracy), 자신이 믿는 바를 있는 그대로 말하는(sincerity) 것이다(Phillips, Couldry, & Freedman, 2010). 정보의 출처를 분명히 하여 사실과 루머, 믿을 수 있는 정보원과 불확실한 정보원, 분석과 추측을 분리해 내는 것을 의미한다. 이는 수많은 다양한 형태의 미디어가 치열하게 경쟁하는 저널리즘 시장상황에서 대안언론이 선동매체에 불과하다는 오명을 벗고 가치 있는 언론으로 인정받기 위한 가장 기본적이고도 효과적인 방법이 될 것이다.

이러한 스스로의 노력과 함께 대안언론의 공정성 확보를 위해서는 대안언론의 후원자, 지지자들의 비판적 감시가 필수적이다. 대안언론의 지지자들은 단순히 콘텐츠를 즐기고 물질적으로 후원하는 것을 넘어 대안언론의 후견인 역할을 수행해야 한다. 이러한 후견인 역할은 대안언론을 지지하거나, 지지를 철회하는 방식으로 표출되는 소극적 역할을 넘어선다. 이용자들은 자신이 지지하는 대안언론에게 자율규제를 마련하고 지키며 발전시켜 나갈 것을 요구해야 한다. 이용자가 이같은 감시자의 역할을 제대로 수행하지 못할 때 정치권력이 그 자리에 들어서게 될 것이다. 후원자들의 적극적 관심과 질책은 뉴미디어 환경

에서 등장하는 대안언론의 활동이 일회성 외침을 넘어 책임 있는 언론
으로서 지속적인 영향력을 확보할 수 있을지를 결정하는 가장 중요한
변수가 될 것이다.

3

제도화된
미디어 공정성 규제

13
선거보도와 미디어 공정성

이향선* · 유수연** · 윤석민

선거는 민주주의를 실현하는 가장 중요하고도 기본적인 장치이다. 선거는 국민의 주권의식을 기초로 국민을 위해 일하는 대표를 뽑는 의식으로서 이를 통해 선출된 대표자는 국민을 위해 국가 공권력을 행사할 수 있는 정당성을 부여받게 된다. 양식 있고 유능한 공직자가 선출될 수 있는 공정한 선거 시스템은 민주사회 유지의 근간이라 할 것이다.

이 시스템이 원활히 작동하기 위한 핵심요소가 미디어이다. 하지만 선거보도에서 미디어의 역할을 둘러싸고 많은 문제가 제기된다. 특히 후보자에 대한 올바른 이해를 가로막고 유권자의 관심과 참여를 저하시키는 불공정 보도시비가 적지 않다.

이 장에서는 '선거보도의 공정성이 왜 중요한가?'라는 근원적 질문에서 시작하여 우리나라에 선거보도 공정성 관련 법규나 기준은 어떻게 정립되어 있고 선거보도의 공정성을 관장하는 심의제도는 어떻게 운영되는지, 그 문제점 및 개선점은 무엇인지 등을 살펴보고자 한다.

---
 * 방송통신심의위원회 책임연구위원 (hyalee@gmail.com).
** ICT 사회정책연구센터 연구원 (sooyeoni91@gmail.com).

1. 선거보도의 공정성

　선거에서 미디어가 유권자들에게 미치는 영향력에 대해서는 지금까지 많은 연구가 있었다(권혁남, 2006; 반현·최원석·신성혜, 2004; 이효성, 2006; Entman, 1991; Flowers, Haynes, & Crespin, 2003; Media Tenor, 2005). 이러한 연구들은 유권자들이 선거 관련 정보나 의견을 미디어에 의존하며 미디어의 보도태도가 유권자의 판단에 중요한 영향을 미친다는 사실을 보여주고 있다. 선거보도에서 공정성이 강조되는 이유가 여기에 있다. 미디어를 통한 불공정한 선거보도는 유권자에게 전달되는 정보와 의견을 제한하거나 왜곡하여 합리적인 선택과 판단을 어렵게 할 수 있기 때문이다.

　이처럼 선거에서 미디어의 역할이 중요함에도 불구하고 우리나라에서 선거보도를 둘러싼 논란은 끊이지 않고 있다. 특히 후보자에 대한 올바른 이해를 가로막고 유권자의 관심과 참여를 저하시키는 불공정 보도에 대한 시비가 적지 않다(구교태, 2013; 김재홍, 2002; 한국기자협회, 2012). 이러한 현상은 종합편성 채널(이하 '종편채널') 4개 사가 시장에 동시에 진입하면서 더욱 두드러지고 있다. 가장 최근의 대통령 선거였던 2012년 18대 대선 기간 동안 방송통신심의위원회의 선거방송 관련 심의건수가 기존의 어느 선거 때보다 월등히 증가한 원인이 종편채널 때문인 것으로 드러나기도 했다(김서중, 2013a). 종편채널 4개사를 대상으로 18대 대선보도의 공정성을 분석한 원희영·윤석민의 연구(2014)에 따르면 JTBC를 제외한 종편채널들은 지상파 민영방송(SBS)에 비해 강한 여당후보 편향성을 드러냈다. 특히 후보 간 격차가 박빙일 때 이러한 편향성이 더욱 두드러졌다(원희영·윤석민, 2014).

18대 대선 기간 중 발생한 '국가정보원'(이하 '국정원') 댓글 사건'[1]은 우리나라에서 선거보도 편향성 문제가 얼마나 심각한지를 극명하게 보여준 사례이다. 2012년 12월 11일, 선거를 약 일주일 앞두고 여당과 야당의 대통령 후보가 치열한 경합을 벌이던 때, 야당인 민주통합당 당원들이 한 전직 국정원 공무원으로부터 국정원의 여론조작 활동에 대한 제보를 받고 한 국정원 여직원의 오피스텔을 급습하였다. 그 여직원이 그곳에서 야당 후보를 비방하는 인터넷 댓글을 달고 있다는 제보를 받고 진상을 확인하러 들이닥친 것이다. 여야 양 후보가 근소한 차이로 각축을 벌이던 상황에서, 이 사건이 언론에 의해 어떻게 취급되는가에 따라 어느 한 측이 선거결과에 치명적인 타격을 입을 수 있는 사건이었다.

그런데 야당의 발 빠른 대응에도 불구하고 이 사건은 선거 당일 전까지 야권의 의도대로 전개되지 않았다. 보수·진보 성향의 언론들이 사건을 다루는 데 있어 서로 상이한 접근을 했기 때문이었다. 진보성향의 언론은 국정원이 선거에 조직적으로 개입했다는 전제하에 정부가 경찰 수사에 개입하고 여론을 조작하고 있다고 단정 보도하는 태도를 취하며, 해당 사건과 그에 대한 경찰의 중간수사결과 발표 등에 대한 보수 언론의 보도태도를 강하게 비난하였다.[2] 국가가 선거에 개입한 중대

---

1 이 사건과 관련하여 항소법원은 원세훈 등으로 대표되는 국정원이 일정 부분 선거법을 위반하였다고 판시한 바 있다. 그러나 2015년 7월 대법원은 국정원 심리전단 직원들의 사이버 활동 범위부터 다시 확정한 뒤 현행법 위반 여부, 원 전 원장의 개입 여부를 다시 심리하라고 판시하며 무죄 취지로 사건을 서울고법에 돌려보냈다(〈조선일보〉, 2015. 7. 16).
2 선거 사흘 전인 2012년 12월 16일 밤 경찰은 국정원 직원의 불법 선거개입 댓글 혐의에 대해 증거가 없다고 발표했고, 야당은 이에 대해 경찰의 부실·축소 수사 의혹을 제기하며 맞섰다. 진위공방은 투표당일까지 계속되고 사건이 해결되지 않은 채 대선이 진행되었다(김성해·이병욱, 2014). 선거 전 마지막 토론이 있던 날 갑작스럽게 경찰이 수사결과를 발표한 데 대해, 투표를 앞둔 유권자들의 판단에 영향을 끼치기 위해서라는 의혹이 제기

674

사건에 대해 편향된 태도로 축소 보도함으로써 선거결과에 왜곡된 영향을 미치고 있다며, 특히 공영방송인 KBS와 MBC에 대한 비판의 수위를 높였다(김서중, 2013b).³ [3]

보수진영 언론매체의 태도는 사뭇 달랐다. 국정원 직원의 댓글행위를 국정원의 조직적 대선개입으로 보기에 증거가 부족하다는 입장을 취하며, 야당 당원들이 오피스텔 호수를 알아내기 위해 고의로 여직원의 차를 들이받고 오피스텔 앞에서 이틀 간 대치한 행위가 불법이라는 데 초점을 맞추었다. 또한 대북심리전을 주 업무로 하는 해당 여직원이 올린 글이 주로 대북관계 글이고 야당후보를 비방한 댓글은 극소수에 불과함에도 야당후보 비난댓글을 대량으로 올렸다고 왜곡보도하는 진보진영 언론의 보도는 저널리즘 원칙에 어긋난다고 공격하였다.

2011년 서울시장 보궐선거에서도 진영논리에 따른 편향적 선거보도 행태가 문제된 바 있다. 당시 보수매체는 무소속 박원순 후보의 학력과 병역의혹 제기에 몰두하고, 진보매체는 한나라당(현 새누리당) 나경원 후보의 이른바 '1억 피부과 치료 의혹' 보도에 집중하면서 세력 간 갈등과 국론분열을 증폭시키는 역할을 한 것으로 나타났다(김광덕, 2012).

국민의 이목이 집중된 사안에 대한 이와 같은 사례들로 인해 우리나

되었다(김성복, 2013).

3 김서중(2013b)은 KBS와 MBC가 경찰수사 보도를 최소한으로 다루고, '정치개입은 맞지만 선거개입은 아니었다'는 경찰수사 결과를 그대로 전한 점을 지적하며, 언론이라면 당연히 선거기간 정치 개입이, 정치 개입인지 선거 개입인지 의문을 품고 이를 파고들었어야 했다고 비판한다. 문제가 제기된 언론의 축소보도 사례는 다음과 같다: ① MBC 〈시사매거진 2580〉에서 경찰수사가 편파수사였다는 내용을 삽입하려고 하여 해당 방송이 불방된 사례; ② KBS에서 자사의 국정원 사건 관련 보도의 축소, 누락, 왜곡에 대한 지적사항을 방송한 옴부즈맨 프로그램의 담당자가 보직해임된 사례; ③ YTN에서 단독 보도였던 국정원의 조직적 여론조작 개입 관련 보도가 국정원 직원의 불만제기 후 중단된 사례(김서중, 2013b).

라 언론의 선거보도 행태에 대해서는 부정적 시각이 적지 않다. 그렇다면 선거보도에서 공정성이란 무엇인가? 공정성 관련 법규나 지침, 심의제도 등이 엄연히 존재함에도 불구하고 왜 한국 사회에서 선거보도의 공정성에 대한 논란은 그치지 않는 것인가?

선거보도의 중요한 기본 원칙으로 진실보도, 유용한 보도, 공정보도 원칙이 강조된다(김무곤, 2002; 이강형, 2006; 이종수, 2002; 이효성, 2002). 우선 '진실보도의 원칙'은 후보자의 자질과 후보자와 후보자가 속한 정당이 제시하는 정책적 입장 등에 대한 진실된 정보를 정확하게 알 수 있도록 해야 한다는 원칙이다(구교태, 2008). '유용한 보도의 원칙'은 유권자들이 후보자를 선택하는 데 도움이 되는 본질적 정보를 제공해야 한다는 원칙이다. 후보자의 자질이나 이념, 후보자와 그 후보자가 속한 정당의 공약이나 정책, 쟁점 사안에 대한 입장, 그리고 그러한 공약이나 정책에 대한 제3자의 비판적 분석 등이 그러한 본질적 정보에 속한다. 후보자와 관련이 있더라도 선거와 무관한 선정적 보도 등은 지양해야 한다는 의미이기도 하다(이효성, 2002: 구교태, 2008에서 재인용). '공정보도의 원칙'은 쟁점 사안에 대해 양 당사자들의 입장을 중립적 입장에서 객관적 사실에 입각하여 균형 있게 제시해야 한다는 원칙이다. 양측에 대해 서로 다른 이중기준을 적용하거나, 어느 한쪽에 편파적 입장을 취하거나, 중요한 사실을 생략 또는 일면만을 다루거나, 사실을 오도하는 등의 보도 태도는 지양해야 한다는 것이 핵심이다(이효성, 2002: 구교태, 2008에서 재인용).

그런데 객관성과 불편부당성을 핵심요건으로 하는 '공정보도의 원칙'은 '진실보도'와 '유용한 보도의 원칙'을 사실상 포괄하고 있다고 할 수 있다. 진실된 정보를 정확히 보도하거나, 유권자의 결정에 필수적인 유용한 정보를 선택하여 제공하는 과정 자체가 객관성과 불편부당성을 전제로 하기 때문이다. 심층 인터뷰를 통해 공정성에 대한 기자들의 인식을 조사한 한 연구에서는 방송, 신문, 인터넷 등 매체와 관계없이 공정성의 핵심요소로서 '정확한 사실 전달'을 꼽았다(박형준, 2013). 결국 선거에서 공정한 보도는 유권자에게 진실되고 유용한 정보를 균형 있게 제시하는 것을 일컫는다고 할 것이다.

2. 선거보도 공정성 규제

우리나라는 공정한 선거를 보장하기 위해 선거운동의 주체, 기간, 장소, 방법 등을 법으로 엄격히 규제하고 있다. 유권자의 의사결정에 가장 큰 영향력을 행사하는 언론의 선거보도 행위에 대해서도 같은 맥락에서 엄격한 규제가 적용된다. 선거보도 규제는 공적규제와 자율규제로 나누어 볼 수 있다.

1) 공적 규제

우리나라의 선거규제 기본법인 〈공직선거법〉은 선거보도와 관련한 사항도 규율하고 있다. 이 법제8조는 방송사, 신문사, 인터넷언론사 등 일정한 영향력을 가진 언론기관에, 후보자의 정견이나 정당의 정책 등에 대한 보도논평과 후보자나 그 대리인의 대담·토론을 방송·보도하는 경우 공정해야 한다는 공정성 준수의무를 부여하고 있다. 이렇게 공정보도 의무를 부과받는 '언론기관'은 방송·신문·통신·잡지와 인터넷언론사를 비롯하여 '기타의 간행물을 경영·관리하거나 편집·취재·집필·보도하는 자'를 광범위하게 포함한다.

공직선거법은 또한 매체별로 기관을 특정하여 선거보도 심의를 하도록 하고 있다. 방송의 경우 방송통신심의위원회에 설치된 선거방송 심의위원회, 신문의 경우 언론중재위원회에 설치된 선거기사 심의위원회, 인터넷의 경우 중앙선거관리위원회에 설치된 인터넷선거보도 심의위원회가 각각 그 역할을 한다. 선거방송 심의위원회와 선거기사 심의위원회는 선거를 전후하여 일정 기간 동안(임기만료에 의한 선거는 예

비후보자등록 신청개시일 전일부터 선거일 후 30일까지, 보궐선거 등은 선
거일 전 60일부터 선거일 후 30일까지) 한시적으로 운영되나, 인터넷선
거보도 심의위원회는 상설조직으로서 정해진 기간 없이 상시적으로 운
영된다.

1997년에 설치된 선거방송 심의위원회는 〈선거방송심의에 관한 특
별규정〉에 따라 선거방송의 공정 여부를 조사하여 공정하지 않다고 인
정되는 경우, 방송법 제100조 제1항에 따른 제재조치[4]나 행정지도(권
고, 의견제시) 결정을 내리고, 방송통신위원회는 그러한 결정을 통보받
아 방송사에 명한다. 후보자나 후보자가 되려는 사람은 선거방송의 내
용이 불공정하다고 인지하는 경우 선거방송 심의위원회에 심의를 요구
할 수 있고 선거방송 심의위원회는 지체 없이 이를 심의하도록 되어 있
다.[5] 〈선거방송심의에 관한 특별규정〉은 제4조(정치적 중립), 제5조
(공정성), 제6조(형평성) 등 공정성 관련 조항을 두고 있다. 이 중 제5
조(공정성)는 방송이 ① 선거에 관한 사항을 공정하게 다루고, ② 프로
그램 배열과 내용구성에서 특정 후보자나 정당하게 유리하거나 불리하
지 않도록 해야 하며, ③ 선거일 0시부터 투표마감 시각까지 선거결과
에 영향을 미칠 수 있는 내용을 다루지 못하도록 하고 있다. 더불어 제
14조(균등한 기회부여)는 ① 대담·토론 프로그램에서 공정한 기준을
마련하여 후보자들이 균등한 기회를 가질 수 있도록 하고, ② 뉴스 보
도의 경우 후보자들에 대한 방송내용이 전체적으로 형평을 유지하게
하여야 한다고 명시하고 있다.[6]

---

4 해당 방송프로그램 또는 해당 방송광고의 정정·수정 또는 중지, 방송편성책임자·해당
 방송프로그램 또는 해당 방송광고의 관계자에 대한 징계, 주의 또는 경고.
5 〈공직선거법〉 제8조의2 제6항.
6 〈선거방송 심의에 관한 특별규정〉(방송통신심의위원회 규칙 112호, 2014.12.24 개정).

　신문, 잡지 등에 게재된 선거기사를 심의하는 선거기사 심의위원회는 〈신문 등의 진흥에 관한 법률〉 제2조에 따른 〈신문, 잡지 등 정기간행물의 진흥에 관한 법률〉 제2조 제1호에 따른 잡지・정보간행물・전자간행물・기타간행물 및 〈뉴스통신진흥에 관한 법률〉 제2조 제1호에 따른 뉴스통신(공직선거법은 이상을 모두 통틀어 '정기간행물 등'으로 통칭)에 게재된 선거기사의 내용이 공정하지 않다고 인정되는 경우, 〈선거기사 보도 심의기준 등에 관한 규정〉에 따라 사과문 또는 정정보도문의 게재를 결정하고 이를 언론중재위원회에 통보한다. 언론중재위원회는 해당조치를 언론사에 명한다.

　〈선거기사 보도 심의기준 등에 관한 규정〉 제2조는 심의 기본원칙으로서 선거기사의 공정성과 형평성, 선거기사의 객관성 및 사실보도의무, 선거기사의 정치적 중립성을 명시하고 있다. 제4조(공정성)는 선거기사가 ① 특정정당 또는 후보자의 공약이나 주장을 일방적으로 지지 또는 반대하거나, ② 감정 또는 편견이 개입된 표현을 사용하여 특정 후보자나 정당을 지지 또는 반대하는 것, ③ 그리고 특정 정당이나 후보자에게 일방적, 의도적으로 유리 또는 불리한 영향을 미칠 수 있는 칼럼을 게재하거나 기고하는 것을 지양토록 하고 있다. 그리고 이에 대한 세부 기준으로 여론조사보도(제8조), 인터뷰 및 인용기사(제9조), 사진게재(제10조), 특집기획기사・칼럼 및 기고(제11조), 의견광고 및 상업광고의 제한(제12조)에 대한 준수사항을 규정하고 있다. 제7조(정치적 중립성)에서는 정치적 중립성 위반기사의 유형으로 '특정 정당 또는 후보자의 이념, 정책이나 공약에 대해 정당한 근거 없이 비난 또는 비방하거나 미화하는 기사'를 예로 들고 있다.

　끝으로, 인터넷선거보도 심의위원회는 인터넷의 발달로 인터넷 언론이 부상하고 선거에서 점차 큰 영향력을 발휘하면서 2004년 〈공직선거법〉이 개정되어 중앙선거관리위원회 산하에 상설기구로서 설립되었다. 인터넷선거보도 심의위원회는 〈인터넷선거보도 심의기준 등에 관한 규정〉에 따라 인터넷언론사의 인터넷홈페이지에 게재된 선거보도 (사설·논평·사진·방송·동영상 기타 선거에 관한 내용을 포함) 를 심의한다. 공직선거법은 '인터넷언론사'의 범주에 〈신문 등의 진흥에 관한 법률〉(이하 '신문법') 제2조 제4호에 따른 인터넷 신문사업자[7] 외에 "정치·경제·사회·문화·시사 등에 관한 보도·논평·여론 및 정보 등을 전파할 목적으로 취재·편집·집필한 기사를 인터넷을 통하여 보도·제공하거나 매개하는 인터넷홈페이지를 경영·관리하는 자와 이와 유사한 언론의 기능을 행하는 인터넷홈페이지를 경영·관리하는 자"[8] 를 포함함으로써 규제대상을 상당히 넓게 포괄하고 있다.[9] 단, 인터넷선거보도 심의위원회의 결정으로 정당 또는 후보자와 선거운동을 하는 기관·단체에서 설치, 운영하는 인터넷 홈페이지는 인터넷언론사의 범주에서 제외하고 있다(김옥조, 2009). 인터넷선거보도 심의위원회는 인터넷언론사의 선거보도 내용이 공정하지 않다고 판단하는 경우, 당해 인터넷언론사에 대하여 해당 선거보도의 내용에 관한 정정보도문의 게재 등 필요한 조치를 명한다.

　〈인터넷선거보도 심의기준 등에 관한 규정〉 중 선거보도의 공정성

7　'인터넷 신문'은 "컴퓨터 등 정보처리능력을 가진 장치와 통신망을 이용하여 정치·경제·사회·문화 등에 관한 보도·논평 및 여론·정보 등을 전파하기 위하여 간행하는 전자간행물로서 독자적 기사 생산과 지속적인 발행 등 대통령령으로 정하는 기준을 충족하는 것"을 말하며 '인터넷 신문사업자'는 그러한 인터넷 신문을 전자적으로 발행하는 자를 가리킨다. 〈신문 등의 진흥에 관한 법률〉 제2조 제2호, 제4호.

8　〈공직선거법〉 제8조의5 제1항.

9　〈공직선거법〉 적용 대상이 되는 인터넷언론사의 범위가 지나치게 광범위하다는 비판과 함께, 〈나꼼수〉와 같은 팟캐스팅(podcasting) 같은 인터넷커뮤니케이션에 대한 규제 여부가 불분명하다는 논란도 제기되고 있다.

과 직·간접적으로 연계된 조항은 제3조(공정성), 제4조(형평성), 제5
조(객관성), 제6조(정치적 중립성) 등이다. 제3조와 4조는 인터넷언론
사가 선거보도를 함에 있어 그 내용과 구성이 특정 정당이나 후보자(입
후보 예정자를 포함)에게 유리하거나 불리하지 않도록 하고, 선거보도
의 편집이나 기사배열 등에 있어서 정당 후보자 간 균형을 유지하도록
규정하고 있다. 제5조(객관성)와 6조(정치적 중립성)는 인터넷언론사
가 선거에 관련된 사실을 객관적으로 정확히 보도하고, 선거의 쟁점이
된 사안에 대해 다양한 관점과 견해를 객관적으로 다루어야 하며, 후보
자와 정당에 대하여 정치적 중립을 지켜야 한다고 명시하고 있다. 불공
정한 선거보도 유형으로는 ① 특정 후보자를 부각 보도하였거나(예: 홈
페이지 특정 위치에 지속 배치) ② 확인되지 않은 사실에 대한 보도(예:

〈표 13-1〉 공직선거법상 선거보도 심의시스템 분류*

심의기구 구 분	선거방송 심의위원회	선거기사 심의위원회	인터넷선거보도 심의위원회
소 속	방송통신심의위원회	언론중재위원회	중앙선거관리위원회
규제범위	선거방송	사설·논평·광고 기타 선거관련 내용	선거관련 모든 내용
직 무	선거방송의 정치적 중립, 형평성·객관성 및 제작기술상의 균형유지와 권리구제	선거기사의 공정성심의 (선거 120일 전후 30일)	인터넷언론의 공정선거보도 정착
제재유형	정정, 수정, 중지, 관계자 징계, 주의, 경고	정정 보도, 반론 보도, 주의, 경고	정정 보도, 반론 보도
구 성	9인(학계, 관련단체, 국회교섭단체 추천)	9인(학계, 단체, 국회, 교섭단체 추천)	11인(법조계, 학계, 관련업계 추천, 상임위원 당연직)

* 방송통신 융합에 따라 매체 간 경계 영역이 희미해짐에 따라 이들 세 기관 간의 합병 필요성이 거론되
고는 있으나 아직 구체적인 방향이 결정된 바는 없다. 2013년 7월 9일 박기춘·윤관석·박지원·정
세균 등 민주당 의원 10인이 발의한 개정안은 3곳에서 이루어지는 심의를 중앙선거관리위원회 산하
에 '공정언론심의위원회'를 신설함으로써 일원화하자는 내용을 담고 있다.

682

상대후보자나 정당의 주장을 정확한 검증 없이 단정적으로 보도하는 것), ③ 특정후보자에게 유·불리하도록 과장·축소 은폐하는 것, ④ 여론조사 결과를 특정후보에게 유·불리하도록 자의적으로 해석하는 것 등이다.

우리나라가 이렇게 공적 기구를 통해 선거보도를 강도 높게 규제하고 있는 것과 관련해, 표현의 자유를 위축시키고 유권자의 올바른 판단을 돕는 정보의 자유로운 유통을 저해할 수 있다는 논란이 없지 않다 (김옥조, 2009). 그러나 선거보도가 후보자의 당락에 결정적 영향을 미칠 수 있고 불공정 선거보도로 인해 발생한 결과는 되돌릴 수 없다는 점이 중시되어, 신속한 피해구제를 위한 선거보도 규제의 정당성이 인정되고 있다(안명규, 2009).

특히 인터넷언론사에 대한 선거보도 규제는 자유 공간으로 인식되는 인터넷에 대한 규제라는 우려에도 불구하고 짧은 기간 동안 급격하게 증가한 인터넷언론사의 수와 사회적 영향력으로 인해 필요성에 대한 합의가 이루어졌다고 할 것이다(송경재, 2010; 안명규, 2009). 우리나라 선거에서 인터넷은 1997년 대통령 선거와 1998년 지방선거를 시작으로 2000년 총선 이후 본격적으로 활용되기 시작했고, 2002년 대통령 선거의 결과에 큰 영향을 미친 것으로 나타났다(김옥조, 2009; 이준한, 2014). 2007년 대통령선거에서는 UCC(user created contents)가 선거운동에 도입되었고, 2011년 10월 재보궐 선거부터는 트위터 등 소셜 미디어가 투표율이나 당선여부에 영향력을 발휘한 것으로 평가받는다. 특히, 2011년 11월 29일 헌법재판소가 선거운동 기간을 제한하는 공직선거법 제93조 제1항이 인터넷을 통한 선거운동에는 해당되지 않는 것으로 해석하면서, 2012년 대통령선거에서 트위터, 페이스북과 같은 소셜 미디어가 선거운동의 중요한 수단으로 활용되었다(이준한, 2014). 언론 매체가 선거에 미치는 영향력과 관련한 2013년도의 한 연구(이준

한, 2013)에서는 전통적 매체보다 인터넷 매체의 영향력이 유의미하게
높은 것으로 나타나기도 하였다.

2) 자율규제

우리 사회의 주요 미디어들은 선거보도와 관련해 자체적인 가이드라
인을 마련하고 자율규제를 실시하고 있다. 우리나라의 기간공영방송
인 KBS와 주요 인터넷 포털을 예로 살펴보면 다음과 같다.

(1) KBS

지금까지 KBS의 선거보도에 대해서는, 기계적 형평성과 공정성에
매몰돼 후보자 진영이 생산하는 사안을 단순히 전달하는 보도 행위를
함으로써 선거의제 개발이나 후보자 평가, 정책 검증 등 언론의 사회적
기능과 규범을 수행하는 공론장 기능을 하는 데 성공적이지 못했다는
평이 있다(KBS 노조, 2014). 이러한 평가에 대한 쇄신 차원에서 KBS
는 최근 'KBS 공정성 가이드라인'을 마련하여 공표했다. 그런데 기존
의 'KBS 방송제작 가이드라인'과 'KBS 공정성 가이드라인'은 방송공정
성에 대한 해석에서 미묘한 차이를 드러낸다(5장의 논의 참조). 그

〈표 13-2〉'방송제작 가이드라인'과 '공정성 가이드라인'의 차이

방송제작 가이드라인	공정성 가이드라인
공정성은 외견상의 단순한 중립성에 의해 얻어지는 것이 아니라 공정함과 진실을 추구하는 것	산술적 균형 또는 외견상 중립이 아니라 정의를 추구하는 자세 중요
소수권익 보장 사명감 때문에 다수에게 피해가 가지 않도록 주의해야	노사 대립 시 공정하게 취급하되 조금이라도 더 배려해야 한다면 사회적 약자 편을 배려

핵심을 정리하면 〈표 13-2〉와 같다.

공정성가이드라인은 공정성을, ① 주관적 개념인 '정의'(justice)를 구현하는 수단으로 간주하고 ② 다수를 심각하게 위협하지 않는 한 사회적 약자 편에서 사안에 접근하는 것으로 방향성을 제시하고 있어 논란의 소지가 있다(KBS 공영노조 성명서, 2015. 3. 9). 공정성 가이드라인 중 선거보도의 공정성과 관련해서 KBS는 "선거보도는 유권자의 정치적 선택을 돕기 위한 것"이라며 "확인된 사실에 기초해서 공정하게 보도"하는 것을 원칙으로 삼고 있다. 구체적으로 공정성 가이드라인의 선거보도 관련 조항은, ① 취재원 동의를 받지 않은 녹취 또는 녹화는 사용하지 않는 것을 원칙으로 하되, 유권자의 정치적 판단에 도움이 된다고 인정되는 경우 전문적 태도를 견지하고, ② 후보자에 대한 공정한 대우, 사실 확인이 기초가 되어야 하며, ③ 선거보도 자료의 출처 및 인터뷰 대상자 등은 원칙적으로 공개하고, ④ 폭로성 주장은 사실여부를 확인하고 정책공약보도는 타당성 검증을 해야 하며, ⑤ 비합리적 정서 자극을 금하고, 선거일 기준으로 6일 이전에 실시한 여론조사 결과는 선거일 투표 마감까지 보도하지 않아야 한다는 등의 내용을 담고 있다.

(2) 포털서비스

네이버(NHN)는 2012년 12월 19일 실시되는 제 18대 대한민국 대통령 선거를 앞두고 '2012 대선 특집 페이지'를 온라인과 모바일 버전으로 동시에 오픈했다. 또한 네이버 뉴스는 공정성 원칙에 입각한 11가지 '2012 대선 편집 가이드라인'을 공개했다. 가이드라인은 후보자별(정당별) 균등편집, 사실에 기초한 기사, 홍보성 및 비방성 기사와 사진 경계, 내용에 부합하는 제목 중시, 여론조사 기사 타당성 고려, 네거티브 기사 반론 기회 보장 노력, 대립되는 기사 양측 입장 반영 노력, 다른 논조 언론사 기사 묶음 편집, 선거관련 다양한 정보 제공, 기사 수정 및 삭제 요청 시 즉각 처리, 에디터의 정치적 중립 노력 등을 골자로 한다(서지혜, 2012). 네이트(NATE) 역시 선거 관련 기사배열의 공정성을 골자로 하는 '2012 대선 편집 가이드라인'을 발표한 바 있다(이대호, 2012).

　네이버가 개설한 '2014 지방선거' 특집 사이트는 "공정성·정확성·독립성을 편집 원칙으로 삼고, 유용하고 균형 있는 선거 정보를 담아내고자 노력하고… 지방선거 관련 정당과 후보자의 입장을 다룬 기사들을 공정하고 형평성에 맞게 다루며, 불명확한 추측 보도 기사나 특정 후보를 근거 없이 폄훼하는 내용의 기사를 지양하고… 특정 이슈에 대해 대립되는 관점과 논조가 다른 기사들을 최대한 다양하게 담아낼 수 있도록" 노력하겠다고 적시하고 있다(유봉석, 2014).[10]

---

10 '네이버뉴스 서비스 운영가이드'도 ① 특정 계층의 논조나 입장을 지양하고 균형 있는 정보를 제공하고 ② 뉴스 편집가이드 이외의 어떤 외부 간섭이나 사적 이해관계도 배제하여 편집의 공정성을 지키겠다고 적시하고 있다.

3. 매체별 선거보도에 대한 평가

이상에서 살펴본 바와 같이 공식적 및 비공식적으로 엄격한 선거보도 관련 법규를 갖추고 있음에도 불구하고 우리 사회에서 선거보도의 공정성을 둘러싼 시비는 선거 때마다 매번 불거지곤 한다. 이하에서는 학계에서 이루어진 논의를 중심으로 신문, 방송, 인터넷 등 주요 매체들의 선거보도의 공정성은 어떠한 상태인지 살펴보고자 한다.

1) 신 문

신문은 시민들의 정치참여를 크게 촉진하는 매체로 알려져 있다. 이효성·김인영의 2003년 연구는 신문이 유권자들의 정치지식과 선거에 대한 관심, 정치활동 참여에 중요한 역할을 한다는 사실을 발견하였다 (이효성·김인영, 2003). 그 후 모바일과 인터넷을 통한 뉴스 노출과 이용이 더욱 크게 늘었지만, 그런 뉴스의 대부분이 신문을 통해 생산되고 있다는 점에서 신문은 여전히 정치정보의 원천이라고 볼 수 있다. 실제로 한국언론진흥재단의 2012년 언론수용자 의식조사에 따르면 종이신문을 이용해 기사를 읽는 비율은 40%대로 하락했으나 디지털 모바일 기기를 이용한 신문기사 열독률은 80%에 이르는 것으로 나타났다(박재영·안수찬·박성호, 2014).

그런데 관련연구들(김영욱·김위근, 2007; 김원용, 1996; 김춘식·이강형, 2008; 김춘식·이강형·양승찬·황용석, 2012; 백선기, 1992, 1993a; 양승찬, 1998; 2007; 이구현·김덕모, 2002)에 따르면 그동안 우리나라에서 신문의 선거보도는 공정성 차원에서 많은 문제점을 드러내

온 것으로 평가된다. 박재영·안수찬·박성호(2014)는 그러한 문제점
들을 "승패와 선두다툼에 치중하는 경마중계식 보도, 후보자 중심의 인
물보도, 정치적 공방이나 선거전략에 초점을 두는 전장(戰場) 보도, 충
분한 검증을 거치지 않는 추정보도, 특정 정당이나 후보를 편드는 편파
보도, 중요 의제를 외면하면서 사소한 이벤트나 에피소드를 부각하는
선정보도" 등으로 범주화하여 정리하고 있다(p. 35).

이서현·박경숙(2012)은 제주지역 주요 신문사를 대상으로 '제주 언
론사 간 공동협약'[11]이 신문의 보도행태에 미친 영향을, 공동협약 전후
인 2008년 제18대와 2012년 제19대 국회의원선거의 신문보도의 공정
성 측면에서 분석하였다. 분석결과 제19대 신문의 선거보도가 18대에
비해 기사게재 건수와 사진게재 건수로 살펴본 형식적 균형성 측면에서
는 다소 나아진 것으로 나타났다. 그러나 제목 서술방식, 리드(lead)[12]
의 보도태도, 리드 서술어를 중심으로 살펴본 내용적 중립성은 여전히
미흡하고, 기사유형, 주제유형, 정보원유형으로 살펴본 다양성 측면에
서는 눈에 띄는 변화가 없는 것으로 나타났다. 전반적으로 공동협약은
신문선거보도의 공정성 개선에 부분적으로는 기여했으나 기대했던 만
큼의 효과를 내지는 못한 것으로 평가되었다.

한편, 대통령 직선제가 정착된 1992년부터 2012년 대선까지 5회에
걸친 대통령 선거를 기사 품질, 심층성, 공공성을 중심으로 통시적으

---

11 2012년 2월 8일 제주지역 주요 언론사 6사(〈제주일보〉, 〈제민일보〉, 〈한라일보〉, KBS
제주방송총국, 제주MBC, JIBS제주방송)가 체결한 '선거보도 공동협약'. 여론수렴을 위
해 실시해 온 여론조사가 오히려 유권자의 올바른 후보자 선택을 방해한다는 문제의식에
서 출발. 그 해결책으로 언론 6사가 여론조사와 토론회를 공동으로 개최하고, 정책과 공
약 등 본질적인 정보제공을 중심으로 정확한 정보를 공정하게 보도하는 데 주력하여 질적
으로 개선된 선거보도를 하는 것을 목적으로 하였다(이서현·박경숙, 2012).

12 기사의 첫 부분. 기사에 대한 독자의 흥미를 유발하는 역할을 하며 주로 스트레이트 기사
에서 가장 중요한 사실을 포함하거나 기사의 전체 내용을 요약한다.

688

로 분석하여 국내 신문 선거보도의 변화양상을 추적한 박재영 등의 연구(2014)에서는 최근으로 올수록 고급기사(투명 취재원 수, 이해당사자수, 관점제시 양태 등을 기준으로)의 비중이 급락하고,[13] 복합적 관점의기사 대신 단일 관점의 기사가 현저히 증가한 것으로 드러났다. 단일관점의 기사란 특정 후보나 정당의 입장을 그대로 전달하면서 그를 반대하거나 비판하는 상대후보나 정당의 입장을 반영하지 않는 기사를의미하는데, 이러한 기사가 늘었다는 것은 신문의 정파성이 과거에 비해 더욱 심화되었다는 것을 의미한다. 이러한 현상에 대해 저자는 신문들이 시장적 판단에 따라 '정치적 충성 독자'에게 더 매달리는 전략을구사한 결과라고 해석한다.

신문의 선거보도와 관련해서는 정보 그래픽과 사진기사의 불공정성에 대한 문제제기도 있다. 한 관련 세미나에서는 막대그래프의 크기조절 등 다양한 방식으로 특정 후보와 정당에 대한 긍정적, 부정적 이미지 창출이 가능한 상황에서 많은 신문기사가 '절대 영점' 표기 등 정확하고 공정한 그래픽 정보를 제공하고 있지 않다는 점이 지적되기도 하였다(한국기자협회, 2012: 박형준, 2013 재인용).

2) 방송

방송의 선거보도 관련 연구는 주로 양적 측면 등 형식적 공정성 차원에서 편파보도가 이루어지고 있다는 점을 지적했다(남지나·최윤정, 2010). 백선기(1993b)와 이민웅(1996) 두 연구는 14대 대선(1992년) 보

---

13 저자는 고급기사의 비중이 급락한 현상의 주요 원인을 언론사 간 경쟁이 극심해지고 있는 환경에 있다고 본다. 경쟁이 심해지면서 국내 신문들이 기사의 수준을 높일 수 있는 인적, 조직적 투자를 늘리는 대신 속보 중심의 단편 보도에 더 주력하게 되기 때문이라는 것이다.

도가 기사 길이, 후보들의 육성발언 길이, 화면크기, 클로즈업 회수 등
양적 측면에서 한 후보(당시 김영삼 후보)에게 유리했다고 보았다. 권혁
남(1999)은 15대 대선(1997년)에서는 과거에 비해 형식적 공정성이 다
소 개선되기는 했으나 방송시간 측면에서의 편파성은 여전히 문제로 남
았다고 평가하였다. 2007년 우리나라의 17대 대선방송보도와 2008년
미국의 44대 대선방송보도를 내용분석 방법을 통해 비교분석한 남지나
·최윤정(2010)의 연구에서는 우리나라에서 텔레비전 선거보도의 고
질적 문제점으로 언급됐던 형식적 측면에서의 후보 간 편파성이 과거에
비해 나아진 것으로 관측되었다. 보도 대상빈도와 시간, 숏 크기의 후
보자 간 차이 등에서 한국과 미국이 거의 비슷하며 보도순서 측면에서
만 미국이 한국보다 조금 더 공정한 것으로 평가됐는데, 이는 한국에서
는 지지율이 높은 후보와 낮은 후보의 등장 순서에 차이가 있었으나 미
국에서는 차이를 보이지 않았다는 점 때문이다(남지나·최윤정, 2010).
우리나라에서 동등기회 제공측면에서 양적 공정성은 강조되었으나, 보
도순서에 관해서는 구체적으로 지침이 없었다는 데 기인한 것으로 해석
된다. 한편, 내용적 측면인 경향성(valence) 측면에서는 한국이 미국보
다 더 공정한 것으로 나타났다. 이는 미국에서 1987년 미국에서 공정성
원칙(Fairness Doctrine)이 폐지된 이후(자세한 내용은 이 책의 제4장 내
용 참조) 특정 후보나 정책에 대한 선호 등 경향성을 표명하는 것이 용인
되고 있기 때문인 것으로 해석된다.

이완수·배재영(2014)은 균형성과 다양성을 공정성의 하위개념으로
보고, 2012년 18대 대선보도의 공정성을 분석하였다. 이 연구에서는
형식적 균형성을 보도빈도, 인터뷰 순서, 인터뷰 형식, 보도시간 등으
로, 다양성을 후보자 관련 정보원 수, 후보자 관련 보도주제, 후보자
관련 선거의제 등으로 설정하고 관측하였다. 내용적 균형성은 후보자

에 대한 앵커나 리포터의 보도태도(긍정/중립/부정)와 영상구성[후보자에 대한 샷의 초점(클로즈업샷, 바스트샷, 미디엄샷, 롱샷, 대중에 대한 샷의 크기(군중샷, 그룹샷)] 등으로 설정하여 관측하였다. 분석결과 우리나라의 지상파방송사들은 대통령 후보 보도와 관련해서 기계적 균형성과 다양성 요건을 실천함으로써 형식적 공정성을 이루는 것으로 나타났다. 이러한 형식적 공정성 요건의 준수는 사회적 압력이나 내부의 비난을 회피하기 위한 전략적 의례가 개입된 결과로 해석하였다. 내용적 균형성과 관련해서는 후보자에 대한 앵커나 리포터의 태도 측면에서는 대체적으로 중립적 논조를 보이는 것으로 나타났다. 영상구성 측면에서는 당시 두 주요 후보인 박근혜 후보와 문재인 후보를 비교했을 때 박근혜 후보에 대한 클로즈업샷과 군중샷 비율이 더 높은 것으로 나타났다.

2012년 9월 20일부터 11월 19일까지 2개월간 지상파 3사의 보도를 공정성과 균형성, 다양성 관점에서 분석한 한 연구는 후보 간 보도 할당 시간과 순서 측면에서 박근혜 후보에게 보다 많은 시간이 할애되고 영상보도 태도에서도 후보 간 차별이 있었다는 관측을 제시하였다(박형준, 2013).

원희영·윤석민(2014)은 종편채널 4개사를 대상으로 2012년 제18대 대선보도의 공정성을 분석하였다(이 책의 제8장 후반부 참조). 이 연구에서는 연구목적에 맞추어 보도 공정성의 하위개념을 정량적 편향성(등장인물의 균형성)과 정성적 편향성(발언의 편향성)으로 구분하였다. 분석결과 종편채널들은 전반적으로 지상파 민영방송 SBS에 비해 편향성이 강하게 나타났으며, 종편채널들 간에도 편향성 정도에서 차이가 나는 것으로 확인되었다. TV조선과 채널A는 정량적, 정성적 차원 모두에서 JTBC와 MBN에 비해 상대적으로 강한 편향성을 드러냈는데 특히 진행자·앵커·기자의 편향성이 두드러진 것으로 나타났다.

3) 인터넷

(1) 포털

우리 사회에서 인터넷은 정치 공론장으로서 점점 더 중요한 역할을 하고 있다. 장정헌·하주용·김선호(2014)는 인터넷이 정치 공론장으로서 얼마나 대중의 신뢰를 받는지를 알아보기 위해 인터넷을 가장 적극적으로 이용하는 20대 대학생들(N = 417)을 대상으로 설문조사를 진행하였다. 조사결과는 정치정보원으로서의 신뢰도 측면에서 아직까지는 인터넷기반 미디어[14]가 전통적 매스미디어(TV와 신문)보다 낮은 것으로 나타났다. 또한 선거운동 기간 중 정치관련 정보를 얻는 데 대학생들이 인터넷 미디어보다는 전통적 미디어에 더 의존하는 것으로 나타났다. 그러나 인터넷 이용자 수가 증가하고 인터넷 포털사이트의 뉴스공급자 기능이 강화되면서 선거에서 포털뉴스의 여론형성 기능은 확대되고 있다.

송경재(2007)는 2002년과 2007년 대선을 비교하면서 포털뉴스가 2007년 대선에서 여론시장의 중요한 축으로 편입되었다고 평가했다. 또한, 2007년 17대 대선 기간 동안 주요 포털의 뉴스 서비스를 분석한 2010년 연구에서는 포털이 중요한 정치적 의제설정 행위자로 부각되었다는 평가를 내린다(송경재, 2010: 김효경·권상희, 2013에서 재인용).

최민재·김재영(2008)은 인터넷 포털이 뉴스 편집과 유통을 통해 의제설정자로서의 역할을 구축하고 있다는 점에 주목하며, 공정성 측면

---

14 포털, 블로그, 동영상사이트, 팟캐스트, 페이스북, 트위터, 인터넷커뮤니티 게시판 등 7개의 인터넷기반 미디어를 의미한다.

692

에서 인터넷 포털 뉴스 서비스의 현황을 알아보기 위해 국내 상위 4개 포털사(네이버, 다음, 네이트, 야후코리아)를 대상으로 2007년의 17대 대선 관련 뉴스를 분석하였다. 분석결과 포털은 신문에 비해 높은 기계 적 중립성을 보이는 것으로 나타났다. 이는 포털이 인위적 편집을 통해 신문의 경향성을 나타내는 기사들과 다른 성격의 기사들을 배열한 때 문으로 해석되었다. 전반적으로 포털은 공정성과 심층성 차원에서 전 통적 미디어와 여타 인터넷미디어의 중간 수준으로 평가되고 있다(장 정헌·하주용·김선호, 2014).

(2) 기타 인터넷 기반 미디어

2012년 대선을 1년 앞둔 2011년 11월 29일, 인터넷 선거운동을 제한 했던 공직선거법 관련조항에 대한 헌법재판소의 위헌판결이 있었다.[15] 헌재 판결 후 국회는 인터넷과 소셜 미디어의 선거운동을 상시 허용하 는 내용의 선거법 개정안을 통과시켰다. 이에 따라 2012년 대통령선거 에서는 과거 대통령선거와 달리 트위터, 페이스북, 카카오톡 등 다양한 소셜네트워크서비스가 중요한 선거운동 수단으로 활용되었다(이준한, 2014). 소셜 미디어를 통한 정치참여 실태와 참여자들의 인식을 조사한 강진숙·김지연(2013)은 소셜 미디어가 온라인상의 새로운 의사소통 수단으로 특히 젊은 층의 정치참여를 높이고 투표율을 올리는 데 기여 하고 있음을 밝혀낸다.

특히 '소셜 미디어 투표 인증샷'에 대해서는 선거문화의 혁명이라고

---

15 선거일 전 180일부터 선거일까지 인터넷상 선거와 관련한 정치적 표현 및 선거운동을 금 지하고 처벌하는 공직선거법 제93조 제1항 및 제255조 제2항 제5호에 대한 한정 위헌판 결. 해당 조항이 후보자 간 경제력 차이에 따른 불균형 및 흑색선전을 통한 부당한 경쟁을 막고, 선거의 평온과 공정을 해하는 결과를 방지한다는 입법목적 달성을 위하여 적합한 수단이 아니라고 보았다(헌재 2011. 12. 29 선고 2007헌마1001 결정).

할 만큼 정치참여의 위력을 보여준다는 평가를 내리고 있다. 2012년 4·11 총선 때에는 투표 인증사진이 담긴 트윗이 재전송(리트윗)을 포함하여 투표가 진행되는 동안 총 6만여 건이 트위터에 올라왔고 2012년 19대 대선 대에는 투표인증샷을 올린 이용자만 해도 3만 7천여 명에 달하는 것으로 조사되었다(양홍주, 2012: 강진숙·김지연, 2013 재인용). 투표인증샷의 효과에 대한 설문조사 결과 역시 트위터 인증샷과 실제 투표 참여가 연관이 있을 것으로 추정하게 한다. 잡코리아에서 20대 이상 성인남녀 833명을 대상으로 실시한 설문조사(뉴시스, 2012.4.10)에서는 절반 정도인 51%가 투표인증샷의 영향을 받는다고 응답하였으며, 가장 많이 영향을 받는 인물로 연예인과 방송인(53.5%)이 가장 높게 나타났다(서희정·이미나, 2012).

이준한(2013)은 2012년 대선에서 나타난 각종 대중매체의 정치적 효과를 연구하면서, TV, 라디오, 신문 등 전통적 대중매체와 인터넷, 트위터와 페이스북 등 새로운 대중매체의 정치적 효과를 비교분석하였다. 단순빈도 측면에서는 후보 관련 정보를 얻는 데 전통적 대중매체(58.4%)와 새로운 대중매체(26.3%) 사이에 현격한 차이가 드러났다. 이 점은 인터넷이 상용화된 지 오래고 그 외에 소셜네트워크서비스 등이 빠르게 확산되고 있지만 여전히 전통적 대중매체보다 이용도가 낮으며 개인이 전통적인 대중매체와 새로운 대중매체를 각각 정치적으로 이용하는 것에도 차이가 나는 것으로 해석되었다.

또한, 이용매체와 수용자 특성과 관련해서는 전통적 대중매체를 통해 후보관련 정보를 얻는 유권자는 대체로 연령대가 높고 이념적으로 보수적인 반면, 새로운 매체를 통해 후보관련 정보를 얻는 유권자는 연령대가 낮고 이념적으로 진보성향을 가지는 경향이 있다는 점도 드러났다. 이는 기존의 연구(송경재, 2009; 이원태·차미영·양해륜, 2011;

694

장덕진, 2011)와 일치하는 결과였다. 2012년 대선에서 새로운 대중매체인 인터넷과 트위터, 페이스북 등을 통해 후보관련 정보를 얻은 유권자일수록 박근혜 후보를 선택하지 않은 경향이 드러났는데, 이는 우리나라에서 진보성향의 유권자들이 인터넷이나 소셜 미디어(트위터 및 페이스북) 등 새로운 대중매체를 통해 소통하고 참여한다는 점을 확인시켜 준 것으로 해석된다(이준한, 2013).

우리나라에서는 2011년을 기점으로 다양한 채널을 통해 엔터테인먼트 요소를 갖춘 정치·시사 콘텐츠가 수용자들의 관심을 끌기 시작하였다. 민영(2014)은 그 동안 국내 미디어 정치적 효과 연구서에서 주목을 받지 못했던 비뉴스 장르, 특히 엔터테인먼트 토크쇼의 정치적 영향력에 주목하고, 온라인 패널조사를 통하여 2012년 대선에서 뉴스와 엔터테인먼트 요소들을 대화와 대담형식으로 결합한 정치 팟캐스트[16]의 정치적 효과를 분석하였다. 대표적인 정치 팟캐스트로는 〈나는 꼼수다〉, 〈나는 꼼사리다〉, 〈이슈 털어 주는 남자〉 등을 꼽을 수 있다. 이 중 〈나는 꼼수다〉의 경우 2012년 초에 누적 청취자 수가 천만 명을 넘은 것으로 집계되었다(민영, 2104). 정치관심이 높고 진보적 성향을 띠며 디지털미디어 이용을 활발하게 하는 젊은 계층이 주 수용자층이고, 정치풍자가 주는 즐거움과 대안적 정보에 대한 추구가 주요 청취동기인 것으로 나타났다. 정파적 성향을 드러내며 후보들의 정치적 성향에 따라 호감과 비호감 단서를 강하게 제공했던 정치 팟캐스트는 후보에 대한 호감도 형성과 실제 투표에도 영향을 미친 것으로 드러났다(민영, 2014).

---

16 대표적인 정치 팟캐스트로는 〈나는 꼼수다〉, 〈나는 꼼사리다〉, 〈이슈 털어주는 남자〉 등을 꼽을 수 있다(민영, 2014). 정치 팟캐스트의 공정성 관련 쟁점에 대해서는 이 책의 12장 참조.

4) 시사점

가장 최근의 선거인 2014년 6월 4일에 치러졌던 제 6회 전국동시지
방선거의 선거방송 규제를 위하여 2014년 2월 3일부터 7월 4일까지 운
영되었던 선거방송 심의위원회의 심의의결 통계에 따르면 위반 총 43
건 중 그 성격상 공정성 위반으로 범주화할 수 있는 위반 건수는 총 22
건(공정성 위반 7건, 객관성 위반 4건, 정치적 중립 위반 8건, 형평성 위반
1건, 시사정보프로그램의 형평성 위반 1건, 사실보도 위반 1건)으로 전체
의 반 이상을 차지하는 것으로 나타났다.[17] 그러나 심의의결 결과를 보
면 '문제없음'이나 행정지도인 '권고' 또는 '의견제시'가 대다수를 차지
하였다(선거방송 심의위원회, 2014).

중징계를 받은 사건은 한 건에 그쳤는데, YTN 채널에서 2014년 4월
11일에 방송된 〈호준석의 뉴스 인(人)〉에서 당시 새누리당의 유력한
서울시장 예비후보자였던 정몽준 의원에 대해 선거홍보물을 방불케 하
는 동영상을 방송하고, 특정 코너나 보도에서도 정몽준 의원의 발언 위
주로 방송한 것이 공정성을 상실한 편향적 방송이라는 결정이었다. 이
방송은 '선거방송심의에 관한 특별규정' 제5조(공정성)와 6조(형평성)
위반으로 '해당 프로그램의 관계자에 대한 징계'라는 중징계를 받았다
(선거방송 심의위원회, 2014).

여러 관련연구들은 전반적으로 공정성 측면에서 우리나라 방송의 선
거보도가 개선되고 있다고 평가하고 있다. 특히 최근의 연구에서는 우
리나라에서 텔레비전 선거보도의 고질적 문제점으로 언급됐던 후보 간
편파성은 형식적 측면에서 과거 연구들에 비해 나아진 것으로 나타나

---

17 제 6회 전국동시지방선거 선거방송 심의위원회 의결현황(방송통신심의위원회, 2014.
7. 22).

고 있다. 2012년 제 18대 대통령선거 보도를 평가한 한국언론학회 보고서 역시 같은 평가를 내리고 있다. 특히 특정 정당이나 후보 편을 드는 노골적인 편파보도는 사라지고 있다고 보고 있다. 그러나 이렇게 노골적 편향은 줄었어도, 금방 눈에 띄지는 않는 '교묘한 편들기'[18]는 여전히 자행되고 있다는 분석도 있다(이준웅, 2014).

정치에서 인터넷과 소셜 미디어의 영향력은 최근 더 확대되고 있다(장정헌·하주용·김선호, 2014). 분석에 따르면 이제까지 많은 나라에서 소셜 미디어 선거전에서 이긴 쪽이 거의 선거에서 승리한 것으로 나타나고 있다(SNS와 선거보도, 2012). 우리나라에서도 2010년 지방선거 이후 트위터가 선거운동과 선거에 대한 의견을 교환하고 투표참여를 독려하는 주요 채널로도 기능했다(〈아시아경제〉, 2010. 6. 3; 장정헌 외, 2014 재인용). 한편으로는 인터넷을 이용한 선거 개입의혹과 〈나꼼수〉, '일베', 유명인 트위터 등 다양한 인터넷서비스들이 여러 가지 논란을 일으키기도 했다(장정헌 외, 2014).

미디어의 신뢰도 지수를 비교분석한 장정헌 외(2014)의 연구에서는 전통 매스미디어인 TV와 신문에 대해서는 응답자들이 비교적 신뢰한다는 평가를 하였으나, 인터넷정보원에 대해서는 상대적으로 낮은 신뢰도를 보였다. 공정성 평가 측면에서는 TV가, 심층성 측면에서는 신문이 가장 높게 나왔는데, 신문의 경우 공정성 측면에서는 포털이나 동영상사이트 등과 같은 인터넷 미디어와 비슷한 수준인 것으로 나타났다. 그러나 페이스북, 팟캐스트, 블로그, 트위터, 인터넷게시판 등은 공정성 측면에서 그다지 긍정적 평가를 받지 못하였다. 한편 이준한의 연구(2013)에서는 인터넷이나 트위터, 페이스북 등 새로운 매체를 통

---

18 특정사안을 집중 보도하여 특정 정당이나 후보에게 유리한 담론환경을 조성하는 것도 이러한 '교묘한 편들기'의 한 예라고 할 수 있다(이준웅, 2014).

해 후보와 관련된 정보를 더 얻는 유권자와 그렇지 않은 유권자 사이에 보수-진보 후보의 선택에서 통계적으로 유의미한 차이가 존재함이 밝혀졌다. 이러한 점은 향후 새로운 미디어를 정치적으로 활용하는 인구가 더욱 늘어나게 될 때 그로 인한 정치적 변화의 크기가 적지 않을 것임을 예측할 수 있게 해준다.

4. 선거보도 공정성 제고를 위한 주요 쟁점 및 개선방향

지금까지 선거보도 공정성 관련 규제체계와 매체별 보도양태를 살펴보았다. 위에서 살펴본 관측과 분석에 기초하여, 현재 우리 한국 사회에서 선거보도 공정성 차원에서 쟁점이 되는 주요 현안들 및 그 개선방안에 대해 논의하는 것으로 이 장을 마무리하고자 한다.

1) 공정성 제고를 위한 규정 및 기준 구체화

우리나라는 방송의 공정성을 따질 때 공정성 여부를 판단할 수 있는 정량적 · 정성적 규정이나 기준이 다른 나라에 비해 구체적이지 않다. 한 예로 후보자 간 출연시간을 산출, 비교하여 공정성 정도를 판단하기가 용이하지 않다. 〈선거방송심의에 관한 특별규정〉 제21조와 제22조는 선거일 전 90일부터 선거일까지 후보자의 방송출연과 광고방송을 제한하는데,[19] 후보자가 출연할 수 있는 프로그램의 범주만을 제시하고 광고 등 나머지에 대해서는 일괄적으로 금지할 뿐, 공정성 확보를 위해 후보자 간 출연시간의 양을 어떻게 형평성에 맞게 조정해야 하는지에 대한 기준은 제시하고 있지 못하다.

구교태(2008)는 2007년 제 17대 대통령선거 관련 방송보도의 공정성

---

[19] 제21조는 선거일 전 90일부터 선거일까지 보도, 토론 방송이나 선거법이 허용하는 방송 외의 프로그램에 후보자가 출연하거나 음성 · 영상 등 후보자가 실질적으로 출연한 효과를 내는 방송을 할 수 없도록 하고 있다. 다만, 선거에 특별한 영향을 미칠 우려가 없거나 프로그램의 성질상 다른 것으로 변경 또는 대체하는 것이 현저히 곤란한 경우에는 예외로 한다. 제22조는 선거일 전 90일부터 선거일까지 후보자를 모델로 하는 광고를 방송할 수 없도록 하고 있다. 후보자의 성명, 경력, 사진, 음성 또는 상징을 이용하는 등 후보자에게 선거운동효과를 주는 광고도 금지한다.

정도를 평가하기 위하여 기사당 후보자별 평균 보도시간과 후보별 진술(녹취 및 인터뷰) 시간에 대한 분석을 실시하였다. 분석결과는 방송보도가 선두주자(이명박 후보)와 여당후보자(정동영 후보) 중심으로 이루어졌음을 나타냈다. 또한 선거방송 보도의 공정성 분석의 또 다른 방법으로 논쟁이 되는 사건(해당 연구에서는 BBK 사건)에 대해 방송사가 경향성을 가지고 취재원을 편향적으로 선택하는가를 분석하였다. 결과는, 당시 여당의 영향력에 따라 '반이'(反李) 경향을 나타내던 KBS와 MBC는 '친이'(親李)보다 '반이' 관련 녹취 사용정도가 약 두 배 가량 되는 것으로 나타났다. 반면에 SBS의 경우 '반이' 관련 녹취를 전혀 사용하지 않고 '친이' 관련 녹취만 이용한 것으로 확인되었다(구교태, 2008). 이러한 행태는 현 선거보도 심의기준에 따르면 규정위반이라고 할 수는 없으나, 선거보도 공정성 측면에서 문제가 있다고 할 것이다.

현 선거방송심의규정은 '프로그램의 성질상 다른 것으로 변경 또는 대체하는 것이 현저히 곤란한 경우'를 예외로 두고 있는데 실제로 그 조항을 어떻게 해석해야 할지에 대해서도 논란의 소지가 있다. 또한 선거 기간 동안 후보자의 공약사항 등 유권자가 필요로 하는 정보를 효과적으로 알릴 수 있는 방송광고를 원천 금지하는 점에 대해서도 지나친 규제라는 비판이 제기될 수 있다.

우리나라와는 달리 프랑스는 '형평성의 원칙'과 '평등성의 원칙'을 융통성 있게 활용하여 선거 후보자와 그 지지자의 방송출연을 적정선에서 보장하고, 그에 대한 현실적 규제가 가능하도록 정량적 기준을 제시한다. 후보자 명단이 공고되기 이전의 예비캠페인 기간에는 형평성의 원칙을 적용해 예비후보들의 정치적 비중(명성, 영향력, 대표성), 이전 선거의 득표율, 현재 여론조사 지지율 등을 기준으로 방송시간을 배분한다. 반면에 후보자 명단이 공고된 후의 공식캠페인 기간에는 모든 후보와 그 후보의 공식적 지지자들에게 방송시간이 동일하게 주어지는 '평등성'(égalité)의 원칙을 적용한다(정재황, 2007; 김세은·이상길, 2008).

미국은 연방통신법 제315조에 '동등기회의 규칙'(equal opportunity rule)을 규정하여 모든 공직 입후보자들이 동등한 조건으로 방송을 활용할 수 있도록 하고 있다. 동등한 조건이란 방송시간, 비용, 시설이용 등에 대한 경쟁 후보자 간의 균등기회의 제공을 의미한다. 가령 방송사가 한 후보자에게 일정한 방송시간 사용을 허락하였다면 모든 유자격 상대 후보에게도 동등한 방송시간 사용을 보장해야 한다는 뜻이다. 여기서 동등시간이란 주어진 시간의 분량이나 방송되는 시간대의 시청자 수에 기초하여 합리적으로 비등하다고 여겨지는 시간을 의미한다(이향선, 2012).[20]

미국은 또한 연방통신법 제312조를 통해 연방공직선거 후보자들에 한해 방송사가 방송 이용기회를 합리적으로 제공하도록 하고 있다(합리적 접근 규칙, Reasonable Access Rule). 이 조항은 연방공직선거 후보자들이 방송에 등장할 합리적 기회를 보장하여 후보자와 선거쟁점 사안에 대한 유권자들의 이해를 높이기 위한 목적으로 도입되었다 (Matey, 2003: 이향선, 2012 재인용). 연방대법원은 방송사의 편성권에 대한 부당한 개입으로 해석될 수도 있는 이 조항에 대해 공익적 의무를 요구받는 방송사가 공직선거의 유자격 후보의 요청에 합리적이고 신의 있는 관심을 기울일 의무가 있다고 보고 6:3 합헌 결정[21]을 내렸다.[22]

---

20 이 조항의 적용에 대한 예외는 있다. 즉, 순수한 뉴스보도(bona fide newscast), 순수한 뉴스인터뷰(bona fide news interview), 전당대회나 토론회와 같은 순수한 뉴스이벤트 현장방송(on-the spot coverage of bona fide news event), 그리고 순수한 뉴스다큐멘터리 (bona fide news documentary)의 범주에 속하는 방송에 후보자가 등장하는 것에 대해서는 동등기회의 원칙이 적용되는 '방송시간이용'으로 간주하지 않음으로써 시사보도에 있어 방송사의 재량권을 허용하고 있다(이향선, 2012).

이 결정으로 방송사는 타당한 이유 없이 후보자의 방송시간 이용요청
을 거부할 수 없게 되었으며, 후보자는 방송이용에 대해 보다 확대된
기회를 보장받게 되었다(이향선, 2012). 선거방송에서의 정량적 공정
성을 고양하기 위해 2001년 총선 캠페인을 위한 BBC 프로그램 제작자
가이드라인도 참고할 만하다. BBC는 소수 정당에 대한 최소한의 보도
를 보장하고, 영국 전역에서 1/6이상의 선거구에 출마한 모든 정당의
성명은 BBC1 등의 방송사에서 반드시 보도해야 하며, 불편부당성
(*impartiality*)을 달성하기 위해 주요 정당의 입후보자들에게도 동등한
기회를 제공받도록 하고 있다. 우리 법규나 규정 등의 구체성, 명확성
을 강화하기 위해 참조할 만한 내용이다.

　　양적 편파성을 극복하기 위한 정량적 기준의 보완 외에 질적 편파성
을 극복하기 위한 성문화 작업도 필요하다. 앞서 살펴본 선거보도 공정
성 위반양태에서도 볼 수 있듯이, 우리나라 선거보도의 가장 큰 문제점
은 진영논리에 기초한 이념적 편파성에서 비롯되고 있다. 우리는 구태
여 방송시간이나 신문기사 등을 정량적으로 분석하지 않더라도 언론사
의 정치적 성향에 근거해 논쟁적 사안이 어떻게 다루어질지 방향성을
예측할 수가 있다.[23] 한국언론학회는 언론학회 선거보도 가이드라인에
서 이러한 질적 편파성을 극복하기 위해 다음과 같은 점을 고려해야 한
다고 제안한다(p. 47). 우리나라 언론사들이 선거보도 관련 가이드라
인을 마련할 때 참고할 만한 사항들이다.

　　① 후보나 정당에 대한 기본 시각에 편파적 태도가 반영되지 않았는가?

21 CBS v. FCC, 453 U.S. 367 (1981).
22 CBS v. FCC, 453 U.S. 367 (1981).
23 예를 들어, 종편의 경우도 TV조선, 채널A와 JTBC는 그 보도 성향이 차이를 보인다.

② 후보나 정당에 대한 비유, 용어선택, 묘사 등에 편파적 표현은 없는가?

③ 뉴스가치를 적용시킴에 있어 일관성이 있는가? 혹시 특정 후보나 정당에 유리한 방향으로 뉴스가치를 적용시키지 않는가?

④ 후보 간 양적 편파를 범하지 않기 위해 과도하게 노력하는 가운데 질적 편파를 범하지는 않았는가? 예를 들어, 경쟁하는 후보들의 발언을 같은 길이로 인용하기 위해 특정후보에게 유리하거나 불리한 방식으로 제한하여 제시하지는 않았는가?

⑤ 어떤 이슈를 강조함으로써 특정 후보에게 유리하거나 불리한 이슈 환경을 조성하지는 않는가?

2) 매체별 특성에 대한 고려

선거보도 공정성을 합리적으로 운용하기 위한 기준 보완시 매체별 특성도 감안해야 한다. 공익성 규제대상인 방송에 대해서는 '충분한 외적 다양성이 조성되지 않는 한' 공정성 원칙이 상당 수준 강제되어야 하겠지만 신문의 경우 경향성을 어느 정도 인정할 것인가에 대한 논의가 필요하다. 현재 선거기사심의와 관련하여 논쟁의 소지가 있는 점은 〈선거기사보도 심의기준 등에 관한 규정〉의 적용대상인 선거기사의 범주가 사실 기사나 광고뿐 아니라 사설과 논평 등 견해 표명성 내용도 모두 포함한다는 점이다. 신문은 방송에 비해 전통적으로 시장진입이 쉽고, 그 결과 외적 다양성 요건이 충족된다는 점 등으로 인해 기사의 경향성을 인정하는 것이 보통이다(제 2장의 논의 참조). 이러한 일반적인 추세에 반하여, 우리나라의 경우 비록 선거기사보도에 한정한다 하더라도 신문의 사설·논평 등에까지 중립성이나 공정성을 강제하는 점에 대해서는 논의가 필요하다. [24] 해외 주요 선진국들은 신문의 경우 그 경향성을 인정하여 기사가 사실이라면 ① 국가기밀 등 국가안보와 명백하게 관련되어 있거나, ② 불필요하게 개인(특히 사인)의 사생활권을 침해할 때를 제외하고는 규제하지 않는다.

비록 우리 〈공직선거법〉이 지상파방송사와 종편, 보도전문채널, 유사방송 등 방송과 통신·신문·잡지 등을 구분하지 않고 언론영역에 있는 모든 매체들에게 공정성을 강제하고 있지만, 실제 우리 〈방송심의에 관한 규정〉 제5조(심의의 기본원칙) 제2항에서는, 방송통신심의위위원회가 심의할 때는 매체와 채널별 특성과 전문성, 다양성의 차이를 고려해야 한다고 적시하고 있다. 매체별 특성에 따라 규제여부와 규제강도를 달리해야 한다는 이러한 논리는 선거보도 규제에 대해서도 적용될 수 있다. 매체별 특성을 감안하여 특정 매체군 내에 외적 다양성이 충분하다면, 사실에 기초한 일정 수준의 경향성은 용인될 수 있을 것이다.

공정성 개념과 평가에 대한 방송, 신문, 인터넷 언론사 기자들의 인식을 조사한 박형준(2013)의 연구에 따르면 방송과 인터넷 언론사 기자의 경우 개념이 애매모호하더라도 규정 등에 제시된 기준을 최대한으로 준수하여 공정성을 제고하는 것이 언론의 사명이라고 본 반면, 신문기자들은 애매모호한 공정성의 잣대로 기사를 평가하는 데 대한 거부감을 드러내는 것으로 나타났다. 특히 방송기자들이 동일비율 보도 등 양적 측면에서의 기계적 균형성을 중시하는 것과 달리 신문기자들

---

24 예를 들어 미국의 경우, 시장 진입장벽이 상대적으로 낮으며 일반적인 공익성 규제의 대상이 되지 않는 신문과 같은 인쇄매체의 경우 연방선거법(Federal Election Campaign Act) 등 일반 선거규제법 외에는 따로 특별한 규제를 받지 않으며, 경향성이 완벽히 인정되어 사설 등을 통해 명시적으로 특정 후보를 지지하는 것이 가능하다. 실제로 선거 때면 〈뉴욕타임스〉, 〈워싱턴포스트〉 등 유수 신문들이 지지 후보를 표명하며 영향력을 행사한다. 미국은 방송의 경우에도 그러한 경향성의 표출이 용인되고 있는데 방송을 통한 선거후보의 캠페인 광고나 정견 표명 등에 대해서는 내용적 측면에서 어떠한 검열도 가할 수 없도록 커뮤니케이션법 제315조(a)에 명시되어 있다(이향선, 2012).

은 그러한 점에 초점을 맞추는 것이 공정성 차원에서 진정 바람직한 것인가 하는 점에 대한 의문을 제기했다. 또한 방송기자들과는 달리, 자사논조에 부합하는 기사 중심의 보도에 대해서도 신문기자들은 문제없다는 입장을 보였다.

외국에 비해 상대적으로 엄격한 선거보도 규제에도 불구하고 우리나라 신문의 선거보도 행태는 공정성 차원에서 문제가 많은 것으로 지적되고 있다. 규제로 인해 신문들이 사설 등을 통해 특정 후보 지지를 공표하지는 않지만, 특정 후보나 정당에 유리하거나 불리하게 보도나 논평기사를 쓰는 일은 비일비재하다. 이에 대해 겉으로는 중립을 표방하면서 특정후보를 돕는 것은 도덕적으로도 문제일 뿐 아니라 유권자들의 판단을 더 흐리게 할 수도 있다는 시각이 있다. 이에 대해서는 찬반 의견이 엇갈리고 있다. 신문의 특정후보에 대한 지지를 양성화할 필요가 있다는 주장과 우리나라처럼 이념적 대립이 심각한 환경에서 그러한 정책은 사회갈등을 심화시킬 수 있다는 주장이 맞서고 있다(김광덕, 2012). 〈공직선거법〉상 신문의 사설이나 논평 등에 대한 경향성 표출을 용인하는 문제에서 이러한 시각들에 대한 검토와 판단이 선행되어야 할 것이다.

인터넷선거기사 심의기준 역시 방송과는 다른 매체의 특성을 특별히 고려하여 세심한 차이를 마련하고 있지는 않다. 그러나 실제 심의현장에서는 가상공간으로서 인터넷이 가지는 특성을 감안하여 지상파TV나 케이블TV처럼 엄격한 공정성 잣대를 적용하지는 않는 것으로 알려져 있다. 예를 들어 공정성과 관련된 인터넷선거보도 심의위원회의 최근 불공정보도 위반조치 내역(2015년도 제5차, 제6차 조치내역, 4월 10일~4월 27일)을 살펴보면 대부분 시행 구속력이 부족한 '주의'나 '공정보도 협조요청'이고, 특정 후보자에 대한 노골적 지지보도 및 여론조사

보도규정을 어긴 다소 심각한 보도 사안만 '경고'를 받은 것으로 나타나고 있다. 이러한 심의결과 내용은 분명 선거방송 심의위원회나 선거기사 심의위원회의 제재조치 내용과는 차이가 있다.

한창진·김경수(2013)는 미래의 선거에서는 TV토론회를 방영하면서 실시간으로 트위터 반응과 의견을 자막으로 표시하거나 빅데이터 결과를 그래프로 나타내서 손쉽게 여론 동향을 파악하는 행위들이 증가할 것으로 예상하고 있다(한창진·김경수, 2013). 이렇게 새로운 방식으로 선거에 관한 정보를 제공하는 서비스에 대해 어떠한 규제가 필요한지에 대해서도 논의가 이루어져야 할 것이다.

3) 규제공백 문제의 해소

선거보도에 관한 현행 법제는 방송, 신문 등 전통적 미디어와 인터넷 언론사를 통한 선거보도에 대해서는 심의위원회를 구성해서 규제하고 있지만 〈나는 꼼수다〉(이하 '나꼼수')나 '손바닥TV', '아프리카TV'와 같이 정보통신망을 통해 전파되는 새로운 형태의 서비스에 대해서는 규제공백 상태에 놓아두고 있다. 이와 관련하여, 이러한 새로운 미디어 서비스들이 유권자에게 영향을 미칠 수 있는 가능성을 고려할 때 이러한 서비스들에 대해서도 공정성 규제를 적용하는 방안이 마련되어야 한다는 주장이 제기되고 있다(문재완, 2012; ZDNetKorea, 2012. 10. 18). 이러한 신종 서비스가 선거기간 동안 진실되지 않고 공정하지도 않은 내용을 집중적으로 내보내는 경우 그 부정적 영향이 작지 않으리라는 이유에서이다.

여기에서 더 나아가 트위터나 페이스북과 같은 소셜 미디어에 대해서도 규제가 필요하다는 의견도 있다(문재완, 2012; ZDNetKorea,

2012. 10. 18). 소셜 미디어가 사적 공간이기 때문에 공정성 규제의 잣대를 들이대는 것이 위험하다는 견해가 지배적이기는 하나, "공적 공간으로 확산될 것을 알고도 또는 충분히 알 수 있었음에도 불구하고 선거와 관련된 허위내용을 확산하는 일은 규제되어야" 한다는 것이다(문재완, 2012, p. 67). 소셜 미디어상의 커뮤니케이션이 비록 사적 성격이 강한 사이버 공간에서 일어나는 커뮤니케이션이기는 하지만, 그렇다고 우리 법상 전제되는 공표/공개 행위가 발생하지 않았다는 것은 아니다. 공개란 2인 이상의 불특정 다수에게 공연되었을 때 사용가능한 법적 개념인데 소셜 미디어는 사적 공간의 측면도 있지만, 2인 이상의 불특정 다수에게 공표되었다고 간주될 수도 있다. 다만 소셜 미디어에서 벌어지는 모든 (공적) 소통행위에 대해 공적 규제를 적용하는 것은 관련비용 및 예상되는 효과 등을 감안할 때 합리적이지 않다. 문재완(2012) 역시 소셜 미디어나 블로그를 통해 제시되는 내용들을 언론기관에서 행하는 보도와 같이 간주하고 규제하는 것은 법률적으로도 타당하지 않고 행정적으로도 현실성이 없다는 견해를 밝히고 있다.

결국 행정비용의 과다 출혈을 방지하고 규제 효과의 효율성을 높이기 위해서는 꼭 필요한 언론 매체에 대해서만 공식적인 공정성 심의 및 규제를 적용하고, 나머지는 자율적인 규제가 이루어지도록 유도하되 허위사실 유포, 비방 등 법을 위반했을 시에 그에 상응하는 민형사적 처벌이 가해질 수 있도록 환경을 조성하는 것이 바람직할 것이다.

후보자나 정치단체, 유력자에 의한 소셜 미디어 선거 캠페인의 경우 시민사회 영역의 모니터링을 통한 협업적 여과(collaborative filtering)가 대안이 될 수 있다. 진실미터기(Truth-O-Meter)라는 척도에 기초해 대통령, 국회의원, 로비스트 등 유력 정치인들의 발언의 진실성을 평가하는 미국 플로리다주 Tampa Bay Times의 PolitiFact 프로젝트나 국내의 한국 메니페스토 실천본부의 활동 등이 그러한 예가 될 수 있다. 언론사의 소셜 미디어 활용에 대해서는 관련협회 차원에서 언론사 간 협의를 통해 가이드라인을 마련하여 자율규제를 시행할 수 있도록 유도하는 것이 바람직하다(제9장의 논의 참조).

4) 인터넷을 이용한 선거운동의 범주

헌법재판소는 2011년 12월 29일 선거일 전 180일부터 선거일까지 선거에 영향을 미치게 하기 위하여 정당 또는 후보자를 지지·추천, 반대하는 내용이 포함되어 있거나 정당의 명칭 또는 후보자의 성명을 나타내는 광고, 인사장, 벽보, 사진, 문서·도화 인쇄물이나 녹음·녹화테이프, 그 밖에 이와 유사한 것을 배부·첩부·살포·상영 또는 게시하는 행위를 금한 공직선거법 제93조 제1항의 내용 중 '그 밖에 이와 유사한 것'에 '인터넷홈페이지나 그 게시판, 대화방 등에 글이나 동영상 등 정보를 게시하거나 전자우편을 전송하는 방법'이 포함되는 것으로 해석하는 한 해당 조항은 위헌이라는 해석을 내렸다.[25] 헌재의 이러한 해석

---

25 헌법재판소 2011. 12. 29. 선고 2007헌마1001 결정.
　헌법재판소는 이러한 결정의 주요 이유로서 "인터넷은 누구나 손쉽게 접근 가능한 매체이고, 이를 이용하는 비용이 거의 발생하지 아니하거나 또는 적어도 상대적으로 매우 저렴하여 선거운동비용을 획기적으로 낮출 수 있는 정치공간으로 평가받고 있고, 오히려 매체의 특성 자체가 '기회의 균형성·투명성·저비용성의 제고'라는 공직선거법의 목적에 부합하는 것이라고도 볼 수 있는 점, 후보자에 대한 인신공격적 비난이나 허위사실 적시를 통한 비방 등을 직접적으로 금지하고 처벌하는 법률규정은 이미 도입되어 있고, 모두 이 사건 법률조항보다 법정형이 높으므로 결국 허위사실, 비방 등이 포함되지 아니한 정치적 표현만 이 사건 법률조항에 의하여 처벌되는 점, 인터넷의 경우에는 정보를 접하는 수용자 또는 수신자가 그 의사에 반하여 이를 수용하게 되는 것이 아니고 자발적·적극적으로 이를 선택(클릭)한 경우에 정보를 수용하게 되며, 선거과정에서 발생하는 정치적 관심과 열정의 표출을 반드시 부정적으로 볼 것은 아니라는 점 등을 고려하면, 이 사건 법률조항에서 선거일 전 180일부터 선거일까지 인터넷상 선거와 관련한 정치적 표현 및

이 있은 후, 중앙선거관리위원회는 2012년 1월 13일 소셜 미디어 등 인터넷을 이용한 선거운동을 상시 허용하는 방향으로 공직선거법 운용기준을 마련했고, 이어서 국회는 2012년 2월 29일 인터넷선거운동을 선거운동기간 전에도 할 수 있도록 〈공직선거법〉 제59조를 개정하는 법률안을 통과시켰다.

이렇게 개정된 〈공직선거법〉 제59조는 선거기간 이외에는 선거운동을 금지하되, 인터넷을 이용한 선거운동은 허용하고 있다. 그런데 어떠한 것이 법이 허용하는 '인터넷을 이용한 선거운동'에 해당하는지에 대한 문제가 제기될 수 있다. 예를 들어 카카오톡과 같은 서비스가 인터넷을 이용한 전자우편인지 아니면 문자메시지인지에 따라 공직선거법 규제 여부가 갈린다. 전자우편에 해당한다면 일반 국민은 문자, 음성, 화상, 동영상의 제한 없이 카카오톡을 이용한 선거운동을 할 수 있다. 그러나 문자메시지에 해당한다면 〈공직선거법〉 제59조 제2호에 따라 일반 국민은 문자 외의 음성·화상·동영상은 전송할 수 없고 자동 동보통신[26]의 방법으로 전송할 수도 없다.

중앙선거관리위원회는 카카오톡에 대해서는 문자메시지가 아니고 전자우편이라는 유권해석을 내렸다. 그러나 스마트폰을 이용해 둘 이상의 사람에게 동시에 보내는 문자메시지에 대해서는 다른 판단을 내렸다(김래영, 2012). 그러나 스마트폰을 카카오톡이나 컴퓨터와 달리 취급해야 한다는 이러한 결정에 대한 근거는 충분치 못해 보인다.

선거운동과 관련하여서도 '나꼼수' 등을 통해 수용자 기반이 확산되

선거운동을 금지하고 처벌하는 것은 후보자 간 경제력 차이에 따른 불균형 및 흑색선전을 통한 부당한 경쟁을 막고, 선거의 평온과 공정을 해하는 결과를 방지한다는 입법목적 달성을 위하여 적합한 수단이라고 할 수 없다"는 점을 제시하였다.

26 하나의 송신장치에서 여러 개의 수신장치로 동시에 같은 내용의 정보를 보내는 통신 방법.

고 있는 팟캐스트의 〈공직선거법〉상 지위에 대해서도 연구될 필요가
있다. 선관위는 후보자가 자신의 인터넷 홈페이지를 팟캐스트 방식으
로 개설하여 선거운동을 하는 것은 가능하다고 보고 있으나 일반국민
이 팟캐스트를 이용한 선거운동을 하는 것에 대해서는 어떠한 지침도
내리지 않고 있다(김래영, 2012). 따라서 '나꼼수', '이털남'(〈이슈 털어
주는 남자〉)과 같이 이른바 정치토크쇼 프로그램을 통해서 선거운동을
할 수 있는지에 대해서도 명확하게 정리가 되어 있지 않다.

　해외사례를 보면, 미국, 영국, 프랑스, 일본 등은 인터넷 선거운동
을 자유롭게 보장하고 있다. 인터넷 선거운동을 전면 허용할 경우 선거
과열로 인한 문제가 발생할 것이라는 우려와는 달리, 이들 국가에서 그
로 인한 특별한 문제를 겪지 않은 것으로 나타났다(박주민, 2012). 예
를 들어 미국은 2001년 연방선거위원회가 인터넷을 선거법상 주목대상
인 공공커뮤니케이션(*public communication*)의 범주에서 제외함으로써
시민들이 인터넷을 통해 후보자나 선거에 대해 자유롭게 의견을 개진
할 수 있도록 하였다. 또한, 선거자금 규제대상에 광고수익을 올리는
웹사이트만을 포함시키고 블로그, 페이스북, 트위터와 같은 소셜 미디
어는 규제대상에서 제외하여 자유로운 의사소통의 장으로 삼았다. 이
를 계기로 미국에서는 인터넷을 통한 소액기부가 활성화되고 다액기부
자와 소액기부자 간의 활동영역과 영향력이 보다 평준화되었다는 평가
를 받고 있다(장우영, 2010: 이향선, 2012 재인용).

　인터넷을 통한 선거 운동의 허용 범위를 논할 때 내용의 위법성이 부
재하는 한 정치표현의 자유를 전폭적으로 허용하는 이 같은 해외 주요
국의 추세를 감안할 필요가 있다.

5) 인터넷언론사의 범주 및 자격요건

〈공직선거법〉은 '인터넷언론사'의 범주에 〈신문 등의 진흥에 관한 법률〉(이하 '신문법') 제2조(정의) 제4호에 따른 인터넷 신문사업자 외에 "정치·경제·사회·문화·시사 등에 관한 보도·논평·여론 및 정보 등을 전파할 목적으로 취재·편집·집필한 기사를 인터넷을 통하여 보도·제공하거나 매개하는 인터넷홈페이지를 경영·관리하는 자와 이와 유사한 언론의 기능을 행하는 인터넷홈페이지를 경영·관리하는 자"[27]를 포함함으로써 규제대상 범주를 광범위하게 확장시키고 있다. 이러한 정의에 따르면 공직선거법이 적용되는 인터넷언론사의 범위가 지나치게 넓어지는 문제가 있다. 이 점은 대부분의 인터넷 사이트가 기본적으로 저널리즘 속성을 지니며 생성-소멸-변화를 지속하고 그 종류도 다양하다는 점에서 더욱 그러하다(안명규, 2009).

공직선거법은 인터넷언론사에 선거보도 관련 의무와 함께 정당·후보자의 정치광고를 허용하고 후보자 초청토론회를 개최할 수 있는 권리도 함께 부여하고 있다. 후보자 정치광고 허용을 계기로 새로운 형태의 인터넷언론사 등장이 가속화되고 맞춤형 인터넷언론사나 포말(泡沫) 인터넷언론사가 난립하게 되었다. 이렇게 임시방편적 기능을 목적으로 한 인터넷언론사의 난립은 인터넷상에서의 선거보도 환경을 흐리게 하고 비정상적 보도행태가 난무케 하여 유권자들을 오도할 우려가 크다. 따라서 정치광고를 게재하고 토론회를 개최할 수 있는 인터넷언론사의 자격요건을 강화할 필요가 있다.

보도를 주요 목적으로 운영되지는 않으나 부분적으로 뉴스를 '매개하고' 있는 사이트들을 인터넷언론사에 포함시키는 문제 역시 논란거리

---

27 〈공직선거법〉 제8조의5 제1항.

로 대두되고 있다. 가령 UCC물 관련 사이트 중 '싸이월드', '판도라 TV', '디시인사이드'와 같이 외부언론사의 보도를 한정적으로 매개하는 사이트를 공직선거법상의 인터넷언론사로 보아야 하는지에 관한 의문이 제기된다(안명규, 2009). 향후 고유의 특정 기능과 뉴스매개 기능을 복합적으로 운영하는 이러한 사이트들이 뉴스매개 기능을 확대하는 경우 이에 대한 명확한 기준 마련이 필요할 것이다. 이때, 이러한 사이트들의 주요 기능을 어떤 기준으로 판단하고, 그중에서 뉴스매개 기능이 차지하는 비중을 어떻게 평가할지가 핵심 쟁점이 될 것이다.

6) 여론조사보도 세부지침의 조정

여론조사결과에 대한 보도는 선거 과정과 결과에 직간접적으로 영향을 미치는 핵심적 요인이다(김영욱·김위근, 2007; 김현정, 2013). 여론조사는 선거 판세와 권력 향배를 예측케 하는 가늠자로서, 언론은 선거보도에서 잠재적 승자 중심적 보도로 유의미한 편견을 조장하는 경향이 있다. 여론에서 승패가 명백하게 예상될수록 잠재적 승자에 대한 미디어의 주목량이 증가하고 역량에 대한 평가도 높아진다(구교태, 2013).[28]

공직선거법은 제108조 제1항을 통해 선거일 전 6일부터 선거일의 투표마감시각까지 선거에 관해 정당에 대한 지지도나 당선인을 예상하게 하는 여론조사의 경위와 그 결과를 공표하거나 인용하여 보도할 수 없도록 하고 있다. 또한 동조 제6항을 통해서는 여론조사의 결과를 공표 또는 보도할 때 조사의뢰자와 조사기관·단체명, 피조사자의 선정방

---

28 하승태·이정교(2012)는 미국 공화당 당내경선에 대한 보도를 분석하여 여론조사에서 우세한 후보에 대한 언론의 보도량이 더 많았음을 밝혀내었다.

법, 표본의 크기, 조사지역·일시·방법, 표본오차율, 응답률, 질문 내용, 조사된 연령대별·성별 표본 크기의 오차를 보정한 방법 등을 함께 공표 또는 보도하도록 하고 있다. 그러나 여론조사 결과만 인용하고 여론조사 방법에 관한 내용을 고지하지 않는 경우가 자주 발생한다. 그 사례들을 소개하면 다음과 같다.

① 사례 1: 2012년 제 19대 총선 당시 MBC-AM의 〈뉴스의 광장〉 진행자가 클로징 멘트로 "오래간만에 정가 여론조사결과 하나 알아볼까요. 〈동아일보〉가 리서치 앤 리서치에 의뢰해서 조사한 결과입니다. 부산 사상하고 부산북·강서을 모두 민주통합당의 문재인 후보하고 문성근 후보가 앞서고 있는 걸로 나타나고 있습니다"라고 하며 여론조사 의뢰기관과 조사기관만 고지하고, 조사대상, 조사기간, 조사방법, 오차한계 등을 밝히지 않아 〈선거방송심의에 관한 특별규정〉 제18조(여론조사의 보도) 제2항 위반으로 권고를 받았다(문재완, 2012, p. 69).

② 사례 2: 2014년 제 6회 전국동시지방선거 당시 MBC TV 〈뉴스데스크〉에서 서울시장 후보로 거론되는 인물들에 대한 지지율 여론조사결과를 보도하면서, 가상대결 3자 구도에서 새누리당 정몽준 의원과 박원순 시장의 지지율 격차가 오차범위 내에 있음에도 불구하고 이를 밝히지 않은 채 '정 의원이 박 시장을 앞섰다'고 하고, 양자대결 구도에서도 오차범위 내에 있는 김황식 전 총리와 박원순 시장 간 격차에 대해 '박 시장이 김 전 총리를 앞섰다'[29]고 하여 〈선거방송심의에 관한 특별규정〉 제18조 제6항 위반으로 행정지도인 '권고'를 받았다(선거방송 심의위원회, 2014).

---

[29] 미국에서는 오차범위 한계의 2배를 넘지 않으면 앞선다는 표현을 못 쓰게 돼 있다(김영욱 등, 2012, p. 362).

③ 사례 3: 2014년 제 6회 전국동시지방선거 당시 CBS AM의 〈하근찬
의 아침뉴스〉에서 수도권 여야 예비후보들의 지지도에 대한 여론조
사 결과를 보도하면서, 선거관련 여론조사결과 보도시 요청되는 필
수고지항목 중 '조사방법'을 밝히지 않고, 일부 후보의 지지도 격차
가 오차범위 내에 있음에도 새누리당 후보들이 앞서고 있다는 식의
우열을 묘사하는 내용을 방송하여 선거방송심의에 관한 특별규정 제
18조(여론조사의 보도) 제2항과 제6항 위반으로 '권고'를 받았다(선
거방송 심의위원회, 2014).

　　종합적으로 우리나라의 선거여론조사 보도에 대해서는 유권자들의
의사결정에 도움이 되는 정확한 정보제공보다는 시청률 등을 올리기
위해 유권자들의 시선을 끄는 데 집중하고 있다는 비판이 제기되고 있
다(김경모·김시현·송현지, 2010; 양승찬, 2007: 김효경·권상희, 2013
에서 재인용). 우리나라의 언론은 여론조사 결과로 주요 기사를 장식하
는 경향이 있다(김서중, 2012). 또한, 선거방송보도가 승자 중심의 뉴
스보도 경향을 보여 여론조사에 우세한 후보에 대한 미디어의 관심과
보도가 증가한다는 문제점도 있다. 이로 인해 여론에서 열세한 후보는
판세를 만회하기 위해 미디어를 통해 부정적 선거이슈가 생산되도록
다양한 PR활동을 행하는 등 부정적 메시지 전략을 채택할 가능성이 높
은 것으로 알려져 있다(구교태, 2013; Kern, 1989; Sabato, 1981). 구교
태(2013)는 17대와 18대 대선 선거보도를 비교하면서 경쟁후보가 접전
을 벌인 선거보다 후보들 간의 격차가 큰 선거에서 뒤처지는 후보의 부
정적 메시지 전략을 통해 부정적 보도 경향이 많이 나타나고 있음을 확
인하였다.
　　양승찬(2007)은 국내 선거여론조사 보도의 문제점을 다음과 같이 요
약한다: 단정적, 확정적 수치를 사용한 여론조사 기사 제목 사용, 조사

결과 전달시 적절하지 못한 어휘나 표현 사용, 확대·과장분석·해석의 오류, 비교근거·결과해석의 이유나 설명 생략, 언론사 자체조사나 직접 관여한 여론조사 결과만을 보도, 결과를 설명하는 보조그래픽과 영상구성의 부적절성(김효경·권상희, 2013에서 재인용) 등이 그것이다.

2014년 12월 방송통신심의위원회는 이 같은 여론조사의 문제점 해소방안의 일환으로 여론조사의 객관성·신뢰성에 대한 검증기회 확대를 위해 여론조사결과 방송시 반드시 고지해야 하는 사항을 강화하는 방향으로 〈선거방송심의에 관한 규정〉 제18조(여론조사의 보도)를 개정하였다. 기존에 여론조사결과 인용보도시 고지항목이었던 의뢰기관, 조사기관, 조사방법, 조사기간 및 오차한계 외에 응답률과 질문내용도 함께 고지하도록 하고, 질문지는 여론조사 설계의 왜곡·편향 여부를 검증할 수 있는 기초자료로서 구체적 질문내용과 질문순서 등이 담긴 전체 질문지를 확인할 수 있는 홈페이지 등을 명확히 고지하도록 의무화한 것이다.

여론조사보도 조항과 관련해서는 인터넷언론사의 문제가 심각하다. 선거기간에는 인터넷언론사의 홈페이지를 이용한 온라인 여론조사가 많이 실시된다. 그런데 온라인 여론조사는 그 특성상 공직선거법에서 요구하는 '조사 전계층의 대표성 확보'나 '피조사자 선정방법', '표본오차율'과 같은 여론조사 공표기준을 원천적으로 제시할 수 없기 때문에 원칙적으로는 공직선거법과 심의기준 위반이 된다. 그러나 그러한 기준을 곧이곧대로 적용하면 선거기간 동안 특정한 선거이슈에 대한 이용자의 관심을 고취하기 위해 신속하고 간편하게 시행되는 온라인 여론조사를 시행할 수가 없게 된다. 따라서 온라인 여론조사가 원천적으로 갖는 제한점(대표성을 확보할 수 없다는 점 등)을 공지하는 선에서 여론조사 결과를 게재할 수 있도록 관련 규정을 조정하는 안이 대안으로 제시되고 있다(안명규, 2009). 그런데 유권자들에게서 많이 볼 수 있는 행태 중 하나가 다른 사람의 지지여부에 자신의 지지를 결부시키는 경향(김서중, 2012)이라는 점을 감안할 때, 과학적 방법으로 이루어지지 않은 여론조사결과를 공표할 수 있도록 법으로 허용하는 것은 좀더 신중할 필요가 있다. 이에 따라 비과학적 온라인 여론조사가 난무하게 될 경우 유권자들이 왜곡된 여론조사결과에 영향을 받을 가능성이 높아지기 때문이다.

7) 심의기구의 합리적 운용

공정성 관련 법규나 규정, 가이드라인을 보완한다 할지라도 이것을 운영하는 심의기관에 절차적·규범적 문제가 있으면 자의적 해석이 지배하고 제도가 취지대로 작동하지 않게 된다. 앞서 살펴보았듯이, 선거보도에 관한 현행 법제는 방송, 신문 등 전통적 미디어와 인터넷을 통한 뉴스보도를 구분하여 매체별 심의위원회를 구성해서 규제하고 있다. 여기서 문제가 될 수 있는 것은 심의위 구성의 중립성이다. 심의위원의 대표성과 전문성 역시 문제점으로 거론될 수 있다. 사실 이에 대한 명확한 해결책은 없어 보인다. 공정성이라는 개념이 원래 다원적이고 종합적인 측면을 가지고 있어 심의위원들의 성향에 따라 다르게 해석될 수밖에 없기 때문이다.

선거방송 심의위원회, 언론중재위원회, 인터넷선거보도 심의위원회 모두는 법원으로 가기 전 조정이나 중재를 지향하는 대체적 분쟁해결제(ADR)의 성격이 강하다. 이들 기관들은 엄격한 법리에 기초한 해석을 내리기보다는 심의위원들·이해당사자들 간의 역학 관계에 의해서 해석을 내릴 가능성이 크다. 더구나 방송통신심의위원회나 문화부,

중앙선거관리위원회와 같은 국가기구에서 심의위원들에 대한 위촉권을 행사하므로 정권의 입김이 작용할 가능성이 있고 그에 따른 공정성 논란이 있을 수 있다. 그러나 국회나 대통령이 직접 위촉권과 임면권을 행사하는 방통위나 방송통신심의위원회와 같은 기관들에 비해서는 그 정도가 상대적으로 낮다고 볼 수 있다. 실제로 지금까지 선거보도의 공정성과 관련한 논란은 많았으나 그 비판은 주로 언론사의 편향적 행태나 관련 법규나 기준 등 제도의 미비와 관련된 것이었지 심의기구의 문제를 주요원인으로 지적한 논의는 없었다.

그러나 앞에서도 살펴보았듯이 우리나라 선거보도의 가장 심각한 문제가 이념적 또는 정치적 입장에 기초한 편가르기식 보도행태임을 감안할 때 그에 대한 판단을 관장하는 심의기구의 역할은 역시 중요하다. 심의위원의 전문성, 심의위 구성의 중립성, 의결절차의 투명성과 합리성 등의 제고를 위한 논의가 보다 적극적으로 이루어져야 하는 이유이다. 또한 각 심의기구의 심의의결 내용에 대한 세밀하고 과학적인 분석도 축적되어야 한다. 이러한 노력을 통해 심의기구에서 이루어지는 심의의 질을 끌어올려야 한다. 이는 국가에 의한 미디어 공정성 심의를 논의하는 다음 장의 핵심주제가 될 것이다.

14

국가의 미디어 공정성 심의

윤석민 · 박소영 *

　제도화된 미디어 공정성 심의의 정점에 국가에 의한 미디어 공정성 심의가 존재한다. 이 장에서는 미디어 공정성의 최후의 심판에 비유될 수 있는 국가가 수행하는 공정성 심의의 문제를 방송통신심의위원회 (방심위) 의 방송심의를 중심으로 다루어 보고자 한다.

　방심위에 의한 방송심의는 과연 필요한가? 그것이 정치권력 앞에서 공정할 수 있는가? 그간 방심위의 인적 구성부터 심의절차, 그리고 심의규정의 조항들에 이르기까지 방송심의의 제도적 측면과 관련해 많은 문제제기가 이루어졌다. 이 장에서 주목하는 것은 이러한 제도 차원의 문제를 넘어 심의를 수행하는 '사람들' 자체이다. 제도라는 외부적 조건이 동일한 상황이라 할지라도, 어떤 사람들이 어떤 규범을 내면화하여 어떤 방식으로 심의를 진행하는가에 따라 그 심의의 질과 성과는 얼마든지 달라질 수 있다. 이 장에서는 2014년 초여름 우리 사회를 뜨겁게 달구었던 문창극 총리후보 지명자에 대한 KBS 보도를 심의하는 과정에서 드러난 가능성을 중심으로 이러한 문제에 접근하고자 한다.

* ICT사회정책 연구센터연구원 (verdure-s@daum. net).

1. 문제의 제기

우리 사회에서 국가에 의해 행해지는 미디어 공정성 심의를 대표하는 것이 방송통신심의위원회(이하 방심위)의 방송심의이다. 방송심의는 방송내용의 공정성과 공공성 유지와 방송의 공적 책임 준수여부를 판단하기 위해 매체별, 채널별 특성을 고려해 행해지는 사후 규제 조치(〈방송법〉제32조, 〈방송심의에 관한 규정〉제3조)로 정의된다.

1963년 방송심의와 관련된 최초의 자율기구인 방송윤리위원회가 출범한 이후, 국가 차원의 법정 방송심의는 방송심의위원회, 방송위원회, 통합방송위원회를 거쳐 현재는 방심위에서 담당하고 있다(김영호, 2014, p. 6). 이처럼 50여 년 이상의 시간을 두고 정착해 온 방송심의의 역사는 결코 짧지 않으나, 이는 여전히 시비와 비판의 대상이 되고 있다. 국가가 수행하는 공정성 심의의 공정성이 시비의 대상이 되는 양상이다. 2004년 노무현 전 대통령의 탄핵정국과 2008년 미국산 쇠고기 파동, 그리고 이른바 '종편'을 낳은 2009년 미디어 관련법 개정논란 등 우리 사회를 흔들어온 정치이슈가 발생할 때마다 그와 관련된 방송보도, 그리고 그에 대한 국가기관의 심의는 예외 없이 사회적 갈등을 촉발하는 뇌관으로 작용했다.

그때마다 불거진 것이 방송심의제도의 개혁요구였다. 방심위의 위상, 인적 구성과 심의운영방식 등 현행 방송심의 제도의 문제에 대해 뜨거운 비판이 이어졌다. 이에 대해서는 뒤에 구체적으로 살펴볼 것이다. 하지만 결론을 미리 제시하면 제도의 개선만으로 이러한 문제를 해결하는 데는 분명한 한계가 있다는 것이다.

예를 들어 6:3의 여·야 추천위원으로 구성되는 현재의 방송통신심의위원회 구성방식을 개혁하여 여권 추천위원과 야권 위원의 수적 균형을 맞추면 방송 공정성 심의를 둘러싼 갈등이 줄어들고 모두가 만족할 만한 심의결과가 도출될 수 있을까? 내지 현재의 다수결 의결방식을 특별 다수제나 만장일치 합의제로 바꾸면 문제가 개선될 수 있을까? 설사 지금의 제도적 한계를 극복하는 이상적 시스템이 존재한다고 해도, 이를 발견하기 위해 시행착오를 감내하는 과정에서 발생하는 정쟁과 사회적 비용은 또 얼마나 클 것인가? 공정한 방송 저널리즘의 구현이라는 목표는 이러한 비용을 지불할 만한 충분한 값어치가 있는 것이지만, 제도만으로 이러한 문제를 해결할 수 있는가 하는 의문은 여전히 남게 된다.

그렇다면 국가차원에서 이루어지는 방송심의의 공정성을 제고하기 위해, 제도를 넘어 우리가 고려해야 할 또 다른 요인은 무엇인가?

앞의 여러 장들에서 논의한 대로 방송보도의 공정성은 칼로 무 자르듯 명확하게 결정할 수 있는 성질의 것이 아니다. 방송의 공정성을 판단하는 기준은 박용상의 표현을 빌리면 "고도로 불확정적인 것"이고, 이를 "구체화할 방법도 없다"(박용상, 2013, p. 140). 하나의 방송 프로그램이 공정하였는가 여부에 대한 판단이 '심의', 즉 서로 다른 견해를 지닌 대표자들(방심위 심의위원) 간의 토론을 통한 의견의 교환, 설득, 그리고 조정에 의존하게끔 제도화된 것은 이러한 이유이다.

하지만 이러한 심의가 제대로 작동할지에 대해서는 비관적 평가가 지배적 상황이다. 기존의 논의들이 제도개선에 집중해 온 일각에는 이러한 공정성 '심의'가 지니는 본연의 기능성 내지 가능성을 인정하지 않는 태도, 즉 심의위원들을 합리적 토론자 및 의사결정자로 보지 않고 그들을 추천한 정치적 이해를 대변하는 거수기로 간주하는 불신의 태도가 깔려 있다.

720

뒤에 구체적으로 상술하겠지만, 필자는 이 장에서는 방송 공정성 심의가 '심의'가 내포하는 본연의 기능성을 확보할 수 있게 해 주는 '심의를 하는 사람들'의 자질문제에 주목하고자 한다. 이와 관련해 방송통신심의위원으로 참여했던 필자의 직접적인 경험에 기초하여, 2014년 9월 문창극 전 국무총리 후보지명자에 대한 KBS 보도를 심의하는 과정에서 목도한 하나의 가능성을 논의하고자 한다.

당시 〈KBS 뉴스 9〉는 지명자의 교회강연 영상을 토대로 그의 국가관, 역사관을 문제삼는 보도를 내보냈다. 문 지명자는 그 보도에 따른 비판적 사회여론을 극복하지 못하고 낙마하게 된다. 이 사태 직후 이 문 지명자에 관한 KBS의 보도가 과연 공정했는지 여부가 뜨거운 사회적 논란거리로 떠올랐다(유의선, 2015).[1] 이에 대해 방심위는 제작진에 대한 '권고'[2]라는 만장일치 의결을 이끌어 냈다. 한국 방송심의 50년의 역사에서 첨예한 정치적 갈등과 맞물린 심의안건에 대해 이러한 합의가 이루어진 것은 전무후무한 일이었다.[3]

---

1 이 장에서는 문창극 총리후보지명자의 역사관에 대한 〈KBS 뉴스9〉의 보도(문창극 보도)가 공정하였는지 여부를 직접적으로 논의하지는 않는다. 이에 대해서는 유의선의 연구 (2015)가 논리적이고 균형 잡힌 분석을 제공한다. 유의선에 따르면 문창극 보도는 비록 총리후보로서 문창극 씨의 역사관을 검증하는 소기의 목적은 달성하였다고 할지라도 교회에서 이루어진 문 후보의 발언 취지를 충분히 반영하지 못했다. 그러나 근대사적 역사관 검증 영역에서 보았을 때 동 보도가 특별히 어느 한쪽을 의도적으로 편든 것은 아니었다. 대응이론적 관점에서 보았을 때 문창극 보도는 실제 발언한 내용을 보도하였으므로 법적 문제가 없었다. 전체적인 맥락이 훼손되었는지를 알아보는 정합이론적 관점에서도 문창극 보도는 생략된 부분이 문 후보의 역사관을 인지하는 데 주요 내용이 아니라는 차원에서 문 후보에 대한 가치판단을 왜곡시키는 효과를 가져오지 않았다. 이에 따라 유의선은 문창극 보도에 있어서 암묵적 명예훼손 측면의 위법성은 조각된 것으로 판단하였다.

2 심의규정 등의 위반정도가 경미하여 제재조치를 명할 정도에 이르지 아니한 경우 해당 사업자·해당 방송프로그램 또는 해당 방송광고의 책임자나 관계자에 대하여 권고를 하거나 의견을 제시한다. 〈방송법〉 제100조 [시행 2015. 3. 15.]

3 이는 예외적인 일을 넘어 누구도 예측하지 못한 일이었다. 미디어들은 이 사안에 대한 최

　어떻게 이러한 일이 가능했을까? 이에 대해서는 여러 가지 해석이 있을 수 있지만, 필자는 이를 다른 무엇에 앞서 심의주체들이 지닌 제도적 재량권, 심의주체들의 자질과 태도, 그리고 합의를 위한 노력 등이 긍정적으로 작용하여 만들어 낸 숙의적 토론의 성과라고 판단한다. 공정한 방송심의를 위한 마지막 퍼즐이 제도를 넘어 '사람'의 문제임을 확인시켜 준 것이다.

　이 장에서는 당시 회의록 등을 토대로 종래의 논의들이 간과한 이 같은 '사람'의 문제, 그리고 그들이 만들어 내는 '토론'의 가능성을 파고들어 보고자 한다. 방송심의제도의 틀을 개혁하고자 하는 논의들이 궁극적으로 지향하는 목표가 이상적인 심의의 실현이라고 한다면 이 장의 논의는 종래 논의들이 제도를 중심으로 해서 우회적으로 접근했던 문제를 심의를 실제로 수행하는 주체를 중심으로 해서 직선적으로 접근해 보려는 시도라고 할 것이다.

종 심의를 앞두고 6:3으로 중징계가 내려질 것임을 예견하는 기사들을 쏟아 냈다. 심의결과를 예단하고 그에 대한 기사를 올린 경우도 있었다.

2. 제도적 차원의 논의

심의를 수행하는 사람들의 문제를 다루기에 앞서 우선 그간 이루어져 온 제도적 차원의 논의를 살펴보도록 하자. 2000년대 이후, 국내 방송심의를 관장하는 기구는 크게 두 번의 변화를 거쳤다. 그 첫째는 김대중 정부출범 이후 2000년 개정된 통합방송법에 의거하여 재구성된 방송위원회의 내에서 이뤄진 방송심의이다. 당시 방송위원회는 준 입법권한과 준 사법권한을 갖추며 정부로부터 방송행정 총괄기구이자 직무상 독립된 규제기관으로서의 막강한 법적 지위와 역할을 부여받았다. 하지만 방송위원회는 정부기구 축소개편 방침을 표방한 이명박 정부의 기조에 따라 2008년 정보통신부와 함께 방송통신위원회로 통합되었다. 그리고 이 과정에서 기존 방송위원회와 정보통신윤리위원회의 심의기능이 통합되어 심의전담 민간독립기구인 방송통신심의위원회가 설립되었다.

방심위의 설립에 따라 방송, 통신, 인터넷, 스마트 미디어 등 전자매체 전반에 걸쳐 심의체제를 일원화함으로써 그동안의 방송 영역과 정보통신 영역으로 양분되었던 심의정책의 갈등과 혼선을 줄일 수 있게 되었다(정윤식, 2013). 그러나 심의의 공정성 측면에서 종래 방송위원회나 방심위 모두 우수한 성적표를 받았다고는 할 수 없다. 이하에서는 지금까지 이들 기구와 관련해 지적된 제도적 차원의 문제들을 정리해 보고자 한다.

1) 방송심의기구의 모호한 법적 위상

방송위원회와 방심위에 대해 제도적 차원에서 제일 먼저 제기되는 문제는 이러한 기구들의 모호한 법제도적 위상이다. 기구의 성격이 자율독립민간기구인지, 중앙행정기구의 영향을 받을 수밖에 없는 행정기관인지 논란이 있었다(강남준, 2006; 김정기, 2003; 최우정, 2008).

2000년 통합방송법과 더불어 출범한 방송위원회는 실질적으로 '합의제 행정위원회'의 기능을 수행(방송개혁위원회, 1999)하지만 국가로부터의 방송독립을 이유로 법적으로는 민간기구 성격을 지니게 되었다. 이와 같은 기조는 지속되어 방심위 역시 외형상 민간독립기구의 형식을 표방하고 있다(방통위법 제18조). 이러한 형식논리에 따라 방송 프로그램 내용규제는 방심위가 심의한 후, 그 결과에 대하여 방통위가 시정명령을 의결하여 명령을 내리는 2단계 절차로 이루어진다(〈방송법〉제32조, 제100조 및 〈정보통신망 이용촉진 및 정보보호 등에 관한 법률〉제44조 제7항).

하지만 이러한 외형과 무관하게 사실상의 행정기관인 방심위가 보도심의의 권한을 갖는 것은 국가권력을 감시하고 견제해야 하는 방송언론을 국가가 감시하는 격이고, 더 나아가 국가에 의한 직접적인 방송검열에 해당한다는 비판을 받았다(박경신, 2009; 윤성옥, 2009; 최영묵, 2011; 최우정, 2013; 황창근·지성우·최경진, 2009).

실제로 헌법재판소는 방심위의 구성과 운영, 직무에 관한 내용을 종합적으로 파악해 방심위를 공권력 행사의 주체인 행정기관이라고 판단한 바 있다.[4] 이러한 판결의 근거는 방심위가 방통위법에 의해 설립되었다는 점, 위원을 대통령이 위촉하고 구성과 운영에 관하여 필요한 사

---

4 헌법재판소 2012. 2. 23. 선고 2008헌마500.

724

항을 대통령령으로 정하도록 했다는 점, 별도의 기금 이외에 국고에서 경비를 지급받을 수 있다는 점, 〈방송법〉 제100조에 따른 제재조치 등에 대해 심의·의결 등을 할 수 있다는 점, 심의규정을 제정·공표하고 이를 위반하면 제재조치를 결정할 수 있다는 점 등이다(심석태, 2012). 민간독립기구가 방송심의를 담당한다는 원칙이 사실상 수사적 형용 이상의 의미를 지니지 못하다는 점을 확인시켜준 것이다.

2) 대통령의 과도한 법적 권한

현행 방통위법은 방송통신위원회(이하 방통위)를 대통령의 소속으로 규정하고(방통위법 제3조 제1항, 개정 2013. 3. 23), 대통령에게 방통위의 구체적 소관사항에 대한 행정 입법권을 부여하고 있다. 이는 대통령

〈표 13-1〉 방심위에 대한 대통령의 법적 권한

〈방송통신위원회의 설치 및 운영에 관한 법률〉
제18조(방송통신심의위원회의 설치 등) ⑦ 심의위원회의 구성과 운영에 관하여 그 밖에 필요한 사항은 대통령령으로 정한다.
제19조(심의위원의 결격사유) ② 제1항 제3호에 따른 방송·통신 관련 사업에 종사하는 자의 구체적 범위는 대통령령으로 정한다.
제21조(심의위원회의 직무) 심의위원회의 직무는 다음 각 호와 같다.
4. 전기통신회선을 통하여 일반에게 공개되어 유통되는 정보 중 건전한 통신윤리의 함양을 위하여 필요한 사항으로서 대통령령이 정하는 정보의 심의 및 시정요구
제22조(회의 등) ⑤ 심의위원회의 회의 운영, 소위원회 또는 특별위원회의 구성 및 운영에 관하여 그 밖에 필요한 사항은 대통령령으로 정한다.
제26조(사무처) ③ 사무처의 조직에 관하여 필요한 사항은 대통령령으로 정하고, 그 운영과 보수 등에 관하여 필요한 사항은 심의위원회 규칙으로 정한다.

자료: 법제처 국가법령정보센터, http://www.law.go.kr/.

이 단순히 자신의 소속하에 있는 위원회에 대한 형식적 행정감독자로서의 권한을 지니는 것을 넘어 구체적 행정입법을 통해 자의적인 방송·통신정책을 행사할 수 있음을 의미한다(최우정, 2008). 이에 따라 현행 방통위법에서는 구 〈방송법〉에 비해 대통령이 방송심의체계에 대해 영향력을 행사하는 법적 근거가 강화되었다. 예컨대 구 〈방송법〉에서는 심의위의 기금조성 및 위탁과 관련된 사항에만 한정적으로 대통령의 개입을 명시하는 조항을 두었던 반면, 현행 방통위법은 기금관련 사항뿐 아니라 심의위의 설치부터 직무, 심의위원의 결격사유, 회의 운영과 사무처의 조직 및 운영 등의 부문까지 모두 대통령령으로 정할 수 있도록 규정하고 있다.

3) 방심위의 인적 구성

방심위 심의위원의 인적 구성은 방심위가 안고 있는 가장 고질적인 문제로 지속적으로 지적되었다. 현행 법률에서는 국회의장이 각 교섭단체 대표의원과 협의하여 추천한 3인, 국회 소관 상임위에서 추천한 3인, 대통령이 추천한 3인 등 총 9인을 대통령이 위촉한다고 정하고 있다. 이에 따르면 여대야소의 정국이 형성되면 일반적으로 7:2, 여소야대의 정국일지라도 최대 5:4의 비율로 귀결되어 결국 집권당에 우호적인 인사가 다수를 차지하게 된다. 현행 심의위원회도 여야 6:3의 구성으로 이뤄져 있다.

구 방송위원회를 탄생시킨 통합방송법의 경우만 해도 그 제정까지 무려 5년 이상 논의를 거쳤는데, 이처럼 논의가 길어진 가장 큰 이유가 방송위원회 구성과 역할에 관련된 문제였고, 그중에서도 여야 진영 간 위원의 수를 어떻게 배분하느냐의 문제였다(황근, 2000). 실제로 방심위의 방송심의사례를 분석한 연구들(배진아, 2013, 2015; 정재황, 2011)은 심의위원들이 노골적인 정파성을 드러내고 있음을 보여준다. 정치적으로 정부여당과 야당이 대립되는 이슈를 다룬 프로그램 심의에서 여당추천 위원과 야당추천 위원의 의견이 일치하지 않는 경향이 있으며, 정부에 대한 비판이 담긴 프로그램에 대해 여당추천 위원은 야당추천 위원에 비해 보다 강한 제재조치 의견을 내는 경우가 일반적이다. 정부여당 추천위원과 야당 추천위원 간의 심의의견은 대체로 일치하지 않는 반면, 정부여당 추천위원 간 그리고 야당 추천위원 간에는 큰 차이가 나타나지 않는다. 정부여당 추천위원이 6명이고, 야당 추천위원이 3명이기 때문에 야당 추천위원들의 의견은 대부분 소수의견이 되는 경향을 보이게 된다.

4) 방송심의기구 운영상의 문제

(1) 현행 방송심의 절차

방심위는 산하에 사무처와 '보도·교양방송', '연예·오락방송', '광고', '통신' 등 4개의 특별위원회를 두고 있다. 사무처는 수백여 명의 실무요원들이 방대한 방송과 인터넷 콘텐츠에 대한 모니터링 기능을 수행하는 방송 및 통신 심의국을 주축으로 민원 및 법무 업무, 조직관리 업무를 담당하는 국과 실로 구성되어 있다. 특별위원회는 각각 사회 각 분야의 전문가 9인으로 구성된다. 방심위의 방송 프로그램 심의는 시·청취자의 민원, 위원회에서 자체로 운영하는 모니터 요원의 보고서 또는 언론보도 등을 통해 문제가 제기된 사안에 대해 우선 사무처의 검토와 방송분과 특별위원회의 자문을 거친 후, 그 다음 단계로 방송심의 소위원회에서 심의를 하고, 마지막으로 전체회의에서 최종 결정하는

〈그림 14-1〉 방송 프로그램에 대한 심의 절차

모니터 요원 모니터링 (매주 심의일지 접수, 채널별 합평회 격주 개최)	시청자 민원

↓ ↓

사무처 검토
지상파방송심의팀, 유료방송심의팀, 신매체광고심의팀, 지역사무소

↓ ↓

분과별 특별위원회 심의·건의
심의 필요시 자료제출 요구를 할 수 있음

↓

방송심의소위원회 심의·의결
(특별위원회에서 제재조치를 건의한 경우에는 의견진술 절차를 거침)
– 권고 또는 의견제시 의결
– 청소년유해매체물 결정

↓

방송통신심의위원회 전체회의 의결
– 제재조치 의결

↓

제재조치 처분(방송통신위원회)
– 제재조치를 정하여 방송통신위원회에 처분 요청

↓

제재조치 관련 고지방송(방송사)

↓

고지방송 실시결과 방송통신위원회 보고(방송사)

출처: 정재황 등, 2011, p.68.

절차로 이루어진다(김영호, 2014, p. 7). 심의위원회 전체회의는 정기회의(매월 2회)와 임시회의로 구분되며, 소위원회에서 상정한 방송 내용에 대해 제재조치 등을 최종적으로 의결한다. 제재의 종류로는 '5천만 원 이하의 과징금 부과', '해당 방송프로그램의 정정·수정 또는 중지', '방송편성책임자·해당방송프로그램의 관계자에 대한 징계', '주의 또는 경고' 등의 법정제재 조치가 있고 심의규정 등의 위반정도가 경미하여 제재조치를 명할 정도에 이르지 아니한 경우 권고 또는 의견제시를 할 수 있다(〈방송법〉 제100조 제1항).

이러한 심의과정에서 위원 간의 심층적 토론이 이루어지는 단계는 방송심의소위원회와 전체회의이다. 이러한 회의에서 의장의 진행 아래 위원들 간에 별도의 규칙이 없는 자유로운 토론이 이루어진다. 의사결정은 재적위원 과반수의 찬성으로 이루어진다.

(2) 운영절차의 문제

방송심의기구 운영절차에서 지적되는 문제점은 우선 심의대상의 범위 및 심의의 발동방식이 자의적이라는 점이다. 방송심의규정 제9조의 공정성 조항은 공정성 심의대상을 모든 방송으로 확대해석하고 있는데, 이는 〈방송법〉 제33조 제9항 '보도·논평의 공정성·공공성에 관한 사항'에서 규정하는 보도·논평에 관한 심의라는 위임범위를 넘어서고 있다.[5] 또한 심의규정 제9조는 심의대상에 대한 구체적 사항을 대통령령에 위임하고 있어 심의위원회가 공정성 심의 대상 프로그램을 자의적으로 판단하거나 확장할 수 있기 때문에 법률유보의 원칙과 명확성의 원칙에 반하게 된다(권형둔, 2014; 최우정, 2013).

---

5 〈방송법〉 제33조는 공정성 심의의 대상을 "보도·논평의 공정성·공공성에 관한 사항"(제10항)과 "방송광고 내용의 공정성·공익성에 관한 사항"(제15항)으로 규정하고 있다.

또한 현행법은 '방송 또는 유통된 후'로 심의시기를 못 박고 있을 뿐 심의권의 발동방식 및 심의시기는 규정하고 있지 않다. 이에 따라 방심위는 스스로 만든 심의규정에 근거를 두고 스스로 적절하다고 판단하는 방식으로 방송내용을 선택해 심의하고 있다(심석태, 2012). 이처럼 어떠한 사안을 심의안건으로 결정할 것인지에 대한 법적 기준이나 원칙이 존재하지 않아 여론몰이에 방송심의가 휩쓸릴 수 있다는 비판이 제기된다(윤성옥, 2007).

더불어 지나치게 단기적으로 진행되는 방송심의의 속도에 대한 문제제기도 있다. 방송심의는 비교적 시의적으로 실행되는 데 반해 동일한 사안에 대한 사법적 판단은 보통보다 장기적인 과정으로 이루어지며, 이에 따라 먼저 이루어진 방송심의 결과가 뒤에 나오는 사법적 판단과 괴리를 보이는 상황이 발생하곤 한다. 박경신(2009)은 이에 대해 행정기관의 판단은 항상 사법기관에 의해 번복 또는 파기될 수 있는 것인데 사법기관에 의한 최종판단이 내려지기 전에 어떤 피해를 발생시키는 것은 옳지 않으며, 법치주의 국가에서 본질적으로 '잠정적'일 수밖에 없는 행정적 판단으로 표현물의 유통을 금지하거나 지연하는 것은 표현의 자유에 대한 부당한 제약이라고 주장한다. 또한 사후 심의의 취지는 특정 프로그램의 방송 가/부에 있다기보다는 방송문화 전체의 미래를 지향하는 데 있기 때문에, 심의대상이 되는 프로그램에 대한 신속한 통제를 통해 사회적 악영향을 진화하려 하는 심의의 시의성에 대한 요청은 재고될 필요가 있다는 주장도 있다(손병우, 2010).

심의 운영절차와 관련해, 공개정도가 불충분하다는 지적도 있다. 현행법에 따르면 방심위 회의는 원칙적으로 공개되지만, 공개하는 것이 적절하지 않은 상당한 이유가 있는 경우에는 위원회의 의결로 공개하지 않을 수 있다고 규정하고 있다(방통위법 제13조 제4항 및 제22조 제2

항). 최우정(2008)은 이와 관련해 첫째 비공개의 대상이 단지 회의에 한정되는 것인지 아니면 회의자료까지의 비공개를 의미하는 것인지가 불명확하며, 둘째 비공개의 사유 또한 자의적으로 해석될 여지가 있다는 문제를 제기한다.

5) 방송심의규정의 문제

(1) 공정성 개념 정의의 모호함

현행 방심위 심의규정의 공정성 개념이 구체성을 갖추지도, 변화하는 방송환경을 제대로 반영하지도 못한다는 것은 1990년대 이래 국내에서 이루어진 연구들에서 꾸준히 제기된 문제이다. 방심위가 수행한 '방송심의를 위한 연구'에서도 "각종 법규에서 공정성은 중요한 개념으로 자리 잡고 있지만 그 비중에 비해 그 개념 구성, 정의 등의 후속 노력이 적었고 구체적인 정의를 시도하지 않고 있으며 공정성을 대체로 공익성, 공공성, 공적책임 등과 유사성을 띠는 정도로 소개하고 있다"(방송통신심의위원회, 2008, p. 12)면서 같은 문제를 지적했다.

공정성과 객관성 등 유사개념의 개념적 혼선으로 인해 이뤄지는 중복규제도 모호한 개념의 정의에 기인하는 문제 중 하나이다. 이는 또한 과잉제한금지의 원칙 중 수단의 적절성 측면에서 위헌적 요소가 크다는 비판을 받고 있다(윤성옥, 2009). 이창훈·우형진(2011)의 연구는 2003년부터 2010년까지 제14조(객관성)을 위반한 사례 21건 중 8건에 대해 제9조(공정성) 조항들이 중복 적용됨을 보여준다. 2006년 1월부터 2014년 7월까지의 공정성 심의사례를 분석한 배진아(2015)의 연구 역시 공정성 심의의결 사례에서 제14조 객관성 조항과 제27조 품위유지 조항이 중복하여 적용되고 있음을 지적하고 있다.

(2) 공정성 심의기준의 모호함

공정성 심의기준의 불명확성 역시 여러 연구들에서 공통적으로 지적된 문제이다(최영묵, 2005: 강남준, 2006; 윤성옥, 2007). '현저하게', '지나치게', '신중하게' 등 애매한 공정성 판단기준은 심의의 명료성을 약화시키고, 자의적 해석을 초래할 소지가 크다. 이처럼 기준이 애매모호한 상황에서 공정성 심의가 정치권력의 의도대로 활용될 수 있다는 우려가 제기되기도 한다.

지상파와 케이블 및 위성과 같은 유료방송에 대한 별도의 심의규정이 없어 현재 동일한 규정으로 상이한 방송미디어들에 대한 내용심의가 이뤄지는 점도 문제로 지적되는 사항 중 하나이다. 동일한 심의기준이 지상파에는 엄격하고, 케이블과 같은 유료방송에 대해서는 관대하게 적용되는 이중 잣대로 활용되고 있다. 유사한 맥락에서 팟캐스트 등의 인터넷 기반 뉴미디어 콘텐츠에 대해 어떤 수준의 공정성 기준을 적용해야 할지가 새로운 논란거리로 등장하고 있다.[6] 이처럼 매체별로 명확한 차별적 기준이 마련되지 않다는 것은 심의위원의 자의적 해석에 따라 심의결과가 달라질 수 있다는 문제를 내포한다(윤석민·박아현, 2008).

---

[6] 인터넷 기반 팟캐스트로 운영되던 〈뉴스타파〉의 콘텐츠가 퍼블릭 액세스 채널 시민방송 RTV에 제공되면서 방송 공정성 심의의 대상이 되었다. 이와 관련하여 〈뉴스타파〉 콘텐츠 제공 채널이 '시청자참여 프로그램'의 범주에 속하기에 이에 대한 공정성 심의 자체가 적절한지, 그리고 이에 대해 지상파 방송 프로그램과 같은 수준의 공정성을 요구해야 하는지 등이 논란이 되었다.

6) 방송심의의 공정성 진작을 위한 제도 개선안

(1) 방심위의 구조개편을 통한 정치적 독립성 확보

종래의 연구들이 공통적으로 제기하는 방심위의 가장 큰 과제는 정치적 독립성 확보이다. 이러한 맥락에서 방심위의 전면적 구조개편, 권한의 조정 혹은 구성방식의 변화가 제안되었다.

우선 방심위를 완전한 민간기구로 재편하고, 궁극적으로는 방송사들의 자율규제를 확립해야 한다는 주장이 있다(최영묵·박승대, 2009; 이강형·최현주, 2012). 이는 가장 급진적인 입장으로, 방통위와 심의위원회가 공정성 심의를 비롯해 모든 내용규제에서 손을 떼야 한다는 것이 요지이다. 내용규제 관련 조항은 방송사 자율심의로 이관하고 프로그램의 선정성과 폭력성, 시청자 불만사항 등에 대해서만 방심위가 관리해야 한다는 것이다. 미국, 독일 등 주요 국가들에서도 정치사회적으로 중요한 공론의 장의 독립성을 보장하기 위해 시사보도영역은 심의에서 자유로운 경향이 강하므로 이를 고려할 필요가 있다는 시각이다(최영묵, 2008; 권형둔, 2009).

현행 심의위원회의 심의규정 제정권에 대한 제고가 필요하다는 주장도 있다. 현행법이 포괄적 규정을 통해 구체적인 방송심의 규정제정 권한을 방심위에 위임하는 것은 헌법원리에 비추어 문제가 될 뿐 아니라 정치적 심의를 가능케 할 가능성이 있다는 것이다(최영묵, 2008; 심석태, 2012).

또한 정파적 세력관계가 반영되지 않도록 심의위원회의 구성방식을 개편하는 안도 제시되고 있다. 현재와 같은 대통령과 국회의 정치적 추천구조를 개선하여 지역과 계층 등 다양한 이해집단의 구성원들이 공정성 심의에 참여할 수 있도록 하자는 것이다. 여야 추천비율을 동수로 하거나, 만약 이때 동수의 위원회가 실천적 측면에서 어려움을 갖는다면 5:4의 비율로 구성하는 방안(배진아, 2015; 황성기, 2014)도 제안되고 있다. 정파적 구성을 근본적으로 피할 수 없는 심의위원 이외에 독일 사례에 비추어 각 사회적 집단의 대표로 심의체계를 구성하는 TV 평의회 제도를 도입하거나(권형둔, 2009), 방송전문가 집단 및 시청자 대표성을 보완할 수 있는 특별위원회를 재구성하고 이를 적극적으로 활용하자는 의견도 있다. 즉, 현재와 같은 자문기구로서의 특별위원회를 해체하고 소위원회로 격상시켜 일차적인 심의·의결 기능을 하도록 해 정파성을 최소화하자는 것이다(이향선 외, 2013).

(2) 심의방식의 개선

방심위의 심의방식 개선사항으로는, 공정성 심의에 한해 다수결로 결정되는 현 심의위원회의 의결방식 변경과 심의의결의 효력을 제한해 심의결과의 정당성을 높이면서 그 잠재적 피해는 최소화하자는 제안이 있다. 예컨대, 공정성 위반으로 제재조치를 부과하는 경우 의결정족수에 있어 현재의 과반수 찬성 의결이 아닌 가중다수 정족수를 적용하도록 하거나(예컨대 7인 이상의 찬성), 만장일치 의결을 의무화해 현재의 6:3 구도에 따라 결론이 정해지는 것을 지양하도록 하자는 것이다(배진아, 2013; 황성기, 2014).

또한 방심위의 역할은 심판자가 아닌 중재자의 역할에 머물러야 하며, 따라서 방송 내용의 공정성을 둘러싸고 첨예한 정치적 갈등을 빚는 사안의 경우는 행정처분을 요구하는 의결을 보류하고 심의기구의 다수 견해와 소수견해를 포함하여 구속력 없는 의견 제시만을 표명하도록 해야 한다는 주장도 있다(이남표, 2012).

심의기준에 의거한 명확한 의결의 필요성도 강조되고 있다. 배진아

(2013, 2015)의 심의의결서 분석결과, 심의기준 자체의 위반도 중요하게 고려되지만 그 밖의 외적 요인들이 심의과정에 개입하곤 하는 사례들이 발견되었다. '피해회복을 위해 충분한 노력을 기울이지 않았기 때문에'라든지 '최근 유사한 사례가 반복되어'라는 등의 의결이유는 공정성 자체에 대한 판단과는 별개의 부분이므로 이에 대한 판단은 가능한 배제하고 심의기준 자체에 의거하여 공정성을 명확하게 판단할 것이 제안되고 있다.

또한 방송의 공정성 심의를 방심위에 요청할 수 있는 민원인의 자격을 당해 프로그램 관련 당사자로 좁힐 필요가 있다는 지적도 있다. 지금까지 공정성 심의는 심의위원회의 자체 모니터링보다는 민원에 의한 것이 많았고, 특히 이명박 정부 당시 방송의 공정성 심의가 대부분 보수단체와 보수신문의 민원제기로 이뤄지는 등(배진아, 2015) 정략적 목적에서 민원을 악용하는 경우가 많다는 점에서, 민원인의 자격을 당해 프로그램과 관련된 직접적인 이해관계자로 제한하자는 것이다(황성기, 2014).

(3) 공정성 심의규정의 개선

많은 연구자들에 의해 현재의 모호한 공정성 심의규정을 개선할 것이 요구되고 있다. 앞서 지적된 공정성 심의규정 제9조 제1항(진실성)의 내용이 제14조(객관성)와 개념적으로 중복 적용되어 규제의 혼선으로 나타나는 문제(이창훈·우형진, 2011; 배진아, 2013; 2015; 방송통신심의위원회, 2013)는 2014년 1월 9일 개정되었다.[7] 해당 조항의 개정이 실제 심의과정에서 어떤 영향을 미칠지는 계속 지켜볼 문제이다. 이외

---

7 제9조 제1항 '방송은 진실을 왜곡하지 아니하고 객관적으로 다루어야 한다'가 '방송은 진실을 왜곡하지 아니하여야 한다'는 조항으로 수정되었다.

에도 제27조 품위유지 조항 등 공정성과 중복되는 개념이나 가치들을 심의규정 전반에 걸쳐 점검하고 이를 공정성 개념과 분리함으로써 공정성 개념의 정의와 범위를 명확하게 할 필요성이 제기되고 있다. 아울러 제9조 제2항의 '균형성'을 판단하기 위한 기준들을 사회적 합의를 반영하여 보다 상세히 제시하는 것이 과제로 남아 있다. 심의규정 내에 상세한 기준을 열거하기 힘들 경우 별도의 세부기준을 제정하거나 심의의결 사례에 대한 분석을 토대로 가이드라인을 제정하는 방안 등이 대안으로 제시된다(배진아, 2015).

매체 간 또는 채널별로 방송의 공정성 심의대상 및 기준을 차별화하는 방안도 제시된다. 지성우(2013)는 지상파, PP 및 SO채널, 그리고 위성방송과 데이터방송 등 매체 또는 채널의 특성을 고려하여 프로그램에 대한 전량심의 혹은 주요 프로그램에 대한 선별심의 체제를 선택적으로 적용할 것을 제안한다. 또한 희소한 공적 전파를 무상으로 사용하는 지상파방송사는 사업적 측면이나 내용적 측면에서 강도 높은 공익성 규제를 받고 있으며, 이는 공정성 심의에서도 마찬가지로 적용되어야 하나, 지상파와 같은 특혜를 누리지 못하는 유료방송채널(SO나 위성방송의 직접사용채널 포함)에 대해서는 보다 완화된 수준의 기준이 적용되어야 한다고 주장한다. 하지만 종편채널의 경우 여러 특혜를 누리면서[8] 방송내용 역시 지상파방송과 유사한 서비스를 제공하므로 일반 PP 채널처럼 등록제로 운영되어 시장의 법칙에 맡겨지기 전까지는 지상파에 준하는 엄격한 공정성 기준을 적용하는 것이 합리적이라는 주장도 있다(이향선 외, 2013).[9]

---

8 지상파방송, 보도전문채널과 함께 허가대상 사업자로서 지상파방송이 누리는 전파의 무상사용까지는 아니더라도 의무전송, 미디어렙법 적용 유예를 통한 광고 직접영업, 지상파와의 인접채널대역 사용 등 특혜를 누리고 있다(이향선 외, 2013, p. 410).

뉴미디어 콘텐츠에 대한 공정성 심의규제 공백문제에 대해서는 아직 충분한 사회적 합의가 이루어지지 못한 실정이다. 채널과 프로그램의 성격 등을 종합 고려하여 공정성 판단기준을 탄력 적용할 수 있는 틀을 새롭게 수립하거나, IPTV와 현행 방송법의 통합 및 개편을 전제로 '방송' 개념을 재정의하여 미디어 내용규제 기구를 통합적으로 재편하는 안이 제안되고 있다(김유정 등, 2012; 이향선 외, 2013).

---

9 종편의 공정성 심의 기준에 대해서는 8장의 논의 참조.

3. 방송심의에서 숙의적 토론의 가능성

이상에서 현재 방심위가 수행하는 방송심의의 제도적 문제점 및 개선방안을 지금까지 이루어진 학계의 관련논의들을 중심으로 살펴보았다. 이러한 논의들이 제안하는 방심위의 구조개편을 통한 정치적 독립성 확보, 의사결정 방식의 개선, 심의규정의 개선은 방송심의의 핵심적 문제들을 적절히 지적했다. 이러한 제도적 차원의 논의 및 이를 수용하기 위한 노력은 앞으로도 꾸준히 지속될 필요가 있다.

하지만 제도개선만으로 문제를 해결하는 데는 한계가 있다. 실제로 정치적으로 민감한 방송 심의제도의 속성상 현행의 제도를 근본적으로 개혁하는 특단의 조치가 이루어질 가능성은 희박하다. 설사 힘든 과정을 거쳐 방송심의의 제도적 틀이 변화된다고 해도 그에 따른 심의의 운용은 또 다른 문제를 내포할 수 있는바, 제도개선 자체의 성과가 어떠할지는 여러모로 불확실할 수밖에 없다.

따라서 현재 국가 차원에서 이루어지는 방송심의를 개선하기 위해서는 제도개선을 위한 노력만큼이나 주어진 제도적 틀 내에서 방송심의의 질을 실질적으로 끌어올릴 수 있는 내적 변수, 즉 '사람'과 '문화'적 변수에 관심을 기울일 필요가 있다. 제도라는 외부적 변수가 동일한 상황에서 어떤 사람들이 어떤 규범을 내면화하여 어떤 방식으로 심의를 진행하는가에 따라 그 질과 성과는 얼마든지 달라질 수 있다.

이를 위해 필자가 주목하고자 하는 이론적 개념이 '숙의'(deliberation)이다. 방송심의에서 제재수위에 대한 의사결정은 규정에 의해 기계적으로 재단되지 않고 위원들의 토론을 통해 이루어진다. 이러한 토론은 개인의 인식과 경험의 제한성을 다양한 의견에의 노출을 통해 극복할 수 있는 기회가 된다. 위원들은 심의과정에서 충분한 토론을 거쳐 공통의 상황이해를 통해 상호주관성을 띤 해석의 지점을 찾아낼 것이 기대된다. 서로 다른 의견의 경청을 통한 지식의 확장, 사안과 자신의 의견에 대한 심사숙고, 상호 간 이해 및 신뢰형성, 그리고 이에 기초한 양질의 의견형성과 합리적 의사결정에의 도달이 그것이다.

심의가 이상적 의미의 숙의에 도달하기 위해서는 제도를 통해서 충분히 재단될 수 없는 복잡하고 섬세한 '사람'의 변수가 작용하게 된다. 결론을 미리 제시하면 필자는 문창극 보도의 심의과정에서 극적인 합의를 견인한 주요 요인 중 하나가 바로 숙의를 가능하게 한 '심의주체들의 힘'이었다고 보고 있다.

이 장의 나머지 부분에서는 우선 숙의가 무엇이며 어떠한 요소들이 숙의적 토론을 가능하게 하는지 이론적으로 살펴보고자 한다. 다음으로 문창극 보도 심의과정에서 이러한 요소들이 어떻게 발현되었는지를 되짚어 볼 것이다.

1) 숙의적 토론으로서의 심의

(1) 숙의의 정의

숙의에 대한 가장 기본적인 이론틀은 하버마스(W. Habermas)로부터 찾을 수 있다. 하버마스는 현실사회가 의사소통적 질서에 있어 전략적 행위(혹은 성공지향적 행위)와 상호이해 지향적 행위가 양극화된 상태라고 파악한다. 전략적 행위는 모든 상황요소들을 자신의 이익에 따라, 상호이해 지향적 행위는 공통의 상황이해에 의존한 상호주관적 관점에서 상황을 이해하려는 것이다(Habermas, 1992; 2007, p. 59). 시민들이 전자보다 후자의 태도를 견지하며 공론장에서의 담화를 통해 공공선(公共善) 실현을 위한 합리적 합의를 도출하고, 이에 근거해 정책이 결정 및 시행되는 시스템을 '숙의민주주의'(*deliberative democracy*)라 한다(이민웅, 2005; Bohman, 1996; Chambers, 2003; Fishkin, 2009; Gastil, 2000), 여기서 공공선 실현을 위한 합리적 합의를 도출하는 '이상적 담화'의 기제를 숙의(*deliberation*)라고 할 것이다.

그렇다면 과연 '이상적 담화'의 가능성은 구체적으로 어디서 찾을 수 있을까? 하버마스에 따르면 이러한 공적 숙의의 원천은 실천이성의 연장선으로서 인간의 언어행위 속에 내재된 합리성이다. 자신의 주장을 말하고, 이에 대한 근거를 제시하는 민주적 말하기의 모습은 대화의 상대자로 하여금 납득을 얻어 낼 가능성이 높을 뿐만 아니라 상호 간 이해에 도달할 수 있는 방법이 될 수 있다는 것이다(Habermas, 1981, 1984). 그에 따르면 숙의민주주의는 시민들이 공공문제들에 대해 이성적 토론을 통해 일정한 결론 내지 합의를 도출하고자 노력하는 과정이다(Habermas, 1962; 1981). 동일한 맥락에서 코헨(Cohen, 1997) 역시 '이성' 요건을 중시한다. 즉, 숙의가 이루어지기 위해서는 주장의 제기와 이에 대한 지지 혹은 반대가 합리적이고 논리적인 근거(*reason*)에 기초해야 한다는 것이다.

그러나 진정한 숙의가 실현되기 위해서는 합리적 이성에 기초한 논쟁만으로는 충분치 않다. 숙의는 단순한 논쟁이나 의견의 교환을 의미하는 것이 아니기 때문이다. 숙의는, 개인적 이해관계와 의견들이 다른 이해관계와 의견들과 조정되어 더 높은 차원의 의견으로 승화되어 합의(*consensus*) 또는 통합(*integration*)에 이르는 과정, 즉 대화·토론·설득 등을 통해 개인들이 자신의 의견과 선호를 지속적으로 변화시키면서 대다수 사람들이 수긍하는 집합적 의견을 만들어 가는 과정을 의미한다(박승관, 2000; 홍성구, 2001; 이동수, 2004; Allen, 1995; Elster, 1998).

숙의에 합리적 이성뿐 아니라 시민성(*civility*)이 반드시 수반되어야 하는 이유이다(Gutmann & Thompson, 1996). 시민성은 서로를 자유롭고 평등한, 가치 있는 존재로 인식하고 서로에 대한 존중의 자세를 보이는 태도(*sense of basic reciprocity and mutual respect*)를 일컫는데, 이는 서로의 존재 자체뿐 아니라 서로의 이성적 논의 능력과 논의 결과에 따라 행위할 수 있는 능력까지 인정하는 것을 의미한다(정무권, 2011). 이러한 시민성을 토대로 토론 주체들이 타인의 필요에 대해 공감하며 사안이나 정책을 타인의 관점에서 검토할 수 있는 마음가짐을 배양할 수 있게 된다(박승관, 2000, p. 170).

결론적으로, 말하기뿐만 아니라 듣기를 통해 서로 배우고 협력하며 다양한 관점들을 통합해 공동체를 위한 최선의 대안을 찾아나가는 대화의 과정인 숙의는 합리적 이성과 시민성의 결합을 통해 가능하게 된다(Barber, 1984; 2004, p. 174; Gamson, 1992; London, 1995).[10]

방송 심의과정에 정착되어야 하는 '숙의' 또한 이와 다르지 않다고 할 것이다. 다만 일반적 토론상황에서 작용하는 숙의와 다르게 공공의 이해를 소수의 위원들이 대변하게 되는 '제도화된 숙의' 과정의 특성상 각 심의위원들은 보이지 않는 다양한 시민들의 생각과 이익을 염두에 두고 심의에 참여해야 할 것, 그리고 심의과정의 합리성과 투명성을 극대화하기 위한 절차적 장치를 고안해야 하는 점 등이 차이라면 차이일 것이다.

(2) 심의의 질적 향상을 위한 숙의의 요건

숙의적 심의의 실현을 위해서는 이상에서 숙의의 핵심적인 두 가지

---

10 숙의를 가능하게 하는 합리적 이성과 시민성 요소는 커뮤니케이터가 성립하기 위한 두 가지 조건으로서의 주체성과 연결성 개념에 상응한다. 윤석민(2007), 4장의 논의 참고.

요소로 언급한 합리적 이성과 시민성의 덕목이 심의과정의 근간에서 일관적으로 작용할 수 있도록 해야 할 것이다. 이를 위해 이하에서는 합리적 이성과 시민성을 구성하는 요소가 무엇인지 더 살펴보고자 한다.

① 숙의성 진작을 위한 합리성 요건

토론과정에서의 주장의 제기와 이에 대한 지지 혹은 반대가 합리적으로 이루어지기 위해서는 토론의 절차 및 실질적 내용이 합리성 요건을 갖추어야 한다(이민웅, 2005; Gutmann & Thompson, 2000; 윤영철·송현진·강기호·박민아, 2010). 전자는 토론의 절차적 공정성, 후자는 토론내용의 품질(논증의 질)로 명명할 수 있다.

우선 절차적 공정성은 자유롭고 평등한 숙의과정과 자원과 권력의 균등성 등 의사결정에 이용되는 수단과 절차가 얼마나 공정했는지 그 정도를 나타내고, 토론의 실질적 품질은 논증과정 자체의 질적 수준을 의미한다.

숙의의 절차적 공정성 측면으로는 ① 참여의 개방성, ② 논의과정에서 자원과 권력의 균형성, ③ 논의의 공개성 등을 꼽을 수 있다(문태현, 2010; 김광구·오현순·김영곤, 2013). '참여의 개방성'은 누구나 아무런 제약 없이 합리적이고 비판적인 의사소통을 통해 공평하게 의사결정과정에 참여할 수 있어야 하고 또 발언할 수 있어야 한다. '자원과 권력의 균형'이란 논의과정에 참여하는 참여주체들에게 숙의에 필요한 자원이나 권력이 동등하게 배분되어야 한다. 이를테면 논의주제에 대한 정보자원이 공평하게 제공되고, 또 동등한 위상으로 숙의과정에 참여할 수 있어야 하며, 발언기회의 평등성이 보장되어야 한다. 이에 아울러 발언되는 내용의 투명성과 책임성을 극대화하기 위해 '논의의 공개성'이 기본적인 절차적 요건으로 요구된다.

현 방송심의 체계를 대입해 보면, 불가피한 제약이 따르는 참여의 개방성을 제외하고는 대부분의 절차적 요건이 제도적으로 충족되고 있다. 참여의 평등성 측면에서는, 비록 심의위원장과 위원이라는 직책의 차이가 존재하나 이는 심의주체의 의견표출에 잠재적 위협을 가할 수직적 위계가 아니며, 실제 심의과정에서 위원장의 주된 역할은 의사진행과 의견조정에 가깝다. 또한 모든 위원들의 발언기회는 시간부족 등 불가피한 경우가 아니고서는 언제나 동일하게 보장되며, 심의과정의 공개 또한 제도적으로 보장되고 있다. 또한 상대적으로 중한 제재결정에[11] 앞서 신중한 심의를 도모하고 당사자의 절차적 권리를 보장하기 위해 해당 방송사업자가 의견진술요청서를 사전에 제출한 경우 추가 의견진술을 허용하는 원칙을 정하고 있다. 더불어 심의회의를 직접 참관하고자 하는 사람은 누구나 방청신청 후 참관할 수 있으며,[12] 회의의 녹음·촬영·중계 또한 가능하다. 매 회의의 발언록을 남기기 때문에 인터넷상으로 열람할 수도 있다.

토론내용의 품질은 토론을 구성하는 주장들에 담긴 논증의 질과 타당성을 의미한다. 이처럼 논증의 질과 타당성을 결정하는 요소들로는 토론에서 제시되는 명제/판단/설명/제안의 성찰적 깊이와 논리적 타당성, 논증적·실증적 근거의 제시여부, 문제제기 내지 이의제기에 대한 개방성, 그리고 자신의 의견이 충분히 타당하지 않거나 오류일 가능성에 대한 인정 (박승관, 2000; 윤경준·안형기, 2004; 김종길, 2005; 이동훈, 2009) 등을 꼽을 수 있다.[13] 방송 심의과정에 대입할 경우, 각 위

---

11 '해당 방송프로그램 또는 해당 방송광고의 정정·수정 또는 중지', '방송편성책임자, 해당 방송프로그램 또는 해당 방송 광고의 관계자에 대한 징계', 상기 제재의 병과, '과징금' 부과의 제재조치가 이에 해당한다 (2014년 제 16차 방송통신심의위원회 회의발언내용, p. 5).
12 참관을 원하는 사람은 회의 당일 오전 10시부터 선착순으로 방청권을 교부받을 수 있는데, 각 회의의 방청인원 수는 회의장 공간 문제 등으로 12인으로 제한된다.

원들이 얼마나 논리적이고 타당한 근거를 기반으로 심도 있는 의견이
나 주장을 개진하며, 또 토론과정에서 자신들의 주장이 잘못되었을 가
능성을 인정하고 타인들의 주장이나 비판을 수용하는 합리성을 보여주
고 있는가를 의미한다고 할 것이다.

② 숙의성 진작을 위한 시민성 요건

'시민성'이란 경쟁보다는 협동에, 그리고 개인적 이익보다 집단적 연
대에 우선적이며 상위의 가치를 부여하는 공동체적 의식(윤석민, 2007,
4장), 다른 말로 나와 다른 타자를 받아들이며 더불어 살아갈 수 있는
성숙한 사회성을 의미한다.[14] 이는 또 다른 나로서의 타자의 개인성에
대한 인식과 존중이 시작되면서 발생한다. 상대방이 자신과 같은 시민
으로서의 권리와 의무가 있다는 것을 인지하고, 이들이 가진 견해에 대
해 동등한 지위를 부여하는 것이다(Walzer, 1997).

토론에서 시민성 요건은 간단히 말해 서로 다른 생각이나 관행을 가
진 토론 상대자 및 그의 견해에 대한 존중 그리고 이러한 견해가 논리적
타당성을 갖추었을 때 이를 인정하고 받아들이는 정도를 의미한다
(Guttmann & Thompson, 1996; 박근영·최윤정, 2014; 윤영철 외,

---

13 토론내용의 품질은 윤석민이 말한 '고도화된 인식의 조건'에 상응한다고 할 것이다. 이러
한 조건은 보다 넓은 폭의 인식과 보다 정밀한 인식으로 나누어진다. 보다 넓은 폭의 인식
이란 향상된 직관력, 투사와 자기중심성의 감소, 보다 초개인적인 인식, 세계적 안목과
철학을 의미한다. 자신의 의식이 오류일 가능성을 인식하고 타인의 인식을 수용할 수 있
는 열린 태도이다. 보다 정밀한 인식이란 보다 엄밀한 현실분석, 보다 엄격한 논리적 일
관성과 연계성, 과학적 분석능력을 의미한다. 윤석민(2007) 6장 및 이 책의 2장 참조.
14 시민성과 이와 밀접하게 관련된 개념이 사회적 자본(social capital)이다(Coleman, 1988;
Hukuyama, 1994; Putnam, 1995). 이를 단순하게 정의하면 사회, 공동체, 타인들에 대
한 신뢰(trust)와 관용(tolerance)의 정도, 즉 타인, 외부집단, 세계의 진정성과 가치에
대한 믿음과 수용 정도라고 할 것이다.

2010; 이민웅, 2005). 상대방과 상대방의 견해에 대한 폭넓은 존중, 포용성(정규호, 2005), 관용(Bohman, 1996; Walzer, 1997), 개방적 태도(Gutmann & Thompson, 1996), 공감적 경청,[15] 공동 성찰, 상호 이해(김종길, 2005) 등의 개념이 이와 밀접한 관련성을 지닌다. 이러한 개념들을 토대로 토론에서의 시민성 요소는 크게 상대방에 대한 존중과 의견 조정성 두 요소로 정리해 볼 수 있다.

우선 상대방에 대한 존중은 토론상대방에 대한 '예의'를 의미한다. 이종혁과 최윤정(2012)은 이를 실제로 측정하기 위해 존댓말과 반말 등의 사용, 상대집단에 대한 예의 표현, 사회적 및 정치적 차이 표현 등의 요소를 활용한 바 있다. 의견 조정성은 갈등의 여지가 있는 사안에 대해 자신의 입장을 고집하지 않고 자신의 의견과 타인의 의견을 조정하려는 덕성을 의미한다. 이러한 의견 조정성을 통해 서로 다른 의견들 간의 대화가 유기적으로 진전되면서 숙의로 발전할 수 있다(Bohman, 1996; Gamson, 1992; 이종혁·최윤정, 2012).

단순한 토론이 특정 의견의 정당성을 상대에게 확신시키고자 자기 의견을 표현하는 과정이라면, 숙의의 과정은 다양한 시각들이 서로 이해하고 도움을 주면서 발전하여 공동체를 위한 최선의 의견으로 승화되는 과정이다. 이 과정에서는 논리적 승패를 떠나 개별 의견을 '조정'하고 다양한 시각들을 '통합'하려는 노력이 필수적이다. 이는 또한 앞서 합리성 요건에서 제시한바, 토론과정에서 자신의 의견이 충분히 타당하지 않다고 판단될 경우 자신의 의견을 수정하고 상대방의 의견을 받아들이는 개방적 태도의 근간을 이룬다고 할 것이다.

---

15 공감적 경청은 다른 사람의 의견에 단순히 동의하는 것이 아니라 상대방을 지적으로나 감정적으로 깊이 이해하게 되는 것을 말한다.

2) 문창극 전 국무총리 후보지명자 보도관련 심의사례

우리 방송심의의 현재 모습이 이상에서 살펴본 이상적 숙의의 개념 및 조건들과 동떨어져 있음은 길게 언급할 필요가 없을 것이다. 이러한 문제는 어디에서 기인하는 것일까? 세간에서는 이를 흔히 정파성의 한계라고 진단한다. 방송통신심의위원회의 각 위원들은 자신을 추천한 정치적 이해관계에 갇혀 있기 때문에, '심의'의 본연의 의미인 합리적 토론과 의견의 조정을 이루어낼 수 없다는 것이다.

그렇다면 문창극 보도 심의에서는 이러한 한계가 어떻게 극복될 수 있었던 것인가? 이하에서는 당시 회의록[16]을 바탕으로 문창극 관련보도 심의과정에서 숙의적 요소가 어떻게 발현되었으며 그 원인은 무엇이었는지 살펴보고자 한다.

2014년 6월 10일, 문창극 전 〈중앙일보〉 주필은 청와대로부터 총리 후보자 지명을 받게 된다. 정홍원 전 총리의 사의 표명 후 후보자로 지명됐던 안대희 전 대법관이 변호사 시절 전관예우에 따른 고액수입 논란에 휩싸이며 지명 엿새 만에 후보직에서 물러난 직후였다. 안 후보지명자가 이렇게 사퇴함에 따라 당시 여론은 청와대 인사검증 시스템에 의문을 제기하며 고위공직자의 자격검증에 촉각을 곤두세우고 있는 상황이었다. KBS 저녁 9시 뉴스(〈KBS 뉴스 9〉)의 보도는 이러한 검증의 일환이었다. 9시 뉴스보도가 나간 직후부터 후보지명자의 가치관과 역사관, 이념 등은 뜨거운 논란의 대상으로 떠오르게 되고 결국 문 후보지명자는 총리 후보지명 2주 만인 24일 자진사퇴하게 된다. 하지만 이는

---

16 이 항의 내용은 공개적으로 열람 가능한 방송통신심의위원회 제 27차 방송심의소위원회 회의록, 제 33차 방송심의소위원회 회의록, 제 16차 방송통신심의위원회 정기회의 발언 내용을 기반으로 서술되었다.

〈표 14-2〉 문 후보지명자의 지명부터 사퇴발표까지 주요 일지

- 6. 10. 박근혜 대통령, 문창극 전 〈중앙일보〉 주필 총리 후보로 지명
- 6. 11. 문 후보지명자, 정부서울청사 창성동 별관 출근길에 "책임총리 그런 것 처음 들어보는 얘기"라고 발언
- 6. 11. KBS, 저녁 9시 뉴스를 통해 문 후보지명자의 "식민 지배 · 남북 분단은 하나님 뜻", "조선민족 상징은 게으른 것" 등 온누리교회 강연 논란발언 보도
- 6. 12. 문 후보지명자, 아침 출근길 자택 앞에서 '하나님의 뜻' 발언 논란에 대해 "사과는 무슨 사과할 게 있나"라며 사과 계획 일축
- 6. 12. 인사청문회 준비단은 저녁 '하나님의 뜻' 발언 등에 대한 보도가 '악의적이고 왜곡된 편집을 했다'며 언론사에 대한 법적 대응방침 발표.
  문 후보지명자, 퇴근길에 기자들과 만나 오전의 '하나님의 뜻' 발언 관련 유감표명에 대해 다시 "사과할 일이 아니다"라고 언급
- 6. 12. 정치권, 야당 사퇴요구에 이어 여당 초선의원 6인 사퇴촉구 성명 발표. 언론보도를 통해 '위안부 사과 필요 없다'는 취지의 문 후보지명자 과거 발언 알려짐
- 6. 13. 인사청문회 준비단 '위안부 발언'과 관련 "형식적 사과보다 진정성 있는 사과가 중요하다는 취지"라고 해명
- 6. 14. 문 후보지명자, 토요일 출근 않고 개인적으로 청문회 준비
- 6. 15. 문 후보지명자, 일요일 오후 창성동 별관서 약식회견 통해 "위안부 발언으로 상처받으신 분에게 진심으로 사과한다"고 해명
- 6. 16. 문 후보지명자, 출근길 야당의 사퇴요구 기자질문에 "그것은 야당에 가서 물어보시는 게 좋겠다"고 답변
- 6. 17. 새누리당 서청원 의원은 긴급 기자회견을 갖고 여권 지도부 중 처음으로 문 후보지명자 사퇴촉구 입장 표명.
  문 후보지명자, 정치권 사퇴요구에 "그럴 생각이 현재까지 없다"며 답변
- 6. 17. 청와대, 박 대통령 순방일정 이유로 문 후보지명자 임명동의안 국회 제출.
  당일 힘들다는 입장 표명
- 6. 18. 청와대 '문 후보지명자 임명동의안 국회제출 관련, 박 대통령이 순방을 마치고 21일 귀국한 후 재가 여부를 검토하겠다'는 입장 표명.
  문 후보지명자, "대통령이 돌아오실 때까지 차분히 제 일을 준비하겠다"는 입장 표명

〈표 14-2〉 계속

- 6. 19. 문 후보지명자, 출근길 "밤사이 (입장) 변화 없다. 오늘 하루도 제 일을 열심히 준비하겠다"고 언급.
  문 후보지명자, 퇴근길 '친일 (식민) 사관' 논란과 관련해 "가장 존경하는 인물이 안중근 의사와 도산 안창호 선생인데 내가 왜 친일인가?"라며 항변
- 6. 20. 문 후보지명자, 출근길에 일본 정부의 '고노담화' 검증 결과에 대해 "안타깝고 양국 간 관계에 도움 안 된다"고 발언
- 6. 21~22. 출근 않고 자택에서 두문불출
- 6. 23. 문 후보지명자, 출근길 자진사퇴 의향을 묻는 질문에 "조용히 제 일을 하면서 기다리겠다"고 대답.
  국가보훈처, 문 후보지명자가 독립유공자의 손자로 추정된다는 검증결과 발표
- 6. 24. 문 후보지명자, 오전10시 정부서울청사에서 긴급 기자회견 열고 총리 후보직 자진사퇴 발표

사건의 끝이 아니라, 새로운 시작이었다. 문창극 총리후보 지명자에 대한 KBS의 보도가 과연 공정했는지 방송통신심의위원회에서 그 시비를 가리게 된 것이다.

(1) 심의의 발단과 전개

심의의 대상이 된 〈KBS 뉴스 9〉의 문창극 후보지명자 교회강연 발언에 관한 6월 11일, 6월 13일자 보도는 민원에 의해 보도・교양방송특별위원회의 자문을 거쳐 2014년 제 27차 방송심의소위원회 회의 (2014. 7. 21) [17]에 상정되었다.

---

17 방송통신심의위원회는 9인의 위원들이 모두 참여하는 최고의결기구인 전체회의와는 별도로 심의안건의 효율적인 처리를 위해 각 5인의 위원으로 구성된 방송심의소위원회, 통신심의소위원회, 광고심의소위원회 등 총 3개의 소위를 두고 있다. 각 위원들은 한 개에서 많게는 3개의 소위에 배정되어 있다.

748

민원의 이유는 문창극 국무총리 후보지명자가 교회 등에서 강연한
내용의 전반적 맥락이나 취지 등을 감안하지 않고, 우리 국민의 역사
인식과 정서에 반하는 일부 발언내용만을 인용, 편집하여 보도함으로
써, 시청자를 오도하고 후보지명자의 명예를 훼손하였다는 것이다.
적용조항은 〈방송심의에 관한 규정〉제9조(공정성) 제1항 및 제2항,
제14조(객관성), 제20조(명예훼손 금지) 제1항이었다. 여기서 방송 관
계자들의 의견진술이 결정되었고, 2014년 제33차 방송심의소위원회
(2014. 8. 27)에서 관계자 의견을 청취한 후에도 각 위원들의 의견의 차
이를 좁히지 못해 동 사안은 전체회의에 상정되었다.

이후 2014년 9월 4일에 개최된 제16차 방송통신심의위원회 정기회
의에서 위원들은 격론 끝에 극적 합의를 이루게 된다. 최종 심의결정은
일반적으로 기대되었던 높은 수준의 법정제재가 아니라 행정지도에 해
당하는 '권고'였다. 문창극 총리후보지명자의 교회강연 내용과 KBS의
보도내용 전문, 그리고 당시 심의에 참여했던 심의위원들과 심의의 쟁
점사항을 아래에 정리해 보고자 한다.

① 문창극 교회강연 내용

문제가 된 해당 강연은 지난 2011년 6월 16일 문창극 후보지명자가
자신이 장로로 있는 서울 온누리교회 수요여성예배(매주 수요일 오전)
에서 여신도들을 대상으로 이루어졌다. "나라와 민족을 위해 무엇을 기
도해야 하는가"라는 주제로 이루어진 강연이었다. 전체 강연의 주요 흐
름을 정리하면 다음과 같다.

〈표 14-3〉 문창극 총리후보지명자의 교회 강연 내용

■ 강연제목 : 기회의 나라를 만들어 주십시오
- 우리가 나라를 위해서 왜 기도해야 하는가.
우리는 매일매일 계속해서 기도한다. 나를 향한 하나님의 뜻이 무엇인지를 알기 위하여 기도한다. … 왜 하나님이 한국이라는 나라를 탄생시켜서 여기까지 왔을까. 과거를 돌아봄으로써 하나님을 발견할 수 있다. 과거에서 지금까지 지내 온 상황으로 보면 대한민국에 대한 하나님의 뜻이 이런 것인가를 어렴풋이나마 깨달을 수 있다. 하나님은 과연 대한민국에 무슨 뜻을 갖고 있는가 저 나름대로 찾아보고자 이 자리에 섰다.

-선교사, 신부, 윤치호 등 과거 인물들의 고증을 토대로 조선 말의 상황 설명
"창고의 저장은 장부상에만 있다. 지방 병기고에는 쓸 만한 탄약도 무기도 없다. 관리들이 다 팔아먹고 누더기 몇 조각과 고철 나부랭이를 대신 갖다 놓았다. 아전과 수령은 그들 맘에 드는 것이 있으면 무조건 강탈한다. 백성은 하도 곤궁하여 서해안 사람은 밀수업자에게 어린 딸을 쌀 한 말에 팔고 있다. 길마다 송장이 널려 있다."

-이승만의 일화 등을 예시로 나라를 발전시키는 토대가 될 수 있는 기독교 정신 역설
백 년 전, 29살 이승만이 쓴 〈독립정신〉의 결론은 다음과 같았다. "세계 문명국 사람들이 기독교를 사회 근본으로 삼고 있으며 그 결과로 일반 백성들까지도 높은 도덕수준에 이른 것이다. 우리나라가 쓰러진 데에서 일어나고 썩은 데서 싹을 틔우자고 노력하는데, 기독교를 근본으로 삼지 않고는 온 세계에 접할지라도 그 목적을 못 이룰 것이다. 그러므로 우리가 기독교를 모든 일의 근원으로 삼아 자신보다 다른 사람을 위해 일하는 자가 되어 나라를 한마음으로 받들어 우리나라를 영국이나 미국과 동등한 수준에 이를 수 있도록 최선을 다해야 할 것이다. 건국 4237년 6월 24일."

-민족에게 주어진 시련(일제시대, 분단, 6·25)과 극복을 위해 주신 하나님의 기회
하나님이 우리를 그렇게 놔두신 것이 아니다. 하나님은 "너희들은 안 되겠다. 다시 고난을 더 가져라" 그러면서 분단을 시킨 것이다. 그것뿐입니까. 6·25

750

〈표 14-3〉 계속

까지 주셨다. 우리 생각에는, "야! 하나님 참 너무하다. 이럴 수가 있나. 어떻게 6·25를 이렇게 주셨습니까." 제가 이렇게 얘기하면, "지가 죽지 않았으니까 6·25를 이렇게 미화한다"고 말할 수 있지만, 6·25가 있었기 때문에 우리가 이렇게 단련이 된 것이다. 미국은 그 당시 한국을 떠나려 했다. 1949년에 애치슨라인이란 것을 만들어서 미국은 방어책임을 한국에서 제외한다. 일본과 대만까지만 미국이 방어책임을 진다. 그리고 1949년에 남한에 있던 미군은 모두 철수했다. 철수하고 나니까 1950년 북쪽에서 쳐들어온 것이다. 소련과 중국의 지원을 받아서. 그러면 그때 6·25 전쟁이란 것이 그렇게 났으면 우리는 소련이나 중공의 후원을 받은 북한에게 흡수되고 말았을 것이다. 그런데 하나님이, "안 되겠다. 너희들 붙잡아야겠다. 너희들 어떻게 붙잡냐. 미국이 못 가게 만들어 주겠다." … 저는, 이런 얘기는, 우리가 친미를 하자는 것이 아닙니다. 나라를 지키려면 힘이 있어야 하고 힘이 있으려면 경제도 부강해야 되고. … 이런 것이 골고루 있어야 한다는 겁니다. 그런데 그거 있는 데에 하나님의 뜻이, 지금 돌아보니까, 다 이해될 만하더라는 것을 말씀드리고 싶어서입니다.

-기회의 나라를 만들기 위한 기도의 필요성
흥망성쇠, 번영, 그리고 퇴락, 부패 등이 이어진다 그랬다. 우리는 이 사이클을 끊어야 한다. 이 사이클을 끊을 힘은 하나님 성령님밖에 없다. 이 나라를 다시 성령님으로 도덕의 나라, 개혁의 나라로 정신적으로 바꿔야 한다. 그것이 우리의 첫째 기도제목이다. 둘째는 뭐냐. 지금 갈등에 싸여 있는 이 나라가 다시 화합해야 한다. 그게 우리나라에 굉장히 중요하다. 우리가 분열의 영, 이것이 나라에서 떠나도록 기도해야 한다. 세 번째는 북한에 대한 기도입니다. 우리 북한을 도와줄 건 식량이나 의약품이나 영양가 있는 거 이건 도와줘야 한다. 도와주면서 북한에 하나님의 터치가 있기를 기도해야 한다. 네 번째. 중국의 자유화가 있고 중국의 기독교화가 이루어져야 한다. 중국의 기독교화가 이루어지면 우리나라 통일은 자연히 되고 중국의 민주화도 자연히 이루어진다. 그것이 굉장히 중요하다. 다섯 번째. 제일 중요한 거다. 좋은 지도자를 좀 주십시오. 좋은 지도자. 마지막으로 제가 기도해야 할 마지막 것은 우리 크리스천들입니다. 우리 크리스천이 먼저 정신 차리는 게 중요하다.

② KBS-1TV 〈KBS 뉴스 9〉 보도 전문

〈KBS 뉴스 9〉는 6월 11일 문창극 총리후보지명자 교회강연 발언을 최초 보도하고, 6월 13일에는 그 후속보도를 냄으로써 후보지명자의 역사관과 가치관에 대한 논란을 불러일으켰다. 이하에 민원에 의해 심의위원회의 심의안건으로 상정된 6월 11일자 보도와 6월 13일자 보도 전문을 제시한다.

〈표 14-4〉 〈KBS 뉴스 9〉의 문창극 교화강연 보도

> ■ 6월 11일자 보도
>
> [단독] 문창극 "일 식민지배는 하나님 뜻" 발언 파문
>
> 앵커 멘트: 오늘 9시 뉴스는 문창극 국무총리 후보자에 대한 검증보도로 시작합니다. 교회 장로인 문창극 후보자가 교회 강연에서 일제의 식민 지배와 이어진 남북 분단이 하나님의 뜻이란 취지의 발언을 한 사실이 확인됐습니다. 문 후보자의 역사인식을 엿볼 수 있는 강연인데 파문이 예상됩니다. 홍성희 기자가 단독 보도합니다.
>
> 리포트: 지난 2011년 자신이 장로로 있는 교회에서 특강에 나선 문창극 총리 후보자, 근현대 역사가 주된 주제입니다.
>
> 녹취- 문창극 (총리 후보자): '하나님은 왜 이 나라를 일본한테 식민지로 만들었습니까, 라고 우리가 항의할 수 있겠지, 속으로. 아까 말했듯이 하나님의 뜻이 있는 거야. 너희들은 이조 5백 년 허송세월 보낸 민족이다. 너희들은 시련이 필요하다.'
>
> 남북 분단 역시 하나님의 뜻이었다고 말합니다.
>
> 녹취- '(하나님이) 남북분단을 만들게 주셨어. 저는 지금 와서 보면 그것도 하나님의 뜻이라고 생각합니다. 그 당시 우리 체질로 봤을 때 한국한테 온전한 독립을 주셨으면 우리는 공산화될 수밖에 없었습니다.'
>
> 또 다른 강연에선 전직 대통령이 공식 사과한 '제주 4・3 사건'을 폭동으로 규정했습니다.
>
> 녹취- 문창극 (총리 후보자/2012년): '제주도 4・3 폭동사태라는 게 있어서… 공산주의자들이 거기서 (제주도) 반란을 일으켰어요.'

〈표 14-4〉 계속

일본이 이웃인 건 지정학적 축복이라고도 말합니다.

녹취- 문창극(총리 후보자/2012년): '일본으로부터 기술을 받아 와 가지고 경제개발할 수 있었던 거예요, 지금 우리보다 일본이 점점 사그라지잖아요, 그럼 일본의 지정학이 아주 축복의 지정학으로 하느님께서 만들어 주시는 거란 말이에요.'

 문 후보자는 지난 1993년 서울대 정치학과에서 한미 관계 등 국제관계를 전공해 박사학위를 받기도 했습니다. KBS 뉴스 홍성희입니다.

[단독] 문창극 "게으르고 자립심 부족…민족 DNA"

앵커 멘트: 문창극 후보자는 또 강연에서 우리 민족이 게으르고 자립심이 부족하다고도 발언했습니다. 민족 비하 논란도 일 것으로 보입니다. 이어서 김연주 기자입니다.

리포트: 한국 기독교의 역사를 강연하던 문창극 후보자가 구한말 우리 민족성 이야기를 꺼냅니다.

녹취- 문창극(국무총리 후보/2011년 6월): '조선 민족의 상징은 아까 말씀드렸지만 게으른 거야. 게으르고 자립심이 부족하고 남한테 신세지는 거 이게 우리 민족의 DNA로 남아 있었던 거야.'

이런 민족성을 깨우친 게 기독교 정신이란 취집니다. 다른 강연에서는 8·15 광복이 독립운동의 결과가 아니라 하나님의 뜻이었다고 말합니다.

녹취- 문창극(국무총리 후보자/2012년 6월): '어느 날 갑자기 뜻밖에 갑자기 하나님께서 해방을 주신 거예요. 미국한테 일본이 패배했기 때문에 우리한테 거저 해방을 갖다 준 거예요.'

또 다른 강연에선 친일파 윤치호를 높이 평가합니다.

녹취- 문창극(국무총리 후보자): '이 사람(윤치호)은 끝까지 믿음을 배반하진 않았어요, 비록 친일은 했지만은 나중에, 기독교를 끝까지 가지고서 죽은 사람이에요.'

영어를 잘 구사했다는 칭찬도 이어집니다.

녹취- 문창극(후보자): '이 사람 영어로 일기를 쓰는 사람이에요. 1881~2년 그때. 그러니 우리는 다 가서 죽어야죠. 우리는 사실 다 죽어야지.'

문 후보자는 발언 취지를 묻는 취재진 질문에 말을 아꼈습니다.

녹취- 문창극(후보자): '(한일합방과 분단이 하나님의 뜻이라는 말씀은 어떤

〈표 14-4〉 계속

취지입니까?) 여기서 대답할 수 없고 청문회에서 답하겠습니다.' KBS 뉴스 김연주입니다.

■ 6월 13일자 보도
일 언론, '문창극 발언' 주요 뉴스…우익 '옹호'
앵커 멘트: KBS가 단독 보도한 문창극 국무총리 후보자의 일제 식민지배 관련 발언을 일본 언론도 비중 있게 다루고 있습니다. 문 후보자의 위안부 관련 발언 등을 자극적인 제목으로 보도했고, 일부 우익 네티즌들은 문 후보를 옹호하기도 했습니다. 도쿄 박재우 특파원입니다.
리포트: 문창극 총리 후보자의 발언이 알려지자, 일본 언론도 일제히 주요 뉴스로 보도했습니다.
녹취- NHK BS 뉴스: '한국이 일본의 식민지가 된 것은 신의 의지였다고 말했다는 등으로 알려져'
NHK는 문 후보자가 종군위안부 문제를 일본에게 사과 받을 필요 없다고 말하는 등, 역사인식이 의심된다고 한국 언론이 비판했다고 전했습니다. 우익 성향의 요미우리신문은 문 후보의 발언 때문에 파문이 커지고 있고 박근혜 정부가 개각과 함께 쇄신을 하려고 하는데, 혼란을 수습할지 불투명하다고 지적했습니다. 극우성향인 산케이신문은 발언내용을 집중 부각해 '일본의 한반도 통치는 신의 뜻', '위안부 문제, 사과 받을 필요는 없다'는 자극적인 제목을 뽑았습니다. 니혼게이자이 신문은 문제가 된 주요 발언을 일지로 정리한 뒤 한국의 새 총리 후보가 과거 언동으로 곤경에 처했다고 분석했습니다. 일본의 우익 네티즌들은 한국인이 스스로 열등감을 인정했다고 비꼬는 등 문 후보자의 발언을 지지한다는 글들을 잇달아 띠우고 있습니다. 도쿄에서 KBS 뉴스 박재우입니다.

③ 심의 참여 위원

당시 심의에 참여했던 제 3기 방송통신심의위원회는 2014년 6월 17일 출범했다. 정부여당추천위원 6인과 야당추천위원 3인의 총 9인으로, 각 위원의 면면은 〈표 14-5〉와 같다. 출범과정에서 진통이 적지 않았는데, 이는 대통령 추천의 박효종 위원장이 방송 경험이 없는 데다 박근혜 대통령 대선캠프 출신이면서 편향된 역사관을 가진 뉴라이트 출신으로 공정한 방송심의에 부적격한 인사라는 것이 주된 이유였다. 공안검사 출신의 함귀용 변호사가 심의위원으로 위촉된 것 또한 논란 을 불러일으켰다. 여러 언론매체의 비판적 기사들은 물론이고, 몇몇 시민단체는 임명 규탄 기자회견까지 열며 반발했다. 이와 같은 상황에 서 문창극 관련보도에 대한 심의는 당시 여론 일각에서는 이미 결론이 정해진 것으로 치부되었다.

〈표 14-5〉 제 3기 방송통신심의위원회 구성원

직위	이름	추천	약력
위원장 광고심위소위원회 위원장	박효종	대통령	서울대 윤리교육학과 명예교수. 박근혜 현 대통령 대선캠프 및 뉴라이트 출신
부위원장 방송심의소위원회위원장 통신/광고심의소위원회 위원	김성묵	새누리당	전 KBS 부사장
상임위원 통신심의소위원회 위원장 광고심의소위원회위원	장낙인	새정치연합	전북대 신문방송학과 초빙교수
위 원 방송/광고 심의소위원회 위원	박신서	새정치연합	전 MBC PD
위 원 방송/광고심의소위원회 위원	고대석	새누리당	대전 MBC 사장
위 원 방송심의소위원회 위원	함귀용	대통령	공안검사 출신 변호사
위 원 통신심의소위원회 위원	하남신	새누리당	전 SBS 논설실장
위 원 통신심의소위원회 위원	윤훈열	새정치연합	동국대 언론정보대학원 겸임교수
위 원 통신심의소위원회 위원	윤석민	대통령	서울대 언론정보학과 교수

〈표 14-6〉제27차 방송심의소위원회(2014년 7월 21일)

의견진술	문제없음
① 발췌되거나 편집된 일부의 내용이 강연 전체 의도를 충분히 반영치 못해 강연 내용이 왜곡되고, 당사자의 역사관을 매도하게 됨 ② 우리 사회가 지금 관심을 많이 갖는 부분의 사안이고, 한 나라의 총리 후보자가 자진사퇴하는 사건으로 비화된 내용이기 때문에 이 부분에 대해서는 위원들이 여러 자료 등 충분한 검토 후 회의를 갖는 것이 타당하다고 생각	① 종교적 맥락을 고려해도 발언 자체가 부적절 ② 교회장로를 넘어 〈중앙일보〉 대기자, 주필 등으로 소개했고, 강연의 장소적 특성과 관계없이 총리후보자의 발언이기에 문제가 되는 것 ③ 보도의 의도는 1시간이 넘는 분량의 내용을 압축해 요약하는 것이 아닌 강연 가운데 나타난 역사관을 보도하는 것임 ④ 당사자 스스로 입장에 대한 해명 거부

④ 심의의 주요 쟁점

　보도에 대한 문제가 제기된 이후 심의과정을 보면, 보도·교양방송 특별위원회 자문과정을 제외하면, 문창극 관련보도는 방송심의소위원회에서의 1차 회의(7월 21일 제27차 방송소위)와 2차 회의(8월 27일 제33차 방송소위)에서의 의견진술 및 심의, 그리고 마지막 심의위원회 전체회의(9월 4일 제16차 정기회의)에서의 추가의견진술과 심의 의결까지 총 3단계의 심의과정을 거치게 된다. 주요 쟁점은 다음 4가지였다.

- 첫째, 특수한 종교활동의 일환으로 이뤄진 보도 당사자의 교회강연이 당사자의 민족관, 역사관, 가치관과 이념 등을 평가하는 데 적절한 도구였는가?
- 둘째, 전체적 맥락을 고려하지 않은 발언의 발췌 등 강연 내용 일부의 의도적 편집이 이루어졌는가?
- 셋째, 보도 당사자의 반론권을 방송에서 충분히 반영하려 노력했으며, 그리고 실제로 반영했는가?
- 넷째, 이 사안에서 KBS가 수행한 역할이 공영방송으로서 적절한 책

756

〈표 14-7〉 제33차 방송심의소위원회(2014년 8월 27일)*

관계자 징계	문제없음
① 과거 우리 민족이 가난했던 이유가 '게으른 DNA'에 있다는 내용을 골자로 한 보도가, 강연에서 관리의 수탈과 양반계급의 노동부재 등 사회구조적 모순이라는 원인 또한 주요하게 언급하였음을 다루지 않는 등, 강연 전체의 의도와 맥락을 무시하고 일부만을 잘라 보도	① 최고위 공직후보자에 대한 자질, 역사관을 검증하기 위해 강연내용 중에서 당시 당사자가 가지고 있던 역사적 인식이 무엇인지를 살펴보는 것이 공영방송이 당연히 해야 될 일이라고 판단을 했다면 그 판단을 존중해 줘야 함
② 이 강연내용이 기본적으로는 신앙인으로서 자기 교회에서 장로로서 여성교인들을 상대로 한 내용이기 때문에, 강연이 행해진 배경을 고려해야 함	② 특수한 종교적 맥락이 관여한다 해도 공인, 특히 총리후보쯤 되는 공인은 역사인식이 시간과 장소에 관계없이 동일해야 하므로 교회 동영상이라도 자격 검증 도구로 활용할 수 있음
KBS 방송강령은 인터뷰 편집도 전체 흐름에 어긋나거나 일방적인 방향으로 해서는 안 된다고 못 박고 있고, 주요 관점을 생략하면 공평성에 어긋난다고 지적하고 있는데, 이 부분에서 치우친 관점과 해석의 부각, 의도적 왜곡이 일어났다고 보며, KBS 보도가 저널리즘 원칙에 위배됐다고 각계 지도층 인사 482명 또한 성명을 발표함	③ 보도의 목적은 당사자의 강연요지를 전달하는 것이 아님. 방송에서 강연의 요지, 주제를 뉴스화하는 경우는 거의 없으며, 보도 의도는 강연을 통해서 드러난 문 후보자의 역사관, 철학에 대한 인식을 보여주며 다양한 이슈와 논쟁거리를 제기하고자 한 것임
③ 정확히 어떤 내용의 보도가 나갈 것인지 당사자에 적확하게 전달하지 않았으므로 반론권을 충분히 보장하지 않았다고 봄	④ 반론의 기회를 주면 그 반론을 통해서 본인의 역사인식, 철학을 적극적으로 밝히는 것은 본인의 몫인데, 그것을 스스로 포기하거나 보류했다고 보이기 때문에 기자의 책임이 없음
④ 지상파방송사에서 편집해 방영한 해당 강연 동영상의 저작권 문제에 대한 지적	⑤ 온누리 교회의 사전 동의는 받지 않았으나 국민의 알 권리 충족이라는 공익성과 저작권법 제28조 '공표된 저작물의 인용'에 의해 타인의 저작물 이용이 가능한 것으로 판단

* 당일 회의에서는 우선적으로 KBS 관계자들(용태영 KBS 보도국 주간, 김귀수 KBS 보도국 기자)의 의견진술 절차가 진행되었다. 이 표는 의견진술과정이 끝난 후 제시된 위원들의 의견들을 바탕으로 정리하였다.

무였는가?

주요 심의단계마다 이 쟁점들에 대한 상이한 견해들이 충돌하며 제재가 필요하다는 입장과 문제가 없다는 입장이 팽팽하게 맞섰다. 심의단계 별로 제시된 주요 주장들을 정리하면 〈표 14-6〉, 〈표 14-7〉, 〈표 14-8〉과 같다.

〈표 14-8〉 제 16차 방송통신심의위원회 정기회의(2014년 9월 4일)

법정 제재	문제없음
① 문창극 전 국무총리 후보자 강연 내용의 전체적 맥락을 무시한 채 그중에서 극히 일부 발언을 편집해 보도함으로써 발언의 진위를 왜곡	① 강연의 일부가 전체 맥락을 오도할 수 있다는 우려를 피하기 위해 인터넷 등 다른 다양한 플랫폼을 통해 전체 강연 영상을 공개하는 방안 모색
② 문 후보자에 대한 반론권이 방송에서 충분히 보장되지 않았으므로, 보도에 대한 공정성과 균형성이 결여	② 보도에 문 후보자의 입장을 담기 위해 노력했으나, 후보자의 미온적 대응으로 취재가 성사되지 못함. 오히려 최초의 KBS 보도 이후에 나온 수많은 관련 보도들 중 심의대상이 되거나 혹은 이미 심의한 건들이 있는데, 경미한 제재를 받은 다른 보도에 비해 KBS에 더욱 무거운 책임을 묻는다면 이는 형평성의 원칙에 위배될 수 있음
③ 문 후보자의 강연이 특수한 종교활동의 일환이었다는 특성상 그 자리에서 이뤄진 강연이 공인의 역사관과 민족관을 검증하는 데 적절한 도구라고 생각되지 않는다. 오히려 후보자의 역사인식을 객관적으로 판단하기 위해서는 후보자 자신의 논문이나 저술서 등과 같은 학술적 자료와 전문가 평가 등 다양한 자료에 대한 충분한 검토와 분석이 선행되어야 했을 것으로 여겨짐	③ 공적인 존재의 경우 그의 정치적 이념이 국가와 사회에 미치는 영향력이 지대하므로 이에 대한 의혹이 있으면 공론화하는 것이 타당함
④ 공영 방송으로서의 공적 책무와 강한 영향력을 지닌 KBS의 위상을 고려할 때, 정확히 검증되지 않은 이슈에 성급히 보도하기 전에 보다 신중하게 확인하는 절차를 거쳤어야 했을 것임	④ 뉴스보도의 임무는 저널리스트가 가치판단을 투영해 사회적 이슈를 제시하는 것임. 따라서 보도가 여러 사회담론 속에서 진실을 만들어 낼 수 있는 단초를 제공했다고 봄

(2) 회의록에서 나타나는 심의의 숙의적 특성

이하에선 두 차례의 방송심의소위원회 회의 내용 및 전체회의 내용을 대상으로 앞서 살펴본 숙의적 속성인 절차적 공정성과 논증의 질, 상대방 및 상대방의 의견에 대한 존중 그리고 의견 조정성 요소가 심의과정에서 실제로 어떻게 나타났는지 검토해 보고자 한다.

① 의견진술 청취과정에 대한 분석

ⅰ) 절차적 공정성

문창극건 심의에서 KBS의 문창극 보도 관계자[18]가 의견을 진술하는 과정이 소위 및 전체회의 수준에서 두 차례 마련되었다. 이 과정을 통해 보도 관계자들에게는 관련 보도를 내보내게 되기까지의 경위, 교회 강연이라는 검증 소재의 적절성, 편집을 둘러싼 시비 등 논쟁 현안에 대해 입장을 밝힐 수 있는 기회를 제공받았다. 의견진술자들의 발언은 주로 위원들의 질문에 답하는 방식이었으나 별도로 발언하기를 원할 경우 이에 대한 기회도 자유롭게 주어졌고, 각 위원들의 이들에 대한 질문기회도 고루 주어지는 등 토론 절차에서 특정 구성원에게 불공정한 대우는 없었다.

이러한 진술과정에서 보도 관계자들과 위원들 간의 관계는 권위주의적 행태와는 거리가 멀었다. 진술과정은 공개되어 누구나 지켜볼 수 있었다. 종합적으로 의견진술 청취과정에서 절차적 공정성은 준수되었다고 할 것이다.

ⅱ) 논의의 품질

의견진술 청취과정은 문창극 보도 심의과정에서 중요한 쟁점으로 부각된 4가지 사항을 중심으로 신중하게 준비된 질문과 답변이 오고 가는

---

18 의견진술자: 용태영(KBS 보도국 주간), 김귀수(KBS 보도본부 보도국 북한부 기자).

과정이었다. 의견진술과정 전반을 주요 쟁점들과 관련된 사실관계를 심층적으로 파고들며 알려지지 않은 디테일을 확인하려는 노력이 이루어진다. 이러한 과정을 통해 동시에 심의위원들과 KBS 보도 관계자들 간에는 주요 쟁점사안들을 둘러싼 논리적 공방이 이어지고, 그 과정에서 전문적이면서도 조리 있는 논리, 그리고 적절한 논거제시를 통해 다른 의견을 지닌 회의참석자들(KBS 관계자 및 방송통신심의위원)을 설득 내지 이해시키려는 노력이 이루어지고 있음을 볼 수 있다.

다음의 내용은 교회강연 동영상에 대한 보도가 어떤 보도관행하에 생산되었으며, 뉴스 결정과정에서 보도국 내에서 충분히 심사숙고가 이뤄졌는지에 대한 질문 및 응답이다.

> 장낙인: 그러면 보도하기로 결정하셨으니까 보도했을 텐데, 보도하는 것이 옳다고 결정한 가장 중요한 핵심내용은 어떤 내용입니까?
> 김귀수: 문창극 전 후보자의 강연 동영상을 보면서 이분이 말씀하신 것들이 물론 결론은 아름다운 결론으로 가고 있지만 그 결론을 구성하는 과정 자체가 기자로서뿐만 아니라 일반 국민으로서도 납득하기 어려운 부분이 있었고, 우리 역사학계에서도 받아들이기 힘든 부분이 있지 않나 싶었습니다. 논란이 되는 부분이 분명히 있을 것이라고 판단했고, 모든 기자들이 공통적인 생각이었습니다. 그 부분에 대해서 기사화하기로 결정하였습니다.
> 장낙인: 역사인식에 대해서는 예를 들어 일반 국민이나 역사학계가 바라보는 인식과는 상당히 차이가 있기 때문에….
> 김귀수: 거리가 있다고 생각했습니다.
> 장낙인: 그래서 그것을 보도함으로써 공론의 장을 만들어 주자 이런 의도였습니까?
> 김귀수: 맞습니다.
> 장낙인: 하나 더 중요한 문제가 기도 중에 마지막 부분 문창극 후보자가

기도하는 부분이 있었지 않습니까? 북한 관련 등 6가지인가 주제에 나름대로 기도내용이 있는데 북한 관련 부분이야 그렇다 하더라도 중국 관련부분이 조금 민감한 내용처럼 보였습니다. 중국의 민주화 또는 중국의 선교, 이런 문제를 거론했는데 그런 것도 특이한 내용 아니었습니까?

김귀수: 그 부분도 저희가 사실 논의를 많이 했던 부분 중의 하나입니다. 첫날 보도에 모든 것을 다 넣을 수는 없었고, 두 번째날 정도 보도에 그 부분을 포함시켜야 되느냐 마느냐를 가지고도 얘기가 분분했는데, 외교적 문제를 일으킬 수 있다는 판단을 당시에 저희들은 했습니다.

장낙인: 그 보도가 나가면 중국과의 문제가 발생할 수 있다?

김귀수: 그 보도가 나가면, 하나님의 터치라는 말이 분명히 들어가 있고….

장낙인: 예, 하나님의 터치라는 표현을 썼죠.

김귀수: 중국에 하나님의 터치가 있어야 된다는 말이 들어가고, 중국의 현재 국세와 중국과 우리나라의 관계에서 이 보도가 과연 나가는 것이 적절한지, 이 보도가 그 부분을 뺀다 하더라도 큰 대세에는 지장이 없다는 생각도 물론 했습니다만, 그 부분을 중요하게 고려해서 그 부분을 보도하지 않았습니다.

다음의 내용은 강력한 영향력을 지닌 공영방송 KBS 입장에서 한번 인상이 형성되면 회복되기 어려운 친일, 민족비하라는 낙인을 찍는 보도를 톱뉴스로 내보낸 것이 정당한 일이었는가를 둘러싼 질문 및 답변이다.

윤석민: KBS 9시 뉴스가 시청률이 높은데 평균 몇%, 어느 정도 나옵니까?

용태영: 20% 가까이 됩니다.

윤석민: 그것은 유사 다른 지상파방송의 두 배 수준 아닙니까?

용태영: 3배 수준입니다.

윤석민: 3배 수준까지 나오죠? 그 다음에 언론진흥재단이라든가 다른 언론의 신뢰도라든가 영향력 평가부분에서 KBS가 계속 톱을 달리고 있지 않습니까? 제가 알고 있기로는 그렇습니다만….

용태영: 예.

윤석민: 계속 1등을, 아마 한마디로 말하면 KBS의 영향력이라는 것은, 그중에서도 KBS뉴스 중에서도 KBS 9시 뉴스, 톱뉴스가 지닌 영향력은, 저는 여론집중도조사위원회라는 곳에서 실질적으로 작업했습니다만, 사실 다른 어떤 언론하고도 비교할 수 없는, 심지어 다른 모든 지상파방송을 합친 것보다도 강한 영향력을 지니고 있다는 것 알고 계시죠?

용태영: 예.

윤석민: 그것은 잘 아실 것이고, 그런데 그런 강력한 영향력을 지니고 있는 9시 톱뉴스 시간대에 제일 먼저 바로 오프닝 음악이 나가면서 세 꼭지를 연달아서 내보내는 것이 어느 정도의 강조 내지는 어젠다 세팅 차원에서 부각시키는 정도입니까? 그 정도 편성을 한다면….

용태영: 그날 뉴스에서 가장 핵심, 중요한 뉴스 중에 하나라고 판단해서 그런 겁니다. 사실 공직자 검증은 감시와 비판 기능이라는 언론의 주어진 책무에서 가장 적합한 일이었기 때문에, 또 단독보도라는 의미가 있었기 때문에 톱에 보도했다고 생각합니다. (중략)

윤석민: 취재대상이 되었던 문창극 후보 본인의 입장에서는 인격살인을 당했다고까지 생각할 수 있는, (중략) 본인도 예상 못했던 친일, 민족 비하라는 어떤 낙인을 찍는 그런 보도를 그렇게 강하게 내보냈을 때 이미 한번 형성된 인상이라든가 그것에 대해서 분명히 어떤 다른 방식으로 훼손된 본인의 명예 같은 것을 실질적으로 회복할 다른 방도가 있습니까? KBS가 그런 식으로 한번 방송을 낸다면….

용태영: 저 같은 경우도 사실은 계속 기자생활을 하면서 저의 보도 때문에 상처받은 사람도 많고, 컴플레인하는 분들도 많이 있었습니다. 하지만 공직자에게는 특히 저희가 어쩔 수 없는 아까도 말씀드렸지만 불편

한 존재일 수밖에 없는데 고위공직자일수록 어떻게 보면 가혹하게 검증해야 한다는 것이 언론인으로서 어떻게 보면 책무이고, 국민이 요구하는 것이기 때문에 사실 저희들도 문창극 후보자에 대해 개인적으로는 아무런 것도 없습니다. 하지만 우리에게 주어진 사명이 사실은 고위공직자일수록 가혹하게 검증하고 철저하게 해야 한다는 것이 있기 때문에 후배들은 그러한 것에 충실하기 위해서 그렇게 했다는 것을 이해해 주시기 바랍니다.

ⅲ) 상대방에 대한 존중

의견진술 과정은 심의대상 관계자를 불러 잘못을 추궁하는 자리라고도 할 수 있으므로 자칫 위원들과 의견진술인 간에 권위주의적인 모습이 연출될 수도 있다. 하지만 회의록을 살펴보면, 문창극 보도 진술과정에서 의견진술인과 심의위원들, 그리고 위원들 자체 간에 대해 존댓말과 높임말 등 최대한의 예의를 갖춘 표현이 사용되고 있음을 알 수 있다. 위원들이 KBS 관계자들에게 고압적 태도를 취하거나, 훈계조로 문제를 지적한다든지, 발언을 차단하는 것과 같은 모습은 없었다. 의견진술자 측에서는 보도의 의도와 기자정신 등 언론의 책무에 대해 위원들의 이해와 양해를 구하는 모습, 심의위원 측에서는 비록 쟁점사안들에 대해 의견은 달리하나 방송언론인들의 열정과 정신은 존중하는 모습이 나타난다.

용태영: 이번 저희 보도도 사실 기자들의 그런 순수한 열정, 권력에 대한 비판과 감시에서 출발했다는 점을 양해해 주시기 바랍니다. (중략) 폭넓게 허용함으로써 이 사회의 다양한 목소리를 내게 하고 그러한 다양한 목소리가 나올 때 민주사회가 건전해지고 건강해진다고 저희들은 믿고 있습니다. 그래서 이번 목소리도, 이번 문창극 관련 검증보도도 우리 언론의 다양한 목소리를 전달하는 그런 것이었다는 것을 양해해

주시기 바랍니다.

하남신: 나는 우리 기자들이, 젊은 기자들이 그야말로 언론의 정의감과 사명감을 가지고 권력을 견제하고 감시하고 비판한다, 검증한다, 얼마나 훌륭한 자세입니까? 나는 그 정의감, 사명감, 충정, 정말 높이 삽니다. 저는 개인적으로 KBS 기자들이 다른 무슨 정파적 이해관계에 매몰되어서 이 기사를 악의적으로 썼다고 그렇게 보고 싶지 않습니다. 그리고 또 세간의 논의와 찬반양론 과정에서 악의적 왜곡 편집, 자의적 편집, 나아가 악의적 짜깁기 편집, 이런 비난과 공세가 있지 않았습니까? 저는 그렇게 보지도 않습니다. 악의적으로 왜곡하거나 편집했다고 저는 보지 않습니다. 방송기사의 특징상 1분 반, 2분짜리 보도를 하면서 많은 부분이 생략될 수도 있습니다. 악의적으로 보지 않습니다. 저는… 여러분들의 충정을 십분 이해하고 공감합니다. 그랬을 때 저는 이렇게 봅니다. 여러분들께서 얼마든지 좋은 의도를 가지고 언론의 정의감과 사명감, 검증의 책임, 이것을 가지고 이 사안에 접근하고 열심히 노력한 것은 높이 살 만하다, 저는 정말 칭찬하고 싶습니다. 그러나 그 방법이 적절치 않았다, 서툴렀다, 저는 이것을 말씀드리고 싶습니다.

iv) 의견 조정성

이는 대화·토론·설득 등을 통해 개인들이 자신의 의견과 선호를 지속적으로 변화시키면서 대다수 사람들이 수긍하는 집합적 의견을 만들어 가는 과정으로, 비판이나 수용 등의 소통방식이나, 상대의 의견에 대한 이해를 뜻하는 표현, 공감적 경청, 이의제기에 대한 열린 자세 등을 포함한다. 방송통신심의위원회 위원들과 KBS 보도관계자의 질의응답으로 구성되는 의견진술과정의 속성상 뚜렷한 의견조성성은 드러나지 않는다. 의견진술과정의 모두에서 KBS 측에서 지난 소위에서의 지적사항(전체동영상 공개문제)에 대해 대응책을 강구하고 있음을 밝히는 정도다.

> **용태영:** 저희 회사에서도 만약 영상 전문을 공개했으면 이런 문제가 없
> 었을 텐데 일부만 발췌했기 때문에 문제가 있다 이런 지적이 있기 때문
> 에, 저희가 뉴스시간의 한계를 극복하기 위해서 다른 다양한 플랫폼을
> 통해서 전체 동영상을 공개한다든지 인터넷에 공개한다든지 하는 이런
> 방안도 모색하고 있다는 점을 이해해 주시기 바랍니다.

② 전체회의 논의 내용분석

ⅰ) 절차적 공정성

앞서 언급했다시피, 심의과정에 대한 일반의 참여가 제한되는 점을
제외하고 참여의 평등성 및 자원과 권력으로부터의 제약 없는 발언기
회의 평등성, 심의 과정의 공개성 등 방심위의 심의과정은 형식적 차원
에서 절차적 공정성의 요건을 잘 갖추고 있다. 또한 위원장의 회의 진
행에서 절차적 공정성이 세밀한 부분까지 준수되었다. 각 위원들은 시
간의 제약 없이 준비한 의견을 차례대로 말하였고 어떤 이유로든 발언
의 중단을 독촉받는 경우는 없었다. 토론 각 과정에서 의원들의 위계는
동등하였다. 통상적으로 위원장이 의사진행이나 의견을 정리하는 역
할을 담당하나 원하거나 필요하다고 스스로가 생각하는 경우 어느 의
원이라도 이 의사진행 권한을 수행할 수 있었다.

ⅱ) 논의의 품질

전체회의 회의록은 문창극 보도 심의에 임하면서 개개 위원들이 사
안에 대한 최선의 합리적 판단을 내림과 동시에 방송통신위원회의 평
판, 그리고 사회통합에 도움이 될 수 있는 합의안을 만들어 내기 위해
노력하는 정황을 전달해 준다. 비록 회의 도중에 한 명의 위원(장낙인)
이 항의 의사표시 차원에서 중도 퇴장하는 일이 있었지만 회의는 차분

한 분위기에서 모든 위원들이 동등한 발언기회를 갖고 자신의 의견을 충분히 개진하고 다른 위원들은 화장실을 가는 것 외에는 거의 자리를 뜨는 일 없이 이를 경청하는 방식으로 진행되었다. 감정이 섞인 거친 주장, 타인의 발언에 대한 조롱, 모욕, 거친 항의, 고성, 고함 등 의사진행에 방해가 되는 언사는 존재하지 않았다. 모두가 자신의 주장의 타당성과 설득력을 높이기 위해 최선을 다하였고 또 다른 이들의 주장에도 귀를 기울였다.

개진된 의견들은 신중하였고 논리 정연하였다. 특히 박효종 위원장과 함귀용 위원, 장낙인 위원 등은 사전에 자신의 생각을 정리한 여러 장의 메모를 작성해 오는 등 사안에 대해 치열하게 고민하는 모습을 보였다. 이러한 고민의 흔적은 다음과 같은 발언에서 잘 드러난다.

> 함귀용: 사실은 이 문제를 생각하다 보니까 저도 많은 고민을 했고, 어젯밤에 한잠도 못 잤습니다. 어떤 결정을 해야 되느냐, 소위에서 저의 의견을 냈지만 저도 계속 생각하는데 잠이 안 왔습니다. … 오늘 또 역사에 오명을 남기지 말라고 했으니까 내가 결정한 내용을 어떠한 근거에 의해서 결정했는지도 명확히 남겨야 한다고 생각해서, 저는 사실 회의에 참석하면 메모해서 말씀드리는 스타일은 아니었는데, 제가 놓치는 말이 있을까 봐 글을 쓰다 보니까 장황하게 길어졌습니다.

제재의 수준을 논하는 각 위원들의 마무리 발언단계에서 두드러진 것은 문제가 된 쟁점만큼이나 이 사안에 대한 방송통신심의위원회의 결정이 가져올 수 있는 사회적 파장을 고려하는 모습이었다. 위원들은 주요 쟁점사안들에 대한 각자의 입장을 분명히 하면서도 문창극 보도에 대한 판단이 사안 자체를 넘어 보다 넓은 사회정치적 맥락 속에서 이루어져야 한다는 인식을 전반적으로 공유하였다.

윤훈열: 지금 이 문제는 물론 제 주장만 하는 입장이라기보다는 우리 위원장님께 제안을 드리는 부분은 조금 더 농축시키고 의견을 종합하는 절차도 필요하겠다는 생각입니다. 지난주 소위 올라와서 바로 지금 기계적으로 처리할 부분들이 아니고, 이 사안은 우리 한국 방송의 기능과 방송사에서 굉장히 중요한 사건이라고 저는 판단이 되어집니다. 그래서 이런 여러 가지 부분들에 대해 조금 더 논의의 장을 넓히거나 조금 더 숙려기간을 두고, 여러 관련학계 등을 통해 조금 더 저희가 의견을 들어보면서 신중한 판단이 필요한 부분이라고 생각합니다. 심의에 올라온 것에 대해서 동의할 수는 없으나, 그래서 저는 지금 당장, 오늘 당장 쾌도난마, 이렇게 딱 잘라서 결단을 내리기보다는 앞뒤정황이나 이런 것을 보았을 때 조금 더 학계나 이런 등등의 논의를 더 보고 하는 것이 적당하다고 봅니다.

하남신: KBS가 이른바 언론의 주요 기능인 감시, 비판, 견제, 그리고 검증, 그 사명을 다하기 위해서 기자들이 사명감과 정의감을 가지고 이 사안에 접근하고 있다는 충정은 관계자 의견진술을 통해서도 들었고 액면 그대로 높이 평가하고 싶습니다. 그리고 그런 관점에서 방송보도의 특성상 일각에서 제기하는 자의적, 나아가 악의적, 이른바 짜깁기 편집이라는 지적이나 비난에도 저는 동의하고 싶지는 않습니다. … 그만큼 언론의 책무는 소중하다고 봅니다. 그런 맥락에서 저는 이번 사안을 젊은 기자들의 충정과 그들의 과실로 보고 싶습니다. 한마디로, 의도적이거나 작위적인 형태로는 저는 보고 싶지 않고, 또 앞으로 이 사안이 중요한 선례로서 언론의 이른바 보호, 감시, 견제 혹은 검증기능을 심하게 위축시켜도 안 된다, 그런 결과를 가져와서도 바람직하지 않다고 보기 때문에….

윤석민: 여야 정치권이 세월호 특별법 문제로 불편한 양상을 빚는 현 상황에서 사실 우리가 굉장히 강한 제재를 가했을 때 불러일으킬 사회적

정치적 갈등악화 등을 감안할 때, 강한 제재라는 것이 과연 그럴 가치가 있는 것인가? 문제가 있었다는 부분은 우리 논의과정에서 충분히 지적한 만큼 이제는 우리 위원회에서 바로 그런 문제점을 질타하는 것과는 별도로 이런 판정을 내리는 데는 정말 어떤 포용의 자세, 문제가 있음에도 불구하고 문제를 정확하게 적시함에도 불구하고 분명히 어느 정도 그런 것을 고려하는 모범적 자세를 이제는 우리가 보여야 되는 것 아니냐, 우리가 또 다른 갈등을 야기하는 그런 역할을 피해야 하는 것 아니냐 하는 차원에서….

박효종: 그동안 우리 위원회는 합의제 정신을 지향하고 있었고 실제로 많은 사안에서 합의제로 운영되었습니다. 적어도 1년에 전체회의에서 다루는 5백 건 이상의 심의에서 98%는 합의제로 운영되었다고 자신 있게 말할 수 있습니다. 그러나 이번 문창극 후보자 보도를 심의하는 문제와 관련하여 우리 심의위원회의 합의제 정신이 새삼 시험받는 상황에 이르렀음을 유감스럽게 생각합니다.

iii) 상대방에 대한 존중

자칫 격앙되고 갈등을 빚기 쉬운 전체회의를 합의가 가능한 방향으로 기능할 수 있게 만든 토대가 상대방과 상대방의 의견에 대한 존중과 이해의 자세였다고 할 것이다. 위원들이 다른 위원들에게 보이는 존중의 자세는 '간곡히', '충정', '존경하는', '부덕의 소치', '포용', '감명', '외람되게', '경의' 등 자신을 낮추고 상대를 높이는 배려의 표현 등에서 잘 관찰된다. 상대방을 설득하지 못함을 상대방의 책임으로 돌리기보다는 해소되기 어려운 주관과 관점의 차이, 자신의 능력의 부족으로 돌리는 태도는 논의의 대립과정에서 발생할 수 있는 마찰을 최소화하고 있다. 이처럼 성숙한 논의자세는 결국 각 위원들의 자질과 성품에 그 뿌리를 둔다고 할 것이다. 심의안건을 둘러싸고 다른 의견들이 팽팽하게 대립하던 상황에서도 위원들은 서로에 대한 예의를 잊지 않았고 위원장 또한 다수 의견과 소수의견 모두를 함께 안고 가려는 노력을 아끼지 않았다. 이러한 상호 존중의 자세가 어우러져 민감한 주제를 논의함에도 토의가 파행상태에 빠지지 않고 숙의의 분위기가 끝까지 유지될 수 있었다.

> 박효종: 이 문제에서 다수 입장을 표명한 위원들이라고 해서 편했던 것은 결코 아닙니다. … 그런가 하면 소수의견을 가진 위원님들도 역시 깊은 고민에 빠져 있습니다. 소수의 의견을 견지하지만 왜 고민이 없지 않았겠습니까? 저를 포함하여 우리 위원님들은 각기 자기 자신의 판단과 양심을 가지고 있고, 또한 그것을 다른 분들 앞에서 방어할 수는 있겠지만 그것만으로 다른 의견을 가진 위원님들을 설득할 수 있을 만큼 탁월한 능력을 가지고 있지 못했던 점을 인정할 수밖에 없습니다.

> 하남신: 이런 분위기와 상황을 원하는 분들이 이 중에 과연 어느 누가 있겠습니까? 다만 서로의 관점과 주관이 부딪히다 보니까 위원장님 말씀처럼 우리가 서로를 설득할 수 있는 능력이나 여력이 한계에 와 있고… 그래서 물론 자기의 주의·주장에는 논거가 있고 일리가 있고 어느 정도 타당성이 있다고 봅니다. 이것이 반드시 옳고 그르다는 흑백 논리로 부딪히면 더더군다나 힘든 상황에서 결론을 내리기는 어렵다고 봅니다. 그래서 그런 점에서 서로의 입장을 최소한 존중하는 자세가 필요하지 않겠느냐 저는 그렇게 봅니다.

특히 박효종 위원장은 상대적으로 소수의견의 입장에 서 있는 박신서 위원과 윤훈열 위원, 그리고 퇴장한 장낙인 의원까지를 끝까지 포용하려는 자세를 보여주었다.

박효종: 제가 사실 박신서 위원님이나 윤훈열 위원님이나 그전에 심의하실 때 보여주신 굉장히 차분하고 그런 태도를 굉장히 존경하는 그런 입장이고, 또 송구스럽게도 이런 자리에 끝까지 남아 있으셔서 어쨌든 저의 말씀을 들어 주신 것만 해도 저로서는 정말로 진심으로 고맙게 생각합니다. … 그래서 저는 장 위원님 퇴장하신 것에 대해서도 존중합니다. 참으로 우리 위원회로서는 참담한 일이지만 오죽하면 자리를 떠나셨을까, 그렇지만 저는 역시 우리 심의위원회를 생각하는 그런 충정심의 발로가 아닌가 하는 생각을 가지고 있습니다.

ⅳ) 의견 조정성

전체회의의 마지막 단계에서 각 위원들이 의견은 법정제재인 '주의'가 2명, '관계자 징계'가 4명, '문제없음' 2명으로 모아지면서, 논의는 전형적인 대립상태에 이르게 된다. 논의가 예견했던 결과로 흐른다고 판단한 야당 추천위원인 장낙인 위원은 회의장을 퇴장하고, 역시 야당 추천위원인 윤훈열 위원과 박신서 위원 역시 퇴장하거나 의사진행에 참가하지 않을 의사를 드러낸다. '정파성의 한계'가 또다시 목전에 와 있었다. 이러한 상황에서 소위 및 전체회의 과정에서 문창극 보도에 대한 강경일변도의 제재 입장을 드러냈던 함귀용 위원은 아래와 같은 의사진행 발언을 통해 전체 위원회 차원의 합의안을 검토할 수 있는 계기를 마련해 준다.

함귀용: 제가 한 말씀 의사진행 발언으로 말씀드리겠습니다. 지금 문제가 되는 것이 문제 있다는 분이 6분, 문제없다는 분이 3분, 그래서 합의하는 방법은 두 가지가 있을 것입니다. '문제없다' 하는 장낙인 위원은 나가셨지만 8분이 전부 합의해서 어떤 수위의 제재를 할 것이냐, 법정제재로 갈 것이냐, 아까 두 분 나오신 의견진술자인 기자들은 반대하지

만, 제가 그래서 그것을 물어봤던 건데, 회사 측에서는 '권고'와 같은 정도의 행정지도는 수용할 용의가 있다는 식의 얘기를 한 것으로 저는 받아들였습니다. … 문제없다고 생각하시는 분들까지 합쳐서 '권고' 정도의 의견으로 합의할 것인지 아니면 문제없다는 분은 빼고 문제 있다고 하신 6분이 제재수위가 두 단계밖에 차이가 안 나니까 서로 조금씩 양보해서 합의된 제재수위로 갈 것인지 그것을 우선 한번 논의해 봤으면 싶습니다.

전원합의안을 내비친 것이다. 이러한 함귀용 위원의 전향적 제안은 마치 기다렸다는 듯 여야 위원 모두의 적극적 반향을 불러일으킨다.

윤훈열: 저의 양심적 시각과 제 입장은 '문제없음'으로 보여지나 우리가 형평의 논리라고 하는 것은 당연하다고 봅니다. 우리가 기위원회에서 19건의, '문제없음'도 7건 있었고, 나머지는 '권고' 수준의 조치가 있었기 때문에, 그리고 특히 회사 측의 입장에서도 법정제재가 아니라 행정지도 정도는 수용할 수 있겠다는 의사가 있었습니다. 저는 그것 또한 동의하지는 못하겠으나 우리가 합의를 이끌어 내는 과정에서 우리가 법정제재가 아니라 행정지도 정도의 상황으로만 된다면 저는 그 부분에 대해서는 합의할 생각이 있다는 것을 말씀드리겠습니다.

김성묵: 제가 오늘 3시부터 시작해서 지금까지 심경의 변화가 조금 있습니다. 그것은 아까 용태영 주간의 진술 속에서 몇 가지를 제가 원래 소위에서 주장했던 의도적 왜곡이라는 그 부분을 가지고 판단할 수 있는 근거로 제가 봤기 때문에 '해당 방송프로그램의 관계자에 대한 징계'를 주장을 했던 부분입니다. 그런데 지금 용태영 주간이 오늘 이야기한 것 중에서 첫 번째로 권력비판, 감시의 순수성에 대한 양해 발언을 처음에 이야기했고, 두 번째는 공정성 문제의 어려운 해석에 대한 인식을 스스로 하고 있었고, 세 번째는 언론 문화의 다양성을 이해해 달라고 그런

얘기까지 했단 말입니다. 그러니까 이 3가지가 제가 소위에서 주장했던 의도적 왜곡이라고 오보로 판단할 수 있는 근거에서 상당히 비켜 나갔습니다. 그래서 저는 국민을 알 권리에 대한 어떤 충정 또한 이해하는 부분이 있고 해서 처음에 '해당 방송프로그램의 관계자에 대한 징계'를 제가 결정했을 때의 이야기하고 오늘 여러 논의 구조를 통하면서 제가 느꼈던 부분하고 조금 간극이 있습니다. 제 수위를 한 단계 낮추어서 '경고' 수준으로 수정하도록 하겠습니다.

하남신: 제가 한 말씀 드리도록 하겠습니다. 두 분 말씀을 경청했습니다. 그래서 원래 본인의 의견을 정정하거나 수정하는 것도 정말 어떤 의미에서 용기라고 봅니다. 상당히 어려운 부분인데 전체합의를 위해서, 합의제 정신을 위해서 양보하시는 모습에 저도 감명을 받았고… 더 논의해서 아름다운 합의를 이끌어 내면 그것이 정말 아름다운 모습이 아니겠느냐, 정말 우리가 솔직히 말씀드려서 정치적 의도와 배경을 가지고 이것을 논의하는 것은 아니지 않습니까? 저는 자신 있게 제 양심과 소신을 가지고 말씀드릴 수 있습니다. 그런 면에서 마침 우리가 서로 접점을 조금은 찾을 수 있는 계기는 마련되었다고 봅니다. 이 분위기를 조금 더 살리고, 승화시키고, 조금 더 양보해서 좋은 유종의 미를 거뒀으면 하는 바람으로 외람되게 말씀드렸습니다.

함귀용: 제가 박신서 위원님을 굉장히 존경합니다. 소위에 참석하실 때 보면 모든 안건을 정말 다 보시고 방송까지 다 보시고 그리고 오셔서 참여하시고 말씀도 차분하게 논리적으로 잘하시고 하기 때문에 우선 문제가 있다는 쪽으로 해 주실 수 있다면 저희가 우선 그것을 논의하는데, 그것이 안 된다고 하면 그 다음 차선책인 법정제재를 가겠다고 한 6분이 수위를 결정하는 절차가 되어야 될 것 같아서 먼저 평소에 박 위원님 소위에 참석하시는 태도에 존경하고 많은 배울 점이 있다고 생각해서 박 위원님과 합의하는 것이 진짜 우리 합의체의 성격에 가장 맞는 합의라

서, 한 단계, 두 단계라고 하더라도 제가 세 단계 양보하는 것보다는 더 큰 양보라고 제가 생각해서 그 말씀을 먼저 박 위원님께 드린 겁니다. 박신서 위원님과 윤훈열 위원님께서 크게 전반적으로 양보를 해 주셨으니까 우리 전체가 한번….

박신서: 이 보도를 접하면서 머릿속으로 고민을 다 해 오셨을 것입니다. 특히 언론에 종사하셨거나, 언론에 종사하지 않으셨어도 함 위원님 같으신 분의 경우는 해박한 법 지식으로 저희를 항상 감탄시키시는데 그런 분까지도 전부 다 사실은 방송통신심의위원회에서 하시는 말씀은 언론이 잘되자고 이런 심의를 하시는 것이기 때문에… 합의제 정신 또는 위원장님께서 저희한테 말씀하신 것 같은 공동체 입장에서 본다면 저도 양보할 용의는 있습니다.

이후 약 15분간 정회가 있었고 이 과정에서 막후 최종협상을 통해 여야 추천위원들 간에는 '권고' 수준에서 행정지도 결정을 하는 것으로 최종합의가 이루어지게 된다(〈부록 14-1〉 제6차 전체회의 의결문 참조). 말 그대로 극적인 결정이었다. 박효종 위원장은 다음과 같은 발언을 통해 동 건에 대한 심의를 종료한다.

박효종: 이러한 결정을 우리 위원님들께 진심으로 감사를 드립니다. 사실 우리 방심위가 도덕적 권위가 없다면 어떻게 되겠습니까? 우리가 사회에 기준을 제시하는데, 사실 도덕적 권위를 가지려면 우리가 진정한 합의제 정신에 따라 논의하여야 한다는 의식들을 우리 위원님들이 공감하시고, 그래서 각자의 소신은 가지고 계시지만 심의공동체를 만들기 위해서 아주 흔쾌히 양보해 주시고, 물론 긴 시간이 흘렀습니다만, 이런 것들이 여러 위원님들께서 말씀하신 것처럼 3기 방심위가 나아가는 좋은 이정표를 제시했다고 생각합니다. 아무튼 위원님들의 전적인 용

기, 합의하려고 하는 타협의 정신, 정말 저로서는 기쁘게 생각하고, 앞으로도 저희들이 이런 정신을 가지고 일 하겠다, 이런 정신을 가지고 심의하겠다는 이런 말씀을 꼭 같이 한번 남기고 싶습니다. 그래서 제 2014-16-0256호 KBS-1TV 〈KBS 뉴스 9〉에 대한 위원님들의 의견을 종합해 본 결과, 동 건은 만장일치로 '권고'로 결정되었습니다.

4. 논의

방송통신심의위원회의 별칭은 '6 : 3 위원회'이다. 정치적으로 민감한 사안이 심의안건으로 오를 때마다 여지없이 정부여권과 야권의 추천위원 수대로 6 : 3 의결이 이뤄진다는 것이다. 그만큼 심의위원회의 정파적 심의는 전형적이었다. 문창극 관련보도 심의에서도 이러한 우려는 마찬가지였다. 제 33차 방송심의 소위원회 회의를 앞두고 '방심위는 더 이상 방송의 역사를 더럽히지 말라'는 기자연합회와 PD연합회의 성명이 발표되었다. 전체회의를 앞두고 6 : 3의 중징계 의결을 예감하는 분위기는 한층 고조되어 전국언론노동조합을 비롯한 한국PD연합회, 방송기자연합회 등 11개 언론시민사회단체는 전체 회의가 예정된 4일 오후 목동 방송회관 로비에서 기자회견을 열고 방심위 해체를 공개적으로 요구하기에 이르렀다.

그러나 9월 4일 저녁, 4시간 반의 마라톤 회의 끝에 내려진 방심위의 전원일치 '권고' 의견은 이러한 예상을 뒤집는 것이었다. 문창극 방송심의를 둘러싼 정쟁과 갈등을 일거에 잠재우는 극적인 타결이었다. 예민한 정치적 사안에 대한 방송심의가 자판기 심의라는 비아냥을 받아온 정파적 심의를 넘어설 수 있는 가능성을 보여준 일이기도 했다.

이 같은 방심위의 결정에 대한 평가는 엇갈렸다. 〈동아일보〉와 〈중앙일보〉 등 보수언론은 방심위의 결정을 '어이없는 솜방망이 조치', '편파보도에 대한 면죄부'로 규정하며 강력히 비난하였다. 하지만 전반적인 여론과 언론계의 반응은 이러한 결정을 반기는 것이었다. 한국기자협회보(2014. 9. 4)의 보도다.

'관계자 징계'부터 '문제없음'까지 상반된 의견의 논쟁적 사안에 대해 이처럼 전격적 합의가 이뤄진 것은 극히 이례적인 일이다. 이 같은 '반전'에는 이번 문창극 보도심의를 둘러싸고 방심위 해체론과 무용론까지 제기될 정도로 거세게 일었던 비난여론이 일부 영향을 미친 것으로 보인다. 조직의 위상 자체가 흔들린다는 위기감을 느낀 것이다. 최근 여야가 정치적으로 대립하는 상황에서 방심위가 앞장서서 합의정신을 살려야 한다는 공감대도 컸다.

앞서 회의 내용분석에서 드러난 것처럼 이러한 막판합의가 가능했던 데는 다음과 같은 숙의의 요소들이 직간접적으로 영향을 미쳤다.

첫째, 높은 수준의 절차적 공정성이다. 문창극 보도 심의과정에서 참여의 평등성, 발언기회의 평등성, 회의 진행과정의 투명성과 공개성 등 토론의 절차적 공정성은 최대한 보장되었다. 특히 박효종 위원장의 의사진행 방식은 놀라왔다. 회의 진행에서 독단적이고 권위주의적인 태도를 전혀 내비치지 않았고, 서둘러 회의를 진행시키려는 조급함을 보이지도 않았다. 누구보다 진지하게 다른 위원들의 발언에 귀를 기울였고, 누구보다 성실하게 자신의 의견을 준비함으로써 토론자로서의 모범을 보였다.

둘째는, 토론의 질적 수준이다. KBS 문창극 보도 심의과정 전반에서 방심위 위원들이 보여준 합리적이고 성숙한 토론 모습은 주목할 만한 것이었다. 위원들은 토론에서 사례에 대해 깊이 연구하고 성의 있게 자신의 의견을 준비하는 모습을 보였다. 일부 위원들은 장문의 의견문을 준비하기도 하였다. 이처럼 성의 있게 준비된 의견들은 회의를 통해 충분히 진술되고 차분하게 경청되었으며 깊이 있게 토론되었다.

셋째, 높은 수준의 시민성이다. 심의과정 전반을 통해 의견이 다른 상대방과 상대방의 의견에 대한 존중의 모습이 두드러졌다. 갈등이 고

조된 상황에서도 서로를 존중하며 끝까지 예의를 지키고, 상대방의 의견을 경청하는 모습이 이어졌다. 이와 같은 상호존중의 자세는 심의사안을 둘러싼 위원들 간의 의견차이가 극단적인 갈등으로 치닫는 상황을 막아주는 힘이 되었다.

넷째, 정파성의 한계를 극복한 의견 조정성이다. 위원들은 문창극 보도건을 심의하는 과정에서 극과 극의 의견차이를 보이며 팽팽하게 맞섰지만 최종결정을 앞두고 이러한 의견차를 조정하여 전체적인 합의안을 만들어 내려는 인식을 강하게 공유하였다. 이에는 여야추천 위원들을 불문하고 문창극 심의사례가 불러일으킬 수 있는 사회적 갈등 그리고 방심위에 대한 사회적 평판의 악화를 피해야 한다는 공감대가 작용하였다.[19] 여기에 강경파로 알려진 위원들(특히 함귀용 위원)의 적극적인 합의의 자세는 여야추천 위원들이 상호 의견조정을 통해 합의에 도달할 수 있는 결정적 계기가 되었다.

이제 이 장의 논의를 마무리하며 장의 서두에 제기했던 질문들에 대해 답할 차례이다. "국가(방심위)에 의한 방송심의는 과연 필요한가?" "그것이 정치권력 앞에서 공정할 수 있는가?"

필자는 이 책 전반을 통하여 공정성 원칙은 소통의 자유를 통제하는 수단이 아니라 소통이 자유롭게 이루어지기 위한 전제조건이라는 점을 지속적으로 강조해 왔다. 뉴스와 내러티브를 결합시키는 PD 저널리즘 프로그램, PP와 지상파의 잘못된 결합인 종합편성 채널, 사적 미디어

---

19 심의가 끝나고 이후 각 위원들이 행한 마무리 발언은 이러한 위원들의 생각을 여실히 보여준다. 위원들은 위원회의 도덕적 권위를 재확인하였다는 안도감, 위원회의 합의정신이 분열과 갈등, 불신의 풍조가 만연한 전 사회에 희망적 메시지를 전달할 수 있으리라는 자부심, 다양한 의견을 수렴하고 조정해 낸 이번의 합의가 향후 방송심의에 긍정적 영향을 미치리라는 기대감 등을 토로하였다.

와 공적 미디어의 혼종성을 지닌 소셜 미디어, 뉴스 서비스 및 정보검색 서비스 제공을 통해 준(準) 미디어로 기능하는 포털, 그리고 영향력을 갖춘 대안언론인 팟캐스팅에 이르기까지, 새로운 저널리즘의 지평을 열어 가는 모든 시도들이 지속되기 위해서는 그 전제조건으로 공정성 원칙이 요청됨을 보여주고자 하였다.

이 모든 사회적 소통현상의 정점에 지상파 방송, 특히 공영방송이 위치하며, 사회적 소통의 중심축 내지 보루로서 미디어 시스템 전반의 이념과 운영의 좌표를 제시하는 중핵미디어(core media)의 역할을 수행한다. 제 2장에서 논의한 대로, 공영방송이 그 제도적 설계가 지향하는 바, 모든 집단, 이념, 정치관에 문호를 열고 역동적이고 자유로운 민주적 공론장을 실천하기 위해서는 그 일차적 조건으로 엄정한 공정성 원칙이 요청된다.

누가 이러한 요청을 책임질 것인가? 가장 이상적인 것은 공영방송 스스로 공정성 원칙을 책임지고 실천하는 것이다. [20] 하지만 방송사 스스로 이러한 역량을 갖추지 못하였을 때, 그 과도기적 조치로써 공적 주체의 개입이 불가피하게 된다. 방심위에 의한 방송 공정성 심의가 이에 해당한다고 할 것이다.

"방송심의가 정치권력 앞에 공정할 수 있는가?" 이 두 번째 질문에 대한 답은 쉽지 않다. 국가에 의한 방송심의는 그 본래의 목적과 다르게 정치권력에 의한 방송통제로 악용될 가능성이 상존한다. 방송심의 제도와 관련해 쏟아지는 수많은 비판과 개선방안들이 궁극적으로 초점을 두는 것이 이 문제라고 할 것이다.

그러나 방송심의가 정치적으로 악용될 우려로 인해 방송을 무규범

---

20 이러한 상태에 접근해 있는 이상적 방송사의 모습을 우리는 BBC의 사례에서 발견한다.

상태에 방치하는 것이 대안이 될 수는 없다. 필요악과도 같은 방송 공정성 심의는 방송의 자율규제 역량이 자리를 잡을 때까지 과도기적으로 유지하되, 그 과정에서 심의를 최대한 공정하게 만들기 위한 노력을 기울이는 것이 최선의 답이라는 판단이다.

이러한 노력은 지금까지 제도의 개선에 집중되었다. 하지만, 문창극 보도 심의과정에서 발휘된 합의의 정신은 그 제도 운영의 주체인 사람의 중요성을 다시 확인시켜 주었다. 어떤 의미에서 제도와 사람의 문제는 닭과 달걀의 선후 문제처럼 그 우선순위를 가릴 수 없는 문제이다. 제도에 대한 비판과 개선만으로는 이상적 숙의를 실천할 수 없다. 하지만 이러한 숙의를 실천할 수 있는 심의 주체를 가려내기 위해서는 다시금 제도가 중요한 변수가 될 것이다.

문창극 보도 심의사례처럼 하나의 특별한 사례에 대한 과도한 의미 부여는 금물이다. 하지만 이 사례를 통해 확인된 숙의적 토론의 원칙들을 방심위의 심의과정 속에서 지속적으로 환기하며 심의공동체의 내적 관행 내지는 규범으로 자리 잡게 하는 노력이 경주될 때, 현재의 제도 속에 내재하는 숙의적 토론의 가능성은 보다 현저하게 그리고 일관성 있게 발현될 수 있을 것이다.

〈부록 14-1〉방심위 제16차 전체회의 의결문

권 고 내 용

• 의결번호: 제 2014-16-256호
• 해당 프로그램: KBS-1TV 'KBS 뉴스9'
(2014. 6. 11. 수, 6. 13. 금, 21:00-22:00)

• 권고내용
○ 문창극 국무총리 후보자가 교회 등에서 강연한 내용의 전반적 맥락이나 취지 등을 감안하지 않고, 우리 국민의 역사인식과 정서에 반하는 일부발언 내용만을 인용, 편집하여 보도함으로써, 시청자를 오도하고 후보자의 명예를 훼손하였다는 민원에 대해 방송내용을 확인하고 논의한 결과,

— 이미 공개된 후보자의 논문, 저서, 칼럼, 기고문 등 검증 가능한 자료들이 많이 있음에도 불구하고, 이들 자료에 대한 검토나 소개 없이 사적 영역에 속하는 종교활동만을 인사검증의 근거로 제시한 것은 다소 부적절했고,

— 이를 전달하는 과정에서도, 기독교적 역사관을 바탕으로 교회 내에서 교인을 대상으로 신앙을 간증한 강연의 취지와 종교적 특수성, 시련과 기회의 역사를 소재로 한 강의의 전반적 내용, 타인 의견의 인용 여부 등 전후 맥락에 대한 설명을 충분히 하지 않은 채 자극적인 제목과 멘트로 그 부적절함을 부각시킨 측면이 있으며,

— 동 보도의 내용과 사회적 파장을 감안할 때, 보도에 앞서 후보자에게 그 취지와 내용을 충분히 전달하여 후보자가 사안의 심각성을 인식하고 적극적으로 반론에 임할 수 있도록 하여야 함에도 불구하고, 이러한 의미의 실질적 반론권을 충분히 제공하지 않아 후보자의 입장을 형식적 수준으로 전달한바, 관련 심의규정에 위반되는 것으로 판단됨.

— 또한, 한국방송공사는 국민의 여론과 사회적 소통을 주도하는 공영방송으로서, 다양한 자료에 대한 충분한 사전검토와 분석을 거쳐, 중립적 입장을 견지하고 타 방송사의 그릇된 여론조성 등을 경계할 책임이 있다는 점에서, 그 위

반의 정도가 더욱 중하다고 판단되나,

— 주요 공직 후보자의 검증이라는 공익적 견지의 보도로서, 언론 본연의 역할을
수행한 부분에 대해 심의규정을 엄중히 적용할 경우 권력에 대한 비판기능이
위축될 우려가 있어,

— 〈방송법〉 제100조 제1항에 따라, 향후 관련 규정을 준수하도록 권고함.

○ 적용조항: 방송심의에 관한 규정 제9조(공정성) 제1항 및 제2항, 제14조(객
관성)

4

결 론

15 결론

15
결론

다만 한 가지 안타까운 것은 PD로서 내가 처한 지금의 현실이다. 이를테면 〈PD수첩〉 방송을 하고 싶어도 지금은 못하잖은가. 나 스스로 가지는 부담감도 크고 팀이 가지는 부담감도 크다. 이런 상황이 싫다. "쟤는 여기 보내기 좀 그렇잖아" 하는 이런 상황이 싫다. 다른 PD들처럼 이 프로그램 저 프로그램 자유롭게 하고 싶은데, 그러질 못하는 상황이다. 일반 사람들은 잘 모르겠지만 PD들은 안다. 재판을 떠나 이런 상황이 PD에게 얼마나 무거운 족쇄인지.

(〈PD 수첩〉 광우병 프로그램을 제작했던 김보슬 PD의 PD수첩 20주년책자 인터뷰 내용: PD수첩 제작진, 2010, pp. 351~352)

1. 개념과 원칙

미디어 공정성의 개념 및 이론적 토대로부터 시작해 국내외의 미디어 공정성 원칙, 탐사보도 프로그램, 종합편성 채널, 소셜 미디어, 포털 미디어, 대안언론, 선거보도에 있어서의 공정성 이슈, 그리고 국가에 의한 미디어 공정성 심의에 이르기까지 미디어 공정성과 관련된 쟁점들을 차례로 다룬 이 책의 논의를 어느덧 마무리할 때가 되었다. 이 마지막 장에서는 앞서 논의했던 주요 내용들을 되짚어 보면서 현시대에서 미디어 공정성 원칙이 지니는 의의 및 그 실천방향을 종합적으로 정리하고자 한다. 이 장의 말미에서는 이 연구서를 종결짓는 마지막 주제로 필자가 미루어 두었던 주제, 어떤 의미에서 가장 뜨겁고도 조심스런 주제인 '공정성 원칙' 대 '공정성 투쟁'의 문제를 다룰 것이다.

이 책의 14개에 달하는 각 장의 논의 및 결론들을 통해 필자가 강조하고자 했던 주장을 한마디로 요약하면, 미디어 공정성 원칙은 사회적 소통 그리고 그것을 매개하는 제도적 실체인 미디어에서 지켜져야 하는 가장 기본적이고도 필수적인 규범이라는 것이다.

제 2장에서 보다 자세하게 논의하였지만, 공정성 원칙은 인간소통에 수반되는 근원적인 편향성, 자기검열, 소통불안의 문제로부터 소통의 가능성을 지켜 내기 위한 공식적 및 비공식적 규범의 총체이다. 자신의 관점을 넘어 타인의 관점을 인식하고, 더 나아가 하나의 논쟁적 사안을 바라보는 다양한 관점을 가능한 폭넓게 인식할 것을 요청하는 이 규범은 다양한 층위의 사회적 소통 및 미디어 영역에 다양한 형태로 편재하면서 사회적 소통행위가 성립하고, 유지되며, 활성화될 수 있도록 해준다. 또한 이 원칙은 사회적으로 합의된 것으로 간주되거나 금기시되

는 사안을 정당한 논쟁의 대상으로 만들고, 이에 대한 자유로운 의사표현의 가능성을 열어 주며, 이러한 시도가 일회성으로 끝나지 않고 지속성을 갖게 해주는 수단이다. 공정성 원칙은 표현의 자유와 상충하지 않고 그에 비례해 강화되며, 실질적으로 표현의 자유를 지켜 주고 확장시키는 전제조건이자 실행규범에 해당한다. 시민민주주의 사회로의 발전과정에서 '위기'로까지 진단되는 사회적 소통의 파행현상을 겪고 있는 한국 사회에서 공정성 원칙에 대한 사회적 수요는 더욱 크다고 할 것이다.

　이러한 규범은 우리 사회에서 오랜 기간 논의되었음에도 불구하고 여전히 혼선을 빚고 있다. 그 근원에 공정성 개념을 적극적 정의구현으로 정의한다든지, 실체적 진실과 같은 궁극적 가치로 포장하는 극단론적 시각들이 놓여 있다. 특히 문제가 되는 것은 정파적 접근, 상대주의 내지 무용론적 시각으로 대표되는 상황론적 극단론들이다. 이를테면 미디어가 다수공중들의 태도 내지 이른바 '시대정신'을 따르는 것이 공정하다고 보는 관점이 그것이다. 이러한 시각들은 합의 가능한 공정성 원칙의 실체 자체를 부정하는 시각으로, 여타의 관점들과 근원적으로 해소될 수 없는 혼선과 갈등을 초래한다. 이러한 관점들은 미디어 공정성 평가모형의 혼선 더 나아가 〈방송법〉, 심의규정, 그리고 방송사들의 가이드라인 등 관련 규범 및 제도의 혼선으로 이어져 미디어 공정성을 둘러싼 사회적 갈등을 가중시키는 요인이 되고 있다. 이러한 극단론적 관점을 경계 내지 회피하는 것만으로도 미디어 공정성을 둘러싼 논의의 혼선은 상당부분 해소될 것이다.

　여러 미디어 중에서 방송에서 가장 엄정한 공정성 원칙이 요청된다. 흔히 그 이유로 방송 주파수의 희소성, 신호도달의 무차별성, 그리고 방송이 지니는 막대한 영향력 등이 제시되지만 보다 근본적인 이유는 방송이 최고 수준의 '사회적 소통'을 매개하는 미디어라는 점에서 찾아야 한다. 이는 사회적 소통을 매개하는 미디어들에게 그 신호전달의 기술적 방식과 무관하게 공정성 원칙이 고려될 필요가 있음을 의미한다.

  정치권력 내지 (최근 들어 영향력이 급증한) 시장권력이 공정성 원칙을 명분으로 방송의 독립성을 훼손하고 표현의 자유를 제한 내지 위축시킬 수 있다는 우려는 타당성을 지닌다. 오랜 권위주의적 통치의 질곡을 거친 한국 사회에서 이러한 문제는 가능성을 넘어 현실로 상존한다. 하지만, 이 장의 후반부에서 이 주제를 논의하겠지만, 이는 공정성 원칙 자체에 내재하는 문제라기보다는 방송의 정치적 독립의 문제이고, 더 크게는 사회 각 세부영역에서 여전히 진전중인 권위주의 탈피의 문제이기도 하다. 공정성 원칙 그 자체로만 한정할 때, 이는 원칙 자체의 생래적 문제라기보다는 정치권력에 의한 동 원칙의 오남용에서 오는 문제이다. 이러한 문제의 해법은 공정성 원칙에 대한 가치부정이 아니라 정치적 오남용을 막을 수 있는 보다 공고한 공정성 원칙을 수립하는 데서 찾아져야 한다.

  공영방송에 대해서는 가장 엄격한 공정성이 요구된다. 미디어 생태계의 중심을 잡는 좌표적 미디어로서의 공영방송의 역할은 디지털 미디어 혁명에 따라 미디어가 폭증하는 상황에서 한층 중요한 의미를 지니게 된다. 공영방송은 정치적 진공상태가 아니라 권력적 상호작용의 중심에 놓여 있으며, 사회내의 모든 집단, 이념, 정치관에 대해 문호를 열고 역동적인 민주적 공론장을 실천해야 한다. 프로그램 차원에서 공영방송은 일체의 권력으로부터 자유로운 프로그램 생산 공간의 확보라는 제도적 설계에 부응하여 제한된 유형의 도식화된 계몽적, 문화적 프로그램을 넘어, 현실 인식, 창의적 사고의 지평을 확대하는 프로그램을 제공해야 한다. 이러한 공영방송의 제도적 기반이 바로 공정성 원칙이다.

그렇다면 미디어 공정성 원칙, 특히 방송의 공정성 원칙을 어떻게 제대로 정립할 것인가? 이와 관련하여 가장 많이 참조되는 해외 사례가 BBC의 불편부당성 원칙 및 미국 FCC의 공정성 원칙이다.

BBC의 불편부당성 원칙은 여러모로 감탄을 자아낸다. 이 원칙은 논란이 되는 사회 현안에 대해 어떠한 가치나 선입관에 경도됨이 없이 "가능한 넓은 관점"을 제시하는 것으로 요약된다. 이는 단순한 기계적 중립성 내지 정치적 중립성의 추구·다수 의견·일반적 정서·지배적 여론을 우대하는 것과도 구별된다. 이 원칙은 정치적·산업적 이해관계를 초월함은 물론 흔히 합의된 것으로 간주되는 상식, 통념, 사회정의, 약자우대, 국익, 휴머니즘적 가치들에 대해서도 의문을 던질 것을 요청한다. 이 원칙은 이념, 집단, 지역, 국가들에 대한 보다 개방적이고 세계적이며 역사적인 안목을 촉진하고, 사회적 공론의 영역을 비상식적이고 일탈적인 시각을 포용하는 선까지 확장시킴으로써 이상형에 근접한 방송 공론장을 형성한다.

BBC가 이처럼 이상적인 원칙을 제도적으로 정착시키고 실천할 수 있는 데는 방송의 공적 책임을 강조하는 영국의 정치적 및 사회문화적 맥락, 존 리이스 이후 역사적으로 이어져 온 BBC의 엘리트주의, BBC 구성원들 내에 하나의 문화적 유산으로 자리 잡은 높은 전문직주의, 그리고 실효성을 극대화한 세밀한 편성 가이드라인 및 그 집행에 대한 감독체계 등 규범 차원에서 보여주는 BBC 및 그 감독기구의 성실함이 복합적으로 작용한다.

이와 대비되는 사례로 인용되는 것이 미국의 방송 공정성 원칙(Fairness Doctrine)이다. FCC는 1987년 방송시장 경쟁의 증대, 언론의 자유를 명시한 '수정헌법 제1조'와의 충돌, 표현을 위축시키는 부정적 효과 등을 이유로 이 원칙을 폐기하였다. 이를 근거로 우리 사회 일각에서는 방송정책 선진국인 미국도 폐기한 공정성 심의원칙을 우리가 유지하여 공연한 논란을 야기할 필요가 있는가라는 주장이 제기되기도 한다. 하지만 미국의 공정성 원칙의 내용 및 그 폐기가 지닌 함의는 단순하지 않다.

미국 FCC가 시행했던 공정성 원칙은 국가에 의한 직접적인 '내용규제'였다. 방송의 사회적 책무를 방송사가 주도적으로 짊어진 영국과 상이한 미국의 상업적 방송시장 구도 속에서 국가가 직접적인 공익의 수호자 역할을 담당하면서 탄생한 원칙이다. 방송사업자들은 이에 따라 사회적으로 중요한 논쟁적 사안에 대해 전체 방송시간의 일부를 할애하고, 다른 의견을 지닌 이들이 공평하게 의견을 표현할 수 있는 기회를 제공해야 했다.

하지만 자유주의 시장원리가 주도하는 미국의 상황 속에서 이처럼 국가가 방송내용에 직접 개입하는 규제는 처음부터 분명한 한계를 지닌 것이었다. 미국에서 방송사의 편성권에 제한을 가하는 규제시도는 방송사들의 강력한 반발로 모두 폐기되었으며, 공정성 원칙의 폐기도 같은 맥락에서 이해할 수 있다. 이 원칙에 대한 정치권, 특히 진보성향인 민주당의 입장은 이중적이었다. 이 원칙이 한편으로는 방송의 사회적 책무 강화, 다른 한편으로는 국가에 의한 방송내용 규제라는 양가적 속성을 지녔기 때문이다.

종합적으로 미국 공정성 원칙의 역사는 국가 주도의 직접적 내용규제 방식으로 공정성 원칙을 구현하는 데는 명백한 한계가 있다는 것을 보여준다. 하지만 미국에서 이처럼 강력한 공정성 정책이 적극 도입되고, 상당기간 집행되었으며, 폐기된 이후에도 이를 둘러싼 논쟁이 지속적으로 이어졌다는 사실은 주목할 만하다. 미국 사회에서조차 방송의 공정성은 그만큼 중요한 가치로 강조되었던 것이다.

그렇다면 우리나라의 경우는 어떠한가? 우리나라의 기간공영방송인 KBS는 올해 3월 '공정성 가이드라인'을 발표하였다. 공정성을 소재로 삼아 공영방송사 스스로 이처럼 공식적인 가이드라인을 발표한 것은 세계적으로 유례가 없는 일이며, 21세기 우리나라 방송이 지향하는 공정성 원칙의 새로운 좌표가 될 수도 있는 문건이다.

하지만 KBS 공정성 가이드라인은 그 내용과 형식면에서 많은 문제점들을 드러내고 있다. 우선적으로 KBS '공정성 가이드라인'과 기존의 '방송제작 가이드라인'의 관계가 분명치 않다. 공정성 가이드라인이 제시하는 공정성 원칙은 종래 제작 가이드라인에 담겨 있는 공정성 원칙과 양립하기 어렵고, 심지어 상충할 가능성을 지닌다. 세부준칙에 포함된 영역들은 주요 영역을 선도적, 예방적 차원에서 포괄하기보다는 지금까지 KBS 방송내용 중 공정성이 문제가 되었던 영역에 대한 사후처방에 주력하고 있으며, 그 대부분의 내용이 구체성이 결여된 당위적 선언에 머무르고 있다. 실제로 공정성 가이드라인을 우리 사회에서 가장 뜨거운 공정성 논란을 불러일으켰던 〈PD수첩〉 광우병 논란 및 탄핵방송 논란의 주요 쟁점들에 적용해 본 결과는 만족스러운 것과 거리가 멀다.

종합적으로 KBS가 올해 초에 발표한 공정성 가이드라인은 총체적으로 체계 및 내용이 허술하여 KBS의 공식규범으로 활용될 가능성이 희박해 보인다. 세계 최초의 공정성 가이드라인을 만들겠다는 목표가 해프닝으로 마감된 것이다. 이 사례는 우리사회에서 방송사 자율로 공정성 원칙을 정립하는 일이 아직은 요원한 목표임을 잘 보여준다. 원칙은 현실과 동떨어질 수 없다는 점에서 이는 우리의 공영방송이 실천하고 있는 공정성 원칙의 현실적 한계를 드러낸다고 할 것이다.

2. 미디어 영역별 원칙의 적용

이 연구서는 제6장부터 12장에 걸쳐 지상파 방송, 종합편성 채널(종편)을 포함해, 소셜 미디어, 포털 미디어, 그리고 대안언론 등 주요 미디어 영역별로 공정성 원칙의 적용문제를 살펴보았다.

2000년 이후부터 최근까지 우리 사회는 지속적으로 사회적 소통의 위기사태를 겪었다. 그중에서도 2008년 봄, 방송과 동시에 우리 사회를 뒤흔들었던 MBC 〈PD수첩〉의 광우병 프로그램 및 이후 이어진 광우병 파동은 TV의 탐사보도 프로그램에서 요청되는 공정성 원칙의 적용과 관련해 흥미로운 분석사례를 제공한다.

소통되는 내용으로서의 광우병 이슈는 전형적으로 복잡하고 불확실하며 논쟁적이고 정치적 해석이 가능한 전문적 과학정보의 특성을 지님으로써 이러한 총체적 파동의 일차적 원인을 제공했다. 여기에 사회적 소통의 중심에서 여론의 중심을 잡아 주었어야 할 미디어인 지상파 방송이 한편으로는 센세이셔널리즘, 다른 한편으로는 강한 정치적 편향성을 내포한 광우병 프로그램을 방송함으로써 광우병에 대한 불안과 공포심을 걷잡을 수 없을 만큼 증폭시켰다. 인터넷은 크고 작은 촘촘한 네트워크를 통해 일반 대중을 상대로 불확실한 광우병 정보들을 끊임없이 유통, 변형, 재유통 시킴으로써 '괴담' 수준의 정보들을 넓게 확산시켰다. 방송 및 인터넷을 통해 전문적 의견을 제시한 정보원의 구성 역시 심각한 편향성을 드러냈다.

종합적으로 전달되는 내용으로서의 광우병 이슈, 그것을 매개하는 미디어 및 정보원의 편향성, 그리고 과잉개인화되고 과잉정치화된 속성을 지닌 일반 공중들의 정서적 반응은 전문적인 과학정보로서의 광

우병 이슈를 괴담화하고 전 사회적인 패닉현상으로 증폭시킨 상승작용
을 초래하였다.

　PD수첩 광우병 프로그램이 나오게 된 배경에는 1990년대 초반 이후
본격화된 PD가 주축이 된 탐사보도 프로그램인 이른바 'PD 저널리즘'
프로그램들의 제작 관행이 존재한다. PD들이 주축이 되어 제작한 탐
사보도 프로그램은 겉으로 드러난 사실에 집중하여 사건의 전체적 맥
락이나 숨어 있는 사실을 찾아내는 데에는 취약한 기존 저널리즘의 한
계를 극복하면서 대중적 인기를 얻었다.

　PD 저널리즘이 구축한 시사고발 프로그램, 심층취재 프로그램은 방
송 저널리즘의 발전에 기여한 바가 적지 않다. PD 저널리즘은 시간제
약과 속보경쟁으로 깊이 있고 폭넓은 취재가 어려운 기존의 '기자 저널
리즘'의 한계를 극복하고 사건의 정황, 배경, 뒷이야기를 파헤쳐 사회
모순과 부조리를 고발하는 정의롭고 힘 있는 사회비판 프로그램의 가
능성을 보여주었다. 종래 방송 저널리즘이 출입처 중심의 제도화된 소
재를 다루었다면 PD 저널리즘은 자유롭게 소재를 선택하며 성역 없는
저널리즘을 실천하였다. 기자 조직에서 데스크의 역할이 매우 중요하
고 엄격한 게이트키핑이 이루어지는 반면, PD 조직은 자율성도 높고
개성에 대한 관용도 큰 편이다.

　하지만 PD 저널리즘의 가능성은, 뒤집어 볼 경우 체계적 게이트키
핑이 이루어지지 않는 가운데 강력한 감성적 설득장치를 활용해 특정
한 의도에 따라 창작된 스토리가 저널리즘으로 포장되어 등장할 위험
을 의미한다. 실제로 PD 저널리즘 프로그램들은 종종 공정성으로 대
표되는 전통적 저널리즘의 원칙을 벗어남으로써 사회적 소통과 여론형
성 과정에 혼선을 초래하였다.

　현장관찰에 따르면 탐사보도 프로그램은 4~6주를 기본 주기로 해서

이루어지는 초고강도의 집약적 협업의 산물이다. 이러한 협업의 두 주체는 PD와 작가이다. 팀장이나 CP가 프로그램 제작과정에 관여하지만 프로그램 제작이 후반으로 갈수록 이들의 영향력은 한계를 지니게 된다. 다른 팀의 작가와 PD가 자신이 맡고 있는 방송 외에 다른 팀의 방송에 관여하는 것은 사실상 불가능한 실정이다.

직접적 참여관찰을 통해 작가와 PD의 상호작용에서 발견된 주요 특징은 제작의 매 순간이 PD나 작가, 어느 누구의 독단적 판단으로 진행되는 것이 아니라 두 주체 간의 상호작용과 커뮤니케이션을 바탕으로 진행된다는 사실이다. 제작의 매 단계에서 양자는 격의 없는 논쟁을 통해 메시지에 대한 합의를 추구하는 동시에, 서로의 의견과 주장을 견제하면서 어느 한쪽으로 치우치지 않도록 균형을 잡는 이른바 '줄타기'를 이어 간다. 작가는 현장에 몰입하는 PD가 간과할 수 있는 사실을 포착해 내고, PD가 특정 취재원 또는 상황에 집중하거나 감정적으로 쏠릴 경우 그에 대한 비판자 또는 견제자의 역할을 수행함으로써 프로그램의 객관성과 균형성을 보완한다.

문제는 이처럼 한 몸과 같은 작가와 PD가 기획단계부터 아이템에 대한 철학이나 가치관, 세계관 등을 공유하며 편향된 방향으로 나아갔을 경우이다. PD 저널리즘 형식의 탐사보도 프로그램의 공정성 원칙이 흔들리게 되는 지점이 바로 여기이다. 프로그램 제작이 상당부분 진행되었을 때 이를 다른 관점에서 비판하여 현재진행형인 프로그램의 방향이 바뀌는 상황은 현실적으로 가정하기 어렵다. 이러한 맥락에서 PD와 작가의 긴밀한 상호작용은 공정성을 담보하는 장치임과 동시에 위험의 근원이기도 하다.

그렇다면 이러한 문제점을 어떻게 극복할 것인가? PD 저널리즘이라는 새로운 저널리즘의 가능성은 소중하게 보듬어져야 한다. 하지만 이러한 프로그램에 대해서는 어떤 프로그램보다도 엄정한 공정성 원칙이 적용되어야 한다. PD 저널리즘이 생래적으로 저널리즘의 기본가치들을 위배할 가능성이 크다면, 그에 따른 보다 타당한 논리적 귀결은 그에 대한 한층 면밀하고 조심스런 공정성 점검이 필요하다는 것이 되어야 한다. 구체적으로 기획, 취재 및 촬영, 구성 및 편집, 대본 집필, 그리고 후반 작업 등 제작과정 전반에 걸쳐 프로그램의 공정성이 점검될 수 있도록 제작 단계별 체크 리스트 내지 매뉴얼 수준의 가이드라인이 만들어지면 유용할 것이다. 또한 프로그램의 제작과정에서 상시적으로 게이트키핑 체계가 작동되면서 제작 책임자는 그들의 팀에 대해 강한 지도력을 행사할 수 있어야 한다. 촉박한 제작기간, 과도한 작업강도, 제작비 등 제작 시스템 차원의 개선이 필요한 것은 물론이다.

최근 들어 지상파 탐사보도 프로그램의 영향력이 눈에 띄게 위축된 반면, 우리사회에서 방송의 공정성과 관련해 심각한 사회적 논란의 대상으로 떠오른 것이 종합편성 채널(종편)이다. 종편은 종래의 지상파 채널이 오락프로그램 일변도로 가는 것을 막기 위해 탄생한 공공적 규제의 산물이다. 이는 방송시장의 경쟁이 치열해지면서 지상파에 대해서조차 요구하기 어려운 규제가 되고 있다. 따라서 새롭게 등장한 4개의 채널에 대해 '종합편성'을 요구하는 것은 비현실적이며 이러한 채널들에 대해 핵심적으로 요구해야 하는 사회적 책무를 바르게 인식함에 있어서 혼선을 초래한다.

따라서 현재의 '종합편성 채널'이라는 잘못된 사업자 범주를 폐기하고 '뉴스편성허용 PP'라는 사업자 범주로 종편을 새롭게 규정할 필요가 있다. 이처럼 종편을 뉴스편성허용 PP로 규정할 경우 그에 대한 일차적 정책목표가 무엇인지 분명해지게 된다. 이러한 채널들을 대상으로 현실성과 타당성이 없는 종합편성의 약속 내지 의무사항을 지키게 하

는 것이 아니라, 이러한 채널들이 제대로 된 품질의 공정한 뉴스를 내
보내도록 하는 것이 그것이다.

소셜 미디어는 강력한 여론 영향력을 지니는 동시에, 사적 미디어와
공적 미디어 영역의 경계를 허무는 혼종성을 지님으로써 새로운 공정
성 쟁점을 야기한다. 법관, 언론인, 유명인들이 소셜 미디어 발언을 통
해 논란을 야기한 사례는 실로 무수하다. 소셜 미디어 공간에서 이루어
지는 소통행위들 중 공적인 책임이 수반되는 유형은 무엇인가에 대한
기준설정은 이러한 혼선을 줄이는 데 도움이 될 수 있다.

국내외 주요 언론사들의 '소셜 미디어 가이드라인'은 언론현장의 경
험에 기초하여 이처럼 공적 책임의 정도가 높은 소통행위의 유형이 무
엇인지를 정리한 기준의 의미를 지닌다. 이를 통제의 관점에서 부정적
으로 바라보는 것은 잘못이다. 이러한 가이드라인이 없는 경우 언론사
소속 기자들은 자신이 소셜 미디어를 통해 어떤 글을 써도 되는지 불확
실한 상황에서 스스로를 검열하고, 사회적으로 용인되는 기준을 내면
화하기까지 상당한 시행착오를 거칠 수밖에 없다. 또한 논란이 발생했
을 경우, 기자와 언론사의 암묵적 기준이 차이를 보임으로써 표현의 자
유와 기자로서의 품위 또는 윤리를 둘러싼 갈등이 되풀이되고 비공식
적인 채널을 통한 제재가 행해짐으로써 표현의 자유가 억압될 수도 있
다. 이러한 맥락에서 소셜 미디어 가이드라인은 소셜 미디어를 통한 소
통의 혼선을 바로잡기 위한 의미 있는 출발점이 된다.

포털은 온라인 공간에서 콘텐츠 제공자와 이용자를 매개하는 중간자
로서 넓은 의미에서의 재매개 저널리즘을 실천한다. 그 과정에서 포털
미디어는 일종의 게이트키핑 작업을 수행하며, 그에 따른 공정성 문제
가 제기된다.

우선 포털 미디어는 자체적으로 뉴스를 생산하지는 않지만, 외부의

신문, 방송 및 인터넷 신문 등 수많은 뉴스 미디어들과 일정한 뉴스공급 계약을 맺고 이들이 생산한 뉴스 콘텐츠를 재매개하는 메타($meta$) 뉴스미디어의 기능을 수행한다. 이러한 뉴스 서비스를 제공함에 있어 포털은 뉴스 미디어를 선별적으로 선택하고 또 그들이 제공하는 뉴스 중 무엇을 중요하게 취급할지를 결정함으로써 실질적 게이트키핑 및 뉴스편집 기능을 수행한다.

인터넷 이용자의 절대다수가 포털을 이용하고 인터넷뉴스 이용의 대부분이 포털을 통해 이루어진다는 점을 고려할 때, 포털뉴스 서비스는 뉴스 미디어로서 사회적 책무를 수행해야 한다. 다만 이 과정이 국가기관의 직접적 개입 내지 통제로 이어지는 것은 또 다른 공정성 시비를 낳을 수 있다는 점에서 포털뉴스 서비스의 공적 책임은 자율규제 및 이에 대한 사회적 감시를 통해 이루어지는 것이 타당하다.

포털미디어의 공정성과 관련된 두 번째 쟁점은 포털이 제공하는 검색 서비스에서 발생한다. 포털 검색 서비스는 오늘날 사회 구성원들이 일상에서 필요한 정보, 지식, 뉴스를 습득하는 일차적 수단이다. 포털 검색 서비스는 사회구성원들이 세상을 접하는 창으로 기능하며, 따라서 이 창은 왜곡되지 않은 세상의 모습을 보여줄 수 있어야 한다. 그렇지 못할 경우 심각한 공정성 문제가 발생하게 된다.

우리나라의 대표적 포털미디어들이 제공하는 검색 서비스 역시 이러한 맥락에서 논란의 대상이 되고 있다. 이에 대해 네이버를 비롯한 포털사업자들은 자율규제기구를 설립하고, 그 산하에 검색어 검증위원회를 구성하여 투명성 보고서를 발간하는 등 공정성 시비에 능동적으로 대응하는 모습을 보여왔다. 그러나 일반인의 개인정보 침해사례나 어뷰징 문제도 증가하고, 역어뷰징과 같은 새로운 양상의 문제가 계속 등장하는 상황이다. 이러한 문제에 효율적으로 대응하기 위해서는 이용자 권리침해에 국한해 제한적으로 운영되는 자율정책기구가 아니라, 포털 검색 서비스의 공정성과 관련한 문제들을 선제적으로 진단하고 그에 대응하는 강화된 위상의 자율정책기구가 정립될 필요가 있다.

공정성 논의가 필요한 미디어 영역의 마지막 사례로 대안언론을 꼽을 수 있다. 대안언론의 내용과 형식은 종종 통상적인 사회적 책임의 한계를 벗어남에도 그 주변적 위상 및 영향력으로 인해 폭넓은 관용이 용인되어 왔다.

문제는 대안언론이 여론형성과 민주적 의사결정에 영향을 미치는 지위를 확보하게 되었을 때 발생한다. 대안언론이 영향력을 확보한 순간, 이들은 더 이상 적소매체(*niche media*)로서 일부의 수용자에게 선별적으로 노출되는 것이 아니다. 대안언론이 영향력을 갖게 되었다는 것은 이들이 사회적 의제설정의 힘을 지닌 미디어 권력으로 부상했음을 뜻한다. 만약 영향력을 갖춘 대안언론이 공론장을 과열시키기만 할 뿐 건강한 민주주의 담론형성과 거리가 있다면 이는 대안언론이 목적으로 하는 바를 스스로 버리는 셈이 된다. 따라서 대안언론은 그들의 영향력에 부응하게끔 정파적 급진성을 조정하고 공정성 원칙을 강화할 필요가 있다. 이는 여론에 영향을 미치는 언론의 기본의무이자 대안언론이 지속가능성을 확보하기 위한 전략이기도 하다.

3. 제도화된 미디어 공정성 규제

미디어 공정성은 미디어 스스로 수립한 자율적 기준에 의해 지켜지는 것이 기본원칙이다. 하지만 경우에 따라 사회적 차원에서 엄정한 미디어 공정성 원칙이 수립되고 집행될 필요성이 존재한다. 이 연구서의 제13장과 14장은 이처럼 엄정하게 제도화된 미디어 공정성 규제에 초점을 맞추고 있다.

그 첫째 사례가 선거보도 규제라 할 것이다. 선거는 민주주의를 실현하는 가장 중요하고 기본적인 장치이다. 이 시스템이 원활히 작동하기 위한 핵심요소가 미디어이다. 하지만 선거에 미치는 미디어의 영향이 큰 만큼 그 역할을 둘러싸고 많은 문제가 제기된다. 특히 후보자에 대한 올바른 이해를 가로막고 유권자의 관심과 참여를 저하시키는 불공정 보도시비가 적지 않다. 선거보도의 공정성은 미디어 공정성의 시험대라고까지 할 것이다. 이에 따라 전세계 주요 국가들은 선거보도의 공정성을 유지하기 위해 엄정한 제도적 장치를 마련해 두고 있으며 우리의 경우도 마찬가지이다.

하지만 종래의 선거보도 관련 공적 규제의 규정이나 기준을 구체화하는 문제, 미디어들의 가이드라인을 보다 구체화하는 문제, 새로운 미디어들에 대한 규제공백을 해소하는 문제, 심의의 질을 제고하는 문제 등을 둘러싸고 제도개선 차원에서 다수의 과제들이 지적되고 있다. 당장 선거 후보자들의 방송출연과 관련하여 우리나라는 정량적·정성적 규정이나 기준이 구체적이지 않다. 프랑스는 '형평성의 원칙'과 '평등성의 원칙'을 융통성 있게 활용하여 선거 후보자와 그 지지자의 방송출연에 대한 정량적 기준을 제시하고, 미국은 커뮤니케이션법상의 동등기회의 규칙(*equal opportunity rule*)을 통해 모든 공직 입후보자들이 동등한 조건으로 방송을 활용할 수 있도록 보장하는 것과 대비된다. 양적 편파성 외에 질적 편파성을 극복하기 위한 성문화 작업도 필요하다.

선거보도 공정성 관리에서 매체별 차별성을 어떻게 감안할지도 과제로 남아 있다. 현재 선거기사 심의와 관련하여 선거기사의 범주에는 사실 기사나 광고뿐 아니라 사설과 논평 등 견해 표명성 내용도 포함된다. 이는 신문에 대해 기사의 경향성을 인정하는 해외 주요국들의 일반적 추세에 비추어 상대적으로 엄격한 선거보도 규제이다. 하지만 이 같은 규제에도 불구하고 우리나라 신문의 선거보도 행태는 공정성 차원에서 문제가 많은 것으로 지적되고 있다. 신문들이 사설 등을 통해 특정 후보 지지를 공표하지는 않지만, 특정 후보나 정당에 유리하거나 불리하게 보도나 논평기사를 쓰는 일은 비일비재하다.

인터넷 선거기사에 대해서도 매체의 특성을 고려한 세심한 기준이 마련되지 못한 가운데 실제 심의과정에서 지상파TV나 케이블TV처럼 엄격한 기준을 적용하지 않는 것이 관행이 되고 있다. 〈나는 꼼수다〉나 〈손바닥TV〉, 〈아프리카TV〉와 같이 정보통신망을 통해 전파되는 새로운 서비스들은 규제공백 상태에 놓여 있다.

2011년 12월 29일 헌법재판소의 판결에 의해 상시적 선거운동이 허용된 일반 국민들의 '인터넷을 이용한 선거운동'의 경우에도, 인터넷 선거운동의 범위를 둘러싼 논란이 존재한다. 카카오톡을 예로 들 경우 이를 인터넷을 이용한 전자우편으로 볼지, 아니면 문자메시지로 볼지에 따라 공직선거법 규제여부가 갈리게 된다. 급속한 미디어 기술발전 및 매체 간 속성의 융합에 따라 매체의 유형을 엄밀하게 구별하는 것이 어려워지는 상황에서 이러한 규제의 혼선은 불가피한 실정이다. 선거에 미치는 새로운 미디어들의 영향력을 실증적으로 탐구하고 해외 주요 선진국의 규제추세를 면밀하게 관찰하는 노력이 요구된다.

제도화된 미디어 공정성 규제의 또 다른 대표사례는 방송통신심의위원회(방심위)에 의한 미디어 콘텐츠 심의, 특히 방송콘텐츠 심의이다. 실질적 국가기관인 방심위에 의한 방송심의는 과연 필요한가? 그것이 정치권력 앞에서 공정할 수 있는가? 그간 방심위의 인적 구성부터 심의절차, 그리고 심의규정의 조항들에 이르기까지 방송심의의 제도적 차원과 관련해 많은 논의가 이루어졌다. 이러한 논의들이 제안하는 방심위의 구조개편을 통한 정치적 독립성 확보, 민주적 의사결정 방식의 도입, 모호한 심의규정의 개선은 현행 방송심의의 핵심적 문제들을 지적하고 있다.

이와 동시에 중요한 것이 심의를 수행하는 '사람들'의 문제이다. 제도라는 외부적 조건이 동일한 상황이라 할지라도, 어떤 사람들이 어떤 규범을 내면화하여 어떤 방식으로 심의를 진행하는가에 따라 그 심의의 질과 성과는 크게 달라질 수 있다. 2014년 초여름 문창극 총리후보 지명자에 대한 KBS 보도를 심의하는 과정에서 이러한 가능성이 확인되었다. 절차적 공정성, 토론의 합리성, 시민성, 그리고 정파성의 한계를 극복한 의견 조정성이 빚어낸 성과였다.

국가에 의한 방송심의는 그 본래의 목적과 다르게 정치권력에 의한 방송 통제수단으로 악용될 가능성이 크다. 현재의 방송심의 제도를 둘러싸고 지속적인 논란이 빚어지는 이유도 바로 이 때문이다. 그러나 방송심의가 정치적으로 악용될 가능성으로 인해 방송을 무규범 상태에 방치하는 것이 대안이 될 수는 없다. 방송의 자율규제 역량이 자리를 잡을 때까지 방송에 대한 제도적 심의를 유지하되, 이러한 심의를 최대한 공정하게 만들기 위한 노력을 기울이는 것이 현재로서는 최선책이라고 할 것이다. 지금까지의 노력은 제도에 집중되었지만, 문창극 보도 심의사례는 심의 주체들의 중요성을 확인시켜 주었다.

800

4. 남아있는 쟁점: 공정성 원칙 vs 공정성 투쟁

이제 미디어 공정성 원칙에 대한 긴 논의를 마무리하면서 필자가 끝까지 미루어 두었던 어렵고도 뜨거운 쟁점을 다루어 보고자 한다. 그것은 "미디어 공정성의 문제가 미디어의 내용 측면과 관련된 원칙이나 가이드라인에 의해 해결될 수 있는가?"라는 질문과 관련된다.

이러한 질문에 대해 부정적 입장을 취하는 입장, 특히 국가적 차원의 법제도나 미디어 단위로 자율적으로 제도화된 공정성 원칙을 배격하는 입장은 미디어 현장인력들에게 있어서, 그리고 미디어 정책이나 언론법을 연구하는 이들 사이에서 쉽게 찾아볼 수 있다. 보다 일반적으로 한국 사회에서 진보진영으로 통칭되는 집단 속에서 공정성 원칙에 대한 부정적 시각이 발견된다. 이들은 공정성 원칙을 국가권력이 미디어에 대한 정치적 통제를 수행하는 명분에 불과한 것으로 간주한다.

이와 같은 진보진영의 입장을 규명하는 것은 단순하지 않다. 앞서 제4장에서 살펴본 대로 미국에서 국가에 의한 방송 내용규제에 해당하는 공정성 원칙(Fairness Doctrine)은 진보적 사회집단(정치인들의 경우 입장이 애매했지만)의 적극적 지지를 받았다. 우리 한국 사회의 진보 진영은 이를 반대한다. 이러한 차이는 어디에서 비롯되는가?

지나친 단순화의 위험에도 불구하고, 일반적으로 미디어 정책을 바라보는 시각은 자유주의 시각(liberalism)과 공동체주의 시각(communitarianism)으로 대별해 볼 수 있다(윤석민, 2005, 1장의 논의 참조). 미국의 경우 미디어 정책에 대한 보수적 입장은 전형적인 자유주의 시각으로 나타난다. 사상의 자유시장(free market place of ideas) 원리에 따라 절대적 언론(미디어)의 자유를 옹호하는 입장이 그것이다. 진보적 입장은 공동체주의 시각을 드러낸다. 공익(*public interest*)의 관점에서 미디어의 사회적 책임을 요구한다. 표현의 자유와 미디어의 자유를 구별하고 전자를 위해 미디어에 대한 일정한 구조적 및 내용차원의 규제가 필요하다고 본다.[1]

우리 사회에서는 이러한 원론적 구분이 잘 적용되지 않는다. 하지만 양 진영의 극단적 세력을 배제할 때, 진보진영의 입장은 정치적 자유주의의 시각에 공동체주의 관점, 그리고 여기에 일정한 정치적 진영논리가 더해져 있는 상태 정도로 파악해 볼 수 있다. 이들은 일체의 정치적 통제에 저항하는 정치적 자유주의의 관점에서 제도화된 미디어의 내용규제에 대해 강한 거부감을 표출한다. 언론의 자유는 권위주의 정치체제로부터 수호되어야 할 가장 소중한 자유이기 때문이다. 하지만 이러한 언론의 자유에 대한 인식은 보수언론에 대해서는 적용되지 않는데 그 기저에는 보수언론을 정치권력의 일부로 간주하는 의식이 깔려 있다. 따라서 이들은 언론의 다양성 실현을 위해 (지배적인 보수) 미디어에 대한 엄격한 구조(소유) 규제를 유지할 것을 요청한다.

이에 반해 보수진영의 입장은, 자유주의 시각에 정치적 공동체주의 시각이 결합 내지 혼재하는 상태라고 할 것이다. 이들은 기본적으로 시장의 힘을 신봉하되, (과도한 상업적 경쟁에 따른) 미디어의 폐해를 우려한다. 이에 따라 미디어 소유구조는 풀어 주되 미디어가 내보내는 내용에 대한 책임을 주문한다.

이러한 양 진영, 특히 진보진영의 입장은 권위주의 통치가 장기간 지속된 한국 사회의 역사적 경험에 뿌리를 두고 있다. 이들은 가장 단순하게 말하자면 권위주의 정치권력 및 이들의 동조세력에 대해 강한 거

---

[1] 최근 들어 이러한 입장을 활발히 개진하는 대표적인 언론법 학자로 하버드대학 법학전문대학원의 선슈틴(C. Sunstein)을 들 수 있다.

부감을 보유한 집단이다. 이들이 공정성 원칙에 기초한 제도화된 미디어 내용규제에 대해 부정적 태도를 표출하는 이유는 미디어의 사회적 책임을 경시해서가 아니라 정치권력이 이를 언론통제의 수단으로 악용할 가능성을 더욱 심각하게 우려하기 때문이다.

이러한 진보진영의 입장에서 '진정한' 공정성이란 미디어에 대한 정치권력의 영향력을 배제하는 문제, 그리고 이를 위해 미디어의 지배구조(*governance*)를 바로잡는 문제가 된다. 이들에게는 방송통신위원의 선임이 정치적으로 이루어지고, 이들에 의해 주요 공영방송의 이사회가 정치적으로 구성되고, 다시금 이들에 의해 정치적으로 사장이 임명되며, 그 사장이 방송의 주요 인사 보직을 좌우하는 현실, 내지 이와 유사하게 방송의 내용규제를 담당하는 방송통신심의위원회의 위원들이 정치적으로 선임되는 현실이 방송의 공정성을 훼손하는 일차적 문제로 인식되는 것이다.[2] 이와 같은, 하지만 매우 신중한 시각의 전형을 언론학자 조항제에게서 찾아볼 수 있다(2014. p. 334).

KBS의 역대 사장의 면모에서도 보았듯이 만약 KBS의 거버넌스에 대한 정치개입이 지금보다 약했다면 공정성 논의의 차원 역시 이렇게 본질적인 부분으로까지 확대되지는 않았을 것이다. 이 말은 실제 뉴스의 공정성이 반드시 좋아졌을 것이다 라는 것은 아니다(물론 그럴 가능성

2 2012년 초 박근혜 정부 출범 당시 야당 측의 조직적인 반대로 정부조직개편 법안이 통과되지 않아 정부구성이 지연되는 상황이 발생하였다. 힘든 협상과정을 거쳐 국회차원에서 방송공정성특별위원회(위원장 이상민 새정치국민회의 의원)를 구성하여 이 문제를 검토하는 것을 전제로 정부조직 개편안이 통과된다. 동 위원회에서 방송 공정성 문제가 다루어졌을 때 가장 뜨거운 쟁점은 KBS 이사회 및 MBC의 지배주주인 방송문화진흥회 이사회 구성 등 주요 지상파 방송의 지배구조 문제였다. 이러한 이사회를 구성함에 있어서 여야 추천위원수의 형평성 확보, 사장 선임 등 중요한 의사결정에서 특별다수제의 도입 등이 대안으로 제시되었고, 당시 전문가 자문단 회의에서 이러한 안이 다수결로 통과되었지만 국회의 논의과정에서 이는 무산되었다.

이 높다). 설사 거버넌스가 절차의 의의를 살려 선임되었다고 하더라도 반드시 그렇게 될 것이라고 단언할 수는 없다. 뉴스의 공정성과 담론에는 다양한 '변수'가 개입되기 때문이다. 그러나 공정성 논의의 수준이 지금과 사뭇 달랐을 것이고, KBS 자신이 주장할 수 있는 몫도 지금보다 훨씬 커졌을 것이라는 점은 확신을 갖고 말할 수 있다.

이러한 인식 속에서 미디어 공정성을 실천하는 일차적이고도 논리적으로 자연스레 귀결되는 방법은 정치권력 및 그 하수인 격인 방송사의 경영진에 맞서 정치로부터 독립된 방송 거버넌스를 수립하는 것이다. 공정성은 투쟁을 통해 쟁취해야 하는 목표가 되며, 정치권력 및 그가 임명한 경영진이 주도해 만든 공정성 원칙은 순응해야 할 규범이 아니라 배격해야 할 방송 순치(馴致)의 이념으로 간주된다.[3]

우리의 방송 역사 속에서 '공정성 투쟁'이 '공정성 원칙'에 앞서고, 후자는 드물지 않게 배격의 대상이 되는 것은 이러한 맥락에서 이해될 수 있다. 하지만 필자는 다음의 몇 가지 이유에서 궁극적으로 우리 방송에서 공정성 투쟁만큼이나 공정성 원칙이 중요하며 궁극적으로 후자에 의해 전자가 대체되어야 한다고 본다.

첫째, 방송 공정성의 문제는 정치의 문제로만 국한되지 않는다. 방송의 정치적 독립은 여전히 가장 중요한 목표이다. 하지만 우리 사회 요소요소에 권위주의의 잔재가 남아 있음에도 불구하고 정치 민주화는 꾸준히, 실질적으로 진전되고 있다. 최근 들어 방송의 공정성에 대한 위협은 정치만큼이나 시장에서 오고 있는 상황이다. 보다 일반적으로 우리 사회가 다원화되면서 공정한 취급이 요청되는 이해갈등은 정치와

---

3 이 책의 제5장에서 살펴본바 금번에 KBS 공정성 가이드라인이 엉성하게 만들어진 이유도 어떻게 보면 이러한 이유 때문이라 할 것이다. 이러한 가이드라인이 경영진에 의한 방송 통제와 동일시되는 상황에서 가이드라인을 제대로 만들 이유가 처음부터 없었을 것이다.

시장의 영역을 넘어 지역, 종교, 문화, 직종, 성(gender), 세대 등 다차원적 영역에서 발생하고 있다. 방송사의 자사이기주의에 따른 공정성 훼손 문제는 또한 얼마나 심각한가?[4] 이 같은 상황은 우리 사회에 있어서 방송 공정성의 문제를 정치권력에 의한 방송장악 구도에서 바라보는 종래의 단순한 공정성 투쟁 프레임의 변화를 요구한다.

둘째, 방송의 공정성을 훼손하는 지배구조 문제를 해결하기 위한 노력은 지속되어야 한다. 하지만 성숙한 전문직주의가 자리 잡기 전까지 지배구조의 변화만으로 때로 직접적으로, 때로 은밀하게 작동하는 정치권력의 힘을 완전히 벗어나는 데는 한계가 있을 수밖에 없다. 더 나아가 현재 우리 사회 방송의 실질적 지배구조는 기형적 방식의 진영 간 균형태를 드러내고 있다. 대통령과 정부-여당으로 대표되는 정치권력, 정치권력에 의해 임명되는 이사진, 이들에 의해 선정되는 최고 경영자, 그가 임명하는 주요 포스트의 간부들, 보수언론, 보수적 시민단체 등이 한쪽 진영을 형성하고 있다면, 이에 맞서는 야권의 정치세력, 야당추천 이사들, 방송노조 및 직능단체, 일선의 방송인력, 진보언론, 진보적 시민단체 등이 그 반대진영을 형성하고 있다.[5] 이러한 양 진영 간에는 서

---

4 자사이기주의 보도란 특정 미디어가 자사의 조직 차원에서 사사로운 이해가 걸린 문제에 대해 편향적 보도행태를 보이는 것을 말한다. 미디어 자신, 관련 사업, 사주 및 그 가족들, 주요 광고주, 그리고 경쟁 미디어 등에 대한 뉴스보도에 있어서 미디어들이 편향적인 보도행태를 보인다는 것은 잘 알려진 사실이다. 가장 엄정한 공정성을 요구받는 방송에 있어서도 이러한 자사이기주의는 예외가 아니다. 특히 우리 사회에서 방송미디어와 직접 관련된 공공 정책(방송 사업권, 공영방송 수신료, 방송광고 규제, 주파수 할당, 유료방송 채널 사용료, 방송 소유규제 등), 이러한 정책을 집행하는 정부 부처, 그리고 해당 정책에 영향을 받는 이해당사자들에 대한 방송사들의 자사이기주의적 보도 행태는 그 심각성이 도를 넘었다는 평가를 듣고 있다.

5 이러한 현상은 2000년대 들어 본격화되었다. 김대중·노무현 정부로 이어지는 진보 정권에서는 방송위원회-지상파방송사-청와대-여당-진보적 시민단체로 이어지는 진보진영과 보수야당-보수신문-사회보수층으로 이어지는 보수진영 간의 대립양상이 나타났다.

로 다른 정치적 입장이 존재할 뿐 그 어느 측도 스스로를 공정하다고 말하기 어렵다. 양측 모두 진영의 논리를 생산하고 있다고 보아야 한다. 정의가 부정의에 맞서 투쟁해야 하는 상황이 아니라 원칙에 의해 조정되어야 하는 정치적 입장의 대립상황인 것이다.

셋째, 정치권력의 방송통제에 맞서는 방법론의 효율성 차원에서도 직접적인 물리적 투쟁은 한계를 지닌다. 이러한 투쟁의 전형으로 방송 공정성 실현을 기치로 내건 방송노조의 파업을 들 수 있다. 방송 지배구조가 정치적으로 장악되는 현실에서, 그리고 규정과 상식을 벗어난 경영진의 독주가 자행되는 현실에서 방송인력을 대표하는 최대집단인 방송노조에 의한 파업은 형식논리를 떠나 나름의 상황적 정당성을 내포한다. [6] 하지만 물리적 투쟁은 그 맞불 작전 격의 또 다른 물리적 대응

하지만 이명박 정권의 출범 이후 이러한 대립양상은 방송통신위원회-청와대-보수여당-보수신문-방송사 경영진으로 구성된 보수 진영과 진보야당-진보적 언론-언론관련 시민단체-방송노조로 연결된 진보진영 간의 대립구도로 재편되고, 대립의 강도도 한층 심화되는 양상이 나타났다. 특히 이명박 정부시절, 신정부의 시장주의적 정책기조가 노골적으로 드러나기 시작하면서, 공공성을 기치로 제반 사회운동 세력이 결집하는 현상이 나타났다. 미디어영역에서 각자 상이한 목표를 가지고 활동하던 언론노조, PD연합회, 기자협회, 민주언론시민연합, 언론개혁시민연대 등 언론관련 단체는 물론이고, 공공운수, 보건의료, 전교조, 공무원노조, 사무금융연맹 등 다양한 노동단체들도 이명박 정부의 시장주의적 정책이념을 저지하기 위해 연대 움직임을 보였다. 이 같은 대립구도의 심화는 방송 정책결정 과정을 이념대결과 편 가르기가 난무하는 정치투쟁의 난장으로 변질시켰다 (윤석민, 2011, pp. 299~302).

6 근로조건의 개선을 목적으로 하는 노조가 방송의 사회적 책무라 할 방송 공정성을 기치로 파업하는 것은 형식논리상 타당하지 못한 측면이 있다. 하지만 공정성을 기치로 내건 2012년 MBC 파업을 정당한 것으로 인정한 사법부의 판단(1심 서울 남부지방법원, 2014. 1. 17, 2심 서울고등법원, 2015. 4. 29)은 이러한 상황적 정당성을 반영한 것이라고 할 것이다. 재판부는 2012년 파업의 주된 목적이 "김재철이라는 특정한 경영자를 배척하는 것이 아니라 방송의 공정성을 보장받고자 하는 데 있다"고 보았다. 대표 사례는 파업을 촉발시킨 지난 2011년 말 한미 FTA 관련 불공정 보도였다. 재판부는 MBC 노조가 2011년 중 총 14회에 걸쳐 사측에 공정방송협의회 정례회의 또는 임시회의 개최를 요구했으나 이에 대해 사측은 임시회의만 단 3차례 개최하는 데 그쳤을 뿐, 정례회의는 단 한 차례도

(드물지 않게 어용노조, 관변 단체 등을 동원하는)을 초래하면서 진흙탕 싸움 양상의 힘 대결로 변질되는 경우가 비일비재하다. 또한 그 과정에서 방송의 사회적 책무가 방기될 수밖에 없고, 이는 결국 파업의 대상 및 파업의 주체 모두가 타격을 입는 결과를 초래하게 된다. 국민 대다수가 무관심에 가까운 차가운 시선을 보낸 가운데 사측 및 노조 양측 모두 큰 타격을 입고, 내분의 골만 깊어진 상태로 종료되었던 2011년 MBC의 장기파업은 그 대표적 사례이다. 21세기 디지털 미디어 시대에 더 이상 이러한 소모적이고 후진적인 물리적 대결구도로 정치적 통제에 따른 공정성의 문제를 해결할 수는 없다 할 것이다.

그렇다면 이러한 맥락에서 정치권력의 방송통제에 맞설 수 있는 보다 타당한 대응방식은 무엇인가? 〈표 15-1〉은 지금까지의 논의를 토대로 '공정성 투쟁'으로 표상되는 미디어 공정성 원칙에 대한 회의적 입장과 '공정성 원칙'으로 표상되는 미디어 공정성 원칙에 대한 긍정적 입장의 차이점을 비교해 본 것이다.[7] 전자의 경우 공정성 원칙을 기본적으로 언론자유에 대한 규제로 간주하는 반면, 후자의 경우 이를 언론의 자유를 실질적으로 보장하기 위한 객관적 질서의 형성 수단으로 인식한다.

개최하지 않았다는 점에 주목했다. 나아가 재판부는 "공정방송의 의무는 방송법 등 관계 법규 및 단체협약에 의해 노사 양측에 요구되는 의무임과 동시에 근로관계의 기초를 형성하는 원칙"이라며 "방송의 공정성을 실현하기 위한 제도적 장치의 마련과 그 준수 또한 사용자가 노동조합법에 따라 단체교섭의 의무를 지는 사항"이라고 판시하였다. 따라서 방송사 구성원들이 공정방송협의회와 같은 제도를 통해 사측에 불공정 보도 개선 및 시정을 요구하는 행위는 근로조건과 밀접한 관계가 있고, 이러한 장치가 제대로 기능을 하지 못하게 돼 쟁의행위로 나아가는 것은 노동조합법이 규정하는 근로조건에 관한 분쟁에 해당한다는 것이 재판부의 결론이었다.

7 이 표는 KBS 방송문화연구소가 주관하는 공영방송발전포럼에서 필자가 미디어 공정성의 이론적 토대에 관련된 내용을 발표할 당시, 포럼 멤버인 배진아 교수가 토론문에 포함시킨 표의 내용을 보완한 것이다.

전자의 경우 공정성 원칙이 언론자유를 억압하는 위축 효과를 초래한다고 보는 반면, 후자의 경우 언론자유를 강화하고 확장시킨다고 본다.

이 중 필자가 어느 입장에 서 있는지는 굳이 언급할 필요가 없을 것이다. 이 책 전반을 통해 필자는 후자의 입장을 역설해 왔다. 특히 21세기 한국사회의 현재적 상황에서 '공정성 투쟁'은 '공정성 원칙'으로 방향을 틀어야 한다는 것이 필자의 입장이다.

보다 구체적으로 필자는 공정성 원칙을 다층위적으로(예를 들어 방송인에게 내면화된 윤리와 규범, 방송사업자의 자율적인 공정성 가이드라인으로부터 국가에 의한 방송심의 및 평가기준에 이르기까지) 내용 차원에서 더욱 정교화하고 실행력 차원에서 보다 공고하게 만드는 노력이 정치권력으로부터 공정한 방송을 지켜내기 위한 가장 기본적이고도 실효성 있는 길이라고 본다. 공정성 원칙을 처음부터 정치적 통제 내지 규제 수단으로 간주하는 것은 타당하지 않다.

공정성 원칙이란 논쟁하는 한 측이 다른 한 측에게 강제할 수 있는 불평등 조건 내지 항복문서(현시점에서 이러한 항복문서가 어떻게 가능하겠

〈표 15-1〉 미디어 공정성 원칙에 대한 두 가지 입장

구분 입장	공정성 투쟁	공정성 원칙
정치적 성향	진보	보수
미디어 공정성 원칙에 대한 판단	언론자유에 대한 규제	언론자유를 실질적으로 보장하기 위한 객관적 질서의 형성
미디어 공정성 원칙의 실효성에 대한 평가	회의적	긍정적
미디어 공정성 원칙의 영향	위축효과에 따른 언론자유 억압	언론자유의 강화 및 확장
미디어 공정성 정립을 위한 제도적 수단	거버넌스 개혁 / 구조(소유) 규제	행위(내용) 규제

는가)가 아니라 서로가 상대의 입장을 살피면서 타협과 양보를 통해 만들어 내는 게임의 규칙이다. 제 2장에서 말한 소통의 규범이 그것이다. 이러한 원칙이 규범으로 정립되고 공고화될 때 일선 기자나 PD뿐 아니라 거버넌스를 행사하는 경영진, 모두가 이에 구속된다. 규범이 공고하게 자리 잡은 상황에서 규범을 명확한 이유 없이 위배하는 것은 심각한 문제가 된다. 규범이 지닌 힘이 여기 있다. 이러한 규범은 소모적인 공정성 논란 발생의 가능성을 줄여 주고, 공정성 논란이 발생했을 시에 모든 외부적 기준에 선행하는 최우선의 자체 기준으로서 방송의 자율성을 지켜 주는 안전판 역할을 하게 된다.

이러한 맥락에서 공정성 원칙은 제대로 된 비판적 방송 저널리즘의 실천을 가능하게 해주는 기반이다. 이 기반이 공고하게 구축되었을 때, 치기(稚氣)에 가까운 무리한 방송시도 및 집단적 저항방식에 의존하지 않고도 기자는 일상적 보도행위를 통해, 그리고 PD는 일상적 프로그램 제작행위를 통해 비판적 저널리즘을 실천하는 것이 가능하게 된다. 공정성 원칙을 지키지 않은 권력비판은 많은 경우 미숙함을 내포하고 그에 따른 반작용을 초래할 가능성이 높다. 역으로 이러한 비판이 공정성 원칙으로 제대로 무장되었을 때 그 권력비판 효과는 극대화되며 이에 대한 거버넌스 차원의 간섭 및 통제는 어려워질 수밖에 없다. 공정성의 문제를 지배구조를 통해 해결하는 것이 아니라, 지배구조의 문제를 공정성 원칙을 통해 해결할 수 있게 되는 것이다. 이 책 전반을 통하여 필자가 강조한바, 공정성 원칙은 소통의 자유를 통제하는 수단이 아니라 소통의 자유를 보장하기 위한 전제조건이라는 주장의 의미가 이것이다.

세간의 우려처럼, 이러한 원칙을 구체화한 규범이나 가이드라인은 그 자체로 '정치성'을 띠며, 기자들이나 PD들의 표현의 자유를 제한하

거나 위축시키는 통제와 감시의 수단으로 작동할 소지도 있다. 이러한
맥락에서 미디어 공정성 원칙이 소통의 자유를 구현하는 수단이 되기
위해서는(= 미디어 공정성 원칙을 객관적 질서의 형성으로 보는 입장이 정
당화되기 위해서는) 그 제도적 내용 및 실행 과정에 대한 사회적 합의와
신뢰가 전제되어야 하며, 이러한 전제가 확보되지 않는다면 미디어 공
정성 원칙은 언론자유를 강화하는 것이 아니라 오히려 위축시킬 가능
성이 크다는 주장이 제기되기도 한다. [8]

하지만 언뜻 보아 무리 없어 보이는 이 주장은 사실상 '공정성 투쟁'
입장의 또 다른 버전에 불과하다. 현실 상황에서 (특히 2장에서 살펴본
바대로 우리 사회처럼 사회구성원들의 대다수가 과잉 정치화되고 과잉 개인
화된 상황에서) 미디어 공정성 원칙에 대한 높은 수준의 사회적 합의와
신뢰를 기대하기란 쉽지 않다. 이러한 상황에서 위의 주장에 따를 경우
미디어 공정성 원칙은 애초에 언론자유를 탄압하거나 위축시키는 수단
으로 간주되어 비판과 배격의 대상이 되고, 논의는 다시금 '공정성 투
쟁'의 논리로 후퇴하게 된다.

따라서 이러한 주장은 다음과 같이 수정될 필요가 있다. "미디어 공
정성 원칙이 소통의 자유를 구현하는 '실효성 있는' 수단이 되기 위해서
는 그 제도적 내용 및 실행과정에 대한 사회적 합의와 신뢰가 전제되어
야 한다. 이러한 전제가 충분히 확보되지 않는다면 미디어 공정성 원칙
의 실효성은 축소될 수밖에 없다. 따라서 미디어 공정성 원칙이 소통의
자유를 실효성 있게 보다 잘 구현하기 위해서는, 동 원칙의 내용과 실
행과정이 사회적 합의와 신뢰를 확보할 수 있게끔 더욱 정교하고 공고
하게 다듬어져야 한다."

---

8 앞서 제시한 KBS공영방송발전포럼 발표시에 제기된 주장이다.

다시 말해, 미디어 공정성 원칙의 문제에 대한 보다 타당한 접근방법은 원칙 자체를 반대하는 것이 아니라, 이를 보다 합리적 원칙으로 발전시키는 데 있다. 이는 이 책을 통해 여러 차례 인용한 바 있는 진보진영의 대표적인 방송정책 전문가인 조항제가 탄핵방송 논쟁의 두 입장(원칙론 vs 상황론)을 검토하는 과정에서, '규범에 매몰된' 그리고 '정치성을 띤' '기계적' 원칙론의 문제를 비판하면서도 결국 다다르는 결론이다. 조금 길지만 관련내용을 인용한다(2014. 319~327의 내용 발췌 정리).

> 당시 KBS를 비롯한 방송들은 대통령의 탄핵을 결정했던 국회와 다수당이었던 한나라당을 시종 공격·비판했으며, 탄핵의 표결을 둘러싼 국회에서의 여러 폭력적 장면들을 여과 없이 내보냈다. 이는 "아무리 느슨한 기준을 대더라도 공정했다고 말하기 어렵다"는 비판을 받게 된다. 방송 측은 당시의 '시대정신'이 그런 탄핵을 용인하지 않았으므로 정당하게 탄핵세력을 비판했다고 반박했다. … 이 논쟁은 저널리즘의 규범, 더 좁게는 공영방송의 공정성을 어떻게 볼 것인가의 차이에서 비롯된다. … 오랜 권위주의와 타협적 민주화를 거친 한국 사회에서는 규범의 정당성이라는 좁은 '문제틀'(*problematic*)에서 이를 '기계적으로' 적용하는 전자보다는 "역사성 안에서 보도를 행할 수밖에 없는 저널리즘이 숙명에 대해서는 눈을 감고, (공정성 여부에 매몰되어) 기술적 면만을 강조하는 것"이라고 반박하는 후자가 검토해 볼 만한 가치가 있다.
>
> 여기에서 '기계적'이라는 말은 바로 논리 자체가 '공정하냐, 그렇지 않느냐' 만을 판단하는 이분법에 집착해 … 사회적 조건성(*contigencies*)이나 일이 벌어진 상황이나 맥락, 의미에 대해서는 맹목이 되어 버린 점을 지적한 것이다. 이런 지적의 이면에는 기계적 접근이야말로 특정한 하나의 정치성이라는 비판이 깔려 있다.
>
> … 개념적 측면에서는 좀더 본질적인 질문이 있을 수 있다. 먼저 떠오르는 것은 공정성을 헤게모니 기획의 일환으로 보고 이를 거부하는 경우

다. 만약 그렇게 본다면 공정성을 부정하거나 대체하는 반헤게모니(또
는 대안 헤게모니)의 개념이 미디어 - 저널리즘의 차원에서 강구되어야
하는데, 이게 잘 안 되면 비판 역시 그렇게 설득력을 얻기 어렵다. 예를
들어 지금의 주류로 볼 수 있는 언론의 자유주의 헤게모니 체제는 '객관
주의'와 '자율성·독립', '전문적 조직·경영'(전문인으로 게이트키핑을
주로 한다)과 '직업적 엘리트' 등으로 이루어져 있다고 볼 수 있다. 이를
극복하기 위해 각각에 대립하는 항목, 곧 '주관주의', '종속', '협력·공
유'(언론 역시 공중의 일원으로 *gate-opening*을 한다), '공중의 대리
자'(일반시민의 참여를 촉진시킨다) 등으로 이루어진 대안 헤게모니 체
제를 상정할 수 있다. 그러나 기왕의 헤게모니 체제가 설사 흔들리고 있
다 해도 이념에서든 현실에서든 이 대안 역시 그렇게 유력하지 않은 것
임을 확인할 수 있다.

… 이 책[조항제의 책][9]이 파악한 탄핵보도의 성격은 규범의 침해여부
에 매몰된 비판 측의 진단에 비해 방송 내부의 관점에서 '왜'와 '어떻게'
를 풍부하게 설명해 주는 장점이 있다. 그러나 그것의 정당성을 따져 볼
수 있는 기준, 달리 말해 그것이 해체해 놓은 규범의 재정립 가능성에
대해서는 선뜻 대답을 찾기가 쉽지 않다. 언론의 객관성 이념이 가지는
약점이 많다 하더라도 그 이념이 지닌 '조절 원리', 일종의 기준점으로
서의 장점들을 무시할 수 없다고 볼 때 이러한 공백은 하루빨리 채워져
야 하는 부분이다.

이제 논의를 정리해 보도록 하자. 공정성 원칙은 뉴스와 내러티브를
결합시키는 PD 저널리즘 프로그램, PP와 지상파의 잘못된 결합인 종
합편성 채널, 사적 미디어와 공적 미디어의 혼종성을 지닌 소셜 미디
어, 메타뉴스 서비스 및 정보검색 서비스 제공을 통해 준(準) 미디어로
기능하는 포털, 그리고 영향력을 갖춘 대안언론인 팟캐스팅에 이르기

---

9 〔〕는 이해를 돕기 위해 필자가 추가.

까지, 새로운 저널리즘의 지평을 열어 가는 새롭고 의미 있는 모든 시도들(드물지 않게 '투쟁들')이 가능성을 활짝 꽃피우면서 지속성을 담보할 수 있기 위한 필수조건이다. 미디어별로 적용되는 공정성 원칙은 각 미디어 현장의 현실, 누적된 경험 그리고 관행을 반영하게 될 것이다. 이 원칙의 실제내용은 국가적 수준에서 엄격하게 제도화된 법규부터 (공영방송의 경우), 자율적 가이드라인(민영방송사 및 소셜 미디어), 독립적 검증위원회의 제언(포털의 경우), 그리고 개별 매체사 단위로 내놓는 자유분방한 취재원칙(대안언론의 경우)에 이르기까지 다양한 공식적, 비공식적 차원의 규범들을 망라하게 될 것이다.

이러한 다양한 양태의 규범들은 그 모습이 무엇이건, 필자가 제 2장에서 피력한 대로 미디어가 실천하는 소통의 기본 원칙과 절차를 밝히는 신뢰와 책임의 규범적 장치들이라는 본질을 공유한다. 이러한 소통 규범들은 사회 제반영역에서 이루어지는 소통행위를 위축, 차단 내지 왜곡시키는 본원적 편향성 문제들을 예측하고 그에 적절하게 대응하는 보호막을 제공해 역설적으로 보다 다양한 소통주체들에 의한 자유로운 소통행위를 가능하게 할 것이다.

이러한 규범들은 혼종성을 지닌 새로운 미디어 공간에서 나타나는 수많은 시행착오들을 줄여 줄 것이다. 공정성 논란이 발생했을 경우 모든 외부적 기준에 선행하는 최우선의 자체 기준으로써 미디어의 자율성을 지켜 줄 것이다. 정치권력 및 그 대행자들의 힘에 맞서는 미디어의 권력비판에 정당성의 힘을 부여할 것이다. 그리고 이러한 비판을 모험주의적 치기가 아닌 일상적 실천으로 자리 잡게 하고 또 그렇게 수용되도록 공고화할 것이다.

필자는 이 책(특히 2부의 챕터들) 전반을 통해 우리 사회에서 이러한 규범들을 내용 차원에서 정교화하고 실행력 차원에서 공고화하려는 노력들이 많은 시행착오에도 불구하고 최근 들어 다수의 미디어 영역(기간공영방송사에 의한 공정성 가이드라인으로부터 소셜 미디어 가이드라인, 그리고 포털 뉴스서비스 및 검색 서비스 자율규정에 이르기까지)에서 조금씩, 하지만 분명하게 진전되고 있음을 드러내고자 하였다.

필자는 그 안에서 소모적인 정치적 갈등과 대결로 점철되어 온 우리 사회의 미디어 그리고 근원적으로 우리 사회의 소통을 보다 자유롭고 강건하게 만드는 희망의 가능성을 본다. 이 모든 노력의 결과가 더해질 때 '투쟁'은 '원칙'으로 대체될 수 있게 될 것이다. 그 원칙이 우리 사회의 미디어 그리고 소통적 실천의 작은 구석들을 채워 갈 때 이 장의 모두에 제시한바 정치권력의 압박이 지나간 이후에도 여전히 남아 자유로운 소통의 실천을 가로막는 권위주의, 자사 이기주의, 조직 내지 집단적 경직성, 관행, 고정관념, 편견의 장벽마저 넘어서는 진정한 자유의 상태가 도래할 수 있을 것이다.

필자는 다음과 같은 BBC의 불편부당성 원칙을 소개하며 이 책을 시작하였다. *"No word is banned by the BBC, but its use must be editorially justified."*(어떤 말도 BBC에 의해 금지되지 않지만, 그 말은 편집 원칙에 의해 정당화되어야 한다.) 이제 이 책을 마치면서 필자는 다음의 한 줄로 이 책의 결론을 대신하고자 한다.

No word must be banned, if its use is editorially justified.
"원칙에 의해 정당화된다면, 그 어떤 말도 금지되지 않을 것이다."

참고문헌

1장

강명구(1994). 《한국 저널리즘 이론: 뉴스, 담론, 이데올로기》. 나남.

강태영(2004). 텔레비전 보도와 공정성 기준: 정치관련 보도를 중심으로. 한국방송학회 주최 학술세미나 〈텔레비전 저널리즘의 공정성과 정치〉 자료집(2004년 4월 30일), 1~18.

강태영·권영설(2000). 방송의 공정성에 관한 연구. 방송위원회.

고민수(2009). 방송사업자의 공정성 의무에 관한 헌법적 고찰. 〈공법연구〉, 37(4), 117~143.

권혁남·이종수·강미은(2002). 공정 선거방송 모델 연구. 방송위원회.

김민환·한진만·윤영철·원용진·임영호·손영준(2008). 방송의 공정성 심의를 위한 연구. 방송통신심의위원회.

김연식(2009). 방송 저널리스트의 공정성 인식연구. 〈한국언론학보〉, 53(1), 161~186.

김종화(2013). 현업자가 본 방송 공정성 문제. 〈방송 공정성 포럼〉 세미나 보고서. 151~161

박재영(2005). 공정성의 실천적 의미: 문화일보 2002년 대선(大選) 보도의 경우. 〈한국언론학보〉, 49(2), 167~195.

백선기(1992). 한국 신문보도의 공정성에 관한 연구. 〈한국사회와 언론〉, 1호, 181~246.

_____(2002). 한국 대통령선거 TV 토론회의 과제 및 개선방안. 〈스피치와 커뮤니케이션〉, 1호, 184~219.

손영준(2011). TV 뉴스 공정성에 대한 시민인식조사: 시민은 동등비중의 원칙을 더 원한다. 〈한국방송학보〉, 25(5), 122~158.

원용진·홍성일·방희경(2008). 《PD 저널리즘: 한국 방송 저널리즘 속 '일탈'》. 한나래.

원희영·윤석민(2015). 종합편성채널의 보도 공정성에 관한 연구: 제 18대 대
　　통령 선거보도 프로그램의 정량적 및 정성적 편향성 분석을 중심으로.
　　〈한국방송학보〉, 29(1), 117∼148.

윤석민(2013). 한국사회 공영방송과 공정성 원칙. 〈방송 공정성 포럼〉세미
　　나 보고서. 방송문화진흥회. 65∼93.

윤성옥(2009). 방송의 공정성에 관한 법적 개념과 규제범위. 〈방송과 커뮤니
　　케이션〉, 10(1), 37∼77.

이민웅(1996). 《한국 TV저널리즘의 이해》. 나남.

이민웅·윤영철·윤태진·최영재·김경모·이준웅(2004). 대통령 탄핵 관련
　　TV방송 내용분석. 한국언론학회.

이민웅·윤영철·최영재·윤태진·김경모·이준웅(2006). 《방송저널리즘과
　　공정성 위기》. 지식산업사.

이민웅·이창근·김광수(1993). 보도 공정성의 한국적 기준을 위한 연구.
　　〈방송연구〉, 36, 180∼213.

이준웅(2008). BBC 허튼위원회 사례를 통해 본 공영방송 저널리즘의 위기.
　　〈한국언론학보〉, 52(5), 83∼106.

_____(2013). 언론의 공정성 규범과 실천. 2013년 〈방송 공정성 포럼〉세미
　　나 보고서. 방송문화진흥회. 3∼26

이준웅·김경모(2008). ‘바람직한 뉴스’의 구성조건: 공정성, 타당성, 진정
　　성. 〈방송연구〉, 67, 9∼44.

이창현(2008). 공정성 관련 방송심의를 둘러싼 사회적 갈등 분석: 〈PD수
　　첩〉과 촛불시위 관련 프로그램의 심의를 중심으로. 〈방송연구〉, 67호,
　　45∼68.

조항제(2014). 《한국 공영방송의 정체성》. 컬처룩.

최영재·홍성구(2004). 언론자유와 공정성. 〈한국언론학보〉, 48(6), 326 ∼
　　342.

헤이우드, 앤드루·이종은·조현수(2007). 《현대 정치이론》. 까치.

황 근(2009). 여론 다양성과 방송보도의 공정성 증진방안 연구. 방송통신위
　　원회.

KBS(2015). "실무자를 위한 KBS 공정성 가이드라인." KBS 한국방송.

Allan, A. (2005). Whose truth?: The politics of impartiality in British public service broadcasting. An International Symposium: Autonomy, Accountability and Assessment of Public Service Broadcast Journalism. 1~43.

BBC Trust (2007). *From seesaw to wagon wheel-safeguarding impartiality in the 21th century.* BBC Trust.

Bennett, W. L. (1996). An introduction to journalism norms and representations of politics. *Political Communication,* 13(4), 373~384.

Besley, J. C. & McComas, K. A. (2007). Reporting on fairness in civic life: Interviews with journalists about writing on local political leaders. *Journalism Practice,* 1(3), 339~355.

Gilligan, E. (2006). A re-examination of reporters' norms and the routines used to maintain them. Paper presented at the annual meeting of the international communication association, Dresden, Germany, June, 19~23.

Gillmor, D. (2006). *We the media: Grassroots journalism by the people, for the people.* Beijing: O'Reilly.

Gump, D. (2002). *The role of vivid language in the perception of fairness and other story attributes by readers and reporters.* University of North Carolina at chapel hill.

Janowitz, M. (1975). Professional models in journalism: The gatekeeper and the advocate. *Journalism Quarterly,* 52(4), 618.

Johnstone, J. W., Slawski, E. J., & Bowman, W. W. (1972). The professional values of American newsmen. *Public Opinion Quarterly,* 36(4), 522~540.

Kovach, B. & Rosenstiel, T. (2001). *The elements of journalism: what newspeople should know and the public should expect.* New York: Three Rivers Press.

Krattenmaker, T. G. & Powe Jr., L. A. (1985). Fairness doctrine today: A constitutional curiosity and an impossible dream. *Duke Law Journal,* 15, 151~176.

Lowe, G. F. & Steemers, J. (2012). *Regaining the initiative for public service media*. Nordicom Göteborg.

McQuail, D. (1986). From bias to objectivity and back: competing paradigms for news analysis and a pluralistic alternative. *Studies in communications*. 3, 1~36.

_____ (1992). *Media performance: Mass communication and the public interest*, CA: Sage.

Rosengren, K. E. (1979). Bias in news: Methods and concepts. *Studies of Broadcasting*, 15(5), 31~45.

Sambrook, R. (2012). Delivering trust: Impartiality and objectivity in the digital age. Report for the reuters institute for the study of journalism.

Schudson, M. (1981). *Discovering the news: A social history of American newspapers*. New York: Basic Books.

Westerståhl, J. (1983). Objective news reporting general premises. *Communication Research*, 10(3), 403~424.

김인철(2015, 7, 14). 〈어떻게 생각합니까〉② 예능도 공정성·객관성 필요 (인터넷미디어협회). 〈연합뉴스〉. URL=http://www.yonhapnews.co.kr/bulletin/2015/07/13.

홍재의(2015, 7, 16). 공개형 뉴스제휴 평가위원회 준비위, 심재철 위원장 선임. 〈머니투데이〉. URL=http://www.mt.co.kr/view/mtview.

박수철(2015, 7, 21). 국내 온라인 뉴스는 어디로 가고 있는가?. 〈미디어스〉. URL=http://www.mediaus.co.kr/news/articleView.

2장

강남준(2006). 다채널 다미디어 시대의 바람직한 심의시스템 모색: 자율심의는 적절한 대안인가?. 한국여성민우회 미디어 운동본부 주최 제1차 시민미디어포럼 〈방송통신융합하의 심의 어떻게 할 것인가〉 발제문.

강명구(1994). 《한국 저널리즘 이론》. 나남.

강준만(2011). 소통의 정치경제학: 소통의 구조적 장애요인에 관한 연구. 한

국언론학회 편. 《한국 사회의 소통위기: 진단과 전망》, 커뮤니케이션
　　북스, 49~65.

강형철(2007). 공영방송의 새로운 정체성. 〈방송연구〉, 여름호, 7~33.

김기태(2004). 《시청자 주권과 시청자운동: 한국언론 수용자 운동론》. 한나래.

김연식(2009). 방송 저널리스트의 공정성 인식연구. 〈한국언론학보〉, 53(1),
　　161~186.

김연식・윤영철・오소현(2005). PD저널리즘에 대한 제작진의 인식과 제작관
　　행. 〈한국방송학보〉, 19(4), 79~124.

김연식・조성호(2008). PD저널리즘의 기원과 발전에 관한 연구. 〈언론과학
　　연구〉, 8(2), 149~176.

김영욱(2002). 《저널리즘의 객관성》(연구서 2002-10). 한국언론재단.

김정태(2005). 《방송법 해설》. 커뮤니케이션북스.

나은영(2015). 《인간 커뮤니케이션과 미디어: 소통공간의 확장》. 한나래.

문재완(2013). 행정기관에 의한 방송내용 심의의 위헌성 검토. 방송문화진흥
　　회 주관 〈방송공정성 포럼〉 발표 논문. 40~64.

문종대・윤영태(2004). 언론공정성 개념의 재개념화. 〈한국언론정보학보〉,
　　27호, 93~122.

문종대・진현승・안차수(2007). 언론 수용자의 공정성 개념에 대한 탐색적
　　연구. 〈한국언론정보학보〉, 38호, 183~210.

박경신(2009. 2. 13). 공정성 심의의 정치적 중립성. 한국언론정보학회 토론회
　　〈방송보도와 심의의 정치적 중립성〉 발제문.

박승관(2005. 6. 3). 군론의 출현과 한국 민주주의. 서울대 언론정보연구소 주
　　최 세미나 〈21세기 한국사회의 변화와 언론이 나아갈 길〉 발표논문.

박승관・장경섭(2000). 한국의 정치변동과 언론권력: 국가-언론관계 모형 변
　　화. 〈한국방송학보〉, 14(3), 81~113.

박용상(2013). 《언론의 자유》, 박영사

박재영(2005). 공정성의 실천적 의미. 〈한국언론학보〉, 49(2), 167~195.

박주연・전범수(2007). 《미디어 다양성: 디지털 융합시대의 미디어 다양성
　　정책》. 한국언론재단.

방송통신심의위원회(2008). 방송의 공정성 심의를 위한 연구.

＿＿＿＿(2009). 방송통신 심의규정 개선방안에 관한 연구.

손병우(2010). 방송심의의 쟁점과 대안. 〈사회과학연구〉, 21(3), 59~80.

송호근(2011). 공론장의 역사적 형성과정: 왜 우리는 불통사회인가? 《한국사회의 소통위기》. 커뮤니케이션북스.

심미선(2014). 시청률로 살펴본 종합편성채널의 현주소. 미디어미래연구소(편). 〈Content + Future〉. 미디어미래연구소. 7~22.

양승목(2011). 발간사. 《한국사회의 소통위기》. 커뮤니케이션북스.

여론집중도조사위원회(2012), 〈2011년도 4대 매체부문 여론집중도 조사보고서〉. 한국언론재단.

오준근(2004a). 방송 심의규정 개정시안의 체계와 주요쟁점: 총칙 및 심의절차를 중심으로. 방송위원회 주최 2004년 5월 19일 〈방송심의에 관한 규정 개정시안〉 공청회 발제문.

_____(2004b). 방송 심의규정에 관한 공법적 고찰: 개정된 방송 심의규정에 관한 몇 가지 쟁점을 중심으로. 〈경희법학〉, 39(1), 39~64.

원용진(2005). 두 방송 저널리즘: PD저널리즘, 기자 저널리즘. 〈프로그램/텍스트〉, 12호, 11~26.

유승관(2004). 방송환경 변화에 따른 다양성 영역에 관한 법제 및 정책연구. 〈한국방송학보〉, 17(3), 7~47.

유종원(1995). 한국에서의 공정보도의 개념과 의미에 관한 연구. 〈한국언론학보〉, 33호, 137~164.

윤석민(1997). 우리나라 방송정책 결정과정에 대한 체계이론적 분석: 통합방송법안의 입법시도와 그 실패를 중심으로. 〈의정연구〉, 5호, 177~207.

_____(2005). 《커뮤니케이션 정책연구》. 커뮤니케이션북스.

_____(2007). 《커뮤니케이션의 이해》. 커뮤니케이션북스.

_____(2008). 2008년 초 정권교체 시점의 방송통신 정책기구 개편을 둘러싼 논의의 혼선과 쟁점들. 〈언론정보연구〉, 45(1), 29~66.

_____(2011). 《한국사회 소통위기와 미디어》, 나남.

_____(2012) 공영방송 위기담론과 공영방송의 진로: 공영방송의 이해 편집을 마무리하며. 《공영방송의 이해》. 한울, 439~452.

윤석민 외(2009). 방송소유규제 완화와 여론독과점. 공영방송 발전을 위한 시민연대 세미나 발표문.

윤석민·박아현(2008). 방송통신 융합시대 방송의 공익성과 내용 규제정책. 〈방송연구〉, 66호, 209~232.

윤석민·이현우(2008). 이명박 정부하의 방송통신 정책결정체계 재편과 방송 정책의 변화방향. 〈방송문화연구〉, 20(1), 35~68

윤재홍(2007). 한국 보도방송 심의제도에 대한 방송기자의 인식. 〈한국방송학보〉, 21(2), 428~474.

이기형(2014). 종편 저널리즘의 위상과 함의: 과잉된 정파적 저널리즘과 '흥분하는' 시사토론 프로그램의 역할을 중심으로. 〈문화과학〉, 78호, 104~128.

이민웅(1996). 《한국 TV저널리즘의 이해》. 나남.

_____(2002). 좋은 뉴스의 으뜸가는 조건으로서 진실보도: 사실, 사회적 구성, 진실보도, 재귀성(reflexivity). 〈언론과 사회〉, 10(3), 9~51.

이민웅 외(2004). 〈대통령 탄핵사태를 둘러싼 방송의 공정성 연구〉. 한국언론학회.

이민웅 외(2006). 《방송저널리즘과 공정성 위기》. 지식산업사.

이민웅·이창근·김광수(1993). 보도 공정성의 한국적 기준을 위한 연구. 〈방송연구〉, 36호, 192~209.

이승환 외(1999). 《아시아적 가치》. 전통과 현대.

이영주·송진(2007). 지상파 방송 심의규제의 적합성에 대한 고찰: 방송심의에 관한 규정 및 집행 사례분석을 중심으로. 〈한국언론학보〉, 52(3), 298~321.

이재경(2005). 방송저널리즘의 기본가치와 역사적 변화. 〈프로그램/텍스트〉, 12호, 11~26.

이재열·장덕진(2009). 한국의 사회적 질: 국제비교(Social quality as a measure for social progress). 제3차 경제협력개발기구(OECD) 세계 포럼 발표논문.

이준웅(2005). 비판적 담론공중의 등장과 언론에 대한 공정성 요구: 공정한 담론규범 형성을 위하여. 〈방송문화연구〉, 17(2), 139~172.

_____(2013. 7) 언론의 공정성 규범과 실천. 방송문화진흥회 〈방송 공정성 포럼〉 발표문.

이창현(2004). 방송 심의규정 개정의 의미와 주요 내용. 방송위원회 주최

2004년 5월 19일 〈방송심의에 관한 규정 개정시안 공청회〉 발제문.

_____(2008). 공정성 관련 방송심의를 둘러싼 사회적 갈등언론의 공정성 규범과 실천. 〈방송연구〉, 2008년 겨울호, 45~68.

이향선(2012). 미국의 선거방송 및 인터넷 선거운동 규제. 〈방송통신 심의동향〉, 2012-1호, 80~89.

임태섭(1993). 텔레비전 뉴스의 공정성에 대한 담론분석. 〈언론과 사회〉, 창간호, 67~109.

장하용(2013.7). 종편저널리즘이 현황과 평가를 위한 소고. 한국언론학회 언론과사회연구회 하계 세미나 발표문.

정인숙(2007). 《방송정책 이론과 방법론》. 커뮤니케이션북스.

조항제(2014). 《한국공영방송의 정체성》. 컬처룩.

주창윤(2000). 북한관련 보도의 반성과 새로운 패러다임의 모색. 〈남북화해 시대 통일을 위한 방송의 역할〉. 한국언론정보학회.

지성우(2013.7). 현행 방송심의 규정의 규범적 문제점과 개선방안. 방송문화진흥회 주관 〈방송공정성 포럼〉 발표 논문.

최영묵(2002). 〈PD수첩〉이 기록한 500회의 '진실'-프로듀서의 '자부심' 혹은 문화방송의 '자존심'. 《PD 수첩, 한국 PD저널리즘의 보고》(47~84). 커뮤니케이션북스.

최영재·홍성구(2004). 언론자유와 공정성. 〈한국언론학보〉, 48(6), 326~343

한국갤럽연구소(2014). 〈한국인이 즐겨보는 뉴스채널〉(한국갤럽 데일리 오피니언).

한국언론진흥재단(2014). 〈제 19회 언론수용자 의식조사〉.

한국언론학회(2011). 《한국 사회의 소통위기》. 커뮤니케이션북스.

_____(2012a). 《공영방송의 이해》. 한울

_____(2012b). 《정치적 소통과 SNS》. 나남.

한수연·윤석민(2015.9.1). 종합편성채널 출범이 지상파 방송 뉴스에 미친 영향. 한국방송비평학회 주최 〈종편이후, 방송저널리즘의 공정성을 진단한다〉 세미나 발제문.

Aalberg, T., Aelst, P., & Curran, J. (2010). Media systems and the political information environment: A cross-national comparison. *The International Journal of Press/Politics*, 15(3). 255~271.

Annan, N. G. (1977). *Report of the committee on the future of broadcasting: Presented to parliament by the secretary of state for the home department by command of her majesty.* HM Stationery Office.

Ansolaehere, S., Behr, R., & Iyengar, S. (1993). *The media game: American politics in the television age.* NY: Macmillan Publishing Co.

Armstrong, M. (2005). Public service broadcasting. *Fiscal Studies.* 26(3). 281~299.

Baker, C. E. (2007). *Media concentration and democracy: Why ownership matters.* Cambridge: Cambridge University Press.

Banfield, E. C. (1958). *The moral basis of a backward society.* Glencoe: Free Press.

Bardoel, J. & d'Haenens, L. (2008). Reinventing public service broad-casting in Europe: Prospects, promises and problems. *Media, Culture, and Society*, 30(3), 337~355.

BBC (1987). *Fairness and impartiality in political broadcasting.* London: BBC.

BBC Trust (2007). *From seesaw to wagon wheel: Safeguarding impartiality in the 21st century.*

Bennett, J. (2008). Interfacing the nation: Remediating public service broadcasting in the digital age. *Convergence: The International Journal of Research into New Media Technologies*, 14(3), 277~294.

Bennett, W. L. (2001). *News: The politics of illusion* (4th ed.). New York: Addison Wesley Longman.

Bennett, W. L. & Entman, R. M. (2001). *Mediated politics: Communication in the future of democracy.* NY: Cambridge University Press.

Blumler, J. G. & Hoffmann-Riem, W. (1992). New roles for public service television. J. G. Blumler (ed), *Television and the public interest: vulnerable values in west european broadcasting*, London: Sage, 202~217.

BRU (Broadcasting Research Unit) (1985), *The public service idea in british*

824

    broadcasting: *Main Principles*, London: BRU.

Cohen, A., Adoni, H., & Bantz, C. (1990). *Social conflict and television news*. London: Sage Publications.

Collins, R. (1998). *From satellite to single market*: *New communication technology and european public service television*. London: Routledge.

Collins. R. et al. (2001). Public service broadcasting beyond 2000: Is there a future for public service broadcasting?. *Canadian Journal of Communication*, 26(1).

Congdon, T. et al. (1995). *The cross media revolution*: *Ownership and control*. 한동섭 역(1998). 《교차미디어 혁명: 소유권과 통제》. 커뮤니케이션북스.

Curran, J. (2002). *Media and power*. London: Routledge.

_____(2003). Central debates in media politics. J. Curran & J. Seaton (eds.), *Power without responsibility the press, broadcasting, and new media in Britain*, 6th edn, Routledge, Oxon, 392~413.

_____(2005). Mediations of democracy. J. Curran & M. Gurevitch (eds). *Mass media and society*, 4th edn, London: Hodder Arnold, 122~149.

Curran, J., et al. (2009). Media system, public knowledge and democracy: A comparative study. *European Journal of Communication*, 5~26.

Dahlgren, P. (1995). *Television and the public sphere*: *Citizenship, democracy and the media*, London: Sage Publications.

DCMS(2006). *A public service for all*: *The BBC in the digital age*, London: TSO.

DNH(1992). *The future of the BBC*, London: TSO.

Doyle, G. (2002). *Media ownership*. 정윤경 역(2003). 《미디어 소유와 집중》. 커뮤니케이션북스.

Einstein, M. (2004). *Media diversity*: *Economics, ownership, and the FCC*. Mahwah, NJ: Lawrence Erlbaum.

Entman, R. M. (1993). Framing US coverage of international news:

Contrasts in narratives of the KAL & Iran air incidents. *Journal of Communication*, 43(4), 6~27.

Fan, C. (2011). Rethinking the role of public service broadcasting in Taiwan in the digital age. unpublished Ph. D. *Dissertation at Department of Media and Communication*. The University of Leicester.

Garnham, N. (1992). The media and the public sphere. C. J. Calhoun (ed.). *Habermas and the Public Sphere*. London: MIT Press, 359~376.

____(2005). A Response to Elizabeth Jacka's 'Democracy as defeat'. *Television & New Media*, 4(2), 193~200.

Ghannam, J. (2012). *Digital media in the Arab world one year after the revolutions*. Washington: CIMA.

Giddens, A. (1998). *Sociology*. 김미숙 외 역. 《현대사회학》. 을유문화사.

____(1984). *The constitution of society*. Cambridge: Polity Press.

Gitlin, T. (1980). *The whole world is watching*. Berkeley, CA: University of California Press.

Great Britain Committee on Financing the BBC(1986). *Report of the committee on financing the BBC*. A. T. Peacock(Ed.). HM Stationery Office.

Greenberg, B. S. & Busselle, R. (1994). Audience dimensions of quality in situation comedies and action program. *Studies of Broadcasting*, 30, 17~48.

Harrison, J. & Woods, L. M. (2001). Defining european public service broadcasting. *European Journal of Communication*, 16(4), 471~504.

Hastings, C. (2004). Discussion of performance measures in public service broadcasting. *Aslib Proceedings*, 56(5), 301~307.

Heap, S. P. H. (2005). Television in a digital age: what role for public service broadcasting? *Economic Policy*, Jan. 2005, 113~157.

Herman, E. & McChesney, R. W. (2001). *Global media: The new missionaries of global capitalism*. Continuum. 192~193.

Iwabuchi, K. (2007). What so cultural about the study of media culture

826

now?: Beyond brand nationalism into media citizenship. A paper presented in a international conference, 'New perspectives of media studies.' Hosted by BK21 Digital media and communication in Korea and institute of communication research, Seoul National University. 6. Oct. 2007

Iyengar, S. & Simon, A. (1993). News coverage of the Gulf and public opinion: A study of agenda-setting, priming, and framing. *Communication Research*, 20(3), 365~368.

Jacka, E. (2003). Democracy as defeat: The impotence of arguments for public service broadcasting. *Television & New Media*, 4(2), 177~191.

Jakubowicz, K. (2007). *Public service broadcasting: a new beginning, or the beginning of the end?*. UK: Knowledge Politics.

Just, N. (2009). Measuring media concentration and diversity: New approaches and instruments in Europe and the US. *Media, Culture & Society*, 31(1), 97~117.

Keane, J. (1991). *The media and democracy*. Cambridge: Polity Press.

_____ (1995). Structural transformations of the public sphere. *Communication Review*, 1(1), 1~22.

Kovach, B. & Rosenstiel, T. (2014). *The elements of journalism*. 이재경 (역) (2014). 《저널리즘의 기본원칙》. 한국언론진흥재단.

McCombs, M. & Shaw, D. L. (1972). The agenda-setting function of mass media. *Public Opinion quarterly*, 36, 176~187.

McDonnell, J. (1991). *Public Service Broadcasting: A Reader*. London: Routledge.

McQuail, D. (1992). *Media performance: Mass communication and the public interest*. London: Sage.

Napoli, P. M. (2001). *Foundations of communications policy*. NJ: Hamton Press.

Nossiter, T. J. (1991). British television: a mixed economy. in J. G. Blumler & T. J. Nossiter (eds), *Broadcasting finance in transition: A comparative handbook*. Oxford: Oxford University Press, 95~143.

OFCOM (2005). *Ofcom review of public service television broadcasting: Competition for quality.* London: Ofcom.

Owen, B. (1977). Regulating diversity: The case of radio formats. *Journal of Broadcasting,* 21 (3), 305~331.

Papathanassopoulos, S. (2002). *European television in the digital age: Issues, dynamics and realities.* Cambridge: Polity Press in association with Blackwell Publishers.

Parsons, T. (1977). *Social systems and the evolution of action theory.* New York: Free Press.

Raboy, M. (1993). Towards a new ethical environment for public service broadcasting. *Studies of Broadcasting.* 29, 7~35.

_____ (1996). Public service broadcasting in the context of globalization. M. Raboy (ed). *Public broadcasting for the 21st century.* Luton: University of Luton Press, 1~19.

Rice, R. E. (eds). (2007). *Media ownership: Research and regulation.* Cresskill, NJ: Hampton Press, Inc.

Rowland. W. & Tracey, M. (1990). Worldwide challenges to public service broadcasting. *Journal of Communication,* 40 (2), 8~27.

Scannell, P. (1989). Public service broadcasting and modern public life. *Media, Culture and Society,* 11, 135~166.

Scheufele, A. (1999). Framing as a theory of media effects. *Journal of Communication,* 49 (1), 103~122.

Shaw, D. L. & McCombs, M. (1977). *The emergence of american political issues: The agenda-setting function of the press.* St. Paul, MN: West.

Sunstein, C. (1993 & 1995). *Democracy and the problem of free speech.* The Free Press.

_____ (2007). *Republic. com 2. 0,* N. J. : Princeton University Press.

Syvertsen, T. (2003). Challenges to public television in the era of convergence and commercialization. *Television & New Media,* 4 (2), 155~175.

Tracey, M. (1998). *The decline and fall of public service broadcasting.* Oxford:

Oxford University Press.

Westerståhl (1982). Objective news reporting. *Communication Research*, 10(3), 403~424

Williams, R. (1974). *Television: Technology and cultural form*. London: Fontana.

Wolfsfeld, G. (1997). *Media and political conflict: News from the middle east*. Cambridge University Press.

York, J. (2011). Syria's digital crackdown, http://www.onthemedia.org/ 2011/may/20/.

3장

김경모·신의경 (2013). 저널리즘의 환경 변화와 전문직주의 현실: 반성적 시론. 〈언론과학연구〉, 13(2). 41~84.

남재일 (2008). 한국 객관주의 관행의 문화적 특수성: 경찰기자 취재관행의 구조적 성격. 〈언론과학연구〉, 8(3), 233~270.

방송통신위원회 (2011), BBC 제작 가이드라인 및 심의 사례.

유선영 (1995). 객관주의 100년의 형식화 과정. 〈언론과 사회〉, 10, 86~128.

이준웅 (2008). BBC 허튼 위원회 사례를 통해 본 공영방송 저널리즘의 위기. 〈한국언론학보〉, 52(5), 83~106.

이창근 (2004). '적절한 불편부당성'(*due impartiality*) 기준의 역사와 성격에 대하여. 〈방송문화연구〉, 16(2), 199~227.

정용준 (2013). BBC의 칙허장과 경영위원회에 대한 역사적 검토. 〈의정연구〉, 19(3), 109~134.

조항제 (2014). 《한국 공영 방송의 정체성》. 컬처룩.

Allan, S. (2005). Whose truth?: The politics of impartiality in british public service broadcasting. An International Symposium: Autonomy, Accountability and Assessment of Public Service Broadcast Journalism. 1~43.

Barnett, S. (2010). Broadcast journalism and impartiality in the digital age: Six fallacies and a counter-factual. Presentation for the RIPE @2010

Conference: "Public Service Media After the Recession". Retrieved from http://ripeat. org/wp-content/uploads/tdomf/1928/Barnett. pdf.

BBC Agreement(2006). Cm 6872. HMSO.

BBC Royal Charter(2006). Cm 6925. HMSO.

BBC Trust(2007). From seesaw to wagon wheel: Safeguarding impartiality in the 21st century.

_____(2010). Editorial guidelines.

_____(2011). BBC Trust review of impartiality and accuracy of the BBC's coverage of science.

_____(2012). BBC protocol E3- complaints gramework.

_____(2013). A BBC Trust review of the breadth of opinion reflected in the BBC's output.

_____(2014). BBC Trust review of breadth of opinion: follow up.

BBC Trust & BBC Executive Board. (2013). Review of BBC internal governance.

Briggs, A. (1961). *The history of broadcasting in the United Kingdom.* Vol. 1 *The birth of broadcasting.* London: Oxford University Press.

_____(1965). *The history of broadcasting in the United Kingdom.* Vol. 2. *The golden age of wireless.* London: Oxford University Press.

Broadcasting Act 1990. (1990). London: HMSO.

Broadcasting Act 1996. (1996). London: HMSO.

Communications Act 2003. (2003). London: HMSO.

Davies, C., Torpe, V., & Hinsliff, G. (January 24, 2009). BBC crisis over refusal to broadcast Gaza appeal. *The guardian.*

Department for Culture, Media and Sport. (2006). An agreement between Her Majesty's secretary of state for culture, media and sport and the british broadcasting corporation.

_____(2006). Copy of royal charter for the continuance of the british broadcasting corporation.

Douglas, T. (23. June. 2004). What does the neil report mean?. ⟨BBC News⟩.

Editorial policy guidance note (2010). http://www. bbc. co. uk/editorial guidelines/guidance/.

Engelbert, J. & McCurdy, P. (2012). A threat to impartiality: Reconstructing and Situating the BBC's denial of the 2009 DEC appeal for Gaza. *Media, War & Conflict*, 5(2), 101~117.

Harvey, S. (2008). Doing it my way‐Broadcasting regulation in capitalist cultures: the Case of "fairness" and "impartiality". in J. Lewis and T. Miller (eds.). *Critical cultural policy studies: a reader*. John Wiley & Sons. 100~113.

Hutton, L. (2004). Report of the inquiry into the circumstances surrounding the death of Dr. David Kelly C. M. G. orderd by the house of commons. London: The Stationery Office.

James, C. (9. Nov. 2001). British take blunter approach to war reporting.

Kuhn, R. (2005). Media management. In a seldon and D. Davanagh (Eds.). *The blair effect 2001-2005*. Cambridge University Press.

Küng-shankleman, Lucy. (2010). *Inside the BBC and CNN: Managing media organisations*. London: Routledge.

McNair, B. (2009). *News and journalism in the UK*. London: Routledge.

Morris, D. (2002), Impartiality in the multi-channel age: a personal view from the trenches. in D. Tambini & J. Cowling (eds), *New News? Impartial broadcasting in the digital age*, London: IPPR, 36~50.

Munro, C. (1995). The banned broadcasting corporation. *New Law Journal*, 145(6691), 518~520.

Niel, R. (2004). The BBC's journalism after Hutton. The BBC.

Ofcom & BBC Trust. (2007). Memorandum of understanding between the office of communications (Ofcom) and the BBC Trust.

Potter, S. J. (2012). *Broadcasting empire: The BBC and the British world, 1922-1970*, Oxford: Oxford University Press.

Sambrook, R. J. (2012). Delivering trust: Impartiality and objectivity in the digital age. *Reuters Institute for the Study of Journalism*. Oxford: Oxford University Press.

Television Act, 1954. (1954). 2&3 ELIZ. 2CH. 55. Retrieved from http://www. jerseylaw. je/Law/display. aspx?url=lawsinforce%2Fhtm%2FLaw Files%2F1960-1969%2FJersey_Order_in_Council_01-1962. htm#_ftn1.

The Ofcom Broadcasting Code. (2013). Section five: Due impartiality and due accuracy and undue prominence of views and opinions. 23~27. Retrieved from http://stakeholders. ofcom. org. uk/binaries/broadcast /831190/section5. pdf.

Tompson, Mark. (24. Jan. 2009). BBC and the Gaza appeal. 〈BBC News〉.

Tracey, M. (2003). *The BBC and the general strike: May 1926. BBC and the reporting of the general strike.* BBC. Wakefield: Microform Academic Publishers.

Wells, M. (15. Nov. 2001). World service will not call US attacks terrorism. *The Guardian.*

Wells, M. & Cassy, J. (14. Apr. 2003). Ungag us, *The Guardian.*

http://www. bbc. co. uk/bbctrust/our_work/editorial_standards/impartiality. html.

http://www. bbc. co. uk/bbctrust/governance/complaints_framework/.

4장

강남준(2003). 청소년/어린이 대상 텔레비전 프로그램의 내용규제 가능성에 대한 연구. 〈언론정보연구〉, 40(12), 101~134.

_____(2006). 미국방송협회(NAB) 자율심의제도의 변천과정: 한국 방송심의제도에 던지는 함의. 〈방송연구〉. 63호, 179~207.

강남준・김수영(2008). 미국방송 공정성 원칙 규제정책의 변천 과정과 함의. 〈방송통신연구〉, 67호, 113~139.

권순택(2013. 1124). "KBS '추적 60분' 중징계 적용 규정 개정해야". 〈미디어스〉, URL=http://www. mediaus. co. kr/news/articleView. html?idxno= 38524.

김영훈(2011. 4. 19). 방통심의위 '정파성' 노골화 …"독립성 강화를" 비판, 〈한겨레〉, URL=http://www. hani. co. kr/arti/society/media/473788. html

박건식(2008). 미국은 왜 공정성 원칙(Fairness Doctrine)을 폐기했을까? 〈PD 저널〉, URL=http://pdjournal.com/news/articleView.html?idxno=16 947.

이선민(2009. 3. 10). 공정성 가이드라인 무엇을 담고 있나. 〈PD저널〉. URL= http://www.pdjournal.com/news/articleView.html?idxno=20873.

이준웅(2005). 비판적 담론 공중의 등장과 언론에 대한 공정성 요구: 공정한 담론규범 형성을 위하여. 〈방송문화연구〉, 17(2), 139~172.

이춘구(2015). 미국 방송법제상 공정성 원칙의 전개 연구. 〈법학연구〉, 43 호, 223~265.

이향선(2012). 미국의 선거방송 및 인터넷 선거운동 규제. 〈방송통신 심의동 향〉, 2012-01호, 80~89.

_____(2013). 방송통신 융합과 콘텐츠 규제체계 변화: 영국의 최근 동향과 그 시사점. 〈방송통신 심의동향〉, 2013-03호, 66~85.

임영호·홍찬이(2008). 방송의 공정성 심의를 위한 연구: 미국의 '공정성 원 칙'과 공정성 제도화 사례연구. 방송통신심의위원회.

조수경(2014. 3. 14). 〔기자수첩〕 공정성 심의를 폐지시켜야 하는 이유. 〈미디 어오늘〉. URI=http://www.mediatoday.co.kr/news/articleView.html ?idxno=115403.

Aufderheide, P. (1990). After the fairness doctrine: Controversial broad-cast programming and the public interest. *Journal of Communication*, 40(3), 26~47.

Barron, J. A. (1964). In defense of fairness: A first amendment rationale for broadcasting's fairness doctrine. *University of Colorado Law Review*, 37, 31.

Bollinger, L. C. (1976) Freedom of the press and the public access: Toward a theory of partial regulation of the mass media. *Michigan Law Review*, 1~42.

Brennan, T. J. (1989). The fairness doctrine as public policy. *Journal of Broadcasting & Electronic Media*, 33(4), 419~440.

Coase, R. H. (1959). The federal communications commission. *Journal of*

Law and Economics, 2, 1~40.

Conrad, M. A. (1988). Demise of the fairness doctrine: A blow for citizen access, *Federal Communications Law Journal*, 41(161).

Coyne, D. M. (1981). The future of content regulation in broadcasting. *California Law Review*, 69(2), 555~598.

Croanauer, A. (1994). The fairness doctrine: A solution in search of a problem. *Federal Communications Law Journal*, 47(1).

Entman, R. M. (1989). *Democracy without citizens: Media and the decay of American politics*. New York: Oxford University Press.

Epstein, M. M. (2006). Broadcast technology as diversity opportunity: Exchanging market power for multiplexed signal set-asides. *Federal Communications Law Journal*, 59(1), article 2.

FCC(1974). Public interest standards. Fairness report regarding handling of public issues, *Federal Register*, 39, 26372, 26374.

_____ (1985). General fairness doctrine obligations of broadcast Licensees, *Federal Register*, 50, 35418.

_____ (1987). In the matter of inquiry into section 73.1910 of the commission's rules and regulations concerning alternatives to the general fairness doctrine obligations of broadcast licensees, 2 FCC Rcd 5272.

Fowler, M. S. & Brenner, D. L. (1981). Marketplace Approach to Broadcast Regulation. *Texas Law Review*, 60, 207.

Halpern, R. (1985). Fairness Doctrine: A Principle Under Attack, *Journal of Civil Rights and Economic Development*, 1(1), 64~79.

Hazlett, T. W. & Sosa D. W. (1997). Was the fairness doctrine a "chilling effect"? evidence from the postderegulation radio market. *The Journal of Legal Studies*, 26(1), 279~301.

Hindman, E. B. (1997). *Rights vs. responsibilities: The Supreme Court and the media* (No. 50). Greenwood Publishing Group.

Krasnow, E. G. & Goodman, J. N. (1997). Public interest standard: The search for the holy grail. *Federal Communications Law Journal*, 50(3),

605.

Krasnow, E. G., Longley, L. D. et al. (1982). *The politics of broadcast regulation* (2nd ed.). New York: St. Martin's Press.

Krattenmaker, T. G. & Powe, Jr. L. A. (1985). Fairness doctrine today: A constitutional curiosity and an impossible dream, *Duke Law Journal*, 151~176.

Lentz, C. S. (1996). Fairness in broadcasting doctrine and the constitution: Forced one-stop shopping in the marketplace of ideas. *University of Illinois Law Review*, 1, 271.

Masud, E. (July. 1997). Broadcasting fairness doctrine promised balanced coverage. *The Wisdom Fund*. Retrieved from http://www.twf.org/News/Y1997/Fairness.html.

Minow, N. N. (1964). *Equal time: The private broadcaster and the public interest*. Atheneum.

Napoli, P. M. (2003). The public interest obligations initiative: Lost in the digital television shuffle. *Journal of Broadcasting & Electronic Media*, 47, 153~156.

Red Lion Broadcasting Co. v. FCC 395 U.S. 367, 390(1969)

Sambrook, R. (2012). Delivering trust: Impartiality and objectivity in the digital age. Report-reuters institute for the Study of Journalism.

Schmidt, Jr. B. C. (1976). *Freedom of the press vs. public access*. New York: Praeger Publishers.

Scott, R., 11 F.C.C. 372, 376(1946): Report on editorializing, supra.

Simmons. S. J. (1978) *The fairnes doctrine and the media*. University of California Press.

Simone, M. & Fernback, J. (2006). Invisible hands or public spheres? Theoretical foundations for U.S. Broadcast policy, *Communication Law and Policy*, 11(2), 287~313

Tate, W. (2008). The fairness doctrine at work. *American Thinker*, June, 20.

Thibodaux III, R. J. (2005). Is It time to revisit the fairness doctrine in response to the Federal Communications Commission's proposed media ownership rules. *Seton Hall University School of Law Journal of Sports & Entertainment Law*, 15, 337.

Vallone, R. P., Ross, L., & Lepper, M. R. (1985). The hostile media phenomenon: biased perception and perceptions of media bias in coverage of the Beirut massacre. *Journal of Personality and Social Psychology*, 49(3), 577.

5장

고승희 (2014. 5. 12). 〈현장에서〉 세월호 보도 이후⋯위기의 KBS. 〈헤럴드경제〉. URL=http://news. heraldcorp. com/view. php?ud=20140512000 378&md=20140515010303_BL.

김덕기 (2007). 공영방송의 공정성에 대한 방송 PD, 기자들의 인식에 관한 연구: 2003-2005년 KBS 주요 시사프로그램에 대한 평가를 중심으로. 연세대학교 대학원 석사학위 논문.

김태종 (2008. 7. 29). '광우병 보도' 검찰 vs PD수첩 쟁점. 〈연합뉴스〉. URL =http://news. naver. com/main/read. nhn?mode=LSD&mid=shm&sid 1=102&oid=001&aid=0002196965.

김효실 (2015. 3. 9). '공정성' 준칙 구체화한 KBS, 편향 시비 줄까?. 〈한겨레〉. URL=http://www. hani. co. kr/arti/society/media/681487. html.

배현석 역 (2012). 커뮤니케이션 정책의 기초. Philip Napoli. *Foundations of communications policy: Principles and process in the regulation of electronic media*. Cresskill, NJ.: Hampton Press (2001). 한국문화사.

배혜림 (2008. 7. 29). 〈종합〉 檢, PD수첩 '의도적 왜곡보도' 잠정 결론. 〈뉴시스〉. URL=http://news. naver. com/main/read. nhn?mode=LSD&m id=shm&sid1=102&oid=003&aid=0002213580.

_____ (2009. 6. 18). 〈표〉 '광우병 보도' 검찰 vs PD수첩 쟁점. 〈뉴시스〉. URL=http://news. naver. com/main/read. nhn?mode=LSD&mid=shm &sid1=102&oid=003&aid=0002732804.

손정호 (2015. 3. 10). KBS 공정성 가이드라인, 시도는 좋지만 보완점도. 〈폴리뉴스〉. URL=http://www. polinews. co. kr/news/article. html?no=229

316.

이민웅 외(2004). 대통령 탄핵 관련 TV방송 내용 분석. 한국언론학회 보고서.

KBS(2007). KBS 방송 제작 가이드라인. KBS

KBS(2010). KBS 방송 제작 가이드라인. KBS

KBS(2015). KBS 공정성 가이드라인. KBS.

KBS 공영노동조합 성명서(2015. 3. 9).

KBS 본부노조, 노보 134호.

MBC(2008). MBC 방송 제작 가이드라인. MBC

6장

강진숙·장지훈·최종민(2009). 2008 촛불집회 참여 경험에 대한 현상학적 연구-대학생 참여자 및 1인 미디어 이용자를 중심으로. 〈한국방송학보〉, 23(4), 7~48.

경향닷컴촛불팀(2008). 《촛불, 그 65일의 기록》. 경향신문사.

고종원·이한우·최규민(2009). 《촛불에 길을 잃다》. 나남.

김원제·이창주·하연희·조항민(2009). 위험커뮤니케이션의 구성요인 및 요인 간 영향관계에 관한 탐색 연구: S-M-C-R-E 모델 적용을 통한 원자력 위험커뮤니케이션의 구조분석을 중심으로. 〈스피치와 커뮤니케이션〉, 11, 80~123.

김학수(1999). 공공과학과 과학커뮤니케이션과정 연구. 〈한국언론학보〉, 43(4), 79~110.

김학수·하효숙·최진명(2011). 방사선과학 관련 커뮤니케이션모델(PUS vs. PEP/IS) 비교실험 연구. 〈한국언론학보〉, 55(4), 215~232.

노진철(2009). 2008년 촛불집회를 통해 본 광우병 공포와 무지의 위험소통. 〈경제와사회〉, 84, 158~182.

싱거, 엘. & 앤드래니, 필. (2003). 《위험보도론: 매스미디어는 사고, 질병, 재해, 재난을 어떻게 보도하는가?》. 송해룡 역. 커뮤니케이션북스.

오미영·최진명·김학수(2008). 위험을 수반한 과학기술의 낙인효과. 〈한국언론학보〉, 52(1), 467~500.

윤석민(2011). 《한국사회 소통의 위기와 미디어》. 나남.

윤석민·조경민(2011). 광우병 파동을 통해 본 한국사회 과학 커뮤니케이션의 문제. 〈한국사회과학〉. 33, 75~117.

위키피디아. PD수첩의 미국산 쇠고기 관련 보도. https://ko.wikipedia.org/wiki/PD%EC%88%98%EC%B2%A9%EC%9D%98_%EB%AF%B8%EA%B5%AD%EC%82%B0_%EC%87%A0%EA%B3%A0%EB%B0_%EA%B4%80%EB%A0%A8_%EB%B3%B4%EB%8F%84.

페터스, 한. 페. (2005). 《위험 보도와 매스커뮤니케이션》. 송해룡 역. 커뮤니케이션북스.

페터스, 한. 페. ·송해룡·김원제(2009). 《위험 인지와 위험 커뮤니케이션》. 커뮤니케이션북스.

Bell, A. (1994). Media(mis) communication on the science of climate change. *Public Understanding of Science*, 3(3), 259~275.

Boykoff, M. T. & Boykoff, J. M. (2004). Balance as bias: Global warming and the US prestige press. *Global Environmental Change*, 14(2), 125~136.

Boykoff, M. T. & Boykoff, J. M. (2007). Climate change and journalistic norms: A case-study of US mass-media coverage. *Geoforum*, 38(6), 1190~1204.

Carvalho, A. (2007). Ideological cultures and media discourses on scientific knowledge: Re-reading news on climate change. *Public Understanding of Science*, 16(2), 223~243.

Combs, B. & Slovic, P. (1979). Newspaper coverage of causes of death. *Journalism & Mass Communication Quarterly*, 56(4), 837~843, 849.

Hom, A. G., Plaza, R. M., & Palmen, R. (2011). The framing of risk and implications for policy and governance: The case of EMF. *Public Understanding of Science*, 20(3), 319~333.

Kasperson, R. E. & Kasperson, J. X. (1996). The social amplification and attenuation of risk. *The Annals of the American Academy of Political and Social Science*, 545, 95~105.

Kasperson, R. E., Renn, O., Slovic, P., Brown, H. S., Emel, J.,

Goble, R. et al. (1988). The social amplification of risk: A conceptual framework. *Risk analysis*, 8(2), 177~187.

Kim, H. S. (2007). PEP/IS: A new model for communicative effectiveness of science. *Science communication*, 28(3), 287~313.

Renn, O., Burns, W. J., Kasperson, J. X., Kasperson, R. E., & Slovic, P. (1992). The social amplification of risk: Theoretical foundations and empirical applications. *Journal of Social Issues*, 48(4), 137~160.

Shepherd, R. G. (1981). Selectivity of sources: reporting the marijuana controversy. *Journal of Communication*, 31(2), 129~137.

Takahashi, B. (2011). Framing and sources: A study of mass media coverage of climate change in Peru during the V ALCUE. *Public Understanding of Science*, 20(4), 543~557.

7장

강형철(2000). 탐사보도 프로그램의 제작 특성과 과제. 《PD 수첩과 프로듀서 저널리즘》. 나남.

고희일(2008). PD저널리즘과 기자저널리즘의 비교 연구: KBS의 '추적 60분' 과 '취재파일 4321'을 중심으로. 성균관대학교 신문방송학과 박사학위 논문.

구수환(2005). 제작현장에서 바라본 PD저널리즘을 말한다. 〈프로그램/텍스트〉, 12호, 81~94.

_____(2009). 탐사보도 프로그램의 법적 분쟁이 제작자에게 미치는 위축효과에 관한 연구: KBS "추적 60분" 사례를 중심으로. 연세대학교 언론홍보대학원 석사학위 논문.

김미라·고혜림(2004). 《방송 구성작가 입문》. 커뮤니케이션북스.

김연식·윤영철·오소현(2005). PD 저널리즘에 대한 제작진의 인식과 제작 관행: MBC 〈PD수첩〉을 중심으로. 〈한국방송학보〉, 19(4), 79~124.

김연식·조성호(2008). PD저널리즘의 기원과 발전에 관한 연구. 〈언론과학연구〉, 8(2), 149~176.

김예란(2003). 텔레비전 이야기하기 문화에 관한 연구. 〈한국언론학보〉, 제

47(6), 31~57.

김옥영(2001). 한국의 방송 현실에서 작가주의란 가능한가?. 〈프로그램/텍스트〉, 4호, 29~48.

____(2004). 작가 저널리즘은 존재하는가?. 〈열린미디어 열린사회〉, 10호, 226~244.

김종화(2008. 07. 03). 시사프로 작가들도 'PD수첩' 옹호. 〈미디어오늘〉, URL=http://www.mediatoday.co.kr/news/articleView.html?idxno=70153.

김주영(2002). PD와 '일 떠넘기기' 논쟁 없어야: 방송작가 가이드라인의 의미. 〈신문과 방송〉, 379호. 55~57.

노컷뉴스 방송연예팀 정보보고(2009. 5. 20). 방송작가협회 "KBS의 '작가 죽이기'를 비판한다. 〈노컷뉴스〉.

____(2009. 5. 21). KBS 구성작가 협의회 "작가퇴출 음모 중단하라". 〈노컷뉴스〉.

류혜린(2009). 국내 시사고발프로그램의 장르적 특성 및 구성작가의 역할에 대한 연구. 연세대학교 커뮤니케이션대학원 석사학위 논문.

문소현(2005). 기자 저널리즘과 PD 저널리즘의 차이에 관한 연구: MBC 〈뉴스데스크〉와 〈PD수첩〉의 제작진과 제작방식을 중심으로. 연세대학교 커뮤니케이션 대학원 석사학위 논문.

백선기(2003). 《텔레비전 영상 기호학》. 미디어 24.

심재철·김주환·이경숙(1996). 국민의제 형성에서 탐사보도의 역할: 박종철 사건을 중심으로. 〈한국언론학보〉, 43(3), 73~108.

안광식(1984). 사회고발프로그램의 개발과 과제. 〈방송연구〉, 3(1), 96~108.

양 희(2007). 작가와 PD-가깝고 먼 그 두 사람. 이정란 외 16인, 《방송작가가 말하는 방송작가》. 부키.

원용진(2005). 두 방송 저널리즘: PD 저널리즘, 기자 저널리즘. 프로그램/텍스트〉, 12호, 11~26.

육서영(2011). 탐사보도 프로그램 제작에서 구성작가의 역할과 영향력. 서울대 언론정보학과 대학원 석사학위 논문.

육서영·윤석민(2012). 탐사보도 프로그램 제작에서 구성작가의 역할. 〈방송

840

통신연구〉, 81호. 127~155.

윤호진(2005). PD 저널리즘 프로그램의 편성 현황과 담론. 〈프로그램/텍스트〉, 12호, 45~79.

이민웅·윤영철·최영재·윤태진·김경모·이준웅(2006). 《방송저널리즘과 공정성 위기》. 지식산업사.

이상기(2002), 《텔레비전 저널리즘: '저널리즘 가치'와 '시장 가치'의 융합》, 한국언론재단 편.

이정근(2001). 방송 프로그램 제작에 있어 작가 프로듀싱 시스템에 관한 연구. 연세대학교 언론홍보대학원 석사학위 논문.

조욱희(2010). PD 저널리즘의 특성에 관한 PD, 기자, 수용자 인식의 상호지향성 연구. 성균관대학교 대학원 석사학위 논문.

조현호(2009. 5. 19). "KBS PD집필제, 작가죽이기 계획". 〈미디어오늘〉, URL=http://www. mediatoday. co. kr/news/articleView. html?idxno= 79754.

KBS 보도자료(2009. 4. 22). KBS 'PD 집필제' 본격 시행. 신뢰도, 객관성 제고.

MBC PD수첩팀 편(2000). 《PD수첩과 프로듀서 저널리즘》. 나남.

Bolch, J. & Miller, K. (1987). *Investigative and in-depth reporting*. New York: Hastings House.

Feldstein, M. (2006). A muckraking model: investigative reporting cycles in American history. *The International Journal of Press/Politics*, 11(2), 105~120.

Hallian, D. C. (1996). *Commercialism and professionalism in the american news media, mass media and society* 2nd ed.. London: Arnold.

Kovach, B. & Rosenstiel, T. (2001). *The element of journalism*, New York: Three Rivers Press, 이종욱 역(2003). 《저널리즘의 기본요소》. 한국언론재단.

Peiser, W. (2000). Setting the journalist agenda: Influences from journalists' individual characteristics and from media factors, *Journalism & Mass Communication*, 77(2), 243~257.

Protess, D. L., Cook, F. L., Curtin, T., Gordon, M. T., Leff, D. R., McCombs, M. E. et al. (1987). The impact of investigative reporting on public opinion and policy making: Targeting toxic waste, *Public Opinion Quarterly*, 51(2), 166~185.

Protess, D. L., Cook, F. L., Doppelt, J. C., Ettema, J. S., Gordon, M. T., Leff, D. R., & Miller, P. (1991). *The journalism of outrage*. New York: The Guilford Press.

Spradley, L. P. (1980). *Participant observation*, 신재영 역 (2006). 《참여관찰법》. 시그마프레스.

Williams, P. (1978). *Investigative reporting and editing*. New Jersey: Prentice-Hall.

8장

강남준(2006). 다채널 다미디어 시대의 바람직한 심의시스템 모색: 자율심의는 적절한 대안인가?. 한국여성민우회 미디어 운동본부 주최 제 1차 시민미디어포럼. '방송통신융합하의 심의 어떻게 할 것인가'〔발제문〕.

강명구(1989). 탈 사실의 시대에 있어 뉴스공정성의 개념구성에 관한 연구. 〈신문연구소학보〉, 26호, 85~111.

_____(1994). 《한국 저널리즘 이론》. 나남.

강태영·강형철·김현주·이권영·최양호(2004년 4월). 텔레비전 보도와 공정성 기준: 정치관련 보도를 중심으로. 〈한국방송학회 주최 학술세미나: 텔레비전 저널리즘의 공정성과 정치〉〔자료집〕, 1~40.

김민환·한진만·윤영철·원용진·임영호·손영준(2008). 방송의 공정성 심의를 위한 연구. 방송통신심의위원회.

김연식(2009). 방송 저널리스트의 공정성 인식 연구. 〈한국언론학보〉, 53(1), 161~186.

김연식·윤영철·오소현(2005). PD저널리즘에 대한 제작진의 인식과 제작관행: MBC〈PD수첩〉을 중심으로. 〈한국방송학보〉, 19(4), 79~124.

김연식·조성호(2008). PD저널리즘의 기원과 발전에 관한 연구. 〈언론과학연구〉, 8(2), 149~176.

김영욱(2002). 《저널리즘의 객관성》. 한국언론재단.

문종대・안차수・진현승・안순태(2007). 언론 수용자의 공정성 개념에 대한 탐색적 연구.〈한국언론정보학보〉, 38호, 183~210.

박재영(2005). 공정성의 실천적 의미.〈한국언론학보〉, 49(2), 167~195.

방송통신위원회(2014). 방송시장 경쟁상황 평가보고서.

백선기(1992). 한국 신문보도의 공정성에 관한 연구: '정총리서리 폭행사건' 보도에 관한 기호학적 분석을 중심으로.〈한국언론정보학보〉, 1호, 181~246.

_____(2002). 한국 대통령선거 TV 토론회의 과제 및 개선 방안: '정책 토론회' 지향에 대한 구체적 방안 제시를 중심으로.〈스피치와 커뮤니케이션〉, 1호, 184~219.

손병우(2010). 방송심의의 쟁점과 대안: 드라마와 오락 프로그램을 중심으로.〈사회과학연구〉, 21(3), 59~80.

심미선(2014). 시청률로 살펴 본 종합편성채널의 현주소. 미디어미래연구소(편).〈Content + Future〉, 7~22.

오준근(2004a). 방송 심의규정개정시안의 체계와 주요쟁점: 총칙 및 심의절차를 중심으로. 방송위원회〈방송심의에관한규정 개정시안 공청회〉발제문.

_____(2004b). 방송 심의규정에 관한 공법적 고찰: 개정된 방송 심의규정에 관한 몇 가지 쟁점을 중심으로.〈경희법학〉, 39(1), 39~64.

원희영・윤석민(2015). 종합편성채널의 보도 공정성에 관한 연구: 제 18대 대통령 선거에 대한 메인 뉴스 분석을 중심으로.〈한국방송학보〉, 29(1), 117~148.

유종원(1995). 한국에서의 공정보도의 개념과 의미에 관한 연구.〈한국언론학보〉, 33호, 137~164.

윤석민(2011).《한국사회 소통의 위기와 미디어》. 나남.

_____(2013. 8). 방송의 공정성에 대하여.〈방송 공정성 포럼〉세미나 보고서. 방송문화진흥회. 65~93.

윤석민・박아현(2008). 방송통신 융합시대 방송의 공익성과 내용 규제정책.〈방송연구〉, 66호, 209~232.

윤영철(2007). 방송 저널리즘 프로그램 진행자의 의견 개입에 관한 연구:〈KBC 뉴스9〉,〈생방송 시사투나잇〉,〈추적 60분〉의 비교분석.〈언론정보연구〉, 44(1), 37∼64.

이기형(2014). 종편 저널리즘의 위상과 함의. 〈문화과학〉, 78호, 104∼128.

이문행(2014). 종합편성채널의 한계와 성과: 편성과 포맷을 중심으로. 미디어미래연구소(편). *Content + Future*, 23∼37.

이민웅(1996). 《한국 TV저널리즘의 이해》. 나남.

_____(2002). 좋은 뉴스의 으뜸가는 조건으로서 진실보도: 사실, 사회적 구성, 진실 보도, 재귀성(reflexivity). 〈언론과 사회〉, 10(3), 9∼51.

이민웅·윤영철·윤태진·최영재·김경모·이준웅(2004). 대통령 탄핵 관련 TV방송 내용 분석. 한국언론학회.

이민웅·이창근·김광수(1993). 보도공정성의 한국적 기준을 위한 연구. 〈방송연구〉, 36호, 180∼213.

이영주·송 진(2007). 지상파 방송 심의규제의 적합성에 대한 고찰. 〈한국언론학보〉, 52(3), 298∼321.

이재경(2003). 《한국 저널리즘 관행 연구》. 나남.

_____(2005). 방송저널리즘의 기본 가치와 역사적 변화. 〈프로그램/텍스트〉, 12호, 11∼26.

이준웅(2013). 언론의 공정성 규범과 실천. 2013년 〈방송 공정성 포럼〉 세미나 보고서. 방송문화진흥회. 3∼26.

이준웅·김경모(2008). '바람직한 뉴스'의 구성조건: 공정성, 타당성, 진정성. 〈방송연구〉, 67호, 9∼44.

이준웅·황유리(2004). 한국형 방송 뉴스 도식의 발견: 뉴스의 내용적이며 구성적 특성과 뉴스 제작 시스템. 〈한국방송학보〉, 18(3), 232∼292.

이창현(2002). 방송의 공정성 실현방안-대통령 선거를 위한 제도적 장치의 기능. 〈한국언론학회〉 심포지엄 및 세미나, 89∼107.

_____(2004.5). 방송 심의규정 개정의 의미와 주요 내용. 방송위원회 〈방송 심의에 관한 규정 개정시안 공청회〉 발제문.

임태섭(1993). 텔레비전 뉴스의 공정성에 대한 담론 분석. 〈언론과 사회〉, 창간호, 67∼109.

장하용(2013.7). 종편저널리즘이 현황과 평가를 위한 소고. 한국언론학회. 언론과사회연구회 하계 세미나 발표문.

장호순(2008). 신문과 방송의 교차소유 규제완화에 관한 찬반론 분석. 〈언론과 법〉, 7(1), 137~167.

최영묵(2002). 〈PD수첩〉이 기록한 500회의 '진실'-프로듀서의 '자부심' 혹은 문화방송의 '자존심'. 《PD 수첩, 한국 PD저널리즘의 보고》. 커뮤니케 이션북스.

최영재(2015. 9). 종편저널리즘의 정체성: 종편은 공정한가?. 한국방송비평학회 주최 〈종편이후, 방송저널리즘의 공정성을 진단한다〉 세미나 발제문.

최영재·홍성구(2004). 언론자유와 보도의 공정성. 〈한국언론학회 학술대회 발표논문집〉, 165~171.

최영주(2012, 11, 20). 종편, 개국 1년 평균 시청률 0.55%. 〈PD저널〉. URL=http://www.pdjournal.com/news/articleView.html?idxno=36805.

한국갤럽조사연구소(2014). 〈한국인이 즐겨보는 뉴스채널〉(한국갤럽 데일리 오피니언).

한국언론재단(2012). 〈한국의 뉴스 미디어 2012〉.

_____(2014). 제19회 언론수용자 의식조사.

한수연·윤석민(2015). 종합편성채널 출범이 지상파 방송 뉴스에 미친 영향. 한국방송비평학회 주최 〈종편이후, 방송저널리즘의 공정성을 진단한다〉 세미나 발제문.

Bernhardt, D., Krasa, S., & Polborn, M. (2008). Political polarization and the electoral effects of media bias. *Journal of Public Economics*, 92(5), 1092~1104.

Collins, S. (2004). *Crazy like a Fox: The inside story of how Fox News beat CNN*. Portfolio hardcover, First hardcover edition.

Curran, J., Iyengar, S., Lund, A. B., & Salovaara-Moring, I. (2009). Media system, public knowledge and democracy: A comparative study. *European Journal of Communication*, 24(1), 5~26.

D'Alessio, D. & Allen, M. (2000). Media bias in presidential elections: A meta analysis. *Journal of communication*, 50(4), 133~156.

Della Vigna, S. & Kaplan, E. (2007). The Fox News effect: Media bias and voting. *The Quarterly Journal of Economics*, 122, 1187~1234.

Entman, R. (1985). Newspaper competition and first amendment ideals: Does monopoly matters?. *Journal of Communication*, 35(3), 147~165.

Garsten, B. (2009). *Saving persuasion: A defense of rhetoric and judgment.* Boston, MA: Harvard University Press.

Groseclose, T. & Milyo, J. (2005). A measure of media bias. *The Quarterly Journal of Economics*, 120(4), 1191~1237.

Media Tenor(2004). Kerry: Media push without substance. *The Quarterly Journal*, 1, 10~11.

Morris, J. S. (2005). The Fox News factor. *The Harvard International Journal of Press/Politics*, 10(3), 56~79.

Shoemaker, P. J. & Reese, S. D. (1991). *Mediating the message: Theories of influences on mass media content.* New York: Longman.

Sunstein, C. (1995). *Democracy and the problem of free speech.* The Free Press.

Virag, G. (2007). Playing for your own audience: Extremism in two-party elections. [Working paper]. University of Rochester.

Westerståhl, J. (1983). Objective news reporting general premises. *Communication Research*, 10(3), 403~424.

9장

강원택·윤성이·조희정·이상신(2012). SNS를 활용한 정치홍보 연구: 19대 총선사례를 중심으로. 한국언론진흥재단.

강진숙·김지연(2013). SNS 이용자의 정치 참여 대한 현상학적 연구: 10·26 서울시장 보궐선거를 중심으로. 〈한국언론정보학보〉, 62, 179~199.

고상민·황보관·지용구(2010). 소셜네트워크서비스와 온라인 사회적 자본. 〈한국전자거래학회지〉, 15(1), 103~118.

곽선미(2010. 4. 7). 기자들 트위터 사용지침 필요하나. 〈한국기자협회보〉, URL=http://www.journalist.or.kr/news/article.html?no=23002.

금희조·조재호(2010). 스마트폰, 커뮤니케이션 격차, 그리고 정치 참여: 소셜 미디어 효과에 대한 스마트폰 이용의 조절 역할을 중심으로. 〈한국 언론학보〉, 54(5), 348~371.

김명숙(2007). Social Network Service, KT미래기술연구소.

김사승(2009). 프로-암 온라인 시티즌 저널리즘의 저널리즘적 의미에 관한 분석: NewAssignment 프로젝트 사례를 중심으로. 〈한국방송학보〉, 23(1), 50~87.

김상돈·김승녕(2012). 소셜 미디어 이용과 시민성 간의 관계에 대한 구조분석: 인터넷 정치참여의 매개효과분석. 〈사회과학논집〉, 43(2), 41~67.

김성태·김여진·최홍규·김형지(2011). 뉴스미디어를 통한 소통 채널의 확장과 정치 참여 변화 연구: 인터넷과 소셜 미디어를 주목하며. 〈평화연구논집〉, 19(1), 5~38.

김영주·정재민(2014). 《소셜 뉴스 유통 플랫폼: SNS와 뉴스 소비》. 한국언론진흥재단.

김유향(2011). 소셜 미디어와 인터넷 공간에서의 정치적 소통. 〈평화연구논집〉, 19(2), 199~222.

김은미·이주현(2011). 뉴스 미디어로서의 트위터: 뉴스 의제와 뉴스에 대한 대화를 중심으로. 〈한국언론학보〉, 55(6), 152~180.

김태원·김상욱(2013). 집단 지성 플랫폼으로서의 소셜 미디어 커뮤니케이션 유형별 실험 분석. 〈한국IT서비스학회지〉, 12(3), 127~149.

노동일(2012). 특집: 정보화 시대의 소통문제: 법관과 소셜네트워크서비스(SNS). 〈경희법학〉, 47(2), 9~46.

대법원 공직자 윤리위원회(2012.6.5) 대법원 공직자 윤리위원회 회의 개최 관련 보도자료.

박상호(2012). SNS의 여론형성과정과 참여행태에 관한 고찰. 〈한국언론정보학보〉. 58호, 55~73.

박선희(2012). SNS 뉴스 소통: 다중성과 구술성. 〈언론정보연구〉, 49(2), 37~73.

박종찬(2012. 02. 03). MBC 부장급 기자 "나와라 정봉주" 비키니 인증샷. 〈한겨레〉. URL=http://www.hani.co.kr/arti/society/society_general/517414.html.

설진아(2013). 소셜 뉴스의 기사유형 및 뉴스특성에 관한 연구. 〈한국언론학보〉, 57(6), 149~175.

성낙인(2011. 12. 1). 〔시론〕 법관은 판결로 말하라. 〈세계일보〉. URL=http ://www. segye. com/content/html/2011/12/01/20111201005693. html.

양은경(2015. 2. 12). 부장판사의 거친 표현 익명 "정치 댓글" 품위 손상? 표현의 자유?. 〈조선일보〉. URL=http://news. chosun. com/site/data/html_dir/2015/02/12/2015021204143. html?Dep0=twitter&d=2015021204 143.

여론집중도조사위원회(2013). 소셜 미디어의 영향력 집중도: 트위터를 중심으로.

_____(2015). 소셜 미디어의 영향력 집중도: 트위터를 중심으로.

윤석민(2007). 《커뮤니케이션의 이해》. 커뮤니케이션북스.

이대호(2012. 3. 7). 조선, SNS 가이드라인 시행…"금지 일변도" 우려. 〈한국기자협회보〉. URL=http://www. journalist. or. kr/news/article. html ?no=28190.

이병혜(2013). 소셜 미디어 이용자들의 정치참여 결정에 관한 연구. 〈커뮤니케이션학연구〉, 21(2), 55~72.

이서현·박훈상(2011. 11. 30). 판사들 "反FTA 발언"에 법원 안팎 시끌… "법관의 정치적 중립" 어떻게 생각하십니까. 〈동아일보〉. URL=http:// news. donga. com/Economy/3/01/20111130/42242828/1.

이재현·김찬균(2012). 트위터 네트워크의 정보 전파 과정 분석. 〈한국언론학보〉, 56(3), 238~265.

장병희·남상현(2012). 소셜 미디어의 발전과 네트워크 저널리즘 전망 : 소셜 미디어 저널리즘 기능에 대한 수용자의 평가를 중심으로. 〈언론과학연구〉, 12(4), 457~496.

장우영·차재권(2011). 소셜 미디어와 선거정치: 오바마 웹캠페인의 연계와 동원전략. 〈한국정당학회보〉, 10(2), 5~41.

전지나(2012). 트위터 이용자들의 뉴스 생산, 유통, 소비 인식에 관한 연구. 〈주관성연구: Q방법론및이론〉, 25호, 195~216.

정회경·김사승(2007). 온라인 시민저널리즘의 뉴스생산양식 특성에 관한 분석. 〈한국언론학보〉, 51(2), 124~152.

조선일보(2012). SNS 가이드라인. 조선일보 사보, URL=http://srchdb1.

chosun. com/sabo/sabo_ReadBody. jsp?Y=2012&M=02&D=25&ID=20
1202250105&FV=sns&searchPage=simple&collectionName=sabo&IN
DEX_FV=&INDEX_FV=TI&INDEX_FV=TX&INDEX_FV=KW&AU_F
V=&PD_TYPE=false&PD_F0=year&PD_F1=2011&PD_OP=1&PD_F2
=2015&DATA_SORT=1&LIMIT=50&LIST_TYPE=true&PP_F1=.

조화순·김정연(2012). 소셜 미디어의 매체 특성과 참여의 커뮤니케이션: 반
값등록금 관련 블로그와 트위터 내용분석. 〈사이버커뮤니케이션학보〉,
29(2), 95~130.

조희정(2012). 소셜 미디어 매개 매니페스토 정책선거 활성화 방안. 〈한국정
당학회보〉, 11(2), 189~224.

최민재·양승찬(2009). 인터넷 소셜 미디어와 저널리즘. 한국언론진흥재단.

최항섭(2009). 레비의 집단지성; 대중지성을 넘어 전문가지성의 가능성 모
색. 〈사이버커뮤니케이션학보〉, 26(3), 287~322.

쿠키뉴스팀(2010. 3. 27). 김주하 앵커·SBS TV, "北 연루 기정사실화" 실수로
곤욕. 〈국민일보〉,   URL=http://news. kukinews. com/article/view.
asp?page=1&gCode=soc&arcid=0003545868&cp=nv.

황유선(2014). 언론사 SNS용 뉴스콘텐츠 현황: 가볍고 유연한 형식 젊고 감
각적인 내용. 〈신문과 방송〉, 527호, 31~35.

Alexander. A. (25. Sep. 2009). Post editor ends tweets as new guidelines
are issued. *The Washington Post*. URL=http://voices. washington
post. com/ombudsman-blog/2009/09/post_editor_ends_tweets_as_ne
w. html.

AP(2012). Social media guideline for AP employees.

Barker, V. (2009). Older adolescents' motivations for social network site
use: The influence of gender, group identity, and collective
self-esteem. *Cyberpsychology & Behavior*, 12(2), 209~213.

Baym, N. K. & boyd, D. (2012). Socially mediated publicness: An
introduction. *Journal of Broadcasting & Electronic Media*, 56(3), 320~
329.

Bazarova, N. N. (2012). Public intimacy: Disclosure interpretation and social judgments on Facebook. *Journal of Communication*, 62(5), 815 ~832.

BBC(2011). Social networking and other third party websites(including blogs, microblogs and personal webspace) : Personal use. URL= http://www. bbc. co. uk/editorialguidelines/page/guidance-blogs-per sonal-summary.

Bernstein, M. S., Bakshy, E., Burke, M. & Karrer, B. (2013). Quantifying the invisible audience in social networks(pp. 21~30). Presented at the proceedings of the SIGCHI conference on human factors in computing systems, ACM.

Boyd, D. M. & Ellison, N. B. (2008). Social network sites: Definition, history, and scholarship. *Journal of Computer-Mediated Communication*, 13(1), 210~230.

Boyd, D., Golder, S., & Lotan, G. (2010). Tweet, tweet, retweet: Conversational aspects of retweeting on Twitter. HICSS-43. IEEE: Kauai, HI, January 6. URL=http://www. danah. org/papers/Tweet TweetRetweet. pdf.

Conlan, T. (22. May. 2014). BBC editor taken off election coverage after branding Ukip racist and sexist. *The guardian*. URL=http://www. theguardian. com/media/2014/may/22/bbc-editor-election-coverage-ukip-twitter.

Deuze, M. (2003). The web and its journalism: Considering the conse-quences of different types of newsmedia online. *New Media and Society*, 5(2), 203~230.

Ellison, N. B., Steinfield, C., & Lampe, C. (2007). The benefits of facebook "friends": Social capital and college students' use of online social network sites. *Journal of Computer-Mediated Communication*, 12(4), 1143~1168.

Gil de Zúñiga, H., Jung, N., & Valenzuela, S. (2012). Social media use for news and individuals' social capital, civic engagement and political participation. *Journal of Computer-Mediated Communication*,

850

17(3), 319~336.

Herman, E. & Chomsky, N. (1998). *Manufacturing consent: The political economy of the mass media.* New York: Pantheon Books.

Hermida, A. (2010). Twittering the news : The emergence of ambient journalism. *Journalism Practice,* 4(3), 297~308.

Howard, P. N. & Parks, M. R. (2012). Social media and political change: Capacity, constraint, and consequence. *Journal of Communication,* 62(2), 359~362.

Kaplan, A. M. & Haenlein, M. (2010). Users of the world, unite! The challenges and opportunities of social media. *Business Horizons,* 53(1), 59~68.

Kim, J. H. & Lee, J. E. R. (2011). The Facebook paths to happiness: Effects of the number of Facebook friends and self-presentation on subjective well-being. *Cyberpsychology, Behavior, and Social Networking,* 14(6), 359~364.

Lee, J. (2015). The Double-Edged Sward: The effects of Journalists and their news products. *Journal of Computer-Mediated Communication,* 20, 312~329

Lim, M. (2012). Clicks, cabs, and coffee houses: Social media and oppositional movements in Egypt, 2004 - 2011. *Journal of Communication,* 62(2), 231~248.

Mangold, W. G. & Faulds, D. J. (2009). Social media: The new hybrid element of the promotion mix. *Business Horizons,* 52(4), 357~365.

Orr, E. S., Sisic, M., Ross, C., Simmering, M. G., Arseneault, J. M., & Orr, R. R. (2009). The influence of shyness on the use of Facebook in an undergraduate sample. *Cyberpsychology & Behavior,* 12(3), 337~340.

Reuters. (2013). Reporting From the Internet And Using Social Media. URL=http://handbook. reuters. com/index. php?title=Reporting_From _the_Internet_And_Using_Social_Media.

Riordan, K. (2014). Accuracy, independence, and impartiality: How legacy media and digital natives approach standards in the digital age. Reuters institute fellowship paper: University of Oxford. 양정애·김선호·박대민 역(2015). 디지털 시대의 저널리즘 원칙: 정확성, 독립성, 불편부당성(월간 〈신문과 방송〉 2015년 1월호 특별부록). 한국언론진흥재단.

Schau, H. J. & Gilly, M. C. (2003). We are what we post? Self presentation in personal web space. *Journal of consumer research*, 30(3), 385 ~404.

Stassen, W. (2010). Your news in 140 characters: Exploring the role of social media in journalism. *Global Media Journal*, 4(1), 116~131.

Tuchman, G. (1978). *Making news: A study in the construction of reality*. New York: Free Press.

Valkenburg, P. M., Peter, J., & Schouten, A. P. (2006). Friend networking sites and their relationship to adolescents' well-being and social self-esteem. *Cyberpsychology &Behavior*, 9(5), 584~590.

Washington Post(2011). Digital publishing guidelines: Social media. URL=http://www.washingtonpost.com/wp-srv/guidelines/social-media.html.

10장

강정수(2013. 8. 19). 포털뉴스 논쟁과 저널리즘의 미래. 인터넷뉴스 생태계의 건전한 발전 방안 모색 간담회 자료집. 대한민국국회.

김경희(2008). 포털 뉴스의 의제설정과 뉴스 가치: 포털 뉴스와 인쇄신문의 비교 분석. 〈한국언론학보〉, 52(3), 28~52.

김경희·배진아·김유정(2015). 모바일 시대 포털 저널리즘 연구(연구보고서 2015-09). 한국언론진흥재단.

김영주(2012. 7). '독립성' 장점 살려 대안성 회복해야 미래 있다. 〈신문과 방송〉, 499호, 11~15.

김위근(2012. 4). 포털의 10가지 약속 독자권익보호 진일보하나-인터넷뉴스서비스사업자 자율규약' 제정의 의의와 한계. 〈신문과 방송〉, 56~59.

_____(2014). 포털 뉴스 서비스와 온라인 저널리즘의 지형 : 뉴스 유통의

구조 변동 혹은 권력 변화. 〈한국언론정보학보〉, 66호, 5~27.

김위근·김춘식(2010). 《한국의 인터넷뉴스서비스》(연구서 2010-05). 한국
  언론진흥재단.

김재영·양선희(2006). 온라인 저널리즘의 패러독스: 이질성의 동질화. 〈커
  뮤니케이션 이론〉, 2(2), 1~36.

김효경·권상희(2013). 포털 모바일 18대 대선 뉴스 서비스의 공정성과 여론
  조사 비교 연구: 네이버와 다음을 중심으로. 〈사이버커뮤니케이션학
  보〉, 30(3), 5~40.

문화체육관광부e-나라지표. 정기간행물 등록 현황. http://www.index.go.
  kr/portal/main/EachDtlPageDetail.do?idx_cd=1645.

박광순·안종묵(2006). 포털 사이트 프론트(*front*) 페이지 뉴스의 특성에 관한
  연구: 연성/경성뉴스, 소제목, 하이퍼링크, 뉴스원을 중심으로. 〈한국
  언론학보〉, 50(6), 199~227.

박용상(2015.10.22). 인터넷 매체의 실태와 문제점. 21세기방송통신연구소
  주최 포럼 발표문.

신동희(2014). 인터넷 포털의 저널리즘적 역할에 관한 고찰: 언론과 포털의
  갈등구조를 중심으로. 〈커뮤니케이션이론〉, 10(1), 169~212.

신정호(2013). 인터넷신문·인터넷뉴스서비스 운영 및 법규 준수 실태 점검
  결과. 문화체육관광부.

심석태(2015.9). 포털 중심 뉴스 유통의 딜레마, 해법은?. 〈방송기자〉, 26
  호, 24~26.

안종묵(2009). 포털 뉴스 서비스의 사회적 규제에 대한 탐색적 고찰: 포털의
  법적 성격과 규제의 시각. 〈한국사회과학연구〉, 31(2), 105~125.

_____(2011). 인터넷 포털 미디어의 저널리즘 특성에 관한 고찰: 〈네이버뉴
  스〉와 〈야후 미디어〉의 속보성, 상호작용성, 관련 기사 서비스를 중심
  으로. 〈언론과학연구〉, 11(1), 187~218.

_____(2012). 포털 사이트 네이버와 구글의 특성 비교 연구: 뉴스 서비스
  특성을 중심으로. 〈한국사회과학연구〉, 34(1), 61~77.

오세욱(2015.2) 객관성 추구하지만 설계자 주관 개입. 〈신문과 방송〉, 530
  호, 12~15.

윤석민·홍종윤·정영주(2014). 《언론진흥 관련 정책 체계정비방안 연구》(지

정 2014-01). 한국언론진흥재단.

이민규(2006. 1). 인터넷 언론: 포털과 블로그, 저널리즘 영역에 도전. 〈신문
　　과 방송〉, 421호, 124~127.

이재진·황용석(2015. 10). 새로운 뉴스 환경에서 포털의 영향력에 대한 전문
　　가 인식조사. 한국언론학회 2015 가을철 정기학술대회 발표논문.

최민재·김위근(2006). 포털 사이트 뉴스 서비스의 의제설정 기능에 관한 연
　　구. 〈한국언론학보〉, 50(4), 437~464.

최민재·김재영(2008). 포털의 17대 대선 관련 뉴스 서비스 공정성에 관한
　　탐색적 연구. 〈언론과학연구〉, 8(4), 667~701.

최형우 외(2015. 8). 포털 모바일 뉴스(네이버·다음) 메인 화면 빅데이터 분
　　석 보고서. Media Convergence Lab(서강대학교 가족기업).

한국언론진흥재단(2010. 9). 《한국신문의 미래전략: 디지털 시대의 건강한 뉴
　　스 생태계를 위하여》. 신문의 위기극복을 위한 대토론회 보고서.

허진성(2009). 인터넷 포털에 대한 법적 규제 방안의 연구. 〈언론과법〉,
　　8(2), 237~262.

황성기(2007). 뉴스매개자로서 포털 뉴스 서비스의 언론성 및 법적 책임범위
　　에 관한 연구. 〈사이버커뮤니케이션학보〉, 21호, 197~232.

황용석(2012. 4). 인터넷뉴스서비스사업자 기사배열 자율 규약 제정의 의미.
　　〈KISO 저널〉 6호.

_____(2013). 《온라인 저널리즘》. 커뮤니케이션북스.

〈미디어오늘〉(2013. 8. 22). 기계가 편집하는 포털 뉴스를 원하세요?,
　　URL=http://www. mediatoday. co. kr/news/articleView. html?idxno=11
　　1626.

블로터닷넷(2013. 8. 19). 포털 뉴스, 신뢰 얻으려면 편집원칙 공개해야,
　　URL=http://www. bloter. net/archives/161602.

〈연합뉴스〉(2015. 9. 9). 네이버 자문위 "뉴스편집 편향성 지적은 근거 없어",
　　URL=http://www. yonhapnews. co. kr/bulletin/2015/09/09/02000
　　00000AKR20150909109700017. HTML?input=1195m.

_____(2015. 9. 24). 포털 '뉴스 제휴 평가위' 내달 출범… 연내 평가 개시,
　　URL=http://www. yonhapnews. co. kr/bulletin/2015/09/24/020000

0000AKR20150924085400017. HTML.

〈한국일보〉(2015. 9. 21). 정치적 균형 눈치에 비판 기사 뒤로…선정적 뉴스 위주 배열, URL=http://www. hankookilbo. com/v/e9e55c6d41724202b69df13e8a6ff473.

슬로우뉴스(2013. 9. 11). 구글처럼 편집하면 포털 뉴스가 공정해질까요? URL=http://slownews. kr/13733.

네이버(2015. 5. 28). 네이버-다음카카오, 공개형 뉴스제휴 평가위원회에 관해 말씀 드립니다. URL=http://naver_diary. blog. me/220371663916.

Systems and methods for improving the ranking of news articles US 8126876 B2. https://www. google. com/patents/US8126876.

11장

김인희·김태현(2010). 국내 인터넷 포털의 현황과 특성: 산업으로서의 포털과 미디어로서의 포털을 중심으로. 〈방송통신정책〉, 22(3), 23~59.

김태규·손재권(2007). 《네이버 공화국》. 커뮤니케이션북스.

박용상(2013). 《언론의 자유》. 박영사.

유정석(2010). 인터넷 콘텐츠의 공적규제와 자율규제간의 협력모델 개발. 연구 기관: 한국인터넷자율정책기구.

이호영·정은희·서문기·이창호(2008). 인터넷 포털사이트의 사회적 영향력 확대에 따른 대응방안 연구. 정보통신정책연구원, 기본연구, 08-05.

임종수(2006). 다채널 시대 뉴스이용 경로와 공정성 평가: '줄기세포 사건'에 대한 포털미디어 이용을 중심으로. 2006 한국언론학회 봄철학술대회 기획세션, 1~18.

허진성(2013). 온라인 뉴스 유통 서비스의 헌법적 쟁점과 규율방안. 〈언론과 법〉, 12(2), 37~58.

Bar Ilan, J. (2007). Google bombing from a time perspective. *Journal of Computer Mediated Communication*, 12(3), 910~938.

Carlson, M. (2007). Order versus access: news search engines and the challenge to traditional journalistic roles. *Media, Culture & Society*,

29(6), 1014~1030.

Cotter, T. F. (2005). Some observations on the law and economics of intermediaries, *Michigan State Law Review*, 1, 1~16.

Crane, D. A. (2013). After search neutrality: Drawing a line between promotion and demotion. *I/S: Journal of Law and Policy for the Information. Society*, 9(3), 397~406.

Craven, P. (2003). 'Ethical' search engine optimization exposed!. WebWorkshop, URL=http://www.webworkshop.net/ethical-search-engine-optimization.html.

Economides, N. & Tåg, J. (2012). Network neutrality on the Internet: A two-sided market analysis. *Information Economics and Policy*, 24(2), 91~104.

Foster, R. (2012). *News plurality in a digital world*. Oxford: Reuters Institute for the Study of Journalism.

FTC(2013). Statement of the Federal Trade Commission regarding Google's search practices. In the matter of Google Inc. FTC File Number 111-0163. 2013. 1. 3.

Goldman, E. (2006). Search engine bias and the demise of search engine utopianism. *Yale Journal of Law & Technology*, 06-08.

Goodman, E. P. (2007). No time for equal time: A comment on professor Magarian's substantive media regulation in three dimensions. *The George Washington Law Review*, 76, 897~913.

Grimmelmann, J. (2007). The structure of search engine law. *Iowa Law Review*, 93(1), 07~23.

_____(2009). Google dilemma, *New York Law School Law Review*, 939.

_____(2010). Some skepticism about search neutrality. *The next digital decade: Essays on the future of the Internet*, 435~459.

Laidlaw, E. B. (2010). A framework for identifying internet information gatekeepers. *International Review of Law, Computers & Technology*, 24(3), 263~276.

MacCarthy, M. (2010). *The next digital decade: Essays on the future of the internet*. Washington, D. C. : TechFreedom

Manne, G. A. & Wright, J. D. (2011a). Google and the limits of antitrust: The case against the case against Google. *Harvard Journal of Law & Public Policy*, 34, 171~244.

Manne, G. A. & Wright, J. D. (2011b). If search neutrality is the answer, what's the question. *George Mason University Law and Economics Research Paper Series*, 11~37.

Odlyzko, A. (2009). Network neutrality, search neutrality, and the never-ending conflict between efficiency and fairness in markets. *Review of Network Economics*, 8(1), 1~21

OECD (2008). OECD information technology outlook 2008.

Page, L., Brin, S., Motwani, R., & Winograd, T. (1999). The pagerank citation ranking: bringing order to the Web.

Pariser, E. (2011). *The filter bubble: What the internet is hiding from you*. Penguin UK.

Pasquale, F. A. (2008). Internet nondiscrimination principles: Commercial ethics for carriers and search engines. *SSRN Electronic Journal*.

_____ (2010). Trusting (and verifying) online intermediaries' policing. *The next digital decade, essays on the future of the Internet*, 347~364.

_____ (2011). Dominant search engines: an essential cultural & political facility. *The next digital decade, essays on the future of the Internet*, 401~417.

Pasquale, F. A. & Bracha, O. (2008). Federal search commission? Access, fairness and accountability in the law of search. *Cornell Law Review*, 93, 1149~1209.

Patterson, M. R. (2010). Non-network barriers to network neutrality. *Fordham Law Review*, 78(6), 2843~2872.

Post, R. (1995). Recuperating first amendment doctrine. *Yale Law School Legal Scholarship Repository*, 1249~1281.

Reuters. EU antitrust case against Google based on 19 complaints: sources. 2015. 4. 27.

Rochet, J. C. & Tirole, J. (2003). Platform competition in two-sided markets. *Journal of the European Economic Association*, 1(4), 990~1029.

Tatum, C. (2005). Deconstructing Google bombs: A breach of symbolic power or just a goofy prank?. *First Monday*, 10(10).

Tichenor, P. J., Donohue, G. A., & Olien, C. N. (1970). Mass media flow and differential growth in knowledge. *Public Opinion Quarterly*, 34(2), 159~170.

Van Schewick, B. (2007). Towards an economic framework for network neutrality regulation. *Journal on Telecommunications and High Technology Law*, 5, 329~391.

Volokh, E. & Falk, D. M. (2012). First amendment protection for search engine search results. *Journal of Law, Economics & Economics & Policy*, 8, 4.

Wu, T. & Vietor, M. (2011). *The master switch: The rise and fall of information empires*. Vintage Books.

〈경향신문〉(2014. 5. 16). 네이버, ‘정몽준’은 연관검색어 제공, ‘박원순’은 차단…해명 보니.

〈내일신문〉(2005. 9. 27). ‘학살자’에 전두환, ‘실패(failure)’하면 부시.

〈뉴시스〉(2013. 8. 9). 與, 온라인 포털시장 정상화 TF 발족…‘네이버 규제 본격화’.

〈동아일보〉(2012. 7. 24). ‘정우택 성상납’ 네이버 검색에서 사라졌다?.

_____ (2012. 8. 22). 네이버에 ‘안철수 룸살롱’ …이게 웬일?.

〈아이티투데이〉(2014. 1. 9). 네이버-다음 등 검색서비스 불공정행위 제재 사항은?.

〈오마이뉴스〉(2011. 5. 26). 미안하다 ‘네이버’, 난 ‘구글’ 편이다.

〈연합뉴스〉(2009. 2. 27). 인터넷자율정책기구 내달 3일 출범.

〈이데일리〉(2012. 9. 14). 안철수 논란 네이버 검색, ‘외부기관 검증’ 받는다.

_____ (2013. 8. 26). ‘공수’ 바뀐 포털 규제법 “경제민주화” vs “언론장악 의도”.

_____ (2013. 5. 27). 공정위, 네이버 이어 다음도 ‘불공정거래’ 조사 착수.

858

〈한겨레〉(2013. 5. 14). 공정위, 네이버 불공정거래 혐의 조사.
_____ (2013. 11. 25). 네이버·다음, 동의의결제 신청 '불공정행위' 과징금 피
　　해가나.
〈한국경제〉(2013. 6. 21). '포털 최강자' 네이버 규제해야 하나.
한국인터넷자율정책기구 검증위원회 (2013. 1). '네이버' 실시간 급상승검색어
　　에 대한 검증보고서.
_____ (2013. 9). '네이버' 실시간 급상승검색어에 대한 검증보고서 (Ⅱ).
_____ (2014. 3). '네이버' 실시간 급상승검색어에 대한 검증보고서 (Ⅲ).
_____ (2015. 3). '네이버' 실시간 급상승검색어에 대한 검증보고서 (Ⅳ).

12장

강명구 (1994). 《한국 저널리즘 이론: 뉴스, 담론, 이데올로기》. 나남.
김민하·신윤경. (2011). 전문기자와 시민기자 블로그 콘텐츠의 저널리즘적
　　특성에 관한 비교 연구. 〈한국언론정보학보〉, 53호, 73~99.
김은규 (2006). 한국 대안적 공론장의 변화과정과 추동 요인에 대한 고찰.
　　〈한국언론정보학보〉, 33호, 87~114.
민　영 (2014). 뉴스와 엔터테인먼트의 융합. 〈한국언론학보〉, 58(5), 70~
　　96.
민인철 (2007). 인터넷 주류언론 기자와 인터넷 대안언론 기자의 독자인식에
　　관한 탐색적 연구. 〈한국방송학보〉, 21(3), 204~240.
민인철·반　현 (2006). 미국과 한국의 대안언론 수용자에 대한 온라인 서베
　　이 사례 연구. 〈한국언론학보〉, 50(3), 262~289.
박선희 (2001). 인터넷 신문의 뉴스 특성과 대안언론의 가능성. 〈한국언론학
　　보〉, 45(2), 117~155.
박선희·주정민 (2004). 16대 대통령 선거에서 인터넷 대안언론의 영향력.
　　〈한국언론학보〉, 48(5), 214~242.
박우귀·권상희 (2014). 방송통신내용 규제에 대한 이해관계자 집단 간의 인
　　식차이 연구. 〈스피치와 커뮤니케이션〉, 24호, 7~48.
박춘서 (2000). 시민운동과 대안언론: 한국적 대안언론 유형의 모색. 〈한국언
　　론학보〉, 44(3), 190~221.
_____ (2006). 《대항공론과 대안언론》. 커뮤니케이션북스

윤영철(2007). 민주주의 유형과 언론개혁.《민주화 이후의 한국언론》. 나남.

이기형·이영주·황경아·채지연·천혜영·권숙영(2012). "나꼼수현상"이 그려내는 문화정치의 명암.〈한국언론정보학보〉, 58호, 74~105.

이병섭(2012). 팟캐스트의 규제 시도에 대한 시론적 고찰.〈언론학연구〉, 16(3), 111~139.

이준웅(2004). 비판적 담론 공중의 등장과 언론에 대한 공정성 요구. 2004년 한국언론학회 전환기의 한국언론 추가자료.

이준웅·김경모(2008). '바람직한 뉴스'의 구성조건: 공정성, 타당성, 진정성.〈방송통신연구〉, 67호, 9~44.

최수연·임종섭(2013). 지상파 방송뉴스와 트위터, '나는 꼼수다'의 의제 관계성: 2011년 서울시장 선거를 중심으로.〈방송과 커뮤니케이션〉, 14(4), 5~34.

Ariño, M. (2007). Online video content: Regulation 2.0?. An analysis in the context of the new audiovisual media services directive1. QUA-DERNS, 3.

Atton, C. (2005). Ethical issues in alternative journalism. *Communication Ethics Today*, 12(1), 15~31.

Atton, C. & Hamilton, J. F. (2011). *Alternative journalism.* 이효성 역.《대안언론》. 커뮤니케이션북스.

Aucoin, J. (2007). *The evolution of American investigative journalism.* University of Missouri Press.

Creech, B. (2014). Disciplines of truth: The 'Arab Spring', American journalistic practice, and the production of public knowledge. *Journalism*, 1464884914550971.

Curran, J. (2002). *Media and power.* Routledge.

Dahlgren, P. (2013). Online journalism and civic cosmopolitanism: professional vs. participatory ideals. *Journalism Studies*, 14(2), 156~171.

Downing, J. (2003). Audiences and readers of alternative media: the absent lure of the virtually unknown. *Media, Culture & Society*, 25(5), 625~645.

860

_____ (2008). Social movement theories and alternative media: An evaluation and critique. *Communication, Culture & Critique*, 1(1), 40 ~50.

Eliasoph, N. (1988). Routines and the making of oppositional news. *Critical Studies in Media Communication*, 5(4), 313~334.

Fuchs, C. (2010). Alternative media as critical media. *European Journal of Social Theory*, 13(2), 173~192.

Goode, L. (2009). Social news, citizen journalism and democracy. *New Media & Society*, 11(8), 1287~1305.

Harcup, T. (2005). "I'm doing this to change the world": Journalism in alternative and mainstream media. *Journalism Studies*, 6(3), 361~374.

_____ (2011). Alternative journalism as active citizenship. *Journalism*, 12(1), 15~31.

Kperogi, F. A. (2013). News with views: Postobjectivism and emergent alternative journalistic practices in America's corporate news media. *The Review of Communication*, 13(1), 48~65.

McChesney, R. W. (1999). *Rich media, poor democracy: Communication politics in dubious times*. The New Press.

Phillips, A., Couldry, N., & Freedman, D. (2010). An ethical deficit? Accountability, norms, and the material conditions of contemporary journalism. In: Fenton, Natalie (ed.), *New media, old news: Journalism and democracy in the digital age*. 51~68, London: SAGE.

Poell, T. & Borra, E. (2012). Twitter, YouTube, and Flickr as platforms of alternative journalism: The social media account of the 2010 Toronto G20 protests. *Journalism*, 13(6), 695~713.

Rosenberry, J. & St John, B. (2010). *Public journalism 2.0: The promise and reality of a citizen engaged press*. Routledge.

Silverstone, R. (2004). Regulation, media literacy and media civics. *Media, Culture & Society*, 26(3), 440~449.

Sterne, J., Morris, J., Baker, M. B., & Freire, A. M. (2008). The politics of podcasting. *Fibreculture journal*, 13.

Waisbord, S. (2009). Advocacy journalism in a global context. In K. Wahl-Jorgensen & T. Hanitzsch (Eds.), *The handbook of journalism studies*, 371~385, Taylor & Francis.

13장

강진숙・김지연(2013). SNS 이용자의 정치참여에 대한 현상학적 연구: 10・26 서울시장 보궐선거를 중심으로. 〈한국언론정보학보〉, 62호, 179~199.

구교태(2008). 한국 방송의 선거보도 특성에 관한 연구: 2007 대통령 선거방송보도를 중심으로. 〈언론과학연구〉, 8(1), 5~38.

_____(2013). 여론조사와 선거방송보도 관계에 대한 연구: 제17대, 18대 대통령선거 보도량과 메시지 유형을 중심으로. 〈의정연구〉, 19(3), 85~108.

권혁남(1999). 텔레비전의 15대 대통령선거 보도분석. 〈한국언론학보〉, 43(5), 5~44.

_____(2006). 《미디어 선거의 이론과 실제》. 커뮤니케이션북스.

김경모・김시현・송현지(2010). 선거 여론조사 보도에서 방법론 문제와 부정적 보도 경향의 관계: 주요 일간지의 16~18대 국회의원 선거기사 내용분석. 〈언론과학연구〉, 10(3), 81~124.

김광덕(2012). 균형보도로 편가르기 지양 공약검증 강화해야: 공정 선거・정책 선거 실현을 위한 언론의 역할. 〈신문과 방송〉, 495호, 10~13.

김래영(2012). 개정 공직선거법의 문제점과 개선방안. 〈공법학연구〉, 13(2), 3~36.

김무곤(2002). 선거보도의 패러다임 전환. 〈관훈저널〉, 43(3), 30~38.

김미희・정다은(2015). 트윗글에 대한 편향성 인식이 트위터 사용자의 여론 지각에 미치는 영향. 〈한국언론학보〉, 59(3), 235~262.

김서중(2012). 저널리즘에 충실한 선거보도, 유권자가 가려야. 〈황해문화〉, 77호, 398~404.

_____(2013a). 최악의 선거보도, 차기 대통령의 언론 정책은?. 〈황해문화〉, 78호, 371~377.

_____(2013b). 한국언론의 위기는 심화되기만 할 뿐. 〈황해문화〉, 80호,

320~326.

김성복(2013). 국정원 선거개입, 우리는 기도운동으로 규명한다!. 〈기독교사상〉, 660호, 54~64.

김세은·이상길(2008). 서유럽 방송의 공정성 원칙과 규제. 〈방송통신연구〉, 67호, 69~112.

김소형·이건호(2015). 바람직하지 않은 뉴스 전달자, 더 바람직하지 않은 뉴스 수용자: 18대 대통령 선거보도에 대한 포털과 수용자의 주목도 비교. 〈한국언론학보〉, 59(2), 62~87.

김영욱·김위근(2007). 《미디어 선거와 그 한계: 17대 대선 보도 분석》. 한국언론재단.

김옥조(2009). 《미디어법》. 커뮤니케이션북스.

김원용(1997). 《한국선거보도연구》. 커뮤니케이션북스.

김재홍(2002). 한국 정치과정에서 언론의 역할에 관한 사례연구: 정치평론과 선거보도를 중심으로. 〈한국사회정책〉, 9권, 77~113.

김춘식·양승찬·이강형·황용석(2012). 신문의 제19대 국회의원 선거보도 내용분석(2012-16). 한국언론진흥재단.

김춘식·이강형(2008). 언론의 선거보도에 나타난 캠페인 관련 인용구: 2007년 대통령선거에 관한 신문보도 분석을 중심으로. 〈한국언론학보〉, 52(4), 377~400.

김현정(2013). 선거 여론조사 보도에 대한 제삼자 인식이 정치적 참여 의향에 미치는 영향-한국과 미국 비교 연구. 〈한국언론학보〉, 57(4), 72~95.

김효경·권상희(2013). 포털 모바일 18대 대선 뉴스 서비스의 공정성과 여론조사 비교 연구: 네이버와 다음을 중심으로. 〈사이버커뮤니케이션학보〉, 30(3), 5~40.

남지나·최윤정(2010). 한국과 미국 TV뉴스의 대선보도 비교: 신 단위의 형식과 내용의 공정성을 중심으로. 〈한국방송학보〉, 24(4), 87~121.

문재완(2012). 우리나라의 선거방송과 심의. 〈방송통신심의동향〉, 2012-1호, 59~67.

민 영(2014). 뉴스와 엔터테인먼트의 융합: 2012년 대통령 선거에서 정치 팟캐스트의 효과. 〈한국언론학보〉, 58(5), 70~96.

박재영·안수찬·박성호(2014). 대통령 선거 보도의 기사품질, 심층성, 공공

성의 변화: 1992~2012년 국내 주요 신문의 경우. 〈방송문화연구〉, 26(2), 33~66.

박주민(2012). 인터넷을 통한 선거운동과 공직선거법. 〈법학연구〉, 15(1), 149~184.

박형준(2013). 공정성 개념과 평가에 대한 기자들의 인식 연구. 〈언론과학연구〉, 13(1), 262~289.

반 현·최원석·신성혜(2004). 유권자의 투표 선택과 뉴스 미디어의 점화효과. 〈한국방송학보〉, 18(4), 398~443.

백선기(1992). 한국언론의 파행적 선거보도 관행. 〈한국언론정보학보〉, 2호, 34~56.

_____(1993a). 제14대 대통령선거 보도의 허와 실: 신문의 파행적 보도관행을 중심으로. 〈한국언론정보학보〉, 3호, 169~193.

_____(1993b). 14대 대통령 선거의 방송보도 분석: KBS1 TV, MBC, SBS의 저녁 뉴스방송을 중심으로. 한국방송학회 세미나 및 보고서, 1~34.

서지혜(2012. 10. 18). 네이버, 대선 특집페이지와 공정성가이드라인 공개 … 언론사의 기사 삭제 요청 시 즉각 처리 방침, 〈헤럴드 경제〉. URL= http://http://news.heraldcorp.com/view.php?ud=20121018000172&md=20121021003408_BL.

서희정·이미나(2012). 트위터 투표 인증샷을 통해 본 젊은 세대의 투표 참여와 선거 문화. 한국언론학회 심포지엄 및 세미나, 399~420.

선거방송 심의위원회(2014). 2014년 제6회 전국동시지방선거 선거방송 심의위원회 심의의결현황.

성낙인(2012). 선거제도와 선거운동. 〈저스티스〉, 130호, 6~36.

송경재(2007). 17대 대선, 인터넷언론의 바람직한 선고보도 어떻게 해야 하나. 민주언론시민연합 주최 17대 대선 토론회 발표논문.

_____(2009). 네트워크 시대의 시민운동 연구: 2008 촛불집회를 중심으로. 〈현대정치연구〉, 2(1), 55~83.

_____(2010). 인터넷 포털 뉴스의 선거보도에 관한 탐색적 연구: 17대 대선을 중심으로. 〈동북아연구〉, 15호, 5~37.

안명규(2009). 인터넷선거보도 심의의 현실과 법제에 관한 고찰. 〈언론과

864

법〉, 8(2), 49~82.

양승찬(1998). 《미디어 정치시대 선거보도》. 한국언론연구원.

_____(2007). 한국의 선거여론조사와 그 보도에 대한 이슈 고찰. 〈커뮤니케
　　이션이론〉, 3(1), 83~119.

양홍주(2012. 4. 11). 〔총선〕여전히 바빴던 SNS… "투표" 트윗 47만 건, 인
　　증샷 시간당 7000건. URL=http://news. naver. com/main/read. nhn?
　　mode=LSD&mid=sec&sid1=100&oid=038&aid=0002247601.

원희영·윤석민(2014). 종합편성채널의 보도 공정성에 관한 연구: 제 18대 대
　　통령 선거에 대한 메인 뉴스 분석을 중심으로. 〈한국방송학보〉,
　　29(1), 117~148.

유봉석(2014). 네이버 '2014 지방선거' 특집 페이지 오픈, 2014. 4. 15. URL=
　　http://naver_diary. blog. me/150188815362.

윤성옥(2008). 국내 선거방송심의규정의 위헌성에 관한 연구. 〈한국방송학
　　보〉, 22(5), 170~209.

윤태진(2012). 의도된 '편향적 보도' 대안적 뉴미디어로 영역구축: 팟캐스트
　　의 등장과 저널리즘의 지형 변화. 〈신문과 방송〉, 495호, 29~33.

이강형(2006. 4). 선거보도와 개표방송의 쟁점과 방향, 2006년 한국방송학회
　　세미나. 5·31 동시지방선거와 선거방송. 1~19.

이구현·김덕모(2002). 《대통령 선거보도 연구》. 한국언론재단.

이대호(2012). 네이트 뉴스, '2012 대선 편집 가이드라인' 발표. URL=http:/
　　/www. ddaily. co. kr/news/article. html?no=95132.

이미나·서희정·김현아(2012). 투표인증샷 분석: 자기표현과 설득의 커뮤니
　　케이션. 〈한국언론학보〉, 56(6), 246~277.

이민웅(1996). 《한국 TV 저널리즘의 이해》. 나남.

이서현·박경숙(2012). 언론사간 공동협약 전후 신문의 보도행태 변화에 관
　　한 연구. 〈언론과학연구〉, 12(4), 314~352.

이완수·배재영(2014). 영상보도의 기계적 공정성: 18대 대선후보 보도에 나
　　타난 '전략적 의례' 탐색. 〈커뮤니케이션이론〉, 10(4), 365~403.

이원태·차미영·양해륜(2011). 소셜 미디어 유력자의 네트워크 특성: 한국
　　의 트위터 공동체를 중심으로. 〈언론정보연구〉. 48(2), 44~79.

이종수(2002). 선거이슈와 이슈보도: 시민저널리즘과 관련하여. 〈관훈저널〉,

43(3), 20~29.

이준한(2013). 2012년 대선과 대중매체의 정치적 효과. 〈정치정보연구〉, 16(1), 113~135.

_____(2014). 2012년 대통령선거와 뉴 미디어의 정치적 영향. 〈한국정치외 교사논총〉, 36(1), 211~242.

이향선(2012). 미국의 선거방송 및 인터넷 선거 운동 규제. 〈방송통신 심의 동향〉, 2012-1호, 80~89.

이효성(2002). 선거보도 개선을 위한 이론적 논의와 제언: 선거보도 가이드 라인 제정을 위하여. 한국언론학회 세미나(2002. 7. 30).

_____(2006). 미디어 이용이 정당 지지에 미치는 효과: 미디어 이용의 역동 성 모델과 점화효과 이론을 중심으로. 〈한국언론학보〉, 50(1), 285~ 307.

이효성·김인영(2003). 텔레비전, 신문, 인터넷 이용이 유권자의 정치지식, 16대 대선관심, 정치활동 참여에 미치는 영향 분석. 〈커뮤니케이션학 연구〉, 11(2), 29~63.

장덕진(2011). 트위터 공간의 한국 정치: 정치인 네트워크와 유권자 네트워 크. 〈언론정보연구〉. 48(2), 80~107.

장우영(2010). 선거와 인터넷 규제: 미국 정책과의 비교. 〈한국정당학회보〉, 9(2), 209~241.

장정헌·하주용·김선호(2014). 정치정보원으로서 인터넷미디어 신뢰도 연 구: 18대 대통령선거 기간 중 대학생들의 인식을 중심으로. 〈한국언론 학보〉, 58(4), 96~128.

정재황(2007). 방송의 내용상 의무에 관한 연구: 프랑스 법을 대상으로. 〈성 균관법학〉, 19(3), 29~57.

한국기자협회(2012. 12. 7). 대선보도, 사진·그래픽 편파성도 심각. URL= http://www.journalist.or.kr/news/articleView.html?idxno=29971.

한창진·김경수(2013). TV토론회에서 트위터가 선거에 미치는 영향: 제18대 대통령 선거 TV토론회를 중심으로. 〈한국디지털콘텐츠학회논문지〉, 14(2), 207~214.

김영욱 외(2012). SNS와 선거보도. 〈관훈저널〉, 124호, 290~380.

〈아시아경제〉(2010. 6. 3). 6. 2 지방선거: '트위터'가 선거를 바꿨다. URL=

866

http://www. asiae. co. kr/news/view. htm?idxno=2010060222132482440.

〈조선일보〉(2015. 7. 16). 대법원 '국정원 댓글' 원세훈 사건 파기한 이유는. URL=http://news. chosun. com/site/data/html_dir/2015/07/16/2 015071602439. html.

KBS 공영노조 성명서(2015. 3. 9). KBS 공정성 가이드라인 문제 있다. URL=http://blog. naver. com/PostPrint. nhn?blogId=kbspbu&logNo= 220294934920.

KBS 노조(2014). KBS 선거 보도, 우리가 감시자가 되겠다! URL= http://www. kbsunion. or. kr/942.

Entman, R. M. (1991). Framing U. S. coverage of international news: Contrasts in narratives of the KAL and Iran air I\incidents. *Journal of Communication*, 41(4), 6~27.

Flowers, J. F., Haynes, A. A., & Crespin, M. H. (2003). The media, the campaign, and the message. *American Journal of Political Science*, 47(2), 259~273.

Kern, M. (1989). *30-second politics: Political advertising in the eighties*. New York: Praeger.

Matey, P. B. (2003), Abundant media, viewer scarcity: A marketplace alternative to first amendment broadcast rights and the regulation of televised presidential debates, *Indiana Law Review*, 36(1), 101~147.

Media Tenor. (2004). Kerry: Media push without substance. *Media Tenor Quarterly Journal*, Q1, 10-11.

Sabato, L. J. (1981). *The rise of political consultants: New ways of winning elections*. New York: Basic Books.

Sambrook, R. (2012. 7). Delivering trust: Impartiality and objectivity in the digital age. Report - Reuters Institute for the Study of Journalism. URL=http://reutersinstitute. politics. ox. ac. uk/publication/delivering-trust-impartiality-and-objectivity-digital-age.

〈ZDNetKorea〉(2012. 10. 18). 국감현장: 스마트기기를 통한 선거정보 규제해야. URL=http://www. zdnet. co. kr/news/news_view. asp?artice_id=

20121018111408&type=det&re=.

14장

강남준(2006). 미국방송협회(NAB) 자율심의 제도의 변천과정: 한국 방송심
의제도에 던지는 함의. 〈방송통신연구〉, 63, 179~207.

강대인(1999). 방송개혁위원회 보고서 해설. 〈신문과 방송〉, 340호, 43~47
〔방송개혁위원회 최종보고서(1999). 〈방송개혁의 방향과 과제〉.〕.

고민수(2011). 방송편성규정의 법적 성격과 한계에 관한 헌법학적 연구, 〈방
송과 커뮤니케이션〉, 12(1), 5~39

권형둔(2009). 독일의 방송심의제도와 그 시사점. 〈언론과 법〉, 8(1), 37~
72.

＿＿＿(2014). 방송의 공정성에 대한 헌법이론과 법제도 개선방안. 〈공법학
연구〉, 15(2), 23~52.

김광구·오현순·김영곤(2013). 갈등해소 기제로서의 주민투표제도 개선방안
연구: 숙의 민주주의적 요소를 중심으로. 〈한국정책과학학회보〉,
17(3), 85~116.

김서중(2007). 공공성의 시험대에 선 방송위원회. 〈황해문화〉, 55호, 456~
461.

김성천·황창근·지성우·최경진(2009). 방송통신 심의규정 개선방안에 관한
연구. 방송통신심의위원회.

김세은·이상길(2008). 서유럽 방송의 공정성 원칙과 규제: 불편부당성 다원
주의와 정직성을 위한 영국과 프랑스의 사례. 〈방송연구〉, 67호, 69
~112.

김영호(2014). 《방송심의》. 커뮤니케이션북스.

김유정·고민수·배진아·이화행·조연하(2012). 방송통신 내용규제시스템
발전방안. 방송통신심의위원회.

김정기(2003). 《전환기의 방송정책》. 한울아카데미.

김종길(2005). 사이버공론장의 분화와 숙의 민주주의의 조건. 〈한국사회학〉,
39(2), 34~68.

김종진(2013). 공정성과 KBS. 방송 공정성 포럼 워크숍 발표문.

김종화(2013). 현업자가 본 방송 공정성 문제. 방송 공정성 포럼 워크숍 발표문.

868

김진환・한진만・윤영철・원용진・임영호・손영준(2008). 방송의 공정성 심의를 위한 연구. 방송통신심의위원회.

노성종・민 영(2009). '숙의'와 '참여'의 공존: 대화의 숙의수준에 따른 정치적 이견의 경험과 정치참여의 관계 탐색. 〈한국언론학보〉, 53(3), 173 ~197.

류성진・고흥석(2007). 전자게시판 토론 참여자들의 토론 능력과 숙의적 토론과의 관계. 〈언론정보연구〉, 44(1), 5~35.

문태현(2010). 심의민주주의적 정책결정의 논리와 한계. 〈한국행정논집〉, 22(3), 629~650.

박경신(2010). 방송통신심의위원회의 심의제도에 대한 법적 평가 : 방송심의규정 제9조 제2항의 "양적 균형성"을 중심으로. 한국언론정보학회 토론회 발제문, 1~29.

박근영・최윤정(2014). 온라인 공론장에서 토론이 합의와 대립에 이르게 하는 요인 분석: 개방형 공론장과 커뮤니티 공론장의 토론 숙의성 비교. 〈한국언론학보〉, 58(1), 39~69.

박승관(2000). 숙의민주주의와 시민성의 의미. 〈한국언론학보〉, 45(1), 162 ~194.

배진아(2013). 방송의 공정성 심의는 공정한가?. 방송문화진흥회 방송 공정성 포럼 워크숍 발표문.

_____(2015). 지상파 방송의 공정성 심의: 방송심의규정 제9조(공정성) 적용 심의의결 사례 분석. 〈방송통신연구〉, 90, 9~41.

손병우(2010). 방송심의의 쟁점과 대안 : 드라마와 오락 프로그램을 중심으로. 〈사회과학연구〉, 21(3), 59~80.

심석태(2012). 방송심의 기구의 '민간・독립성 신화'에 대한 고찰: 한미 비교의 관점. 〈미국헌법연구〉, 23(3), 163~203.

원희영・윤석민(2015). 종합편성채널의 보도 공정성에 관한 연구: 제18대 대통령 선거에 대한 메인 뉴스 분석을 중심으로. 〈한국방송학보〉, 29(1), 117~148.

유의선(2015). KBS 문창극 보도의 쟁점과 해석: 공정성 및 암묵적 명예훼손 관점에서. 〈언론과 사회〉. 23(1). 139~177.

윤경준・안형기(2004). 심의민주주의적 의사결정의 효과성: 지방의제21 작성을 중심으로. 〈한국행정학보〉, 38(2), 149~165.

윤석년(2006). 3기 방송위원회 바람직한 구성과 운영. 〈신문과 방송〉, 4월
호, 60~65.

윤석민·박아현(2008). 방송통신 융합시대 방송의 공익성과 내용규제정책.
〈방송통신연구〉, 66, 209~232.

윤성옥(2007). 방송통신 환경에 맞도록 심의제도 개선 필요. 〈방송문화〉,
311호, 56~65.

_____(2009). 방송의 공정성에 관한 법적 개념과 규제 범위. 〈방송과 커뮤
니케이션〉, 10(1), 37~77.

윤성현(2013). J. S. Mill 민주주의론의 기초개념으로서 熟議. 〈법사학연
구〉, 47, 141~180.

윤영철·송현진·강기호·박민아(2010). 숙의민주주의를 위한 온라인 토론의
조건: 평가지표를 적용한 온라인 토론 비교분석. 〈사이버커뮤니케이션
학보〉, 27(2), 121~172.

이강형·최현주(2012). 해외 선진국의 방송 공정성 평가체계 연구: 미국, 영
국, 일본 사례를 중심으로. 경북대학교 사회과학연구원, 〈사회과학 담
론과 정책〉, 5(1), 71~98.

이남표(2012). 방송심의제도의 문제점과 개선방향: 공정성 심의·의결 기능의
과잉을 해소해야. 〈방송문화〉, 371호, 10~15.

이동수(2004). "디지털시대의 토의민주주의", 철학연구회 편, 《디지털 시대
의 민주주의와 포퓰리즘》. 철학과 현실사: 72~93.

이동훈(2009). 숙의적 공론장으로서 블로그 공간의 의사소통적 관용에 대한
연구. 〈한국언론학보〉, 53(4), 27~49.

이민웅(1996). 《한국 TV저널리즘의 이해》. 나남.

_____(2005). 숙의민주주의의 4차원과 언론의 역할. 〈한국언론학보〉,
49(6), 342~372.

이민웅·윤영철·윤태진·최영재·김경모·이준웅(2004). 대통령 탄핵 관련
TV방송 내용 분석. 한국언론학회.

이수범(2006). 3기 방송위원회에 바란다. 〈신문과 방송〉, 428호, 70~75.

이영주·채정화(2008). 지상파 방송 심의규제의 적합성에 대한 고찰: 방송심
의에 관한 규정 및 집행 사례 분석을 중심으로. 〈한국언론학보〉, 52

(3), 298~321.

이재은(1989). 방송심의의 방향과 과제. 방송위원회 방송심의제도 정착을 위한 공개토론회 발제문.

이종혁·최윤정(2012). 숙의(*deliberation*) 관점에서 본 인터넷 토론 게시판과 글 분석: 의견 조정성 예측을 위한 다수준모델(*multi-level model*) 검증. 〈한국언론학보〉, 56(2), 405~435.

이창훈·우형진(2011). 방송심의규제의 공정성 적용에 관한 연구: 2003~2010년 방송심의결정분석을 중심으로. 〈미디어 경제와 문화〉, 9(3), 7~56.

이향선·김성천·황창근·최경진·정혜욱(2011). 건전한 미디어환경 조성을 위한 방송통신심의위원회 역할 제고 방안 연구. 방송통신심의위원회.

이향선·유승관·하주용·최은경·이화행·이희승·강경수·정성학(2013). 다매체 다채널 시대의 방송공정성 심의 개선 방안 연구. 방송통신심의위원회.

정규호(2005). 특집: 대의제 민주주의의 위기와 대안; 심의민주주의적 의사결정논리의 특성과 함의. 〈시민사회와 NGO〉, 3(1), 29~53.

정무권(2011). 행정민주주의와 공공성: 심의민주주의와의 접목. 〈사회과학연구〉, 50(2), 33~80.

정윤식(2013). 《방송정책》. 커뮤니케이션북스.

정재황·지성우·김명식·조소영·윤석민·이승선(2011). 방송심의 제재 실효성 확보 방안 연구. 방송통신심의위원회.

조은희·조성겸(2013). 다매체 이용수준과 숙의적 성향 : 선택적 노출의 조절효과를 중심으로. 〈언론과학연구〉, 13(2), 370~396.

지성우(2013. 7). 현행 방송심의 규정의 규범적 문제점과 개선방안. 방송문화진흥회 주관 〈방송공정성 포럼〉 발표 논문.

최영묵(2005). 방송심의제도 쟁점과 개선방향, 한국방송협회 주최. 제 1차 현안토론회 발표논문.

_____(2008). 방송통신위원회 시대 방송 '공정성' 심의의 문제점(요약문). 한국방송학회 세미나 및 보고서, 272~273.

_____(2011). 방송통신위원회 3년을 '심의'한다. 방송통신심의위원회 3년 평가 토론회.

최영묵·박승대 (2009). 방송의 정치적 독립성 확보를 위한 미디어 정책 방향 연구. 〈한국언론정보학보〉, 46, 590~626.

최우정 (2008). '방송통신위원회 설치 및 운영에 관한 법률'에 대한 법리적 문제점에 관한 연구: 공영방송을 중심으로. 〈방송문화연구〉, 20(1), 187~218.

_____ (2009). 현행 방송심의제도에 대한 비판적 검토: 규범학적인 측면을 중심으로. 〈언론과 법〉, 8(1), 3~36.

_____ (2013). 헌법상 방송의 자유보장을 위한 현행 방송심의제도의 문제점과 개선방향. 〈공법학연구〉, 14(2), 3~30.

한진만·홍성구 (2012). '시청자 배심원제'를 중심으로 한 공정성 심의 모델 구축: KBS의 사례를 중심으로. 〈방송문화연구〉, 24(2), 103~126.

홍성구 (2001). 숙의민주주의와 인터넷시민미디어. 〈언론과 사회〉, 9(4), 173~208.

_____ (2013). 공적 숙의에 관한 4이론과 언론자유 : 국가 중립성 논쟁을 중심으로. 〈커뮤니케이션 이론〉, 9(2), 163~199.

황 근 (2000). 독립규제기구로서 방송위원회의 구조적 특성에 관한 평가연구. 〈사이버커뮤니케이션학보〉. 6호, 264~298.

황성기 (2014). 방송의 공정성 확보를 위한 제도적 개선방안에 관한 연구. 〈법학논총〉, 31(1), 93~118.

황창근·지성우·최경진 (2009). 방송통신 심의규정 개선방안에 관한 연구. 방송통신심의위원회.

방송통신심의위원회 (2014. 7. 21). 제 27차 방송소위원회회의 회의록.

_____ (2014. 8. 27). 제 33차 방송소위원회회의 회의록.

_____ (2014. 9. 24). 제 16차 정기회의 회의 발언내용 (공개).

_____ (2014. 9. 24). 제 16차 정기회의 심의 의결서.

_____ (2014. 9. 24). 제 16차 정기회의 권고내용.

Allen, D. (1995). Theories of Democracy and American Journalism: Creating an Active Public.

Arendt, H. (1958). *The human condition.* Chicago, IL: University of Chicago Press.

Barber, B. R. (1984/2004). *Strong democracy: Participatory politics for a new age* (20th anniversary ed.). Berkeley, CA: University of California Press.

Bohman, J. (1996). *Public deliberation: Pluralism, complexity, and democracy.* Cambridge, MA: MIT Press.

Chambers, S. (2003). Deliberative democratic theory. *Annual Review of Political Science*, 6, 307~326.

Cohen, J. (1997). Deliberation and democratic legitimacy. In Bohman, J. & Rehg, W. (Eds.). *Deliberative democracy: Essays on reason and politics* (pp. 67~92). Cambridge, MA: MIT Press.

Elster, J. (ed.) (1998). *Deliberative Democracy.* Cambridge: Cambridge University Press.

Gamson, W. (1992). *Talking politics*, New York: Cambridge University Press.

Gastil, J. (2000). Is Face-to-face citizen deliberation a luxury or a necessity?. *Political Communication*, 17(4), 357~361.

Gutmann, A. & Thompson, D. (1996). *Democracy and disagreement. Massachusetts*, MA: The Belknap Press.

Gutmann, A. & Thompson, D. (2000). Deliberative democracy beyond process. *Journal of Political Philosophy*, 10(2), 153~174.

Habermas, J. (1962). *Strukturwandel der öffentlicheit: Untersuchungen zu einer kategorie der bürgerlichen gesellschaft.* 한승완 역(2001). 《공론장의 구조변동: 부르주아 사회의 한 범주에 관한 연구》. 나남.

_____ (1981). *Theorie des kommunikativen handelns.* 장춘익 역(2006). 《의사소통행위 이론》. 나남.

_____ (1992). *Faktizität und geltung: Beitäge zur diskurstheorie des demokratischen rechtsstaats.* 박영도 역(2007). 《사실성과 타당성: 담론적 법이론과 민주주의적 법치국가 이론》. 서울: 나남.

London, S. (1995). Teledemocracy vs. deliberative democracy: A comparative look at two models of public talk, *Journal of Interpersonal Computing and Technology*, 3(2), 33~55.

Walzer, M. (1997). *On Toleration*. New Haven, CT: Yale University press.

15장
배진아(2015. 10. 23). KBS공영방송발전포럼 토론문.
PD 수첩 제작진, 지승호(2010). 《(1990~2010) PD수첩: 진실의 목격자들》. 북폴리오.
윤석민(2011). 《한국사회 소통의 위기와 미디어》. 나남.
조항제(2014). 《한국 공영방송의 정체성》. 컬처룩.

찾아보기

886

888

기타